社会的事実としての貨幣

その統一理論と多様な現実
ネオ・レギュラシオン・アプローチ

ブリューノ・テレ 著
Bruno Théret
坂口明義 監訳
中原隆幸／北川亘太／須田文明 訳

晃洋書房

謝　辞

私は、貨幣に関する数多くの私の論文を、率先して本書にとりまとめてくれた中原隆幸教授に大いに感謝したい。このようなとりまとめを行ってもらえたことは私にとって誠に光栄である。また私は、本書における諸論文の翻訳に尽力してくれた研究仲間の、坂口明義、北川亘太、須田文明の各氏に対しても大いに感謝している。翻訳という作業は、かなりの手間と時間のかかるものであることを経験上私もよく承知している。

序　貨幣——象徴的・政治的・経済的現象——

本書の成立過程

本書所収の論文は、二〇〇八年から二〇一四年にかけて様々な社会科学系の雑誌にフランス語で公表されたものである[1]。ただし、第5章および第6章のアルゼンチンを対象とする二つの論文は、二〇一九年にジョルジナ・ゴメス編集の『地方経済、地域経済、グローバル経済における貨幣の多元性』という書籍において英語で公表されている[Gomez ed. 2019]〔邦訳では現著者の指示に従い、この書籍に収録する前の草稿を使用した〕。これらの論文はすべて、『危機によって正体を現した貨幣』[Théret (dir.) : 2017][2]という書物の延長線上にある。私の監修による共同論文集として二〇〇七年末に刊行されたこの書物は、一九九九年から二〇〇四年にかけて開催されていた、「昨今の通貨危機」と題された月次研究セミナーの成果物である。このセミナーの目的は、ミシェル・アグリエッタ、アンドレ・オルレアン、ジャン＝マリー・ティヴォーが主導して、一九九三年から展開していた貨幣的事実に関する学際的アプローチを深化させることにあり、そのアプローチは、M・アグリエッタとA・オルレアン監修の下、私も執筆に加わった、一九九八年の『主権貨幣』〔邦訳題名『貨幣主権論』〕[Aglietta et Orléan (dir.) : 1998] という書物の出版に結実した。この書籍の共同執筆による序文には、大多数がレギュラシオン理論および／あるいはコンヴァンション経済学というフランスのアプローチに位置づけられる経済学者たちによる署名がなされているだけでなく、人類学者、歴史家、心理学者による署名がなされており、この序文は三〇年以上にわたってフランスで展開され、今日フランス語圏における貨幣制度主義と呼ばれる、貨幣思想潮流の出生証明書と見なすことができよう[3]。

「昨今の経済危機」というセミナーの主たる目的は、この書物の共同執筆による序文のなかで展開されている考えを、当初予定されていた資料群《コルピュス》〔の範囲〕をはるかに超える一連の歴史的かつ文化的状況に対して、試験的に使ってみることであった。その考えが焦点を当てていたのは、時間と空間の中で変化する、通貨危機の歴史的情勢であった。というのも、このような難局において、貨幣は脱国民化され、危機に瀕した通貨制度の背後にある諸構造とその動態が白日の下にさらされたからである[4]。もう一つの目的は、『主権貨幣』が、出版当初より、その書物に結集している様々な学術分野から浴びせられた諸々の批判を考察することであった。セミナーの中で明らかになった新たな思想と問題を、その著作に向けられた諸々の批判を考察しつつ、徹底的に掘り下げるというこのような方法もまた、『危機によって正体を現した貨幣』[2007]の公刊の後には、取り入れられることとなった。

本書で公表されている諸論文はそのような〔批判を受けとめて徹底的に掘り下げるという〕方法を表現したものであり、以上のような〔方法で通貨危機を捉え直すという〕展望の下に位置づけ直されねばならない。このようにして『主権貨幣』の公刊以後、様々な通貨危機の研究を通じて、確認されるべき最大の関心事は、その著作において解明された、「信頼」としての貨幣を三幅対《トリアーデ》からなるものに概念化するという発見的《ヒューリスティック》な特徴であった。他方、『危機によって正体を現した貨幣』

の公刊以後、重要となったのは、これまで未踏であった政治哲学の領域に踏み込むことによって、貨幣主権の問題を政治主権との関係のなかで新たに再検討することであった。まさしく、貨幣を生の債務や主権という概念に関係づけることによる貨幣へのアプローチがもつ論理を通じて、また二〇〇八年の金融グローバル化の危機やそれに続くユーロ危機がもたらした新たな情勢を通じて、このような再検討が必要になったのである。そのために、「思想と実践における貨幣主権と政治主権――それは同一のものなのか、競合するのか、それとも共存しているのか?――」と題された新たな研究セミナーが再開された。このセミナーは二〇〇八年一〇月から二〇一一年一一月にかけて、先のセミナーの経済学者や歴史学者たちを一つの集団にまとめ上げて行われたが、とりわけそれは哲学者や法学者たちにまで拡大し、彼らによってこの集団は補完されることとなった[5]。この「主権」に関するセミナーの問題意識を豊かなものにするべく、まとめられたのが、本書第Ⅰ部――**統合された貨幣の社会科学に向けて**――の諸論文(第2章から第4章)であり、これらの論文は、『危機によって正体を現した貨幣』刊行直後に執筆されたものである。これらは、貨幣の性質および構造について述べた同書序文から、社会学的諸要素をもう一度取り上げた論文(第2章)、それとともに人類学への誘いを含む、生の債務の概念の追加的な展開(第3章)、政治哲学への誘いを含む、主権の概念の追加的な展開(第4章)から構成されている。

しかし、もう一つ別の問題が、つまり歴史的秩序の問題が〔上記の〕**危機**についてのセミナーのなかで明らかになった。すなわち、現代をも含んだ、様々な通貨システムについて、通貨の多元性〔複数性〕という状況への回帰が見られるのに、この現象が、人類学者によっても、社会科学によっても、全く研究されてこなかったのはなぜだろうか? という問題がそれである。同様に、並行して行われていた**主権**についてのセミナーにおいて、[6]『危機によって正体を現した貨幣』の寄稿者たちであった経済学者の集団と共に、私たちはある研究プログラムを立ち上げることで再びこの問題を取り上げようと試みた。そのプログラムはほどなく、東京大学東洋文化研究所の経済史家黒田明伸教授が指揮をとる**通貨間の補完性**という国際プログラムと合流することとなった[Kuroda 2008a]。本書の第Ⅱ部――**連邦主義と通貨の多元性**(第5章から第7章)――にまとめられている諸論文は、通貨間の多元性・補完性についての以上のような研究プログラムに対応している。そして歴史的事例研究から始めることで、私はこれらの論文において通貨間の補完性形態としての通貨連邦主義という考え方を展開している。

第Ⅲ部――**国際通貨と金融グローバル化**――に関していえば、その対象となっているのは、金融グローバル化であり、それを真の国際通貨の代替物に過ぎない国際通貨レジームとして検討することである。共同研究プログラムの進展に対応する第Ⅰ部・第Ⅱ部とは逆に、第Ⅲ部は、「旧アメリカ制度学派」の始祖の一人である、J・R・コモンズの「制度経済学」に基づくより個人的な研究と結びついている[Commons 1934a][7]。実のところ、私はコモンズの著作が発生論的構造主義による制度主義思想の古典であると考えている。この制度主義思想は、レギュラシオン理論ならびにコンヴァンション経済学[Alary *et al.*: 2016 : 2019 : 2021: Théret 2000 : 25–68 : 2001a: 79–137 : 2003a: 51–78]の制度主義に新たな活力を与えうるし、場合によってはフランス語圏の貨幣制度主義もまたこの思想から学ばねばならないであろう[Théret 2019]。したがって、読者はこの第Ⅲ部において国際通貨と金融グローバル化との関係の分析を見いだすこととなろう。この分析において、先行する諸章で展開された諸概念は、倫理についての、そして経済および法と倫理の関係についての、コモンズ的な概念化と接合される（第8章）［Théret 2005a: 63-91］。同時にそこで見いだされることとなるのは、グローバル化についての総合的な評価である。ここでは、グローバル化は、お粗末な効率性しかもたないが故に経済的次元では合理的ではないという特徴が、またコモンズ的な意味でいえば、政治的かつ社会的次元において、適正ではないという特徴が指摘されている。このような基礎的理解に基づいて、グローバルレベルでの協調的国際通貨システムに、また国民レベルでの銀行家資本主義とは別個の諸国家による通貨的権力に立ち戻ることによって、そのような危機から脱出するための合理的なるもの、適正なるものが明らかになる（第9章）。

それでは本書の内容についてより詳細な紹介を行おう。

第1章「**公的マネーと政治的秩序の経済体制《レジーム》**」（2010）は、社会学者ヴァンサン・ガヨンとバンジャマン・ルモワールと行った対談に基づいている。彼らは、学位論文を執筆していた頃だけでなく、今日でも、パリ大学ドーフィーヌ校にある社会科学学際研究所（IRISSO）のメンバーであり、彼ら自身が「経済的現実についての構築主義的・社会歴史学的・内省的かつ首尾一貫したアプローチ」［Gayon et Lemoine 2018: 97-111］[8]と定義している政治的経済社会学を展開する中心人物たちである。民族誌学による調査を動員して諸制度の構築や転換過程において政治的活動が果たす役割を明らかにする、この政治的経済社会学は、制度主義者でもある経済学者たちにとってブラックボックスであったものの内部に、つまり諸制度および経済的で政治的な組織の内部に立ち入ることを目指している［Gayon: 2010: Lemoine 2011: 2016］。こうして、社会、政治、民族誌、経済の諸科学を接合する、この政治的経済社会学は、フランス語圏の貨幣的制度主義と同じように、経済と貨幣についてのひとつの統一的社会科学の発展を推進しようとしている。対談の中で、私が私見ながら求めているのは、マネー〔資本主義的貨幣〕を、より広義には公的財政を、分析するためにそのような社会科学の統一的アプローチを展開させることである。しかしこの対談ではより一般的に、本書が取り組んでいる様々な貨幣的問題が対話を通じて論じられている。この対談を本書の冒頭に置いているのは、読者のために、教育的効果をもたらす導入部を構成する必要があったからである。というのも、三部にわたる、本章以降の八つの章はより明確な意図の下で論じられているものの、かなり難解かもしれないからである。

貨幣についての統一的社会科学に向けて

本書の第I部は、上記のタイトルの下、三つのテキストをとりまめている。それら三つのテキストのうち、最初の二つは『主権貨幣』の延長線上にあり、三つ目のそれは『危機によって正体を現した貨幣』の延長線上にある。それらのテキストは各々、貨幣の社会学的・人類学的・哲学的次元を論じており、ここで貨幣は、まず特殊な社会関係および文化資本として（第2章）、ついで生の債務に対するその関係の中で（第3章）、最後に主権という象徴的表象の言説的産物として（第4章）、考察される。

第2章「**貨幣の三つの状態――貨幣的事実への学際的アプローチ――**」（2008）は、『危機によって正体を現した貨幣』序章の修正・縮約版である。[9]社会科学の統一的アプローチを動員することで、私がここで示しているのは、貨幣の関係的性質の把握を目指す社会学的諸概念からなる一つの体系である。貨幣が普遍的でありながらも多様性をもつという特徴や、貨幣が社会的――多次元的――な全体的事実としての構造を有していることを明らかにしようというわけである。そこでは、「原始的なもの」であれ、「近代的なもの」であれ、あらゆる貨幣に固有な類的属性が、社会に応じて変化する、特殊貨幣的ではない貨幣の使用法から区別されている。そこでは、反復的連鎖を通じて貨幣の構造を再生産する三つの機能形態、すなわち計算、通貨創出《モネヤージュ》、支払いを交差させることによって、深部にある貨幣の構造が叙述されている。そしてその構造は、貨幣についての三つの状態を、つまり貨幣が身体化した状態、客体化した状態、制度化した状態を伴っており、この三つの状態において貨幣は、全体的な社会的事実とみなされる。こうしたことから、貨幣を各人の精神《サイケ》に組み込むことで貨幣とは信頼であるということがもたらされるのは明らかであり、また貨幣が自身の再生産に必要な三幅対の機能構造をもっているがゆえに、貨幣に対する信頼そのものも、方法的、ヒエラルキー的、倫理的な、三つの形態をもつのは明らかである。したがって解明されるべきは経済理論において一般的には隠蔽されている貨幣についての二つの特徴、すなわち貨幣は、自身が（ピエール・ブルデューの意味での）「文化的資本」として機能している社会的な文脈においてはじめて価値をもつということ、そして社会的全体化の演算子という貨幣の性質が、危機の時を除いては、あらゆる通貨体制の——社会的ならびに領土的次元における——分配上の非中立性を隠蔽していること、である。

第3章「**貨幣と生の債務**」（2009）は『主権貨幣』において貨幣の起源であると想定された「生の債務」概念に当てられている。この章で私は、その著作の刊行時にこの観念に対して向けられた諸々の批判を検討しており、そこで私はそれらの批判がこの観念の致命的欠陥を指摘しているのではなく、反対に、そうした批判のおかげでその観念の発見《ヒューリスティック》的な影響力が強化されると見なしている。このように考えるならば、二〇〇九年初めに公表されたこの論文が、出版後になされた諸々の批判、とりわけ貨幣の起源を生の債務に見いだすという考えを純然たる「神話」であると規定する、デヴィッド・グレーバーによる批判（2011）に対してあらかじめ応えていたということは明白である。この規定は、グレーバーにとっては、なるほど、『主権貨幣』において特権を与えられた生の債務の垂直的概念化と結びつけられている。そのことは、彼が、フィリップ・ロスパベが展開した生の債務の水平的アプローチに言及して、別の論文[10]で自らの考えを述べていることからも明らかである［Graeber 2011 : 52-71］。だが本章において、私は様々な批判を、時にはそれらに反論しつつ、動員して、貨幣の起源を生の債務にみる仮説の有効性についての実証的かつ歴史的根拠を補強する三幅対の概念化を提示している。もはや問題は、生の債務を最初に特権を与えられた垂直的次元に還元することでもなければ、ロスパベとグレーバーによる水平的次元に還元することでもない。というのも文化人類学の諸文献によれば、生の債務は三次元的なもの、すなわち垂直的なるもの（上位の権威との関わり）、対角的なるもの（姻戚関係や親子関係によるが、必要とあらば殺人による、集団間の資本・生の移転関係）、水平的なるもの（人間活動の社会的・技術的分業という枠組みにおける交換関係）とみなすことができるからである。

第4章「**貨幣の政治哲学——ホッブズ・ロック・フィヒテの比較——**」（2014）に関して言うならば、それは、「主権」についてのセミナーの予備説明《プロレゴメナ》の一つであった。ここで論じているのは、ヨーロッパにおける神権君主制に抗うブルジョア革命の時代に、貨幣と政治主権の関係が哲学的にどう概念化されたかということである。私は、このような問いに対するホッブズ、ロック、フィヒテの位置づけを集中的に取り扱い、比較することで、社会契約論の啓蒙思想家が生み出した人民主権の諸表象において貨幣が占めるであろう位置について考察している。こうした選択は以下の三つの理由による。まずこのトリオは社会契約に基づく人民主権の自由主義哲学の諸概念を代表する人物であること[11]。ついで、この哲学トリオは西洋資本主義国家の実質的構築に対して大きな影響を与えてきたこと。最後に、とりわけ彼らだけが自らの近代自由主義国家の概念化の中で、貨幣に対して明確な位置を与えている人物であること［Théret 2008a: 381-406］。実のところ、これらの哲学者たちは、貨幣—主権の関係についての相異なる哲学的理念型を提示しており、それを反映して、近代社会における生の債務の象徴的なるもの〔象徴世界〕が彼らにおいては様々な形態をとっているのである。この点を明らかにすべく、私は、ヨーロッパにおいて「主権」という記号表現《シニフィアン》が一六世紀以降にもっていた様々な意味に、またその〔主権についての〕モデル化の多様性が、つまり近代政治哲学の場《シャン》を構造化する多様性に立ち戻ることから始めている。次に私は、三人の哲学者たちそれぞれが提示した三つのモデルにおける貨幣の地位およびその諸形態について述べている。こうして政治的なるものにはめ込まれた貨幣はそれらのモデルにおいてそれぞれ性質を異にしている。すなわち、単一なのか二元的なのか、金属的性質なのか純粋に慣行的な価値標章《シーニュ》の性質なのか。最後に、これら三つのモデルを対立させると同時に結びつけることによる総合の試みについて、また今日に至るまでこれらのモデルが生き残っていることについての、結論を述べる。以上のことから、とりわけ以下のような二つの重要な結論が得られる。まずこれらの哲学者たちのいずれもが物々交換の寓話を辿ることを全くしていない。次いで、ロックに見られることだが、貨幣は国家の上位に立つ主権的権威そのものと見なされうる。

連邦主義と通貨の多元性

本書の第Ⅱ部は、上記のテーマの下、今度は『危機によって正体を現した貨幣』の延長線上にある三つの章を取りまとめている。これらの章は通貨の多元性の問題に取り組んでいる。ここではこの問題は、現代通貨諸システムに普通にあり得る状態として考察されるのであって、金融政策の必然的単一性にとって有害な貨幣の分裂化危機〔通貨間のヒエラルキーが消滅し、通貨投機が支配する状況〕の兆候としては考察されない。よってこの問題は「野生の」貨幣や「古代の」貨幣の排他的構造的特徴とは見なされていない。このことを示すべく、これらの章で探求されているのは、貨幣的諸事実や貨幣的諸状況の忘却と手を切ることである。貨幣的な諸事実・諸状況には、貨幣の単一性の教義に与する大多数の経済学者たちも［Blanc *et al.* 2019: 18-47］、地方都市で起こることよりもむしろ国家の首都で起こることを気にかける人が多数を占める経済史家たちも、今まで関心を寄せて来なかった。

また、確固たる経験的根拠から出発して一般性を高めていこうとするこれまでの諸章と比べて、この第Ⅱ部の三つの章はなによりも、隠蔽されたないし否認された事実を立証しようとするあるいはそうした事実に立ち戻ろうとする限りにおいて、さほどその抽象水準は高くない。実のところ、社会通念とは逆に、通貨の単一性と多元性との間の緊張を、またこの緊張を安定させるあり得べき多元性レジームを考察する概念的枠組みを構築するために必要なのは、そのことを立証する歴史的かつ人類学的諸事実を十分適切な数だけあらかじめ積み上げておくことである[12]。したがって、政治的に敗北し、常軌を逸していると判断され、あるいはまたもっぱら危機の状況とのみ結びつけられる、貨幣の諸実験を考慮することは、それらの実験の「収蔵された知」に関する諸社会の文書館《アルシーヴ》をよみがえらせること——フーコーの用語に従えば、これらの実験のありうべき歴史的再現を考慮に入れること——になり、文書館を探索すべくフーコーが推奨する考古学的方法に訴えることになる。だが、それは割に合うことなのだろうか？ 貨幣に関して研究を行う制度主義経済学者はそのような問いに対して是と応えるほかない。というのもわれわれは紙幣〔紙券—貨幣〕の歴史から以下のことを学んでいないからである。すなわち、貨幣の諸実験を、民主主義的想像界に一層適合した可能な未来についてわれわれに情報を与えてもくれるような政治的・社会的イノヴェーションであると見なすべきでないのは、その歴史が見えなくなり、忘れ去られてしまったからではない。そこで、このような考えから、ジェローム・ブランと私自身が主権についてのセミナーの直接的延長線上で、また既に言及した「諸通貨間の多元性と補完性」の研究プログラムの成果として、二〇一二年九月から二〇一六年四月にかけて「単一性と多元性の間での貨幣――学際的視点と理論化の賭け――」というセミナーを組織した(13)。本書においてこの部分を構成している第5章から第7章はこの多元性についてのセミナーで報告され、議論されたものであり、こうした考古学的企ての成果物である。これらの章を読めば、その企てが妥当性をもち、発見的な有効性をもっていることがわかるだろう。

　加えて、これらの諸章では、安定状態とみなされる通貨の多元性は通貨連邦主義の観念と結びつけられているが、この点については短い説明を加える必要がある。というのも、フランス語圏の貨幣制度主義が提唱しているように貨幣の問題を主権の問題に引き寄せ、通貨の多元性を語ることは諸通貨の社会的・領土的な二重の分化を検討することになるからである。

1. 近代の国家資本主義社会という、もっぱら商業的な、経済学者の観点から、社会的交換領域の多元性により構成される分化した社会という社会学的概念へ移動して研究を行うのであるから、なによりもまず通貨の多元性は、社会的交換諸領域それぞれの内部にある諸通貨にさらに付け加わることになる一つの特殊な通貨を介したこれらの領域の諸通貨を接合することから参照可能となる。ここでわれわれは通貨多元性の第一形態をもつのである(14)。

2. その一方で、諸社会の政治的現実を観察するならば、主権の観念を全能の〔すべての権限をもつ〕単一国家という概念だけに結びつけてはならないことを認めざるを得なくなるのであるから、もう一つ別の主権像――注意を凝らせば観察可能な、あるいは哲学的次元で思い描くことができる――を考慮に入れざるを得ないし、それを概念化しなければならない。例えば、近代の諸連邦において、単一国家および／あるいは主権のパワーに代替される領土的な政治組織の形態、――つまり主権的な諸権利とでも呼べるもの――が様々な領土レベルに配分されている。近代の諸連邦においては、貨幣のパワーもそうしたレベルの間に分配されることは「当たり前」であり、特段「異常なこと」ではなかったように思われる。通貨システムの組織諸原理が社会の政治組織の諸原理と――何らかの仕方で――一致することは、実のところ「当たり前」ではないのだろうか？　こうした観点から、通貨連邦主義は、連邦を構成する公的権力が、共通の計算単位として利用され法定通用力をもつ連邦通貨と共に、自らの領土を額面通りに流通する諸貨幣を発行することを概念化する。この場合、通貨の多元性は政治的領土の様々なレベルの局所性および錯綜性と結びついた補完性を意味している。

　第5章から第7章にかけて問題となっているのは、この多元性の第二形態である(15)。そこで提示されている諸分析は、なるほど最初は、連邦の政治哲学および様々な連邦の歴史についての研究から引き出された諸概念の助けを借りて進められた［Théret 2002a; 2002b; 2003b; 2005b; 2008d; 2015］。しかしそれらの分析の対象は、具体的な歴史的諸状況であり、そこでは、〔領土の〕局在性と結びついた通貨の多元性が、経験的に、あるときには明々白々に表れ、またあるときは潜在的な形をとることが示される。アルゼンチンに関する第5章と第6章で、私は観察可能な通貨多元性の経験、しかしこれまでほとんどないし全く研究されてこなかった今日的意義のある経験を取り上げている。ユーロ圏を対象としている第7章で、私は〔その多元性とは〕逆に急進的な通貨単一性の経験、また連邦型の政治的文脈におけるその危機の経験を取り上げている。先行する二つの章で述べられたアルゼンチンの経験に照らして、そこから引き出される経験は、目下危機にある貨幣的・政治的配置に実現性を与え得る通貨連邦主義のための潜在的な場所を空けてくれるものである。しかし、この事例において、問題となるのはまさしく〔通貨の多元性と単一性という通貨連邦主義についての〕二つの考え方の間での緊張ゲームの中で、通貨は政治的主権の民主主義的形態に与する側にあるのか、あるいは反対に、前者〔通貨〕が後者〔政治的主権の民主主義的形態〕を破壊する危険を犯そうとしているのか、という問題が残っている。

つまるところ、第5章と第7章は互いの映し鏡であるとみなしてよい。実のところ、反復される社会的諸事実を特殊事例からより普遍的な範疇へと転換し、そうした範疇を人間の集団的活動および制度的イノヴェーションの可能性の場《シャン》についてのわれわれの視野を拡大するために用いることを目的にしないのであれば、どうしてそうした社会的諸事実を概念化する必要があろうか？　また、私見によれば、通貨連邦主義の概念は記述的なだけではなく規範的な重要性も有している。その規範的重要性は、欧州連合（EU）の現下の政治的経済的危機から脱出する道を構想する能力をもつことであり、その道はもしかすると〔EU〕創設時の諸価値と調和するかもしれない。ここで述べたことを詳らかにすべく、以下、各章の内容をもう少し詳しく見てゆこう。

第5章「**通貨連邦主義の概念とアルゼンチンの通貨史による経験的補強**」（2019）は理論と歴史の両方をよりどころとしつつ、この〔通貨連邦主義の〕概念を展開している。ここで理論とは、哲学思想および政治思想における連邦主義の概念に、ならびに〔システムの計算単位の〕単一性と〔支払手段の〕多元性を組み合わせた近代的〔資本主義的―国家的〕な貨幣に内在する連邦的構造に関するものである。またここで歴史とは、主としてアルゼンチン諸州における財政通貨の経験に関するものである。本章においては、まず、通貨システムに対する連邦主義の適用についての普遍的諸原理および複数の歴史的根拠が示される。そこでは、そのような通貨連邦主義の最も顕著な歴史的発現、すなわち一八九〇年から二〇〇三年のアルゼンチンにおける、国民通貨を補完する地域通貨の発行の反復的な波について述べている[16]。最後に、この国が通貨連邦主義についての注目すべき事例をも示している理由が検討されている。結論として、私は、アルゼンチンの事例から着想を得て、通貨連邦主義の一シナリオを提案しているが、それは、ユーロ圏の現下の危機から脱出するためであり、そのシナリオは第7章においてより広く展開されている。

第6章「**アルゼンチンのトゥクマン州における補完通貨の誕生・生存・死（一九八五年―二〇〇三年）**」（2019）は、一九八五年から二〇〇三年にかけてアルゼンチンのトゥクマン州によって中断なく発行された補完的通貨である、**ボカデ**の歴史に当てられている。ここで見られるのは、連邦レベルでの金融政策が非常に浮動的であったおよそ一八年間にわたって続いた通貨実験であり、この実験を危機時の一時的な救援装置に還元することはできない。長期にわたるその通貨の再起力および特殊な地方環境によって、量的かつ質的にその通貨の歴史を作り直せるようになり、州と**国家**《ナシィオン》〔全体としてのアルゼンチン〕の経済的進化の枠組みのなかでその通貨を繰り返し位置づけ直すことができた。この章ではまず、いつ、どのようにして、なにゆえボカデが発行されてきたのか、またどのようにしてボカデは社会的・領土的・政治的対立を調整《レギュラシオン》する役割を担う中で進化してきたのか、が述べられる。こうしたことは、その通貨が、州への帰属感情を動員しつつ、また様々な地方の問題を解決しつつ、その使用者からの信頼を喚起してきたという事実に依っている。次に、この章では、救援装置の効率性および持続性についての、以下の四つの問いによる評価が提示される。すなわち国民的計算単位で表したボカデの価値は平価〔額面通り〕に維持されたか？ それはインフレ傾向にあったのか？ それは州レベルの成長を促したか？ それは州の公債〔公的債務〕を削減したか？

最後の第7章「**下からユーロ圏危機を脱する——通貨連邦主義による対応——**」(2014) は、現下のユーロおよびヨーロッパ公債の危機によってユーロ圏の加盟国が陥っているジレンマを解決しようとするものである。そのジレンマとは、加盟各国の諸経済を——その程度は異なるとはいえ——追い込む緊縮政策という代償を払ってまで、単一通貨としてのユーロをさらに強くするべきなのか、それとも、必要とあらば自国通貨安〔通貨切り下げ〕によってこうした緊縮政策から脱出するために国民通貨〔各国通貨〕に復帰すべきなのだろうか、というものである。ここで私は、先行する二つの章で検討された通貨連邦主義についての様々な経験に着想を得た、第三の解決方法を提示している。その解決方法を必要とする諸国にとって、その方法とは、対ユーロ平価で固定され維持されるがゆえにユーロを補完する〔諸財務当局〔公的金庫〕が発行する〕国民的な財政通貨をすべからく発行することでユーロを保護することである。このような提言を補強すべく、この章はまず、ユーロ圏の通貨および金融危機の委細顛末の分析を展開している。この分析が示しているのは、この危機がなによりもまず単一通貨としてのユーロの通貨創出ルールの危機であることである。次いで、諸議論を支配している対立する二つの危機脱出戦略を、誤った解決法として特徴付けた後、私は信頼としての貨幣理論を動員しているが、それはユーロ危機の深奥にある諸起源が、新自由主義と金融グローバル化を通じて一九八〇年代に新たな解釈を加えられたヨーロッパの政治プロジェクトの矛盾した性質に求められることを、それゆえその起源が倫理的信頼の構造的赤字にあることを明らかにするためである。よってこの危機から脱出するということは、ユーロの通貨創出ルールを政治連合の状態に適合させることを含意するであろう。そのためには、〔本章の〕最後に示されているように、先行する二つの章で検討された通貨連邦主義の諸形態が、必要とされる制度的イノヴェーションを方向付けるための参照基準として役立ちうる。(17)

国際通貨と金融グローバル化

上記のタイトルの下、本書の第Ⅲ部は、二つの章を収めており、それらは商業の世界化《モンディアルザシオン》と金融グローバル化の現段階における国際通貨の問題に取り組んでいる。その取り組みは、ロベール・ボワイエへのある種先取り的な反論である。二〇〇八年の『レヴュー・ド・ラ・レギュラシオン』〔前掲〕誌上で発表された彼自身の注釈のなかで、彼は、国際通貨の問題ならびに金融グローバル化に固有の諸々の通貨危機の問題が『危機によって正体を現した貨幣』において提示されている通貨危機の形態論以降手をつけられておらず、分析されてもいない、ということに遺憾の意を表明している。(18) 彼は、〔『危機によって正体を現した貨幣』の〕第二版においてこの書物に次のものを付け加えるよう求めた。

「まず本書の中心的問題意識に照らして二〇〇七年から二〇〇八年にかけての金融危機の分析を論じる章を、次いで、場合によっては、通貨的でも金融的でもある**イノヴェーションが**どの程度本書の**問題意識の見直しと拡張**を要求するかを検討する二つ目の章を」[Boyer 2008 : 6]。

さらに彼は、〔このように言うからと言って〕以下のことを何ら請け合うものではないと考えていた節がある。すなわち

「ここ二十年の間に増加してきた諸々のイノヴェーションは、もはや**現在と過去**を和解させるためにではなく、どの程度現在が**通貨諸レジームの将来的構図**の兆しであるかを予想しようとするために、新たな概念的努力を要求している」[*ibid.*]。

私からすれば、ボワイエが行ったこの指摘は正当であるので、私は、彼の注釈とほぼ同時期に公刊され本書に第8章として再録されている論文において、彼の意見に近い観点を採用している。というのも、私はそこで、金融グローバル化期に国際レベルにある通貨の性質を分析すべく、レギュラシオン・アプローチのおよびフランス語圏の貨幣制度主義の、「コモンズ的な」（ボワイエの表現に従えば）「見直しと拡張」を行う必要性があることを主張しているからである。

国際空間においては、正統性をもつ――それゆえ当然にも主権のパワーをもつ勢力《フォルス》を後ろ盾として正統的な強制力をもつ――国家のパワーが存在しないために、倫理への問いを、すなわち国際空間で対峙し合う諸国家が共有された価値に基づく権威に自己従属することの根拠となるものへの問いを、導入することなく国際的秩序を分析することはできない。貨幣は主権的領土間での国際貿易を可能にするが、貨幣それ自体は主権のパワーを正統的に後ろ盾とすることができないという事実は、言い換えれば、その貨幣が自然状態と政治状態の間にある媒介的状態としてロックが思い描いた貨幣状態の支配下にあるということである（第4章を参照）。国際通貨は法定通用力をもっておらず、もっぱら諸々の慣行《コンヴァンション》に依拠しており、法ではなく倫理の支配下にある。

そうしたことから、私には、経済的諸事実の分析の中心に、終始一貫して経済、法、倫理の間の相関関係の研究を置いていた唯一の経済学者として、J・R・コモンズを再訪することが興味深いことに思われる［Commons 1934a］[19]。したがって私の立場は、国際的な経済的秩序における倫理の位置をしっかりと考えるためには、彼の貢献およびそれが提供する分析道具を用いないわけにはいかないだろう――いったんそれを知ってしまうと――というものである[20]。以上のことは、このようなレベルの貨幣の問題に関わるためには、フランス語圏の貨幣制度主義を「見直し」、「拡張す」べくコモンズ的な経済制度主義を動員すべきであることを物語っている。レギュラシオン理論およびコンヴァンション経済学に共通の申し子であるこの貨幣制度主義は何よりもまず、各国（国民的）資本主義の理論、およびそうした資本主義の多様性についての理論であり、厳密に言えば、国際諸関係に固有の理論を展開していない[21]。まさしく私は第8章でその展開を試みている。

第9章は金融グローバル化の批判的分析となっている。そこでは、金融グローバル化は、利子率と為替レートの変動リスクを「保証する」と見なされている先物金融市場の創造とともに一九七〇年代から実施されている「貨幣無き」国際通貨レジームと密接に関連するものとされている。ここでの批判は、経済的かつ政治的な基準を物差しとして遂行されており、また、ここでもコモンズ的な概念、つまり「適正な資本主義」の概念が陰の支えになっている。

より詳しく見ていくならば、第8章「**グローバル化と金銭――いかなる点で倫理的問題を提起しているか（コモンズ派レギュラシオニストの観点）**」（2008）はなによりもまず、金融グローバル化および繰り返し発生する金融危機についての固有に通貨的な諸次元がこれまで全く語られてこなかったことに注意を喚起している。公的討議を構造化する経済学者たちの発言は、そうした次元を一顧だにしていない。そうした経済学者に反して、ここでは、危機の時に「金融家たち」の倫理

が繰り返し様々な問いかけの対象となるが、「通常への復帰」が行われているときにはあっさりと忘れ去られてしまうことに留意している。私も本章において、貨幣の問題を倫理の問題と関連させながら、この「貨幣的沈黙」[22]からの脱出を提示している。コモンズが提唱した倫理についての——社会の諸水準に応じて可変的な——概念を示した後、私は貨幣の制度主義的アプローチにおいてコモンズが占める位置も明確に定めている。そこでは「倫理的信頼」が通貨システムの要に置かれている。最後に私は、金融グローバル化過程および二〇〇八年の危機から始まったその現段階を解釈すべく、倫理および貨幣についてのこれらの見解が含意するものを説明している。以上のことから判明するのは、現下のグローバル金融危機の貨幣的次元と倫理的次元が緊密に相互依存しており、それらの次元が通貨システムそのものの——現代の金融資本主義に内在的な——転換と連結していることである。したがって、現下の危機は「貨幣無き」国際通貨システムの危機であると見なしてよい。「貨幣無き」とは、固有の倫理的権威として構築された真の国際通貨がもはや存在していないという意味、あるいは金融市場が貨幣の——支払いおよび価値貯蔵——「機能」を引き受けることができる——これは新市場および新たな金融商品の絶え間ない開発を前提にしている——と見られているという意味である。定められた倫理的限度をもたないそのような開発にこそ、金融グローバル化の過程は自らの起源と原動力を見いだすが、同時にその暴力的な危機の構造的諸理由をもそこに見いだす。

　第9章「**金融グローバル化からの脱却——資本主義と民主主義の危機を脱するために——**」(2014) は、前章と連続性を有しているが、より規範的な次元を扱っている。本章は、金融グローバル化の——厳密な経済的観点から見て——非合理的で、政治的・社会的・倫理的側面において適正ではない特徴に関して、批判的コメントを体系的に展開している。金融グローバル化のそうした特徴は、今日金融資本主義と自由民主主義が経験している構造的危機によって示されているものである。この危機は、規制緩和〔脱規制〕した金融のグローバル化が陥った危機にほかならない。つまりこの危機によって、こうした金融グローバル化が国際通貨システムの政治的協力的組織化の持続的代替物になれないことが明らかになった。以上のことから、危機から脱出するためには、金融グローバル化から脱出しなければならないということが論理的に推論される。

　このことを示すために、私はなによりもまずこの章において、金融の領域そのものの自己準拠的機能作用の実践的様態に関わる一連の理由を検討している。グローバル化した金融は、利子率の変動リスクに、また競争的国民通貨間の為替レートの変動リスクに対して国際貿易を「保証」すると見なされていたが、それが反対に追加的なリスクを作り出すということが明らかになり、その結果として金融は自らの需要を生み出し、生産的経済から自律することとなる。したがって、金融の存在を合理的に正当化する経済的機能の遂行上の、すなわち生産的経済および商品交換のファイナンス上の、金融の生産性は極めて脆弱なものであり、今日認められるようにマイナスでさえある。

　私は、脱グローバル化し脱金融化するための別の一連の理由も論じており、それらは、資本主義社会の根底的な変容を引き起こす諸事実——グローバル化はいわばその要である——への参照を指示している。第一の理由は、金融グローバル化が、基礎的賃金の購買力を削減する各国経済体制《レジーム》によって支えられており、この購買力削減は人口の大多数が総じて借金を抱えることを、また所得および財産の「桁外れの」不平等を、それゆえ我々の社会の社会的均衡およびその社会の民主主義的特質を脅かす新しい社会的支配様式を、もたらすということである。第二の理由は国家の通貨権力の「抑圧」である。金融グローバル化は、主に、民間商業銀行による通貨発行の独占という国民的体制《レジーム》に支えられている。とりわけユーロ圏の事例（第7章参照）において明白なこの「通貨抑圧」により、公的権力はグローバル化した金融に対して累積的に借入を行わざるをえなくなり、その結果、公的借入および財政赤字が増大し、その増大が国家に対して社会サービスおよび公共サービスへの支出の削減を強いるのである。こうして公的権力はコスモポリタンである金融貴族たちの後見下に置かれており、社会的不平等はさらに拡大する。第三の理由は、金融グローバル化が、一九七〇年代以降にアメリカ合衆国で確立され、金融科学の科学性および新しい古典派マクロ経済学の合理性をよりどころとして普遍的有効性を獲得した、経済的・政治的思想の国際体制《レジーム》に支えられているということである［Théret 2011a］。ところがこれらの理論は誤った仮説に基づいており、科学的合理性よりも宗教的信仰の支配下にある。

本章は、資本主義が社会的側面では適正な形態にまた政治的側面では協調的形態に復帰するためには、社会の脱金融化および市場金融の脱グローバル化が必要であることを結論して終わっている。その適正で協調的な資本主義は、二〇世紀の三〇年戦争――著しい規模の経済危機を間に挟んで、甚大な被害をもたらした二つの世界大戦が連なる――の後に資本主義がとらざるを得なかったものである。

この結論は、グローバルレベルで、真に国際的な計算貨幣に基づく協調的な国際通貨システムを復活させ、また国民レベルで、銀行家資本主義から独立した国家の通貨権力と手を結ぶことが重要であるとするものである。このことが明確にされることで、この結論は本書全体にも当てはまるであろう。

注

（1）本書の各々の原文の公表先は Théret［2008c; 2008d; 2009; 2010; 2014a; 2014b; 2014c; 2019a; 2019b］である。

（2）この書籍は歴史学者および経済学者二〇人による寄稿からなるものである。編集上の制約から、セミナーにおける人類学的特質をもつ寄稿をこの書籍に収めることができなかったが、それは『人類学者たちのマネー《アルジャン》、経済学者たちの貨幣』［Baumann *et al.* (dir.): 2008］という書籍において公刊されている。

（3）Alary *et al.*［1999; 2016; 2019; forthcoming］を参照せよ。また『レヴュー・ド・ラ・レギュラシオン』（26（2）、二〇一九年九月）におけるアレリとデスメッドとの一連の対談も参照せよ［Théret, B., Alary et Desmedt 2019］。この思想潮流は、それが一九七〇年代におけるレギュラシオン理論の創始者であるM・アグリエッタと、一九九〇年代におけるコンヴァンシオン経済学の主導者の一人である、A・オルレアンの提唱によって組織されたのでそうなるしかないのかもしれないが、いわば、経済学におけるレギュラシオン理論の制度主義的アプローチとコンヴァンション理論のそれの混成からなる共通の申し子であると思われるだろう。しかしながら、この潮流は二つのアプローチの混成的な共通の申し子にとどまらない。なぜなら第一にこの潮流は、たしかに異端派の経済学者たちに理解を示しているが、これらの経済学者たちが必ずしもレギュラシオニストおよび・あるいはコンヴァンショナリストであるとは限らないからであり、第二にこの潮流は――社会科学の統一を目指す――〔既存の学問を経由しない〕直接的学際性を要求しており、常日頃からそうしたことを行っていない、制度主義者でもある、経済学者たちよりもそのことに積極的であるからである。自分はどうなのかと言えば、私はこの潮流に、J・R・コモンズが構想し実践したような、アメリカの旧制度経済学が展開した思想の復活をも見いだしている。この制度経済学においては、すべての社会は対立の空間であると同時に協調の空間でもあり、制度は対立に由来する秩序を生み出しつつこの二律背反を安定させるものであり、その対立にもかかわらず諸活動のコーディネーションを可能にするものである。したがって制度としての貨幣は、諸取引におけるコーディネーションを可能にする、諸対立を調停する秩序を創造するものである。

（4） この点に関するさらなる詳細については、Théret［2018］を参照せよ。

（5） このセミナーについては、Théret et Cuillerai（dir.）［forthcoming］の準備中の著作で説明されている。

（6） その集団とは、ジェローム・ブラン（シアン・ス・ポ、リヨン）、ルドヴィック・デスメド（ブルゴーニュ大学、ディジョン）、ロラン・ル・モ（ブルターニュ大学、ブレスト）、ジェム・マルケス・ペレイタ（ピカルディ大学、アミアン）、プティタ・ウル・アメッド（IRD、パリ大学ディドロ校）、ジャン＝フランソワ・ポンソ（グルノーブル大学アルプ校）たちのことである。

（7） 実を言えば、この私の研究は貨幣制度主義およびレギュラシオン理論の枠組みとは別の集団的枠組みに含まれるが、だからといってそれが単独で行われたものではないというわけではない。le n° spécial *Lectures de John R. Commons*, des *Cahiers d'économie politique*, n° 40-41, 2001, Gislain et Théret（dir.）［forthcoming］、およびフランス語圏のコモンズ専門家たちの大部分を動員した『制度経済学』のフランス語版、クラシック・ガルニエ社刊（近刊）を参照せよ。

（8） 同様の研究として Gayon et Lemoine［2014 : 7-35］も見よ。

（9） 「昨今の危機を通して見た貨幣」と題されたこの書籍の冒頭章と比べて、この修正・縮約版では特に諸通貨危機の形態論が削除されており、この危機の分析を通じて貨幣およびその構造の全体的な社会的事実の性質が暴かれるということにもっぱら特化している。

（10） ロスパベについては、Graeber［2011 : 131 : 邦訳 199-202］を参照。実のところ、グレーバーは生の債務仮説の支持者たちを大雑把に「新表券主義たち」（彼らにとって貨幣は国家の法的被造物である）と同一視している。実際、ほかの人類学者たちもそうなのだが、グレーバーは債務を、諸個人間の関係ないし必然的に水平的な諸集団間での関係と考えている。また Boyer［2008］の次のような批判も見よ。ボワイエは、とりわけ「近代貨幣のための生の債務仮説」［Boyer 2008 : 5］が『危機によって正体を現した貨幣』において近代貨幣の諸危機を理論化するなかで役割を果たしていないのではないか」という理由で、「野生の貨幣理論と近代の貨幣理論の統一」［*ibid.*］という成果を疑っている。これらの問題については、本章に加えて、Théret［1998 : 253-87 : 邦訳 385-434; Servet *et al.* 2008 : 167-207（*Théories françaises de la monnaie. Une anthologie*, op. cit., pp. 185-234 にて再版）］を見よ。

（11） この契約主義的見解に対立する別の人民主権の考え方が存在しており、それは、人民主権についての歴史的、社会学的、プラグマティズム的、連邦主義的アプローチを優先している。この第二のアプローチにおいて、人民は、原子化された個人の寄せ集めとしてではなく、個人に先行して組織化された諸集団の総体とみなされている。この諸集団は、争いながらも、権威をもたらす価値体系を共有し、社会を形成すべく自らの力能《ピュイサンス》を結合する。人民主権についてのこの第二のタイプにおける貨幣と主権との間の関係の例については、Dutraive et Théret［2017 : 27-44 : 邦訳 83-110］を見よ。

（12） 人は諸事実を収集しようとするとき、明確な概念をもっていなくても、そうした事実に気づくことがあるが、それは、そうした事実を理解し明確に説明することを可能にする理論が確立可能だという事実に絶えず立ち帰ることを通じてだけである。この点については、Théret［2001a : 79-137］を参照せよ。

（13） このセミナーの成果を報告している『単一性と多元性の間にある貨幣』という書籍も公刊準備中である。

（14） 一つの好例は Kuroda［2007 : 89-110］に示されている。

（15） 本章のほかに、興味深い論考が Théret et Zanabria［2007 : 9-66］、Théret［2013b : 91-124］の論文でも参照可能である。

(16)　より詳細に述べられたアプローチおよび地域と歴史的時期に応じた装置の多様性の分析に関わる論考については Théret［2020a: 235-85］を参照されたい。より豊かな図像学については、雑誌 *Ciclos en la historia, la economía y la sociedad*（二〇二〇年）における、この論文のスペイン語版も見よ。

(17)　Boyer［2008: 6］は正当にも次のように考えている。すなわち『危機によって正体を現した貨幣』のなかでは、「公的貨幣、つまり予算…ないし社会保障による庇護としての国家の負債の見返りとして発行される貨幣の正統性――ただし実態を持たない――の現代的消滅のあり得るべき兆候である、商業者たちの貨幣と君主たちの貨幣との間の緊張は、たとえその緊張が危機の類型論において繰り返し現れているとしても、幾分過小評価されている。理論そのものにこの根本的な区別を再び導入しなければならないのだろうか？」と。民間商業銀行（およびヨーロッパ中央銀行にある手形交換所）が発行するヨーロッパ通貨と加盟各国が発行する財政貨幣を接合する通貨連邦主義の提言は、これらの緊張の改革を考慮に入れるという方向に向かっている。より詳細を知るための興味深い論考は、Coutrot et Théret［2019: 161-68］、Théret［2020b］のごく最近の論文を参照されたい。これよりもさらに大部なものとしてはすでに言及した、準備中の書籍『国家に抗する貨幣？』および『単一性と多元性の間の貨幣』がある。これらの書籍は私的貨幣と公的貨幣の間にあるこれらの緊張を思索の中心に置いている。ただしそれらはすべての公的貨幣の多元性ならびに私的貨幣の多元性を考察している。

(18)　『危機によって正体を現した貨幣』における、「**現代の通貨的・金融的危機**」という視座は、結局のところ期待外れである。なるほど、本書に参集した著者たちの意図は、過去およびありふれた異国的なものを現在と結びつけることにあるが、そのことにより、彼らは場合によっては新しい危機の形態の到来を示しているかもしれない最近のあり得るイノヴェーションを見抜くことについてほとんど歯牙にもかけていない。」［Boyer 2008］。

(19)　倫理は、貨幣制度主義が提示している貨幣の中に確かに存在している。しかし国際通貨への倫理的信頼の適用は依然として萌芽状態であり、コモンズが探求した倫理は第8章で私が示したようにより幅広く適用できる。

(20)　ここでは、貨幣制度主義の内部でコモンズの理論を動員することおよび経済学を統一的社会科学に統合することにも影響を及ぼす、彼の理論的構成がもつ〔倫理とは〕別の側面、すなわち例えば貨幣制度、債務、無形財産、将来性、社会的秩序の三幅対的構造化等々の彼の考え方、については触れずにおいておく。実際、コモンズの経済制度主義をフランス語圏の貨幣制度主義に接ぎ木することで、それらの制度主義がマルクス主義的および／あるいはポランニー主義的なものであろうとも、それらの支持者のめがねに適った、貨幣についての統一的社会科学の理念により一層近づくことができる。

(21)　フランス語圏の貨幣制度主義において、国際通貨の問題は、たとえその問題がその貨幣制度主義において、安心して国民貨幣を自由に使えないという「原罪に苦しむ」領土国家にとっては、実証的に、第一義的な地位にあると見なされようとも、それ自体としては二次的な地位を占めている。その問題を貨幣と主権に結びつけるからといっても、またたとえその参照枠組みが権威と主権のパワーの区別に基づいていたとしても、その問題は、より一般的なレギュラシオン・アプローチでもそうであるように、依然として領土主権と法治国家の問題である。国際秩序を秩序そのものとして、またその秩序に固有なレギュラシオン形態として国際通貨レジームを考察しているのはM・アグリエッタぐらいしかいない［Aglietta 2008a: 276-85］。しかし国民的社会的秩序と国際的秩序との弁証法は、たとえそれが、そこに国家連合が存在するために様々な問題を生じさせるユーロ圏という地域的規模でなくても、いまだ突っ込んだ〔研究の〕展開対象となっていない。このような方向での「構築主義的」プログラムについては、Kébabdjian （sd）［1998］を参照せよ。

（22）「貨幣的沈黙」（マネタリー・サイレンス）の観念を展開しているのはアメリカ合衆国の歴史家ジェイコブ・フェイニである。Feinig［2015］を参照せよ。

目次

第Ⅱ部　連邦主義と通貨の多元性

凡例

本書は、著者のブリューノ・テレが様々な雑誌に発表したフランス語および英語論文を訳者が取りまとめたものである。したがって原著は存在しない。

翻訳に際しては、以下の点に留意した。

（1）ラテン語起源の用語などを除く、原文におけるイタリックはゴシックにした。

（2）先頭の字句が大文字で始まっている用語には傍点を付した。

（3）（ ）はそのまま（ ）にした。また « » は「 」にした。

（4）――、コロン、セミコロンは、可能な限り省略し、日本語として読みやすくするための工夫を行った。

（5）日本語による表記のみでは、原語の意味を取り違える可能性のある用語については、適宜、カタカナのルビを振っている。

（6）原文を訳出しただけでは正確に文意を捉えにくい箇所、および独自な用語のため理解が難しい用語の直後に〔 〕によって簡単な訳者註を挿入した。

（7）本書全般においては、通常の経済学の専門用語として訳語が定着している用語であっても、独特な定義や概念化が提唱されている。また新たな概念や定義も数多く提唱されている。そこで、本書では読者の理解を助けるべく、巻末に簡単な用語集をもうけた。なお、それらについては、本文中の該当の用語をゴシック体として示している。

第1章 公的マネーと政治的秩序の経済体制《レジーム》
——ブリューノ・テレとの対話——

聞き手：ヴァンサン・ガヨン（Vincent Gayon）
バンジャマン・ルモワーヌ（Benjamin Lemoine）

ブリューノ・テレのアカデミックな経歴は非典型的なものであり、彼の研究の軌跡を理解するための鍵を与えてくれる。一九六六年から一九七〇年までの芸術工芸中央学校に通っていた間、彼は経済学と社会学のコースを同時に受講していた。一九七一年には経済学の高等学術資格（DES）を取り、次いで一九七二年に財務省予測局（DP）の調査官となり、一九七三年には社会学の専門研究課程修了証書（DEA）を取得している。後にDPを辞職するが、それは、この部局が、一九八〇年代中頃の方針転換の後に、厳密な「新自由主義的」規範を逸脱する研究に対して、ほぼ未来を閉ざしてしまったからである。彼はその後、経済学の国家博士論文［Théret 1990 : 1992］のとりまとめに集中し、国立科学研究センター（CNRS）研究員となった。内部から経験したこうした新自由主義的転換について、彼は何よりもまずB・ジョベールと共に分析している［Jobert et Théret 1994］。また、政治的側面・社会学的側面・経済学的側面を結びつけて行った新自由主義の構築に関する分析［Théret 1991a : 1994］は、社会学者や政治学者の注目を広く集めた。おそらく、貨幣に関するテレの研究は、政治社会学の問題設定および研究領域と図らずも共鳴するものである。以下のインタビューでは、彼の研究の背後にあるこうした側面を探り出していきたい。とりわけ、例えば、彼が編集した通貨危機についての（一見したところ、無味乾燥な）大著が、社会学者や政治学者、もしくは歴史学者の関心をどんな点で引きつけるのかを示していきたい。

——あなたの経済学研究には、一貫した主張が見られます。つまり経済学は、自然についての普遍的な科学にではなく、社会科学に属するということです。そして、社会科学においては、資本主義の「領土化された」様式、歴史的文化へのその埋め込みを考慮しなければならない、ということです。あなたの研究の展望とはどのようなものでしょうか。

ブリューノ・テレ（以下BT）：つまるところ、私の研究は、歴史的・比較的な観点から、財政（公的金融）（租税や債務、支出、貨幣）の政治経済学に取り組むというものです。歴史と比較の観点は、フランスではレギュラシオン理論の潮流が得意としてきたものです。このような観点から、現代諸社会における国家と経済との関係の基盤・起源・発展論理を理解し説明しようというのが私の研究究です。こうした研究から、現代諸社会と制度的アレンジメントの発展の持続性と効率性について、教訓を得ることが期待されます。なお制度的アレンジメントについては、富の市場的蓄積の論理だけでなく、国家による主権的パワーの蓄積の論理をも枠づけるものを考えています。

――あなたは、複数の学問領域が交差するところで研究なさっています。一九七〇年代の、M・ピアルーとの共同研究、社会科学高等研究院（EHESS）での都市社会学のM・カステルのセミナーへの参加に始まり、より最近の、さらに別の社会学者や政治学者、歴史学者、人類学者との協力関係に至るまで、あなたのこれまでの軌跡が示しています。レギュラシオン理論の潮流の歴史については今後の記述を待たなければならないとしても、その主要な論者たちに見られる特徴は、あなたに近いもののように思われます。レギュラシオンの論者たちも、他の社会諸科学と共通した認識論的、方法論的領域に身をおくように促されていました。財政や**貨幣的事実**および貨幣の人類学へと専門特化していたあなたは、公的**マネー**（argent public）の政治社会学について彼らが考察を深めるときに、実に適切な対話者となりました。貨幣的事実から公的マネーへは、おそらくほんの一歩の距離しかありません。しかし、分析的・理論的な平面において、いかにして、またどのような条件で、この一歩を踏み越えることができるのでしょうか。そもそも、公的マネーとは何を意味しているのでしょうか。

BT：およそ次のような事実から出発できるように思われます。徴収されたものであろうと、あるいは固有なものとして（つまり国家のイニシアチブで）発行されたもの――財政通貨（monnaie fiscale）と呼ばれるもの――であろうと、公的マネーには、政治的なるものの印が明らかに付されています。換言すれば、公的マネーとは、政治的なるものの経済（公的マネーはその媒体です）の機能を観察し、理解するための入り口なのです。しかし、そのためには、最初から足跡をたどり、このマネーの起源を示す印――創造の印――を分析しなければなりません。国家の経済学、より広く政治的なるものの経済学に取り組むことで、政治社会学は、民主主義についての今日の凡庸な議論（民主主義が政治的自由主義へと切り縮められています）を確実に刷新することができるでしょう。つまり政治学にとって、こうしたプログラムが意味しているのは、政治学が、そのおなじみの現在的テーマを拡張すること、政治的なるものの経済学に取り組み、そこから政治社会学と制度経済学とを作り出すことなのです。政治的なるものについての経済学というアイデア、それ自身の自律性を有し、社会統合と、資源の経済的配分との特別な様式により支配されている経済についての経済学というアイデアは、K・ポランニーのアイデアですが、まだあまり検討されてはいません。

――政治的なるものに固有な経済という分析プログラムは、あまりに概念的すぎるように見えてなりません。その探究を可能にする経験的な切り口はどのようなものでしょうか。

BT：私の観点からは、最初の一歩は、マネー〔金銭〕の歴史学と社会学の問題設定および手法を、国家領域で発行され、かつ／または流通している通貨[1]（これまで脇に追いやられてきました）へと拡張することです。しかしそうした貨幣を、受動的な貨幣、つまり「外部」で産出された（使用されるときに公的な印を刻まれるだけの）貨幣として検討することで、研究は満足してはなりません。公的パワーによるマネー発行の問題については、現在の社会的・経済的・政治的・知的な力関係からすると、次のことが当然のように思われてしまいます。すなわち国家に対して、財政赤字のリファイナンス〔マネタイゼーション〕をすべて禁じることで、資本が通貨創出の独占を手中に収めることができるかのように思われてしまうのです。しかしこう考えるべきです。つまり国家は、単に債務・支出・税収の国家であるだけではなく、通貨発行の正統的な権力でもあることができるのです。一例として、私は今、アルゼンチンで州政府が何度も行ってきた通貨の発行について研究しています。またそれはアルゼンチンの社会と政治システムとを分析するための格好の出発点でもあります。さらにそれは通貨連邦主義の問題を提起します。この問題は、欧州連合（EU）の現在のプロセスを考える上でも中心的な位置を占めます。この問題は政治的社会的な争点にもなるものですが、しかし、ほとんど、もしくは全く提起されておりません［Théret et Zanabria 2007］。

1　貨幣の係留の政治社会学

——あなたの見方は貨幣（monnaie）／マネー〔金銭〕（argent）という用語に再考を促します。これについては、人類学者と社会学者、経済学者とがしばしば対立しています［Ould-Ahmed 2008; Blanc 2009］。かなり実体論的に提起されているこうした論争は、「貨幣」もしくは「マネー」のフォーマットの構築についての社会政治的な争点を等閑視しているのではないでしょうか。

BT：貨幣／マネー〔金銭〕についてのこうした対立は、経済学者たちの貨幣と社会学者たちのマネー〔金銭〕との間の違いにつながっていくものです。この対立は私には異論の余地があるように思われますし、結局のところそれほど意味があるようには思われません。一方で社会学的アプローチは、日常的なマネーを、〔すなわち〕普通の人々や貧しい人々のマネーを記述しようとしますが、これ〔マネー〕は、下から——日常的な貨幣実践から——出発することでしか分析できません。他方で、経済学的アプローチにおいては逆に、貨幣は、上で考え出された一個の抽象であり、あたかも人々が具体的に経験するものではないかのようです。私には、両者を対立させることは、あまり妥当ではないように思われます。例えば、下では、小銭について語られます（小銭（small change）の意味で、「お金《アルジャン》をおもちですか」と言う場合）が、上では、日常的には流通しないもの、退蔵されるものを指し示すためにマネーが語られます。後者〔のマネー〕は、マルクスが語ったように、資本の貨幣的形態ないし「貨幣《アルジャン》‐資本」と同義です。さらにまた貨幣とマネー〔金銭〕との間の曖昧さを縮減するというよりも、むしろ私の考えによれば、一方での金属（メタル）への貨幣の自然化と、他方での純粋に信用発行である主権通貨の容認（ここでは記号が金属の支持材に優越します）との間の連続体上の移動を研究対象とし、これを観察すべきなのです。

——まさしく、例えば社会学者は、マネー〔金銭〕の観念のほうが、貨幣のそれよりも広いと考えています［Blic et Lazarus 2007］。このとき貨幣は、ある種のマネーの特殊な物質化の支え、対象でしかないのでしょうか。

BT：私の考えでは、逆にマネーが、貨幣の特殊な〔普遍的な通用範囲をもたない〕形態だということになります。語の最初の意味では、マネー（打刻貨幣ないし秤量貨幣）は金属の銀《アルジャン》を指し示しています。したがってマネーとは、歴史的にはまず硬貨〔貨幣の個片〕であり、そしてマネーは、貨幣としては、固有の政治的言説としての、自律的な実践領域としての経済が歴史に登場するときに、貴金属と関連づけられます。マネーとは、商品貨幣のエンブレム〔象徴的図柄〕であり、その金属的な外観から見れば、客体化された貨幣、すなわち自然化され、物象化された貨幣なのです。

貨幣が金属マネーへの同化を通じて自然化するこうした過程は、商業的実践の特殊な発展、ブルジョア的秩序（神学的‐政治的権力の支配から解放されようとする）の構築と関連しています。商品貨幣となったこうしたマネーは、政治的なるものから距離を置いた経済的蓄積領域の自律化を媒介するもの《ヴェクトゥル》なのです。資本主義的貨幣は、マネーすなわち「貨幣‐資本」なのです。それは（新興ブルジョアジーが構想していたように）貯蔵手段として、富の究極的で量化された表象として、私的に機能することを許された貨幣なのです。こうした新しい観念はまず、イギリスで一七世紀末に、近代的な主権的領土国家の政治形態と同時に確立しました。

――商品貨幣（金属製であり、打刻され、刻印され、物質的である）と、公的貨幣（記号であり、信用発行であり、マネー化していない）との間で貨幣がとる形態におけるこうした緊張は、あなたの研究の中では、「貨幣がどのように主権となるか」に関係してきます。ある種の経済的秩序が政治的秩序を支配することが、貨幣の形態への働きかけによって保証される、というのはどのようにしてなのでしょうか。

BT：こうした緊張に関しては、J・ロックの視点に立ち返らなければなりません。彼は、経済的・政治的・象徴的という複数の次元にわたってマネーを考察した最初の一人なのです［Caffentzis 1989］。ロックが考えたのは、金属への貨幣の係留《アンクラージュ》〔を表す〕値は、社会体の一種の定数項であり、自然状態から継承され、その物質的実体と関連づけられたものである、ということです。ロックの時代に戻ってみましょう。この頃イギリスの貨幣は、摩滅や、削り取り〔縁削り〕、偽造によって、古くから基準となってきた銀重量に対してかなり品位低下していました。この大きな通貨危機（一六九六年の「大改鋳」によって終わりを遂げる）に際して、ロックは、金属に対するポンドのいかなる価値切り下げをも拒絶しました。逆に彼はポンドをその元来の重量へと再び係留し、同時に、一六八九年の「大革命」に由来する、出来立ての立憲君主制の政治的正統性を保証することの必要性を確認しました［Théret 2008b］。ロックにとっては、新しい政治体制《レジーム》を自然状態に係留することで、これに永遠性をまとわせることが重要なのでした。彼の見解は優位に立ちましたが、短期的には経済的、社会的、政治的に不都合なものでした。というのも、イギリスは景気後退に陥り、フランスとの戦争に巻き込まれたからです。また貨幣価値の再評価によって、この国から大量の銀が流出しました。ロックの個人主義的観念（それはアングロサクソン諸国で共有知（common knowledge）になっていきます）においては、貨幣は人的な創造物であり、取り決め《コンヴァンシオン》であるのですが、必ず金属でなければなりません。貨幣は何よりもまず富を保存し移転するのに役立たなければなりませんし、これこそまさに、貴金属が――その内在的な特質によって――可能にしてくれることなのです。つまり、ロック的な個人は、自らがもつものに比例して存在し、自らが占有するものから自らの価値を引き出すわけでして、貨幣は所有物の総計を実現することによって個人の存在を表象するものとなります。こうして貨幣は、国家に対して（不滅の）主権的権威の地位に置かれなければなりません。貨幣は、永続的に価値が保証された富を蓄積し、これを自らの子孫に移転することで、人間が地上での自らの不滅性〔不死性」を獲得する能力の担保なのです。だからこそ国家は貨幣の価値の自然的な、もしくは父祖伝来の定義に従わなければならないのです。こうした状況において、マネーは公的でもなければ私的でもありません。それはすべてを超越するものです。私的マネーは公的マネーと混合しているのです。

さて一九九〇年代にアルゼンチンでは、カレンシーボード制を通じて、同じ種類の図式を再生しようとしました。しかしこの制度は一〇年も保ちませんでした。ロックの上げた功績は、およそ二五〇年の間、疑われなかったというのにです。一九九一年三月のある日曜日の夕刻に、ブエノスアイレスで三人の男たちが会合し、それ以降はアルゼンチン・ペソの価値を米国ドル（最も信用ある貨幣と考えられていた）のそれと同じにすることを取り決めました。次いで彼らは、アルゼンチン政府と議会がこの等式（一ペソ＝一ドル）を遵守することを自らに課す、という法律を制定させました。永続的なものとして構想された貨幣であるドル‐ペソ（ドル化ペソ）は、こうして最高権威によって制定され、それまで主権を有してきた権力に課されたのです［Roig 2008］。

――どのような歴史的経験と知的な構想を通じて、金属への貨幣のこうした係留に対立する極が構築されるのでしょうか、つまり記号‐通貨（表号通貨）もしくは信用発行通貨と呼ぶことができるような極が。

BT：記号‐通貨については、複数のタイプと構想があります［Hart 1986］。一八〇〇年に『閉鎖商業国家』（一九八〇年）においてJ・G・フィヒテは、ドイツの政治的統一の中心的手段として、金兌換不可能で純粋に自己準拠的（自己言及的）な国家貨幣の導入を提唱しました。しかもそれは、あらゆる国際貿易の拒絶という犠牲を払ってのものでした。フィヒテはいわば、貨幣の「表券主義的」（国法的）構想を先取りしていたのです。これは、二〇世紀初頭以降、大きな影響力をもつようになります。こうした構想を発展させたG・F・クナップは、市場経済の活性化のために財政通貨を積極的に発行することを正統化して、ケインズによる経済・金融政策の構想に強い影響を与えました。さらに、信用発行による商業的貨幣の様々な提案が、大改鋳時代のロックの立場に対抗して登場しました。それ以降、今日に至るまで、絶えざる論争が二つの潮流の間で闘わされることになります。すなわち一方で通貨学派の論者は、銀行の金庫の中にある一〇〇％カバーの金銀の貨幣を表象するもの以外、紙幣には全く価値を認めません。他方で、銀行学派は、銀行貨幣、つまり記号‐通貨は、たとえ部分的にしか金属によってカバーされていなくても、われわれが信頼を抱くことのできる完全貨幣であると考えるのです。

しかしながら以下のように主張できます。すなわち商業的な種類の記号‐通貨が（国際レベルでも）通用するようになり、また経済学（最も自由主義的なそれを含めて）を決定的に支配したように思われるのは、ほんの四〇年前（一九七一年の金ドル交換停止）からのことでしかありません。それ以降、各国の通貨システムの計算単位は、純粋に慣行的なものとして認識され、貨幣価値の安定化は、一般物価水準の統計的指数を参照することによってしか追求されなくなりました。こうしてわれわれは、「無形的（intangible）」と規定できる、自己準拠的な貨幣の第二のタイプを前にするのです。これが「無形的」であるのは、その価値が、期待将来価値の現在価値列によって計算されるからです［Orléan 1998］。それと相関して、君主の通貨操作に対するブルジョアジーの反対は、いまや、それ自身の貨幣を発行する国家の能力を削減ないし完全破壊しようとするものとなり、また通貨発行を完全に商業的論理のみに結合させようとするものになります。最後に第三のタイプの記号‐通貨は、市民社会の、もしくは家内的秩序の貨幣に関わるものでして、これは通常、社会的もしくは共同体的貨幣と呼ばれています（LETS［Local Exchange and Trading Systems］、SEL［Système d'échange local］、アルゼンチンの交換クラブ）［Blanc 2001 : 2006 : Servet 1999］。

――金属によって自然化され、普遍的通貨の地位におかれた貨幣がブルジョア的＝市場的秩序の実現を保証した、とあなたはおっしゃいました。特定形態の国家と商業社会の共発展――マルクスから、ブローデル、ポランニーを経てエリアスに至る様々な著者により明らかにされました――は、「貨幣《アルジャン》‐資本」の蓄積を可能にしました。これまでのあなたの研究は、資本主義的＝市場的世界と国家的＝公的世界との、したがってまた公的マネーと私的マネーとの合成形態がどのように生み出されるかを分析するものでした。これに関連して、「ケインズ主義的国家」の構築をどのように分析すべきなのでしょうか。

BT：ケインズ主義によりなされた転換は、国家と市場が弁証法的に、ループ状に機能するように促します。つまり、資本の流通に接続された国家は、資本を部分的に社会化することによって、市場を活性化します。これは、「国家は必ず反生産的である」とする自由主義的な見解に反することです。ただし、資本が労働力の社会化された生産＝再生産を糧としているというこうしたモデルは、社会の一般経済が相対的にそれほど国際開放されていない場合にしか妥当しません［Théret 1992 : 1993］。一定の諸勢力が、ケインズ主義＝フォーディズムの協定から離脱するやいなや、新たな転換と、ケインズ主義的回路《スィルキュイ》の機能不全が起こりました。それ以降、国家／市場関係の新しいモデルが支配的となり、それは、奇妙なことに、古典的な経済自由主義のリメイク版のようなものでした。一方で国家は資本に従属して生きることを再び始め、自らの労働力生産機能を放棄しています。他方で国家は、金融資本（とりわけ公債を取り込むことで、国家から養分を吸い取っています）を呼び寄せ、持ち場を与えます。

――国家と市場との間の絡み合いのこうしたゲームは絶えず改作され、それぞれの自律性と、その相互的支配を試験にかけます。どうすれば国家のよりいっそうの自律性を促すことができるのでしょうか。

BT：国家が市場経済と接続されるとき、国家は、私的通貨の徴収を前提としない公的支出の形態をとります。公的支出は、国家による貨幣の発行を通じて行うことができるのです。この貨幣は市場経済を流通した後で、徴税を通じて国庫に（財政が均衡していれば、そっくりそのまま）還流することになります。フランスでは長い間（ユーロへの移行まで）こうした論理がはっきりと見られました。というのもフランスの国庫は、全国に散らばった支店と（「国庫」と呼ばれる）**コルレス先**をもつ固有の銀行流通という制度形態をとっていたからです。公的支出の受益者、もしくは租税債務者はそこに口座を開くことができました。二〇〇一年（EUがこうした活動の競争部門への委譲を命じるまで）には、こうした口座は九〇万を数えました。現在進行している郵便局の民営化は、財政通貨を発行する国家の権限の破壊を完成させるものです。財政通貨は、三世紀前からずっと（戦時中を除いて）、民間銀行ネットワークにより発行された信用貨幣よりも、決してインフレ的ではありませんでした。この場合、通貨を投入するのは国家であり、その通貨は財政の回路〔循環〕によって国家に戻ってきます。より一般的に言えば、公印を付されたすべての通貨（社会的給付、公務員の賃金、公共調達など）の目的は、資本化されることにではなく、絶えず流通に再投入されることにあります。こうした通貨は、国家主導で発行されていようが、民間銀行主導で発行されていようが、市場経済への国家の挿入と公共政策が正統的でありさえすれば、信頼を喚起する上で「商品」形態をとる必要がありません。公的マネーは固有の正統性源泉をもっているのでして、その正統性は、資本蓄積を促すための私的商品貨幣の経済学とは異なる経済学に依拠しているのです。

――しかしながら、国民的領域のその外部環境への嵌入を考慮するとき、事情はかなり複雑なものになるのではないでしょうか。

BT：もちろんそのとおりです。国際貿易と金融開放は、政治的・社会的諸空間が財政通貨の統一を通じて自己統合する能力を、著しく減退させます。国際レベルでは、次の事実から問題が生じています。すなわち、不均衡な国際貿易とマネーフローが存在するために、各国の財政通貨はどれも他の国民諸通貨に照らして評価されるという事実がそれです。この場合、公的な記号‐通貨は、自己調整的な課税＝財政回路から外に出て、その発行を司っていた論理とは異質な論理による外在的評価に服するようになります。**為替体制《レジーム》**と関連した制約は、こうして、各国の財政通貨の自己準拠的性格における限界を意味します。国際金本位体制《レジーム》において、このことが意味していたのは、各国の計算単位は、特定の重量の金と交換可能でなければならない、ということでした。また、準固定レートによるこれと同じタイプの交換性制約（ただし今度はもはや金とのではなく、基軸通貨――主としてドル――との交換性の制約）は、内部から異議申し立てされていて、こうした交換性に名目的係留〔名目アンカー〕を求める各国の財政通貨にとって価値があるものです。さらに、金融市場における国債（皮肉なことに格付け機関によって「ソブリン債」〔政府債および政府保証債〕と呼ばれている）の格付け装置も、国家の貨幣的自律性を縮減させます。

2　国家の政治的秩序および貨幣的秩序の正統性

――あなたの分析を支えているもの、それは、様々な「政治的秩序の経済体制《レジーム》」[Théret 1992] は、政治的・社会的な妥協の状態によって異なっている、ということです。こうした可変的な社会的協定の基礎について、もう少し説明してもらえませんか。何が、こうした様々なレジームを、したがって、国家のこうした様々な布置を可変的なものにしているのでしょうか。どのようにしてあなたはこれらを研究してきたのでしょうか、または、あなたはどのように研究することを提案しているのでしょうか。

BT：近代社会（政治的なるものが宗教から解放された）においては、国家がそれ自体として、貨幣の係留原理なのです。国家は自然への、もしくは神へのあらゆる準拠を排除することができます。というのも国家は、主権の表象――人民の永遠性の表現そのもの――を独占しようとしているからです。そこに、私は最初のレジームを見ようとしています。ここでは、国家は、不定で無限の時間性の中に包み込まれています。というのも、国家は集団を不死なるものとし、恒久化させるからです。したがってその〔国家の〕貨幣はアプリオリに永遠なのです。しかし、国家はそれ自身が権威付与の機関になりうるとしても、それは社会契約もしくは社会的協定に言うところの委譲を通じてのことでしかありません。国家は自然へのいかなる準拠も無視することができるとしても、自らを国家として承認する社会へのいかなる準拠も無視することができないのです。国家の正統性（これによって国家は権威となり、単なる事実上の権力ではなくなる）は、構成的な諸価値に、その社会の制度化された想像界《リマジネール》に、その制度の社会歴史的性格に左右されます。これに対して権力は、（国家に住み着き、かつ／または、国家の活動や財政を制約する）様々な社会集団によって保有されています。神権的絶対君主制においては、裁判所への召喚により時々儀礼的に幾人かの金融業者を生け贄にすることによって、権力を商人＝銀行家ブルジョアジーの社会的統制から解放することができました［Dessert 1984］。逆に、立憲君主制の（アングロサクソン的自由主義の標準モデルとなっていった）ロック的なモデルにおいては、権力は抑えられています。しかし、社会契約ないし社会的協定についての別の諸政治哲学は、多様な形で、（支配的な地位にあって、自らの通貨システムを作り出す人々の権力を制限するような）近代国家憲法を作り出しました［Théret 2008a］。ともかく、この問題については、国家の政治的秩序やそれと結びついた通貨システムの多様性を分析する妥当な枠組みを構築すべく、多くの研究を行わなければなりません。こうした方向で前進するためにこそ、われわれは『主権貨幣』〔邦訳書名は『貨幣主権論』〕［Aglietta et Orlean 1998］とともに開始され、『危機によって正体を現した貨幣』［Théret 2007］により継続された集合的な知的経験を続行させなければならないのです。

――つまり政治的秩序の経済体制は、どれも、社会的力関係を承認する妥協に対応しているのでしょうか。

BT：通貨システムは、財政通貨と商業通貨のそれぞれの発行と使用を規制する政治的妥協によって、安定化させられており、このとき二つの通貨は多かれ少なかれ相互に交換可能です［Théret 1998］。一九世紀以降、こうした妥協は中央銀行の創設憲章において制度化されてきましたが、いまや、その金融政策ルールが、かつて金属量との関係を通じて課せられていた制約に取って代わっています。社会的力関係が、マネーに与えられる「力」や「ハードさ」の大小を強く規定しているのです。こうして、計算単位やその（金属への、もしくはその価値を保存できるとされる基準的外貨への）係留が慣行的な、また多少とも頑強に構築された性格をもつことを、改めて推し量ることができます。また通貨システムを構成している、商業通貨と財政通貨の混合について言えば、これら異なる構成要素の相対的な比重は、社会的力関係と、（社会を平穏化することでこの関係を安定化させる）歴史的妥協に直接依存しているのです。図式的に言えば、いわゆる「黄金の三〇年」のフォーディズム＝ケインズ主義的時代は、能動的な財政通貨〔第5章3参照〕に有利な、国家・産業資本・労働の間での妥協であったと言えますし、新自由主義＝マネタリスト的なこの三〇年に推し進められた政策は、国家と市場金融との間の――非能動的な競争的商業通貨に有利な――妥協（銀行は金融市場の論理に従属しています）を示していると言えます。社会的諸通貨の台頭もまた、民主主義発展の観点における将来の解決策として、非政府組織（ＮＧＯ）の様々な研究者や活動家たちによって次第に議論されるようになっています［Blanc 2006］。これらの具体的な経験は意義深いですが、それでも副次的なものにとどまっています――厳しい経済危機の時期にはそうではなかったのですが。

貨幣の購買力価値の固定化は、力関係による恣意的裁定（たとえ力関係が安定化しているとしても）に還元されるものではありません。貨幣の発行と分配の様式が受け入れられるためには、社会の諸価値に合致していなければなりません。そうしてこそ慣行《コンヴァンシオン》は正統的であり、その慣行を信念・表象・諸対象（支払手段）へと凝固させることができるのです。

――こうした力関係の外側に、あなたが「倫理的信頼」と呼ぶ別の原理、これらの様々な貨幣的秩序を調整し、維持させる原理があるのですね。どのようにして、この原理は検証され、あるいは少なくとも経験的に支持されるのでしょうか。いかなる点で、この原理は真にヒューリスティック〔発見的〕なのでしょうか。

BT：その通貨創出《モネヤージュ》の形態がどうあれ、通貨は常に本質的に信用発行であり、その価値はその発行者と発行ルールの正統性に依存します。F・シミアン［Simiand 2006］によれば、究極的には貨幣は、債務／債権の私的、公的なサイクルを調和的に発動させる〔貨幣の〕能力への「社会的信仰《フォワ》」の上に成り立っています。『主権貨幣』［Aglietta et Orléan 1998］で行った研究以来、われわれは、この社会的信仰を三つの項目に分解しています。倫理的信頼は、信頼の三角構造の要であると考えます。それ以外にこの構造には、方法的（もしくはルーティン的）形態とヒエラルキー的形態があります。方法的形態とは、われわれが貨幣を受け入れるのは、「すべての人がそれを相互に受け入れるだろう」と期待するからだ、というものであり、他方でヒエラルキー的形態とは、方法的信頼をいかなる危機からも守る――支払共同体のレベルにおける――集団的行動と集合的権力が関与するものです。貨幣の分配が倫理的な価値および規範（その中で、この貨幣が妥当であると認められている帰属共同体が依拠している価値と規範）と合致していることによって貨幣が受け入れられているとき、倫理的信頼が存在します。このとき、通貨危機の様々なタイプおよび深刻度を区別することができます。ここでは私は次のことを思い起こしてもらうだけにとどめます。つまり最も深刻な危機は、倫理的信頼が損なわれていて、貨幣の受容と使用とがそのすべての次元において疑問視されるような危機です。その結果、主権的権力の権威が、その主要な根拠の一つ――社会における生命の保護者としての権力であること――でぐらつきます。よって通貨危機は重大な政治的、象徴的危機以外の何物でもありません。多くの国に、また様々な時代に、こうした危機的状況の例が見いだされます。それは、われわれが提示している信頼諸形態の解体が、それ〔通貨危機〕を分析する上で有用であることを示してくれるのです［Théret 2007］。方法的信頼も、ヒエラルキー的信頼も、倫理的信頼も失われた危機の典型的な状況は、よく知られたハイパーインフレのそれです。ハイパーインフレは、貨幣の総称的属性〔計算・支払い・ルール（第2章2(1)参照）〕のすべてを攻撃します。すなわち、支払手段は早く手放したい気持ちを起こさせるようになり、方法的信頼が存在しなくなります。貨幣制度が破綻し、そのルールが遵守されなくなり、ヒエラルキー的信頼が存在しなくなります。計算単位は不安定であるため意味をもたなくなり、貨幣共同体が崩壊し、倫理的信頼が存在しなくなり、政治体が分裂します。

――通貨への信用や、国家の借入による資金調達能力や、第三者勢力への国家の抵抗力が、（国家、その債務者、その債権者などの間の）制度的な力関係の布置に応じて変化することはよくわかります。「信頼」という概念は、支持の広がりについての観念と関連しています。しかし正統性は何よりもまず、官民の金融エリートと産業エリートとの間の社会的闘争および安定的妥協の中で決定されるのではないのでしょうか。

BT：まず最初に、財政通貨が力によって押し付けられるとしても、その受容はそうした力の正統性に左右されます。しかしそうした力は翻って、主権的権力が政治体の全構成員に提供すべき保護〔の如何〕に左右されます。もちろんこの受容には様々な度合いがあります。すなわちルーティン化された慣行から、戦略的行動の余地を与える、より戦術的な受容に至るまで〔財政通貨の受容の〕連続体があるのです。例えば、国家がその金融政策を通じてあからさまに特定の利益集団に恩恵を与えすぎるやいなや、別の集団が――場合によってはそれ独自の通貨を発行することで――反乱を起こす傾向があるでしょう（こうして地域交換取引制度（LETS）、アルゼンチンの州通貨のような補完通貨が登場します）。利害対立の最も古典的な布置構造は、債権者と債務者とを対立させるものであり、所得が固定されているか可変的であるかに応じて異なります。こうして、土地所有者その他のタイプのレントナー〔不労所得者〕、伝統的な債権者は、産業資本家や構造的債務者と対立します。後者は、自分たちの債務を減価してくれるインフレを利益とするのです。賃金生活者たちは分裂します。賃金がインデクスされて〔物価上昇率に連動して〕いない場合、インフレは賃金を侵食します。しかし賃金生活者も、住宅や消費のローンを固定金利で借りている場合には、インフレから利益を得るのです。

――この場合、経済的・貨幣的秩序への政治的同意による――もしくは信頼による――複合経済について語るべきではないでしょうか。こうした枠組みにおいては、貨幣の正統性の重要な拠り所の一つとして、ほかに再分配もあるのではないでしょうか。

BT：近代領土国家は、永続性を得るために貨幣を使用するのではありません。持続性をまとうためには、国家は何よりもまず権利を動員します。この観点から見るとき、国家は、種々の地位（statuts）からなる世襲財産であり、可変的な寿命をもつ政治的諸権利（諸義務・諸職務を引き受けることを対価として諸個人に認められる）のストックであると言えます。いろいろなやり方で自らの武力《フォルス》を国家に移譲するすべての人々によってその〔国家の〕資源は保有されますが、その代わりに国家パワーはそうした資源に対する一連の引出権を手に入れます［Théret 1992］。国家は、それが定義もしくは承認する諸地位に相応して、またそれが尊重しなければならない諸権利に相応して、社会の経済的資源に対する貨幣的権利－債権（すなわち無から創出される、もしくは予め徴収される公的マネー）を個々人に分配するわけです（例えば終身年金や、公務員の給料、社会給付の形で）。国家とはこれらの権利の集合体なのです。国家は、膨大な〔数の〕帳簿の制度化された集合体であり、そこには、国家の中で、または国家に対して権利を有する様々なカテゴリーの人々に対する、公的な（社会的で主権的な）債務が記録されています。国家こそ、まさにP・ブルデュー［Bourdieu 1995］が「ノモス」〔それぞれの場《シャン》に固有の法〕と呼んだ象徴的資本のバンクなのです。だから国家は、政治的諸権利（からなる世襲財産）が経済的・社会的諸権利（のフロー）へと転化することを可能にする「ノモス」の制度〔機関〕なのです。こうした政治的および社会経済的諸権利は、市場交換を支配する配分原理とは異なる――しかも代替可能であると同時に補完的な――配分原理に従って、資源へのアクセス〔取得権〕を与えるものです。保護と社会支出は、諸資源への権利を社会に開放することと関連していますが、こうした社会的権利は、究極的には、人民主権の代理人としての国家、「生《ヴィ》の債務」（健康への権利など）の最後の借り手としての国家により保証されているものです。国家は、それ自身の課税＝財政回路（循環）をもつので、固有の通貨を発行することによって、こうした権利に正統的に資金補給することができます。問題は通貨を創出することにあるのではなく、政治体の統一を乱すリスクを負いながらも、ますます広範な領域において通貨を通用させることにあります。

——しかしどのようにして、社会の構造分化と、貨幣使用の正統性とを結合させるべきなのでしょうか。換言すれば、様々な活動領域の中で、またそれらの間で特定の支払手段が使用されることをどのように考えればよろしいのでしょうか。

BT：財政通貨としての公的マネーは、それと共存している別の通貨、とりわけ種々の商業通貨とは歴史的に区別されるものです。公的マネーは、国家に固有な発行および／または刻印の論理に従って、歴史的軌跡（その大部分は、それ以前に分配されていた政治的諸権利の——世襲される——ストックによって規定されている）の中に組み込まれています。長きにわたり、人間諸社会は、未分化な（政治的なるものから自律した経済という観念が意味をもたない）諸全体性にとどまっていました。自律的な経済的秩序が登場するためには、商人＝銀行家が、債務と社会的紐帯の新しい契約的形態を発明するのを待たねばならなかったのです。ブルジョア革命の神髄はまさにここにあります。つまり、宗教的もしくは国家的な庇護［後見］に直接には従属しないような、そして国家から距離をおいて固有の社会関係を発展させることができるような生活の領域を創出することです。そして、国家が正統的な物理的暴力を独占することによって、自ら、水平的な新しい契約諸関係の出現を可能としたとき、既にこのようなことは見られていました。西洋においては、こうした市場的諸関係は、一六世紀に、まずは国際的な領域において飛躍的に発展します。そこでは大商人が私的な信用貨幣（為替手形）を発明しました。これが、署名の質——「正貨で清算されるであろう」ことに支えられている——に担保されて、彼らの社会的ネットワークの中を信頼されながら流通することになります［Boyer-Xambeu, Deleplace et Gillard 1986］。

公的通貨と私的通貨の間のこうした干渉《アンテルフェランス》は、自律的な実践諸秩序（経済的、政治的、家内的）の間に存在する相互依存を例示するものです。いずれの秩序も他の秩序なしに済ますことはできません。［まず］国家が自らを発展させるためには、市場経済・家内経済の中に自らを組み込み、自らの活動に必要な資源をそこから取り立てる必要があります。［次に］契約の安全性、領土内の流通、（資本蓄積の基礎となる）所有権の不可侵を保証するために、市場的秩序は国家なしで済ますことができません。最後に、互酬的諸関係により統合される家内経済は、資本主義的市場経済と政治的なるものの課税＝財政経済によって動員されることでしか生き延びることができません［Servet (dir.) 1999; Zelizer 2005; Blanc 2006］。したがって、国家と市場との歴史的な共発展は、国家的合理性と市場的合理性との間の矛盾に基づいてなされていきます。公的マネーは支出されるために造られるのに対して、市場的秩序においてはマネーは前貸しされます、［つまり］保存され、再生産され、拡張され、資本へ転化されるために造られます［Théret 1993］。国家は、減価償却されるべき資本、収益を上げるべき資本という観念をもち合わせておりません（ブルジョアからは「国家はよき家長として自らの資産を評価し管理せよ」という圧力がありますが）。それに対して、マックス・ウェーバーとともに、「資本計算」なしに資本主義は存在しない、と考えることができます。

――『主権貨幣』の共同研究以来あなたが展開している「生の債務」という仮説は、国家に対する、したがって公的マネーに対する諸権利を開放することと、具体的にいかなる点で接合されるのでしょうか。

BT：まず最初に、生の債務とは、誰もが宇宙的なパワー（神や祖先など）に対して生誕時に負う本源的な債務であり、死によってしか解放されないものです。すなわち生とは贈与であり、生は与えられ、受け取られ、返されるのです。彼岸からの原初的な借入についての象徴は、象徴構造として、すなわち（社会によってかなり異なるフォルムで具現化される）守護聖人として提示されることがあります［Servet, Théret et Yildirim 2008］。こうした生の債務という観念は、まさに、近代租税国家の制度的な過程の中心にあるものです。近代租税国家は、自国民の生命を保護し、「人民」の不死性を――すなわち、そのパワーの共通の承認を通じて結集した集団の永続性を――表象しています。こうした観念はまた、ノモスの中に、公的債務や――先ほど申し上げた――諸権利を登録する大きな帳簿の中に組み込まれています。次に、こうした象徴的構造を通じて、貨幣の供犠的起源〔生け贄としての起源〕が、つまり生の債務の支払手段（供犠の中で生け贄を代替するもの）としての貨幣の原初的な使用が見いだされます［Laum 1992; Malamoud 1988］。こうした観点から見れば、経済学の中心的対象はもはや、財やサービスの商業的流通なのではなく、複数のタイプの取引（市場交換のみならず、贈与・反対贈与、徴集・再分配も含む）によって引き起こされる財やサービスの所有権移転の全体であることになります。最後に、経済が貨幣的である以上、「債務」と債権という用語でこれらの権利を翻訳し直すことができますし、「経済とは債務の束である」と考えることもできます。こうした債務は契約的な商業債務には要約できず、（政治的秩序を構成する）垂直的な性格の生の債務も、（家内的秩序を構成する）対角的な性格の生の債務も含んでいます［Théret 2009］。

実は、生の債務という観念は、J・コモンズ［Commons 1934a (1990)］とK・ポランニー［Polanyi 1983］の研究の底流にあるものです。貨幣の制度主義的アプローチは、フランスではM・アグリエッタとA・オルレアンが初期の著作［Aglietta et Orléan 1986］において発展させ、あなたが言及された共同著作に至りましたが、このアプローチが貨幣理論と政治経済学理論の中心に置いたのが生の債務という観念でした［Théret 1995a］。この人類学的な創始仮説〔アプローチの出発点となる仮説〕は、今日の諸社会の経済を資本主義的市場経済に還元せずに考察するための、一中心概念を提供するものです。それは、市場交換だけに注意を集中するのではなく、これ〔市場交換〕を他のポランニー的な統合原理と、かつ／またはコモンズにより区別された様々なタイプの取引と接合しようとする政治経済学の復活を可能にします。資本主義における商業的な契約債務の著しい発展にもかかわらず、実は、生の債務は常に現代諸社会を構造化しています。この債務は現代社会で次第に大きな場所を占めるようになってさえいるのでして、そのことは国家の発展を見れば明らかです。生の債務は単にその形と意味を変えただけではなく、租税的かつ社会的になっているのです。さらに債権者と債務者の関係がそこでは逆転しています。社会的債務という概念を打ち立てる中で、二〇世紀初頭の「連帯主義者」が見ていたように、いまや、諸個人の生に関して債務を負っているのは、社会とその集権的代理人である国家なのです。これ以降、こうした諸個人の集まりである人民が主権者と見なされるようになり、主権的権力は借入によってしか主権者と見なされなくなりました。結局、生の債務が消滅したのは、次のような経済学者の言説から、すなわち、分業と自己調整的市場を介してしか社会的紐帯を結べない、主権的で、不死で、性差のない、子孫のいない個人を公準化している経済学者の言説からでしかありません。

――権利と債権のシステムとしての公的債務〔公債を含む〕は、今日、広く金融化されているように見えます。公的債務とそのファイナンス・システムをめぐる社会的・倫理的妥協の現状に対して、あなたはどのようにお考えでしょうか。

BT：私的な市場的秩序と公的な国家的秩序とは、それら固有の論理に従って発展していますが、ただし、これらを別の諸秩序に結びつける諸々の相互依存の限界内で発展しております。これについてはいまだに、典型的な事例は、「大革命」のイギリスの事例です。それは、一つの経済階級が、一つの政治階級との間で、相対的に対称的な相互コントロールの関係を打ち立てるに至った最初の歴史的事例なのです。このような関係均衡化によって、二種類のエリートは変容を遂げました。つまり、経済の平面において、国家の金融債務という形態――対国家権利の新しい発行形態――をとる協定が結ばれたことにより、新しい社会集団、すなわち公債を保有するレントナー層が生み出されたのです。ここで本質的に重要な制度が、すなわち、「自らの債務を裁量的に減価させることはない」という王のクレディブル・コミットメント〔信頼できる約束〕の証《あかし》となった本質的に重要な制度が、大改鋳により存続可能になったイングランド銀行です。換言すれば、貨幣所有者から見て、債務者である国家がクレディブルなものになったのは、こうした公約によってでした［Desmedt 2007］。

フランスの場合、国家の「クレディブル・コミットメント」の確立はもっと後でした。フランの価値の固定性が維持されるようになるには、ロー（Law）・システムの崩壊（一七二〇年）を待たなければなりませんでした。次いで、一八世紀に進展があったとはいえ、国家の信用が決定的に確立され、公債が聖域化されるのは、ようやく、第一帝政が崩壊した一九世紀初頭のことでした［Théret 1991b：1995b］。今日「ソブリン〔主権的〕」と呼ばれているこうした債券は、近代領土国家の発明であり［Andreau, Beaur et Grenier 2006］、租税と公的マネー発行を部分的に代替するものです。ソブリン債は、他の形態の公的諸債務、すなわち諸個人の生を規約に基づいて保護するための財政的・社会的債務〔年金、家族手当、社会保険など〕と競合するようになります。これら〔後者〕の債務は――別の社会諸集団にとってではありますが――公的パワーの正統性の中心に位置するものです。利子を生み出す金融債という通常の意味の公債については、今日の国家は絶対的な支払義務を自らに課しています。公債が聖域化されていることは、国家に負わされて、国家に〔公債保有者である〕レントナー的債権者の利益を損なうことを禁じる上位の象徴的権威が確立していることに対応しています。このように、公債は、マルクスの有名な表現によれば、ブルジョアジーが絶対君主を締め付けるのに使った「金の首輪」なのです［Marx 1970：112］。といいますのも、社会的力関係によって借金に頼らざるをえない国家は、その信用を確立するために、現在のおよび潜在的な債権者からの信頼を喚起しなければならないからです。国家が、通貨操作によって、自らの債務を減価させるようなことはあってはならないのです。この点においてもまた、商業的論理が、財政的論理と共に、公的マネーの管理を共同構築するのです。

ロックの時代に展開したことが、今日にも当てはまります。「クレディブル・コミットメント」の問題を現代的な状況に移し替えるためには、金属的な制約を、基軸通貨へのアクセスの制約に、もしくは、金融市場の期待と要求に応えようという要請の制約に代えるだけで十分です。ただし、かつては、公的マネーへの金融的制約は内生的だったのですが、今日では、それは外生的に行使されています。現在の日本を見てみると、このことがもたらす違いは明らかです。この国は公的金融債（残高）が途方もなく大きいのです（現在、GDPの一九七％）が、この債券は主として、日本の企業と家計によって保有されていて、日本の企業と家計にとっては、この債券は一種の年金基金投資に対応するものなのです。したがって、この場合に見いだされるのは社会的債務（正統性の確保を主な目的とし、収益を上げることを副次的な目的とする）の一形態ですが、しかし日本においては国家はほとんどこれを引き受けていません（主として、賃金の範囲内で、企業によって引き受けられています）。よって、債務残高が大きいことは、日本人から見て、国家およびその通貨のクレディビリティへの脅威を表してはいないのです。おそらくこのことが、債務残高がこれほどまで膨大な水準に達することができたことを説明しています。

――その延長線上で、あなたは現在の状況をどのように分析しますか。国際通貨システムは、普遍的な金属的アンカー（係留）なしで済ませており、国際的移動性がきわめて高い金融諸勢力によって構造化されているのが現状です。

BT：国際レベルには、国家のような種類の主権は存在しません。このために金が長い間、諸々の等価関係を確立し、上位的権威としての役割を果たす普遍的な準備価値として、役立ってきました。こうした前政治的な空間、すなわちアプリオリに諸国が、社会を作ることなく併存し、協力することなく交易し、絶えず戦争を繰り返しているという意味で自然状態に近い空間においては、一つの国際通貨が、潜在的な主権的権威への候補者となるのです。一九四四年にブレトンウッズで議論されたケインズのバンコール案も、明らかに、こうした文脈の中の議論でした。

通貨のアンカー（係留）の問題は、金融グローバル化の現局面で重大性をもつようになりました。国際的レベルでの金属的アンカーは一九七一年に完全に放棄され、資本主義世界は一九七三年に、自己準拠的で競争的な（国際金融市場で繰り返し投機を受ける）財政諸通貨の世界となりました。この世界ではまず、ドルが覇権的であり続けること、アンカーとしての、究極的通貨としての役割を果たすことに成功しました。しかし、一九九〇年代初頭以降、冷戦の終焉とともに、また構造的なものとなったアメリカの国際収支赤字のために、ドルの基準通貨としての地位は問題視されるようになり、とりわけユーロの創設によってますます問題視されるようになりました［Mundell 2007］。何よりもまず、一九七〇－一九八〇年代にあったあらゆる金融抑圧から解放されて、金融デリバティブ商品の先物《フォワード》市場がめざましい発展を遂げました。金融デリバティブは、為替レートや金利の変動リスクから国際貿易の主要なアクターを守るものと考えられ、（諸通貨の自己準拠性の普及と、国際通貨協力の不在を背景として）かつてドルに割り振られていた価値貯蔵「機能」を果たす唯一の制度となったのです［Théret 2008c］。こうして、全く新しい通貨システムが国際レベルで姿を現し、そこでは、貨幣の多様な「機能」がバラバラな支持材によって担われることになりました。各国通貨［国民通貨］は常に、支払手段として役立ちますが、「オプション」および「フューチャーズ」[2]タイプのデリバティブ商品は、貯蔵手段として役立ち、「スワップ[3]」タイプ〔「洗練された物々交換」合意と見なすことができます〕のそれは、計算の統一化の機能を果たしているのです［Bryan et Rafferty 2007］。したがって、現在の国際通貨‐金融システムは逆説的です。このシステムは、経済的なるものへの政治的なるものの従属をうまく組織しているものの、システムの精神を司る諸教義に従っているだけです。社会契約および／または政治的協定を表現するような国際通貨を主権の地位に据えているわけではありません。それどころか、貨幣は、資本にとって本質的なその諸機能においては、消え去ります。つまりもはや共通の国際的計算単位は存在しませんし、価値貯蔵機能は金融先物市場〔貯蔵機能の遂行に関するその効率性はあまりクレディブルではありません〕の手に委ねられているのです。私から見れば、以上のことがもたらす、金融資産の――ファンダメンタル〔経済の基礎諸条件〕に対する――価格のクリーピング〔忍び寄る〕・ハイパーインフレや、それにともない、通貨流動性が金融部面に迂回されていることは、現行資本主義の貨幣的基礎のレベルにおける深刻な危機を示すものです。

――結論として言えば、資本主義は、金融商品の設計や工学技術においてだけでなく、現在の世界秩序を正統化する上でも、特定の金融・経済科学に大きな役割を演じさせているように思われます。こうした展開を、あなたはどのように読み解かれますか。

BT：このような通貨・金融システムが機能するためには、金融市場はさらに、投資家からの信頼を喚起しなければなりません。まさにこの目的のために、経済理論――より厳密には金融理論――がこの装置の中心に置かれているのです。つまりこうした理論には、競争的な国際通貨体制《レジーム》を安定化させる市場金融の能力への信頼を打ち立てる、という使命が与えられているのです。実際、二〇〇七‐二〇〇八年の世界金融危機に至るまで、国際金融市場の発展は、刷新された金融・経済理論の勢力拡大を伴っていました。こうした理論が、新しい国際通貨金融システムの効率性への信頼を構築することに積極的に関与していたのです。

より詳しく言えば、その構築の中心にあるのは、貨幣についてのハイエク的、リバタリアン〔自由至上主義〕的な諸理論です。これらの理論は一方では、金融デリバティブ商品の先物市場は問題ではなく、むしろ解決策である、と〔人々に〕理解させることを任務としています。というのもこうした市場は、サヤ取売買業者〔アービトラージャー〕が投機を行うことによって、効率的であり、自己調整されているからだ、というのです。他方で、これらの理論は、支払手段発行者〔この場合、諸々の国家〕の間の競争は、経済的最適が達成され市場が効率的であるために必要な規律である、と理解させることを任務としています。最近の危機に至るまで、これらの理論の主張者たちは、市場金融の業界においては異議申し立てを受けていたわけですが、金融・経済科学や政治学の世界では、優秀な知識人、異論を差し挟めないような権威として認められていました。学術的に権威を与えられ、スウェーデン中央銀行からノーベル爵位を授与され、国家の経済・政治エリートたちから政治的に支持された、新古典派経済学および新しい金融経済学は、「経済学は自然科学分野に属している」という観念を究極的基礎づけとしています。こうして資本主義は自然現象の地位を獲得します。経済「物理学」〔経済学〕と金融工学〔金融論〕は、その数理的法則を精緻化することによって、人々の最大幸福にとって利益となるように資本主義の発展を制御しなければならない、というのです。この場合、経済学者にとっては、金融エンジニアへと転身すること、つまりそのような「自然」から抽出される富を最大化することを可能にする革新諸技術を緻密に仕上げることが重要になります。それと同時に彼らには、自らの発見や発明を直接に利用することで、個人的に富裕になろうという誘因もあります。すなわち、ある科学の真実性を示す最良の証は、その科学がその最良の学者に獲得させることのできる卓越した水準の所得と富だ、というのです。実は、現在の自由主義的国家は、こうした新しい金融の科学の考え方を受け入れている限りで、それが実現しようとしている共通善の性質についてわれわれに検討を迫っているのです。

注

（1）国庫から発行される硬貨、中央銀行による公債の通貨リファイナンス〔マネタイゼーション〕、国庫回路〔循環〕（収税官吏、歳入徴収官、県財政部長、郵便小切手会計）に固有な銀行通貨である。

（2）英語の「フューチャーズ」は、先物契約、つまり確定価値で引き渡しをするという、規格化された約束である。その特性はあらかじめ知られており、ある期日（満期と呼ばれる）に所与の場所において詳細に定義された原資産の固定価格で規定された量を対象としており、そして組織的先物市場で取引されている。

（3）英語で「スワップ」とは交換することである。この金融デリバティブ商品においては、二当事者の間で異なる通貨や異なる金利のフローを交換することが契約される。一般に当事者としては、銀行、大企業、もしくは金融機関が挙げられる。

第Ⅰ部

統合された貨幣の社会科学に向けて

第2章

貨幣の三つの状態

——貨幣的事実への学際的アプローチ——

貨幣は、人類史をはるか昔に遡る社会的発明であり、大部分の社会には——その構成や組織化の様式がどうあれ、国家をもつか否かも関係なく——、かつて貨幣が存在した痕跡が残されている(1)。貨幣は、近代資本主義社会の固有特性でも、この社会の近代性をもたらした西洋的な進化経路の特性でもない。したがって、貨幣を研究するにあたっては、貨幣を商品交換の経済的手段としての使用に還元する伝統的な概念系から離れなければならない。全く異なる諸社会において貨幣を語ることができるのは、〔諸社会に〕類似性があるからであり、そうした類似性と相関した貨幣の本性を真に理解し定式化することができるのは、種々の具体的な貨幣経験を社会的な《ソシエタル》〔役割分担社会の〕文脈の内に位置づけ直し、その空間的・歴史的多様性を比較するアプローチをとる科学的方法によってのみである。

したがって、学際的に共通な概念的言語を構築することから始めて、貨幣的事実の（準）普遍性をなすものを引き出すべく、抽象度を低めることが必要となる。『主権貨幣』[Aglietta et Orléan（dir.）1998] がやろうとしたのが、まさにこれであった。同書では貨幣の普遍性の根拠を、社会的帰属の演算子《オペラトゥール》としての貨幣の本性に、すなわち様々な社会的交換——そこでは貨幣が社会的全体性の代表者として作用する——における媒介としての貨幣の本性に求め、しかもこのことは「原始」社会や「前工業」社会においても現代社会においても変わりないものとした。

本章の議論は、このアプローチの延長線上にある。ただし本章は、このアプローチの主たる限界と考えられるものを克服しようとしている。というのも、このアプローチは、経済的諸機能のリストによって貨幣を定義する通念と真に手を切ってはいないからである。〔この定義だと〕貨幣は「実物」商品経済を覆う単なる制度的ベールへと還元されるが、これでは、〈商品経済は貨幣を前提している〉とするこのアプローチの前提に背いてしまう。そこで限界克服が求められる。本章ではまず、『主権貨幣』の独創的なアイデアを、債務-主権-信頼の三幅対《トリアーデ》〔三つで一組のもの〕にまとめて総合的に提示する（第1節）。次に、貨幣はそれ自体、固有の論理に従って（例えば法と同じ資格において）再生産される社会関係であるという見方を導入するが、これには二つの含意がある。一方で、これによって、貨幣の総称的《ジェネリク》諸属性（機能諸形態）と、貨幣の非貨幣的使用《ユザージュ》（貨幣そのものの再生産においては役割を果たさない）とが区別される（第2節）。他方で、これは、貨幣を制度に還元することを含意するものではなく、むしろその三つの「状態」を、すなわち貨幣が同時に記号《シーニュ》のシステム（言語）でも物《オブジェ》のシステム（素材性）でもルール《レグル》のシステム（制度）でもあるという事実と関連した世界内存在の三つの様式を同時に検討することを含意している（第3節）。最後にわれわれは、貨幣のこうした様々な状態および形態が相互の間に保っている対応関係の一覧表を提示する（第4節）。常に債務－主権－信頼の三支柱《トレピエ》に頼らないと成り立たないこの一覧表によって、全体的な社会的事実としての貨幣という現象についての一つの表象を与えようと思う。

1　貨幣の三支柱
——債務・主権・信頼——

『主権貨幣』は、近代資本主義社会に限らず、一連の社会に広く通用するような貨幣理論を定式化している。この理論は、債務・主権・信頼の三概念の接合に基づいている。

（1）貨幣と債務

貨幣をもつ社会はどれも、それぞれの多様な性質や起源を超えて、実物財や象徴財の占有権および／または所有権の移転によって形成される諸債務のネットワークと見なされる。ここでは種々の債務が、多様な取引《トランザクシオン》——人と人との間の、人と神々その他の霊との間の贈与、商業的な種類の交換、集められ再分配される税——から帰結する。貨幣は、社会を構成する社会諸関係のこうした総体に対して、測定可能な数量的形式を与える媒体である。社会構成員間の権利・義務、および、社会構成員とその集合組織（ないしその代表者）との間の相互的な権利・義務の形態をとった社会的相互依存は、貨幣に媒介されることによって、程度の差はあれ均質的な債権・債務として表される。

こうして貨幣はまず計算単位として現れるのであり、このことによって貨幣は、社会的全体性の象徴的・統一的な表象の随一の形態となる。しかし貨幣はまた、社会諸構成員の間に債権・債務を循環させることによって、社会に動態的な統一性（一体性）を与える。貨幣は、支払連鎖に沿って流通することによって、社会再生産の核となる循環の中で債務が支払われ、それゆえ再起動されることを、可能にする。したがって貨幣は、計算単位であると同時に支払手段であることによって、基軸的な社会的紐帯となっている。つまり貨幣は、諸債務のシステムを統一し、それを動態的に再生産する全体化の演算子である。貨幣は社会を象徴的に全体として表象するが、この表象は、〈必ずしも先在していなかった全体を構築・再生産することに関与する〉という意味で能動的である。

『主権貨幣』はまた、諸債務のシステムの中で、生の債務という原初的《オリジネール》ないし本源的《プレモルディアル》な形態が占める中心的な位置に注意を促している。生の債務とは、どの社会においても人間は生まれ、子をなし、死ぬという事実を、〈人間は生を受け取り、与え、返す〉と表現し直したものである。つまり、生が贈与の対象となることによって、生の債務と呼ばれる特殊な債務関係が存在するようになる。どの人間存在も生の資本《カピタル》（「生の準備《レゼルヴ》」）を所有することが社会的に認められているが、所有する生の資本の大きさや価値増殖は社会的地位に応じて大小がある。生の資本は、多様な仕方で専有され、債務の創出・循環を引き起こす多様な取引の対象になりうるものである。

生の債務は、社会の再生産の中心に位置している。というのも、どんな集団、どんな社会であれ、持続性を獲得するには、その構成員の有限寿命を超えた永続性を確保するという要求に対応しなければならないからである。このことは、社会総体の「生－資本」を維持すること[2]と、生の債務を世代間で継承することを通じてなされる。こうした

〔生‐資本の〕維持および〔生の債務の〕継承は、誕生・成人・結婚・葬儀・死・供犠等の機会に行われる取引によって、つまり人間と人間、人間と超人間的存在（祖先、神々、霊、氏族、民族、祖国）を結びつける儀礼化された実物的・象徴的取引の――個人ライフサイクルの全体にわたる――連鎖によって実現される。ここで貨幣の起源は、（生きた人間の犠牲に代替する）供犠的支払いに見いだされるほかに、〔未開社会の婚姻体系における〕女性の交換や殺人が生み出す集団間の生の資本の赤字を相殺する手段にも、集権的な政治諸権力の創発とともに行われるようになる税支払いにも見いだされる。すなわち、様々な形態の生の債務に関係する支払いのすべてに、貨幣の起源は見いだされる。(3)

(2) 貨幣と主権

貨幣についての以上の見方から、二つの基本的な理論的結論が得られる。第一に、これによって貨幣的事実の普遍性が十分に根拠づけられている。人間が不死であるような社会は存在しないから、生の債務はどの社会にも必ず見いだされるのだが、だからと言って、生の債務はあらゆる社会で同一の形態をとるわけではないし、あらゆる社会でそういうもの〔生の債務〕として考えられているわけではない。例えば、近代の資本主義社会においては、不死で中性的な合理的個人や純粋契約的な私的債務を登場させる支配的な経済学的イデオロギーによって、生の債務は否定されている。にもかかわらず、税制（国に対する終身的義務）とその反対項目である社会保障支出（全市民に対する国の義務）によって表象される社会的債務の形態をとって、やはり生の債務は存在している。

第二の結論は、貨幣／生の債務の関係が、貨幣と主権との紐帯の土台になっているということである。つまり、死は主権の最初の発現形態ではないだろうか、だとすれば不死性は主権の究極的源泉ではないだろうか。主権が象徴的平面において不死のものとして現れることは、かつては主権の場所が生の此岸にも彼岸にもあったこと、宗教家にとっては今でもそうであることを説明する。われわれは、人類の源である宇宙のパワーが生の此岸と彼岸に存在していると想像する。そこからまた、生の債務が主権者に対する債務、すなわちＪ・Ｒ・コモンズ [Commons 1934a] に倣って言えば権威的債務（authoritative debt）である、という観念が生まれてくる。この債務は、人の一生の間に真に返済することができないものであり、われわれは、死者にしか免除されない定期的支払い（供犠的支払い、年貢）によってのみこれを支払うことができる。(4) したがってまた、政治的主権は、集団構成員の生物学的死を超えた集団の永続性に基づく主権である、と言える。主権的集団は死を経験しないのであり、むしろ死をコントロールする。したがって最後に、主権行使の正統性が神権によって根拠づけられなくなるやいなや、主権的パワーの世俗的性質が姿を現し、主権的パワーの正統性は、個人および集団の生を保護するその能力に依存するようになる。

生の債務の表象を介して、貨幣と主権とは緊密な構成的関係を保つことにより、ついにはそれぞれ〔貨幣と主権〕が両義的な存在となる。というのも、貨幣の流通と支払いの不断の循環によって、社会は再生産され、社会構成員の目に永遠のものとして、それゆえ主権的権威として現れるからである。しかし、命令権《インペリウム》をもつ主権はまた、正統性をもって、死を強制することもできる。つまり、社会の再生産は一時的には、生け贄を強制徴発することによって行われることがある。このことが、貨幣への依拠を不要にすると、貨幣は流通しなくなり、生の債務は現物で支払われるようになる。主権のこうしたエントロピー〔増大〕は、主権には貨幣退蔵が付き物であることを示唆している。貨幣退蔵は、貨幣流通を、したがってまた社会の維持に不可欠な循環を衰退させる。

（3）貨幣と信頼

『主権貨幣』の二幅対理論における第二の要素は信頼である。信用貨幣が金属貨幣より優位に立って以来、〈貨幣が信頼に依拠している〉という主張はありきたりのものとなった。為替市場においては、各国通貨は、金融オペレーターたちの抱く信頼の度合いによって、すなわち自国の公的・私的債務を支払う各国の貨幣的権威〔通貨当局〕の能力についての信頼の度合いによって評価される。しかし、信用貨幣において明白なこうした信用発行性《フィドゥシアリテ》は、どんな貨幣にも一般化できるのだろうか。『主権貨幣』は肯定的な答えを与えるべく、信用度《クレディビリテ》の観念に還元されない信頼の概念化を提示し[5]、その三つの形態――方法的信頼、ヒエラルキー的信頼、倫理的信頼[6]――を区別した。

最初の方法的信頼は、最も普通に引き合いに出される信頼である。これに関係するのが、〈個人が貨幣を受け取るのは、他の諸個人も受け取るからである〉という模倣行動である。これにより各個人は、貨幣がその日の価値で明日も明後日も受領されるだろうことをルーティン的に信じる。次に信頼のヒエラルキー的形態は、保護的主権の代表者ないし受託者として信頼を喚起しようとする集合的権力によって貨幣は担保されている、という事実に関係している。最後に倫理的信頼は、社会帰属〔社会的全体性〕の土台となる集合的な〔合意によって受け入れられた〕諸価値および諸規範のシステムがもつ象徴的権威に関係している。貨幣の発行・分配・流通の様式がこうした諸価値・諸規範を尊重しつつ社会の再生産を保証しているように見えるとき、貨幣は倫理的信頼を獲得する。こうして、倫理的信頼のヒエラルキー的信頼に対する関係は、正統性が合法性に対する関係でもあるし、象徴的権威が政治的権力に対する関係でもある。

以上のような概念系によれば、信頼において主権が中心的な役割を引き受けている。というのも、主権が正統的であれば、方法的信頼がヒエラルキー的信頼によって担保され、ヒエラルキー的信頼が倫理的信頼によって担保される、というようにして貨幣の信頼が確保されるからである。

2　貨幣とは、それが行っていることではない

しかし、『主権貨幣』のいくつかの定式化には――その共著者から見て――欠点があった。この著作もまたすぐに検討の俎上に載せられていった。一方で、M・アグリエッタとA・オルレアンによる『貨幣の暴力』の改訂版が二〇〇二年に『貨幣――暴力と信頼の間』と題して公刊されたこと、他方で、『主権貨幣』公刊後に起きた通貨危機に関する諸研究を考慮に入れた研究書『危機によって正体を現した貨幣』［Théret (dir.) 2007］から、そのことは明らかである。

以下、われわれはこれらの研究を継承発展させようと思う。以上の諸研究から引き出される主要なアイデアは、貨幣はアプリオリには、〈自らの外部に対する諸機能によってではなく、自らの本質を構成する諸属性によって定義される実体《アンティテ》〉と見なされるべきだ、というものである[7]。このアイデアは、通貨危機が必ずしも通貨システムの――それを取り巻く――社会的文脈《ソシエタル》に対する不適合から、あるいはまた、この文脈の外部で発生したショックから帰結するとは限らない、という確認に基づいている。危機は、通貨システムそれ自体の不適切な構成からも、すなわち貨幣がある領土内で持続可能なシステムへと構成されるに至っていないことからも発生しうる。このことから、まずは貨幣を、多様な形態をとる諸関係の特殊な集合体と見なすべきである。ここで多様な形態とは、象徴的な形態〔計算単位、公印、署名〕、物的

な形態（支払手段：硬貨、紙幣、帳簿）、制度的な形態（計算・支払い・発行・為替のルール）のことである。貨幣を自己内で構造化された実体《アンティテ》として見るのであるから、貨幣を、文脈内の多様な使用から考察するのではなく、固有の再生産の論理――以下ではこれを明らかにしていく――をもつ普遍的な社会的紐帯として考察しなければならない。

（1）総称的《ジェネリク》属性と貨幣の非貨幣的使用

このような諸前提は、貨幣を商品交換のみから定義するアプローチ、および価値基準・流通手段（場合によっては交換手段と一方向的支払手段とに区別される）・価値準備の三（ないし四）機能から定義するあらゆるアプローチときっぱり手を切ることにつながる。異端的な経済諸理論は、一般に、貨幣機能の数を限定した上で、以下を考慮して諸機能を階層化することで満足している。①準備機能は特殊貨幣的な機能ではない(8)。②計算単位機能は論理的・歴史的に第一次的な機能である。③支払手段機能は派生的な機能であり、交換手段を包摂している（その逆ではない）(9)。確かにここには進歩が見られるが、貨幣は依然としてその外部から定義されることを免れておらず、固有の社会空間を創造する特殊な社会関係の「性質《ナテュール》」によっては定義されていない。これでは結局、実物／貨幣の二元主義に戻ってしまう。実物的なものから貨幣的なものが定義されるため、これは、商品貨幣説と同じように、実物を第一とする二元主義である。要するに、

「貨幣の三機能に関して実物的アプローチを免れるためには、貨幣の計算単位としての役割を強調するだけでは不十分である。計算単位の扱いにおける名目主義的観点と、流通手段の扱いにおける資産的観点とを並置するならば、よくあるように、価格尺度と交換媒介の二機能は切り離されることになる。一般には二つの機能は独立に分析されてきたのであり、そこには、両機能を「貨幣」という同一の経済的対象の属性にする論理的必然性は見いだされない。価格の尺度は、慣行的に採用される正貨や、観察者が作り上げる基準によって担われる。交換の媒介は、価値準備となりうる富によって遂行される」[Boyer-Xambeu, Deleplace et Gillard 1990 : 36]。

実は、機能という観念が貨幣を定義するのに役立つのは、機能という観念が、特殊な社会関係としての貨幣の本来的機能において貨幣がとる機能諸形態を指し示している場合のみである。これこそが、〈貨幣の抽象的・一般的概念は人類学で言うところの不変特性に対応しており、したがってあらゆる貨幣経済の前提である〉という観念と整合的に貨幣諸機能を理解する唯一のやり方である。

したがって支払いと計算は、通常の意味の貨幣諸機能としてではなく、「貨幣理論の第一次的概念」――ケインズが計算貨幣を規定するために用いた表現（Ingham［2002 : 124］からの引用）――として捉えられるべきである。両者は貨幣の「総称的《ジェネリク》属性」[*ibid.*]、まさにその性質《ナテュール》、その要素形態をなすものである。また、厳密に言えば、貨幣が多様な社会的《ソシエタル》文脈（貨幣はこれの前提条件でもある）の中でとる特殊な諸形態――計算や支払いとは異なり、必ずどの社会的《ソシエタル》文脈にも見いだされるわけではないもの――を性格づけるためには、貨幣の諸機能についてではなく、貨幣の諸使用について語らなければならない。というのも、多様な使用（価値準備、誇示、政治権力および／または富の象徴的表象、商品交換手段、担保等）に対応しているのは、特殊貨幣的な実践行為ではなく、貨幣というものの機能論理の観点から見て合理的な実践行為なのだが、しかしそれは、総称的諸属性の再生産とは矛

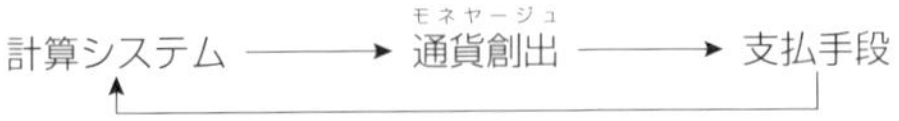

図２－１　通貨創出《モネヤージュ》の動態の核心をなす貨幣の機能諸形態の循環

盾する実践行為であるかもしれない。したがって、むしろそれら〔多様な諸使用〕を通貨危機の潜在的諸源泉と見なさなければならない。この点は近代貨幣の「価値準備機能」の場合に明白であり、これは、支払いの連続性に直接脅威を与える貨幣の使用法である。[10]

ところが、一定期間持続しうる社会関係として貨幣を定義するためには、計算と支払いという貨幣の総称的な二属性だけでは十分でない。貨幣は、制度的次元をもたなければならない。したがって、貨幣を第三の総称的属性によって、すなわちルールに従って創造・分配・破壊される通貨創出《モネヤージュ》の所産であるという属性によって規定しなければならない。つまり、計算単位および支払手段という貨幣の諸形態が貨幣を再生産するように働くのは、通貨創出《モネヤージュ》の過程を介してなのである。通貨創出《モネヤージュ》を通して、計算システムが諸対象のうちに書き込まれ、その諸対象が支払手段となる。支払手段は、異種混交的な経済的・倫理的諸原理が支配する諸取引において使用され、そうした支払手段の使用は、（特に計算単位に影響を及ぼすことによって）計算システム〔体系〕へと、それゆえ通貨創出《モネヤージュ》へとフィードバックしていく（図２－１参照）。

〔ここでは〕単一の計算システムと複数の支払手段との共存が問題となる。時間経過の中でこの全体の凝集性と永続性を維持する、という問題が提起されているのだ。というのも、貨幣的無秩序の状況にあるとき以外は、計算および支払いの活動は、単に会計と債務支払いのルールによってだけでなく、複数の取引部面を統一的な計算システムの枠内に包摂するルールによってもチェックされるからである。そこで、貨幣は秩序の原理でもあり、かつ、貨幣の永続性を目指す集団的行動――別の言い方では集合的志向性――の組織的結晶化でもある、とする貨幣構成の公式〔Commons 1934a〕に、第三の総称的属性を導入すべきなのである。計算の単一性が尊重され、かつ、諸支払いがシステム化されることを保証する計算および支払いのルールが制定されなければならない。これすなわち、支払共同体が確立し永続化するための制度的条件である。[11]

特に、単一計算単位と基数法に基づく近代的システムにおいては、支払手段の複数性によって、計算単位の単一性は絶えず脅かされる。というのも、計算単位の単一性は、種々の支払手段の流通をそれら元々の通用部面を超えて拡大させる傾向があり、支払手段を互いに競争させるからである。こうして、一定の支払手段の相対的な質への信頼が問い直されるとき、計算単位の単一性が脅かされる可能性がある。つまり、同じ計算単位で表示されている支払諸手段の間に質や信用発行性の差があるとき、支払諸手段は互いに額面通りに交換できなくなる傾向がある。このとき、互いに異なるだけでなく変動的でもある複数の交換レート〔為替相場〕が出現する。これは計算システムの分裂化の表れである。[12] 計算システムの単一性（計算共同体を定義する）と支払手段の複数性（これは、計算共同体が、複数の取引部面が共存する社会、すなわち社会的交換や支払いのネットワークが複数共存する社会であることを想起させる）との間のこうした本来的な矛盾を抑えるためには、複数の支払手段の発行・流通を調節して貨幣的秩序（計算共同体と一体化した支払共同体を確立すること）を構築する制度が必要となる。[13]

確かに、近代貨幣の場合、共同体的社会や古代国家に固有な複数部面への交換の区分化《セグマンタシオン》〔分断化〕は後退しているが、それに代わって、三つの大きな取引秩序（市場、国家、家族）への明瞭な分化が見られる。このとき、通貨空間の分裂《フラクシオンヌマン》化傾向が二重に現れる。すなわち一方では、財政通貨[14]とは区別される資本主義的通貨の発行において現れ、他方では、銀行ネットワークの複数性において、そして、一定の発行銀行が苦境に陥るとき、国民的計算単位建で発行されるその銀行通貨が額面通りに受領されなくなるという事実[15]において現れる。非流動性のリスクに関して最後の貸し手として行動する中央銀行による保証を諸銀行全体が享受するとき、銀行諸通貨が相互の間でも国民的公的通貨との間でもルーティン的に額面通りに交換されることは、公衆にとって自然なことのように見える。それだから、一般に、この〔中央銀行による〕保証――ヒエラルキー的信頼の根拠――の代価として、諸銀行は、貨幣的秩序を構成する集団的諸ルールの一全体を受け入れなければならない[16]。

ただし、計算システムが取引部面やネットワーク〔の違い〕に沿う形で分化することによる支払共同体分裂化のリスクは、支払共同体の永続性を脅かす通貨危機の二原因のうちの一つにすぎない。もう一つのリスクは、支払諸手段の複数性の破壊によるそれらの無差別化と集権化、という逆のリスクである。計算システムを支配し計算単位について決定を行う権力が、同時に自己自身の目的のために支払手段を発行するとき、その通貨が取引諸部面の総体に広がることによって他の支払手段を流通から駆逐するというリスクがある。このリスクは、通貨創出権力《モネヤージュ》の起源――社会内部の進化（革命）か植民化の状況か――に応じて、内生的なものまたは外生的なものと見なされうる。しかしいずれの場合でも、社会の区分化ないし分化が再検討されていく。なぜなら債務の諸形態の支配的な多様性や階層性が異議申し立てを受け、それまで支配的だった社会的妥協が崩壊するからである。これに対応して倫理的信頼の危機が起こることもある[17]。したがって通貨ゲームのルールは、集権化のリスクから支払共同体を守るものでもなければならない。分化度合いの低い社会の場合、このリスクがあることによって、商品交換を支配する短期的な個人主義的秩序が、社会の再生産を長期にわたって可能にする社会的秩序からの自律性を完全に喪失する［Bloch et Parry 1989］[18]。分化が進んだ社会においては、このリスクがあることは、貨幣的秩序を政治的秩序と混同してはならず、むしろ商業的取引の秩序と絡み合ったものとして理解しなければならないこと、つまり貨幣的秩序の正統性をその合法性と混同してはならないことを意味する。こうして、大きな戦争の後の通貨危機は、終戦によって通貨の集権化が正統的ではなくなったにもかかわらず国家にはそれを脱却する能力がない――例えば戦時中に蓄積された負債のせいで――ということによって説明されるのである[19]。

(2) 良貨とは何か?

貨幣の総称的諸属性と非貨幣的使用との区別を踏まえるとき、明らかに矛盾し合う二つの観点から、貨幣を「良質」と見なすことができる。すなわち、貨幣の貨幣としての再生産の観点と、経済における貨幣の機能を要求する経済の観点がそれである。「優れた質の貨幣が必ずしも優れた経済パフォーマンスを引き起こすわけではない」こと、およびしっかりと係留した貨幣が「中世だけでなく今日にあっても、強い経済の保証者ではない」［Davis 2002 : 172］ことは、こうして説明される。むしろ、数々の歴史的経験が示すように[20]、高品質で永続的な貨幣を導入または復活させると、それと引き換えに、通貨飢饉や経済不振という形で高い経済的代償を支払わされることがある。このことから、「本来的に良質な貨幣は、経済にとっても必ず良質である」という通念は否定される［*ibid.*］。貨幣にとって良いことと経済にとって良いこととのこのような弁証法のうちに、貨幣的事実のその社会的環境からの自律性がはっきりと現れている。これは、貨幣的事実は、貨幣もまたその再生産に（特にそれを全体性として表象することによって）関与しなければならない特殊な社会的全体に対して自律的であるということである[21]。ここから三つの理論的帰結が導かれる。

第一に、悪貨は良貨を流通から駆逐するとする「グレシャムの法則」は再考すべきだ。この法則においては、〈良貨とは何か〉について貨幣外的観点が一方的に重視されている。つまり、債務の流通と社会的全体の動態的再生産に関する貨幣的観点から見れば、良貨とは流通する貨幣であるのだが、（貨幣外的観点において）良貨が良貨であるとされるのは、それが価値準備という貨幣外的機能を最もよく遂行するからでしかない。この観点は、経済的・社会的環境にとっての貨幣の「機能的」性質を評価するには必ずしも適していない。また、この「法則」を普遍的なものと見なすことはできない。なぜなら、この「法則」は、科学的に論証しようとしても、金属通貨体制《レジーム》にしか適用できないだろうからである［Fetter 1932: 493］[22]。金属通貨体制においては、貨幣用金属の市場が存在するので廃貨が起こりうる。硬貨を金属の市価で販売することによって、貨幣としての使用を上回る利益が得られる場合、直ちに廃貨が起こるだろう。通貨が純粋に信用発行であるときには、ドル化の過程に見られるように、一般に良貨（信頼されている通貨）のほうが悪貨（信頼が失われた通貨）を流通から駆逐する［*ibid.*: 492］。

第二に、ここでの用語説明からすれば、通貨危機と金融危機とを混同すべきではない。というのも、貨幣の金融的使用（この用語の近代的意味による）――これに重要性をもたせず禁止することは可能である――から帰結するのではない通貨危機、むしろ、うまく調整されていない脆弱な通貨構造に起因する、すなわち、同一通貨空間内に複数の計算貨幣が対峙していることに起因する通貨危機も存在するからである。金融が複数通貨に依存している以上、通貨危機は必ず金融メカニズムを攪乱するし、それによって金融危機も起きるであろう。しかし反対推論的に言えば、金融危機は必ずしも通貨危機を引き起こさないのであり、一九世紀フランスにはその例が複数見いだされる［Thérét 1990: t. 1, chap. 3］。近代貨幣は、「その価値の不安定性が強まるために価値準備機能を提供できなくなる」ことはあったが、「だからと言って支払手段および計算単位としての質を自動的に失うことはなかった［……］」［Courbis, Froment et Servet 1990: 12］。ただし、信用貨幣が支配し公的債務が存在する歴史的文脈にあっては、金融危機が通貨平面に影響を及ぼさないことは稀である。

最後に、総称的諸属性と本来は貨幣的でない使用との区別は、貨幣の政治‐象徴的な次元とその経済的次元との間に潜在的矛盾が存在することを含意している[23]。というのも、たとえ歴史的状況によっては二つの論理の間に良好な妥協――好循環――が成立しうるとしても、政治‐象徴的平面における良貨が必ずしも経済的平面における良貨であるとは限らないからである。さらに、この二つの観点からする〈良貨とは何か〉の定義は、通貨システムによって統一される政治社会を根拠づけるもの――富なるもの――についての表象次第では、そしてこの社会に存在する社会的諸利害間（基本的には債権者と債務者との間）の力関係次第では、互いに逆になることがある。本章ではこの点を十分に展開する余裕がないので、一つの歴史的事例によって簡単に例示するにとどめたい。その事例とは、一六九六年イギリスの大改鋳[24]である。併せて二〇〇二年のユーロ導入のケースにも触れておきたい。

イギリスは、一六八八年の「名誉革命」と一六八九年の対仏「九年戦争」突入の後、自国の通貨創出体制《レジーム》の重大な危機に直面したが、一六九四年のイングランド銀行設立をもってしてもこれを解決できなかった[25]。一七世紀のイギリスにおいては、計算単位を定めるための基準金属である銀が、造幣局によって、その市場価格に対して構造的に過小評価されていた。このことが、銀貨の縁削りや偽造を、さらには溶解による金属輸出を誘発した。一六九〇年代に、こうした現象は、特に戦費調達の要求から、未曾有の規模になった。この結果、銀貨の公的な金属純分と実際のそれとの差が、一六八六年の一二%から一六九六年には五五%になった。ここから、支払システムの重大な危機——流通に留まる硬貨の不足と低品位——したがってまた内外交易の重大な危機が起き、これに伴って強いインフレと為替下落が発生した。多かれ少なかれ政治家とつながりがある数多の「専門家」が参加した激しい論争を経て[26]、三つの危機脱出戦略が提出された。われわれはそれぞれにラウンズ、ダヴェナント、ロックの名を冠することができる。第一に、財務省長官であったラウンズは、当時の「エコノミスト」によって広く共有されていた立場、すなわち硬貨の本質価値〔固有価値〕の旧標準に基づく改鋳に不可避的にともなうデフレを回避すべきである、という主張を支持していた[27]。そのため彼は、旧標準からの二五%切り下げによる改鋳を提案した。〔第二の〕ダヴェナントは孤立しており、彼の話に耳を貸す人はあまりいなかったのだが、より好ましい時期が来るまで改鋳を延期し、その埋め合わせとして信用貨幣を発展させることを提案した。第三に、これに対してロックは、旧標準による改鋳という主張に賛成していた。この戦略はウィリアム三世〔オレンジ公ウィリアム〕によって選択され議会によって実施されたが、一方で、誘発された通貨飢饉——銀で表した通貨量が半減し新硬貨は輸出され続けた——による経済危機の悪化、他方で、戦費調達の失敗と不利な終戦という代償を伴った。

さて、ラウンズとダヴェナントの提案は実際的なものであり、市場的かつ課税‐財政的秩序についての経済学的関心によって導かれているのに対して、ロックの提案は教義的であり、政治‐象徴的秩序を土台とするものである。ロックによれば、良貨とは、経済的必要性に基づいて鋳造される貨幣のことではなく、「ひとたび設定された鋳造の標準をいつまでも不犯不易のまま保持する」[Locke 1696 : 邦訳 165] 貨幣のことである[28]。ロックに従えば、「君主にも臣民にも、自然価値をもつ貨幣を〔切り下げや偽造を通じて〕自己に有利に操作する正統的な資格は与えられていない」[Desmedt 2007 : 329]。なぜなら、「彼が厳密に金銀として定義している貨幣は単一の普遍的で想像的な価値をもつものであった」が、この価値は「効用から出現する」ことも、変更されることも、「通貨創出過程による外部からの追加によって影響されることも」[Appleby 1976 : 55] ありえないからである。つまりこの概念系においては、貨幣が「自然化されており」、計算単位は、種々の硬貨に含有されている銀量の度量基準に還元されているのである。この概念系の強みは、創始されたばかりの新しい自由主義的な政治システム——ロックもその主要な思想家・指導者であった——と調和していたことにある。

つまり、ロックによれば、貨幣の創発は国家のそれに先行しており、自然的国家の一部をなしている。ここで自然的国家とは、すべての個人が他者に損害を及ぼすことなく自然から自由に資源を取得することができ、私的専有が各人の労働能力によって限定されている豊かな国家のことである。ところが、私的専有およびその限界から帰結する交易の発展によって貨幣が創発されると、貨幣が可能にする資源の蓄積は「不平等で度を越えた所有」を導くので、もはや人々相互の関係を自己調整することができなくなる。よって、自然状態を脱して、こうした不平等が引き起こす対立を調整する主権的権力をもった政治的統治体〔市民政府〕を創設することが必要となる。

こうして、ロックによれば、貨幣は国家よりもヒエラルキー的に上位の主権的権威としての地位に立つのであり、国家は、この権威に服従する執行権力に還元される。だから国家は、自然状態の頃からずっと、暗黙の合意によって定められる貨幣の定義を修正することができないのである。議会君主制という新しいまだかなり脆弱な政治システムにとっては、継承した貨幣の定義価値を高めることによって貨幣を神聖化することが、自身の正統性および威信の条件となってくる。ここで追求されているのは、通貨創出体制を新しい政治的・社会的秩序の構成原理と調和させることによって、倫理や永久貨幣への信念という土台の上に（イングランド銀行の創設とともに配備された）新しい通貨・金融システムへのヒエラルキー的信頼を確立することである。イギリスの歴史を画するこの時期において、政治的‐象徴的なるものが経済に優越しているのは——様々な態度表明や最終的な選択の背後にある政治経済学的な諸問題を超越して——理にかなったことである。新しい国家を制度化し正統化しなければならないという要求や、その国家の土台となる政治共同体が形成されるときに貨幣が果たす役割は、いかなる短期的な経済学的考慮よりも優先されるのである。

　ユーロの制度[29]を見て想起されるのが、イギリスの自由主義的な議会君主制の土台となった、貨幣の政治—象徴的な働きである。なぜならユーロの制度も同様に、貨幣を通じて、創始的・正統的象徴を創造することによって、萌芽的な新しい政治的秩序の活力を高めようとするものだからである。〈強いユーロ〉政策、すなわち政治的な執行・立法権力の管轄外にあってユーロの価値を守護している権威にユーロを係留しようとする政策は、ポンドの金属重量への不易の——二世紀以上続いた——係留（アンカー）政策に対する、純粋信用発行通貨（純粋不換通貨）の文脈における一種の機能的等価である。ユーロを強い通貨にすることによって追求されたのは、依然として国際システムの基軸通貨であるドルを圧倒するパワーの象徴としてユーロを構築することであった。ところがこれは経済を犠牲にするものだった。新通貨の推進者たちは、通貨統合の規律づけ効果と、新通貨圏内部の競争的ディスインフレ〔インフレ率低下〕政策からの脱却とによって経済動態が刷新されるという約束を口にしていたのだが、経済はこの約束に背いたのである[30]。ここでもまた、政治的な良貨は経済的平面においては必ずしも高性能ではなく、通貨創出に関してはしばしば政治の論理が経済の論理に勝るように見える。

　要するに、引き合いに出した二つの事例において、政治的良貨は、強い過大評価されたデフレ的な通貨であるのに対して、経済的良貨は、より弱くて潤沢な通貨に対応している。この状況は「重商主義的」な布置状況に通じている。ここでは、固定収入がある債権者（金利生活者）という社会集団によって支持される政治的なるもの《ル・ポリティーク》（一般意志の形成を志向する政治）は、何よりもまず外部に顔を向けるもの、また、領土内部の支配的な経済的・社会的状況よりもむしろ、他の主権的な諸政治体に対する自らの相対的な力のほうを気にかけるものである。しかし、反対推論的に考えて、政治的良貨が、潤沢でインフレ傾向をもち債務者を有利にする通貨である一方、経済的良貨が、価値準備としてよりよく役立つ安定化した通貨であると解釈されるような、逆の状況もありうる。これは、政治的なるもの《ル・ポリティーク》が国民に対する生の債務に気を配ることを優先している一方で、経済的権力が輸出主導型成長を重視する資本家階級の手に握られているときに言えることである。このような状況は、ラテンアメリカ（特にアルゼンチン）で幾度も見いだされてきた。

3　貨幣の三状態

　以下では、貨幣的事実という自律的・一次的な社会的現実の分析をもう少し進めることにより、現代の常識を少々覆すであろういくつかの考察を得ていきたい。そのためには、〈多様な機能的諸形態の働きを通じて固有の論理に従いながら時間の中で再生産される社会関係〉

として貨幣を考察する観点に、われわれが三状態と呼ぶ諸形態（気体・固体・液体という物質の三態を参考にしている）の下に現れる社会現象として貨幣を把握するもう一つの観点を組み合わせなければならない。つまり、貨幣の世界内存在様式を次のように区別することが適切である。すなわち、貨幣はその身体化した（*incorporé*）状態においては、価値基準および信頼として現れる。貨幣の対象化した（*objectivé*）状態は、主に、支払手段として役立つ通貨諸手段として知ることができる。そして制度化した（*institutionnalisé*）状態とは、通貨空間（計算システムによって支配され、支払共同体を構築している）を統一する種々のルールや調整《レギュラシオン》である。

（1）身体化した貨幣――計算と信頼――

貨幣が身体化した状態にあるときの貨幣的事実の心理‐社会学的分析のレベルに、すなわち信頼に立ち戻ろう。この信頼は、究極的には計算システム（体系）の安定性に対する信頼である。というのも、計算は何よりもまず心的な活動だからである。「身体化」と言うのは、貨幣がまさにその使用者たちの人格に内在化しているからである。貨幣が使用者たちのハビトゥス（P・ブルデューの用語）の一部となっていること、貨幣が使用者たちの資質能力《ディスポジシオン》システムのうちに包摂されていることによって、各個人の内で信頼が働くようになる。このとき貨幣は「象徴的に一般化したコミュニケーション・メディア」（T・パーソンズやN・ルーマンの用語）［Ganssmann 1988］と、すなわち諸個人が互いに知り合い、安んじて経済的・社会的取引を行うことを目指して相互に意思伝達することを可能にする「特殊言語」［Ganssmann 2001］と見なされるべきである。ここで作動している（アクティブである）のは、貨幣の象徴的次元である。貨幣は、共有された象徴や意味のやり取りを可能にする諸記号のシステムとして働いている［Codere 1968; Wennerlind 2001; Hart 2007］[31]。言語記号と同様に貨幣記号もまた、情報・意味を語り伝え、共有経験を生み出す。このとき貨幣への信頼は、「貨幣を通じたコミュニケーション」［Ganssmann 2001: 146］成功の果実として現れる。

このコミュニケーション的アプローチにより、C・メンガーが提起した「貨幣の謎」（なぜ諸主体は価値ある物を価値のない貨幣と交換するのか）は無効となる。というのも、「記号の選択の背後には、わかり易くなければならないということ以外、いかなる合理性も存在しない」からである。一方、「記号として役立つ物が本質的《アントランセク》（固有の）重要性をもたなければもたないほど、物そのものを獲得しようとする外的関心によるコミュニケーションの攪乱は起こりにくい」［*ibid.*: 149］。

またH・ガンスマンによれば、成功しているコミュニケーション、つまり行動の協調を可能にするコミュニケーションは、「記号として役立つ諸対象」が三つの属性をもつことを含意している。「ある記号は、他の諸記号が作り出す環境の中で認知可能でなければならない。持続的な認知と将来への期待を可能にするためには、記号の利用が繰り返されなければならない。記号はそれ自身の意味作用だけでなく〈どんなゲームが行われるか〉も伝えなければならない」［*ibid.*: 148］[32]。実はこれらの属性は、『主権貨幣』で「方法的」「倫理的」と規定された信頼の諸形態の土台となるものである。個人が、社会的全体について自分で作り上げ、しかも支払共同体の他の諸構成員との間で共有している表象に自己を拘束することの上に、これらの属性は成り立っている。

つまり方法的信頼は、貨幣記号伝達のルーティンの中で確立される。また貨幣記号の持続的利用はその品質への信頼を拡散させる。これは、「諸個人は貨幣記号の利用に参加することによって、貨幣への自らの信頼を顕示する」［Wennerlind 2001: 3］からである。「まさにこのことを通じて諸個人は、社会的秩序への共通の信頼を共有していることも顕示する」[*ibid.*] のであるから、倫理的信頼は方法的信頼から派生し、かつ両者は互いに支え合っていると言える。実際には、方法的信頼は支払手段に寄せられるのに対して、倫理的信頼は計算システムに寄せられる。まず、対象化した記号である支払手段は、方法的信頼が構築されるには、ルーティン的な交換において受領されなければならない。これに対して、計算単位は、諸個人と社会的全体との関係を示す抽象的な記号、すなわち共同体――価格と税を同じ言語で語る共同体――への帰属を示す記号である。もちろん計算単位の受け入れは支払手段の受領と結びついているが、そう言えるのは、支払手段が統一的システムを構築する限り、すなわち秩序立てられた全体――計算共同体と一体化した支払共同体――を形成する限りにおいてのことである。倫理的信頼とは、この秩序立てへの信頼である。こうして、貨幣の使用は、「言語の一属性である自己強化プロセスに従って」貨幣への信頼を拡大させていく。この自己強化プロセスは、「言語理解の伝播を統制しうる知的権威が不在であるにもかかわらず、その使用者の間に共有理解が生み出されることを可能にする」[*ibid.*] ものである。

　自由銀行業《フリーバンキング》の支持者たちも同様の見方をとるが、彼らにおいては、貨幣への信頼を築き上げる上で何らかの権威や権力を介入させることはあまり必要とされないようだ。しかし彼らにおいては、通貨アクセスが不平等に分配されている事実が捨象されている。ところが、貨幣は単なる認知資源（すなわち満場一致で共有されている抽象的な計算システム）ではなく、支払諸手段の総体でもある。支払諸手段は、不平等に分配された対社会債権であり、専有ないし私的管理の対象になりうるものである [Crump 1978][33]。支払共同体内部で定期的に創出・分配・破壊・再創出されうる諸章標《シーニュ》〔諸記号〕の総体としての貨幣は、このプロセスの制御〔者側〕から排除されている支払共同体の一部の人々から見れば、特に通貨危機の時には、協力や協調の道具というよりもむしろ権力の源泉のように見えるかもしれない。権力の不平等な分配は、正当化不可能であり、異議申し立てされる可能性があり、それゆえ紛争《コンフリ》の源泉である[34]。よって、貨幣への信頼は、協調を生み出す貨幣の能力にだけでなく、何よりもまず、支払手段の発行・分配に関する紛争《コンフリ》の調整にも係留されている。信頼の貨幣は、善き社会的妥協である場合にだけ、善き協調慣行《コンヴァンシオン》となることができる。

　そのような妥協の表れがヒエラルキー的信頼である。なぜなら、ヒエラルキー的信頼は、貨幣言語の実践練習《プラティク》へのルーティン的・倫理的な自己強制が、不平等な通貨アクセスによって限界づけられていることを想起させるからである。これは、貨幣の受け入れが、力《フォルス》と法的強制を後ろ盾にもつ通貨権力によるヒエラルキー的調整が喚起する保護《プロテクシオン》感覚にも左右されることを意味している。このことと相関して、われわれは自生的な社会的秩序のモデルから離れるので、倫理的信頼はその意味を変える。つまり、通貨アクセスをめぐる対立を調整し、協調に必要な利害妥協を形成する制度システムへのヒエラルキー的信頼が諸主体によって身体化されるのは、既定の通貨ゲームの諸ルールが正統性をもつ場合、すなわちそれらが全体（同じ顔の主権の下に集まった計算と支払いの両共同体）への帰属を正当化する諸価値・諸規範に合致している場合のみとなる。倫理的信頼はそこから、その貨幣外的な、そしていわゆる文化的・歴史的な次元を引き出してくるのである。

（2）対象化した貨幣――貨幣‐対象、支払諸手段――

　ところで、貨幣への信頼は諸行動間の協調の前提条件でしかない。貨幣的な取引が発展するには、さらに、債務の支払いに十分な質・量の支払手段が存在しなければならない。貨幣学者や人類学者の注意を引く貨幣諸用具、支払諸手段、流通諸貨幣は、対象化〔物体化〕した状態にある貨幣の最も純粋な表現である。こうして見れば、対象化した状態にある貨幣とは、言語によってではなく、諸対象〔諸物〕の体系を介して表現されるものだと言える。支払諸手段が真に貨幣的な性質をもつかどうかという問題が提起されるのはこのレベルにおいてであるし、何が貨幣であるか（あるべきか）に関する経済分析において歴史上繰り返されてきた主要な対立（通貨学派／銀行学派、単本位制論／複本位制論、地金主義者／グリーンバック党員、自由銀行業《フリー・バンキング》／表券主義、マネタリスト／ケインジアン）もこのレベルの議論である。人類学者のK・ハートは硬貨（または銀行券）の両面〔表裏〕という隠喩を用いながら、貨幣の理論は硬貨の両面を同時に考慮することによって、こうした一面的な概念系を脱する必要があるということを主張している(35)。

「表《おもて》面には、硬貨を鋳造した政治的権威の象徴が刻まれている。裏《うら》面には、諸取引における支払いの観点から見た、硬貨の価値が正確に特定化されている。表面は、国家が刻印によって貨幣に署名していること、および、貨幣が元々は一社会の中の人格間関係であることをわれわれに思い起こさせる［……］。裏面は、一つの取引――どんな取引であれ――に関わる諸人格から独立な数量的比率において、他の諸物と一定の関係に入ることができる一つのモノであることを明示している。こちら側から見ると貨幣は一つの商品と同じであり、その論理は匿名市場の論理である。［……］貨幣諸理論のほとんどは、一つの面を忘却することによって、他の面を優先している。［……］しかし硬貨が両面をもつのは、どちらもが必要不可欠であるもっともな理由があるからだ。貨幣は、人格間諸関係の一側面であると同時に、人格から切り離された一つのモノでもある」[Hart 1986 : 638-639]。

これ以上話を先に進めるのはやめ、ここで、硬貨が実は二つではなく三つの次元をもつことを考慮しておきたい。硬貨は、厚みを与える縁《ふち》も持つのであり、これなしには純粋な抽象にとどまってしまう。つまり、表面には人格間諸関係を統一する権威による刻印があるが、これは硬貨の公定価値を担保する役割を果たすものである。これに対して、硬貨に物質性と重さを与える縁の厚みは、長い間、信用発行性の度合いを示すことによって、裏面に記された価値を正統化するのに役立ってきた。つまり、諸硬貨の縁すなわち支払諸手段の厚みは、通貨創出という貨幣の第三の総称的属性を象徴化するものである。この属性によって、計算単位で表される価値が、あらゆる支払手段に割り振られる。硬貨の縁は、支払諸手段の発行・流通のルールなしには、すなわち貨幣の制度的次元なしには貨幣が存在しないことを表している。またハートの言葉を借りれば、硬貨が三面をもつのは三面のどれもが必要不可欠であるもっともな理由があるからである。「貨幣は人格間諸関係の一側面であると同時に」「人格から切り離された一つのモノ」であるだけでなく、人格とモノを関係づける制度形態でもある。すなわち貨幣は、一定の人格間諸関係を表象するために選択された「人格から切り離された一つのモノ」がこれ〔人格とモノを結びつけること〕を正統的に行うようにする諸ルールの体系でもある。

(3) 制度化した貨幣――通貨創出と調整《レギュラシオン》――

この見出しの下、われわれは、貨幣の第三の状態、いわば社会的な状態を扱っていく。この制度化した状態においては、貨幣は支払共同体の政治的形態として現れるのであり、支払共同体とは、貨幣形態において表象される社会集団にほかならない。より正確には、支払共同体は、何よりもまず特定の計算システム（または計算単位）のうちに認められる、そうした社会の貨幣的表現として定義される。一つの集団が、価値記録の数量的様式（純粋に数量的な基数的記数法であれ、量的なものと質的なものを組み合わせる序数的記数法であれ）を軸にして統一されているとき、既に、支払共同体（内部において多様な支払手段が相互に転換可能である）形成の条件は整っている。支払共同体内部では、発生原因の如何――商品交換、（人と人の間の、および／または主権的パワー《ピュイサンス》に対する）贈与、賠償、貢納、担保――を問わず様々な社会的権利・義務が、数量化された上で、共通の標準（一つの同じ参照枠）によって表される同質的な債権・債務という形態をとることができる。このとき社会は、まず計算システムによって、[36]次に支払手段の流通によって全体が一つに結ばれた債務ネットワークの形態をとる。

債務が複数種類の取引を発生原因にしていることは、支払手段の複数性となって現れる。アプリオリには、各取引部面はそれ固有の支払手段を利用していると見てよい。というのは、この支払手段の通用性・品質への信頼の源泉は、差し当たりは各部面に固有のものだからである。本来はどの支払手段も、方法的信頼に基づいてそれが受領され流通する取引部面および使用者間ネットワークに対応した、固有の通用空間をもっている。

それゆえ支払共同体とは、一つの計算システムと接合した〈支払諸手段の一全体〉が流通している社会（例えば、近代諸社会の規範となっている純粋に基数的な記数法という最も単純なケースにおいては、支払諸手段が共通の計算単位で額面表示され固定レートで〔互いに〕交換可能である）だと言える。支払諸手段の一全体（現実的貨幣）とその抽象的システム（想像的貨幣）とは、ここで念頭に置いている支払共同体に固有な貨幣の二つの基本的側面である。こうして貨幣は、社会が諸人格・諸物・諸象徴・諸行為・種々の権利と義務に数量的価値を割り振り、それを社会的に承認することを可能にする。計算システムとしての貨幣によって、社会は、種々の不連続性を超えて価値が割り振られた同質空間となる。よって貨幣は全体性の表現であり、社会的帰属の演算子である。支払諸手段の一全体としての貨幣は、社会諸構成員を結びつける取引の際に割り振られる諸価値が、支払いを通して社会的に承認・妥当化されることを可能にする。この結果、社会的帰属は打ち固められる。

要するに、貨幣が社会的全体性を真に表象し帰属の演算子として機能するためには、すなわち、時間の中で社会的全体性が再生産される際の媒体であるためには、貨幣は、まずそれ自身が永続的でなければならないし、その単一の計算形態と複数の支払形態との間の矛盾を調整する制度形態を獲得しなければならない。ガンスマンが次のように言うのももっともなのである。すなわち、「貨幣が実在するのは、諸主体がルールに則ってそれを使用する場合だけである。〔……〕貨幣の使用ルールが貨幣を構成している。〔……〕（そして）貨幣とは（貨幣として機能するために選択された）対象の性質《ナテュール》ではなく、それを貨幣にするゲームの諸ルールが遵守されているということなのである」[Ganssmann 2001 : 141-142] と。ゆえに、「貨幣的諸関係の分析の〔……〕第一の任務は、計算単位の定義と支払諸手段の定義とに同時に関係する諸ルールの体系を同定する」ことにある。「〔……〕ここで諸ルールとは、計算と支払いの接合が要求されるときに中心的な役割を果たす通貨創出の諸ルールのことである」[Boyer-Xambeu, Deleplace et Gillard 1990 : 35]。したがって、通貨創出の諸ルールは、まさしく、あらゆる貨幣の制度的な諸次元の中心をなすのである。

こうして、計算・支払共同体の土台となる通貨体制《レジーム》という制度化したレベルで把握された貨幣は、信頼（身体化した貨幣）および支払手段（対象化した貨幣）とともに、三角形の構造を形づくることになる。

これは次のように言い換えることができる。①発行者間の対立（支払手段間の競争）、②一つの同じ計算単位の下における発行者相互の協力-協調（支払諸手段間の交換を含意する）、③紛争（発行者間の妥協）から、および、有効な通貨創出ルールを通じて協調を安定化させようとする集団的行動から生み出される秩序。こうして貨幣の概念は、J・R・コモンズ［Commons 1934a］に依拠しつつ、取引と継続活動体《ゴーイング・コンサーン》（組織された活動集団）に関するモデルによって表すことができる［Théret 2001a：105］。以上より、貨幣の水平的次元と垂直的次元、個人間的次元と個人-集団関係に関わる次元を表したものが、図2-2である。

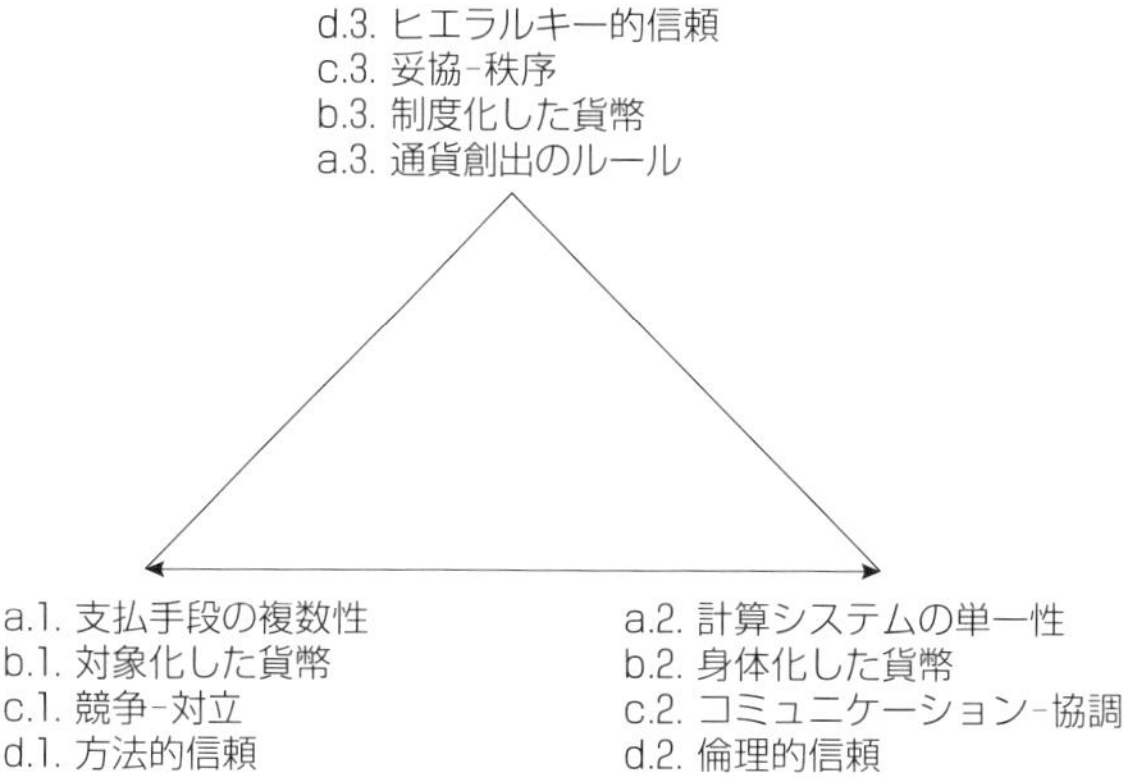

図2-2　計算・支払共同体の表象としての貨幣の三角構造

4　貨幣という全体的な社会的事実

要するに、貨幣は、特殊な言語（計算システム）であると同時に、対象（支払手段）でも、制度（通貨創出ルール）でもあると言える。貨幣は、経済学において最も普通に意味されているように、単に対象〔物体〕——商品交換で間に入る商品——であるだけではない。貨幣はまた、一部の社会学者たちが特権化する見方にあるように、単なる特殊なコミュニケーション言語に還元されるものでもない。かと言って貨幣は、制度派経済学がよく言うように、単なる制度、すなわち諸ルールの体系にすぎないのでもない。貨幣は、これら三つの次元を同時にもつ全体的な社会的事実である。[37]つまり貨幣という現象は、同時に象徴的、経済的、政治的なものである。

(1) 諸形態・諸状態の複数性を超える貨幣的事実の統一性

このように、全体的な社会的事実としての貨幣は、複数の状態の下に展開する。すなわち、それは精神現象《プスィシズム》へと、モノの世界へと、そして社会的世界へと展開するが、その都度、特殊な形態をとる。ただし三状態のどれにおいても、貨幣が機能しながら時間の流れの中で社会的形態として再生産されることを可能にする三つの機能形態（計算、通貨創出、支払い）が見いだされる。貨幣の三状態のどれにおいても、同じ内的《アンティム》構造が再生産される。このとき貨幣現象の統一性（一体性）が作り上げられるのは、貨幣の機能形態それぞれが貨幣の三状態の一つが残す痕跡であることによって、貨幣の三状態が永続的に相互連結されるからである（表2-1参照）。

表2－1　貨幣の内的構造

	機能諸形態⇒ ⇓諸状態	計算	通貨創出	支払い
「社会的信仰」の原理による，記号の（象徴的）システム	身体化した状態 心的スキーム：	**倫理的信頼** 権威を作る諸価値に関連 **計画**	ヒエラルキー的信頼 様々な通貨発行者の頭上にある通貨権力の正統性に関連 戦略	方法的信頼 支払手段の価値の安定性に関連 ルーティン
一主権の枠内で作用する，諸主体の（政治的）システム	制度化した状態 集団的行動：	計算システムを通じた通貨領土の象徴的統一 長期的（構造）	**通貨体制を構成する政治的妥協** **中期的（局面）**	債務の異種混合性，支払手段発行者の複数性 短期的（事象的）
諸債務の循環－更新を可能にする，諸対象の（経済的）システム	対象化した状態 評価原理：	表面：計算共同体内の主権的権威を表す図柄 印，署名	縁：通貨創出「アンカー」の質に関する制度的担保 金属重量，両替	**裏面：支払手段の数字によって記される額面価値** **名目原理**

しかし、貨幣の諸状態それぞれにおいて、ヒエラルキー上位にある機能形態は違っており、われわれは一つの状態につき、支配的な機能形態を一つ挙げることができる。例えば計算システムは、何よりもまず制定行為の対象となるものだが、言語としては、貨幣身体化の母型《マトリシエル》的な形態である。このことにより計算システムは、身体化プロセスの要である倫理的信頼の土台となる。次に、貨幣の対象化した状態はまず支払いに関係づけられるべきであり、そのときの第一の機能形態は通貨手段の計数値である。最後に通貨創出は、貨幣の端的な制度化形態であり、このレベルにおいては、本質的に通貨創出は社会的諸力の間の政治的妥協として現れる。社会的諸力にとって、（主権の形態としての）計算の単一性と支払いの複数性（社会的な債務諸紐帯の異種混合性を表す）とは、時間性を異にする社会的賭け（長期的プロジェクト、中期的戦略、短期的行動）の機会――互いに対立し合うものでない限り――を与えるものである。

よって、貨幣は、心的かつ社会的、個人的かつ集団的、そして観念的かつ物質的な事実なのであり、本来的に、経済的（支払諸手段が広く流通する経済）でもあり、政治的（①計算システムを操作し計算単位を命名する権力、②支払諸手段の発行‐消滅についての法的調整、をめぐる諸紛争および妥協的諸制度）でもあり、なおかつ、象徴的（計算システム：社会的全体性の象徴としての計算単位についての、および一定の支払諸手段についての表象：通貨ゲームのルールに倫理的根拠を与える社会的帰属の諸価値）でもある。

このとき、社会学的観点から、貨幣をある種の「文化資本」と見なすことができる。P・ブルデュー［Bourdieu 1979］によれば、「文化資本」は、一方では、持続性のうちに（それゆえ主権の時間性に）包摂され、同時に他方では、身体化されてハビトゥスを構成し、耐久財に対象化され、組織構成諸ルールの形で制度化されている。この三状態で存在することを通じて貨幣は、その永続性を傾向的に保証され、そうして、それを創発または輸入した諸社会の文化的遺産となる[38]。

（2）価値中立性と支配の対象化との間にある貨幣

貨幣についてのこうした社会学的性格づけから、われわれは、一方で、貨幣に価値が割り振られるのはそれが文化資本として実効的に機能する領土的文脈の中にある（さもなければ貨幣は内容を欠く形式でしかなく、普遍的であっても無価値になる）ときだけであることを、他方で、象徴形態が（まさにその抽象的・普遍的性質によって）社会的諸関係の隠蔽に与していることを、推論することができる。貨幣は社会的諸関係をベールで覆うのだが、その代わり社会的諸関係は貨幣に文脈効果的な内容——各社会の通貨創出体制《レジーム》および各社会に特殊な使用——を与える。というのも貨幣はまた、万事順調に見える時期、われわれに貨幣が不平等に分配される可能性を無視するよう強いる表象をもった権力資源（社会的全体性の標章《エンブレム》であり、かつ種々の取引の中で有用性を与えられる章標《シーニュ》）でもあるからだ。こうして貨幣は、支配的な集合表象——賛同、方法的・倫理的信頼、帰属か、さもなければ支払共同体からの排除か——が内面化されることによって、直接的・外面的な物理的暴力（供犠から生まれて以来、貨幣はこれの代替物）がなくても機能する。このことから、貨幣が象徴的暴力の最も洗練された形態の一つであることは明らかである。またこのために、メラネシアの諸社会に見られるように、貨幣は、国家による物理的暴力の正統的な独占に対する代替物であることができたし、今でもしばしばそうなることができている［de Coppet 1998; Breton 2002b］。さらにこのために、貨幣社会においては人は貨幣なしには生きることができないし、一つの貨幣が破壊されるとたくさんの貨幣が花を開かせるのである。

　貨幣が象徴的・文化的資本であるという考え方には、二つの重要な含意がある。普遍的形態としての貨幣は一種の言語、すなわち、複数の使用を引き受けることができ、しかも、最も平等なものから最もヒエラルキー的なものまでかなり多様な社会諸関係を包摂することができる言語である。だからわれわれは「貨幣の本質実体《イポスターズ》」［Cartelier 2004］を探り当てることはできない。確かに貨幣それ自体のうちにも、その永続性に必要なヒエラルキー的な秩序原理、すなわち集団的行動についての、および全体の諸部分への展開についての原理は内包されている。貨幣は、生を死から切り離すことを、すなわち、一定の主権諸形式を専有し直すことを人間社会に可能にする象徴的創発なのである。ゆえに、全体的権威の形態としての貨幣は、それを独占・コントロールする者に権力を与えるが、だからと言って、必ずしも貨幣それ自身が支配的権力に転化するわけではない。貨幣は社会諸関係を隠す本質能力によって、その［支配的権力の］手段となりうるが、同時に、権力の平等な拡散をも可能にする。どうなるかはすべてシステム次第、すなわち通貨創出体制《レジーム》次第である。集団的行動の形態としての通貨創出体制は、明らかに、社会諸関係そのものから独立してはいない。例えば、M・ブロックとJ・パリーが主張するように［Bloch et Parry 1989: 22］、貨幣一般は、それ自身のうちに意味作用や道徳的価値を有しているわけではないが、それが文化資本として作用する様々な社会的文脈の中で、それが媒介する社会諸関係から意味作用や道徳的価値を借りてくるのである[39]。そうでなければ、不平等主義的な伝統的・近代的諸社会だけでなく、平等主義的な共同体的諸社会もまた、貨幣を用いて自らを全体性として表現していることが理解されないだろう。

　しかし貨幣は、種々の社会関係を覆い隠す働きをし、かつそれらを媒介する特殊な言語でしかない。貨幣は、異質なモノを同質化し、分離された社会的諸地位の間の隣接性《コンティギュイテ》を保証し、比較不可能なものを比較可能にする形態としては、社会組織の不連続性を超えてその連続性を確保することを通じて、社会的断裂《クリヴァージュ》を自然化し弥縫する傾向がある。貨幣は数の力を動員することによって、階級闘争の分類《クラスマン》闘争への転化に、社会的敵対や地位の格差から連続体上の単なる不均等への転換に関与する。こうして、貨幣には、それが媒介する社会諸関係の本性を隠蔽し不明確化する固有の能力が備わっている。ここで、貨幣の物神崇拝《フェティシズム》に関するマルクスの理論に立ち返っておきたい。一部の人類学者たちによれば、この理論は前資本主義の諸経済にも拡張可能である。というのは、「［そこでも］交換諸対象はおそらく［……］資本主義経済と同じくらい物神化されている」［Bloch et Parry 1989:

〕からである。こうして物神崇拝は単に、実物財や象徴財（労働力）の交換において作動する資本主義的マネー――等価性の形態の下に支配諸関係を覆い隠す金銭《アルジャン》――に関係しているだけではない。逆転した形ではあるが、物神崇拝はまた、人格や対人的権利の交換に用いられる原始的な諸貨幣にも関係している。メラネシアの諸貨幣の神人同形的な形態はその好例である［Rospabé 1995: Breton 2002b］。

　通貨危機の時にだけ、われわれは、貨幣が隠蔽している支配諸関係に、すなわち、通貨創出体制の管理諸形態が社会的・領土的レベルにおいてもつ分配的な含意に、すなわち、一社会において通貨創出とその分配を管理する人々の比類なきパワーに、光を当てることができる。危機時には、通貨システムおよびその体制《レジーム》内機能の単一性によって隠蔽されていた一連の紛争――すなわち、通貨発行者間の紛争、通貨創出権力と貨幣使用者である社会体との間の紛争、社会管理諸様式が社会内部に広がって起きる分配紛争、主権性をめぐる諸通貨間の紛争――が表に出てくるのである。

　ゆえに、貨幣の将来を予測するには、その貨幣が通用するよう要求されている通貨空間において、以上のような多様な社会的・領土的紛争が調整される様式（または諸様式）を考慮しなければならないだろう。

注

（1）今日多くの人類学者が「ますます、貨幣を知らない社会が存在しないことを確信するようになっている」［Rospabé 1995 : 24］。例えば、インカ帝国が貨幣を知らなかったという通念は、いまや異議申し立てされ再検討されている。特にそこでは、支配者層内部の贈与交換において貴重財――金銀を含む――が循環していたことが知られている（Sallnow［1989］参照）。自然を支配しようとせず供犠を知らない狩猟採集民だけが、貨幣をもたないことになる［Hénaff 2002: Testart 2002］。

（2）「生‐資本」は、「伝統的な諸社会（しかも多くの点でその消滅後もその表象は生き残る）においては、あたかも命の源（使われたり枯渇しかけたりしたら回復する必要が感じられるエネルギーのストック）のモデルが存在するかのように万事が進行するという事実」［Hénaff 2002 : 298-299］に関連している。生物学的事実でも社会的存在でもある生は、「そっくりそのまま」維持されなければならず、「そのいかなる毀損も逆方向の行動を、すなわち相殺の手続きを要求する。生の債務とはこのようなものだ」［*ibid.*］。Rospabé［1995］も参照。

（3）B・ラウムによる。ラウムは、「貨幣の宗教的な、より正確には供犠的な起源」［Scubla 1985: note 73 : 213］を、また「貨幣が出産とだけでなく殺人や死とも結びついていること――このことを些末事と見なすことは難しい――を（これらに反対することを目的としてではあるが）」［*ibid.*, note 69 : 88］明らかにした。「もしもわれわれが金銭を、その材質と数量によって定義される既定の支払手段として定義するのであれば、金銭の起源は崇拝にあると言わなければならない」［Laum 1992 : 61］。「野蛮な」社会のケースにおける貨幣と死の関係は、D・ドゥ・コペーの著作において説明されている（特に de Coppet［1970］参照）。

（4）金銭課税の形態による生の債務の支払いについて特に明白な例として、マダガスカルのメリナ王国のハシナ（hasina）についてのブロックの記述［Bloch 1989 : 182-88］を、およびそれを儀礼的供犠と見なすグレーバーの解釈［Graeber 1996 : 19］を参照。

（5）シミアン［Simiand 1934］の後に、アグリエッタ＝オルレアン［Aglietta et Orléan 2002］は〈貨幣は信頼の紐帯であり、信頼である〉と言うことによって、いっそう力強くこのことを主張している。

（6）英語ではこれを信認（Confidence）、信用度（Credibility）、信頼（Trust）の三幅対に対応させることができる。実はこの三幅対は、歴史家・社会学者・人類学者の何人かによって定式化された信頼についての考察に合致している。例えば貨幣史研究家であるＦ・シエリー（François Thierry）は、古代中国に関して「これらの貨幣は金属製の真正手形であり、その価値はもっぱら政府への信頼（ヒエラルキー的信頼…）、法定レートでの使用の互恵性（方法的信頼…）および住民の同意（倫理的信頼…）によって決まる」と言うとき、彼流に同じ三つの信頼形態を区別している。「［……］信用発行《フィドゥシエール》通貨システムが作動している社会においては、信頼の問題は根本問題である。この信頼は、統治者と被統治者を統一する［一体化させる］紐帯にだけでなく、統治者を被統治者に結びつける契約の条件を担保する統治者の能力（倫理的信頼のもう一つの定義…）にも立脚している」［Thierry 1993 : 6-7］。

（7）　したがって、われわれは「まさに貨幣の本性《ナテュール》に関する問題」に立ち帰ろうとしている。政治経済学の創始者たちはこの問題に関心をもっていたが、ジェヴォンズが言うように、一九世紀中頃に貨幣が「その完全な発現に不可欠であるように見える」「よく知られた四つの機能を果たす何物かとして性格づけられる」［Jevons 1876］やいなや、この問題は経済科学にとって「完全に重要性を喪失したように思われる」［Laguеux 1990 : 81］。われわれは人類学者Ｈ・コデール［Codere 1968］には、（Dalton［1965］のように）貨幣をその諸機能すなわち〈それが行っていること〉によって定義してはならない、という理念が見いだされる。コデールは、象徴の四つの下位システム（貨幣－対象、計数すなわち計算システム、重量および尺度のシステム、簿記）を接合する固有の象徴システムとしての貨幣の理論を展開した。最近では人類学者のＡ・テスタール［Testart 2002］が、貨幣に適用される機能概念に対して、そこでは「機能と機能能力」（26）が混同されているとして、その曖昧さを強調する批判を行っている。しかしテスタールによる貨幣の定義もやはり、〈それが行っていること〉による定義に近い。すなわち彼は貨幣を、「その譲渡が［……］大部分の支払いに際して命じられまたは選好され、強制通用価値を有すると見なされる［……］一つまたは複数の種類の財」として概念化している。これは支払いによる定義であり、ここから貨幣は富の上位形態（「貨幣の主要特性」）であり、「交換手段、価値準備、価値基準というそれに続く諸機能」（34）であるということが推論されている。

（8）　様々な学説による多くの論者が、この「機能」を遂行する上で貨幣があまり効率的な手段ではないと考えている。以下を見よ。Boyer-Xambeu, Deleplace et Gillard［1986］、Courbis, Froment et Servet［1990］、Thierry［1993］、Ingham［1999］、Blanc［2001］、Davis［2002］等。

（9）　Ｃ・メンガーとＬ・フォン・ミーゼスがこのことを主張している。彼らによれば、交換手段の機能が貨幣の定義的機能であり、支払または決済手段の機能は二次的・派生的な機能でしかない。「商品や資本の交換を容易にする物としての貨幣の機能が［……］貨幣代金の支払いや借金返済を包含する［……］雇用へと、あるいは支払手段という特殊な貨幣機能へと議論を進める必要性も理由も存在しない」（von Mises［1981 : 49］から Menger の文章を引用）。フォン・ミーゼスによれば、支払手段としての貨幣の定義は、法律的な観点や常識的な思考習慣からの無批判的な受け入れによる誤りである。「法学の観点からは債務の問題が中心であり、支払義務の起源に全く（少なくともある程度しか）言及することなしに、債務の問題をそのものとして考察できるし、考察しなければならない。確かに法学においても経済学においても、貨幣は共通の交換媒体以外の何物でもない。しかし、貨幣に関心をもつ法学の主な（もっぱらの、ではないにせよ）動機は、支払いの問題にある。「貨幣とは何か」という問いに答えようとするのは、貨幣的債務がどのように解消されるかを明確にするためである。法律家にとっては貨幣とは支払媒体である。貨幣の問題を別の側面に見いだす経済学者がこのような観点を採用しないでいるのは、経済理論の進歩への寄与という目標を出鼻で挫かれたくないからである」

[*Ibid.*]。

(10) にもかかわらず、この「機能」は、国家的・資本主義的社会の貨幣に特殊なものと考えるべきである。この貨幣には、価値準備としての使用と、資本（金銭）への転化の能力とが、実体化されている。よってこの貨幣には両義性が見いだされる［Aglietta 1988］。ここで有用なのは、近代貨幣を指すために「金銭《アルジャン》」という用語をとっておくことだろう。このことによって、物的財や象徴財さらには人格の流通における、そして社会再生産におけるその媒介的役割を第一に考えなければならない貨幣一般ないし「普通の」貨幣を、近代貨幣と混同せずにすむのである。この区別は、英語圏の何人かの人類学者による次のような区別、すなわち、領土国家および現代資本主義の貨幣（money）とメラネシアの地域社会を循環する通貨（currencies）との区別［Robbins et Akin 1999］に呼応するものである。ドイツではこれは、ラウムによる硬貨（Munze）／貨幣（Geld）の区別［Bensa 1992］に対応している。

(11) 古代中国においては、この要求がかなり早くから（西洋よりもずっと前に）政治経済学的な問題として認知され定式化されていたようである。このことはおそらく、同じように早く紙幣が出現したことと関連しているだろう。

(12) 国家型の諸社会には、領土分裂と主権崩壊を導きうるこのような過程の痕跡が数多く見いだされる。例えば、シャルルマーニュ〔カール大帝〕によって導入された「リーヴル・スー・ドゥニエ」の計算貨幣システムは、異なる金属重量をルーヴルで表す複数のシステム（スターリング貨、トゥール貨、パリ貨、高額面フランドル貨等）に分裂した［Lombard 1971］。二〇〇一年以降アルゼンチンで発行されていた州財政通貨という最近の事例を考えてもよい。これは国民的計算単位であるペソで表示されているが、ほどなくその価値は、州諸政府の政策が喚起する信頼の強弱によって、地方ごとに異なるものになった。ブエノスアイレス州が発行するパタコンはずっと平価すなわち額面価値にとどまったが、いくつかの州ではこの種の通貨が国民通貨に対して五〇％も減価した［Théret et Zanabria 2006］。

(13) ボワイエ‐サンブ・ドゥルプラス・ジラールは、この種の矛盾と、一六世紀フランスにおいてそれがどのように管理されたかを詳述している［Boyer-Xambeu, Deleplace et Gillard 1986 : 1990］。このケースでは、貨幣発行大権をもつフランス君主が発行するレニコルという正貨と、貴金属の重量で評価される外国正貨という二つの支払手段「正貨」が流通していた。この二元性が引き起こした計算単位の単一性に対する圧力は、傾向的なインフレとなって現れた。

(14) こうした財政通貨はアプリオリには、「市場的な」通貨創出、市場の仲介によって閉じる国庫回路に従属しており、「資本主義的な」通貨創出には従属していない。「資本家」だけが、資本主義的な通貨創出を通じて「回路を開くことに関与し、まさにそれゆえに無産のあらゆる個人の経済的存在を保証することができる」［Iotti 1990 : 63］。「資本主義的通貨創出」についてはBenneti et Cartelier［1980］参照。

(15) これは特に、自由銀行業（フリー・バンキング）の形態が支配的であった一九世紀アメリカに当てはまる。このケースについては例えば以下を参照。Le Maux［2001］、Weiman ed.［2006］、Le Maux et Scialom［2007］。

(16) 対当的事実として、ヒエラルキー的信頼の危機が関係する一九九〇年代ロシアの通貨混乱を参照。Motamed-Nejad［2007］によれば、通貨混乱の原因は、ロシアの最も有力な銀行や企業が自らの債務の支払制約に真に従属していないことであった。

(17) 内生的危機の例であるソビエト・ロシアのケースについてはSapir［2007］参照。外生的危機の例としては、一九五〇年代ナイジェリアのティヴ（Tiv）社会のケースを参照。このケースでは、交換部面の区分化〔分断化〕が、植民地権力による「近代的」計算単位および支払手段の導入によって白紙に戻された。これによって、社会的な諸交換・諸支払の総体が同質化され、それと同時に、財および必需品の量の減少、富の不平等の拡大、およびヨメ交換の際の貨幣担保の積み増しが引き起こされた［Bohannan 1959］。こうして、（外部から押し付けられ、近代的な現金通貨を絶対的富として高く評価する）新しい通貨制度と、長く続いている（そして女性や子供を富の至高形態にする）社会的な諸価値・諸規範との間の構造的不均衡が出現した。しかしメラネシアのいくつかの社会に見られるように［Akin and Robbins eds. 1999］、ボハナンの見解とは対立して、そのような不均衡の解消は必ずしも、「野生の」貨幣やそれが全体化する社会の消滅につながるとは限らないのであって、〈近代貨幣を他と並ぶ一支払手段に還元し、先在する通貨ルールの枠組みに吸収する〉という集権化への抵抗もありうるのである。同じように、一九一四年まで金銭‐ドルは、中華帝国の通貨システムの分裂的作動を修正することなしに、そこに組み込まれていた［Kuroda 2005］。

(18)　一九九〇年代キューバにおけるドル化のケースがこれをよく例示している［Marques Pereira et Théret 2007］。

(19)　一九二〇年代初めのドイツ［Orléan 2007］およびロシア［Desprès 2007］のハイパーインフレ危機を参照。

(20)　この後に改めて取り上げる一六九六年の大改鋳時のイギリスのケースはこれに関する例である［Desmedt 2007］が、最近では、アルゼンチンのカレンシーボード（通貨委員会）の経験［Sgard 2007］がそれである。同じく一八世紀の徳川家の日本にあっては、「良貨」の確立が経済不振と対をなしていたのに対して、インフレ時代は経済的繁栄の時期であった［Carré 2007］。反対推論として言えば、四世紀の帝政ローマにおける大きなインフレは、経済活力の障害になったようには思われない［Carré 2007］。「野生の」または異国的な諸貨幣について言えば、S・ブルトンが記述したニューギニアのウォダニ（Wodani）社会に、貨幣の質と経済（この場合、食料品）のデフレとの間の同様の相関が見いだされる。この例は、メラネシア全般にも一般化可能である［Breton 2002b : 213］。

(21)　歴史家G・デイヴィスによれば、この弁証法は、流通貨幣の質（「債権者の正味の権力」の優勢と結びついている）と量（「債務者の正味の権力」の優勢と結びついている）が時期ごとに交替で自己を押し出す歴史の振り子運動となって現れる［Davis 2002 : 29-33］。この著者によれば、貨幣の質と量の二極間での振動の長期的反復性が、「通貨のメタ理論」を構築する。

(22)　実は、金属貨幣の場合も含めて法則の科学性については論議がなされてきた。F・W・フェッター［Fetter 1932］によれば、この法則は一九世紀に単本位主義者によって広められたものであり、一六世紀のグレシャムにではなくマクラウドに拠るものとすべきである（その後は特にジェヴォンズに引き継がれた）。貨幣的無秩序の原因を複本位制に見いだしていたマクラウドは、複本位制支持論に反対するために、グレシャムの名をもち出して、（貨幣市場において）評価が低い貨幣は評価が高い貨幣を流通から駆逐するという観念を普遍的な自然法則――ジェヴォンズによれば「定理」――に仕立て上げた。フェッターは、ギッフェン［Giffen 1891 : 304］に従いながら、「流通からの貨幣の排除をもたらすのは、貨幣の低品位ではなく、貨幣の過剰である。貨幣がすべて質を同じくするときにも、そのような排除は引き起こされうる。グレシャムの法則は、貨幣供給が過剰である場合に、異なる価値をもつ複数の貨幣の間の選択が市場に存在するとき、どの貨幣が流通から出ていくかを説明するにすぎない」［Fetter 1932 : 495］。同じくRolnick et Weber［1986］の批判や、Selgin［1996］による再評価の試みも参照。

(23)　政治‐象徴的次元は、貨幣を計算・支払共同体への共通の政治的な帰属紐帯として性格づけるものである［Théret 1999a］。経済的次元は、様々な社会的《ソシエタル》文脈における貨幣の特殊な使用に関連する次元である。これは、言葉の普通の意味での経済的使用（すなわち商品経済および契約債務に関係する使用）に属するか、または政治的使用（すなわち社会的債務および財政に関係する使用）に属する［Théret

1998]。

(24) ここでは以下に依拠している。Fay [1933]、Appleby [1976]、Diatkine [1988a]、Caffentzis [1989]、Dang [1997]、Kleer [2004]、Larkin [2006]、Desmedt [2007]。

(25) それどころか、大改鋳の年には、同行は破綻寸前にあり、債務不履行を宣言しなければならなかった。

(26) この問題に関しては約四〇〇本の建白書が著された。

(27) Kleer [2004] によれば、ラウンズと財務省にとっては、何よりもまず、戦費調達のために貸付を受ける目的で、金属を保有する金融家たち――銀行家と徴税人――を支援することが重要であった。

(28) Larkin [2006 : 19] より引用。

(29) われわれはまた、東西マルクを同価値とした最近のドイツ統一の事例を想起することができる。切り換え時期に限ってであるが、これによって東のマルクは過大評価された（一六九六年の初め数カ月に限って、削り取られた〔削損〕シリング貨を名目価値で買い取ったイギリスの事例と同様である）。

(30) 約束が守られなかったことが二〇〇五年の憲法改正国民投票における失敗に影響を与えたことは明らかだが、それがユーロとヨーロッパの長期的将来に負わせる費用を測定することは困難である。その代わりに旧標準によるイギリス・ポンドの大改鋳について言えば、この場合、短期的な不況効果はあったものの、続く二世紀半にわたる金本位体制の下でのイギリスの勢力および富の発展との関係は全くなかった。

(31) 貨幣は記号でありさらには言語形態である、というアイデアには、経済学の起源に遡る長い歴史がある。当時、特にロック、モンテスキュー、チュルゴー（Giacometti [1984]、Lagueux [1990]、Rosier [1990] 参照）の場合であるが、経済学はまだ貨幣の本性《ナチュール》という問題に関心を寄せていた。

(32) 「貨幣の理論について言えば、われわれは、貨幣の価値に関する伝統的な主張を乗り越えることができた。この主張は、貨幣対象とそれで購買されるすべての対象とに共通な属性を抽き出すことによって、貨幣の働きを説明してきた。貨幣と諸商品――貨幣的取引において扱われる二つの物――の間のこうした素材的な対応性は、歴史の中で、商品貨幣が利用されていた頃には存在しえただろう。しかしこれは、貨幣の働きのための必要条件ではない。必要なのは、売買に携わる諸主体の間の相互理解だけである。諸主体は、相互理解を得るべく、既定のルールに基づいて行動しなければならない。貨幣章標として機能するいかなる対象の使用も、既定のルールの表現であると同時に、相互理解および――それを通じた――行動の協調を導くコミュニケーション過程の本質的な一要素である」[Ganssmann 2001 : 148]。

(33) 言語もまた、状況に合った使用ができることが権力の源泉となる独特な象徴資本である。よって、言語の変遷は政治権力による標準化－規制の対象にもなる [Bourdieu 1995 : 83-84]。

(34) アンドルー [Andreau 2001] が記述している、借金に関連した古代ローマの支払危機は、これの例示となっている。

(35) ハートによれば、硬貨への言及は隠喩的なものであり、二つの面の対置は、トロブリアンド諸島のような「野蛮な」社会にも通用する。トロブリアンド諸島では、この対置が、クラとギムワリとの対置に見いだされる。クラは、政治的権威――威信――が作用する諸人格間の儀礼的な贈与交換、ギムワリは、対人的な値引き交渉タイプの、経済的性質をもつ有用物同士の交換である [Hart 1986 : 647]。

(36) 一般に、われわれは、計算システムを計算単位に還元している。これにより、計算単位に基づく計算システムが暗黙のものとされている。すなわち西洋貨幣の変遷過程の中で普及した算術法則によってもっぱら支配される単一基準の記数システムは、われわれにとって「自然」になっている。そのようなシステムによって支配されない貨幣が存在することからすれば、社会によって可変的なのは計算単位だけでなく、もっと一般的に、当の社会に固有な貨幣－対象システムに総体的調和を与える計算システムでもあることを認めなければならない。

(37)「貨幣（経済的なモノ）が国民（政治的なモノ）によって鋳造されるとき、われわれはそのような貨幣に信頼を抱く、つまり貨幣は信仰と信用を喚起する。これは経済的な現象であると同時に、道徳的な現象、つまりむしろ心的、習慣的、伝統的な現象でもある。どの社会も単数であり、自らの道徳、自らの技術、自らの経済等をもつ一社会である。政治・道徳・経済は単に、社会的技法の、共同生活の技法の諸要素でしかない」（Mauss —— Tarot［1999:658］より引用）。全体的な社会的事実について語ることはつまり、「人間が捕らわれその利害関係者となっている諸事実を象徴する次元を認めること」に等しい。「ところがこうした諸事実を知覚することは、視線の調節によってのみ可能である。われわれは企業に経済的事実のみを見いだし、この観点からしか企業を分析することができない。しかし経済的事実はそれ以外の多くの諸事実を含んでいるから、われわれは、経済的諸事実をそれが捕らわれている社会的組織から完全に分離することを拒否することによって、経済的諸事実が、固有の重要性をもつ諸価値や諸イデオロギーという諸事実と、経済的諸事実が表現または強化し、強制または再生産する権力という諸事実とつながっていることも確認することができる。［……］全体的な社会的事実、それは、科学の妨げとなる抽象の過剰（これはそのままイデオロギー危機でもある）を緩和するものである。それは、あらゆる可能的言説に対して具体的言説だけを優位に置くものである。それは、今日もなお、諸々の言葉をモノの中に浸そうとする意志である。というのも、科学は現実界に仕えるものでしかないのに、われわれは現実界の科学をもっていないからである。［……］よって、全体的な社会的事実という観念は、一社会の一側面のみに関するかなり集中的な分析からの結論である。もしも可能な限り先まで分析が推し進められるならば、特殊科学は、今まで排除すべきと信じていたものの再導入を強いられるだろう。データがそのことを強制するのである」［Tarot 1999:658］。

(38)「計算単位の名称はかなり長期間しっかりと安定していたのに対して、これに対応する同時期の通貨実在すなわち支払諸手段は性質・数量・質において何度も大きな変化を被った」［Servet 1998:296］——ここで念頭に置かれているのは植民地化以前のアフリカの諸貨幣である——ことから、このことは明らかである。「もっと近いところで言うと、われわれがフラン、ポンド・スターリング、ドルについて語るときには、永続性を最も顕著な特徴とする形而上学的な諸実体について語っているのである。この形而上学的実体は、国家・国民・領土・主権という諸観念——常にわれわれはこれらを通して政治を考えている——を相互に結びつけている概念ネットワークに関与している」［Piron 1992:9］。

(39)「象徴としての貨幣は、象徴的かつ技術的な世界に属するすべてのモノと同じ道徳的中立性を有している」とするコデール［Codere 1968:576（note2）］も参照。

第3章 貨幣と生の債務

一九九八年、人類学者・経済学者・歴史家・心理学者を共著者とする『主権貨幣』が刊行された。同書では、現在の資本主義諸社会にだけでなく広く諸社会全般に適用できる貨幣理論を定式化するためには、貨幣研究の出発点を刷新して、貨幣を交換の概念よりもむしろ債務の概念に関係づけるべきである、とされていた。それというのも、貨幣をもつ社会はすべて、実物財や象徴財に対する占有権および／または所有権の移転によって形成される債権債務――その性質や源泉は様々である――のネットワークと見なすことができるからだ。貨幣は、当該の社会を構成する社会諸関係の総体に、数量的・可測的な形態を与える媒体である。社会構成員間の、および社会構成員と社会全体を代表する集団的組織との間の相互的な権利・義務の形態をとった社会的相互依存が、貨幣の媒介により、債権や債務として表れるのである。

このような観点から見るとき、計算単位の次元における貨幣は、社会的全体性の潜在的・統一的な象徴的表象であると言える。しかし貨幣はまた、社会構成員の間に債権債務を流通させることを可能にして、社会的全体性に動態的性格を付与するものでもある。貨幣が諸支払いの連鎖に沿って流通することにより種々の債務が支払われていくことからして、貨幣は、債務を支払うことを可能にし、したがって社会的再生産の核心をなす循環の中で債務を絶えず再開することを可能にするものと言える。貨幣は、同時に計算単位でも支払手段でもあることによって、諸社会の形成・再生産の基軸的な社会的媒介となっている。貨幣は諸社会を象徴的に全体として表象するが、これは活動的な表象であり、必ずしも貨幣に先立って存在しているわけではない諸全体の構築・再生産に関与するのである。

『主権貨幣』においては、債権債務が多様な取引に起因することも考慮されている――すなわち、人間と神々その他の霊との間の、および人と人との間の贈与、市場交換、さらに、中央に集められ再分配される税である。しかし貨幣の起源を把握するうえで特別な位置を占めているのは、物々交換の神話による説明の場合のように商品交換ではなく、生の債務という原初的《オリジネル》ないし本源的《プリモルディアル》な〔債務の〕形態である。こうした債務の形態〔生の債務〕の元となっているのは、どんな社会にあっても人は生まれ、子をもうけ、死ぬという事実である。すなわち人は生を受け取り、与え、返す。よって、生を対象とする贈与の形態が、「生の債務」と規定される特殊な債務諸関係を生み出すと言える。つまりどの人間存在も生の資本〔「生の準備金《レゼルヴ》」〕をもつことを社会的に認められているが、社会的地位によってそのシェアの大きさや増殖の大きさは異なってくる。そして社会的地位というものは、様々なやり方で獲得され、債務の創造と循環を引き起こす様々な取引の対象となる。このような生の債務は、社会再生産の原理をなすものである。つまり、いかなる集団、いかなる社会も構成員の死を避けられないので、持続性を獲得するには、構成員の死――必ずやってくる――を超えて自らの永続性を確保するという要求に応えなければならない。社会は、世代間の債務の移転と、社会の総「生‐資本」[1]の維持とを通じて永続化していく。これらのことは、個人のライフサイクルにおいて一連の儀礼的取引が連綿と続くことを通じて行われる。誕生・成人・結婚・葬儀・殺人・供犠等に際して行われる実物的・象徴的な儀礼的取引が、人間と人間とを、そして人間と超人間的存在（先祖・神・精霊・国民・祖国）とを結びつけるのである[2]。こうした理論的観点に立つならば、貨幣の起源は、供犠の支払い（生け贄の代替物である）にだけでなく、女性の交換によって集団間に発生する「生の資本」の赤字の相殺支払いにも、そして貨幣鋳造能力をもつ国庫を基盤とする集権的政治権力が出現するとともに現れる税支払いにも、見いだされることになる[3]。

『主権貨幣』の記述によれば、本源的債務は、

「[……] 生きた諸個人の存在をだけでなく、社会総体の永続性をも構成する。これが生の債務である。古代的《アルカイーク》な意味においては、生の債務とは、主権のパワー（神々や祖先）に対する生者たちの従属性を承認することに等しい。主権のパワーは、自らを源とする宇宙の力の一部を生者たちに与えるとされる。生命の自己維持を可能にする力《フォルス》の贈与は、その代償として、受託した生命力を――生涯を通じて――買い取る義務を生者に課す。しかし、絶えざる買い取りの連鎖によって、原初的な債務が完済されることはない。贖いの連鎖は、生者の労働および日常のなかで――特に供犠・儀礼・献納を通じて――、主権を構築し共同体を打ち固めるのである。[……] 生の債務という仮説は、〈社会は、再生産の諸条件を確保できなければ、その凝集性を、あるいはその存在そのものを脅かされるだろう〉ことに注意を促す」[Aglietta et Orléan (dir.) 1998 : 21-22 ; 邦訳 39-40]。

生の債務から貨幣を導き出すこの仮説は、批判の集中砲火を浴びた。そのほとんどは、『人類』誌（*L'Homme*）の「貨幣の諸問題」特集号 [Breton 2002a] に収められている。批判は、三つの異なる――さらには相対立している――タイプに分類される。

歴史家S・ピロンのような人たちによれば、この仮説は無条件に放棄すべきであり、それは、この仮説が役に立たないためだけでなく、何よりもまず次の理由による。すなわち、この仮説は、種類の異なる物の寄せ集めでしかないものを、詐術を弄し「言葉の乱用」によって一つの袋に詰め込んでいるのであり、これは、ラブレー風の「新しい神話」すなわち『パニュルジュ〔ラブレー作品の登場人物〕の債務』のリメイクでしかない [Piron 2002 : 258-259]、と。

別の人々、すなわち社会学者でも経済学者でもあるアラン・カイエのような人たちによれば、この仮説を保持することは、「専門文献のほとんどを無視」した「耐え難い」「公認聖書《ウルガタ》のようなもの」を再生産することになるが、それだけでない。そこには、贈与――出発点となるべき社会人類学的な真の定数項――を生の債務に置き換えようとする「学際的幻想」も見いだされる [Caillé 2002 : 246-49]。

最後に、さらに別の人々、すなわち人類学者ステファヌ・ブルトンのような人たちによれば、この仮説は、むしろ完全に許容可能だし関心を寄せるに値するのだが、逆説的なことに、その展開が不十分でもあり、行き過ぎてもいる。すなわち一方でこの仮説は、異国諸社会の中心をなす基本的な債務様式の一つである、「社会再生産や女性交換

の族外婚ルールに関連する」[Breton 2000 : 1364] 債務様式を忘れているし、他方でこの仮説は、どんな状況でも貨幣が債務に由来することを公準化しているが、貨幣流通の諸形態を生じさせる一定の社会的交換は債務形成関係とは見なせないものである [Breton 2002a : 20]。

本章は、以上の三つの異議に対して順番に応答していくものである。これにより、三つの異議は決して無効宣告ではなく、仮説の却下よりもむしろその深化を要求している、ということを示したい。われわれのコメントは二種類ある。一つは、同等の根拠がある反論を対置することによって、一定の議論を却下しようとするコメントである。もう一つは、仮説の妥当性の根拠を強めるために、種々の批判を参照することによって、採用されているモデルを洗練し精密化しようとするコメントである。

1　債務への否《ノン》！

貨幣の由来を債務に求め、債務の第一形態を生の債務に求めようとするアイデアに対して、最も否定的で断固とした批判を行っているのは、S・ピロンである。彼は、「債務という観念がもつ多様な意味――常識では異種混合的なものと見なされる――が、当然のように、同一かつ単一の構造的な形成素《フィギュール》に材料として入り込んでいく」ことに疑いをもっている。

「この系列〔債務‐貨幣、生の債務‐債務一般〕に関して疑われる混乱には、諸現象を考慮する順序に関するものだけでなく、分析のレベルに関するものもある［……］。詐術という犠牲を払わずして、単一の概念の中で、社会的存在を構成する存在論的な債務と、社会関係の諸様式の一つを表すだけの経験的な債務諸関係とを融合させることはできない」[Piron 2002 : 258]。

この歴史家は、(ほとんど) 至るところで通用する抽象的な貨幣概念をいかなるものであれ――社会的諸事実の「乗り越え不可能な歴史性」の名の下に――却下していることからわかるように、比較の方法に関して、およびアプリオリには比較できない異種混合的な諸物を関係づけることに関して、大きな困難を覚えている[4]。貨幣の専門家から見ると、これは驚くべきことと言ってよい。まさしく貨幣こそ、次のような諸物を関係づける役目をもつ「詐術」なのだから――すなわち女性交換における男女、商品交換における自動車・バゲット・歴史家の学識・貢納される敵国民等。こうして見ると、『主権貨幣』の中で債務概念の下に一括されている多様な起源をもつ諸債務は、どれも貨幣給付を引き起こす点で共通な債務であり、つまりは、種々の貨幣の支払いに翻訳されている債務である。このことを通じて債務は数量化・価格化され、この操作によって、債務の質的な――還元不可能な――差異が数量的な差異に還元される。記数法の抽象は、この数量的な差異に共通の尺度を与えることを、したがって集計する (または相殺する) ことを可能にする。貨幣そのものは、ピロンのような理論的逃げ腰をもたない。このことを確かめるには、一ドル札を見ればよい。そこには、「本券は公私のすべての債務に適用される法貨《リーガル・テンダー》である」と記されているのである。

実は、ピロンによれば――この点に関してはアラン・カイエも彼を支持しているが――、『主権貨幣』の著者たちは「学際的幻想」に捕らわれているとのことだ。というのも、このような「債務の概念は、経済学的概念にた易く変換できる人類学的な形成素《フィギュール》を彼らに提供することによって、彼らの関心の収斂を過度に助長している可能性がある」[Piron 2002 : 258] からである。その一方、ピロンは次のことを認めている。

「〔……〕社会的紐帯としての債務という定義は〔……〕骨太なものなので、その普遍的通用性に異議を申し立てることは困難であろう。というのも、「本源的債務」の名の下に主張されているのは、第一義的には、社会《ル・ソシアル》がそれを構成する諸要素に優越するという原理、諸個人が自分のいる共同体に従属するという原理だからである。社会的事実に関する自明の理、社会学的知識の可能性を創始する明白な事実とはすなわち、社会が第一次的であること、人間的なものが生み出され構築されるのは社会の内部においてだということにほかならない〔……〕。ただし、あらゆる人間集団の特性であるこうした特徴だけでは、あまりに一般的すぎて、社会的諸関係の特定の形成様式を言い当てることはできない。よって、このような従属性に「債務」の名を与えることによって、これを貨幣的諸債務の循環の構造的係留点《アンクラージュ》にすることは、言葉の濫用であるか、さらなる展開を要する印象的な省略法であるかのどちらかである」〔*ibid.*: 259〕。

しかし、この「省略法」の展開を試みることは無用であろう。なぜなら、そもそもピロンが言葉の濫用しか扱おうとしていないからである。せいぜい彼が行っているのは、説得に応じる可能性に扉を開いておき、最後には次のような最終判断をもって再び扉を閉めることでしかない——「この呼び名は〔……〕照らし出すというよりむしろ惑わし」〔*ibid.*〕、「この用語の使用は明確化よりむしろ混乱をもたらし」、そして「債務の語を用いずとも、これ〔通貨制度〕を十分明確に捉えられることは疑いの余地がない」〔*ibid.*: 261〕。さもありなん！　貨幣について語る大多数の経済学者や社会学者もおそらくそう考えるだろう。しかし、彼らはそのとき真に通貨制度について語っているだろうか。というのも、C・メンガーやL・フォン・ミーゼスほどの経済主義志向が強い経済学者たちが認めているように、支払手段や支払義務について語ることなしに貨幣に関する制度的な（それゆえ特に法的な）観点について語ることは困難である。支払義務とは債務返済義務のことであるから、支払義務について語ることは、暗黙のうちに債務について語ることに等しい。歴史的・地理的な位置づけをもつ貨幣を研究しようとすれば、たちまち、分析の文脈の中で支配的な債務紐帯の諸タイプ・諸形態を説明することが必要となってくる(5)。

実際、ピロンによる債務〔による定義〕の却下は、「通貨諸システム・貨幣諸対象の形式的属性に基づく分析」から貨幣の定義を探ろうという彼の提案と整合的である。彼の観点はまさしく、近代貨幣だけの特性であるような貨幣抽象を引き出すべく、「貨幣諸対象が形成するシステムよりも、むしろ貨幣諸対象に力点を置くというもの」〔*ibid.*: 264〕である。これは一つの発見法的な選択であり、われわれは興味深くその理論的成果を待ちたい。いずれにせよ、彼の観点は『主権貨幣』のそれと必ずしも矛盾しないように思われる。『主権貨幣』もまた、貨幣-物、「貨幣-対象」、「対象化された貨幣」〔の解明〕を商品貨幣の理論の独占に委ねないようにしている(6)。

差し当たり、「債務一般」という観念に向けられた批判——多様な起源をもつ種々の社会的義務を不当に同質化している——に立ち返って言えば、これには二つの応答が可能である。第一の応答は、この問題について詳細に論じているM・エナフによるものである。彼は、通例のように、当初は躊躇していた——「十分に注意せず債務の概念を扱うことも、その都度の使用の文脈を示すことなく債務の概念を扱うことも可能ではない」〔Hénaff 2002: 272〕——のだが、最終的には、『主権貨幣』が切り開いた観点の正しさを確認することで話を締め括っている。

「それでもやはり、義務の諸形態の間に共通なものが存在することには変わりがないのであり、ここには一つの基本的なモデル、すなわち、全く異なる諸社会に適用することで、重要な文化的不変項の存在を想定可能にするモデルが姿を現している。それは、恒常性の要求――失われた均衡を回復しようとする要求――として定義されよう」[*ibid.*]。

もう一つの応答は、純粋金融的または純粋象徴的な債務というものが存在しないことを考慮するものである[7]。債務について語る上で重要なことは、その起源ではなく、その貨幣化《モネタリザシオン》である。例えば、非貨幣的な債務は債務ではなく、単なる（法的または倫理的な）義務であると言ってよい。言葉の濫用――科学レベルのそれ――があるとすれば、それはむしろ、貨幣支払いを伴わないあらゆる社会的義務についても債務を語ることであろう。ある社会的義務についての債務を語ることは、その債務が計算システムを介して（計算単位を用いて）評価され、その計算システムに準拠する支払手段によって返済されることを意味する。

2　債務よりむしろ贈与！

A・カイエは、S・ピロンのラディカルな批判的観点――しかし最終的にはあまりに正統派的な服従的観点――を共有していない。カイエによれば、「原初的《オリジネル》債務の存在」について語ることは、必ずしも誤りではないが、「頭上に張り出す」最初の**債務**〔太字は原文大文字〕を実体とする純一的な全体論につながるので危険である。カイエが好むのはむしろ、もう一つの実体、すなわちモース的な形態の**贈与**――すなわち「贈物を与え、受け取り、返す義務」[2002 : 250]――を第一次的な人類学的不変項として定立する実体である。カイエによれば、確かに債務なしには、また債務循環なしには贈与は存在しないが、債務は贈与から派生するのであるから、社会の理論にとって適切な出発点にはなりえないだろう。

カイエは忘れているようだが、『主権貨幣』は債務の上に社会の理論を築き上げようとしているわけではなく、つまるところせいぜい、経済学を、より正確には、その理解を改善することを狙いとした貨幣的事実の理論を築き上げようとしているにすぎない。債務の仮説はこのように限定的なものなので、批判者の代替仮説ほど冒険的なものではなく、アプリオリには受け入れ易いものである。債務の仮説は、すべてが単一の取引形態に由来するとか、そこから他のすべての取引形態が――すなわちモースの**贈与**も――派生するとかいうことを想定していない。債務は贈与に由来することもあるし、次のような他の種類の取引に由来することもある――すなわち、モースの贈与、「インドの贈与」[Parry 1986]、神への贈与、商品交換、「同一物の交換」、貢納、再分配を伴う課税、等。したがって、あらゆるタイプの取引を贈与の一特殊形態へと還元すること――カイエはこの道を進もうとしているようである[8]――を当然の条件とした上で、それゆえすべてを**贈与**に帰着させることを条件とした上で、債務は、贈与を超えるあらゆる義務の紐帯において通用する、より包括的な概念なのである。また逆に、あらゆる社会に通用する「貨幣一般」の理論にとっては、贈与は単なる二次的な概念として現れる[9]。加えて留意しておきたいのは、カイエの観点に立つとしても、贈与から直接に貨幣を創始させることはできないだろうということである。というのも、われわれは贈与を支払うのではなく、贈与によって生み出される債務を支払うのだからである。つまり、債務という中間的・統一的な概念を通過せざるをえないのである。

ともかく、カイエの観点は必ずしも『主権貨幣』の諸テーゼと矛盾するものではない[10]。つまり一方で彼は、少なくとも原始的な社会においては貨幣は生の債務に由来する、という概念を採用している。他方で彼は、贈与を諸義務のシステム〔与える義務、受け取る義務、返す義務〕として定義しており、このことは、それらの義務が貨幣化されるならば――貨幣化された義務という債務の定義により――贈与が債務となることを含意している[11]。よって、『主権貨幣』が生の債務を生の初期の贈与として定義するのは、この贈与が支払債務を生み出すからである、と言ってよい。

しかし以上の考察によっても、不和状態は解消しない。というのも、カイエの意見表明は、「水平的なものが垂直的なものに由来するのか、それとも逆に垂直的なものが水平的なものに由来するのか？」という、さして難解ではない表現を用いて定式化される根深い対立に対応しているからである。どちらが第一次的なのだろうか。というのも『主権貨幣』は生の債務――しかも、何よりもまず人類と主権的パワーとの関係の産物として把握される生の債務――を特権化することによって垂直主義者であるのに対して、カイエはモース的な**贈与**を特権化することによって水平主義者であるからだ。ここに見られるのは、人類学で繰り返されている論争の再現であるが、これに決着をつけることはわれわれの目的ではないし、われわれの能力の及ぶところでもない。ここでは、カイエの仮説が――彼の主張に反して――『主権貨幣』の仮説ほどには十分に確立されておらず、したがって科学レベルでの正統性が低いことを示すにとどめる。われわれの考えでは、カイエの仮説のほうが脆弱であり、そのことは、「生の債務」という実質的に垂直主義的な仮説を保持することを正当化する[12]。

このことを明らかにするために、純粋にレヴィ＝ストロース流のモース解釈に依拠するカイエが諸交換のうちもっぱら互酬を重視していることに異議を申し立てつつ、三つの反論を展開しておきたい。反論に当たっては、主に、互酬の論理についてのL・スキュブラの少々古い著作［Scubla 1985］によることとする。第一の反論は、カイエが彼の「契約主義的」観点を正統化するために用いているいくつかの論拠が必ずしも彼に有利に働いていないことを明らかにするものである。第二の反論は、カイエがP・ロスパベ［Rospabé 1995］に負っている生の債務についての解釈、すなわち供犠の垂直的支払いは女性交換における婚資（bridewealth）と同じ種類の、および殺人の賠償のための贖罪金（wergeld）と同じ種類の（水平的）支払いから（儀礼的支払いとして）派生するという解釈に異議を申し立てる。第三の反論は、カイエが対角的《ディアゴナル》ないし超越的な贈与と呼ぶもの〔神々への贈与、供犠〕について彼が与えている進化論的解釈を、普遍救済的な大宗教の表現にすぎないものとして却下する。

カイエは、贈与を特権化する〔特別に重視する〕ことは与える義務から出発することであるのに対して、債務から出発することは「お返しする義務を」特権化して「全体の真理にする」ことになると、考えている。だから、債務者の観点よりも債権者の観点を特権化しなければならないことになる。しかし、そうなると〈債権者なしに債務者なし〉という相関的な観点が大きく変わってしまうのではないか。モースの贈与にあっても、お返しは、順番が回ってきた贈与にほかならない。関係は循環論的なものである。すなわち、贈与交換においては「いかなる支払いも決して債務を廃棄しないし［……］したがって世の人々は皆常に債務を負っている」（Rospabé［1995：18］にあるカイエの言葉）ので、債務者は結局、将来の債権者でしかない[13]。さらに、嫁を互いの間で交換する諸氏族《クラン》はしばしば同時に債務者でも債権者でもある。このとき、贈与する義務よりもお返しする義務のほうを特権化することが、どんな点で全体の真理を歪めるのであろうか。

実際には、われわれは、カイエが互酬的贈与のうちに、真に従属的なものではない関係、それゆえ「真正の」債務――エナフに倣って基本的には垂直的であるとされる――を生じさせることのない関係を見ているような印象を受ける。〔カイエが参照する〕エナフにおいては、「相互的な債務」（「交換の反復の中で生み出されては解消される」）と「従属的な債務」（「この蓄積は一方の人々の利益になり他方の人々の損失になる」傾向がある）とが区別される［Hénaff 2002 : 278］[14]。確かにカイエは次のことを認めている。すなわち「与える義務にはもちろん債務が構成的に含まれている。または、詳しく言えば、モースの三重の義務は、債務を負いその債務を履行する――とは言っても決して債務状態は脱せられない――義務と不可分である」［Caillé 2002 : 251］。しかしこのとき、われわれが脱け出せない債務関係をどうして、水平的なもの、契約的なものと呼べるのだろうか。

例えば女性交換において、確かに関係は「相互作用的なもの、純粋に水平的なもの」として現れうるが、その「総体の真理」とは、社会的再生産の原理（近親相姦禁忌〔インセスト・タブー〕と外婚ルールを遵守する社会的義務）に準拠する社会的全体性に垂直的に従属していることにほかならない[15]。これは、「水平的平面が垂直的平面に係留される必然性」を研究するには「互酬の上流に遡る」［Scubla 1985 : 37］ことが必要であることを示す例である。つまり、「水平的次元だけからは」、そして「互酬の諸関係、ヒエラルキーの諸関係、および水平軸の垂直軸への従属（の）諸関係」を考慮することなしには、「交換を完全に記述する」［*Ibid.*: 44］ことはできない。『主権貨幣』で展開された概念、すなわち商業的秩序における交換――その外観は純粋に水平的である――は自己を再生産するために、社会的全体の表象である主権貨幣の垂直性を動員する、という概念は、このような必要性から生み出されているのである。

実はカイエが主張しているのは、過度に互酬のほうに引っ張られた、レヴィ＝ストロース流のモース解釈である。『主権貨幣』のほうが、スキュブラによる次のような分析にあるように、モースの元々の主張に近いように思われる。

「モースは、彼が区別している三つの義務（贈与する義務、受け取る義務、お返しする義務）のうち〔……〕主に最後のものを研究している。ただし彼は、〈お返しする義務は贈与する義務と受け取る義務を含意している〉ことを述べた最初の人である。ところで、お返しは義務であるわけだが、では、受け取る義務、さもなければ、常にお返しをしなければならない義務とは何なのか、したがってまた、贈与する義務や、常に債務を負わなければならない義務とは何なのか。さながら「贈与論」は原始的《プリミティヴ》債務論のスケッチであるかのようだ」［*ibid.*: 24-25］。

それはともかく、債務に対する贈与の優越というカイエの主張は、彼が、貨幣と生の債務との関係に関する『主権貨幣』のテーゼに新たに与することを妨げるものではない。というのもロスパベ［Rospabé 1995］とともに、カイエも「原始的《ソヴァージュ》な貨幣と生の債務との密接な結合」［Caillé 2002 : 251］を認めるからである。彼によれば、

「〔……〕貨幣の第一次的な意味作用は〔……〕生の贈与を認知することにある〔……〕。貨幣と生のこのような同一性は、同様に貨幣支払いが介在する他の諸行為――贖罪金の支払い、儀礼的贈与、および供犠――の意味作用を、単純に、しかし驚くほど正確に説明することができる。というのも、これらの事例のどれも、われわれに生の債務という同じ最終的な記号内容《シニフィエ》――ますます媒介化・象徴化されてきているが――を指し示しているからである

〔……〕。最後の供犠の制度からわれわれは、貴重財の象徴的操作を司っている生の債務の認知が生の世俗的贈与者である父母に向かうのではなく、より原初的・不可触的な贈与者に、すなわち死者、祖先に向かっているさまを知ることができる」（Rospabé［1995:17］にあるカイエの言葉）。

引き続きロスパベに従って言えば、生の債務の最初の形態に関する考え方においてカイエは再び『主権貨幣』から遠ざかる。生の債務の最初の形態は、『主権貨幣』においては宇宙的諸勢力に対する垂直的債務であるが、ロスパベとカイエにあっては敵対諸集団間の相互作用理論的な水平的債務である。彼らによれば、供犠支払いにおける貨幣の役割は、水平的な女性交換に際しての「婚約者に対する支払い」という最初の役割からのみ導出される。この観点から三つの贈与システムが区別される。

・水平的贈与のシステムは、「パロール〔話し言葉〕・貴重財および女性の贈与に依拠することによって、戦士たちに戦争から同盟への移行を可能にする」。
・垂直的贈与のシステムは、「生と豊穣性の贈与のシステム」であり、これを通じて「世代間の同盟、過去と将来との連結が作り上げられる（このとき同時代の人々は水平的贈与によって連結されている）」。
・対角的または超越的な贈与のシステムは、「霊・上位存在・神々への贈与のシステム」であり、「その自律性は自明ではない」し、「最初から与えられてもいない」［Caillé 2002：250］。

これを踏まえ、カイエは『主権貨幣』に反対する主張を次のように行っている。

「第三のシステムが独立性を獲得し、他の二つのシステムを従属させているように見えるのは、普遍救済的な大宗教の枠内においてだけである。というのもこれの枠内では、具体的な男たち（および女たち）の間の具体的な贈与、彼らを結びつける債務、および霊的諸力への供物は、神々への最初の**債務**——**供犠**〔……〕を通じてしかこれを履行することはできない——を投影したものと解釈されるからである。このようにして普遍救済的な宗教は、水平的・垂直的な贈与の内で作用している諸原理を実体化することによって形づくられている。科学的でありたいと望む観点からすれば、超越的な贈与を理解しようとするには、明らかに、水平的かつ垂直的な贈与を出発点とすべきなのである［強調は引用者］。逆に、**債務・供犠・主権**を社会形成に先行するものとして定立することは、結局、社会を宗教によって説明しようとすることになる。これに対してわれわれは、債務・供犠・主権という諸観念の歴史現実的な実体（間違いなく大宗教は現存する）は最初の贈与システム（水平的贈与と垂直的贈与の結合）が変容した結果として理解すべきである、と考える」［*ibid.*：250-251］。

この二重のテーゼ——社会の構築と再生産のためには人間同士の生の債務だけで十分であること、および普遍救済的な大宗教の枠内において最初の贈与から超越的な贈与が進化的に生み出されること——は、著者の断固とした主張にもかかわらず、「科学的観点から」明らかに異論の余地がある。実際、これは、特に、正反対のテーゼを支持するスキュブラによって異議申し立てされている[16]。スキュブラによれば、超人間的なものが、すなわち宗教的信仰や供犠が婚姻関係や親子関係の内に最初から存在しているということは、レヴィ＝ストロースが明らかにした親族関係の原子〔親族関係の基本構造の最小要素であり、父・母・子・母方オジからなる〕の構造に含意されている。この構造においては、親族関係は母方オジ（二元論的アプローチから排除される第三項）を形成素としており、オジ関係が考慮されている。(17) この解釈によれば、われわれは、

「〔……〕最初の債務の源泉、あるいは供犠の源泉に、つまり〔……〕最初の社会契約が締結されるまさにその場所にいる〔……〕。このことはすべて親族関係の原子に含意されているが、もしもレヴィ＝ストロース自身がこの点を見損なっているとすれば、それは彼が、垂直的諸関係が水平的諸関係の土台であること、および互酬が直接的予件ではなく非対称的諸関係の交差の産物であることを認識していないためである」[Scubla 1985 : 60]。

それゆえ、根本的に対立し合う二つの主張が見いだされる。一つはカイエの主張であり、「宗教」ないし信仰〔信念〕「によって社会を説明しようとすること」を拒否する。もう一つは、少なくとも社会の発生史に関してはこのことが必要である、とするスキュブラの主張である。(18)『主権貨幣』が後者の立場に近いことは明らかである。このことは、同書が貨幣を主権と結びつけていることと首尾一貫しており、既にわれわれは、この主権が死およびその表象と結びつけられていることも知っている。(19) ところが、〈与え、受け取り、返す〉という諸義務の起源に〔既に見たとおり〕全く関心がないカイエ‐ロスパベ流の贈与アプローチにおいては、死と主権をめぐる問題は認知されていない。そこでは、貨幣は生にすなわち生の債務にきちんと関連づけられてはいるが、生の債務が死に関連づけられることはない。せいぜい、殺人による死〔および血の代償としての支払い〕の場合に、副次的に関連づけられるくらいである。しかし、集団の再生産のための女性の交換は、既に、生と死の間の関係についての何らかの表象を想定しているのである。特にそれは、われわれが人間の不死性を信じていないことを想定している。というのも、もし人が死なないのであれば、生殖のための性生活もそれゆえ女性の交換も必要ないからである[von Fürer-Haimendorf 1974 : 540]。生を〈与え、受け取り、返す〉義務を負うためには、まず、死が考えられていなければならない。つまり死の表象は女性交換の前提条件である。死の表象がまず最初にあって、女性の交換に先立って働いているのである。

最後に、普遍救済的な大宗教が出現して初めて、人間は超越的存在と自分との関係を考え、地上の生の此岸および彼岸に関して債務を負う者として自己を表象するようになった、という観念を額面通りに受け取ることは難しい。宇宙的パワーに対する従属的な債務――人間が自然を支配しようとして彼らの領分を侵すという事実に関連している――の出現に関してエナフがとる仮説は、より現実主義的なもの、(20) より宗教的でないものであり、このような観念の反対を行くものである。つまり、生の債務の垂直的な表象――すなわち神々に対する従属的な債務――は、供犠の出現や牧畜民・農民の社会の出現と相関しており、

「〔……〕複数の仕方で現れうる〔……〕。①ヴェーダ社会を構成する債務。先行の様式は消え去っており、債務とともに宇宙は始まるとされる。宇宙はいわば宇宙を作り出す供犠とともに始まるというのだ。供犠によって宇宙は秩序ある世界となり、供犠が成し遂げる仕事の対象は宇宙だとされる。②キリスト教の伝承における恩寵《デット》〔債務〕の奇蹟〔……〕。この道は堕落として、すなわち人間の慢心による罪として表象される。これは贖罪の論理を要求する。③〔……〕諸要素間の不均衡として、人間と神々との間の不和によって引き起こされるものとして概念化される宇宙的債務。この債務は原初的な一つの状態でもなければ、罪として突然

現れたものでもない。それは、均衡からの乖離の産物である。疑いなくそれは、農牧兼営文明の雑多な諸地域――ヨーロッパからアメリカに至る、サブサハラ・アフリカからアジアに至る――を貫通する、宇宙発生論および思考体系の最も月並みな形態を表象している。おそらく同じことは古代ギリシャの場合にも言える」［Hénaff 2002 : 301］。[21]

このうち第三の形態において、それ〔従属的債務〕は決して普遍救済的な大宗教と本来的に結びついているものではない。同じく既に注意を促したように、一定の人間行動――禁忌や道徳的コードへの違反のような――が、生前および／または死後の人々の運命に影響を与える超自然的諸権力の介入を引き起こす、と考えられている社会には、無文字の原始社会を含めてかなり多様な社会が含まれる［von Fürer-Haimendorf 1974 : 554］。

いずれにせよ、カイエが「三つの贈与形態」の間に立てている区別は、第三のシステムを前二者のシステムからの派生物と見なすというその規範的側面を除けば、『主権貨幣』が提示している生の債務の概念の欠陥に注意を促している点で、全く正当なのである。さて、これこそまさにブルトンが彼の批判的分析において指摘していた欠陥でもあるので、以下ではこれを論じていくことにする。まずは彼の著作における債務の規定を取り上げたい。

3　債務しかり、ただし……

初めに注記したように、ブルトンによる『主権貨幣』批判は一見して逆説的であるように見える。まず彼は、同書の提示するアプローチをかなり積極的に評価している。ただし、人と人の間の生の債務〔カイエが分析の中心に置いたもの〕をもっとよく検討することにより、アプローチは完全なものになるだろうと示唆している。次に彼は、いくつかの貨幣的関係はどんな債務にも関係していないという認識をもち出すことによって、後退的な立場をとる。以下ではこの二点を順次考察していくことにする。これによりわれわれは、債務の概念をより明確化できるだろう。[22]

ピロンやカイエとは違って、ブルトンは――歴史家のJ・Y・グルニエ［Grenier 2000］と同様に――『主権貨幣』のテーゼにかなり好意的である。彼は本書の長所と「その理論的貢献への関心」［Breton 2000 : 1366］を強調している。特に「その概念転位《デプラスマン》［には］、人類学者の興味を引くしかるべき理由がある。人類学者はしばしば、貨幣の使用が市場のルールや等価原理に従うものではないことを観察する立場にあるからである」［Breton 2002a : 14］。彼の「唯一の留保」は債務の観念に関するものである。これは特に、メラネシアの事例にはそれが全く適用されないように見えるためだ。これには二つの理由がある。

第一に、生の債務の重要な一様態《モダリテ》が、「同書の寄稿者から見て特別な注意を引く対象となっていない」。それは、親族関係の諸構造に関わるもの、および家内的と規定されるものである。ブルトンによれば、「[……]『主権貨幣』において」［……］用いられている債務の概念〔社会的紐帯の概念と同義のもの〕は、二つではなく三つの様態に及ぶものである。共著者たちによって明示的に記述されている最初の二つは、諸主体と――諸主体に先在し諸主体を生み出す――社会的全体との間の「垂直的な」債務〔社会的債務ともいう〕、および、交換意志を持つ諸主体間の、社会的分業を通じた「水平的な」債務〔私的債務ともいう〕である。ただし私的債務は間接的に社会的である。というのも、〔社会的〕分業は市場における合意から帰結するものではないからである。この点において、第三の様態――象徴的禁忌の様態――が役割を果たす。これは、社会再生産と女性交換の外婚ルールとに関わる様態であり、前の二様態を包摂する。というのもこれは分業全体の基礎であると同時に、姻族の間に結ばれる私的債務の最も基本的な表現でもあるからだ」[2000 : 1364]。

われわれから見て、この批判は全く正しい(23)。これは、『主権貨幣』における垂直的な生の債務の本質をめぐるカイエの批判に与するものである。カイエは垂直的な生の債務を、対角的贈与として規定し直している。もっとも、対角性の概念を用いることが妥当であるのは、主権的諸パワーに対する債務――これは完全に垂直的と言える――をではなく、親族関係の諸構造に包摂されていて近親相姦禁忌によって引き起こされる債務を性格づけるときであるように思われる〔交差イトコ婚における母と子の関係は垂直的、父と子の関係は対角的である〕。つまり後者の債務は、婚姻関係の水平的次元と親子関係の垂直的次元とを緊密に結びつける〔垂直ベクトルと水平ベクトルの積は対角ベクトルである〕。

債務の第三の様態を導入することによって、二つ一組ではなく三つ一組の構造が得られる。「社会的」債務が人間存在〔個人および／または集団〕間の債務と、人間と主権的諸パワーとの間の債務とに二重化されるためである。生の債務のこの二形態は、死やその他の主権的行為〔例えば亡命や政治革命〕による以外には解消不可能な債務であり、この点で二形態の生の債務は、契約の原因となり人生の途中で解消が可能な私的・水平的債務とは対立する。M・ブロックとJ・パリー [Parry et Bloch 1989] のカテゴリーを借りて言えば、垂直的債務と対角的債務は諸社会の長期的秩序を構成するものであり、二つとも家系の再生産に関与する。これに対して、個人間の水平的債務は短期的秩序を構成するものであり、個人主義の論理に支配されているので、〔貨幣の媒介を通じて〕間接的にのみ社会の再生産に関与する。したがって、長期的秩序と短期的秩序との間の接合という問題のほかに、長期的秩序における生の債務の垂直的形態と対角的形態との間には一定の調和性と階層性が存在しなければならないという問題がある。社会的全体化が、主に女性交換の諸関係や親子関係〔メラネシアの事例〕を通じて行われるか、あるいは聖職者や国家によって代理される超人間的諸勢力との関係を通じて行われる〔インド、中国、ヨーロッパ等のケース〕か、によって階層性は異なるものとなろう。

このように定義される三つの主要な債務諸形態は、固有の論理を有する同じ数だけの取引的秩序を作り上げる。これらの取引的秩序は、アプリオリにはそれらに固有の支払手段を動員するのであり、「貨幣‐同盟」の働きを通じてのみ支払共同体を形成する [Théret 1998 : 270-74]。「貨幣‐同盟」――多種多様な支払諸手段の間の交換《コンヴェルシオン》による接合を保証する計算単位システム＋通貨創出《モネヤージュ》レジーム〔体制〕――は、計算の単一性を脅かさないよう十分に安定していなければならない。

しかし対角的債務を考慮しても、ブルトンを満足させるには十分でない。というのも、『主権貨幣』で用いられている債務観念を前にするとき、躊躇する第二の理由があるからだ。貨幣の起源に関する本源的《プリモルディアル》債務――垂直的債務――の仮説は普遍的通用性をもつものではない、というのがそれである。この仮説は、人類学の研究フィールドとなっているウォダニ族〔Wodani〕〔インドネシア・ニューギニア島に居住する民族〕の社会や、より広くメラネシア諸社会全般には通用しない。つまりメラネシアの人々は、祖先たち――特に創始的な最初の祖先〔始祖〕――によって象徴的に擬人化される社会的全体との、彼らの紐帯《リャン》を、祖先たちに対する債務としては経験しないのである。

「メラネシアにおいては、生者たちは、祖先たちから受け取ったものに関する明確な観念をもっているが、祖先たちは彼らに返済を要求せず、贈与という形でしかこの紐帯を表現しない。所有している物および受け取った物を手渡すことは、各世代の役目である。またこれは義務（例えば外婚がそうであるように）という形ではなく、自明の理《エヴィダンス》という形で〔……〕記述されている。この紐帯は相続〔継承〕の紐帯である。相続は債務に該当しない。ところがウォダニ族は債務と信用の観念をよく知っている〔……〕。この非常に明確な図式が例えば生者と死者の関係を記述するのに用いられないとすれば、それは、もっぱら図式が適合的でないためにすぎない」（ブルトンからの私信による）(24)。

したがって「債務の観念が一般的概念となりえないのは、単にそれがメラネシアにおける現地的表象ではないからである」。確かにメラネシアにおいては、

「〔……〕社会的全体性と住民たちの間に従属関係〔……〕」が存在するが、「〔ただし〕従属関係は、ただ単に、祖先とは別の仕方で行動しないという義務のうちに、あるいは別のやり方で行動しないという驚くべき気質のうちに見いだされるにすぎない」（同私信による）(25)。

またS・ブルトンによれば、

「〔……〕われわれは、貨幣が根本的《フォンダマンタル》債務の表現――私の言う物象化――であるというよりむしろ、貨幣が社会的信頼の、すなわち諸価値に対する共有信仰《フォワ》の表現である〔……〕という観念を表明するだけにとどめたい。この表現は多様な諸形態をとりうるのであり、これに債務という形態も含まれるのである」（同私信による）。

さらに彼によれば、債務の概念は、近代社会を性格づける物の経済を考えることを可能にするけれども、異国社会に固有の「人の経済を考慮する」[Breton 2002a : 18] ことができない(26)。つまり、

「〔……〕生きた人間たちは、社会的諸関係の内部でかつそれらの助けを借りて、自己再生産する社会へと自らを構築していく。人の経済においては、貨幣は支払手段というよりむしろ、そうした社会的諸関係を生み出すことを目的とする移転・流通・贈与の手段である」[*ibid.* : 15]

最後に、ブルトンは、「債務は、互酬に基づく、それゆえ契約者たちの暗黙または明示的な合意に基づく社会関係の形態である」と考える。「この合意は債務の概念および実践の一部となっている〔……〕。債務が存在することについて意見が一致する場合にのみ、債務は存在する。債務も贈与も客観的な事実ではなく、社会的・志向的な事実なのである」（私信による）。それゆえ、ブルトンによれば、債務は「志向的」である。しかしこのことは「『自由意志による』あるいは『自由に同意された』という意味ではなく、債務概念の規範的特質――行為と権利のシステムを含意する債務関係――に言及しているのである」[*ibid.*]。『主権貨幣』において用いられている債務観念にブルトンが困難を見いだすのは、それが「主観的・現地的な概念として通用しようとする客観的概念である」[*ibid.*] からである。要するに、メラネシアにおいては、貨幣支払いによって表現されるような諸義務が

支配する本源的債務の状況が客観的には存在しているものの、現地の人々がその義務を債務と見なしているわけではない(27)。

　破壊的な影響力をもちかねないこの批判に対して、どう応答すべきか。もしも批判を受け入れるとすれば、われわれは、貨幣が債務に由来するという、より根本的には、不死性を表象するものに対する本源的・垂直的な生の債務に由来するという第一次的な定式化を放棄しなければならないのか。

　そこでわれわれはまず、債務の概念によって考えることができるのは西欧近代に固有な「物の経済」であって異国諸社会ではない、債務では異国社会の「人の経済」を把握できない、という議論がもつ有効範囲を問題にしたい。というのも、物の経済と人の経済の対置によって近代諸社会と異国諸社会を区別することは、たとえ二種類の経済が二種類の社会それぞれで支配的であることが明白だとしても、『主権貨幣』の精神には反するからである。同書が提供している重要な理念の一つはむしろ、人の経済は市場が一般化した諸社会においても消え去らなかったという事実、そして人の経済は抑圧されているとはいえ社会的再生産に関しては決定的に重要な位置を占めるという――同じように明白な――事実を考慮しなければならない、ということである(28)。ここでとっている立場は、異国諸社会において商品的な交換や個人主義的論理の占める位置を認識しつつある最近の人類学の立場［Parry et Bloch eds: 1989; Akin and Robbins 1999］とは対称的である。どちらの立場でも、貨幣の働きの基軸要素がまさしく二種類の経済の接合に求められている。

　どのようにして資本主義経済がその物の経済の土台に人の経済を据えているかを理解するには、賃労働関係を少し考察してみればよい。つまり、賃労働者が所有し労働市場で販売するとされる「労働力」は、その人間の象徴的対象化でしかなく、これによって労働者は、〈自分の自由を譲渡していない〉という感覚を保ちつつ、金銭と交換に給与支払者に服従できるのである。そして実は、賃金は、労働力という物（彼らの肉体から真に切り離し可能であることを意味する）の価値をではなく、人間の価値を決定する――貨幣的・法的な象徴体系に基づく――様式以外の何物でもない。物の経済と人の経済を対置しようとするとき、われわれは、商品の物神崇拝《フェティシズム》に陥る危険がある。近代の賃労働資本主義は確かに物の経済であるが、人の経済でもある。なぜなら、異国諸社会にあるときと同様に、ここでも、人と人の間の相対価値の決定――貨幣での評価を含む――が常に行われている。これは労働市場を通じて行われるが、それだけでなく同時に、人間に政治的価値（市民権に随伴する諸権利であり、場合によっては定額の貨幣移転の権利を与える）および文化的価値（資格、能力、創造性等）を授ける社会的諸制度の総体を通じても行われるのであり、これらの価値が労働市場を通じて経済価値に転換されることはありうる［Théret 1994a: 1994b］。

　われわれはまた、ブルトンがウォダニ族の貨幣を分析する中で、結婚や殺人の代償にのみ、すなわち対角的な生の債務として規定したものにのみ注意を集中していることを強調しておきたい(29)。ウォダニ社会は平等主義的であり、分離された政治権力をもたないので、このことは首肯しうる。ただしこのことには、市場交換の部面（ウォダニ族の貨幣とインドネシア・ルピアとの間にある等価性によってのみ存在確認できる水平的諸債務の短期的秩序）も、供犠の部面（有意な広がりがないはずはない）も分析から排除してしまうという不都合がある。というのもブルトンは、ウォダニの人々には過失や有罪の観念がきちんとあること、そしてこれらが悪霊によって処罰され、悪霊に生贄を捧げなければならないことを強調しているからである。特に彼は次のような観察をしている。

「ウォダニの人々は罪深い浪費家である。彼らは何事によらず自分たちには罪があると感じており、彼らが頻繁に生贄を捧げる悪霊となる死者は彼らの長兄たちであり、彼らは後に残された人たちの娯楽の見世物を通して悪人とされる。定期的に豚を生贄に捧げることを忘れてはならない」［Breton 2002b : 213］。

ところが「食物の消費は、彼らが知る中で最も問題性を孕む行為であり、また最も豊かな意味をもつ行為である。これはすぐれて社会的行為である」［*ibid.*］。というのも、この行為を通して社会的全体化が作用するからである。われわれは貨幣を（象徴的に）食べる。片隅でこっそりと食べることは、非難されるべき個人主義的態度であり、悪霊によって罰せられる。つまりこれは不正行為である（！）。このことは、既成の秩序に従うことがウォダニの人々にとって自明ではないこと、それが尊重されないことが十分考えられること、そして「相続」が現実には自明ではないことを示唆してはいないだろうか[30]。

またブルトンは、メラネシアの人々全般に垂直的債務の拒否が当てはまると考えている。ところがこの一般化は、ドゥニ・モネリ［Monnerie 2002］が記述しているモノ－アル（Mono-Alu）社会（ソロモン諸島）の事例から見て、不適切であるように思われる。この社会では、自己《ソワ》の神話を含む複数の神話――「最も高額の貝貨をまとめる［……］のに使う［……］紐を発見した」とされる「神話上の英雄や始祖」――が、「始祖たちと彼らに常に借りを負っている生者たちの世界との間の［……］根本的な切断」［*ibid.* : 88］を制度化している。「こうして、神話の登場人物たちの間に、生者には汲み尽くせないくらい多くの神話上の債務が創り出される。貨幣はこの債務の起源であると同時に、債務をカバーする財でもある」［*ibid.* : 90］。

これは、垂直的債務が、死んだ祖先に対する生者の――貨幣によって履行されうる――債務として考えられている事例ではないだろうか。

ブルトンの批判の有効範囲を減じるべく、われわれはまた、『主権貨幣』のテーゼに彼自身が――その批判にもかかわらず――同意する理由を、すなわち近代社会の貨幣を考える上で標準的経済理論は適切ではないという認識を、引き合いに出すことができる。つまり彼は、標準理論がわれわれの社会に固有な土着理論以外の何物でもない――われわれから見てこれは正しい――と考えるのだが、これは、暗黙のうちに、標準理論が自ら理論化している社会に関して必ずしも真実を述べていないこと、つまりその諸構成員総体の満場一致の考えを必ずしも表していないことを認めるものだ。例えば彼は、「われわれが「貨幣という用語をいちいち引用符を付けずに異国諸社会の事例に拡張［……］することができる」ことを、「正確に言えば、諸効用の交換は価値流通の特殊ケースでしかないこと、そして経済学的貨幣理論が一土着理論――他の土着諸理論との比較による解明を要するもの――でしかないこと」［Breton 2002a : 24］を観察するとき、これは次のことを示唆している。すなわち、ウォダニの土着理論がわれわれに、生の本源的《プリモルディアル》な贈与[31]は債務を創り出すのではなく、ひたすら繰り返されるべきものであること、この義務が「自明の理」すなわち「別のやり方で行動しないという驚くべき気質」に依存していることを教えるとき、必ずしもウォダニ社会の真実を伝えてはいないのである。

確かに、ブルトンが、「ウォダニの人々が知っていて対象そのものの一部になっている諸理由を考慮に入れずして」（私信）彼らの社会システムを記述することはできない、と考えるのはもっともなことである。しかし「考慮に入れること」は、このようにして表現される主観的見方《ポイント・オブ・ビュー》を額面通りに受け取ることを含意するのだろうか。ブルトン言わく、人類学者にとっては然り《ウィ》（！）というのは、もしも超人的存在に対する彼らの関係に関して債務を語るならば、ウォダニの人々が「知らぬ間に債務を負っている」と見なすことになるだろうからだ。しかしそのようなことは、概念化すべき債務の観念、すなわち主観的・規範的概念としての債務の観念には反していよう［*ibid.*］。同じ立場から現代資本主義社会を見るとどうなるか。現代資本主義社会においては、土着理論――すなわち経済学――において債務と見なされるのは契約的・商業的債務だけであるから、この種の社会については、もはや、『主権貨幣』が――次いでブルトンが――語っているような社会的債務について語ってはならないことになる。また「経済学の知られざる影響[32]」を受けて、ブロックとパリーのいう野生の貨幣の物神崇拝に身を委ねているのは、そして野生の貨幣の擬人化に与しているのは、『主権貨幣』ではなくブルトンのほうであるかもしれない。

ウォダニ社会に関するブルトンの記述で印象的なのは、この社会が安定していること、この社会が構成員に課す諸義務が問題なく認知されていること、始祖や最近の死者の霊に対して生贄を捧げる以外のやり方で神秘事が行われていること、である。これらはすべて、社会および氏族の再生産という制約がしっかりと身体化《アンコルポラシオン》されていることを物語っている[33]。反面で、逆説的ではあるが、一定の観点から見ればウォダニ社会は非常に近代的であるようにも見える。なぜなら、この社会では、主権関係が、民主主義的賃労働社会〔勤労者社会〕におけるのと同様にいわば逆転しているからである。つまり諸氏族の総体が構成員に対して債務を負っているのであって、決してその逆ではない。

「債務者が義務を果たさなければならない私的債務の領域において作り出される債権とは異なり、外婚ルールが生み出す婚姻債権は、必ずしも受益者自身が返済できるものではない。たいていの場合、姉妹を譲渡した者や譲渡しなかった者に嫁を割り当てる責任を負うのは、社会の一部《セグマン》（氏族または一族）であるか、さもなければ社会総体である。諸個人は各自の名において債務者であることはなく、また社会のみが債権者である」［Breton 2000 : 1366］。

このようにウォダニ社会には一種の社会保護すなわち社会的債務が存在するために、その社会構成員たちは、社会全体および始祖と自分たちの関係を、債務関係ではないものとして、すなわち単なる「相続」関係として表象することになる。このことは、「債務の観念を再定式化する」［*ibid.*］ことをではなく、本源的な債務形成関係を別の場所・別のやり方で探し求めることを要求している。つまり、諸氏族〔諸個人ではなく〕を社会の全体に結びつける垂直的な生の債務――ここでは諸個人は直接に社会の全体に債務を負っていると感じることはない――を探し求めるべきである。これは、賃労働社会とやや似ている。賃労働社会では、労働者の従属は商業的関係――等価性の諸形態の下に展開される――を通じるものであるし、賃金条件が職業団体や各種の社会保障基金への所属に媒介されて決まるので、労働者の従属性は従属としては感じ取られない。社会保障基金は各労働者に社会的保護を提供しているが、労働者は自分を基金に対する債務者ではなくむしろ債権者と見なしている。

しかし今のところこれは大胆な推測でしかない。本当はどうであるのかは、ウォダニ社会や他の類似のすべての社会の内部における通貨危機の状況を分析しなければ説明できないだろう。外国で働いて現金《キャッシュ》をもち帰り、それを婚資に再投資しようとする若者たちによってインドネシア・ルピアが導入されるとき、ウォダニ社会はどのように反応するだろうか。このことは「相続」の表象を変えるのではないだろうか。こうした問題が提起されるのだが、こうした問題を提起できること自体が既に、危機を通じての貨幣の正体の顕在化という問題構成《プロブレマティーク》[34]が単に近代貨幣とその特殊な物神崇拝《フェティシスム》にだけ有効なのではないことを明らかにしている。この問題構成はあらゆる貨幣に有効なのである。

では最後の反論に移ろう。これは、〈債務は必然的に相互的な性質をもつ〉とするブルトン[35]に対する反論である。われわれの見るところは逆で、債務は相互性や等価性をいささかも含意していない[36]。垂直的な生の債務は相互的なものではなく、そもそもの由来は対価なき初期の贈与である。というのも、初期の贈与は通約不可能、差戻不可能なものだったからである。初期の贈与によって要求される支払いは、返済すること、債務を支払うことを目的としておらず、原初的贈与によって創始された従属的紐帯の承認を、われわれが債務――つまり「社会的信仰」のみを根拠とする債務――を負っていることの認知をもっぱら目的としている。それゆえ、こうした支払いは初期の贈与と同様、対価なき移転である。その近代的形態が永続的な課税である。税の支払いに際しては、税額と直接的関係がない将来の再分配という――偶然的であって必然的ではない――対価以外には、貨幣的対価というものは存在しない。唯一の対価は保護の義務であるが、（国家の正統化過程を介する以外）それが履行される保障はないし、税率はこの対価に応じて決められてはいない（国家を単なる商品生産者に還元するために、現実をねじ曲げ、税を国が提供するサービスの価格であるかのように扱う自由主義経済学者にとってはこう言えないが）。実際には納税は主権への服従を示す一方向的な支払いである。確かに納税は、社会扶助ないし相互扶助を――一定の状況において――受ける権利を開くが、こうした扶助は固有な保護の論理に従って、すなわち各人の税負担からは独立して決定される。ここでは、等価の論理や紐帯からの解放の論理は全く働いていない。同じことは近代的賃労働者の場合にも言える。賃金支払いの対価となるのは、正確性と確実性を欠く労働遂行の義務でしかなく、われわれが公準として立てない限り等価性は存在しない[Cartelier 2007]。

いずれにせよ、ブルトンの批判に対する以上の反論は全体として、彼の経験的な論拠がアプリオリな見かけほどには堅固でないことを示すことによって、批判の効力を弱めようとするものでしかない。ここまでの反論は彼の批判の核心部に触れるものではない。彼の批判は、事実の問題よりもむしろ、事実を把握するための方法の問題――さらには認識論の問題――を指摘しようとするものである。ブルトンの議論の根拠をうまく要約している彼の最終的な主張は、以下の通りである。

「貨幣が債務支払いの手段であること、それは言うまでもない。いくつかの事例では、社会的パワーに対する諸主体の**債務**という一般的観念によっていわば認証される債務の諸体系が存在する。インドの事例や、近代西洋の貨幣の事例もおおよそこれに当たる[……]。別のいくつかの事例では、[……]メラネシアの人々[の場合]のように、貨幣は服従性の、すなわち社会的**全体**に対する諸主体の従属性の表現ではあるものの、その表現は必ずしも明示的な債務の形態をとらない。この事例では、貨幣はむしろ、交換一般（ただし必ずしも商業的なものとは限らない）の平面――メラネシアにおいては価値の記録・実現のレベル――において、種々のレベルの（例えば生者の祖先への）服従を表す記号の一種である」（私信による）。

この定式については、もはやウォダニの人々に特有なイデオロギーは見いだされないので、債務不在のうちに何らかの形の物神崇拝の効果を見いだそうとする――先に行ったように――ことによって反論することはできない。ブルトンが主張しているのは、〈債務が明示的な形態の下に現れないならば債務は存在していない〉ということにすぎない。これは首尾一貫した主張であり、われわれも同意しうる。ただし同意のための条件は、主体の体験に属する主観的・道徳的概念としての債務と、何よりもまず科学的観察者によって論理的に構築された思考に属する客観的概念としての（生の）債務とを区別することである。こうすれば、われわれは、P・ブルデュー言うところの「公式の真実」と「客観的真実」の総体を把握することができる。しかしこの点は説明を要するし、また、『主権貨幣』で本源的債務の概念を用いたときの曖昧さについて自己批判することも必要となる。『主権貨幣』では、生の債務が実際にもそのようなものとして考えられている状況（特にインド、キリスト教ヨーロッパ等）しか参照していないのに、同時に、生の債務を（準）普遍的なものとして定立してもいたのである。批判者たちはこれを、人間と超越性（および／または地上におけるその代行者）との間の生の**債務**という概念への固執と捉えた。この概念は、一方向的な貨幣支払いとなって表れる垂直的な社会的紐帯を把握するための抽象的な客観的概念であるだけでなく、あらゆる文脈で人々自らがそのようなものとして把握し思考するものにほかならない。確かに、債務を道徳的なあり方から考える伝統が長く続いている役割社会的《ソシエタル》文脈においてこのテーゼが発せられたために、どうしても混同は避けられなかった。しかしわれわれは、主観的、規範的な債務の観念という社会的事実と、『主権貨幣』では分析装置として提示されている「生の債務」の観念すなわち客観的、抽象的な真正の概念、すなわち「社会的**全体**に対する諸主体の従属」の紐帯をモデル化しようとする思考的事実とを明確に区別することによって、混同を回避しなければならない。ここでの**全体**には、この紐帯の祖先方向も子孫方向も含まれ、メラネシア的な文脈（ここでは客観的な生の債務は、諸主体によって主観的に債務として体験されない）等も含まれる。

ウォダニの人々にあっても、垂直的な生の債務が客観的には存在する。なぜなら社会は、始祖（本源的な祖先）の身体——絶えず細分化・再構成・継承される身体——が構成する生‐資本の端緒《イノギュラル》の贈与を繰り返しているからである。この生の資本は、神話上の祖先の自己犠牲によって生み出された「父系の実体」、貨幣によって表象され「社会的実体」へと変換される実体［Breton 2002b : 198］である。したがって、生の資本は社会的全体の実体であり、貨幣はその表象である。こうして、

「［……］われわれは、貨幣の継承が男性的実体の継承のモデルを模倣していることを観察する［……］貨幣の継承は男性的実体の継承を表現し、これを象徴的平面において反復しているのである［……］。貨幣は認証印である［……］。最初の贈与、すなわち祖先の贈与がまず存在［し］、それが単に反復されているだけである。この反復こそがまさしく社会の再生産である」（私信より）。

この端緒の贈与は、社会を創始するだけでなく、このように社会から分離できない通貨システムも創始する。世代から世代へと継承され、かつ、絶えず循環することで社会を再生産する生‐資本は、直接に貨幣で表現されている。支払いは生‐資本の相互的・社会的な赤字を——象徴的に相殺することによって——埋め合わせるのであり、貨幣は隠喩的にだけでなく換喩的にも「父系の実体」そのものである。

ウォダニの人々においてもアレアレの人々（'Aré'aré）においても、貨幣はいわば主権の位置にある。貨幣は不死であり（その生存期間は世代の継起を超える）、しかも別の場所からやってくる（貨幣は海がない社会において貝殻から製作される）。貨幣は、人間と、貨幣に権威と権力を授ける祖先たちとの間の安定した媒介《メディアシオン》である。貨幣は、自利のためにそれを保蔵しようとするあらゆる人間を死に追いやること

ができる。貨幣に授けられたこの主権は、主権の対象化《オブジェクティファシオン》に対応している。このような物神崇拝はおそらく、社会的実体の「継承」の——社会構成員にとっては自明な——自然的性質を説明するものである。それは、この継承に関して疎外《アリエナシオン》の観念が意味をなすことを妨げる。というのも、この場合、垂直的な生の債務を直接に表象している貨幣は、垂直的な債務であるのだが、それ自体が債務であるとは考えられていないからである（このことは近代社会についても言える。近代社会においては社会学理論だけが貨幣を債務、すなわち社会的全体に対する債権と見なしており、G・ジンメルの表現を借りれば、その債務者〔が誰か〕ははっきりしない。このことは、貨幣それ自体はアプリオリには返済可能でないことを意味する）。

こうして、垂直的債務の非存在は、すなわち、生の資本の継承が祖先に対する生の債務として体験されないという事実は、貨幣の主権性——貨幣が主権者であるということ——と相関させられるであろう。このことはまた、貨幣の主権性を脅かすものがない限り、通貨創出《モネヤージュ》レジーム〔体制〕が十分に調和的である限り、ウォダニの人々の貨幣には信頼の問題が存在しないことを説明するだろう。貨幣が主権の位置にあることはまた、生の債務（垂直的な生の債務を含む）を通約可能なものにするのであり、氏族間のヨメの（副次的には殺人による死者の）循環においては、債務を先導する贈与が、絶えず、そっくりそのまま象徴的に繰り返される。このように、対角的債務が垂直的債務を支配することとなり、その結果、社会の日々の再生産において垂直的債務は対角的債務によって隠蔽されるのである[37]。

しかし、それでもやはり、垂直的な生の債務は常に上方に存在している。つまり、生の債務の概念は、氏族（この中で生が継承・贈与される）のレベルでは対角的に適用されるが、それだけではなく、社会の総体に対しては垂直的にも適用されるからである。生の債務の概念が対角的に適用されるのは、近親相姦禁忌が存在するために、親子関係の垂直性が水平的な婚姻関係によって条件づけられているからである。一方、祖先その他の霊が死を贈与する社会の総体においては、祖先等が（病気による）死を贈与しないように供犠を行う限りでのみ、祖先等は生を贈与するのである。ところが、社会を創始した始祖の自己犠牲についての神話が明確に示すように、死——すぐれて主権的な権威——は生の条件なのである。

付記

邦訳された『貨幣主権論』（二〇一二年）は、ミシェル・アグリエッタ、アンドレ・オルレアン編『主権貨幣』[Aglietta et Orléan (dir.) : 1998]のことであり、筆者は本書の執筆分担者である。この場を借りて、コメントをくださったジャン＝ミシェル・セルヴェ、および本書の諸論点についての手紙のやり取りを通じて本章の議論の発展と洗練を後押ししてくれたステファヌ・ブルトンに謝意を表したい。もちろん、本章で提示された種々のアイデアについて責任は全面的に筆者に帰すものである。

注

（1）「生‐資本」の概念については、Hénaff [2002] 参照。「伝統社会においては（伝統社会の消滅後も多くの点でこのような表象は生き残る）、あたかも生の準備金モデルが存在するかのように、すなわち手を付けたり取り崩したりすれば必ず原状回復が要求されるエネルギー・ストックが存在するかのように、万事が進行する［……］。集団の統一性と凝集性の基礎となるこうした生‐資本（すなわち人格と財、力と価値、信仰と儀式の総体）は、二つの象徴によって表現される。一つは血である。これは、血縁や世代連鎖の象徴である。もう一つは名誉である。これは、他者を認知することと、他者に自分への尊敬を要求することとを同時に可能にする同一性と差異の象徴である」。生物学的事実であると同時に社会的実存でもある生は、「完全な形で」維持されなければならない。「いかなる毀損も逆方向の行動、相殺の手続きを要求する。生の債務とはそのようなものである」[*ibid.*: 298-299]。Rospabé [1995] も参照。

(2)「生の源泉」でありかつ「集団の統一性《ユニテ》を維持し社会構造を支える」儀礼については、A・M・ホカート [Hocart 1978] に依拠したL・スキュブラ [Scubla 1985: 26-29] を参照のこと。

(3) スキュブラによれば、「貨幣の宗教的で――より正確には――供犠的な起源」[Scubla 1985: 213: n. 73] を詳細に明らかにしたことはB・ラウムの功績として認めなければならず、そして「貨幣を出産とだけでなく殺人や死とも結びつけていること（たとえこのことが両者を対置するためであるとしても）を偶然と見なすのは難しい……」[*ibid.*: n. 69: 88]。「われわれが金銭をその材質や量によって定義される一定の支払手段として定義する場合、崇拝を金銭の本源的源泉と見なさなければならない」[Laum 1924: S. 158: 仏訳 61]。de Coppet [1970] と Servet [1981] も参照。

(4) 歴史家におけるこうした困難についての一般的な性格づけとして、Détienne [2000] 参照。

(5) 商品交換そのものが、現金支払いによる債務の消滅を超えて、債務を創り出す。履行の（商品を譲渡する）義務は、（譲渡されたかまたは譲渡されるべき商品の所有権移転に対する）支払いの債務と対をなしている。この点については Commons [1934a] および Théret [2001a] を参照。

(6) この点については Théret [2007] 参照。貨幣対象を貨幣の一般的分析の枠組みに再統合しようというこうした志向はまた、『人類』誌（*L'Homme*）の「貨幣の諸問題」特集号への人類学者たちの寄稿にもしばしば見いだされる。

(7)「債務という用語を、〈何よりもまず商品交換の領域に属するもの〉と見なすべきではないし、契約との関係を重視して定義すべきでもない（インドの事例は［……］このことを納得させるのに十分であろう）。金融的債務よりも広く厚みのある象徴的債務が存在する。そのうえ金融的債務もまた象徴的次元（債務者の地位喪失および従属的状態）をもちうる［……］。しかしもっと興味深い現象は逆の運動、すなわち純会計的な債務が象徴的債務に取って代わることである。侮辱、損害、過失致死は、裁判官と被告弁護人との間で交渉される［……］金銭の額によって補償することができる」[Hénaff 2002: 275]。

(8)「最後にわれわれの話を簡潔に要約しておこう。〈与え、受け取り、返す〉の三重の義務の上に構造化される複合的で完全なシステムとしての贈与は、**債務**や**供犠**からの派生物であるどころか、原初的社会性《ソシアリテ》の真正システムを表すものである。**債務**や**供犠**のシステムは、多様な歴史的進化の結果として様々な程度で自律化・実体化した、このシステムの特殊諸契機でしかない。最初の貨幣を理解するには、複合的かつ完全な最初の贈与システムから出発しなければならないのであって、その派生的な諸契機――**債務**および／または**供犠**――の一つから出発すべきではない」[Caillé 2002: 252]。最初の**贈与**システムからの**債務**および／または**供犠**のシステムの歴史的派生というこの観念は、別の箇所における同じ著者の主張――「『野生の』貨幣と『近代の』貨幣との差異［は］本来的に通約不可能［である］」[*ibid.*: 253] ――と矛盾するように見える。

(9) ついでに言えば、このことは、贈与の理論家が貨幣の一般理論を生み出してこなかったのに対して、『主権貨幣』が債務から出発することによってこの方向で前進を遂げたことを説明する。

(10) このことは、テレ編 [Théret (dir.) 2007] 所収の論文「貨幣の普遍性と変容：通貨危機の特性」においてM・アグリエッタも指摘している [II: 17-43]。

(11)「おそらく、贈与よりも債務に力点を置くことにメリットはないし、他方で、借金による義務が相互的かつ普遍的である場合にはわれわれは交換による義務に立ち帰る、という反論があるだろう。これに対してわれわれは、（贈与する、交換する、受け取る、あるいはお返しする）責務《ドゥヴォワール》ないし義務《オブリガシオン》がある以上、債務が第一次的な〔最初の〕ものである、という応答があるだろう。というのも、債務でも義務でも同じだからである」[Scubla 1985 : 82]。

(12)　だからと言って、水平主義仮説がどうしても維持できないわけではない。ただしその場合、同仮説の価値は、垂直主義仮説から引き出されるものよりも適切な貨幣理論を生み出すその能力によって評価されるべきであろう。ところが、今まで水平主義仮説は主に標準的経済理論によって研究されてきたのだが、A・カイエ以外にも広く知られているように、標準的経済理論が、貨幣的事実をその社会学的複合性《コンプレクシテ》全体のうちに組み込む能力のなさに直面していることは救い難いほど明らかである。この点については、A・オルレアンの諸著作を参照のこと。

(13)　「昨日の贈与者は今日の受贈者である」[Hénaff 2002 : 276]。

(14)　興味深いことに、哲学において常識的な語彙を用いるM・エナフは、厳密に債務と言えるのが第二の場合のみであり、これに対して、回転する債務――これからのわれわれの解放は可能である――は「厳密な意味での、または少なくとも強い意味での」債務ではないだろう[*ibid.*]、と付け加えざるをえなくなっている。ただし、ここでの厳密さへの言及は、債務を状況《ポジシオン》の不平等や従属性（これからの解放は不可能である）とアプリオリに同一視する既成概念によって要求されてのことにすぎない。これは、経済学者にとって常識的な意味での厳密さとは違う。経済学者にとっては、逆に、「真の」債務とは契約的で交渉可能・移転可能な債務のことであり、解消不可能な債務すなわち権威的債務は債務ではなく、贈与、持参金、租税、社会拠出等なのである。この問題に通暁している経済学者であるアメリカ制度学派のJ・コモンズでさえも、権威《オーソリティティヴ》的債務と公認《オーソライズド》される債務（私的な契約債務）とを区別した上で、日常語との合致を図るのなら、後者にのみ債務という用語を用いるべきだとしている。

(15)　A・カイエは外婚ルールには言及していないが、女性交換を、敵対的で対等な諸集団の間の純然たる平和維持《パシフィカトゥール》関係として描写している。これは、「純粋に水平的な相互作用論的債務――勢力のほぼ等しい集団・氏族・系族の間を循環することとしてそれらの同等性《パリテ》を表現する――[……]」の事例とされる。「…／…このシステム全体の土台[……]それは婚資、すなわち受け取ったものと交換に生を贈与する嫁を与えるという約束である。ゲームの当事者である諸集団のそれぞれは、何よりもまず、自らが自由処分し自らを作り上げている生の資本を最大化しようとする。これは第一次的な〔最初の〕真正の生の資本であり、われわれは、昨日の敵からヨメを取ることによってこれに出資し、昨日の敵を明日の友にする。しかしこの債務は純水平的である」[Caillé 2002 : 251-252]。筋金入りの反功利主義者から見れば、これは奇妙な定式化である。この奇妙な概念系は、社会的全体化を条件づける内部の族内婚禁忌が内面化されていることには言及せず、外部との平和的同盟を締結する必要性を特権化している。

(16)　カイエ自身が別の場所で留意していることであるが、同じことは、スキュブラに「驚くほど近い」M・ゴドリエにも言える。「ゴドリエは、人間同士の贈与を神々に対する贈与に緊密に従属させている、すなわち総じて前者を後者から導出するよう強いられている。だがわれわれには、逆の主張のみが有意義であるように思われる」[Caillé 2000 : 188]。

(17)　つまりスキュブラは、「婚約者の価格」と「子の価格」（母方オジが姉妹の子を放棄する対価）との等価性、それから母方オジと祭司との等価性を、すなわち「冷酷な神」（子の価格と供犠犠牲との等価性を含意する）を明らかにした[Scubla 1985 : 57-60]。「冷酷な神」の位置にあるオジという人物像は、アンデスの貴金属鉱山においても、ティオ[Tio : スペイン語のオジ]――すなわち山の霊、すなわち鉱山の富の分配者――として見いだされる。ティオが引き換えに要求する供犠は、鉱員の人格に及ぶこともある。Sallnow [1989 : 213-214]、

Absi［2008］を参照

(18) S・ブルトンは、メラネシアの諸社会の事例にあっては、集団と集団の関係を機能させる「同業者間清算」（結婚や殺人に関連する支払い）の水平的・経済的な論理と、祖先によって表象される社会の全体に生者を結びつける血統関係および「相続」（葬儀支払い）の垂直的な論理との間には裂開が存在する、と主張している。「この事例では貨幣の贈与は、債務を消滅させずに代償を期待していないから、いわゆる支払いではない。それは純粋な支出なのだ。［……］メラネシアの観点から見れば、貨幣が交換において価値章標《シーニュ》であることができるのは、それが贈与の対象となるから、すなわち親子間の相続や諸関係の共同体――われわれはこれに社会の名を与える――を示す証印となるからである」［Breton 2002a : 21-22］。この場合でも、婚約者の価格や血の代償に関する支払いから供犠の支払いを派生させることはできないだろう。

(19) 「貨幣は死者を代理表象する。すなわち、生者たちが互いに取り結ぶ水平的諸関係の要石は、生者を死者に結びつける垂直的関係に見いだされる」［Scubla 1985 : 38］。

(20) つまり、C・フォン・フュラー＝ハイメンドルフ［von Fürer-Haimendorf 1974 : 553-554］によれば、道徳的性質をもつ人間行動と、地上および／または死後の人間の運命に対する超自然的権力の介入との間にいかなる因果関係も確立していない社会としては、主に、狩猟採集民、移動農民の諸社会、それに整備された灌漑システムをもついくつかの農業社会、いくつかの近代産業社会が挙げられる。

(21) この最後のモデルは「世界を種々のエネルギーの貯蔵所――その使用は限定されている――として提示する。エネルギーは爆発しあふれ出す可能性がある。このとき重要なのは、人間の世界と神の世界とを接合することによって、こうした行き過ぎを抑制することである（既に見たように、供犠の主要な機能の一つは次のようなものである：すなわち、神から受け取ったものを神にお返しする、生け贄によって生み出された生の追加分に対しては支払いを行う、両世界の間の分離と適切なコミュニケーションとを維持する）。この均衡が破られる都度、債務が生み出される。このときあらゆる社会的な災厄（政治不安、感染症、敵前での失敗）は、こうした宇宙の断絶の徴候として現れ、神を喜ばせるような代償を提供する必要性をかき立てる」［Hénaff 2002 : 301］。

(22) 既に引用したS・ブルトンの二つの論文［Breton 2000 : 2002b］のほかに、彼との私信のやり取りによるテキストも利用することにする。これによりわれわれ互いの主張を明確化できた。

(23) われわれ自身も、諸債務に一般的なシステムを提示するにあたって、最終的には、この家内的な生の債務をもっと考慮しようとしてきた。特に、民主主義的資本主義に固有な生の債務の諸形態に関する二重化‐逆転は、人間と主権的パワーとの間の垂直的贈与のレベルに影響するだけでなく、姻族関係の水平的論理と親子関係の垂直的論理との間にきわめて強い緊張が見られる親族体系のレベルにも影響する。
Théret［1999b ; 2003c］参照。

(24) あるいはまた、より最近の私信でS・ブルトンは、彼流の言葉使いで自分の主張をより平易に表現している――「メラネシアでは貨幣は二つの側面をもつ。第一の側面は交換の機能であり、経済理論の観点から理解することができる。この貨幣は債務解消（債務からの解放）の手段である。ただしそのための条件は、ヴェーダやカーストのインドの事例――この定式化はここに起源を見いだす――のように、われわれが債務を形而上学的な生の**債務**（大文字の債務）に転化させないことである。第二の側面は、実体《スブスタンス》としての貨幣であり、この側面から見た貨幣は経済学の視野が及ばないところにある。ここで扱われるのは社会的実体、すなわち移転可能な絶対的価値や生殖手段のようなものである。メラネシアで問題になるのは身体的実体であるが、これは、氏族ないし社会の諸構成員が生殖・出産を通して自分たちの肉体内、身体内に共通にもっているもの――一定の場合には父性的実体すなわち骨——に対応している。要するに貨幣は社会的なものの受肉化《アンカルナシオン》〔権化〕——この語が適切である——、社会諸関係の物化《ショゼフィカシオン》である。メラネシアにおいては、社会諸関係が物象化《レイフィエ》しているのは稀少な基体の一つである（それ以外のものは、販売を免れて分配される菜園の生産物、豚、最後に、遺伝されて父方または母方に「帰属する」生理学的な実体および気分である）（［展覧会カタログである］ *Qu'est-ce qu'un corps ?*, Paris: Flammarion-Musée du quai Branly, 2006 の私の担当章「男性的母体」を参照）。貝貨を祖先たちの実体と見なす 'Are'are 族（Daniel de Coppet）、貨幣を精液と見なす Iqwaye 族（Jadran Mimica、私信）、貨幣を卵と見なす…／…Daribi 族（Roy Wagner）、最後に貨幣を人すなわち不死の人間と見なす Wodani 族（Stéphane Breton）を、われわれは以上のように理解すべきである。社会的実体の側面から見た貝貨は、必ずしも債務消滅の手段ではない。それはまた、交換を免れる物、すなわち共同物であるためにはむしろ分配の法則に従う物の表現でもある。例えばウォダニ族においては、氏族内では貝貨は結婚や殺人の代償の表現ではない。外婚は、分配の部面と交換の部面の間の分離を確立する。貨幣を用いて他の氏族に補償できるのは、外部の氏族のみである。社会的な物のもう一つの受肉化である交換手段から見た貨幣は、二つの顔をもつ。メラネシアにおいて貨幣が最終的価値であるのは、したがって交換に役立ちうるのは、言うまでもなく、それが共通の実体を表象するからである。L・ジェルネが論じたギリシャ的な価値理論にあるように、貨幣に交換価値の特性を与えるのは、結局その起源、その神秘的出所なのである。貨幣が価値というものをもつのは交換に役立ちうるからではなく、貨幣が交換価値をもつのはそれが社会的共同体の受肉化だからである。それゆえ貨幣は社会的全体性の表象であるとはいっても、共同体の形成素としてであって、売上高《デビ》の形成素としてではない」。

(25) S・ブルトンによれば、「最初の親に関しては債務が問題になることはない」（私信による）。

(26) 「［……］異国諸社会においては［……］交換の目的は、交易財の価値を確立することよりもむしろ、交換を行う人間のそれぞれの立場や地位（価値というべきか？）を確立することにある。人の経済について語ることができるのは、［……］人に対する権利（婚資）、人のアイデンティティの定義および転換（葬儀代金、相続支払い、儀礼的交換）、そして協同体としての集団の構築（殺人の補償金、貨幣入手の階層化）が関係する場合のみである」[Breton 2002a : 15]。

(27) S・ブルトンは好んで従属性について語る。なぜなら、従属性が規範的概念ではなく「客観的概念であるから、それに、主観的であると同時に相互的である債務の概念とは逆に、むしろ拡張的・中立的であり、特殊化される概念だからである」（私信による）。

(28) このことは現在の地域貿易システム（ＳＥＬ）の経験に基づいている。Servet（dir.）[1999]、Blanc [2007]、さらに Zelizer [2005] による貨幣の刻印に関する研究を参照。

(29) このような注意集中は、近代社会をその商業経済に還元し、かつその財政経済および家内経済を捨象する主流派経済学の注意集中と機能的等価である。

(30) テゲ（Tege）の役割も考慮することで、この議論は補強される。テゲとは人を殺す霊であり、複数の菜園の耕作に従事するとか、貨幣流通の外で巨額の貨幣を保有するといったあらゆる極端を罰しようとして見張っている [Breton 2002b : 212-213]。

(31) 「ウォダニの人々によれば、世界がいまや交換を行っているとすれば、それは、始祖が贈与——生命・肉体の贈与——を行い始めたからである。この〔贈与による〕支出は債務というものを生み出すことなく、ひたすら繰り返されなければならない」[Breton 2002a : 24]。なお、支出を繰り返す義務は債務と酷似している。

(32) 「［……］こうした**債務**の観念はまた、経済学からの知られざる影響を顕在化させているように思われる。経済学では、あらゆる価値はその根拠を等価性に見いだす、財の移転は互酬の期待によって制限されている、そして支出は必ず効用利得をもたらす、と考えられる」[Breton 2002a: 17]。

(33) これは、メラネシア諸社会の一つの特色である。植民者による近代的な金銭の導入に対して、メラネシア社会のいくつかが金銭を彼らの「法」に従わせることによって、抵抗することができたのはこの点による［Akin and Robbins eds. 1999］。

(34) 危機時における貨幣の国籍剥奪については以下参照。Carruthers et Babb［1996］および Théret［2007］。

(35) 「私には、債務は〈互酬性が交換の力学的法則の基礎となっている〉という事実にしか適用できない概念であるように、そしてそれをより一般的な観念にしようとするのは危険であるように思われる」［Breton 2000: 1366］。

(36) これはしばしばS・ブルトンの意見でもあり、彼は「葬儀や死者の霊に対する供犠に際しては、いかなる互酬にも負うことがない」［Breton 2002b: 215］とわれわれに教えている。彼はまた結婚の代償である婚資についても語っている。それによれば、これは等価性の論理にではなく、恒等的《イデンティーク》交換の論理に従っている。

(37) 反対推論で言えば、普遍救済的な大宗教の社会においてはそれ〈垂直的債務〉が前面に出てくるのだが、A・カイエが示唆するように、そうした社会によってそれが発明されるわけではない。

第4章 貨幣の政治哲学
―ホッブズ・ロック・フィヒテの比較―

通念に反して、現在の政治主権をめぐる問題を、普遍妥当的な単数形の国民国家という制度をめぐる問題に還元することは不可能であろう。というのも、国民国家の出現には、近代的な領土主権についての競合し合う多様な構想《コンセプシオン》（ないし着想）が刻み込まれているからである。出現した国民国家は、常に貿易に支えられてきたが、重商主義的である度合いは国によって様々であった。本章では（こうした点の）証拠を示すべく、一六世紀以降に政治的独立を果たしたヨーロッパ諸国の形成に際し、多大な貢献をした三人の有名な（いわゆる）啓蒙の政治哲学者（ホッブズ、ロック、フィヒテ）を取り上げ、彼らが展開した主権の解釈が多様なものであったことを主張したい。この多様性は、人民主権に付与すべき意味をめぐって法哲学の「思想諸学派」間に争いがあったこと[1]を示しているが、争いの存在は、「主権」の観念が近代西欧諸社会の憲法の基本原理として満場一致で認められることを妨げはしなかった。われわれはまた、ホッブズ・ロック・フィヒテに見いだされる「主権の原理」に関する構想の複数性は、彼らが「主権の原理」を動員するときの状況の文化的多様性を反映しているにすぎない、と考えることができる。彼らが「主権の原理」を動員するのは、彼らが抑えようとした帰属紛争の歴史的・地理的諸形態に適合的な制度的対応を創始するためであった。さて三人の哲学者は、ヨーロッパにおける近代法治国家の多様な形態の発展を導く知的指導者として役割を果たしたにとどまらない。彼らはまた、政治主権に関するそれぞれの構想の中で貨幣に重要な位置を与えており、彼らの「貨幣《アルジャン》の諸哲学」（ジンメル『貨幣の哲学』の仏語訳タイトルの複数形）は、国家の多様性、および国家が枠づけかつ／または推進する資本主義の多様性に関する説明に関係してくる。本章では、彼らの貨幣《モネ》の哲学を比較の視点から詳しく検討していくことにする。

以下の分析においては、原典の直接的検討は一部にとどめ、また、取り上げる三人の哲学者について一人一人の検討の度合いには差がある。特に（もっぱら、ではなく）われわれは、ホッブズについてはP・ドケに、ロックについてはC・G・カフェンツィスに多くを負っている。このような文献利用にはいくつか理由がある。まず、われわれのアプローチはL・デュモン（1977）が開拓した視角からの比較によるアプローチであり、本章の興味はホッブズ・ロック・フィヒテのいわゆる政治哲学に立ち帰ることにではなく、もっぱら、三人の哲学者が政治的紐帯に関する各々の表象にどう貨幣を組み込んでいるかを明らかにすることにある。ところが逆説的なことに、このように狙いを限定することによって、今度は、視線の拡大を強いられる。哲学者たちの政治的著作をテキスト分析するだけでは済まなくなり、政治的著作の文脈を明らかにし、それを彼らの作品総体と関連づけねばならなくなるのだ。というのも、個々に取り上げた著作の中で推論の穴や錯乱のように見えるものを、一般に行われているように外在的かつ／または時代錯誤的な仮説を立てて解釈するよりもまず、場合によっては諸作品に内在しながら考えるほうが望ましいのである。このことは特にロックについて必要である。相互の参照を欠き分裂化しているロックの作品は、多様なやり方で読まれ、[2]コメント者の学説的志向および／またはイデオロギー的傾向に沿って解釈されてきた。[3]しかし同じことはまた、より少ない程度においてだが、その経済学的著作が政治哲学との関連においてほとんど分析されてこなかったフィヒテについても言える。

ところが、政治哲学の偉大な作品は経済学や現代社会の本質的な問題——ここでは貨幣と主権の結びつきの問題——について情報を提供してくれると考える「奇特な研究者」は、「専門家の間で意見不一致が見られるとき、いつも微妙な立場に」[Dumont 1977: note7] 置かれてしまう。つまり、既に広く「掘り起こされてきた」諸著作を直接読むことだけによる新しい独自解釈は、信頼できないだろうし、現存の〔解釈の〕過剰《プロフュージオン》——混乱《コンフュージオン》とは言わないまでも——を強めることにしかならないだろう。何よりもまず比較の観点に立つとき、直接的な読解を統制・修正・補強するには、専門家たちが生み出した諸解釈の現存の集成《コーパス》を動員しなければならない。よって、専門家たちの間で論争がある場合、「学徒たるもの」はこの集成《コーパス》の内部で選択を行う必要があるのだ。その際の本章の立場は、本章の研究対象——貨幣の政治的な起源および特性《ナテュール》——に最も関わりが深いだけでなく、〔本章で〕要求されている総合的・文脈的な方法を共有してもいる研究を優先する、というものである。一定の諸解釈を特権化〔特別に重視〕するからと言って、そうした解釈に対して批判的精神を保てなくなるわけではない。最初に特権化した解釈と矛盾せず、同じように的確に見える他の諸解釈によって、可能な限り補完すればよいのである。

本章の構成は以下の通り。まず、三人の哲学者によって提示された政治主権のモデルを簡潔に振り返る。次に、三つのモデルを順次検討することにより、それぞれにおける貨幣の地位や諸形態を明らかにする。これにより、いずれの場合にも、政治的なるもの《ル・ポリティーク》に組み込まれた貨幣が顕著な差異性を示していることが明らかにされる。最後に結論として、今日に至るまでこれらのモデルが影響をもち続けていることを述べる。

1　主権の原理
——啓蒙の政治哲学の創生——

政治主権の思想に関するヨーロッパ哲学の諸ネットワークは、多様であることを超えて、相互に影響を与え合ってもいる。その結果、意味の媒介者〔テキストを知識に変換するには意味の媒介が必要〕という一つの専門界《シャン》が事実上形成されている。つまり、この界の統一性を構成する次の二つの共通前提を受け入れた上で、主権の正統的な定義をめぐる争いが展開されてきたのである。第一の前提は、法自然主義であり、第二の前提は、主権が人民からの流出《エマナシオン》であり政治的行動原理であるという観念である〔主権は、契約ないし社会契約から帰結するものであり、もはや、神的起源を有する権威に準拠する秩序が啓示されることから帰結するものではない〕。

政治哲学の界は、西欧近代の出現に刻み込まれた一つの断絶から生まれた。同胞同士の宗教戦争という文脈の中で、政治と神学の分離《セパラシオン》を承認する世俗的主権を推進することによって市民平和を保証することが求められるようになった。このとき主権は、もはや超越性（例えば神権）から継承されるのではなく、社会のそれ自身への内在《イマナンス》から立ち上がってくるものとされた。これ以降、主権者は人民であるとされ、主権はもはや生を超えたもの（神の世界、神話上の祖先）からではなく、人民から流出するとされるようになる。このとき、なぜ主権が人民――および人民が暮らす社会――の不可分割性および永続性の原理として創始するのかと言えば、それは要するに、主権が一社会の想像界（象徴界の秩序に組み込まれていない私的な想像の世界）の中に市民平和を創始するからだ、と言ってよい。市民平和は、すべての政治体ないし政治団体の歴史的永続性の条件、すなわち、政治体ないし政治団体を分裂させかねない多様な紛争を超えて、しかもその諸構成員が死すべき運命にあるにもかかわらず（構成員が変わっても社会は不滅、不死であろうとする）、政治体ないし政治団体が永続するための条件である。主権とその流出元である人民は、現代諸社会の大部分を――諸社会の分断化、諸社会の至る所にある紛争、および紛争による公的訴えの脈絡のなさを超えて――支配する言説体系《レジーム》の中心に依然として存在する抽象的・知的表象である。

こうして、一六世紀初めに神聖ローマ帝国を文脈的背景にして、マキャベリにおいて、人民主権という世俗化された政治原理が見いだされるようになる［Mesnard 1969; Mairet 1997］。マキャベリ（『君主論』一五一三年）とその後のボダン（『国家論』一五七六年）は、いかなるキリスト教的源泉にも権威を認めず、国家（すなわち「共和国《レピュブリーク》」）は「歴史的・人間的な起源をもち、力の上に築き上げられる」［Mairet 1997: 31］と考えた。しかしこうした観念は、その後すぐに、神学政治的帝国を継承した政治的ヨーロッパのモデルと、平和な社会の再生産において経済が占めるべき位置とを同時に争点とする「意味の闘争」の対象となった。

本章の考察の枠内では、[4] ホッブズ、ロック、フィヒテを有名にした人民主権の三つの概念像を復習しておけばよい。すなわち、

①ホッブズの国家（**リヴァイアサン**）が自らに融合させている人民（の主権）。この国家は、死の不安を抱える群衆が個々の合理的な計算に基づいて永久に託した力《フォルス》を独占し、そのことを通じて自己正統化される絶対的主権者である。

②ロック的な「自由主義的」人民（の主権）。彼ら（人民）は、**コモンウェルス**（政治的共同体ないし共和政体）内で自己隷従して労働することにより、神に対する生の債務（アダムの原罪によって表象される）を支払おうとする有産者である。彼らは、有産者間および有産者‐無産者間の緊張[5]――金銭《アルジャン》の発明（創発）が引き起こした人為的な稀少性状態から生じてくる――を調整することによって所有権保護の機能を果たす国家を手に入れる。

③フィヒテ的な人民の主権。この人民は、もはや前の二つの概念像におけるように他の一切の上にある上位権力に対する合理的な自己隷従に基づいてではなく、神話的な歴史・文化に係留《アンクレ》されていて降臨神の不死性を表象する**国民**《ナシオン》への信念・帰属感情・情熱的信奉によって、構築される。

実は、主権的人民に関する第四の主要見解、すなわちスピノザの見解もある。彼によると、人民とは、還元不可能に主権的である諸個人が集合したものである。人民は、いかなる特殊な集団的権力にも主権を認めず、合議形式や連邦形式の下に自分たちの力を結集し、様々な地理的レベルの様々な自律的執行権力に政治的能力を割り当てる［Spinoza 2002（1675）］。ところがスピノザにおいては貨幣と政治主権との関係が曖昧であり[6]、その一方、ホッブズ・ロック・フィヒテはこれを

明示的に論じている。以上より、本章では、もっぱら後者の三人による貨幣の政治哲学を検討していくこととする。

2　ホッブズ
——共和国の貨幣、すなわち社会体に栄養を与える死すべき神の血液——

ホッブズは『リヴァイアサン』（一六五一年）第24章「コモンウェルスの栄養および生殖について」——P・マナンによればこのテキストには「ホッブズ思想のすべてが含まれている」[Manent 1986 : 417]——において、**共和国**という人工的身体の経済について推論を進めるに際して、人間の自然的身体による隠喩を用いている。より詳しく言えば、彼はW・ハーヴェイの発見から着想を得ている。彼はハーヴェイと同じ自然哲学を共有し、人体の生理学的機能との類比により、政治体の経済学的モデルを構築した(7) [Christensen 1989]。こうして彼は、経済に対する生理学的アプローチを展開し、国家は政治体の心臓であり、貨幣は政治体に生命と運動を与える、とした。P・ドケはこの「リヴァイアサンの経済学」について以下のように述べている。

> ホッブズは、まず財の供給またはその潤沢性［……］つまり生産と輸入を論じ、次に分配［……］、所有権およびその個人間移転を考察していく。三番目に、彼の言う消化［……］、すなわち蓄えられた実物的富の貨幣への転化が扱われ、準備の機能が貨幣との関連で分析される。最後に、輸送［……］、すなわち共和国の身体全体にわたる栄養フローとしての貨幣的流通が扱われる [Dockès 2005 : 157-158]。

供給に関しては、こう述べている。

> 生を可能にする素材的財の潤沢性は、自然からの無償の贈与［……］、および人々の労苦と勤勉に依存する。［……］素材的財は自国領土で生産されるか、輸出の対価として輸入される。［……］われわれは、交易によっても戦争によっても外国財を獲得することができる［……］。あるいは、労働によっても——労働は他の商品と同じく、利潤のために交換される商品でもある［……］[*ibid.*]。

分配に関しては、こう述べている。

> 所有権の分配の決定は、もっぱら共和国——どんな種類のものであれ——に、正確には主権者に委ねられる［……］。主権者は「僕のものと君のもの」を規定し、素材的富すべての個人間分配が尊重されるようにする。［……］これは何よりもまず原初的な分配の問題であるが、現在の分配に絶えず介入する裁量的権限の問題でもある。よって法が素材的な諸財の「正しい分配」を確立する［……］（繰り返しになるが、ギリシャ人は分配を「ノモス」すなわち法と呼んでいた）[*ibid.*: 159-160]。

しかし、ここでの所有権の分配は一次的なものでしかない。

> 第二に、交換による分配がある。これは［……］実物的・素材的な富の、あるいはより正確には可処分剰余——［……］再生産に必要な物や自家消費される物を差し引いた残余すなわち付加価値——の分配を可能にするものである［……］。この分配は、所有権の交換ないし個人間移転を、それゆえ相互契約への依拠を想定している［……］。土地、ある少数の財貨および自然的な財産に対する所有権の分配を超えて、これらの所有権の相互移転による剰余の分配が行われることが、共和国の**維持**には重要である。よ

って、契約に力を与えるためにも［……］契約のルールを確立する（市場を制度化する）ためにも、国家の介入が必要なのである［……］［*ibid.*：161-162］。

第三に、貨幣が舞台に登場する。貨幣は、一方では財の剰余を「消化して」それを貯蓄できるようにすることに、他方では財を流通させることによって**共和国**――その心臓である国家を含む――の構成員総体に「栄養を与える」ことに役立つ(8)。

> ①「消化［……］」とは、すぐには消費されないもの、それゆえ将来のために同一価値の何物か――ただし容易に貯え運べるもの――の形で貯蓄ないし貯蔵されるもののすべてを指す縮約語である。ホッブズが説明しようとしているのは貨幣の尺度および準備の機能である。［……］［*ibid.*：162］。
>
> ②［……］個人同士の契約的な交換は、国家によって方向づけられた貨幣循環（に基づいている）。［……］共和国を構成する諸要素の間の経済的紐帯は、水平・垂直の二方向に展開する。まず、交換は場所と場所の間、人と人の間で行われる（水平性）。しかし、貨幣循環の大小の管および動力を研究するにあたって、ホッブズは血液との類比を推し進め、貨幣循環が、血液を心臓に送る静脈（国の収税官・収入官・財務官を経由する）＋身体の各部位――すなわち諸個人――へと血液を運ぶ動脈（様々な公的支出に係る財務官・出納官を経由する）、に相当すると説明している。国家は心臓の役割を果たし、そこに収入が集まりそこから支出が出ていくことによって、共和国の全構成員に生命が与えられる。［……］第二（垂直的な経済的紐帯）の場合、循環は存在しても、交換は存在しない。このことは、収入に関しても、多様な無償譲与が一般的であり商品購入による支払いがあまりない公的支出に関しても、明白である。［*ibid.*：163-64］

以上のように、国家は、貨幣化した契約的交換の経済において心臓に相当するものであり、そこでは商品交換と再分配という二つの原理が緊密に接合している。

> ［……］経済の心臓と見なされる国家は、剰余の貨幣的循環を活性化することにより、循環《シルキュラシオン》――つまり国庫へのそして国庫から諸個人への運搬――を保証しなければならない。このようにホッブズは経済諸関係を垂直化している。富は個人から個人へ分配されるだけではなく［……］、財政回路《シルキュイ》にも組み込まれ、貨幣経済の心臓である国家に集中する。富は国家まで上昇すると、今度は国家から出ていき、財政の「大小の管」を流れていく。［*ibid.*：166-167］

したがって、ホッブズにおける貨幣は、もっぱら公的・財政的な貨幣である。貨幣は**国庫**の回路の中を流通し、市民平和の状態と利益――国家はこれに課税する――とによって既に刺激されている契約的交換に栄養補給するだけでなく、公的支出を通して契約的交換を発生させもする。ただしホッブズは、貨幣を、リヴァイアサンの公印が付された稀少金属でできていて純分・量目が検査済みの正貨には還元していない。彼は、諸貨幣の流通を共和国内部の回路に限定できるのであれば、どんな内容や支持材《スュポール》の貨幣も可能であることを考察している。共和国と共和国の間では、金銀貨の価値は誰も勝手に修正できない共通の尺度であり、金銀貨だけが、実物的富の貯蔵と流通を、そして共和国の外国への働きかけを可能にする。これに対して共和国の内部では、貨幣はどんな素材からできていても、また地域的な刻印からしか価値を得ていなくても［……］、動産・不動産

の交換や流通——場所から場所へ、人から人へ——を可能にする
[*ibid.*: 162]。

揺るぎない絶対的主権者は、明らかに、このような信用発行通貨《フィアット・マネー》〔不換通貨〕を強制することができる。しかしこのためにはまた、共和国への「栄養補給」を輸入に依存してはならない。輸入においては、支払い時に、リヴァイアサンの章標‐貨幣が〔戦争や植民化といった力で強制しない限り〕受領されない恐れがある。よって、重商主義の文脈においては、二つの形態の貨幣を利用〔入手〕する必要がある。一つは、外国でその重量に対応する価値をもつ貴金属貨幣、もう一つは、計算単位表示のその価値が主権者によって無条件に公布されるが、準備として機能するには保存に適した質〔品質〕を有さなければならない章標‐貨幣である。これに関してホッブズの時代に問題になっていたのは、実質純分の市場価値よりも大きな価値で通用する鋳造金属正貨であったようだ。

ここに見られるのは、貨幣の中立性なのか、それとも非中立性なのか。貨幣は単なる道具——交換の媒介物《ヴェイキュル》——なのか、それとも経済を活性化し方向づけることによって経済に真に「栄養補給する」有効成分なのか。この問いへの解答は、血液と貨幣の類比についてのわれわれの解釈に、そして類比をどこまで推し進めることが合理的とわれわれが考えるかに、かかっている。

P・クリステンセンの答えは、実は貨幣は社会体に栄養補給しない、「隠喩を逐語的に受け取るのは危険であろう」[Christensen 1989: 707]、というものだ。にもかかわらず彼は、ホッブズが貨幣による共和国の「血液充填」について語るとき、生命を維持する上での血液の不可欠性に関するハーヴェイの考え方にかなり近づいていることを認めている。ハーヴェイの血液はそれが送られる器官に「生命を与える」が、それと同じようにホッブズの貨幣は、共和国の人工的身体の諸構成員に真に栄養を補給する。つまり、貨幣は諸取引に生命を与えるというわけだが、このことはわれわれに、信用貨幣《モネ・ドゥ・クレディ》が経済発展において積極的・能動的・非受動的な役割を果たすとする現代ケインズ派の観点を想起させずにはいない。ホッブズにとって貨幣は「中立的」ではなく能動的である。

> ハーヴェイは、血液を完全に閉じた環と見なし、血液そのものに生命賦与力が備わっていると考えていたようである。〔……〕ホッブズの隠喩においては、貨幣はコモンウェルスの血液充填であるとされる。貨幣の使用は、貨幣なしでは不可能な諸商品の流通を可能にする。しかし、ここでの商品流通は貨幣の財との連続的な交換を意味するであろうが、そのような交換は単なる想定上のものにすぎない。字義通りに解すれば、あたかもホッブズは正貨を栄養補給そのものと等置しているようである。これは、〈血液が本来的に生命的特性を有する〉というハーヴェイの見方に〔……〕かなり近い。彼の見方は、腐敗と変化の王国の外部にある「完全に閉じた環」の内に血液を位置づけようとするものである。血液は特異な栄養物である。栄養物の消散性が最小化されているからである。しかし、このような逐語的な隠喩の使用は、「正貨それ自体は栄養補給しない」という事実を無視することになろう。正貨は食べられない。それは、血液のようにその流れ〔血漿〕に物質〔素材〕を含むこともなく、単に商品やサービスと交換されるにすぎない [Christensen 1989: 704]。

クリステンセンは、剰余を「消化」して貯蓄に転化する貨幣の能力に関して、ホッブズが血液の隠喩を不当に使用していることを批判している。消化は、摂取される財が何らかの共通成分へと物理的に還元

〔分解〕されることを想定している。その上で血液が循環することによって、人体組織の全体に共通成分が配給されるのである。ところが貨幣――貯蓄された正貨――は、経済的剰余を構成する財のそうした物理的還元から作り出されるものではない。「評価は物理的還元ではない」[*ibid.*: 707]。計算貨幣――価値標準――を通じた還元は確かに物理的還元ではないが、生産される諸財の質の差異を捨象することによる還元、すなわち、貨幣に体化されて社会体の中を水平的・垂直的に循環する一つまたは複数の共通実体《スュブスタンス》（金、銀、購買力）への還元ではある。類比が成り立つとすれば、それは、自然人においても同じように、消化によって栄養物の示差的な質が同質的な実体（血液を再生し、人体の諸部位に栄養補給する血管系を通して運搬されるもの）の量に還元されると言えるからである。

ホッブズの類比的推論の厳格さは、C・ラゼリによっても問題視されている。彼の議論は、ホッブズの言説への内在的な批判に基づいている。彼は、ホッブズにあっては貨幣の循環が政治体に生命を与えているとされているが、このことは〈人造人間に生命と運動を与えるものはその魂すなわち主権だ〉というホッブズの別の主張と矛盾している、と考える。

> ［……］ホッブズにおいて、人体の有機体モデルの、リヴァイアサンという人造人間への転用は、さほど厳密なものではない。政治体の生命の原理は、貨幣によって表象される循環系ではない。貨幣は、直ちに消費されない諸財を標準《エタロン》〔本位〕に還元して、それらが国家体〔国家の身体〕の全身を循環できるようにする〔ホッブズ『リヴァイアサン』第二四章より〕。生命と運動の原理は魂、すなわち主権である［……］――主権が消滅するやいなや、政治体は解体し、諸主体は自然状態に戻る［Lazzeri 1998: note2:18］。

実際には、ここにあるような死すべき運命にある神の不滅の魂――これこそが主権にほかならない――は、政治体の心臓に宿っているわけではなく、政治体に拡散し遍在している本質《エサンス》なのであり、自然の法と混然一体化している。もはやこれを、リヴァイアサンの頭脳に局在化させることはできない。ホッブズによれば、リヴァイアサンの頭脳とは、政府〔統治体〕――主権者の助言者――が所在する場所である[Bootle 2008]。よって、租税国家すなわち国庫が政治体の心臓に位置するとしても、〈貨幣も主権も生命を与える、この意味で貨幣は主権者である〉と主張することは首尾一貫性を欠くことになろう。しかもこの主張は、貨幣が人造人間の身体の一部であって魂の一部ではないことを忘れているだけでなく、リヴァイアサンの魂を性格づけるものも忘れている。つまり、ホッブズによれば、人間の魂は死すべき運命にあるが、リヴァイアサンの魂はこれとは性質が異なり、それまで自らが入っていた身体が死ぬときに必ずしも死ぬとは限らない。ゆえにリヴァイアサンの魂は不死と仮定しうる。言い換えれば、政治体制《レジーム》や政治システムが滅んでも、国家の理念《イデ》ないし政治体の精神《エスプリ》は生き残ることができる。というのも、それは、一定の時期に政治体がとる具体的形態が死滅することによっては、必ずしも影響を受けないからである。したがって、ホッブズにとって、貨幣は共和国の魂にではなく、その身体に栄養補給するのであるから、〈共和国の魂と同じように貨幣も共和国の構成員に生を与える〉と主張することは必ずしも首尾一貫性を欠くわけではない。つまり貨幣が生命を与えるのは経済にだけであって、権威にでも政治的想像界にでもないからだ。貨幣は人造人間の身体に付属しているのであって、その精神に付属しているのではない。ゆえに、貨幣が主権者であることはできない。

要するに（図4-1参照）、共和国（国家）の心臓は政治体の残りの部分、すなわち政治社会〔市民社会〕を支配している。貨幣とは、そ

図４－１　リヴァイアサンの政治と経済

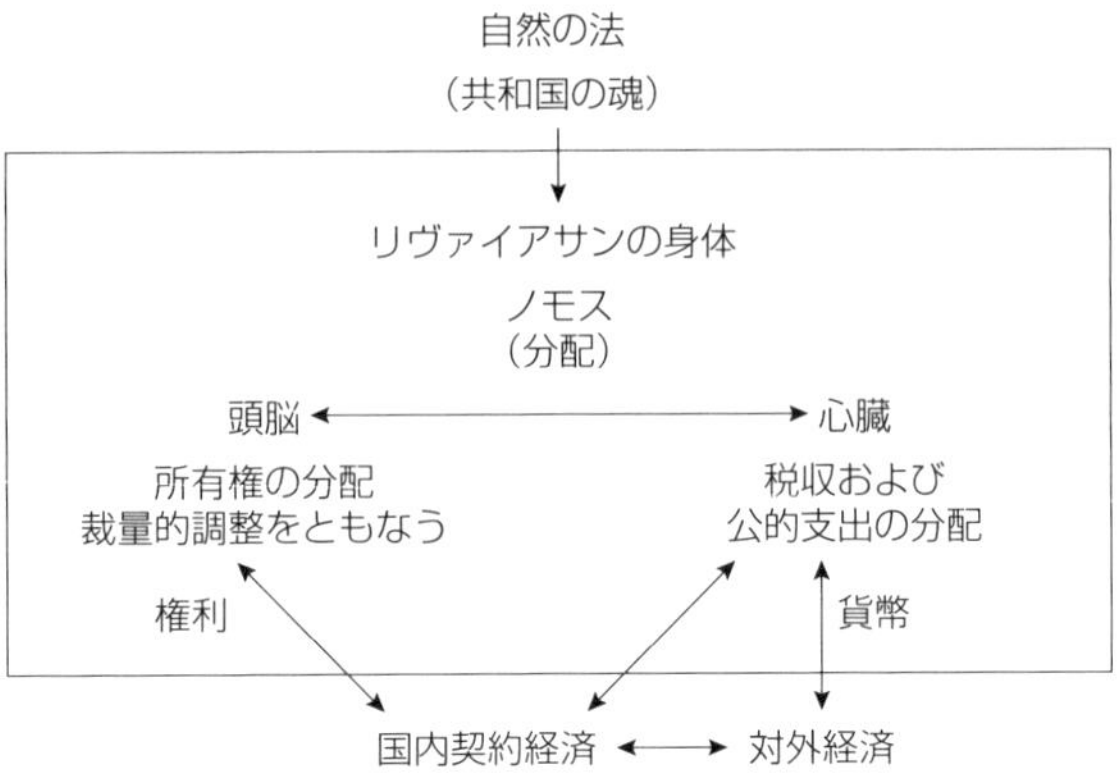

れを通じて国家の権力〔力能〕（人造人間としての国家の固有の身体）が再生産されるところのものである。というのも貨幣は、国家の権力が社会体の全身に行き渡ることを可能にし、そうして剰余を消化しそれを対外的権力に転化させるからである。貨幣なき国家は無であり、貨幣は国家の経済的形態として現れる。しかし主権者としての国家は、貨幣に対してその主権を行使し、貨幣の価値を裁量的に定め、貨幣の生産と流通の体制《レジーム》を決定することができる。ホッブズにおける貨幣は、権力と関係するものであり、権威と関係するものではない。ロックにおけるのとは異なり、貨幣は自然状態の一部をなすとはされていないし、社会状態において固有の政治的権威をもってもいない。貨幣は、下位レベル——経済のレベル——において行使される権力として主権に関与してはいるが、従属的な地位においてでしかない。

　それでは、貨幣と主権との関係について全く別の見方をしているロックに移ろう。

3　ロック
——有産者の貨幣、個人が地上の不死性を手に入れることを可能にする貴金属——

　ホッブズの著作についての解釈がほとんど論争を引き起こさなかったのに対して、ロックの著作は全く逆に、いまだ収束することのない解釈論議の対象となっている。つまりロックには、快楽主義者かピューリタンか、理神論者かキリスト教徒か、集産主義者か民主主義者か、はたまた多かれ少なかれ急進的自由主義者である個人主義者か、というように、あるいはまた、スコラ的・重商主義的な経済学者か古典派経済学者か、無限の蓄積の支持者か、逆に極めて限定された蓄積の支持者か等と、相矛盾する性格づけが与えられてきた。これら多様な解釈の詳細に立ち入るには紙幅が足りないので、ここでは、〔過去の〕批判的検討成果とわれわれ自身の解釈とを用いることによって、一九三〇年代以降に提出されてきた多くの解釈を三つの主要類型に分類しておきたい（**表４－１**）。

　表４－１の左列に列挙した諸論者がわれわれに提示するのは、重商主義的、道徳的、キリスト教的なロック、さらに社会的厚生（コモンウェルス）に配慮するスコラ哲学者としてのロック、自然法に取って代わる集団的制約に私的所有権を従属させることを支持するロック、である。左列のロックによる世界は常に、基本的には、神によって与えられ理性に合致した自然法に従属している。この世界では、貨幣の発明が政治社会の創造に与えるインパクト——これを考慮に入れるとしても——は、宗教的倫理の作用を表面的に攪乱するにすぎない。つまり、金銭の使用は悪しき利殖術《クレマティスティケ》に対するアリストテレスの批判に依然として縛られており、市民法は本質的には万人による自然法の

表４－１　ロックの思想に関する解釈の主要類型

伝統主義的（道徳経済学）および「文脈主義者的な」倫理的アプローチ	制度主義的アプローチ	親マルクス主義経済学者のアプローチ（階級間の利害対立）および「オーストリア学派」経済学者のアプローチ
重商主義者ロック	制度主義者ロック	古典派経済学者ロック
アリストテレスおよびスコラ哲学者の立場に近い 道徳が支配的（貨幣だけでは品位低下または堕落を招く）	どちらの世界にも足を置いている	ホッブズの立場に近い（合理的原子主義） 貨幣が支配的（道徳だけでは品位低下を招く）
美学的なピューリタニズム／カルヴァニズム	「ピューリタン的功利主義」	快楽主義的理神論
「宗教的個人主義」 人間の未分化状態に関連する義務	（財に関して）功利主義的， （労働に関して）ピューリタン的	「所有的個人主義」 貨幣の発明と結びついている欲望と， 個人間の経験的不平等
民主主義的集産主義	「混合的な様式」 倫理的自由主義	急進自由主義的な個人主義
宗教的命令によって制限される蓄積 （慈善の義務と，衒示的奢侈という形の品位攪乱に陥ってはならないという義務） （善い貨殖《クレマティスティケ》／悪い貨殖）	**市民法によって制限される蓄積** 制限は政治社会の再生産による要請（社会的脅威）に合致している （善い貨殖《クレマティスティケ》の領域の拡大）	**制限なき蓄積** （あらゆる形態の貨殖《クレマティスティケ》の正統化）
Kendall [1941]* Von Leyden [1956]* Laslett [1957；1964] Gough [1959]* Polin [1960]* Dunn [1991] Selinger [1969]* Skinner [1988]* Berthoud [1988] Tully [1992]* Ashcraft [1995]* Spitz [2001]*	Commons [1934a (1990)] Keynes [1975 (1935)] Moulds [1964；1965] Dumont [1970；1977] Hundert [1972；1977] Raynaud [1986] Diatkine [1988a] Caffentzis [1989；2003] Dang [1994；1995；1997] Garo [2000] Coleman [2000] Gaba [2007] O'Brien [2007] Audard [2009] Roche [2009；2010；2012]	Vaughan [1930] Strauss [1953]* Macpherson [1951；1954；1962]* Cox [1960]* Hayek [1973]* Nozick [1974]* Appleby [1976] Vaughn [1980a；1980b] Rothbard [2006 (1995)]

（注）表中で*を付した著者と公表年は，出所に挙げた著者たちが行っている言及に基づいて分類されている．３タイプによる性格づけは筆者による．*を付していない著者と公表年は文献一覧に挙げられているものである．

（出所）MacPherson [1954]，Dumont [1970；1977]，Vaughn [1980a]，Berthoud [1988]，Dang [1995；1997]，Gaffard et Ravix [2003]，Gaba [2007]，Roche [2009-2010；2012]．

遵守を保障しているにすぎない。

これに対して、表4－1の右列に集められた諸論者は、貨幣に関するロックの構想により大きな位置を与え、ロックを（前）古典派的（新スコラ学派的）な、快楽主義的で理神論的な、すなわち根本的に個人主義的な自由主義経済学者として記述している。論者によって、ロックは自由至上主義者〔リバタリアン〕――すなわち現代の賃労働的産業資本主義を先取りかつ／または正当化したロック――と見なされたり、貨幣の発明〔創発〕によって可能となった富の蓄積が制限されない世界、すなわち社会的不平等が全面的に受け入れられ国家によって規制されない世界の支持者と見なされたりする。表中の「親マルクス主義」および「オーストリア学派」は、ロックを最小限国家の思想家と見なそうとする人々である。ロックにおいては国家の役割は、一方で、私的契約を保障することに、他方で、働くことを拒否しかつ／または自らの従属状態を受け入れない持たざる《ノンポセダン》（土地や蓄蔵貨幣を持たない）有産者たちを抑圧することに、最後に、持てる《ポセダン》有産者たちの間の利害対立（土地所有の利害vs貨幣所有の利害）を法的に調整することに、限定されている。ここでロックは、土地・貨幣を保有する有産者たちの市民法が自然法に取って代わる世界を構想しているのである。

最後に中央の列にあっては、ロックは以上二つの世界の間にいる、とされる。すなわちロックは、一方の重商主義的でスコラ哲学的な世界――彼はここに生まれ落ちてその革命に参加した――と、他方の資本主義的かつ自由主義的・個人主義的な世界[9]――彼はこれを推進した――との間にいると見なされる。ロックは、後者の世界を推進する際、特に社会解体の危険を考慮に入れ、貨幣的富のやみくもな蓄積が社会解体を招かないよう厳重に警戒している。ここにいるのは、（右列のように）制度主義者、経済学者でもあり、（左列のように）文脈主義者でもあるロック、（快楽主義と禁欲主義の間にいる）「功利主義的（かつ）ピューリタン的」なロック[10]、商人的・金融的な資本主義――ここでは生産は主に農業生産でありそれゆえ地主の手に握られている――の支持者としてのロックである。ここでのロックは制度主義者である、となぜ言えるのか。確かに、移行途上の国家は、私的所有権を保障するために、労働を拒否しかつ／または富を浪費し、それゆえ自然法を守らない「犯罪者」――何よりもまず貧困者だが、富者も含まれる――を処罰しなければならない、しかし国家はまた、蓄積された富が商業的繁栄のために絶えず流通に戻されること、社会が永続的に富裕化すること、そして現役貧困層の厚生向上により社会的不平等と富の蓄積とが正統化されること、を保障しなければならないのである。

つまり、最後の解釈類型は次のことを考慮に入れようとしている。すなわち、

> ロックが置かれていた歴史的状況の全体的なユニークさ――ロックは個人主義的な所有理論家であるだけでなく、また、諸主体の権利の享受を、神が制定した自然法の実現に従属させるというより伝統的な構想の支持者でもある。この伝統的な構想には、持つことへの罪深い欲（*amor sceleratus habendi*）に対する道徳的批判が含まれている［Raynaud 1986：587］。

最後の解釈類型の全体に共通な特徴は、どれも一九五〇年代以降のC・B・マクファーソンによるロック研究への寄与［Macpherson 1962］に連なる解釈であるが、決して彼の主要テーゼの繰り返しではないことにある。つまり、マクファーソンがロックの政治学的・経済学的著作に関する従来の読み方を革新したこと[11]は明らかだが、それでもやはり、ロックのメッセージの性質や社会的機能に関するマクファーソンの理論的推論は、その時代錯誤性や予言的志向――ロック自身に帰せられるもの――のゆえに、おおかた却下されてきた。

学問原理やイデオロギー信奉を異にする幅広いコメンテーターたちが受け入れ難いと見なす〔マクファーソンの〕テーゼとは、どのようなものか。ここでは、主要な二つのテーゼにのみ言及しておきたい。第一のテーゼは、ロックは、資本による賃労働の搾取と疎外を中心とする資本主義の理論を展開し、一九－二〇世紀の産業資本主義を予示していた、というものである。第二のテーゼは、ロックは、自然状態を想定した所有と貨幣の理論によって搾取を根拠づけることによって、搾取を社会的に正当化したのであり、したがって労働者たちから自らの生活の糧を生産する手段を収用することに関して自然法が課していた限界を免れていた、というものである。つまり、マクファーソンによれば、貨幣の発明によって発生・激化した紛争《コンフリクト》が政治的統治体〔市民政府〕の構築を促すやいなや、自然法は、富の無限の蓄積と社会的不平等の無限の拡大を正当化する市民法によって置き換えられた。

第一のテーゼに対して行われてきた反論は、ロックが見ていた（見ていたかどうかも怪しいが）賃労働関係は、一八世紀後半以降に産業資本主義が発達させたそれではなく、まだ、主に農業的・家内的なサービスを時間決めで販売するという単純な契約関係にすぎなかった、というものである。ロックによれば、この関係は貨幣出現以前から存在していたものであり、それがいまだに主人と使用人の家父長的な関係に含まれている(12)。こうしてロックは、労働者は自分を雇用する地主（土地所有の利害の能動的当事者）と共通の利害を有しているのだとし、これを動産的富の所有者の利害――商人と銀行家のものである貨幣所有の利害――に対置する。それゆえ、ロックが解明し調整しようとした主要な社会的紛争は、資本／労働の対立《コンフリ》を指し示すものではない。ロックにとって、労働階級は階級として存在しておらず、むしろ地主の家内秩序に組み込まれている。地主が自らの領地を適切に管理し、労働者の労働による生産物と交換に労働者に対して生活の糧を保証するようになって以来、労働者は主人の意図に寄り添い、労働生産物に対する自分の所有権を自発的に主人に移譲してきた(13)。しかも、ロックによれば、労働者は有産者の一員である。というのも、労働者たちは彼ら自身――彼らの生と個体性――の所有者であり、その立場から貨幣の採用や政治社会〔市民社会〕の構築に「暗黙の同意」を与えてきたからである(14)。

ロックは富の無限の蓄積と少数者による独占を支持するイデオローグであった、と考えるマクファーソンの第二のテーゼ（ただし彼だけのテーゼではなく、ヴォーン〔Vaughan〕、ストロース〔Strauss〕、コックス〔Cox〕等のテーゼでもある）もまた、共通の批判対象となってきた。確かに、ロックは占有・所得の不平等拡大を容認し、こうした不平等を――富のこの増加源泉は貧者の状況を自然状態よりも改善するという理由で――正当と見なす自由主義者の信条に相当するものを展開している(15)。

> ロックは〔……〕貨幣の導入が土地をもたない諸個人を生み出すことを認識していた。しかしロックの考えでは、個人は土地をもたなくても、土地を所有する場合よりも状況を改善することができる。貨幣の導入は、何らかの財を減少させることなしに、万人――墓掘り人も含めて――の状況を改善する傾向がある。
> [Moulds 1964 : 187]

にもかかわらず、ロックは、地主・商人・銀行家のいずれの私利追求行動も自己調整されるとは考えておらず、彼らに「放蕩」や「貪欲」が見られる場合にはしばしば糾弾している(16)。ロックは、商業の発達には蓄積と不平等が伴って当然であるとか、土地も貨幣ももたない労働者の状況が実質的に改善するとは考えていない。また彼は、私利追求行動を自然法の要求に合致させるために、市民法によって調整することに賛成している。例えばロックは、政治的統治体〔市民政府〕が何よりもまず注意すべきは、地主に掛買い〔付け払い〕による贅沢で派手な支出によって自らの資源を徒に浪費させるのではなく、自らの土地で生産を行わせることである、と考える。さらにロックは、利付貸付の発達を踏まえて、蓄積された貨幣を農業生産や商業へうまく還流させるよう、そして、国益を見限ろうとする商人や投機的銀行家に不当に――しかも通貨不足のさ中で――退蔵や輸出を行わせないよう、提言している(17)。ロックにとって、土地や金銭は働くべきものであって、無為であってはならない。

よってロックは、まず貨幣の制度によって、次いで政治社会の制度によって、自然法が市民法によって置き換えられるようになるとは考えていない。市民法は、本質的には、自然法の非遵守に対する実効的な処罰能力を保障する機能をもっている。不平等も貨幣も自然状態において既に存在していたのであり、しかも彼によれば、どちらも全員の「暗黙の同意」から帰結したものであり、共有資源の個人的な専有〔領有〕・使用を制限する自然法の諸条項によって制限されている。こうして、マクファーソンの主張とは逆に、ロックによれば、

> 交換媒体が考案されても、誰も自然法からは解放されない。「あらゆる同意や協定に先立って存在する社会的紐帯」からは〔こうした紐帯が自然法の形態をとっている限り〕誰も逃れることができない。〔所有物の〕破損の禁止がなくなることはなかった。いくつかのケースにおいては使用が間接的なものになった――例えば貨幣は、生活用品購入用の貨幣を増やすために使用される。しかし貨幣は自然法上の禁止を消滅させるわけではない。むしろ、貨幣は人がそうした禁止の下でさらに前へ進むことを可能にする[Moulds 1964:187](18)。

言い換えれば、ロックは良き利殖術《クレマティスティケ》(19)の領域を拡張してはいるが、依然として悪しき利殖術《クレマティスティケ》(20)という観念を保持している。

われわれは、現代の賃労働的産業資本主義の理論的予告者ロック、というマクファーソンの見解に対する以上のような批判を正しいと考える。こうした批判はまた部分的に、ヴォーン [Vaughn 1980a: 1980b] やロスバード [Rothbard 2006（1995）] らオーストリア学派のアプローチ、すなわちロックを「古典的自由主義者」ないし自由至上主義者《リバタリアン》――その思想（と解釈されるもの）はいまだに現実的意義をもっていよう――と見なすアプローチについても妥当するであろう。したがって以下われわれは、マクファーソン批判者でありつつしばらくの間ロックと共に進もうとする(21)だけでなく、歴史家や哲学者と同じやり方によるロックの再文脈化が必要と考える論者たちによって示された、ロック読解の「中間的な」道を歩もうと思う。ただしこの論者たちは、宗教的な――根本的には非自由主義的な――純粋重商主義者をロックに見いだすことによって、政治社会の構築に際してロックが貨幣に演じさせる役割をあまり重視しないので、最後までこの道〔「中間的な」道〕に従うものではない。

具体的にここでは、哲学者にして思想史学者であるC・G・カフェンツィスが一九八九年に上梓した『ジョン・ロックの貨幣哲学』による解釈（その後二〇〇三年に一本の論文によって補完された）を重点的に取り上げたい。彼は、『人間知性論』（大槻春彦訳、(1)-(4)、岩波書店、一九七二-一九七七年）を参照しながらロックの政治学的・経済学的な著作を読み直すことを通じて、ロックの政治哲学における貨幣の中心的位置を析出しようとした。われわれの見る限り、このアプローチによって、何よりもまず、政治的統治体の貨幣的起源に関するロック説が最も完全かつ鮮やかに解明された(22)。これはまた、フランスにおいてディアトキヌ [Diatkine 1988ab]、ダン [Dang 1994:1995:1997]、ロ

シュ〔Roche 2009 : 2010 : 2012〕などの経済学者がロックの貨幣論集について行った分析と収斂するものである。これらの研究はどれも、政治学的テキストと経済学的テキストとの間の首尾一貫性に関する問題を作品内在的に解明したものであり、「ロックの著作は極めて統一的・相互依存的である」〔Caffentzis 1989 : 60〕とするカフェンツィスの見解を援護している[23]。

貨幣の性質と機能に関するロック説をめぐっては、カフェンツィスの一般的な解釈と上掲の経済学者たちの部分的な解釈との間で一致が見られる。いずれの解釈も、〈本来的には金属でありそれゆえ変質しない貨幣〉というロックの概念は独創的であり、古典派経済学に固有な物々交換の神話ともアリストテレス哲学の概念とも断絶していることを強調している。いずれの解釈も、ロックにとって貨幣（金銭）とは何よりもまず、地代を生む土地と同じ資格において、資本になって利子を生むことを使命とする「価値の準備」ないし「財宝《トレゾール》」であることを強調している[24]。貴金属によって担保された貨幣は、土地と同じように、永続的・恒久的・準不死的な財である。そして、貨幣が商品交換の仲介者として機能しうるのは、それが稀少財であるからだ（その逆ではない）――その勿体ぶり《プレシオジテ》は慣行的なものであって、自然的なものではない。貨幣が商品交換の発展を支え、次いで貨幣それ自身が他の諸商品と同じであると同時に異なる一つの商品になるのは、それが財宝《トレゾール》として欲せられるからに他ならない。こうして、

> 諸個人が互いに関係し合い、分業が創始されるのは、貨幣が導入されるときだけである。この点に〔……〕、（古典派の経済分析が引き継ごうとする）アリストテレス哲学の伝統――物々交換の不便を「確認」した後で貨幣が導入される――からの断絶が見られる。なぜなら、貨幣が何よりもまず導入するものは、実は交換の仲介ではなく、共通の価値準備だからである。つまり、貨幣を確立する慣行《コンヴァンシオン》は直ちに、「内在的価値から区別される」貨幣の価値を創始する。そして、貨幣が万人の欲する共通対象として制度化される瞬間から〔……〕この価値が貨幣を、万人によって欲望される対象にする。こうなると、貨幣と交換可能な剰余を専有する場合にしか、誰も貨幣を獲得できないことは自明である。交換を通じてしか貨幣を獲得できないとすれば、結果として《イプソ・ファクト》、貨幣は交換の仲介者となる。〔……〕よって貨幣は、分業と交換の前提条件として現れる〔Diatkine 1988a : 9-10〕[25]。

さて、本質的には「財宝《トレゾール》」であるというこの独特な貨幣観は、以下詳しく見るように、貨幣と主権の関係の特性に関するロック説においてかなりの重要性をもつ。他方でカフェンツィスは（ロックによれば）「政治的統治体の起源と目的は貨幣の調整《レギュレーション》にある」〔Caffentzis 1989 : 21〕としているので、われわれも、まずは政治的統治体の貨幣的起源を、次いで貨幣の調整《レギュラシオン》に関する政治的統治体の目的を考察していくことにする。

(1) 貨幣と犯罪――政治的統治体の母と父――

図4-2は、カフェンツィスがロックの貨幣起源論をどう再構成しているかを図式化したものである。見られるように、この論者もマクファーソンと同様、いわゆる自然状態と政治状態（市民状態）の中間に「貨幣状態」を区別している。貨幣状態は、ロックが貨幣と主権とを結びつける関係において中心的な役割を演じている。

一切の始まりは、前貨幣的な自然状態、すなわち神法および自然法のみによって規制される状態である。カフェンツィスはこれを、貨幣の観点から「装飾品の段階」としても性格づけている〔*ibid.* : 148〕。

図4－2　カフェンツィスによるロックの貨幣起源論の再構成

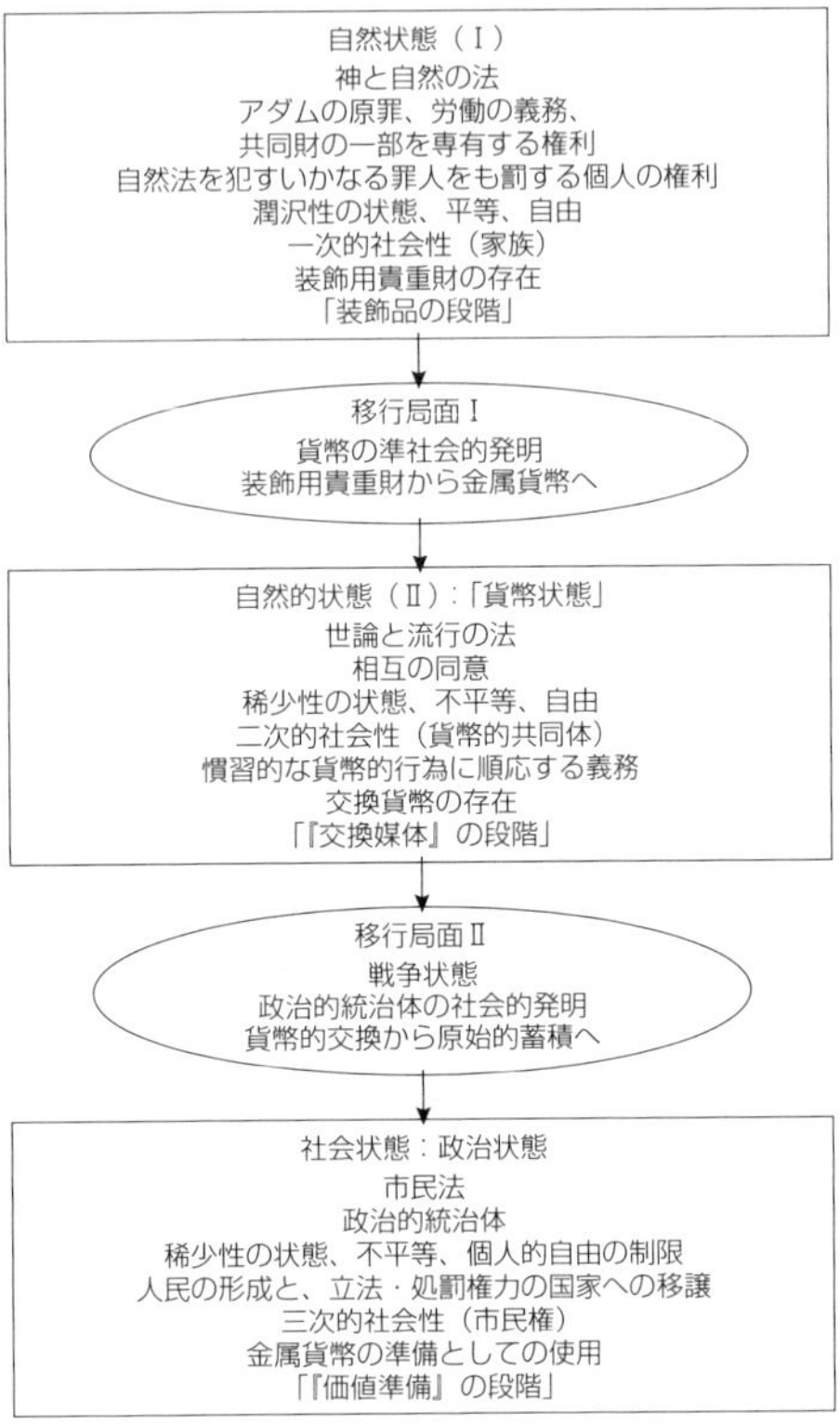

アダムの〔神に対する〕裏切りの後、人間は、神から受け継いだ身体的不死性を失った。魂は依然として不死であるが、労働によって原罪を贖わない限り、アプリオリには地獄行きが約束されている。死すべきものとなった人間は、自分の生活の糧を確保するために労働し、自身の手段によって自己を再生産するよう強制される。ピューリタンにあってはこの義務的な労働は原罪の贖いがとる形態とされるが、ロックはピューリタンであることを基本的には免れていない――一定程度は免れようとしているが〔Commons 1934b: Dumont 1977: Dunn 1991: Goyard-Fabre 1983〕。こうして、人間は、エデンの園で享受していた労働なき生活を手放した。しかし、労働することによって、人間は自己の自由を回復し、自己自身の「所有者」になる。人間は自己同一性、個性を獲得する。所有と労働の両者は互いに条件づけ合っているが、最終的に両者が指し示しているのは救済であり、救済の記号《シーニュ》を生産することの絶えざる必要性である。このことの必要性は集団の繁栄という現世的目標にもよっている。『私たちの問題はすべて、現世で取り扱われるものばかりである』（ロック）〔Garo 2000 : 33-34〕。

　人間一人一人が単子《モナド》であり、各人が楽園に戻ろうと自己隷従的に労働しているこの非社会的状態においては、万事が相対的にうまく機能する〔Caffentzis 1989 : 141〕。ここにも自然的な社会性《ソシアビリテ》は存在するが、これは、家父長制家族の限界を踏み超えることのない一次的な社会性である。ここでは家父長制家族が、人間の再生産される枠組みとなっている。潤沢な自然状態の下で、人々は互いに衝突することなしに、神から与えられた共有（財産）の一部を専有できるが、この専有は、人間の身体能力と労働生産物の非耐久性とによって制限されている。

　しかし神は労働以外のところで人間に一定の自由を与えた。また、巡回する周辺人たち（子どもや羊飼い）――この中にはアダムの息子もいる――は、金・銀・ダイヤモンドを発見・保持し、その美しさを楽しみ、それを装飾品として用いる機会があった〔Caffentzis 1989 : 137-138〕。彼らはこのことを通じてこれらの物への欲望を他の人々に広め、その結果として、これらの物が非耐久財と交換されるようになった。彼らはまた、そうすることで、より勤勉な人々の占有を拡大できるようにもした。というのも、〈浪費するべからず〉という禁忌が自然状態を支配し、この禁忌の働きによって、労働によってしか共有資源を専有できない勤勉な人々の能力は強く制限されていたが、勤勉な人々はこの禁忌の運用を柔軟化させたからである。ところで、金・銀・貝・ダイヤモンドは変質せず、したがって準－不滅である。このとき、各人は、必要を超える生産を行い、非耐久財の剰余をこれらの物と交換することができる。これらの物は、非耐久財の剰余の対価を事実上《デ・ファクト》蓄蔵できるようにするのである。

　これらの貴重物は、有用ではなく非生産的であるため、真正の価値をもたない。にもかかわらず、これらの物に関しては慣習と共通意見が形成され[26]、それにより貴重財としてのその流通が次第に拡大する傾向がある。これらの物は何よりもまず価値を保存する手段として追い求められ、そしてその専有を動機とする商品交換が発達していく。このようにして、これらの物が交換の仲介者になることもでき、そういう貨幣に媒介された商品交換が、贈与や互酬的物々交換による交換に取って代わるようになる[27]。

　そもそも、初めのうち人類は、挿話的な関係以上には、ほとんど関係を持続させることができなかった。彼らの自然的な社会性《ソシアビリテ》が家族という限界の中で表れているとき、交換は滅多に行われない［Caffentzis 1989 : 143-144］。「最初の交換は軽薄なものであった。金銀の色やダイヤモンドの煌きに魅せられた人が、非耐久財をそれらと交換したのである」［*ibid.*: 129］。しかし、このような装飾用貴重財への欲望が強くなってくると、人類は、これらの財の限界的な交易から、交換――その後活発になっていく――における貨幣としてのこれらの財の一般的な使用へと移行していった。人々は、交易の際の支払手段として、これらの財をますます多く使用していった。「ゆっくりとではあるが、金・銀・ダイヤモンドを支払一般と見なす『相互の同意』ないし『暗黙の合意』が徐々に広まった」［*ibid.*: 129］。これにより、自然状態は密かに改変され、自然的調整は危機に陥っていった。

　こうして、「貨幣状態」と呼ばれる新しい類型の自然状態が出現する（図4－2参照）。ロックによればこの新しい状態は依然として前政治的な自然状態なのだが、カフェンツィスは、この状態における貨幣の使用を考慮して、これを「『交換媒体』の段階」［*ibid.*: 148］と呼んでいる。この「貨幣状態」は「新しい論理的・社会的レベルへの到達である。その前にあったのは個人的空想《ファンシー》であるのに対して今あるのは『相互の同意』であり、自然状態では自然法が支配していたのに対して貨幣状態では『暗黙の合意』が存在する」［*ibid.*: 139］。ロックによれば、これは準－社会的な法である。なぜなら、前社会的な人間諸原子《アトム》の間の相互作用が、交換過程における貨幣の模倣的な使用を通じて一般化する傾向にあるからである［*ibid.*: 143］。つまり、ここで貨幣的交換に適用されるのは、神法でも市民法でもない。ここでの法は、ロックが「哲学的法」、「意見ないし評判の法」あるいはまた「流行の法」と呼ぶものである［*ibid.*: 145］。

> いったん金や銀が各人の空想をとらえ、それらから楽しみを得ることが共通の慣習になるならば、数多の「秘密または暗黙の合意」を通じて、〈すべての取引は金または銀の個片で実行されるべきだ〉ということが容易に「意見ないし評判の法」となることができる。このような法が発効すると、たとえ当人が合意は自分に不利だと気づいたとしても、離脱の帰結が耐え難いものである可能性がある。つまり、残留することで人は貧しくなるかもしれないが、去ることは死を意味するかもしれない。非公式《インフォーマル》システム――ここでは一回の偶然的変動が構造的原理になりうる――がもつこうした自己強化的・自動継続的・不可逆的な性質は、大いに注目に値する。ロックが、貨幣の起源をこうした非公式システムに求めていることは、必ずしも誤りではなかろう。ロックの

（自然状態における）単子《モナド》は、仲間との共通の「物神《フェティッシュ》」を発見し、それに基づいて「秘密結社」を作り出すことによって、脱皮を遂げることができる［*ibid.*: 147-148］。

つまり、既に「貨幣状態」にある場合には、こうした非公式型の法は、貨幣の使用を一般化させる上で大いに有効なのである[28]。このとき貨幣の起源は、それを使用する人々の暗黙の相互同意を表現する二重の創始的慣行に求められる。まず、われわれが貨幣の支持材として金および／または銀を選択することに合意することで、価値の保蔵が可能になる。次に、われわれが計算単位の係留《アンカー》として特定品位の銀の特定重量を選択することに合意することで、財同士の等価性規定と、交換による財の流通とが可能になる［Garo 2000：22］[29]。

この点をもって、第一の自然状態から第二の貨幣状態への移行局面は終了する。貨幣状態においては、貨幣的な支払共同体のレベルに、新たな二次的な社会性《ソシアビリテ》が出現する。しかしそれは永遠に持続するものではない。なぜなら、この状態においては、貴金属の発見によって自然状態に起きたのと同じ種類のエントロピー過程がそこには見られるだろうからだ。つまり、空想の欲望が前貨幣的な自然的秩序に最終的に打ち勝ったのと同じように、蓄積の欲望ないし本能［Caffentzis 1989：151］もまた、前政治的な貨幣的秩序の中で破壊工作をやってのけるだろう。「人口の一定部分が『自分たちの占有物を拡大させる』——もちろん他方で別の部分のそれは縮小する——につれて、蓄積の衝動がはっきりとした形を取り始める」［*ibid.*：129］。

貴金属の準‐不滅的な耐久性、および貴金属への潜在的に無限の欲望は、新しい歴史的可能性を生み出す。「しかも勤勉性の違いが人々に違った割合の占有物をもたらす傾向があったため、このような貨幣の発明は、人々に占有を拡大し続ける機会をもたらした」（ロック『統治二論』）（Caffentzis［1989：149］による引用）。

つまり、蓄積欲が際限なく増大するときには、金属に係留された貨幣——意見・流行の「倫理的」法のみによって調整される——に固有の論理は、所有権の分配や貨幣アクセスについてますます大きな不平等をもたらすことになる。というのも、貨幣状態が創始されるやいなや、金属貨幣がもつ固有の諸特性（腐敗による価値喪失なしに保存が可能）から、意見の法——自然法を超えるものではない——では調整できない原始的蓄積が始まるからである。これにより、別の種類の法すなわち市民法の発明〔創発〕が要求される。

つまり、この状況は次のことを原因としている。すなわち、

その純粋に物理的な性質から生じる金銀の二つの側面——極端なほどの耐久性がある（不滅と言ってよい）こと、それらの蓄積には内在的な限界が存在しないこと。こうした物理的な諸特性によって金銀は、神がわれわれに対して真に有用なものであるとした（絶えず腐敗損傷していく）物質や材料から区別される［*ibid.*：148］。

まず、金や銀を担保とするこうした貨幣は、準‐不滅的な耐久性——計算単位を定義する（二次的な）慣行（数量的な慣行）が維持される限りで——によって、およびその蓄積に対する制限のアプリオリな不在によって性格づけられる。そして、こうした貨幣の流通によって開かれる空間は、神が人間に自然的なものとして授けた——ロックによれば——とされる蓄積本能によって埋め尽くされる。その結果が、「不平等で不比例的な占有」をもたらす資源の原始的蓄積に他ならない。前貨幣的な自然状態においては、誰もが有産者としてあるので、財を貯えたり使用人を募集したりすることは難しく、そのため、蓄積本能は狭い限界（生産性上昇という限界）内でしか発揮されなかった。しか

し貴金属の交換貨幣への転化によって、貨幣による剰余の消化――ホッブズの用語を借りて言えば――や、腐敗しない貴金属〔財宝〕の形での剰余の保存が可能になるやいなや、こうした限界は消滅した。

　また原始的蓄積は、二つの特殊なメカニズムによって、すなわち相続のメカニズムと利子率のメカニズムによって支えられている。二つのメカニズムをうまく協調させられれば、「年月や世代を重ねるにつれ貨幣導入の蓄積効果は高まっていく」。カフェンツィスによれば、ここには、一般にはほとんど考慮されていないロック「貨幣哲学」の二つの「本質的要素」が見いだされる［*ibid.*: 153］。つまり、金銭に対する利子が存在するとき、蓄積もまた、自己永続的で自然法に反しないメカニズムとなる。

> ［……］利子が存在するとき、貨幣の蓄積と不平等な分配は――貨幣保有者側の新たな努力を伴わない――自己永続化メカニズムとなる［……］。聖書による制限があっても、ひとたび貨幣経済が「離陸し」始めると、占有物を蓄積する全く新しいやり方――原初的な所有の労働‐権原から独立したやり方――が創出される。しかしそれは全く正統的なものとされる。なぜなら、最終的にそれの起源は、貨幣使用者全員の暗黙の同意へと遡ることができるからである［*ibid.*: 156］。

これこそが、ロックの経済学著作の核心点である。ロックによれば、貨幣はその原因を人間の慣行《コンヴァンシオン》に見いだすのであって、土地のように神からの贈与に見いだすのではない。にもかかわらず、貨幣はその耐久性によって、土地と同じくらい正統的な経済的富となる。よって、利付貸付や信用の発達を利用して、人間が貨幣を蓄積しようとすることは不正ではない。土地と同様に金銭も無為であってはならず、働くべきなのだ。これについては後で立ち戻ろう。

　遺産相続についてはどうか。これは、自然状態から引き継いだ制度ではあるものの、金属貨幣の発明〔創発〕により完全に様変わりした。金属貨幣は、蓄積だけでなく財産の移転をも可能にする。〔遺産相続の〕原初的な機能は逆転を遂げた。つまり、前貨幣的な自然状態においては遺産は子孫の保護に役立っていたのに対して、いまや逆に、子孫が遺産を保全しなければならないのである。

> 子孫の機能は財産を保全することであり、その逆ではない。財産が貨幣になると、財産は、絶えず再確認されるもの、骨を折って〔労働によって〕専有されるもの、腐敗するもの、という地位を失う。財産は死を超えて生き続けるものとなり、ついには親族資本《ファミリー・キャピタル》が家族の具現化となる［*ibid.*: 159］。

こうしていまや、「親族内相続の根底には」「財産の不死性が横たわっており」［*ibid.*］、したがってまた、自己の資産の貨幣評価を介して同じだけの価値を有する所有者の不死性も横たわっている。それだから、「産児という自然的生産物が産み親たちの自我の継続であることを保証する上で」［*ibid.*: 161］、これ〔財産および所有者の不死性〕が根本的に重要になる。こうして、貨幣によって「消化される」遺産には、人格と財産との緊密な連結が見いだされる。

　したがって、たとえ蓄積が小所有者たちの平等な自然状態を破壊することになるとしても、[30] 蓄積に足枷をかけるべきではない。蓄積は、人類が同意する自然法に照らしてみても、人が地上で不滅性を手に入れることを可能にすることからしても、全くもって正統的なのである［*ibid.*: 150］。とはいえ、蓄積は、その魅力とその正統性を危うくしかねない有害な個人的・社会的影響を及ぼす。[31] つまり、一方で、貨幣の形での富の蓄積が進むにつれて、「財産の享受《ジョイサンス》が問題を孕むようになる」。

> 金銭について、〈私は自分の富をいつ享受できるのか〉という新しい問題が生じる。貨幣は財産を保全するが、専有と快《プレジール》との間に中断を導入する。この中断は何らかの「絶えざる不安と危険」で埋められる［*ibid.*: 70］。

他方で、貨幣に転化される富は、不動産ほど確実ではない。

> 貨幣は、財産を保全することを通じて、物が示す所有者や快との「自然的」同一性に終止符を打つとともに、貨幣自体の特性《ナテュール》によってその所有者が誰とでも代替可能である。というのも、貨幣は普遍的な等価物であるだけでなく、普遍的に占有可能なものでもあるからだ――泥棒は占有の時点と満足の時点との間に盗みに入るが、他の誰でも全く同じように入ることができる。要するに、貨幣は財産を腐食から守るけれども、財産をより脆いものに、「全く安全でないもの、非常に不安定なもの」にする。貨幣は財産を**自然**から保全するが、**犯罪**にさらしてしまう［*ibid.*: 70-71］。

まさにこのことの結果として、貨幣状態においては富者と貧者との、すなわち素材的富を保有・蓄積する人々とそれを奪われる人々との社会の二極化が出現する。

> 人は、金銭を用いることで、より多くの土地を所有したり、自分自身の必要を超えて生産することができる。人は、自然法を遵守し続けながら、他人と共有したくない富を準‐不滅の形態で蓄積することができる。このような状況の下で、犯罪の物質的支持材と貨幣の物質的支持材とが衝突する。貨幣の存在は、野心家や勤勉家に対して、富の即時的消費を先延ばししてそれを蓄積するためにするよう刺激する。しかし貨幣はまた、悪事や犯罪に走る傾向がある人々に対して、短期的行動の中で最終的な解決（現にある苦に対する解決、または彼らに不在の快を充足させる解決）を見いだすよう刺激する。［……］さらに、金銭の登場とともに、当然にも、窃盗の対象そのものが特殊的なものから一般的なものへと転化した。［……］金銭は、あらゆる物に対応するので、あらゆる可能な快への手がかりとして、それゆえ数多の欲望に対する解決として現れる。［……］（こうして）決定的に重要なのは、金銭の発明が蓄積と稀少性とへの、富者と無産者とへの新たな社会の二極化を生み出したということである。［……］稀少性と蓄積にともない、富者と貧者との分割が現れる［……］［*ibid.*: 65-66］。

貨幣状態は犯罪を駆り立て、その結果、犯罪の形態や犯罪者の人数が増える。貨幣なき自然状態においては、家父長制的な諸構造があったし、自然法が共有資源の専有的蓄積や人口増加に対して制限を課していたので、労働を断固として拒否するような「悪人」でもない限り、持続的に犯罪者になりうる人はほとんどいなかった。他人の領域を侵す理由がほとんどなかったのである。

自然法は、それに耳を傾けようとしさえすれば、教えを垂れてくれる（§6）。それを破る人はその行為によって、「理性と一般的衡平との規則以外の規則によって生きることを」宣言しているのであり、そうして「人類にとって危険な存在」［邦訳 300-301］になる（§8）。自然法を破る人は「堕落したものとなり、破ることで、人間本性の原理を捨てて有害な被造物となったことを自ら宣言することになる」［邦訳 302］（§10）。論文の第二章で提示される自然状態の全体像は、自然法を遵守する一国民――少数の自然的な犯罪者を含む――の全体像となっている。ロックは、自然状態にあって自然法を破る人を描写するのにも、犯罪者の単語を用いている（§8）（[Macpherson 1954: 14]、§の数字は『統治二論』の第二論文のもの）。

つまり、貨幣という制度が存在する前は、犯罪者は少数にとどまり、自然的秩序を真に攪乱することはなかった。貨幣が存在する自然状態においては、全く事情は変わり、処分可能な共有資源の制約が強まることによって、各人が他人に与える損害が大きくなる。土地とその果実を――自然法を遵守しつつ――取得する機会が小さくなるので、他人の所有権を侵す犯罪が増加せざるをえなくなる。また、生産が増加するときには、人口も増加し、その結果、労働によって専有される共有資源の不足が強まり、その分だけ労働の社会的価値は低下する。これにより、土地をもたない住民の間に無為の罪が広がり、無為の罪が大衆現象とならざるをえなくなる。さらに、貨幣という制度によって可能になる富の無際限の蓄積は、自然状態の道徳コードを攪乱し、富者たちの間に悪徳・強欲・放蕩・浪費をはびこらせた。その結果、自然法に違反する新しいカテゴリーの犯罪だけでなく、硬貨の削り取りや贋金の発行のような貨幣そのものを阻害する新しいカテゴリーの犯罪も発達した。自然状態は、

「きわめて不安定であり不確実〔になった〕」。〔……〕そこでは個人の諸権利の享受が「きわめて不確実であり、絶えず他者による権利侵害にさらされている」、したがってそこは「恐怖と絶えざる危険とに満ちている」。このような危険が発生するのは、もっぱら「大部分の者が公正と正義との厳格な遵守者ではない」〔邦訳 441〕（§123）ためである。この説明によれば、自然状態を暮らしにくくするものは、少数の人の不道徳ではなく、理性の法に背く傾向にある人の「割合の上昇」である〔*ibid.*〕

つまり、貨幣状態は犯罪を促すことによって、準ホッブズ的な種類の「戦争状態」を引き起こし、それを強める傾向がある。[32] したがって、貨幣状態における理性的な人々は、政治的統治体〔市民政府〕を作ることによって状態を変更しようとするようになる。

〔……〕自然状態においては、通常、下された判決を支持して後ろ盾となり、それを執行する権力が不在である。何らかの罪を犯すような人々は、可能とあれば、何よりもまず、実力を行使して自らの不正を正当化しようとするであろう。だから、彼らが行う抵抗は、多くの場合、処罰を下すことを危険なものとし、処罰を下そうとする人々に破滅的な事態をもたらすことになる。（§126）〔……〕（自然状態においては）各人が他の人々の犯罪を処罰する権力をもつが、この権力が不規則かつ無定見に行使されることによって〔……〕（人々は）困難にさらさ（れる）ので、統治体《グヴェルヌマン》が公布する法律に避難所と固有権の保全を求めざるをえなくなる。このこと――まさにこのこと――によって、各人は、その処罰権力をすすんで放棄するよう、処罰権力を行使する任務を負うべく選出された者にその行使を委ねるよう、そして共同体または共同体によって権威を付与された人々が合意した規則に従うよう、仕向けられる。ここには、立法権力および執行権力との本来の権利と起源だけでなく、社会や統治体とのそもそもの権利と起源も見いだされる（§127）〔Locke 1992（1690）: 237-238; 邦訳 443-444〕、傍点はロックによる強調）。

さらに、

〔……〕この過程は、いったん開始されると、後戻りができない。個々の占有が不均衡に拡大すると慢性的な戦争状態が引き起こされるため、自らの財産を保護・保全することに利益を見いだす

人々の間で協定《コンパクト》を結ぶことが必要となってくる［Caffentzis 1989: 162-163］。（こうして）［……］永続的な統治体は、社会内部の永続的な「戦争状態」の産物なのである。より正確に言えば、われわれは貨幣状態における戦争を回避するために、契約社会を創出する。この「戦争状態」が犯罪《クライム》であるのは、それが財産・生命・自由の盗みであるからだ。だとすれば、これ〔契約社会の創出〕は、たとえ犯罪者が盗むものが馬や外套でしかないとしても、政治的統治体と――統治体の根本をなす法を実力行使によって犯す――犯罪者との間の死を賭した闘いなのである［*ibid.*: 65-69］。よってロックのテキストは、政治社会の出現について、犯罪と貨幣という二つの独立した原因を挙げている。このうち「腐敗や堕落した人間の不品行」、自然法に反する犯罪は効果因、**貨幣**は最終因である。よって、**統治体**およびその諸機能の創設について理解するうえで、犯罪と貨幣に関するロックの理論が不可欠なのである。というのも、国家の創設を要求するのは犯罪の存在なのだが、犯罪の存在は貨幣的交換の存在を前提しているからである。そうした前提がなければ、言わば、犯罪は引き合わない［*ibid.*: 56］。

カフェンツィスによれば、以上のことから、「**貨幣**が実は政治的統治体の**母**である」［*ibid.*: 163］。一方で、犯罪者すなわち「堕落した」「有害な被造物」がその「**父**」である［*ibid.*: 70］と言える。というのも、「われわれはもう契約以前的な自然状態には戻れない(33)」［*ibid.*: 70］からである。

したがって「財宝」としての貨幣は、犯罪との間に、子を儲ける弁証法的対立の関係を取り結んでいるのである。これはエディプス・コンプレックス型の婚姻関係――父は母の息子である――であり、その子すなわちその所産が政治的統治体である。

蓄財する有産者（危険な存在であり金銭がなく貧困であり犯罪には走るが、組織されていない群衆《ミュルティテュード》に対置される）の集合体としていまや存在するものの内部で、多数合意によって統治体が創出される。このような統治体という制度をもって、われわれは「貨幣状態」を抜け出し「政治状態」へと移行する。カフェンツィスは「政治状態」を、貨幣の面から「価値貯蔵の段階」として規定している。

この新しい状態、言わば社会的な状態においては、国家が、自然状態において人が手にしていた二種類の権力、すなわち自分と他人を保全する権力と、自然法を破る犯罪を処罰する権力とを、集中し独占する。

> ［……］、自然状態において、人は、他愛もない楽しみを味わう自由のほかに、二つの権力をもっている。第一は、自然法が許容する範囲内で、何であれ、自分および他人の保全のために適当だと思うことをする権力である。すべての人に共通のこの自然法によって、彼および他の人は一つの共同体を形成するし、その他の被造物からは区別される一つの社会を作っている［……］。自然状態において人間がもつ第二の権力は、自然法を破った犯罪を処罰する権力にほかならない。ところが、人は特定の政治社会に加わる際に、すなわち人類の他の部分から区別される政治的共同体に編入する際、以上二つの権力を放棄する（§128）［Locke 1992 (1690): 238-239: 邦訳 444-445］。

図4-3では、カフェンツィスに従い、この二つの権力をそれぞれ立法《レジスラトゥール》権力および処罰《サンクシオナトゥール》権力と呼び、両者を政治的統治体のそれぞれ母と父とに関連づけている。というのも、前者の場合、貨幣によって、および少数者の手への富の蓄積によって引き起こされる諸問

題を解決することで、貨幣を永続化させようとしており、後者の場合、**犯罪**の問題を解決しようとしているからだ。実はロックによれば、処罰権力は明らかに立法権力の前提条件であり、犯罪は政治的統治体の直接的起源であるのに対して貨幣はその間接的原因でしかない。政治的統治体が創設されるときに中心となる問題は、犯罪に関連する社会的紛争の問題であり、社会において貨幣が演じる役割に関連する社会的紛争は副次的な問題でしかない。しかし結局は、後者の紛争を調整することが国家の最終目的である。なぜなら、貨幣は社会的問題としての犯罪の原因であるし、抑圧力の行使だけでは政治社会を永続化させることはできないだろうからだ。

　したがって、ロックが政治状態の根拠をなすものとしていた中心的紛争とは、土地および蓄蔵貨幣の所有者である人民と「自己自身の所有者」である群衆との対立によるものであった。後者の人々は、象徴的に上位の価値をもつ二つの物的資源〔土地および貨幣〕を剝奪されているので、他人のために働くことを拒否し、**犯罪**に走ること（すなわち定職なき貧困者、物乞い、失業者、泥棒、放蕩者、けんか好き等であること）のほうを好む。処罰権力（犯罪者を処罰する集権的権力）の主要な任務は、この紛争を「文明化」すること、すなわち財産を保護することによって万人の生命を保障することにある。交易植民委員会委員のロックは一六九七年にこの権力〔処罰権力〕の助言者として、「貧困についての報告」を著し、その中で、処罰権力が取るべき抑圧・教育の諸措置、私的慈善の運営について詳らかにしている(34)。

図4-3　ロックにおける貨幣と政治

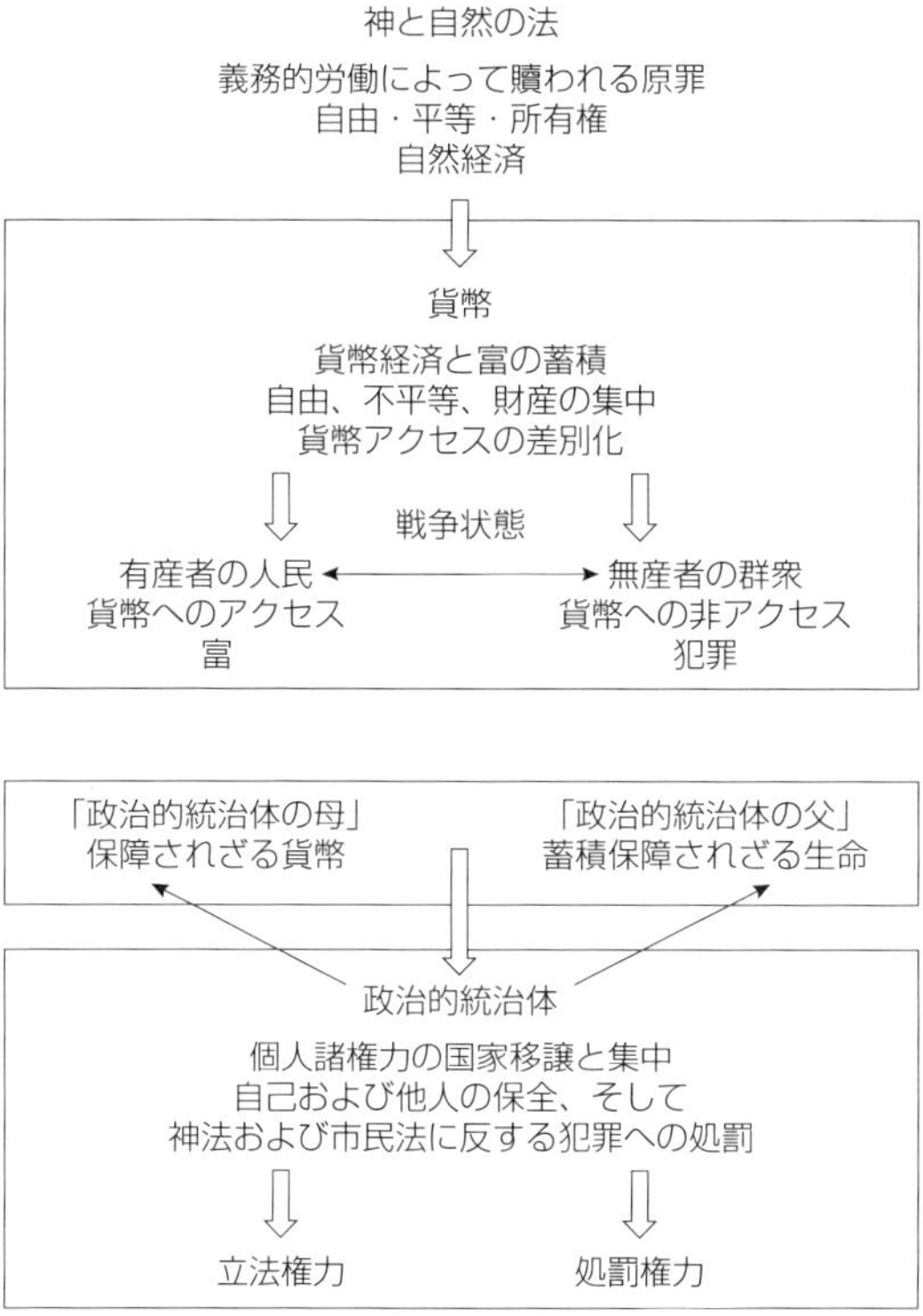

（注）この図式において，所有者および非所有者という用語は，耐久的な有形財――土地や貨幣ストック（財宝）を所有しているかどうかを表すものであり，当人の個性や自由の所有を表すものではない．

　ともあれ、明らかにロックは、処罰権力が直接に関係する二つの大きな犯罪者カテゴリーが存在すると考えていた。自然法を破る犯罪者、貨幣という相互的慣行に背く犯罪者がそれだ。前者は、道徳的な労働義務に自己服従するのを拒否することとして、したがって有産者的秩序およびそれと結びついた富の蓄積過程の自然的‐宗教的根拠を認めないこととして定義される。だから、「支援に値しない貧者たち」には、無理やりに仕事に就かせ、反抗した場合は身体罰を加え烙印を押すべきだということになる。にもかかわらず、彼らの罪は死刑相当とはされない。なぜなら、彼らは教育の不足に苦しめられているのであり、教育を受ければ生存ぎりぎりの生活を維持できるからだ〔Dang 1994〕(35)。後者には、偽造者（counterfeiters）や貨幣の削り屋（clippers）がいる。削り屋たちは、貨幣の実体の安定を揺るがすことを通じて、貨幣慣行（これに基づき財産は相互の同意によって再編されてきた）の安定も揺るがす。偽造者たちは最も危険な存在である。彼らは、まさしく政治社会の根拠そのものに攻撃を加え、国家の信用にとっての脅威となるからだ。彼らの犯罪は死刑相当である。彼らの犯罪は大逆罪および国家反逆罪であり、よって彼らには死刑がふさわしい、とされる［Caffentzis 1989; Wennerlind 2004 ; 2011a; Desmedt et Blanc 2010］。

犯罪者の種別についてのこうした二元性は、『人間知性論』［……］第2巻第21章「力能について」に示されたロックの**犯罪**論において詳述されている［Caffentzis 1989 : 61］。ロックはそこで次のような考えを提示している。

> 犯罪の本質は軽率な判断にある。ここで軽率な判断とは、近い将来にわたって当面の快または当面の苦痛軽減を、およびよりよい善を、選択することである。よって現在／未来の弁証法は犯罪の原因であり、かつ刑罰を正当化するものである。［……］ロックによれば、犯罪には二つの大きな原因、すなわち「身体的苦」と「誤った判断」がある。この種の区別は、犯罪をめぐる論議を通して、現代まで影響を及ぼしている。「外的」「環境的」原因は、「欠乏とか病気とか拷問のような外部からの危害とかなどによる身体的苦」［邦訳（二）: 198］として定義される。「内的」「心理学的」原因は次のように説明される――「私たちは、現在の快苦を将来の快苦と比較するとき……しばしば、快苦の尺度をいろいろ違う距離の位置に取って、快苦の誤った判断をするのである」［*ibid.* : 206］。こうして［……］ロックは［……］犯罪および悪の責任を、主に「私たちの心の弱く狭い構造」［*ibid.* : 208］に求める。［……］こうして、「人々の堕落と背徳」に関するロックの概念は、本質的に、自制を欠いた時間的近視眼、判断を停止して自己自身を再教育する能力の欠如、というものである。ここで再教育とは、われわれの幸福を導くことをも快にすることである。**衝動的**、**直観的**、そして**不合理**に、犯罪者は自分の犯罪を選択している［*ibid.* : 62-64］。

金銭の存在によって、貧者は、現にある苦の状態に対する決定的解決を窃盗に見いだすよう駆り立てられる可能性があるけれども、貧者の犯罪性は第二の「誤った判断」や「時間的近視眼」によるものではなく、明らかに、第一の原因（「身体的苦痛」）によるものである。これに対して、広義の通貨偽造はロックにおいては「意味論的犯罪」ということになる――カフェンツィスによれば――が、こちらの犯罪者は、第二のカテゴリーである「誤った判断」「時間的近視眼」から、貨幣の主権――自然状態の下で作り上げられた一般意思の表現――の土台への直接的な攻撃を選択したのである。

さて、以上のように犯罪者の二種類が指摘されるだけでなく、ロックの政治経済論集の多くの章節からは、彼がかなり広い犯罪観をもっていたことも伺える。例えばロックは、あまり「カテゴリー的」ではないのだが、地主・銀行家・商人の側にも犯罪者がいることを示唆している。明らかに、硬貨の偽造者や削り屋は、貧者・労働者・物乞い・小泥棒の中からのみ出てくるわけではない。また、彼ら〔偽造者、削り屋〕の犯罪が大逆罪となるのは、彼らが有産者の地位にある人々にもいるからではないだろうか。さらにロックは、土地貴族の「費用のかかる虚栄」や無為で放蕩な地主の浪費を強く非難している。地主たちは、地代を奢侈財へと衒示的に支出しており、その目的のために、自分の領地の管理を改善するよりむしろ借金に走っている、というわけである。(36)

要するに、

ロックのモデルにおいては、資本家的中産階級の原型的な諸活動は承認されてしかるべきとされるが、その一方で、彼が貨幣経済の強欲と奢侈とを強く非難し（§111）、貨幣は背徳と紛争を助長する強欲の原因でもある（§18）としていることにも注目すべきだ。確実なのは、ロックが、専有（特に動産資本のそれ）の成功それ自体を理性的・道徳的な行動の一定の標《しるし》であるとは主張しなかったことである。［……］また、ロックにおいては、低い社会的地位ないし貧困と、道徳ないし理性の欠如とが直接に結びつけられていた、とするのは誤りである。ロックは、怠惰な貧者が危険・非理性的であり厳しい監視を必要とするとは言った。しかし、「堕落した」「怠惰な」貴族に対する彼の憎悪に示されるように、彼は、貧者すべてがあるいは貧者のみが怠惰であるとも、怠惰な者がすべて貧しいとも主張しなかった［Hundert 1977：39］。

図4－4　ロックにおける犯罪者の諸類型

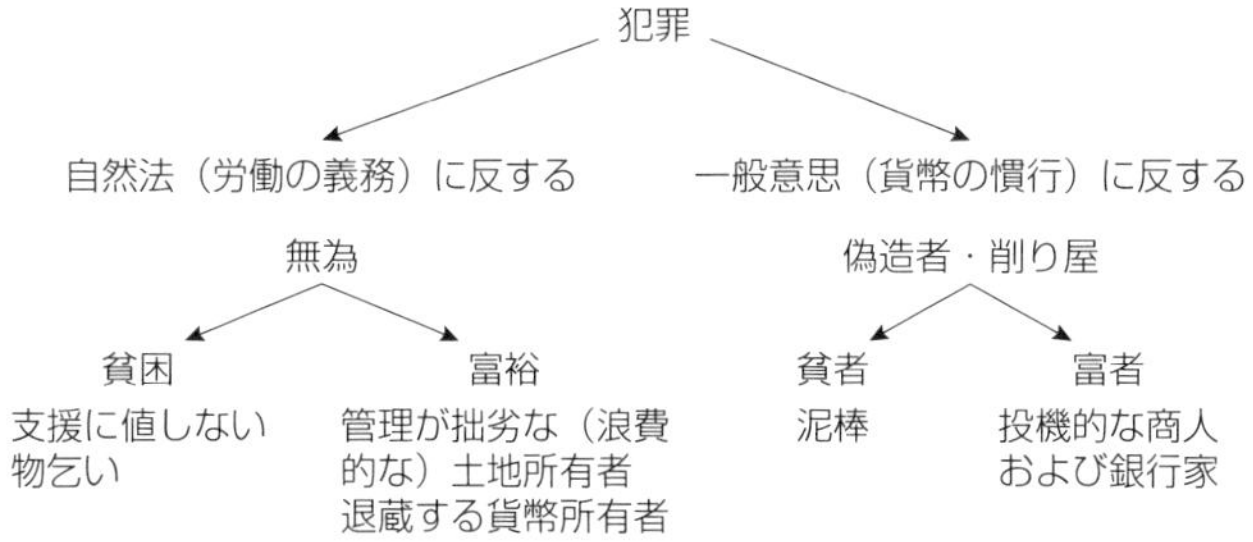

引用にあるような土地貴族は、二重の刑罰を受けるべきでもあるとされる。というのも彼らは、一方で、その無為によって自然法を破っていたし、他方で、拙劣な領地管理によって政治的平和にも反していたからである。貧困化した労働者（使用人《サーヴァント》）たちが反乱を起こすという社会的リスクが生み出されていた[37]。

　最後にロックはまた、貴金属を輸出するために正貨の溶解や削り取りを行うことで、イギリスの国益を見捨てようとした欲深い銀行家や金銀細工師を非難するとともに、貨幣を退蔵することによって貨幣不足を作り出した守銭奴をも非難している[38]。潜在的な投機家である商人にも、同じく不信の目が向けられている。以上を踏まえて、犯罪の性質と犯罪者の社会的状況とを重ね見ることにより、犯罪行動に関するロックの見方を、四つの大きなカテゴリーに類型化することができる（図4‐4[39]）。

　しかしロックは、著作においても実践においても、土地と正貨を保有し政治権力のすべてまたは一部を握っている上層の犯罪者と、こうした「資産」へのアクセスを一切排除されている下層の犯罪者とを同列に扱うことができなかった。ロックは、後者のうち無為な貧者や小規模な削り屋・贋金製造者に対しては、統治体にその「処罰権力」を行使するよう要求したが、前者については、同じことを公然と要求することができなかった。無為の富者や正貨操作者の犯罪行動の矯正については、彼らの勢力、彼らの政治組織、彼らの政治的統治体への参加に配慮して、例外的にしか、処罰権力や物理的な強制形態の直接行使に訴えようとはしなかったのである。ロックは、トーリー派に対立するホイッグ派として、政治的共同体《コモンウェルス》の保全や政治的統治体の永続化という名目で立法権力を動員して、国家の内部でイデオロギー的・政治的闘争を推し進めることによってしか、金持ちの犯罪と闘うことができなかった。

　ロックによれば、国の商業的発展は社会・政治の安定のための本質的条件であり、これを阻害しないようにすべく動員しうるのは、議会によって確立される立法権力だけである。そのやり方を詳しく説明することが、貨幣論集においてロックが通貨改革・金融政策を提案・弁護した目的であった。ロックによれば、いわゆる政治的審級としての立法権力の目標は、自然法と原初的《オリジネール》な貨幣慣行によって課せられる長期的な要求（個人財産およびコモンウェルスの保全）を満たすように、通貨創出《モネヤージュ》を規制し貨幣使用《ユザージュ》を調整することにある。

（2）通貨創出および貨幣使用の調整
——政治的統治体の内部における立法権力の最終目的：貨幣の医者ロック——

ロックは、コモンウェルスによりも個人的経済利害のほうに多く気を配っている「堕落した」富者たち——浪費的な土地貴族であれ、シティの金銀細工師その他の銀行家‐商人であれ——に敵意を抱いていたにもかかわらず、政治的理由から、彼らと妥協して、彼らには処罰権力によるいかなる直接的抑圧も免除せざるをえなかった。彼は、右のような振る舞いを立法権力によって制限すべく、イデオロギー的・政治的に闘うことに甘んじなければならなかった。彼の経済学的著作に示されるこうした一種の退歩を理解[40]し、それを彼の政治的著作と整合的なものにするには、ロックの伝記の中であまり考慮されていない要素を、すなわちその政治的・哲学的・経済学的著作によって有名になる前にロックが生活の大半を医学の研究・実践に費やしていたことを考慮しなければならない。

本章では、このようなロックの身上に関わる側面や、それが彼の著作全体に与えた影響について紙幅を割くことができない。そこで以下では、コールマン［Coleman 2000］とカフェンツィス［Caffentzis 2003］（コラム参照）に従いながら、ロックの医学思想が、一方で公益の存在を忘れたエリートたちの犯罪的振る舞いに関して、ロックに課されていた政治的制約を合理化すること——必要を徳性とする〔必要とあればどんな辛いことでも進んでする〕ことで——を可能にし、他方で貨幣に関する権威ある専門家の立場——すなわち今日に言う貨幣の医者《マネー・ドクター》の立場——をとることを可能にした、ということだけを強調しておきたい。

◆コラム　ロック
——人間の魂と身体の医師の立場から、貨幣の医者の立場へ——

コールマン［Coleman 2000］が指摘するように、「ロックは彼のキャリアの過半以上を医学に捧げた」［*ibid.*: 715］のであり、このことによって、貨幣論集である『若干の考察』と『再考察』がそれぞれ五九歳・六三歳のときに公表されたことが説明される。経済問題を扱った著作を公表するまでに、（彼は）数十年間、医学を研究していた。ロックは医学士にして「傑出した」開業医でもあり［……］生涯にわたって医学への関心をもち続けた」［*ibid.*: 713–714］。一六六七年に彼はシャフツベリ伯爵の個人医となり、彼が患者に移植した精巧な人工的装置は、権力の道を開いただけでなく、内科医としての彼の名声も確立した」［Caffentzis 2003: 204］。つまりシャフツベリに仕えたことで、「彼の医学キャリアの新しい章［……］」が始まった。「ロンドンで彼は、著名な異端の医師トマス・シデナム（Thomas Sydenham）の友人もしくは仲間になった」［Coleman 2000: 714］。シデナムはヒポクラテス学説の革新の旗手であったが、その学説〔新ヒポクラテス説〕の核は二つの要素からなっていた。すなわち一方には、「人体とは、物質が流入・流出する一つの物である」という「体液モデル」［*ibid.*: 717］があり、他方には、「自然は至高の医師であり「健康と病の両方を活性化する主権的力能」であるから「医者は自然を支配するよりむしろ自然に協力することに努めるべきである」［*ibid.*: 717–718］という考察があった。にもかかわらず、コールマン［Coleman 2000］

とカフェンツィス［Caffentzis 2003］によれば、新ヒポクラテス説のこの二つの構成要素は、ロックの政治社会哲学に対してあまり重要な影響を与えなかった。

　というのも、コールマン［Coleman 2000］によれば、「市場過程に関するロックのモデルと人体の体液モデルとの間には漠然とした類似しかない」と考えられるからである。「ロックが市場過程に関する自らの見解を表現するのにヒポクラテスの体液理論を用いた、という推測は妥当だろうか。おそらく妥当だろう。しかしこのことがロックにとって重要であったはずはない。なぜなら、ロックは四体液説に『囚われている』人々を嘲笑していたからだ」［*ibid.*：717］。コールマンはまた、「ロックによる市場過程の尊重と、政府介入の一定の形態に対する彼の軽蔑は、自己充足的自然というヒポクラテスの自然観によって促されたものかもしれない、という推測は尤もらしい」［*ibid.*：720］が、『**世界の霊**』としての自然というヒポクラテス（およびシデナム）の自然観はロックによって**空想的な医術法**の一部と見なされているのではないかわれわれは疑ってよい」とも主張している。「おそらく、ロックが称賛したのは、いつもシデナムの経験主義であったのであり、シデナム宇宙論のヒポクラテス的傾向ではなかった」、というのも「ロックはヒポクラテスの自然治癒力に対して明示的に忠誠を表明していないからである」［*ibid.*：721］。最後にコールマンは、ロックの医学的著作と経済学的著作との関係を、前者の後者に対する隠喩的影響という形でのつながりに見いだすのではなく、ロックのピューリタン的な功利主義の共通の果実と見ることが望ましいとしている（注11参照）。要するにコールマンによれば、「ロックの医学研究と経済思想はどちらも共通の源泉から」、すなわち「彼の医学研究と経済学研究の両方を駆り立てる価値システム〔価値体系〕から刺激を受けている」。「ロックは、健康・裕福・賢明であろうとする人間を手助けしようとした。医学と経済学の両方に対するロックの関心の根底にあるのは、このような価値システムである」［*ibid.*：729］。

　次にカフェンツィス［Caffentzis 2003］がどう言っているかだが、彼は、ロックが「貨幣と医学の間の領域で厳密な研究を行う用意があった」［*ibid.*：204］としたうえで、コールマンに従って、「ロックが経済学著作の中で医学による隠喩や類推を用いるときには〔……〕きわめて注意深かった」ことに注意を向けている。「〔…〕実際には、ロックは彼の著作すべてにおいてわずかにしか、例外的にしか隠喩を用いなかった」［*ibid.*：228］。カフェンツィスによれば、むしろロックは「医学と経済思想の間の概念的交流に対する最初の寄与者の」一人だったのであり、もはや医学的隠喩を修辞的に使用するのではなく、「種々の経済戦略を構想するのに医学的知識を直接に利用」［*ibid.*：204］した。「一七世紀末から一八世紀初めにかけて、社会的再生産を理解・計画する上で何百万人もの経済主体の思考・意志・身体がきわめて重要であることが明らかになるにつれ、思考・意志・身体の何らかの『病』の広まりが、直ちに深刻な経済危機につながりうるようになった。例えば、奢侈品の消費が経済生活の必須の要素になるにつれ、そのような消費によって引き起こされる『痛風、結石、癌、発熱、ヒステリー、間欠性精神病、狂乱』〔……〕が直接的な経済的インパクトを与えうるようになった……〔……〕内科医は、経済の崩壊を診断し治療するために個人の病気についての知識を急速に増やしていき、そうすることで経済を『医学化《メディカライズ》〔医学的に分析・処理〕し』、その〔経済の〕権力の分け前に預る権利を正当化することができた」［*ibid.*：208］。カフェンツィスによれば、このことが可能になったのは、医学と政治経済学の間に共通の新しい特徴が出現したから、すなわち「医学と貨幣の両方において想像力《イマジネーション》の重要性が高まったから」［*ibid.*］である。

　したがって、ロックに関するコールマンとカフェンツィスの分析は収斂しており、両者とも、ロックは諸個人の身体的・精神的健康に配慮するのと全く同じように、コモンウェルスの健康（獲得するには労働する必要がある健康）にも配慮していたとしている。

　ロックの言説が「堕落した」ないし「道を踏み外した」エリートたちに向けて発せられていることについて言うと、このような〔言説〕適用は「医学に関するロックの最も重要な革新の一つ」、すなわち「精神病《フォリ》の原因を情念《パシオン》に帰すことの拒否〔……〕」［Caffentzis 2003：208］

によって合理化される形になっているようだ。

> このことは、精神病の歴史における大きな移行、すなわち理性 vs 情念の軸から想像力《イマジネーション》と空想《ファンシー》の領域への移行をなし遂げるものである。精神病の原因は、情念による理性の抑圧にあるのではなく、ロックによれば、推論能力への不適切なインプットにある［*ibid.*: 209］[41]。

　このことからロックは、コモンウェルスの基礎資源——土地と銀——を浪費し減少させることによって自然法および／または父祖伝来の貨幣慣行に違反する土地所有者と貨幣所有者は、結局のところ、貧者が同じことをするときのように不合理な犯罪者なのではなく、精神病——想像力《イマジナシオン》の病——であると考えた。彼らが自らの「誤った判断」および「時間的近視眼」に基づいて犯罪行動をとるとすれば、それは、彼らが合理的でないとか、複雑な思考ができないとかのためではなく、精神錯乱《フォリ》に支配されているためなのである。彼らの行動障害、彼らの「法外さ」、彼らの投機は、虚偽の諸観念・諸原則の連合から出発して推論を行っていることによって説明される。よって、彼らは自らの犯罪行為に対して全く責任がなく、彼らを情念に隷従する犯罪者として処罰権力の対象にすることはできない[42]。その代わり、彼らは、真の諸原則および正しい観念連合——これらのものに法の力を与えることによって肯定するのは立法権力の役割である——の上に自らの推論を組み立て直すよう、適切な救済を受けるべきである。

　次に、ロックが常に「説明だけでなく治療にも力を入れて」医学を実践してきたことを踏まえ、彼を「貨幣の医者」として位置づけておきたい。彼の精神病治療は、「精神錯乱の元となっている虚偽の『接続』の代わりに諸観念間の『自然な対応および接続』を何度も患者に繰り返させることによって、患者の精神を『縛りつける』というものである」［*ibid.*: 215］。

　この種の治療は経済行動に容易に転用できるものであったが、それというのも、

> 一七世紀末から一八世紀初めにかけての想像力に関する医学の急速な発展が、この時期の貨幣の領域における（特に非金属の通貨手段の使用に関する）実質的変化と対をなしていたからこそである。後者の変化により、想像力（および空想力《ファンテジ》のようなその類似物）が政治経済学の中心的能力とされるようになった［*ibid.*: 209］。
>
> 貨幣は（さらに）その根底において、精神と同じくらい、想像力の働きに開かれたのではないか。したがって、貨幣は、商業と欲望の世界において常に、途方もない空想の飛躍によって、そしてその他の任意で不適合で虚偽の諸観念との接続によって捕らわれる恐れがあるのではないか［*ibid.*: 215］。

こうして、

> 想像力の病に対する新しい治療法によって、経済の「医療化」と特殊な貨幣戦略の適用とが正統化されるようになり、（そして）ひとたび想像力の病に対する一連の治療法が覇権を握ってしまうとき、そうした治療法が同時に政治体へも拡張していくことは避け難いのである［*ibid.*］。

したがって、ロックが貨幣を貴金属のそれ自体として魅力的で望ましい特徴——貴金属の特性である光沢や不変性[43]——と密接に結びつけることにより、貨幣を人間想像力の表れとして、また「人間の寛容《コンプレアンシオン》と同じくらい不安定な構築物」［*ibid.*: 217］として概念化したことからすれば、医師ロックが貨幣の医者を自認したことは極めて

自然であったし、「貨幣の病に対する彼の処方箋が、個人の精神錯乱《フォリ》に対して彼が推奨した治療法と類似していたことも驚きではない」[*ibid.*: 215]。したがってまた、彼の観点からすれば、常に貨幣的な起源をもつ諸々の経済危機は、一定の支配的な経済諸主体における精神錯乱の危機――彼らの犯罪行為の原因――と同一視されるものだった。

　実践においてロックは、貨幣の医者として当時の経済論争に参加しており、当時最も論議の的となっていた二つの貨幣問題に取り組んだ。一つは、貸付金銭の利子率に関する問題、もう一つは、銀の金属重量による通貨係留〔通貨アンカー〕の安定性に関する問題であった。前者〔の問題〕に関してロックは、国王の助言者としての自らの関与を立法権力の範囲内に位置づけていた。立法権力は、十分に確立していると想定される一定の経済諸主体の犯罪的な精神錯乱に対処しなければならない、とされた。ロックがその発展を支援していた重商主義的な商業‐農業的経済は永続的な危機傾向にあったが、その原因は、そうした精神錯乱にあるとされた。後者〔の問題〕に関してロックは、経済諸主体の一般的な精神錯乱によるより偶発的な問題、すなわち流通硬貨の偽造や削り取り〔縁削り〕が増え、ついに正貨を全面的に改鋳しなければならなくなるという問題に直面していた。この問題には、精神錯乱に取り巻かれて倒壊した立法権力そのものの再建も含まれていた。彼は一方で、立派に鋳造されたのに、自然法に背く行為の犠牲になった貨幣については、その使用を規制するよう提案した。他方で彼は、政治的統治体を創始した原初的《オリジネール》慣行に貨幣を係留し直すことによって、貨幣の主権を再建しようとした。結局ロックは、親しい同僚医師の新ヒポクラテス主義に合致して[44]、まず第一の案件では、需要供給法則の自生的で自然的な作用――ただしこの作用は立法権力による一定のルール設定の支えを必要とする――を特権化した。第二の案件では逆に彼は、放任された経済の作用によって起こった精神錯乱の猛威に対処すべく、「ショック療法」を推奨した。

　ロックが最も饒舌に語ったのは、通貨危機のこの第二形態についてであった。彼の二つの主要な経済的著作はこれを中心に論じたものであり、通貨危機脱出のための選択に際して重要な政治的役割を果たした。というのも、ここで問題になっているのは、ロック自身もその一主要因であった**政治大革命**の後に起こった大きな通貨危機だからである。明らかにこの通貨危機は、イギリス社会の貨幣的基礎を根本から再構築することを要求していた。ロックによれば、当時は商品取引全体の七〇％以上が明らかに虚偽の観念〔流通するシリング貨がすべて銀の同一の量（および質）を含んでいるという幻想〕に基づいて行われていた[45]。だから、この通貨危機は一般的な貨幣的精神錯乱の極端な発現なのだった。要するに「イギリスの通貨システムは徐々に一種の集団的精神錯乱に陥っていった」。確かにこの精神錯乱は非理性的な犯罪者によって先導されたが、王国財務府も、削損硬貨〔縁削りされた硬貨〕を国庫に受け入れることによってこれに関与したし、地主や銀行家‐商人もこのような実践を模倣した。その結果、良貨と悪貨との差は完全に消滅した。こうして、混同、不確実性、信頼の濫用が全面化し、すべての交換者《エシャンジスト》の精神に浸透していったため、普遍的等価物が支配すべきであったところに普遍的カオスが生み出された」[Caffentzis 2003 : 218]。

　ここから脱出し、コモンウェルスの健康と合致する貨幣的秩序を回復させるべく、ロックは、当時の大方の経済学者や金融業者〔の意見〕に反して、カフェンツィスが適切にも「ロックの精神病治療戦略の直接的適用」と呼ぶ解決――すなわち精神錯乱に現実原則（ここでは金属重量）を対置すること――を推奨した。ロックいわく、

　つまり、長きにわたる摩損貶質硬貨の経験により、イギリス人は、

曇りなき、明瞭な、現実的な、適合的なそして真正な貨幣観念をもつために必要な感覚を、失ってしまっていた。

ロックはこう論じている、

尺度そのものが失われているときに、物品の価格と価値が混同され不確実になることは、全く不思議ではない。というのも、われわれの間で法定銀貨が流通しておらず、現在ある不確実な削損貨幣によっては、物品の価値と価格について正しく語り判断することはできないからだ。法定の正規硬貨――不変の鋳造基準に調節され固着しているもの――を参照しなければ、物品の価値や価格について正しく語り判断することはできない［……］。

また、

ロックは、造幣局が公衆から削損硬貨を重量で回収し、同じ重量の新しい硬貨を公衆に返すべきである、そうすればクラウン貨とシリング貨は旧来の銀純分を維持できよう、と提案した。実際これは一種の「ショック療法」であろう。その意図は、銀の観念に特定の重量・純度の観念を、さらには普遍的交換の観念を連合させることによって、各貨幣取扱業者に「自然的な**対応**と**接続**」を提供することにあった。新たに鋳造されるあらゆる硬貨は、本来的な貨幣使用の中で、精神病の公衆を再訓練する治療装置になるとされた［*ibid.*: 218］。

実はロックが考えていたのは、大昔の貨幣慣行を再確認することによって、かつ、重量保証のために銀正貨に付される国王印への信頼を再確立することによって、立法権力に正統性を回復させるべきだ、ということである[46]。こうして彼は、万人の暗黙の同意を表す創始的慣行に貨幣を係留し直すことによって貨幣の主権性を回復するとともに、政治的統治体――こうした貨幣の主権性を尊重することを自ら宣言している――の中心をなす立法権力の正統性を再構築する、という二重の配慮をしていた。立法権力もまた、貨幣の混沌《カオス》を引き起こす集団的精神錯乱によって蝕まれてきた（銀に対してポンドスターリングを減価させる傾向がある政治的統治体を内部改革しようとする諸提案がこのことを物語っている）ので、現実原則や正しい諸観念の連合への忠誠を行為で示すことにより正統性を再建しなければならなかったのである。ここでの正しい諸観念とは次のような貨幣を、すなわち永続的で、安定的で、政治体およびその構成諸権力の（時間を通じての）再生産に合致する貨幣を構成するものにほかならない[47]。

ロックのこうした戦略は成功に彩られた。しかし彼が自らに課した任務は完了ではなかった。というのも、貨幣の権威と立法権力とについてそれぞれの主権的秩序を回復させた（後掲の図4-5参照）後、今度は、土地所有者や貨幣所有者の精神錯乱が引き起こす反復的な経済危機に取り組まなければならなかったからである。土地所有者や貨幣所有者の堕落した行動は、政治体の健康を、したがってまた政治的共同体《コモンウェルス》の正常な歩みを阻害する貨幣不足を周期的に引き起こす。ロックによれば、地代の低下を前兆とするこうした経済的な、さらには社会的・政治的な危機には、二重の原因があった。すなわち有産者たちの一定部分による拙劣な土地管理と拙劣な交易管理とがそれである。一部の正貨保有者たちによって引き起こされた貨幣不足の持続は、これら［二重の原因］の表れであった[48]。

ロックによれば、こうした管理能力の欠如は、いかなる立派な自主規制も所有者たちの行動を規制できないこと、それゆえ――自然状態の個人に理性の法則が適用されるのと類似の図式に従って――土地・貨幣の浪費禁止条項を制定することが立法権力の責任であること、を証拠立てるものである。換言すれば、市民法は前者〔土地〕にも後者〔貨幣〕にも仕事をさせること、しかも両者を公益〔政治的共同体《コモンウェルス》の健康〕のために働かせなければならないのであり、立法権力の使命は、トラブルメーカーである地主および銀行家‐商人の過度に悪質な行動を制限・排除することにある。ロックのものでもある重商主義の見解によれば、土地や貨幣の所有者を秩序に組み込み、鉱山がない国の存続条件である貨幣用金属の流入に必要な生産・交易・輸出の成長に貢献するよう彼らを誘導することは、立法権力の責任なのであった(49)。

　このためにロックはまず、土地貴族の過度に贅沢な行動を、自然法に合致する水準に係留し直すことを提案した。奢侈財の輸入を増やす（これは対外収支を悪化させ可処分貨幣の量を減らすことによって正貨不足を促す）代わりに、彼らの使用人たちの境遇を改善し、国の平和と繁栄を保障するように土地を働かせ領地を管理する、というのがその目的である。こうしてロックは次のことを提唱する、

> すなわち、われわれの祖先（生活便宜品については国産のもので満足し、贅沢で豪華な舶来品に対する高価な欲望は抱かなかった）のものであった徳性および先見の明を、われわれの間に再浸透させ再称揚すること。このことによってのみ、われわれの富《ウェルス》を維持し増殖させ、最終的にわれわれの土地を豊かにすることができよう［……］［Locke 2011: 125: 邦訳 113］。

「植民地政府の諸規則を収集・整理することを目的とする」アトランティス（Atlantis）と題する一六七九年の計画において、ロックはさらに議論を進めて、目的達成のために五つの主要な基本規則を区別している。そのうちの一つは、「富者特に地主の過剰な浪費および支出」を制限することを狙いとする「奢侈法」（Dang［1994（1427）］からの引用）の導入に関するものであった。

　しかしロックはまた、自分の財宝‐貨幣を貸付資本へと絶えず転化することに努め、銀の蓄積――アプリオリには無制限な――が貨幣不足を招くことがないように配慮している貨幣所有者たちにも関心を寄せている(50)。というのも、ロックによれば、そのような銀の蓄積が投機を目的とする貨幣金属の退蔵・輸出と両立しうると信じることもまた精神錯乱《フォリ》だからである。銀の蓄積は、銀が絶えず国内流通に再投入されて、交易や生産が刺激される場合にしか可能でない。交易・生産の刺激は、主人のために働くことを強いられている人々の物質的条件を改善するための本源的な条件である。彼らの物質的条件が改善されると、今度は、貨幣の発明および一般的受領によって引き起こされる占有の不平等が正統化されるので、切れ目のない蓄積が実現可能になる。この精神錯乱を脱するためのロックの治療法はと言えば、ここでもまた、自然法の核にあって土地の良質な使用を既に規制していた諸観念・諸原則――すなわち浪費禁止の原則と、人が所有するすべての「資産」（彼自身、彼の土地、彼の貨幣）を働かせる義務――に貨幣所有者たちの行動を係留し直すというものであった。

　ロックによれば、貨幣は交換媒体に転化することによって、交易の発展のために働かなければならない。ところがこれは自然的な過程ではない。というのも、貨幣の第一本質は財宝であることにあり、貨幣的交換はそれ自体のうちにではなく、財宝を獲得することに目的があるからである。生産的富の主要部分が農業的な富（それゆえ保存の効かないもの）である世界にあっては、不変的・恒久的な実体という貨幣自然状態は、すべての価値の尺度であり商品交換・債務支払の手段であることよりも前に、価値の準備であることなのである。貨幣はアプリオリにはそれ自体のために、すなわちその色、その光沢、その「流動性」（ケインズ）がもたらす用益《ジュイサンス》のために欲せられる。こうして、銀の保有者が手元に銀を保存していることは、たとえそれが〈貨

幣慣行は自然法の否定である〉という思い違いによるものだとしても、合理的なのである。このとき、貨幣の諸使用を自然法の枠内に再登録することは、立法権力の責任である。これにより遊休銀を仕事に就かせることにより、その生産的潜在力の浪費を回避しなければならない。ロックによれば、ここでも追求されているのは、良質な政治的管理の原理であるが、その目的には、国内の貨幣の貯えを増加させることだけでなく、生存最低限に固定されていた無産者の生活水準を引き上げることも含まれる。このことが行われないと、無産者たちが反乱を起こして、既成の政治体制《レジーム》の正統性が掘り崩されてしまう[51]。

　こうした見地からロックは、銀も土地と同じくらい正統的な富であり、利子は地代と同じ性質のものであるという考え方を支持する（この点で明らかにロックはスコラ哲学者と一線を画している）。この考え方は、動産の富を土地という富と同等に価値評価することを含意する。貨幣は、

> 利子を通じて年々の所得を生み出すことができ［……］、この点で土地に似た性質をもっている［……］［Locke 2011 : 55 : 邦訳 48］。［……］正貨を貸し付けて儲けることは、土地に関して地代を徴収することと全く同じように公正かつ合法的である［……］［*ibid.* : 63 : 邦訳 56］。その通常の使用において考察される貨幣は、交換を通じて一方から他方へ手渡される商品以外の何物でもない。利子が行うのは、相互取り決めまたは公的権威の働きによって、貨幣が自然的にはもたない特性を、すなわち毎年六%だけ増殖する能力を貨幣に付与することでしかない［*ibid.* : 71 : 邦訳 63-64］。

こうして立法権力は、貨幣を絶えず流通に戻すために、利付貸付を奨励しなければならない。ところが、利付貸付を発展させるためには、貨幣の価値の安定化は必要条件ではあっても十分条件ではない。またロックは、金利の決定を需要供給法則に委ねる「金融市場」を発達させることが必要と考えていた[52]。こう考えるに際して彼は、「**法律**によっては物品の価格は規制できない」［*ibid.* : 109 : 邦訳 98］こと、および、利子の「自然」率は市場のそれであることを主張していた。この点、彼が新ヒポクラテス的医学と関わりをもったことが影響しているようである。こうして彼は、立法権力が行うべきは、借金を抱える農業生産者を救済するために法律によって利子率を引き下げることではなく、土地貴族の借金と土地過剰供給との原因になっている奢侈行動を是正することで、地代低落を阻止することであると考える。しかし、だからと言って、需要供給法則の機能不全という一定の特殊状況下で通用する法定利子率を決めることによって「利子を規制する」必要がある、と判断することが妨げられるわけではない。

> だとしても〔必要と判断されても〕、そのような**利子**を**法**によって規制することはできない。あるいは、できたとしても、利子を**四%**に引き下げることは善いことであるどころかむしろ有害であろう。では、**利子**を規制する**法**が存在してはならないのか（あなたはこう言うだろう）。いや、そんなことはない［*ibid.* : 110 : 邦訳 98］。

というのも、まず、

> 決められた**利子率**が存在することが必要なのは、**当事者間**の**契約**で利子率を決めていない**債務**や**支払猶予**においては**法**が**ルール**を与える必要があるからである。しかも、**法廷**がどんな**損害**が許容されるかを知っていることが必要である。これ〔許容される損害〕は**規制**できるし、それゆえ規制すべきである［*ibid.*］。

また、ロックによれば、ロンドンの少数者の手に銀が集中しているた

> め、利子率を決めることによって、何人かの貨幣取扱業者たち《マネー・ジョバーズ》——ロンドン市場を支配し国内諸地方の間の衡平な信用配分を妨げている——の過大で無際限な権力を制限しなければならない、
>
> 現在の現金移動の流れは、ほとんどすべてロンドンへと向かい、比較的少数の人々の手に独占されている。この流れの中で、若者や貧者が簡単に強奪や圧制に遭ってはならない。また、抜け目ない結託した貨幣取扱業者たちが、借り手の無知や窮状に付け入ることができるほどに過大で無拘束の権力をもつべきではない。もしも**貨幣**が**取引の必要**に従ってイギリスのいくつかの地区へと、そしてもっと多数の**手の中**へとより平等に分配されるならば、この点についての危険はあまり大きくなくなるだろう［*ibid.*: 110; 邦訳 98-99］。

こうしてロックによれば、

> 一種の独占が——一般的な同意を通じて——この（貨幣という）普遍的商品を少数者の手に集中させるや否や、当然にもルールが必要となるわけだが、景気指標の変化や貨幣の動きを考えるとき、そうして規制される利子率がどのようであるべきかを決めるのは面倒なことである。一方には商人や商店の利潤を吸収し尽くさないような限界（吸収し尽くすと彼らの活動は抑制される）が、他方には低すぎにならないような限界（低すぎると、人々は自らの正貨を他人の手に委ねる危険を冒すことに躊躇して、わずかな利得と引き換えに正貨を危険にさらすよりもそれを交易から離して置くことを選択するだろう）があり、二つの限界の間に収まるような利子率を提案することが理にかなっていることは明白である［*ibid.*: 111; 邦訳 99-100］。

ここでロックは、イギリスにおける長期の法定利子率を約六％にすべきだということを説明しようとしている。この率は、地代のそれ（五％）にほぼ等しいものであり[53]、利付貸付よりも不確実性・不連続性が大きいことを考慮すれば[54]正当かつ適切である、とされる。こうしてロックは、土地と銀との間、地代と利子との間に真正な「対応および接続」を確立し、正気を欠く貨幣所有者たちに対する治療法としてこれを利用し、彼らの精神錯乱的（かつ犯罪的）な投機を係留し直そうとしたのである。

＊＊＊

締めくくりとして、ロックによる貨幣の政治哲学——政治的共同体《コモンウェルス》における貨幣・政治・経済の関係に関する解明——についての以上の説明を総括し、対応するホッブズの構想との関連において位置づけ直しておきたい。

図4-3（前掲）に示されるように、ロックにおいては、父祖伝来の慣行によって正統的なものとして創始された貨幣は、国家に対して主権的権威としての地位にあり、国家は、この権威に忠誠を誓う義務を負った執行権力へと還元される。国家には、自然状態からずっと暗黙の合意によって定められてきた貨幣の定義は修正できないであろう。イギリスの立憲君主政は大革命（ロックはその参加者でもあり中心的思想家でもあった）から始まったが、まだかなり脆弱であったこの新しい政治システムにとっては、継承した貨幣の定義値を固めることによって貨幣を聖別することは、自らの正統性のための本質的条件であっただけでなく、イングランド銀行のような貨幣を支える諸金融機関の正統性のためのそれでもあった［Théret 2008b; Wennerlind 2011a］。こうして、「ロックにおける政治的なるもの《ラ・ポリティーク》は道徳や経済への付加物でしかなく」［Dumont 1970: 38］、「ロックの思想において貨幣は重大

図4-5　ロックのコモンウェルスにおける政治的なものと経済的なもの

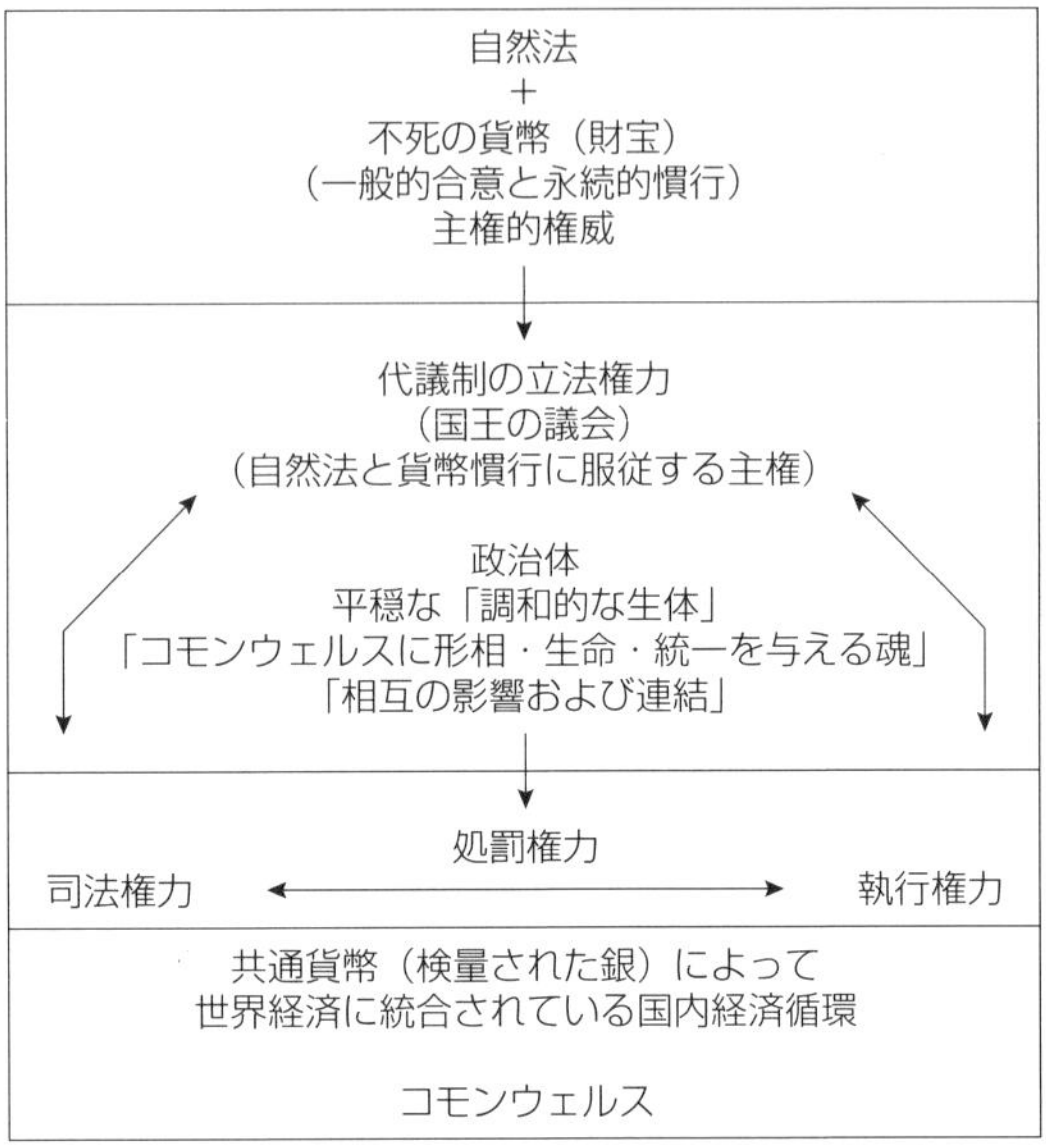

問題であり［……］決して副次的テーマではない」［Garo 2000: 9］ことが確認される。ただし、ロックにおいて「経済的なもの《レコノミーク》は［……］」政治的なものよりも「ヒエラルキー的に上位にある」［Dumont 1977: 82］、というデュモンの主張には訂正の必要がある。正確に言えば、ロックにとってそのような位置を占めるもの、「われわれの世界において最高位のもの」［*ibid.*: 74］は、経済ではなく貨幣である。貨幣は確かに経済循環（経済回路）に血液を送り活力を与えているが、それでもやはり社会的慣行《コンヴァンシオン》、一般意思の表現なのであり、したがって明らかに政治的なものである。**図4-5**（ホッブズに関する**図4-1**に相当する図）が示すように、ホッブズとロック——二人とも重商主義の立場をとっていた——のいずれにおいても、経済的なものはそれ自体としては被支配的であり、しかも権力的な目的から配備されるものである。これに対して貨幣は、ロックにおいて脱手段化されており、経済的なものに対しても政治的なものに対してもヒエラルキー的に上位の位置にあり、この位置を自然法と分け合っている。

ロックによれば、貨幣の本質的特徴の一つは、貨幣の基本的な血液循環機能を超えたところで、音質および量目の検査で合格した正貨という形態——対象的・分裂的な形態——において[55]、富およびそれに伴う権力を蓄積・継承する手段となっていることにある。貨幣の実体および慣行的価値の準—不滅性は、遺産相続や利付貸付を介して、可処分貨幣をもつ人々による地上的不死性の主張を担保する。

こうしてロックは、ピューリタンであると同時に功利主義者でもある。つまり彼は、貨幣的富・財産・「労働」（銀に転化された「労働」は、利付貸付を通じて自由に蓄積することができる）の経済的蓄積が、単に人間の魂の死後《ポストモーテム》救済についての宗教的標《しるし》であるだけでなく、人間が地上で永続化することを可能にしもする（富の蓄積と、その富を生かし続ける責任を負う子孫の生物学的繁殖とが結びつけられるので）と考えている。しかし貨幣は、こうした地上的不死性への欲望の媒体《ヴェクトゥル》であるためには、自然に係留した実体であるか、貴金属から作られる財宝であるか、永遠の時間に耐える金属を後ろ盾ないし担保としているかでなければならない。また通貨標準（本位）の金属重量価値を創始した慣行が際限なく尊重され、それゆえ神聖なものとして現れなければならない[56]。こうしてわれわれは、ロック的な自由主義型の政治主権（政治的秩序において代議制の立法権力が主権的である）と、慣行的な起源・価値をもつ（ただし、貴金属を担保とすることから、価値準備として商品化・資本化されることが可能な）貨幣との間に対応性があることを確認できる。

既に見たように、ホッブズにとっての貨幣は、個人間の契約諸関係からなる社会の良好な機能を保証することによって国家の永遠の自己再生産を可能にする紐帯でしかない。これに対してロックにとっての貨幣は、自然状態において、すなわち余剰の互酬的交換が行われる自己充足的経済において出現する。よって貨幣は国家に先行するもの、まさしく国家の原因であるが、しかも国家から自身へ権威を引き出す。貨幣の価値は、リヴァイアサンが決めるものではなく、自然状態において相互の合意によって確立される二重の慣行の産物である。コモンウェルスの政治的統治体は、これ〔二重の慣行〕を修正することができず、単に保障しうるだけである[57]。

この場合、不変の実体（銀や金）への係留によって「準‐不滅性」を獲得するのは、もはや政治体の魂（すなわち人民の不死性を表象する主権）ではなく、貨幣（すなわち自発的な最初の慣行）である。ホッブズと異なり、ロックの場合、政治体に宿る魂とは、代議制の立法権力にほかならない（図4‐5参照[58]）。議会主権の支持者たちはこれ〔代議制の立法権力〕を主権のための場所（王の議会）と見なすことがあるが、その魂は決して不死性をもたない。なぜならこれは、自然法（神意の表現）や父祖伝来の貨幣慣行（政治社会を創始する一般意思の太古的表現）の主権的権威に依然として従属しているからである。

だとすれば、銀で担保されていて「一般意志」――ルソーにならって言えば――の表現でもある貨幣は、政治的統治体よりも価値において上位にあることになる。それというのも、貨幣が社会全体に行き渡るとき、どの所有者個人も、貨幣資産（貨幣で評価される彼の財産）の蓄積と相続――これに照らして彼の「存在」が評価され彼の人物が値踏みされる――を通じて自己のアイデンティティを永続化させることによって、不滅性の分け前にあずかれるようになるからである。内在的・世俗内的な主権的権威としての貨幣は、自らの諸規範を政治的統治体に押し付けることによって、個人の主権性という幻影《シミュラークル》を創始するのである。ここで「幻影」と言っているのは、ロックにおける個人が依然として、自然法に従って労働するという神からの義務に、および貨幣の様々な使用に対する市民法の制限に隷属しているからである。

こうしてロックにおける個人は、自分に働くよう、そして自分の「資産」を働かせるよう命じる自然法・市民法に服従するからには、必ず、〈貨幣の一部を専有することで自分が地上の不滅性と主権とを手に入れている〉と想像することができる。よって、ここには、政治主権と貨幣主権との関係についての全くもって特殊な布置状況が見いだされるのであり、この布置状況においてわれわれは、〈それ自体が主権的地位にある貨幣〉という意味の主権貨幣について語ることができる。

4　フィヒテ
――不換紙幣、国民主権の表徴――

次にフィヒテを取り上げたい。彼もロック同様、論争の対象となってきた。ジャン＝ジャック・ルソーを信奉する彼は、ルソーと同様に、急進的な個人主義者とも、集産主義者や社会主義者――すなわち一九三〇年代の国家社会主義の先駆者――とも見なされることがあった[59]。にもかかわらず、彼の経済学的著作――主著である『閉鎖商業国家』（一八〇〇年）も含めて――は、特にロックの貨幣論集と比べて、ほとんど論評の対象にはなってこなかった。だから、ホッブズの場合と同様、われわれは貨幣に関するフィヒテの概念や、政治主権の問題に対する貨幣の関係についてのフィヒテの概念を明らかにするに際しては、彼の著作に関する様々な解釈潮流の間で選択を行う必要があまりない。

フィヒテには、前の二人とは真っ向から対立する政治／貨幣の布置構造が見いだされる。彼が『閉鎖商業国家』において作り上げている貨幣のモデルは、ホッブズのそれに対立する（というのも、ロックと同様にフィヒテにおいても、貨幣の構築が国民的政治体の構築の基礎になるとされるから）だけでなく、ロックのそれにも対立している（というのも、フィヒテの貨幣からはいかなる実体的次元も、いかなる自然的な自己蓄積能力も剝ぎ取られているから）。フィヒテによれば、貨幣は、社会契約や統治体の動力因ではなく、単に、それらの導入を容易にするために動員される白紙状態《フォルマテ》の手段でしかない。この貨幣は、純粋に表券的で自己準拠的〔自己言及的〕な種類のものである。その後ろ盾になっているのは、自然ではなく、その価値の安定を保証する国民的な政治制度である。この点で、フィヒテの貨幣はホッブズの貨幣に近い。フィヒテの貨幣は、血液循環機能を通じて経済発展に役立つよりも前に、国民的政治体の発展に従属する国家の貨幣である。最後にフィヒテは、ルソーから受け継いだ反重商主義によって、ホッブズとロックの両者に対立している[60]。

つまりフィヒテは、〈社会的緊張をかき立てる市民間の不平等に対抗して社会を保護する主権〉という構想をルソーと共有した〔Hoffmann, 1963〕上で、商業的な国際貿易が存在する場合、国家の任務——国家の受託者の生存を確保するという従来的な任務——がたちまち不可能になると考えた。そこでフィヒテはルソーと同様、国際貿易が戦争を煽り立てる限り、これを禁止するべきであるとした。国際貿易はすべて必然的に不均等であり、そして諸国間の不均等は、自由主義者たちがアダム・スミスとともに考えるように国際交換の働きや国際分業によって均衡化するどころか、徐々に拡大していき、その結果、貿易戦争が本当の戦争につながるというのである。このような理由で、フィヒテはルソーと同様、経済的自給自足を基本とする国民の独立を支持した。

『閉鎖商業国家』（一八〇〇年）においてフィヒテは、カント的観点を放棄することなく、国家間関係の問題を新しいやり方で〔……〕提起した。〔……〕つまりフィヒテは、植民地の拒否と国家の自発的な商業的孤立とに基づく独特な平和的国際秩序を構想しようとした。この著作は権利と**理性**に合致する国家についての理論から出発し、次いで国家間の関係（特に商業的な関係）の現実的条件について述べ、最後に現実国家から理性国家への移行の道を提案している。つまり、従来的な意味の「ユートピア」はここでの問題ではなく、むしろ本書では、現実の歴史的国家が〈**理性**に従う国家〉という絶対的モデルに適合していないことを分析しようとしている。経済学的観点からすると、歴史的な国家から理性国家への移行は、商業国家の「閉鎖」によってなされる。これには領土的な閉鎖（自然的な国境）と通商的な閉鎖（国家が対外貿易の独占を獲得する）がある。閉鎖は社会的平等のための、必需品調達のための、労働の一般的権利のための、そして軍備と国内抑圧との漸次的消滅のための条件である。閉鎖を展望することは、文化的孤立や排外的ナショナリズムを展望することではなく、万人の善のために国際経済空間の合理化〔理性化〕を展望することである。というのも、対外貿易の利益を放棄する国家は戦争を追求しないからである〔Bélissa 2008 : 7-8〕。

にもかかわらずフィヒテは、いかなる種類の貨幣に対しても不信を抱くルソーに追随することを拒否し〔O'Neal 1986 : 459-460〕、それを金属貨幣のみの拒否へと転換させている。彼は〈何としても貨幣を金属で担保する〉というロックの自由主義的な着想とは決別して、自律的な諸国民国家の存続とそれら相互間の平和の維持とを保障することができる政治的かつ経済的な制度としての貨幣に関する代替的構想を展開した。まさにこのことによって彼は、〈国際平和の問題に対する唯一の解決は、農業中心の小規模な諸社会の緩やかな連邦によるものである〉というルソー主義的な理念を放棄している。フィヒテによれば、国家が適切な経済政策・貨幣政策を展開するならば、自給自足体制は必ずしも反産業主義につながるものではない。

　例えば、諸国が自分たちの経済的・貨幣的なパワーをあれこれと計算することによって互いに評価し合うのは、闘争が目的だからである。平和を追求する理性——「理性国家」——は、われわれがいかなる測定可能性も放棄することを要求する。これを可能にするのが、商業的閉鎖、経済的独立性、および各国の貨幣の非交換性である。これらにより、諸国の相対的な力《フォルス》を評価するための共通の参照基準が存在しなくなるので、種々の国家を相互に比較することができなくなる。使用価値タームでの諸国間の経済格差が富の不平等へと転化しないようにするには、国民通貨間の為替〔両替〕を廃止するだけでよい。これにより、戦争を煽り立てる重商主義は不可能になる[61]。国境内部でも、貨幣流通が富の不平等を引き起こさないよう、やはり貨幣の役割を規制しなければならない[62]。このためにはまた、国民通貨の購買力を安定化させるだけでなく、国民通貨からいっさいの価値準備機能を剝奪しなければならない。以上のようにしてロックとの断絶が成し遂げられる。ケインズは一九三〇年代に金本位制の墓掘り人となることによって、同じことを実践において成し遂げたが、これはそれよりもはるか以前のことであった。

　実はフィヒテは、金銀が、その価値についての「普遍的な合意」が存在すれば、国際通貨としての使用のために専有されると考える点では、ロックやホッブズと同意見である[63]。彼は、まさにこのために、国民通貨は金属実体をもつべきではないと考える。つまりこうだ。フィヒテはまず、ロックの見解を引き継ぎ、不変の〔変質しない〕貴金属を担保とする貨幣の発明、および価値準備としてのその使用が、資源アクセスの不平等や、一方に便益を与え他方を犠牲にする所有権移転を生み出すと考える。しかしそこから彼はロックとは逆の結論、すなわち、〈このような移転は社会平和にも世界平和にも有害であるので正統性に欠ける〉という結論を引き出す。もっと根本的に言えば、彼は、この点に関してロックに追随するカントのような同時代の自由主義者とは違って、安楽な生活や効用・商品の最大化のためには不平等が望ましいとも、そして、平和を保障するには、政治的統治体と等価のものを世界規模で組織することによって排他的所有権を強化し植民地企業を正当化するだけで十分とも考えていない[64]。

　むしろフィヒテは、人民の国民としての**権利**を守るために、輸入品・輸出品の代替による自給自足経済モデルを展開し、これを全面化することで世界平和が保障されるとする。このモデルにおいては、輸入品を国産品で代替できない例外的ケースを除き、諸国民の間の交換は文化・科学の交換〔交流〕に限定される。つまりフィヒテによれば、「理性国家」〔国境の内部でも外部でも、これだけが平和と生活の安全を保証しうるとされる〕は「閉鎖商業国家」でなければならない。

> 一般にフィヒテの国家は、各市民に生存手段を保証し、そのために各市民に労働の権利を保障する、という絶対的義務をもっている。ところが、こうした実体法を保障するためには、国家は、生産される富の総体を管理しなければならない。商品の輸出入が管理されていないシステムでは国家はこの保障を提供できないので、国家の究極目的には［……］国家の閉鎖が含まれる。そのうえ、したがって、国家は流通貨幣の数量も管理しなければならない。このような要求から国家は、外国では価値をもたない貨幣を流通させることを強いられる。基本的には内在的価値をもってはなら

ない貨幣（すなわち金でも銀でもなく、国家が製造する単なる紙製章標）が、その国で有効に産出された財にのみ対応するのでなければならない［Thomas-Fogiel 2005: 39］。

経済を閉鎖すること、それはつまり、世界的役割をもつ金銀貨が国内経済に侵入して国内経済固有の論理（市民全員の生存と生活条件の進歩を保証すること）と衝突しないようにすることである。

　フィヒテいわく、理性国家の経済基本法には必ず完全閉鎖〔の規定〕が含まれる。それなしには、各人の所有――すなわち排他的に彼のものとなった労働――も各人の生存権も保障されない。
［Schulthess 1980: 30］

ここで明らかにフィヒテが念頭に置いているのは、金属貨幣による普遍的価値の蓄積がもたらす社会的影響（ロックが受け入れたもの）、すなわち有産者と「残りの者」（ルソー『人間不平等起源論』の表現を借りれば）とへの社会体の分裂、および主権的人民からの「残りの者」の排除である。このことを考慮してフィヒテが思い描く貨幣とは、実体価値も対外価値ももたず、価値準備として使用することができず、万人の雇用を保障する、兌換不能な、国民的な――すなわち国民国家が発行する――章標紙幣である[65]。

［……］理性国家にあっても、文明諸国すべてと事情は同じであろう。すなわち、特殊な交換手段にしてあらゆる価値の章標でもあるもの、すなわち貨幣が導入されねばならない。［……］貨幣が理性国家に導入されても、その価値が不変にとどまるであろうこと、あるいは少なくとも国家自身の介入なしに変更されえない――理性国家も確固たる諸原則に順応していなければならない――であろうことは明らかである［Fichte 1980: 99-100: 邦訳 59-60］。

フィヒテの章標－貨幣は、国家によって発行・保証される財政《フィスカル》通貨である[66]。

貨幣は、即自的にはすなわちそれ自体としては何物でもない。国家の意志によってのみ、貨幣は何物かを表象することができる。流通貨幣の総額は、公衆の商業において現存する商品総額を表象している［*ibid.*: 101: 邦訳 62］。

国家は、国民通貨に一般的通用性を保証するために、税を通貨で徴収している。また国家は、公務員を雇うときに、市民から受け取ったもの、すなわち通貨で報酬を支払っている。［……］商品交換における貨幣の価値は法律によって恒久的に規定（されている）［……］［*ibid.*: 105: 邦訳 68］。

ただし、国民通貨が使用者によって受領されるためには、国家がその安定性を保障しなければならない。

［……］国家がそれまでに発行した貨幣を、同じ対商品価値にて国家自身が受領することによって、国家の市民にとってもそれと同じ価値が維持されるようにする、ということを国家の基本法とすべきだろう［*ibid.*: 123: 邦訳 89］。

政府は、自身が発行した貨幣の価値（諸商品で表した価値）を、すなわち発行時に獲得した価値を永遠に保障しなければならない。国民通貨の導入とともに物価〔諸価格〕の固定化も導入し［……］、それを永遠に維持しなければならない。［……］いかなる政府も、富を得る便利な手段として上記の貨幣操作ばかりを行うことはできないのであり、また、不快な仕事であることを口実として、商業国家を閉鎖し、公開取引を規制し、物価を固定し、万人の経済状態を保障することをサボってはならないし、さらに、流通に投じる必要が感じられる機会には、裁量的に貨幣を鋳造することをためらってはならない。そうしなければ、所有の不安定と途方もない混乱が発生し、やがて人民は絶望へと、ついには全くもって不当な政府に対する反乱へと駆り立てられるだろう［*ibid.*: 156–157 : 邦訳 130–131］。

政府はどのような手法を用いれば、生産される商品の数量に貨幣の数量を調節することによって、貨幣の購買力を安定させることができるのだろうか。フィヒテは、国が貨幣偽造を不可能にすることによって「貨幣が偽造されない確実性を手に入れる」［*ibid.*: 101 : 邦訳 62］べきであるという以外に、貨幣数量を調節するための積極的な貨幣政策を展望している。

> 流通する諸商品の価値と流通する貨幣との割合が同じであり続ける限り、物価は変わることがない。つまり物品の特性〔自然〕と、万人の需要と、法とが一致するのである。［……］しかし、国家が永続するにともない、流通する諸商品のうち一部は増加し、一部は品質向上するはずである［……］。こうした増加は国家自身による指導の帰結であるから、国家はこうした増加を的確に制御することができる。したがって国家は、諸商品の価値増加に対する貨幣の割合を規定することもできよう。もしも諸商品の価格を不変にしておこうとするなら、流通する諸商品の価値が増えたのと同じ量の貨幣を流通に追加投入しなければならない。また、もしも流通貨幣の量を不変にしておこうとするなら、商品の価値増加を貨幣量全体に割り振ることによって、商品の価格〔物価〕を計算上の適切な幅だけ引き下げればよかろう。実際には、国家が混乱や不平等を引き起こすことなしに流通貨幣の総額を増やすには、家父長に現金――すなわち状況に応じて家父長に帰属する額――を配分する以外に方法はない。このことによって国家は、国民全体の繁栄拡大に対する各人の正当な関与を超えるものを、各人に与えるわけではない。最も賢明な解は、現金配分と価格引き下げという二つの手段を同時に活用するというものである。現金配分という手段と、価格引き下げという手段が、互いに支え合い補完し合うことによって、商品と貨幣の間の攪乱された均衡が回復されるようになる［*ibid.*: 102–103 : 邦訳 64–65］。

国家はまた「市民の退蔵・貯蓄による貨幣の減少」も考慮すべきだろう。これについては、「阻止するための措置を講ずることができない。というのも、こうした措置が講じられるなら、それは、市民がもつ正当かつ当然の自由を制限することになるだろうからである」［*ibid.*: 104 : 邦訳 66–67］。

最後にフィヒテは、対外貿易の国家独占体制の下で対外交換が継続することによって、通貨二元主義が支配している移行期について展望を示している。通貨二元主義とは、もっぱら対外交換に利用される金属ベースの貨幣と、国内流通および貯蓄向けの純粋章標貨幣との共存のことである。この移行期を終わらせるためには、「厳格さ・禁止・刑法は必要でなく、当面の間はいかなる金や銀も新しい国民通貨との交換以外のいかなる使用にも全く適さないものにするというとても緩くて自然な措置しか必要でないだろう」［*ibid.*: 157 : 邦訳 132］、傍点は原文イタリック）。

よってフィヒテによれば、閉鎖商業国家の概念に適合的な貨幣とは、純粋に信用発行〔不換〕の通貨〔純粋な信用発行通貨《フィアット・マネー》〕であり、これは、理性国家が手にしている経済的手段である。この貨幣はその〔理性国家の〕税制を後ろ盾にしており、その支出を通じて流通に投じられる。

この貨幣の社会的受領性は、人民という「倫理体」からの流出《エマナシオン》である国家への信頼の上に築かれる。ここで人民は、自らを――「信仰対象」としての――国民であると考えている(67)。国民通貨における内在価値の不在は、社会体および政治体が日々平和的に再生産されるための、すなわち主権人民〔主権的人民〕が永続化するための機能条件である。主権人民の内部では、「即時の満足だけにとどまらない活動を行う個人に、むしろ将来世代まで活動が永続することをはっきりと認める個人に特有な自由が展開される」。

一般にフィヒテは、在る《エートル》ことを評価するが、持つ《アヴォワール》ことを評価しない。ロックと同様にフィヒテも、人間は地上における不死性を追求すべきだと考えるが、フィヒテは、金銭や財産の蓄積を通じて個人主義的にそれを行えるとは考えておらず、むしろ、文化的豊かさへの貢献や、人民・祖国の厚生への、ひいては人類全体の厚生への貢献を通してのみそれを行えると考えている。

> およそ高貴な人間で、自分自身の実存が、自分の子供たちのうちに、さらにその子供たちの子供たちのうちに甦ることによって、改善されるのを見ることを、そして、自分の死のずっと後にもこの地上において生き続け、彼ら〔子供たち、子供たちの子供たち〕の生のお陰で仕上げられより完全なものになることを、望み欲しない人はいないでしょう。おそらく生前に、精神・知性・道徳性のすべてをあげて、誠心を強固にし、無気力を振り払い、やる気を奮い立たせることによって、堕落や腐敗と闘ってきたであろう人であれば必ず、それら〔精神・知性・道徳性〕を死の淵から救い出し、それらを後世への最良の遺産として子孫たちの魂の内に預託し、いつの日か今度は子孫たちがそれらを美しく飾り立て活性化して新たに伝えていくことを欲するでしょう。およそ高貴な人であれば、人類の進歩が無限に続くことを可能にするために、そして何か新しいもの、過去に存在しなかったものを時代の中に投げ入れるために、行為や思想を通じて種を蒔いておきたい、その種が時代の中に留まり、新たな創造の枯れることのない源泉になってほしいと思うでしょう。この世に生を享け、ほんのわずかの時間を与えられたことへの代償として、この地上にあっても永続的に存在するであろう特異なものを提供することによって支払いを行いたい、たとえ歴史に名を残すことがなくても〔死後の名声を欲するのは、恥ずべき虚栄心の一つである〕、あくまで自分自身の意識と信念に従って、地上に存在したことの明白な証拠を残しておきたい、と思わない人はいないでしょう［Fichte 1992: 219; 邦訳 127-128］。

以上より、フィヒテにおける国民通貨とは、国民へと構築された人民を、他の人民から経済的に遮断することによって、金属貨幣が運んでくる重商主義の悪影響から保護するものである。フィヒテによれば、人民と人民の間の交流は、文化的なもの・科学的なものに、平和的な対話にとどまるべきである。

また、フィヒテの理性国家においては、資本主義的蓄積は可能でない。フィヒテの理性国家論の基礎となっている所有理論は、「物の排他的占有」という自由主義的な所有定義に対立するものであり、所有を、国家が「一定の行動領域に」与え保護する非排他的な権利として解釈するものである［Fichte 1980: 107-108; 邦訳 75-76］。所有権のこの類型においては、土地の私的専有も、利付貸付を通じた貨幣の資本への転化も禁じられる。ここでは貨幣は、純粋に血液循環的なものであり、対等者同士の交換を促進する役割がもっぱら与えられている。よって、フィヒテの貨幣は自己蓄積することができない。フィヒテの貨幣も人民を内部対立から守るが、それは、構成員間の不平等拡大を妨げることによっている。

このようにフィヒテの貨幣は、国際関係だけでなく個人間関係をも平和にする力能をもつものとしてモデル化されている。

実はフィヒテによれば、国民と貨幣は同じ共通信仰《フォワ》によって作り上げられており、国家はその貨幣政策を通じて共通信仰の番人となっている。つまり政治主権に関するフィヒテの構想においては、社会的信仰の対象である国民へと構築された人民の権威は、その代理人、その手段でしかない国家に及んでいる。人民‐国民が主権であり、その主権の行使は、国家に与えられた政治諸権力を通じてなされる。国家は貨幣を統御するが、しかしそれが可能なのは、国家の政策への国民の信頼が維持される倫理的限界の内にある場合のみである。換言すれば、国家が自身の目的のために貨幣を操作することはできない。国家の任務は、貨幣の購買力を不変に維持し、それを公平に分配することにある。したがって国家が手にしているのは、貨幣の諸使用を制限する権力というよりむしろ、生産量に対する比率において適切な貨幣発行水準に関する監視の権力であり、これこそが、貨幣の純慣行的な性質にもかかわらずその価値を安定化させることを可能にする条件なのである。

人民‐国民と国家とのこうした価値ヒエラルキーについては、「ドイツ国民に告ぐ」第八回講演において、以下のように述べられている。

> 地上的な不滅性の支持材および担保としての、現世において不滅でありうるものとしての――こうわれわれは考えるのだが――人民と祖国とは、通常の意味での国家を遥かに超えた存在なのです。つまり人民と祖国とは、われわれがそれらについてもっている明快な単純観念において把握されるような、そうした観念と合致しつつ確立・維持されるような社会的秩序を遥かに超えた存在なのです。この国家は、よく保証された権利と国内の平和とを必要とし、そして各自がその労働を通じて、神が与える限りの限度までその地上の実存を維持し全うするよう求めます。こういったものはすべて、祖国愛が本来望んでいるものの単なる手段・条件・枠組みにすぎません。祖国愛が本来望んでいるものとは、不滅のものと神的なものが世界の中で、無限の進歩の道に沿ってますます純粋に、ますます完全に、そしてますます完成した姿で開花することなのですから。こういうわけで、この祖国愛が、至上で究極の独立した権威として、国家そのものを支配しなければなりません。この支配は、何よりもまず国内平和という第一目的を達成するのに必要な手段を選択する際に、国家に制限を加えることによってなされます［Fichte 1992 : 220；邦訳 133］。

こうして貨幣政策は、国民への社会的信仰が経済制度としての貨幣に転移されるように配慮するのでなければならない。逆に言えば、貨幣への信仰は、国民への信仰および国民の地上的不死性への信仰――国民の構成要素である人間たちの不死性の条件――を強めることができるにすぎない。**国民・国家・貨幣・経済**をこのように結びつける入り組んだ価値ヒエラルキーを描いたのが、**図4-6**である。[68]

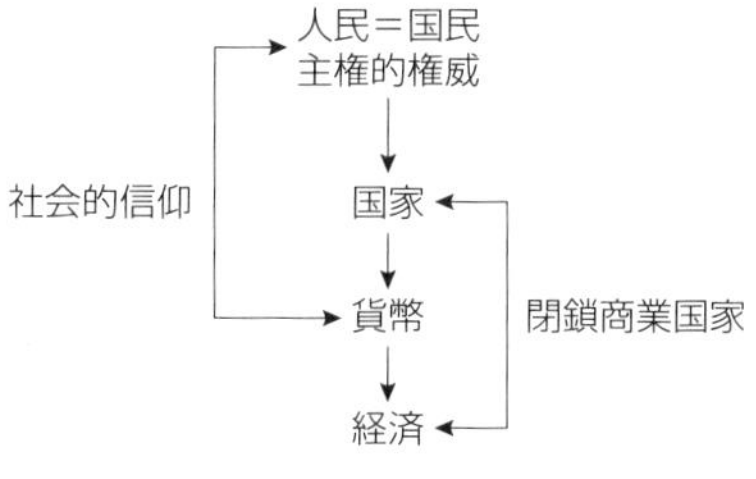

図4-6　フィヒテにおける貨幣・政治・経済

この布置において、**国民と国家**は、価値上位にある権威と執行権力という、政治主権の秩序を構成するものであり、貨幣と経済は、政治に支配された経済的秩序を構成するものである。しかし**国民**と貨幣は、国家の貨幣権力の頭越しに、共通の社会的信仰（国民に内在していて、貨幣に必要なもの）を通じて結びつけられている。また国家と経済（所有）は、貨幣の頭越しに、国家の商業的閉鎖を通じて結びつけられている。

結論

ホッブズ・ロック・フィヒテによる貨幣の政治哲学に関する本書の研究において、われわれは、複数性の存在を、すなわち政治主権および貨幣の解釈に関して異質性が見られることを確認できた。三人の哲学者はわれわれに、国家・人民・主権の三類型、貨幣の三形態、および後者（貨幣）の前者（国家・人民・主権）への埋め込みの三形態を提示している。

貴金属で担保されたロックの貨幣は、主権の位置に置かれ、政治的統治体（市民政府）の原因となっている。それは単一のものであり[69]、全人類に対して、それゆえコモンウェルス内部においても外部の世界空間においても同じように通用する。それは自然法と同じく普遍的な通用範囲をもつ。それは蓄積され、世代間で継承されることによって、諸個人が地上で――それをもつことを通じて――不死化することに役立ち、その結果、来世における救済財としての富の表象が強められる。こうして、恩寵を受ける機会を得たロックの個人、すなわち蓄財者は、主権の位置を貨幣と分け合うのだが、次のことを知っている。すなわちそれは、コモンウェルス内の真の主権的権威が自然法にだけでなく貨幣にも備わっていること、およびそれを相続する諸個人の主権が幻影でしかないことである。大革命によって開設され政治体内部の主権となったイギリス議会は、実は、コモンウェルスを創始した自然法および貨幣慣行に仕える――そして忠誠する義務を負う――調整・処罰の機関でしかない。

これに対して、ホッブズにおける貨幣も、自らの主権を最終的に放棄・移転することによってリヴァイアサンと契約を結んだ合理的諸個人である人民も、このような主権の地位を獲得しない。この場合、貨幣は、何よりもまず、リヴァイアサンの肉体に行き渡って栄養を与える血液であるが、二重化している。というのも、貨幣は、異なるリヴァイアサンの間の関係に栄養を与えるのにも役立つからである。諸個人（肉体＋魂）はいかにしても死すべき運命にあるが、リヴァイアサンという人造人間だけは、他のリヴァイアサンによって破壊されないくらい十分な勢力を得さえすれば、不滅性を志願することができる魂を手に入れる。

フィヒテの貨幣もまた主権ではないけれども、**国民**という主権的権威とは象徴的に結びついている。というのも、実体的な係留（アンカー）を欠く章標《シーニュ》であるそれは、国民と同様に「信仰の対象」であるべきだからである。純粋に信用発行であるフィヒテの国民通貨は、（ロック的貨幣と同様に）単一のものではあるが、実は、ロック的有産者たちの貨幣とは正反対のものである。最後に、フィヒテにおける諸個人は、国民という枠の中で不死化することにより主権性を入手しようが、しかしそれは、利子の働きを通じた銀の蓄積に参加することによってではなく、芸術的・知的・科学的等の作品を通じた**国民**の文化的遺産の蓄積に参加することによってである。

こうして、ロックとフィヒテとは、根本的に異なる貨幣（秤量金属vs純粋章標）と国家（開放vs閉鎖）の構想をもつけれども、同一の推論構造を共有している。ロックにおける諸個人が地上的不死性を手に入れると考えることができるのは主権貨幣を通じてであるが、それと

図4-7　ホッブズ・ロック・フィヒテにおける社会的全体と貨幣

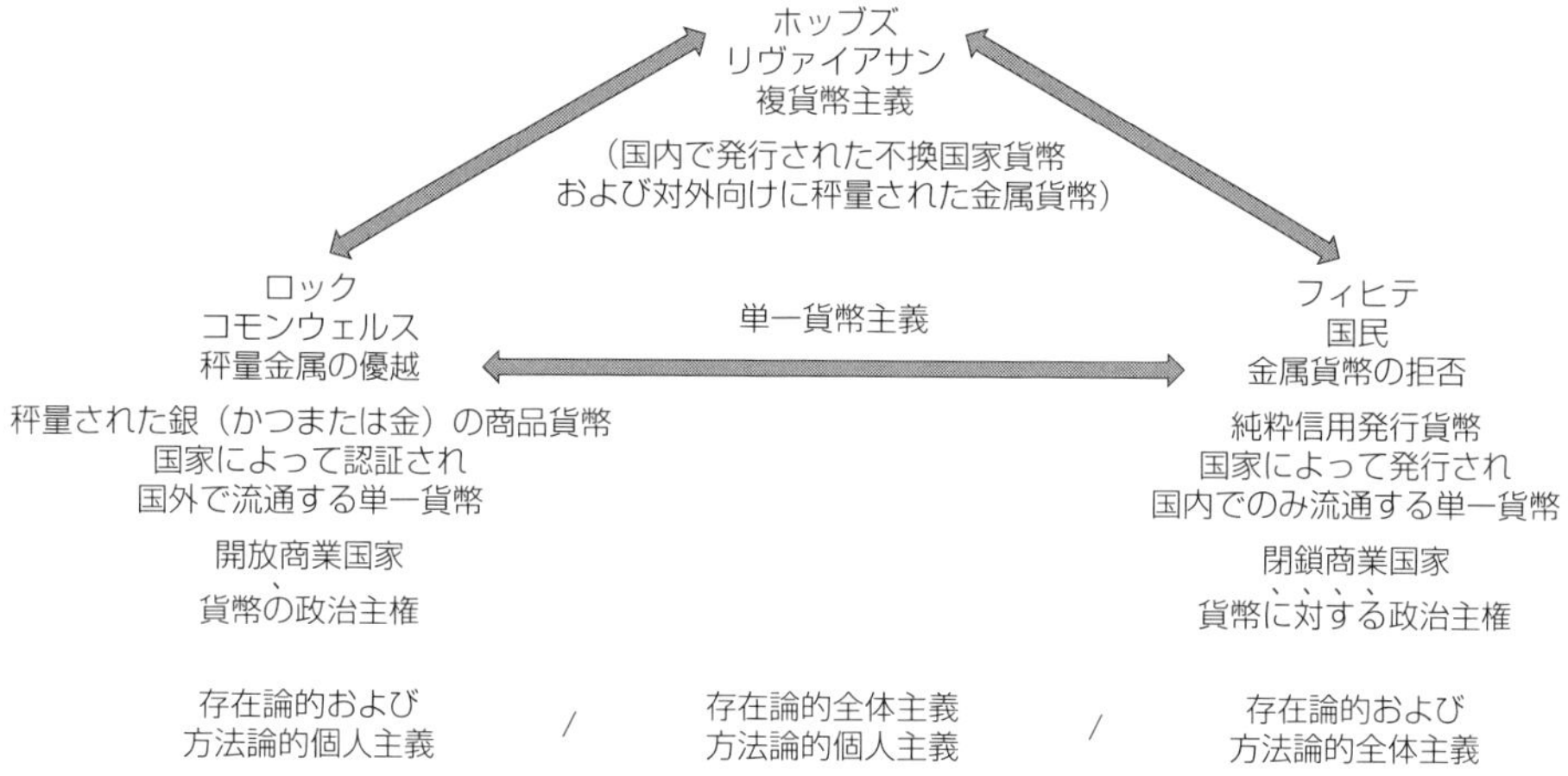

同じように、フィヒテの諸個人が地上で不滅化しうるのは主権国民を通じてである。したがって、ロックの国家もフィヒテの貨幣もそれぞれの目的のための手段とされている。どちらの場合においても、個人は、人民という帰属集団を象徴的に創始する主権的権威に自己服従するか同意を与えることによって、地上的不死性を、それゆえ主権の個人的形態を獲得するのだと思い込むことができる。両者の構想は、いわば現世への宗教の引き戻しを組織化しようとするものとして特徴づけられよう。こうして両者は、貨幣単一性を仮定していることによって、そして宗教的心情《ルリジョニテ》についての形態収斂《プレグナンツ》によって、複数通貨的であり根本的に無神論的であるホッブズの見解に対立している（図4-7参照）。

「存在論的」と「方法論的」、「個人主義」と「全体主義」を様々に混合している以上三つの哲学的な推論体系は、どれも抽象的な言説でしかない。しかしこれらを基礎とする諸表象・諸信念は、ヨーロッパで多様な形態の国家の下に領土権が発達するに際して、またそうした多様な諸国家において資本主義が様々な形態をとるに際して、重要な要因となってきた。ロックは直接に、ホッブズとフィヒテは自らのアイデアの継承者を通じて、ヨーロッパ諸国の政治・通貨制度の成型《コンフォルマシオン》に積極的に参加することにより、不朽の名声を獲得した。主権と貨幣に関する彼らの理念型は、とりわけ相互にハイブリッド化することを通して、広く影響力をもってきたし、いまだに、現代を考えるうえで無視できない参照対象である。現在の経済政策・貨幣政策〔金融政策〕や制度形成過程において認知枠組みとして利用される現代思想のデータベースにも、三人が国家にどんな位置・役割を割り当てているか、貨幣にどんな形態・機能を担わせているかは記載されている。

ロックの遺産については数多くの文書資料がある。大英帝国が勢力拡大し絶頂に至る二五〇年間は遺産の残存が明らかであったが、一九三〇年代の大恐慌でそれは潰えたように見える。大恐慌によってケインズの貨幣パラダイムが台頭し、イギリスの衰退が明白になったのだ。しかし三〇年ほど前から、自由至上主義的《リベルタリアン》な新自由主義によってロックの遺産は再び脚光を浴びている［Vaughn 1980a; 1980b; Rothbard 2006（1995）］。また最近、ホッブズの遺産も、政治学における合理的選択理論の展開や新古典派経済思想の進化とともに、再評価されてきている［Moss 1977; Neal 1988; Cartelier 2011］。ホッブズの遺産は国際関係論に知見を提供し続けているし、貨幣循環《マネタリー・サーキット》（貨幣回路）や貨幣の非中立性についてのホッブズのモデルは——新自由主義の経済学者たちには疎んじられてきたが——数多くの通貨革新《イノヴァシオン》の中心に位置し続けている。一方、フィヒテの遺産については、全体として忘れられてきた、かつ／または低く評価されてきた、と言える。彼の世界政治的《コスモポリティーク》ナショナリズムは、ドイツ・ロマン派（反動的な意味のそれ）によって再解釈された後、これを民族的・全体主義的ナショナリズムと同一視するナチスによって利用されたことで、評価を下げた［Kohn 1949］。理性国家の貨幣に関する彼の構想について言えば、そのラディカルさは明らかに時代を超えていた。しかしフィヒテは、純粋章標《シーニュ》としての貨幣について主要な表券主義的概念の一つを提示した。すなわち、国民《ナシオン》を創始する社会的信仰の上に築かれる貨幣、国家が購買力維持に取り組むことを必須とし、貯蓄されることができても利子を生むことができない貨幣、というのがそれである。現実には、純粋な「混合様態」——ロックにならって言えば——としての貨幣というフィヒテの構想は、連綿と継承者を得てきた。まず、フィヒテの金銭哲学および「通貨ナショナリズム」は、一八〇八－一八〇九年以降のミュラー（Adam H. Müller）によって注目され、受け継がれた。一九世紀前半のドイツ・ロマン主義運動において重要な役割を演じた反自由主義の哲学者・政治家であるミュラーは、現代になって再発見された[70]。その後ミュラーの思想はドイツで広く普及し、ついには、経済に関するドイツ歴史学派の創始者と見なされるようになった［Hutter 1990］[71]。彼がフィヒテから拾い上げ一般化することによって継承した貨幣に関する構想は、一九世紀末になってようやく、そして何よりもまず自由主義国家および金本位制の大危機——大戦間期にこれによってイギリスの世界支配の終焉が確認されることになる——とともに大いに発展することになる諸理論の先駆であった。フィヒテや後のミュラーの貨幣概念は、ジンメル、マックス・ウェーバー、クナップ、ケインズ、コモンズの貨幣概念だけでなく、現在の制度的な貨幣諸理論の先駆にもなった。

以上のように、貨幣とは何かに関して多様な諸表象が遺されていることは、経済学が誕生して以来多くの経済学者が特権化してきた、貨幣的事実への機能主義的・道具主義的アプローチを乗り越える必要があることを示している。

注

（1）J・イスラエルは「ヨーロッパ内の哲学戦争」［Israël 2005 : 570］とまで言っている。

（2）「緻密なテキスト釈義に依拠してきた人もいれば、ロックの論文は他の著作との関連においてのみ理解可能であると論じてきた人もいる。さらに、テキストのヴェールが覆い隠す意味を探り当てるには、ロックの暗号を解読しなければならないと論じた人もいる」［Vaughn 1980b : 9］。

（3）「ロックの思想にコメントしてきたのは、ほとんど、経済学に無知な哲学者か、哲学的な問いを最も低いレベルにしか評価しない経済学者であった。そのため、ロックの経済思想に関する研究が認識論的検討の形をとることは稀である——ここで認識論的検討とは二重の意味におけるそれ、すなわち知識の科学的性質の検討および当の知識が全体に占める特殊な位置の検討である」[Berthoud 1988 : 18]。ついでに注意しておけば、引用文の著者自身、言及されている問題を完全には免れていない。著者自身の分析は、例えばロックがケネー・マンデヴィル・バークリーと同様に医者であり「現役生活の大部分にわたって医学を」研究し実践してきたことを考慮に入れていない [Coleman 2000 : 715]。ところが、この点を指摘する研究はほとんど、医学の実践と哲学が彼の経済や政治の見方に強い影響を与えてきたことを論じてこなかった [Laslett 1957; Coleman 2000; Caffentzis 2003]。これについては後ほど立ち戻る。

(4) これらの多様な主権の概念、および、にもかかわらずそれらを統一しているものについて、もっと広く細かく比較したものとして、Mairet [1997]、Théret [2008a] 参照。

(5) 〈持つ〉有産者と〈持たざる〉有産者、と言ったほうがロックの思想には合致する。彼によれば、人間は全員が、最低でも自分自身の所有者だからである。

(6) 概してスピノザが貨幣に関心を寄せるのは、富の主要な代替形態である不動産の可処分性が制限されざるをえないのに対して、貨幣という富の形態は流動性や数量変動によって闘争主義的熱情を鎮静化するという徳性をもつからである。このとき、自然や社会の状態の違いによって商業の役割が大きかったり小さかったりするのに応じて、また、彼が区別した四つの政治体制《レジーム》（君主政、統合型貴族政、連邦型貴族政、民主政）——彼はこれらに多様な土地所有体制《レジーム》を関係づけている——に応じて、金銭《アルジャン》の主権との相関関係が決定される。しかしスピノザは、通貨体制《レジーム》の多様性についてはほとんど言及していない。それでもわれわれは、「土地の利害」と「貨幣の利害」を対置するこのやり方が、ロックに——何よりもまず彼の貨幣関係著作に——影響を与えたかもしれないと考えることができる（上述参照）。

(7) ホッブズが重商主義の観点に立っていること、経済学がまだ政治学からほとんど分化していないことを考慮するならば、ホッブズにあっては社会体や経済体が政治体と混同されていたと考えられる [Dockès 2005 : 166]。この共和国の身体は、いまや人民となっている——もはや群衆ではない——構成員の間の水平的・双務的な契約と、構成員‐国家間の権威的諸関係とからなる組織（すなわち商品取引と、経済レベルの分配とからなる組織）である。

(8) 「ホッブズは簡単にではあるが、生産された財貨の評価について考察している。価値に関する彼の議論は、消化モデルに従うことによって、諸財貨を正貨建の同等価値に還元したものを比較するものである：『消化《コンコクション》というとき、私が考えているのは、現在消費せずに将来の**栄養**のために備蓄されるすべての財貨を、等しい価値をもつ……あるものに還元することである……そしてこの「あるもの」とは金、銀、貨幣にほかならない』[ホッブズ『リヴァイアサン』第二四章より]。[……] 物理的財貨は隠喩的に金銀に還元され、金銀は『すべての物の価値の便宜的な尺度』すなわち貨幣として様々な国で受け入れられ、そのようなものとしてコモンウェルス内で尺度（として）役立っている。[……] 貨幣は、動産・不動産を問わずあらゆる財貨の尺度として、人とともにあらゆる場所に行くことができる。貨幣の流通がコモンウェルスに栄養を補給するのは、貨幣が絶えず財貨と交換されるから、暗喩的に言えば、貨幣が回路の中でコモンウェルスの至る所に善を運搬するからである。ホッブズいわく、正貨は『コモンウェルスの中で、**人**から**人**へと渡っていき、至る所を動き回り、そこからあらゆる場所に（渡っていくにつれて）**栄養を補給する**。この**消化**の中では正貨はいわばコモンウェルスの**血液循環**である。というのも自然の**血液**も〔正貨と〕同様に大地の果実から造られ、循環する途上で**人体の各部分**に栄養を与えるからである』[同前]」[Christensen 1989 : 706-707]。

(9) ケインズ [1975 : 339] によれば、このように「偉大なるロック」

は「片方の足を重商主義的世界に、もう一方の足を古典派的世界に」置いていた。

(10)　ロックのピューリタン的功利主義については、Coleman [2000: 724-29] 参照。「ピューリタン的功利主義とは、仕事を崇め娯楽を大目に見る一連の感覚のことである。ロックはこうした感覚群を以下のように定式化した。すなわち、神はわれわれを働かせようとしていたのであり、それゆえ、活動を要求するような物事によって（のみ）楽しみを得るようにわれわれを設計した。かくして、生における善き物事を手に入れるには、必ず働かなければならなかった。富は仕事を要求した。知恵も仕事を要求した。なぜなら知識は仕事（すなわち瞑想よりむしろ活動）から引き出されるからである。このときピューリタン的功利主義は快楽主義ではない。というのも、ピューリタン的功利主義は娯楽を無条件に善きものとは考えないからである。もしも娯楽が善きものであるとすれば、仕事によって『支払われる』ものでなければならない。しかしまた、ピューリタン的功利主義は美学的なものではなかったのであり、娯楽を悔恨することも、修道士的厳格さを推奨することもなかった。」[*ibid.*: 724]。

(11)　「マクファーソン以後、誰も彼の主張を注意深く考慮せずしてロックについて述べることができなくなった。また、真面目なロック研究者がマクファーソンに同意せざるをえないのは、必ずしも彼が正しいからではなく、むしろ所有と政治的統治体〔市民政府〕に関するロック説から生じてくる数多くの重要問題に対して、彼が懸命に答えようとしたからである。〔……〕第二論文の所有起源論に関するマクファーソンの精密な読解は特に興味深い。というのも彼は、自然状態の所有権に関するロックの説明において貨幣の導入が大いに重要であることを、初めて強調したからである。そこで彼は分析を二つの部分に分けている――貨幣導入以前の初期の自然状態、および貨幣以後の時代」[Vaughn 1980a: 18-19]。「ロック評釈者の最後の世代において、特にマクファーソンの著作以後、ロックの社会契約説における貨幣と貨幣的交換の重要性が次第に認められていった。実際、契約の動力因《エフィシェント・コーズ》としての貨幣の位置づけは、ロック説をホッブズやルソーから区別するものである。さらに、これもマクファーソンの影響なのだが、ロックの分析語彙を額面通りに受け取ることは、次第に回避されるようになった。もはやわれわれは、ロックの諸カテゴリーが現代民主主義思想への信心と同義のものであると考えながら、第二論文を読むことができない」[Caffentzis 1989: 48-49]。

(12)　「ロックは賃金関係を論じたが、厳密にブルジョア的な用語では論じなかった。労働の自由移動に関わる市場経済の諸条件は、古くからの取り決め事とは質的に区別される。〔……〕ロックは労働者を市場に引き渡そうとするよりむしろ、労働者たちが自身の勝手気儘と賃金誘因とに身を任せるよりも前にまず合理的経済人にならねばならないと主張した」[Hundert 1972: 17-18]。Diatkine [1988a: 11-12], Caffentzis [1989: 60], Dang [1994 1434-1435] も参照。

(13)　「〔国民所得における〕労働者の分け前は、生存水準を超えることが稀なので、分け前拡大を考えるのに十分な、あるいは富者たちと闘って（一個の共通利益である）自分たちの分け前を拡大するのに十分な人数・時間・機会を与えない。ただし、何らかの共通の大きな苦痛――全面的な動乱の中で労働者たちを一体化させるような――によって労働者たちが礼節を忘れたり、軍隊を用いて労働者たちに我慢を強要したりするならば、話は別である。このような場合、労働者たちはしばしば富者〔の分け前〕に割り込み、大洪水のようにすべてを押し流す。しかしこのようなことは、男王政権のもとで政府が管理放棄されるか管理に失敗しているとき以外は、めったに起こらない」[Locke 2011: 122; 邦訳 111]。

(14)　要するに、「その日暮らしの」労働者は、自分の生存要求を満たすのに忙しく、家父長制の環境下で暮らし、その行動は宗教的信念によって秩序づけられている。労働者の生活条件は、能動的市民たるに十分な水準の合理性を獲得することを許すものではない。これら多様な論点について、例えばHundert［1972］、Dang［1994 : 1995］参照。

(15)「自然状態における所有に関するロックの説明」においては「［……］広い意味の財産《プロパティ》〔固有権〕には、現代人の注意を集めがちな有形物のほかに、自分自身の生命と自由も含まれる。素材的財の財産はしっかりと労働に基づいている。これによって獲得された財産は使用されねばならず、浪費は避けなければならない。より大きな知性とエネルギーを持つ人々は、そうでない人々よりも、この世界の財をより多く獲得しようとする。このことは自然法によって許され、それゆえ正しい。しかしこのような合意はまた、その善き効果によっても、すなわち合理的で勤勉な人々による世界の不平等な所有は経済財〔経済的善〕の総量を増やす手段であり、土地を持たない貧者に対しても生活水準の上昇——資本財の平等な分有を強制する場合以上の上昇——を可能にするという善き効果によっても、正当化されうる」［Moulds 1964 : 188］。

(16) 例えば、「ロックは、物価水準の変動に固有ないかなる自己調整効果も認めていない。これは分析の欠陥であるというよりむしろ、われわれが気づくのは、ロックが、政治的介入と道徳的判断を余計なものにしてしまうような独立の動態を経済諸現象に帰そうとする自らの分析の原理を論じていないことである。逆に彼の分析はすべて、その推移を方向づけ調整することのできる、循環の部面に対して外的かつ上位的な目的性というものを明らかにすることを目指している。市場の法則が存在するとしても、それは作用反作用のループに従って自己調和するものではなく、絶えず政治的社会的介入の領域に通じているものである。だからこそ彼の著作においては、所有の定義、その構造、その分配の問題がこれほどの比重を占めるのである。こうした問題は、交換の諸法則の制約を自然法の諸要求に関連づける」［Garo 2000 : note75 : 31］。

(17) ロシュが述べているように［Roche 2009 : 32］、ロックの自由主義に関して「厳密に解する」こと、単なる「自由放任《レッセフェール》」という後の時代の理念とそれを混同しないことが望ましい。実際には、こうしたラディカルな〔ロック〕像とは逆に、ロックの立場は一つの政治的行為に通じている。すなわち彼は、政治権力によって組織される信用循環《シルキュイ》という理念を主張している。ただし、政治権力によって組織されるけれども、この信用循環は自由化される。つまりこれは、今日われわれが金融市場と呼ぶものを開設しようとする制度秩序的なプロジェクトである。

(18)「貨幣の発明は、確かに際限なき富裕化の可能性を導入するが、だからと言って人間を悪しき利殖術《クレマティスティケ》に駆り立てるものではない。労働して金持ちになる自由を道徳法が統治しているのであり、ロックにおける貨幣的富裕化の科学は、悪しき利殖術《クレマティスティケ》とは違い、政治・道徳の哲学から解放されていない［……］。適切にもロックによれば、もしも貨幣が富裕化欲望の対象であれば、貨幣は人間同士の紛争の原因になる恐れがある。［……］妬み、貪欲、略奪、他人よりも多く——自己の持ち分よりも多く——もとうとする欲望は、自然状態の調和的秩序を乱すので、衝突を調整し平和を回復するために政治的統治体を創設することが必要となる。［……］前貨幣的な自然状態においては、ロック流の条項が富裕化の欲望を鎮める機能をもつ。貨幣の発明以降は、国家の賢明な行動と宗教とが、無際限の富の欲望や購買を促す権利の解放が引き起こしうる荒廃に対して、防護柵として機能する」［Dang 1995 : 211-213］。

(19) 擬制商品（土地、貨幣、労働）に関するポランニー説［Polanyi 1983（1944）］を考慮して言えば、土地貴族政の下でロックは当時の「ブルジョワジーの代弁者」であったと言えるが、これは、彼が現代的形態における労働の商品化を先取りしていた（マクファーソンが時代錯誤的に主張しているように）、という意味ではなく、貨幣の商品化やそれを介した土地の譲渡可能性の加速化を正当化し後押ししているという意味である（とは言っても、ロックの時代には土地の商品化は既にかなり進んでいた）という意味である。

(20) 「ロックには欲望と自己同一性《アイデンティティ》とが互いに依存し合っているように見え、この事実が彼を不安にさせている。だがこの事実は、彼が主観的経済と客観的経済の両方を希少性の諸体制《レジーム》として記述したことの不可避的帰結であるように思われる。それぞれの領域が、崩れてしまった誠実性――説明責任があり自己権威化する「黄金」時代の個人――を回復する方法として欲望の組み込み《インコーポレイション》を要求しているように見える。しかしロックはこれを行うことをためらい、たいていは、欲望を「非安逸」、強欲といった否定的な用語で言い換えている。ロックは、欲深さを社会分裂の駆動力と見なす伝統的な疑念を抱き続けているのである。しかし同じ時期に、ロックの貨幣・利子論集をめぐって出現しかつそれを凌駕していた経済学的言説にあっては、欲望が中心的な位置を占めていた」[O'Brien 2007 : 706]。

(21) 「『ブルジョア階級のスポークスマン』について言えば［……］、誰かが思い切ってこの露骨な表現をロックにぶつけるとしても、おそらく彼はこれを否定しないだろう。［……］そういうわけで私は、ロック評釈のマクファーソン的伝統にほぼ同感である――というのもそれはこの露骨な表現を否定しないから――のだが、それはほぼ誤りであると考える。この伝統はずっと、ロックが［……］水平主義者の挑戦等により自らに課されたホッブズ問題に関心をもっていたと見てきた。［……］しかし［……］われわれは、論集が一六八〇年代と一六九〇年代の文書からなり、一六四〇‐六〇年の問題にではなく次の世紀の問題に焦点を合わせていたことを認めなければならない。既に一世代が経過して、「人民の敵」はその形態を変えてしまっていたのであり、ロックはそのことを十分に意識していた。実際、彼が哲学的・経済学的・政治学的な諸テキストを公刊したときの意図は、この新しい意識を支配集団に印象づけることにあった」[Caffentzis 1989 : 60]。マクファーソンに対するカフェンツィスのこうした批判はまた、ロック（およびシャフツベリ〔Shaftesbury〕）に「水平主義者によく似た教義を練り上げた新水平主義運動」の意識的建設者を見いだすロスバードに対しても妥当する。この運動はまた「世界最初の、自由至上主義を自認する大衆運動」であり、ロスバードは特にはっきりと、マクファーソンを「水平主義の教義についての最良の提要の一つ」[Rothbard 2006（1995）315-316; note7 ; 379] の著者だとしている。Dumont [1977 : 72 ; 75] および Diatkine [1988a ; 6 ; 8; 10] も参照のこと。

(22) Garo [2000] と O'Brien [2007] はこの観点からカフェンツィスを取り上げている。

(23) ロックの「諸著作はばらばらな固まりではない。それらは、直接には当時のホットな論争に反応したものであるが、その後何世紀にもわたって中産階級の心性と慣行の特徴を定義することとなった『人間的宇宙論《コスモロジー》』を創り出したのである」[Caffentzis 1989 : 61]。

(24) 「その利子によってわれわれにそのような年所得を生み出すことができる貨幣は［……］土地的な性質をもっている」（例えば Locke [2011 : 54-55 ; 60-61]）。ロックは、金銀の貨幣を性格づけるのに富《リシェス》（*riches*）の語を用いず、財宝《トレゾール》（*treasure*）の語を明示的に用いた。残念ながら、ロックの貨幣論集の近年のフランス語訳においては、この用語は使用されておらず、*treasure* は *riches* に相当する富《リシェス》と訳されている。ところが「以上のことから私は次のように考えている。［……］⑤金は銀と同じく**財宝**である。なぜならそれは保有する間に腐らないし、価値を大きく低下させることがない。⑥**金**は、**銀**と同じように**鋳造**するのにも、それを使って**取引**を行おうとする人々がその数量を確認するのにも適しているが、**交易の手段**として銀と組み合わせるのには適していない。⑦宝石も**財宝**である。なぜなら腐らずに保有され、しかもその**体積**に比例する大きさの価値をもつからである。しかし宝石を**貨幣**の代わりに使用することはできない。なぜならその価値がその数量によって尺度されないからである。またそれは**金銀**とは違い、分割されるとその価値を維持することができない。⑧他の**諸金属**は**財宝**ではない。なぜなら保有されるうちに変質するし、大量に存在するために嵩《かさ》が大きくてもほとんど価値がないからである。したがって他の諸金属は**貨幣**・**交易**・**輸送**に適していない。⑨**財宝**をわが国（イングランド）にもち来す唯一の方法は、わが国の**貿易**をうまく管理することである。⑩**金銀**を**鋳造所**にもち来し、そこに留まるわが国の**貨幣**と**財宝**のストックを増加させる唯一の方法は、わが国の**貿易黒字**である。わが国の**貨幣**と**富**を増やす他の方法はどれも、わが国を没落させる**計画**でしかない」（*«Further considerations…»*, in Locke [2011 : 266 ; 268]）。

(25)「貨幣の起源」に関するロックの「見解は、『物々交換の不便』による合理主義的な貨幣の起源の説明には全く無関心である［……］。確かに彼もこの不便に気づいていたが、『貨幣の』起源的『原因』についての説明において、それ〔物々交換の不便による説明〕は全く役割を果たさなかった。ロックによれば、貨幣が関係する最初の交換は空想《ファンシー》に基づいていたのであり、現実のニーズや便利さに基づいてはいなかった」[Caffentzis 2003 : 215-216]。Caffentzis [1989 : 149] と Dang [1995: note3 : 233] も参照。

(26)「金、銀、ダイヤモンドは、実際に有用であるからとか、生活の支えとして必要であるとかいうよりもむしろ、好みや合意によって価値を与えられるものである」[Locke 1992: §46 : 177 ; 邦訳 347]。

(27)「一〇〇ブッシェルのどんぐりやリンゴを採集した者は、それによってそれらへの所有権をもった。それらは、採集されるや否や、彼の所有物となったのである。彼はただ、それらが腐敗しないうちに使用することに気をつけさえすればよかった。そうしなければ、彼は、自分の分け前以上のものを取ったことになり、他人の分を盗んだことになるからである。……もし彼が、自分が所有している間に無駄に朽ち果てないように、その一部を他人に譲ったならば、彼はその分も利用したことになる。また、もしも彼が、一週間もすれば腐ってしまうプラムを、優に一年間は食べられる木の実と交換したならば、彼は何の権利侵害も犯さなかったことになる。彼の手のうちで無駄に腐ってしまうものがない以上、彼は、共通の貯えを浪費することもなく、また、他人に属する分け前のいかなる部分をも破壊することはないからである。さらに、もし彼が、木の実を、色が気に入って一片の金属と交換し、また、自分の羊を貝殻と、あるいはまた、羊毛をきらきら光る小石やダイヤモンドと交換した上で、それらを自分の手許で一生保存したとしても、彼は他人の権利を侵害することにはならない。彼は、それら耐久性のあるものを好きなだけ蓄積してもかまわないのである。なぜなら、彼の正当な所有権の限界を越えたかどうかは、彼の所有物の大きさの如何にあるのではなく、そのなかの何かが無駄に消滅してしまったかどうかにあるのである。／このようにして、貨幣の使用が始まった。それは、人間が腐らせることなしに保存できる何か耐久性のあるものであり、また、人々が、相互の同意によって、真に有用でありながら消滅する生活必需品と交換に受け取るものである」（Vaughn [1980a : 7] に引用されているロックの第二論文。Locke [1992（1690）: §46-47 : 178 ; 邦訳 347-348]。

(28) ロシュ（後の注57参照）は、（計算単位としての）貨幣が社会において――自然状態においてではなく――市民法によって制定されることを示唆しているが、これとは異なりカフェンツィスは、貨幣が自然状態において意見と慣習の法から模倣衝動《ミメティスム》と倫理的制約によって出現するとしている。というのもこの準社会的な法は、自然状態に反するものではなく、神が人間に与えた、人と人の間に慣行《コンヴァンシオン》を通用させる自由を表すものであるからだ。

(29) ロックにおける貨幣は、同時に実体《スブスタンス》〔物質〕でもあり「混合様態《モド・ミクスト》」でもあるものとして定義される。「［……］貨幣は金でもないし、銀でもダイヤモンドでもない。これらの実体を貨幣に転化させるのは、もう一方の観念である。『空想と暗黙の合意とのどちらも』が実体に『価値を与え』、価値を『普遍的な物々交換《バーター》すなわち交換《エクスチェンジ》』と見なしている。貨幣とは、実体プラス別の何物か――人々が実体に帰属させる非内在的な価値、すなわちその実体ともう一つの対象との間の同等性（これも実体には内在しない）を受け入れようとする意志――から成る観念、混合様態なのである。諸観念の複合体のうちこの非実体的側面こそが、貨幣の謎を生み出しているのである。［……］こうしてロックによれば、貨幣は二重カテゴリー的性格をもっている。それは一つの実体であり、なおかつ混合様態でもある。［……］貨幣の振る舞いの諸法則を理解するには、貨幣の二心《ドゥプリシタス》的本性を理解しなければならない」［Caffentzis 1989 : 75-76］（強調は著者による）。この点に関しては、ガロ［Garo 2000］とロシュ［Roche 2009］も、カフェンツィスと同じ見方をしている。貨幣の実体的次元は貴金属によるその後ろ盾にあるのに対して、混合様態（すなわち、様々な種類の単純な諸観念の並立によって形成されかつ様々な諸経験を源泉とする複合観念、もっと一般的に言えば、われわれが世界を把握するために適用する精神という構築物）としての貨幣の存在は、その慣行《コンヴァンシオネル》的性質を指し示している。ロックにおける混合様態の観念については、例えば、Garth Kemerling. *A guide to Locke's Essay Concerning Human Understanding*. 2011（http://www.philosophypages.com/locke/g02.htm. 二〇二〇年一〇月二八日閲覧）参照。

（30）これに関してカフェンツィス［Caffentzis 1989: note42 : 243］は、ロックが、なぜ土地が腐り易い生産物ではないのに、専有可能であり譲渡可能でもあるのかを説明していない、と指摘している。「ロックの理論には、今まで以上に注意を向けるべき大きな欠落が存在する。すなわち、土地の『果実』と対比しての、土地の私的所有物への転化［の理論が欠落している］」。これに対して貨幣を論じた著作においては、彼は土地の市場について、および地代の低落が提起する諸問題について考察している。

（31）「自らの欲求の限界を超えて自己の財産を拡大しようとする人間の欲望は、神の計画の中に書き込まれている。神の計画は、人間に対してその『天職』を確実に行い、神から割り当てられた使命を実現するよう命じている。さらにこの欲望は、個人の保全欲望（自然法が自己の保全を確実に行うよう、一人一人に課した義務を実現しようとする欲望）を延長したものでしかない。「人間の関心事は、自分の生命・健康・安らぎ・娯楽に役立つ自然の物品を享受することにより、現世の幸福を得ることにある」から、財産への執着は自然なことなのである。しかし、たとえ人間が自分の『天職』を実現するために地上にいるとしても、他の人々を犠牲にしての――正義のルールを遵守しない――無際限な利殖は、道徳的に危険な『天職』を作り上げてしまう」［Dang 1995 : 213］。

（32）マクファーソン［Macpherson 1954 : 14］が強調するように、ロックの第二論文の§123~125によれば、「［……］万人が王でも同等者でもあって、しかも、大部分の者が、公正と正義との厳格な遵守者ではないので、彼が自然状態においてもっている固有権《プロパティ》の享受はきわめて不安定であり不確実であるからである。これが、彼をして、どんなに自由であっても、恐怖と絶えざる危険とに満ちた状態をすすんで放棄させるのである［……］（§123）。［……］自然法はすべての理性的な被造物には明白で理解できるものであるとはいえ、人間は、研究不足であるために自然法については無知であるだけではなく、また、利害を免れないので、自然法を個々の場合に適用するに当たって、それが彼らに遵守を強く強制するものであるとはなかなか認めたがらない［……］（§124）。［……］自分のこと、自分の利害が関わることとなると人間はとかく不公平になりがちなので、情念や復讐心に駆られて行き過ぎたり激烈になったりするが、他人のこととなると、怠慢や無関心とからきわめて不熱心になりがちである。以上が無数の不正義と無秩序との原因である」（§125）［Locke 1992（1690）: 236-237 : 邦訳441-43］。

（33）というのも「［……］もし、堕落した人間の腐敗と邪悪とがなければ、その社会以外のどんな社会も不要であり、また、人々が、自然共同体を放棄して、ばらばらになり、より小規模に分化した社会を構築する必要もなかったであろう」（§128）［Locke 1992（1690）: 238 : 邦訳 444-445〕。

(34) この報告においてロックは貧者を三つのカテゴリーに分けている。①「正真正銘の貧者」(支援に値する《ディザーヴィング》貧者)、すなわち真に貧困ではあるが、そのような状態が本人の側の悪徳や先見の明のなさによるものではない人々(病人、身体不自由な老人、孤児)。②報酬支払いが不足しているために家族をまともに養うことのできない労働者。③十分に働く能力があるのに、仕事がないと主張して、物乞いで暮らすことを選ぶ「職業的な物乞い」。カテゴリーごとに異なる取り扱いがなされるものとする。」〔Dang 1994 : 1425〕。「一六九二年から一六九九年の間に、イングランドでは貧者の数が増え続けた」ことを想起せよ。「一六八八年にイングランドの人口に関する表を作成したグレゴリー・キング(Gregory King)は、日雇農民(cottager)+貧窮者(paupers)が国の人口の二四%(居住者五五〇万人のうち一三六万人、うち三〇万人は浮浪者)を占める一方、労働者・職人(labouring people)+使用人(out-servants)が同じく二三%(一二七万五〇〇〇人)を占めると推定している。よって、一六九〇年代にイングランドの人口の四七%を占めていたこの二つの集団は、自己の財源をもってしては日々の必要経費を捻出しえない。」〔*ibid.* : 424〕。マクファーソンのテーゼを引き合いに出しながら先に述べたように、カテゴリー②の「労働可能な貧者」、すなわち、労働せよという神の厳命を遵守する「自己自身の所有者」は、暗黙のうちに貨幣秩序に編入し、所有者たち――生活必需品と引き換えに自分のサービスを販売する相手先――の家父長制秩序に組み込まれ、それゆえ非常に不安定な状態にある。以下述べるように、このカテゴリーは立法権力の貨幣政策の主要な賭け金〔賭けられている物、争点〕の一つとなっている。カテゴリー①に関しては、慈善の対象にすべきだとされる。

(35) ロックによれば、「貧者とは、恩寵が不足している罪人《つみびと》である。〔……〕この見方からすれば、〔貧者とは〕自分の「天職」を引き受けることを拒む無為の輩である。ところが神の法は人間に、額に汗して生活の糧を稼ぐことを命じる。つまり、怠惰のうちに生きることは、宗教的戒律に背いている。〔……〕ロックによれば、貧困の原因は道徳的堕落に帰着する。ロックは貧困を無為や背徳と同一視することによって、貧困を〔神による〕選別の印と見なすことをやめている。〔…〕貧困は、神が下した罰と解釈されるのである」〔Dang 1994 : 1436〕。それゆえ無為な貧者たちは、自分たちの状態を選択するのではあるが、その状態を予め運命づけられていると言える。にもかかわらずロックはモデルの論理の上では、自己自身の所有者――他のすべての富を剝奪されている――が、ただ単に、労働への従属を拒否する自らの自由を行使しているにすぎない、ともしていた。このことによっていまやこの所有者は、貨幣なき自然状態におけるのと同様に、独占されている素材的富(土地と土地の生産物)の一部を専有することができなくなっている。この点から、彼らを完全に抑圧することへのロックのためらい、および幼年期からの適切な教育によって彼らを「矯正」しようというロックの意思が生まれてくる。ゆえに、いずれにせよ、彼らの犯罪は死刑に値するものではない。

(36) 逆に言えば、「地主たちも他の人々と同様、先見の明を発揮して、自分の財を慎重に管理し自分の収入からの支出を抑制するならば、その地位の保全が保証されている」〔Locke 2011 : 129 : 131 : 邦訳 116-117〕。「『勤勉で合理的な』地主は、『貪欲で好戦的で』伝統的心性をもつ同輩と肩を並べて生きている。前者は、ロックの賛美対象であり、部分的には彼の蓄積モデルの主体でもある。後者は、『答申文書の上で』怠惰に生きていただけではない。『人間知性論』でロックが敷衍しているように、権力・権威・家柄・財産をもつこうした紳士たちは、『知識』と合理的生活『に関して自分たちを超えている劣位状態の人々によってもち去られた……すべてのものを』見いだすのだろうか?」〔Hundert 1977 : 39〕。

(37) ロックは賃金生活者の反乱と拙劣な管理との間の結びつきを指摘したが、これについては前述参照〔Locke 2011 : 122 : 111〕。またロックは地代の低落という諸国の「富の衰退の確実な徴候」[*ibid.*: 121: 邦訳 108] を懸念しているが、このとき彼はそれを土地の供給過剰（売り手が買い手よりも多い）によるものとしている」[*ibid.*: 91: 邦訳 81]。そして、彼にとって、この売り手過剰の原因は「明白である」。「それは、全般的な不良管理（総体的にふしだらな暮しぶり《ア・ジェネラル・イル・ハズバンドリ》）と、その帰結としての債務とにほかならない。政府や宗教に対する軽蔑、悪い見本、いい加減な教育が放蕩を生み出している場合、しかも偶然または意図的にわれわれが収入に釣り合わない生活様式を始める場合には、借入は増加し何倍にもなるであろう。このとき、一定の地主たちが、自分の領地をまずは抵当に入れ、次いで売却しなければならなくなるだろう」[*ibid.*]。

(38)　実際ロックは、イングランド銀行を支援しその株主にもなっているのだが、同行を開設したロンドンの資本家たちには強い不信を抱き、ロンドンの金銀細工師には敵意をむき出しにしている [Laslett 1957]。

(39)　このように、ロックにおける社会構造は三大階級――それぞれ二つの「部分」に分割される――からなると考えてよいだろう。所有者の二階級は、郷紳《ジェントリ》と貴族《アリストクラシー》とに分かれる土地所有の利害関係者と、銀行家と商人とに分かれる金銭所有の利害関係者であり、非所有者の一階級すなわち貧者は、労働者と無業者とに分かれる。ロックは、ホッブズ的な原子論的立場に立つというよりむしろウェーバー的な理念型の作成者であるのだが、しかし、ホッブズと同様に方法論的個人主義者でもある。ロックの方法論的個人主義アプローチは、個人に適用される自然法という考え方、および自然法を補強しそれに実践的有効性を与える市民法という考え方と完全に首尾一貫している。「ロックによれば、社会を抽象的諸個人の並立と見なすことが可能となったのは、もっぱら、神の眼差しの下でそうした諸個人を人類へと統合する道徳が、社会の具体的諸紐帯に取って代わることができたからにすぎない」[Dumont 1977: 81]。「人の階級的立場は、ロックが行っていた議論にはほとんど関係していなかった」[Hundert 1977: 39]。例えばロックは、「堕落した」ないし「背徳的な」土地所有者《ランディド・メン》および／または貨幣所有者《マニード・メン》による一定の異常で無規律な個人的行動に責任を負わせることによって経済危機を分析しているし、また、それらの利害関係者――社会的カテゴリーとしてのそれ――の間で展開する紛争には実は存在する理由がないことを明らかにしようとしている。というのも、紛争は、経済危機の真因すなわち貨幣不足状況に関する判断の誤りによるからである。貨幣不足状況は、異常な個人的行動にだけでなく、そうした行動を正しい道に連れ戻す任務に関して立法権力が無能力であることにも起因している。「[*116*] **富**と**富者**が衰退する時期によくある（前述のような）闘争や論争は**土地所有者**と**商人**との間で繰り広げられるが、私はここに**貨幣所有者**を加えることができる。**土地所有者**が**地代**の低下によって**財産**の減少に苦しめられる傍らで、**貨幣所有者**は自分の**利得**を維持し、そして**商人**は**貿易**で成功して**富者**になっている。彼〔土地所有者〕の考えでは、彼ら〔貨幣所有者と商人〕は彼の所得を盗んで自らの懐に入れ、彼の破滅の上に自らの財産を築き、しかも全体として**国民の富**から自らの分け前よりもずっと多くを**占有している**。彼は、彼らの過剰な**利潤**の分だけ、土地の価値が減るのではないかと疑うので、**法律**によって**土地**の価値を維持しようと試みる。だが全く無駄である。原因も救済策も誤解されている。**土地**〔の価値〕を下げているのは、**商人**でも**貨幣所有者の利得**でもなく、貨幣の不足と、莫大な**支出**によって浪費されたわが国の**財宝**《トレジャー》の減少、それに**貿易**管理の失敗――**国民**は最初にいつもこれを感じる――である」[Locke 2011: 124: 邦訳 111-112]。

(40)　「ジョン・ロックの伝記作者は一般に、ロックの医学への関心は彼を有名にした著作とはほとんど関係がない、と想定してきた」[Coleman 2000: 715]。

(41)　ロックは『人間知性論』(2: 11: 13) において次のように述べている。「私には、狂人たちが〔……〕**推論能力**を失ったようには見えない。しかし彼らは、いくつかの**観念**を全く間違った仕方で結合してしまったので、それらが**真**であると誤認している。よって彼らは**人々**がするような誤り、間違った**諸原理**から正しく論じるという誤りを犯している。つまり、彼らは自らの**心象**の暴力によって自らの諸空想を**実在**と見なした上で、それらから正しい推論を行っている」（Caffentzis [2003: 209] による引用）。ただし「ロックが精神錯乱についてのこうした見解に到達していたのは、『知性論』を公刊するよりずっと前のことである。こうした見解は、一六七七－七八年の医学雑誌への寄稿において明確に表明されていた。そこで彼が展開した精神錯乱についての定式化が、『知性論』で反復されたにすぎない。例えば『精神錯乱は当人自身の心象の障害にほかならず、推論能力の障害ではない』[……]、あるいは『精神錯乱は［自身の心象を実在と見なす精神］（と私には見える）にこそ存するのであり、理性の不足に存するのではない』」[*ibid.*: 210]。

(42)　反対推論により、このことは貧者についても言える。貧者は、不安定な生活状態によって最低限の合理性を獲得できず、それゆえ自らの犯罪行為に対して十分に責任があるのである。

(43)　「ロックによれば、貨幣が関与する最初の交換は空想に基づいていたのであって、現実の必要や利便性には基づいていなかった。まず、ロックが『人間知性論』[3: 6: 46] で指摘していたように、当初、人々は金・銀・ダイヤモンドの破片を「採取すること」に引き付けられたが、それは現実の必要のためにではなく、単にそれらを楽しむためにすぎなかった。[……] このように貴金属の交換は、後に「美的」ないし「装飾的」な欲望と呼ばれたもの、あるいはロックが想像力・空想・機智と呼んだものから、すなわち人間の（しばしば邪悪な）自由に基づいて行われるようになったのである [……]」[Caffentzis 2003: 216]。

(44)　つまり「ヒポクラテス的な病気治療は慎重である傾向、徹底的な処置を避ける傾向があった。[……]『それは医術の領分を、自然が衰弱したときに自然を支えること、および自然が猛り狂ったときに自然を威圧することに限定していた。しかも、どちら側の試みも、自然それ自身が病気を排除・駆逐しようとするときの速度や方法によって規定されているのだった。』（シデナム）[……]」[Coleman 2000: 718]。

(45)　つまり「銀貨の公的純分と実際の純分との差は一六八六年の一二％から一六九六年の五五％になった」[Théret 2008b: 826]。

(46)　「刻印とは、誰しもがしかじかの呼称の下に、しかじかの重量およびしかじかの純度の硬貨――すなわち一定品質の銀――を受け取るであろうという公的な保証である。刻印の偽造が、ありとあらゆる犯罪の中で最も重大な犯罪とされ、かつ大逆罪という罪名が加えられる理由はここにある。つまり刻印とは、内在価値の公的保証なのである。国王の権威が刻印を押し、法が呼称を承認・権威化し、そして両者が一緒になっていわば**公的な信仰**を誘導する。」[Locke 2011: 157; 邦訳 141]。ここで想起しておきたいのは、ロックによれば、この刻印（すなわち公印）は商業的価値を少しも硬貨に追加するものではないし、逆にまた諸硬貨の価値は公印に従属していない、ということである。「銀は、人類が**等価物**と見なすことに、および他のすべての**商品**と**交換**に与えることに合意したものである。[…] 貨幣が未鋳造の**銀**と異なる唯一の点は、**貨幣**各個片に含有される**銀**の量がそこに付されている刻印によって確かめられることである。刻印はその重量・純度の公的**保証**となっている」[*ibid.*: 268; 邦訳 246]。

(47)　この点についてはThéret [2008b: 825-827] 参照。

(48)　先の注39参照。

(49)　ロックが重商主義者であったことは明白である。まず、彼によれば、われわれが販売するのは貨幣を獲得するためである。というのも貨幣は財宝、本来的価値、富、資本、誇示財であるからだ。だからわれわれは一国の富を、保有貴金属の――他諸国と比べた――相対数量によって評価する。「富とは、金銀をより多く持つことではなく、近隣諸国ないし残余の世界よりも多くの割合で持つことを言うのである」[Locke 2011: 19; 邦訳 16]。ところが、鉱山がないイングランドは、対外貿易の黒字によってしかこれらの金属を入手できない。ゆえに、ロックによれば、「鉱山がもたらす富は、器用で利く質素な人々、節度ある勤勉な人々だけのものになるのであり、スペインのように、怠惰で貧しい人々のものにはならないだろう」[Locke 2011 : 124; 邦訳 112]。

(50) ロックはあらゆる「信用貨幣」に反対しているわけではないが、それ自体を貨幣とは見ておらず、単に流通正貨量に密接に従属する一時的代替物としか見ていない。「信用は、この（正貨の）不足をしばらくの間幾分かは緩和するであろう。しかし、信用は一定期間の後に貨幣を獲得できるという期待でしかないので、正貨を手に入れなければならず、正貨がないと信用は返済不履行になる」[Locke 2011 : 259 ; 邦訳 239]。

(51) 先の注13参照。

(52) こうしてロックはイングランド銀行の設立に参加した。この点についてはRoche [2012] 参照。

(53) 当時の慣行に合致して、地代二〇年分に対応する土地の価格。

(54) 「しかし、これはおそらくあまりにも一般的で漠然としたルールなので、**貨幣**と**土地**だけを相互に関連づけて考察する場合、現在では六%がおそらく可能な限りの最善の比率であるという事実を付け加えよう。六%というのは、二〇**年購買年数**の**土地**より少し高い率であるが、イングランドの土地に一般に見られてきた率にきわめて近く、高すぎも低すぎもしないからである。すなわち、貨幣一〇〇ポンドと〔収益〕年五ポンドの土地（つまり二〇購買年数の土地）とが等価値であると仮定する場合、両者の価値を真に等しくするには、両者が等しい収入を生むことが必要であるが、ポンド当たり五%の利子をもたらす一〇〇ポンドが〔上記の土地と〕等しい収入を生み出しそうにないからである」[Locke 2011 : 110 ; 邦訳 100]。ホーマー [Homer 1963 : 131] によれば、六%という率はイングランドの状況においては一六五一－一七一四年の短期商業貸付の法定限界利率であり、一六九六年の抵当貸付利率や一六九四－一六九九年のイングランド銀行の割引率を上回る水準であった。これは、一六九〇年代初めに金銀細工師が預金に支払っていたレートでもあり、金銀細工師は国王ウィリアム三世に一〇－一二%（ただし公的借入が特別収入を後ろ盾にしていない場合には二五－三〇%）で再貸付していた [*ibid.* : 126-127]。

(55) ロックの貨幣論集においては、貨幣が〈政治体を循環する血液〉として隠喩化されることはない。確かにロックは、「貨幣は、普遍的な商品で、食物が生活に必要なように、産業《トレード》に必要なので」[Locke 2011 : 9 ; 邦訳 7] あり、「流通過程にある貨幣はトレードの種々の車輪を動かしている」[*ibid.* : 35 ; 邦訳 30-31] と考えていた。しかし、「貨幣の流れ（current）はトレードの車輪を回転させる」[*ibid.* : 21 ; 邦訳 19] と述べるとき彼が用いているのは、生物学的・医学的というよりも水力学的・物理学的な隠喩である。ロックによれば、貨幣とは何よりもまず富の貯え（財宝）、金融資産なのであり、ホッブズの言うような循環する液体ではない。ロックによれば貨幣――その本質においては金属貨幣――は「自然的には」液体ではなくて固体であるから、流通に入るには前もって液化されなければならない。こういうわけで、ロックにとっては、金銭貸付の利子は地代と同様に正統的なものとして認められるべきである。つまりそれ〔利子〕は、商業や生産の循環〔回路〕に銀を再導入する誘因として、貨幣が「一国の交易に比例」すると同時に「（その）住民の間の相互債務にも比例」[*ibid.* 13 : 邦訳 11] することを保障することを通じて、この液化の「仕事」において中心的な役割を果たす。このような貨幣―金銭の概念は、ホッブズ・モデルとは決して両立しない。ホッブズ・モデルにおいては、人体と同一視される社会体に行き渡る血液という自然的実体（「体液」）が、貨幣を同一視される。実は、「ニュートンの時代に、人体（およびその病気）と経済（およびその「病気」）［……］との関係に関して大きな変化が見られた。医学の対象（心身のミクロコスモス）と経済学の対象（貨幣的交換のマクロ場）との間のいわば呪術的な類似性が言説拡張の基礎となっていた時代は終わりを迎えた。［……］しかし、ミクロ‐マクロの対応に関する信仰が崩壊しても、医学‐貨幣の軸《ネクサス》は終焉しなかった。今度は、個人の心身に及ぼす医療の力を拡大して、政体《ボディ・ポリティック》に大規模な諸影響《エフェクツ》を与える方法とすることが、新たな関心の的となったのである。［……］理想的「経済主体」に関する医学的研究は種々の経済戦略・経済統治体制《レジメン》をもたらしたが、その意図は、合理的な貨幣的交換者を生み出すことにあった」［Caffentzis 2003 : 228］。

(56)　ここからわれわれは、「ロックが貨幣を神聖なものと見なす理由や、貨幣が国家による不断の介入・操作の対象となることを彼が不安に思う理由」を理解することができる。「蓄積過程と国家は通貨システムによって予め条件づけられていた。通貨システムが破綻すれば、必ず蓄積過程や国家の瓦解が引き起こされることになる」［Caffentzis 1989 : 163］。

(57)　こうしてロシュ［Roche 2009 : 15］によれば、ロックが表明しているのは「［……］貨幣についての二元的な理解であり、これについて［……］われわれは法自然主義の原理との哲学的一貫性を認めねばならない。①一方で金属は［……］あらゆる取引の原因である、というのは全くもって正しい。**自然権**の観点から交換を説明するものは、その〔金属の〕担保である［……］。『人々は取引において、単位呼称や音質のためにではなく、その内在的価値のために、すなわち公的権威がしかじかの呼称の正貨に含まれていると保証する量の銀を得るために契約するのである』［Locke 2011 : 252 : 邦訳 232］。②しかし逆にまた、計算単位の次元は、担保となる金属量《グランドゥール》を保証する市民法に従属している。『内在的価値［……］は、しかじかの呼称をもつ正貨に含まれていると公的権威が保証する銀の量である』［*ibid.*］。ここでわれわれは、この『貨幣の市民法』は確かに役立っているが、自然法に従属する行動原理を通用させることにしか役立っていないことを確認できる。それゆえ、ロックがここで表明しているのは、完全的に**自然権**に基づく定義である。すなわちもしも完全に合理的な定義を望むのであれば［……］以上の言葉が意味をもつとすれば、〔貨幣とは〕排他的に人間的な制度である［……］。つまり人間こそが――『自分たちの同意によって』――金属に担保としての価値を授けたのである。神ではなく人間だったのであり、神は有用ならざる金属を創出するのがせいぜいであった。最後に、政治社会が貨幣をその担保から定義する。ここにあるのは一つの制度の非宗教的《ライク》な定義ではないだろうか。」

(58)　ロックはもはや、人間個体と同形の政治体というホッブズ流の隠喩を用いていない。政治体に関するホッブズの擬人化――政治体に肉体と魂を与えること――は、ロックにあっては限定的な位置しか占めていないし、その性質も異なっている。ザッカロ‐バティスティによれば、「一七世紀には、魂と肉体からなるという人間の見方が、ホッブズ・スピノザ・ロックによって主権的権威と市民との関係を象徴化するために用いられていた」けれども、スピノザの後にロックが「隠喩の変化に関するもう一つの例をわれわれに与えている。ロックの『統治二論』（一六九〇年）においては、『肉体』の語は、特殊政治的な意味を獲得している。『何らかの数の**人間**がこのように一つの**共同体**あるいは**統治体**を作ることに同意するとき、彼らはやがて体内化され、一つの**政治体**（Body Politick）を作るようになり、そこでは**多数派**が決定する**権利**をもつようになる』［Locke 1690 : 邦訳 406］。［……］政治体の内部では、『その様々な部分を別々の人の手に置くことによって』［邦訳 418］、すなわち主に立法権力を執行権力および司法権力から区別することによって、統治体権力の均衡を達成しなければならない。平和的な社会の諸成員は結合して代議制の立法権力を形成し、『一つの凝集した生体』――これが今度は『コモンウェルスに形態と生命と統一とを与える魂』［邦訳 552］となる――を作り上げる。この魂によって国家の諸構成員は『相互に**影響**しあい、**共感**し、**結びつきあう**』［邦訳 553］。［……］「相互の影響や結びつき」のような諸概念はホッブズの自動機構とも、スピノザの心身間の並行性の概念とも疎遠である」[Saccaro-Battisti 1983 : 35-37]。

(59) 例えば Friedrich [1934] 参照。

(60) 「こうした分析の中でフィヒテは、二つのテーゼを打ち出そうとしていると思われる。一方は、今日で言えば自由主義的なテーゼ、個人の利益と富裕化に依存しているテーゼである。他方は、ある種の重商主義であり、国家に必要な富裕化をその商人の富裕化に依存することを推奨するテーゼである」[Thomas-Fogiel 2005 : 39]。ここでの「重商主義」には、「実際にはいわば重商主義の極めて一般的な枠組みの内に位置づけられる国家についてのあらゆる概念、すなわち国家が定義する枠内での権力・幸福・富の追求、拡張政策（特に植民地に関する）、国家の勢力増強」[Marquer 2003 : 373] が含意されている。

(61) ケインズ [Keynes 1935] は、ロックおよび重商主義者たちが自由貿易の枠内で金属貨幣に固執したことが戦争の要因であったと考えていたので、この点に関してフィヒテにかなり近い。「重商主義者たちは、自らの政策の国家主義的性格やその戦争促進傾向に関して幻想を抱いてはいなかった。彼らの追求していたものは、彼らの自己理解によれば、自国の優位であり、〔諸外国に対する〕相対的な強さであった。／国際通貨システムからのこの不可避の帰結を容認するときの彼らのあっけらかんとした無頓着は確かに非難されてよい。けれども知的な平面で見ると、彼らのリアリズムは、不動の国際金本位制と国際借款に関する自由放任《レッセフェール》主義とを主張する同時代の論者たちの混乱したアイデア――彼らのとっては、こうした政策こそが最も平和を促進するものだった――に比べれば、はるかにましである。[……] 歴史上、一国の利益を隣国の利益と相反させるのに、国際金本位（あるいは、それ以前の銀本位）制ほど効率的なシステムは存在しなかった。というのも、国際金本位制は、一国の繁栄を、販路獲得のための、および貴金属への渇望を満たすための闘争の結果に直接依存させたからである。たまたま金銀の生産が相対的に豊富であった時代には、競争の耐え難さはいくらか和らいだ。だが富が拡大し消費性向が低下するにつれて、競争は徐々に殺人的なものになる傾向があった。[……] 本当を言えば逆が正しい。国際的顧慮に煩わされることのない自律的利子率の政策、そして国内雇用量を最大化するための国民的投資計画の政策は、それを実施する国にだけでなく近隣諸国にも利益となるという意味で、二重に有益である」[Keynes 1975 : 344-345 : 邦訳（下）136-137]。表券説による貨幣の概念化に関しても、ケインズをフィヒテの後継者と見なすことができる。ケインズはフィヒテのプログラムの実行者である。この点についてはCaffentzis [1989 : 89-100] を参照されたい。カフェンツィスによれば、ケインズは一九三〇年代の資本主義の新しい経済学的・認識論的・科学的文脈の下で、ロックが彼の時代に演じた役割と類似した役割を演じたけれども、ケインズは「貨幣観念」の「実体的次元」である金本位制に関するロックの遺産を清算しようとした（「ケインズが、彼の前任者〔ロック〕とよく似ていて同感もしているのに、このようにロックを反転させているのは皮肉である」[*ibid.*: 96]。実際には、一九三〇年代に観察されたのは「金本位制の崩壊 [……] ロック形而上学の退位」[*ibid.*: 97] だけではなかった。このことは実は、イギリスの世界支配――二五〇年近く前にこれの知的・制度的土台を据えたのはロックであった――の終焉に対応しているのである。

(62) ここでもケインズのロックとの近似性を強調しておきたい。ケインズは彼の「一般理論が導きうる社会哲学についての最終的注記」（第24章）において、彼の理論が「財産の大きな不平等を社会的に正当化する主要な理由の一つ」を消滅させるであろう、と考えている。「[……]（彼の）理論は [……] 相続権を考察するわれわれのやり方に大きな影響を及ぼさずにはいない。所得の不平等を正当化する一定の考察は、相続の不平等までも等しく正当化するものではないからである」[Keynes 1975 : 367 : 邦訳（下）180]。

(63) 「どうやって人々が金銀だけをあらゆる価値の章標として使用する

ことに合意するようになったかについては、ずっと昔から探究されてきた。［……］しかし、私は、次のことをはっきりと強調しなければならない。すなわち、これらの金属の価値は、ひとえに、その価値に関する普遍的な合意に基づいている、ということである。誰もが、自らがもつ商品と交換に一定の比率でそうした金属を受け取る。なぜなら、誰もが、自分が取引するであろうどの相手も、やはり、そうした金属を同じ比率で受け取るだろう、と確信しているからである。こうした金属がもつ真の内在的な価値は、それが加工に用いることができる点から生じるが、一般的な合意に基づくその外在的な価値に比べればほとんど無に等しい。こうした金属から獲得される加工品が価値を持つとすれば、貨幣を新たにそこから作ることができる、あるいは作ることができたかもしれない、ということが考慮されるからである。したがってわれわれは、こうした金属の内なる貨幣素材に対して支払っているのである。しかし［……］世界貨幣が商品に対してもつ価値は、世論以外の担保をもたないのだから、まさにそれゆえに、その割合は世論と全く同様に、揺れ動き変わり易い」［Fichte 1980：122–123：邦訳 88–89］。

(64) その代わりにフィヒテは、カント『永遠平和のために』の永遠平和のプロジェクトを念頭において、「世界主義的な**権利**は、国家間の商業的・政治的諸関係の原理へと拡大しうる［……］相互自主規制の形態としての法的共同体という構想から帰結するのである［……］」としており、一七九六年には「『自由州の連邦』ないし『自由州の連盟』が、普遍的な世界主義的権利を打ち立てるのに必要な一つの段階であることを認めている」［Maesschalk 2005：6］。

(65) 「この章標は、即且対自的に不用なものであればあるほど、またその内在的価値が少なければ少ないほど、ますます単なる章標として役立つ傾向がある。というのも、有用なものはすべて、それを享受することができるべき国民の内部的な富に統合され、別の目的には利用されなくなるからである。したがって貨幣は、最も有用でない素材で製造されるべきである」［Fichte 1980：100：邦訳 60–61］。

(66) 「閉鎖商業国家の市民は外国人と直接に接触しないから、閉鎖商業国家は、他のすべてを排除してこの貨幣によってだけ支払いを行うこととすると宣言しさえすれば、自らが望む物を貨幣に転化することができる。というのも、貨幣を利用する人にとって重要なことは、彼が獲得したときと同じ価値で貨幣を彼の手から、それを受領してくれる取引相手へと交換できることなのである。こうして、閉鎖商業国家の市民は、同じ国の市民とだけそれを交換することができ、決してそれ以外の人間とは交換できない。この国の市民すべては、最大の債権者に支払うことができる貨幣を入手するよう強いられる。もちろんここで言っているのは、誰もが直接間接に税を支払うべき相手であり、その国の某かの商人や商社よりも著しく巨額の収入がある国家である。このようにして、外国人に受け入れられるかどうかを問う必要のない国民通貨が生み出される」［*ibid.*：100：邦訳 61–61］。

(67) 「フィヒテによればこの人民とは、『社会の中で生き、独力で絶えず精神的・自然的に自己を再生産し、その共同体を神の栄光で満たすことのできる一定の特殊な法に従う、人間の集合体である』（フィヒテ）。［……］人民が倫理体であるとすれば、この倫理体を目的および信仰対象として見たものが国民である。国民とは、個人が自己自身の有限性を超えて自己自身の生を無限へと延長する運動である。ゆえに国民とは、人類の歴史的有限性の中にあって無限の存在である」［Mairet 1997：114–115］。

(68) **国民**と**国家**との入り組んだヒエラルキーに関するフィヒテの説明については、Dumont［1983］参照。

(69) ロックは金も貨幣金属として考察しているが、金銀間の固定平価を制定することを拒否することによって、複本位制には全面的に反対している。唯一の真の本位である銀によって表される金貨の価値は、需要供給法則によって日々決定されるものとされる（Locke［2011］参照）。

(70)「貨幣に関するフィヒテの観念は、古典派以後の経済学者にとっては、混乱した考え方への逆戻りに見えたのに対して、ロマン派には、啓示として受け止められた。今後その概念および原理を仕上げ洗練する必要があるとはいえ、これは、普遍主義的・観念論的アプローチが実り多い性質をもつことを確証している。この修正された貨幣学説の考案者はA・ミュラーであった」[Mann 1958 : 351]。Gray［2003 : 548］も参照。

(71) A・ミュラーは、一八一二年執筆・一八一六年刊行の *Versuche einer neuen Theorie des Geldes*（新しい貨幣論に関する試論）と題する貨幣を専門的に扱った著作をものした。この著作は、一八〇九年刊行の国家に関する別の著作『政治術の諸要素』（Elemente des Staatskunst）を引き継ぐものであった。既にそこで、経済と貨幣に多くの頁が割かれていた［Meyer : 2005］。

第Ⅱ部

連邦主義と通貨の多元性

第5章 通貨連邦主義の概念とアルゼンチンの通貨史による経験的補強

「通貨連邦主義」の理論は、財政連邦主義の理論とは異なり、いまだ萌芽期段階にとどまっている。その原因はおそらく、現存する連邦国家の通貨組織と非連邦国家のそれとの間に実質的な違いがないという事実にある。［……］しかし、連邦主義が貨幣の領域において独自の貢献をなしうるかどうか問うことは、もはや些末なことではない。ヨーロッパに共通通貨を導入する闘いのためには、少なくとも連邦主義者が、中央集権的な国民国家を特徴づけてきた通貨組織のモデルにとらわれることなく、こうしたテーマについて考えられるようになっていなければならない［Jozzo 1985:185:201］。

はじめに

本章では、理論と歴史の両方から接近することによって通貨連邦主義の概念を発展させる。ここでの理論とは哲学・政治思想における連邦主義の概念に関するそれであり、主に扱う歴史はアルゼンチンの通貨実験である。本章は三つの節からなる。第1節では、連邦主義を通貨システムに適用するときの一般的原則と歴史的基盤を提示する。第2節では、通貨連邦主義が最も明瞭に現れた歴史的事例の一つ、すなわち、一八九〇年から二〇〇三年までのアルゼンチン諸州における財政的補完通貨（Complementary Currency〔CC〕）の発行の反復的な波を提示する。第3節では、なぜこの国にはそのような注目すべき通貨連邦主義の事例が（それが抑圧された事例だとしても）見られたのかを検討する。われわれは結論において、ユーロ圏のために通貨連邦主義の「アルゼンチン的」シナリオを提案する。このシナリオは、現在一般になされている緊縮政策か、それとも通貨統合の崩壊か、という行き詰まりに陥ることなく、欧州連合（EU）の通貨危機を切り抜けることを可能にするものである。

しかし、このテーマの核心に踏み込む前に、いくつか予備的な注意をしておきたい。政治連邦主義および財政連邦主義について語られることはよくあり、それに比べると経済連邦主義について語られることはあまりないが、〔これらとは比較にならないほど〕通貨連邦主義という言い回しは非常に珍しい。英語とフランス語でグーグル検索すると、通貨連邦主義の検索結果は一〇件未満であり、その中身を見ると、「連邦主義」や「連邦主義者」〔という言葉〕と同様に、通貨連邦主義が正反対の〔二つの〕意味で用いられていることがわかる。多数派の立場、すなわち『フェデラリスト・ペーパーズ』〔A・ハミルトンやJ・マディソンらが新聞に寄稿した八五の論説をまとめた著作で、アメリカ合衆国憲法を批准して連邦政府を樹立することを訴えたもの〕の伝統に従い、連邦主義者であるためには連邦国家の支持者でなければならないという立場では、政治家と経済学者は通貨連邦主義を、連邦中央銀行によって管理される単一通貨と同じものと見なす。例えば、「通貨連邦主義」という表現は単に欧州中央銀行〔ECB〕と通貨統合からなる現行制度を指すにとどまらず、ECBの政策金利を決定する通貨ルールを一時的に変更することまでを指し示すとされる。すなわち、「非対称的ショック」にみまわれる加盟諸国の様々な問題に対処するために、それらの国のニーズに特定のウェイトが与えられるのである［Wyplosz 1999; Grégoriadis 2007］。こうして、この立場は、一連邦内での通貨権力の分配に関する組織構造も〔連邦制に〕特殊な制度レジームも、取り扱わないのである。

その一方で、少数派の立場、すなわち、連邦主義の哲学的見方に従って一体性〔統一性〕と多元性〔複数性〕のバランスをとるという連邦原則を尊重することをもって連邦主義と見なす立場では、通貨連邦主義〔という表現〕が指し示しているのは、連邦化された様々な構成体〔国家、州、県、郡〕の諸利害が考慮されるような、かつ、通貨的権限の共有に力点が置かれるような、通貨システムの特定のデザインである［Jozzo 1985; Théret et Zanabria 2007; Arnsperger 2011; Théret et Kalinowski 2012; Saiag 2013］。この章で発展させられる通貨連邦主義の概念は、この第二の思想潮流に属する。この潮流では、通貨複数性〔多元性〕が、経験的証拠として認識され、通貨単一性よりも効率的で復元力が強いものとして理論化されている。

実際、現在のユーロ危機は経済的・文化的に異質な諸領土に対する単一の金融政策の帰結であり、この危機は、われわれにそのような単一の金融政策とその理論的根拠の再考を促している。通貨複数性の多くの歴史的実験は、とりわけ連邦的政体の政治的文脈において、次のことを指摘する。われわれは、貨幣を単一と複数のどちらか一方としてではなく、同時に単一かつ複数のものとして考えるほうがよい。要するに、われわれは、通貨複数性を諸通貨の競合の表現としてだけではなく、それらの補完性の表現としても考察すべきなのである［Kuroda 2008a; 2008b］。実際、われわれの見るところ、財政・政治連邦主義を補完する連邦主義の一形態としての通貨連邦主義の概念は、地域性に由来する諸通貨間のこうした補完性をデザインする理論的方法なのである。この概念は、貨幣の外在的次元としての領土性に準拠している。

しかし、通貨連邦主義は、二つの理由からこの領土的次元に還元されえない。第一に、政治連邦主義が一般にそうであるように、通貨連邦主義も、領土的次元と機能的次元の両方をもつからである。すなわち、通貨連邦主義は、〔一つの国が空間的に分割されて政府の諸レベルとなっていることに起因する〕領土的諸利害間の、および、〔社会的分業に深く関わる〕「機能的」諸利害間の政治的関係のバランスをとり、かつ、両タイプの共同社会的関係の間の相互作用を調整するのである［Sbragia 1993］。第二に、通貨連邦主義が、〔計算単位システムの〕単一性と〔支払手段の〕複数性を結合する近代的〔資本主義的・国家主義的〕貨幣に内在する連邦的構造にも準拠しているからである。

結局のところ、制度的補完性の仮説からすれば、ある通貨システムの組織化の諸原則は、その社会――つまりその通貨システムが計算と支払の共同体として機能している社会――の政治的組織化の原則と何らかの形で適合しなければならないことになる。したがって、近代的貨幣に内在する連邦的構造が、多くの場合、現存する諸連邦の通貨制度にはっきりと現れていないとすれば、そのことは、多くの連邦における経験的証拠が示すように、通貨連邦主義が政治的に抑圧《リプレス》されていることを意味する。[1] しかし、こうした抑圧は、連邦を多数の独立国家へと分裂させるか、暴力を通じて連邦を単一国家へと転換させるかのいずれかによって連邦を破壊しうる貨幣的および（または）政治的な不安定性をもたらしかねない。

それゆえ、諸連邦体においては、連邦を構成する公的な諸権力が、計算単位として用いられる連邦法定支払手段と同格に流通する財政支払補完通貨を発行するということこそが、「通貨連邦主義」として概念化できるものである。しかし、われわれが反復される社会的諸事実を概念化する理由は、特殊ケースから取り出したそうした事実をより一般的なカテゴリーへと変換することにより、集団的人間行動の可能性の領域についてのわれわれの理解を広げるのに有用であるからにほかならない。こうして、通貨連邦主義の概念に対するわれわれの関心は、現在のEUの政治的・経済的危機に対する解決策をEUの当初の目的に即してデザインするその概念の力に向けられる。

この観点に立つならば、イノベーティブな連邦型貨幣の諸実験は、たとえほとんどの経済学者と政治家が効率的・恒久的諸制度を生み出すことができない単なる緊急装置として見ているために見過ごされてきたにせよ、科学的知識の極めて重要な素材とみなされるべきである。それは、実際には、M・フーコーによって称賛された「埋もれた知識」の一部である。とすれば、それが存続できなかったことは、その経済的非効率性の結果ではなく、それを推進する社会的諸力の政治的敗北の結果である。われわれは、歴史的真理を目指す科学研究の美のためだけでなく、連邦型の新たな政治的・貨幣的な制度配置のデザインを啓発する独創的かつ真正な社会的イノベーションとしても、これらの実験を掘り起こさなければならない。純粋不換の紙券通貨は、それが主流派経済学者と政治家にとっての貨幣の標準形態になる前すなわち一九三〇年代までは、貨幣の単なる緊急的形態としかみなされず、かつ、真の貨幣ではなく偽物として信用されなかったことを心に留めておこう。

1　通貨連邦主義の諸原則と史実性

連邦主義とは、統一性と多様性のどちらかを犠牲にすることなく、統一性を多様性と和解させることを目的とする規範的諸原則の政治的な集合である。それゆえ、諸々の連邦的政体においても非複数的な貨幣観が普及することがあるが、社会科学者が連邦的諸政体〔の歴史〕の中に貨幣の複数性＋補完性に関する経験的証拠を見つけ出せるとしても驚くべきではない。合理的選択論が支配する主流派の経済学と政治学においては、連邦主義は「市場保護」装置としてとらえられ、競争以外の人間行動の原則には全く関心が向けられない［Weingast 1995: McKinnon 1997］。しかし、この見方は、主に「平和維持」を起源および目的としている多くの連邦化についての経験的証拠には当てはまらない。多くの連邦化は、政府の領土的レベル間の経済的競争の上にではなく、むしろ協力と補完性の上に成り立つのである［Théret 2015］。

このとき、もし連邦主義が、統一性と多様性のいずれかを損なうことなく両者を結合する制度的方法を意味するならば、その一般的原則は近代の資本主義的・国家主義的貨幣に当てはまると考えることができる。それだから、後述するように、ほとんどの連邦化に際して、領土的・機能的次元を有する貨幣のこうした連邦主義的構造は明確には認識されず、「正規の」科学的知識によって報告されていないにもかかわらず、危機の時代には、この連邦主義的構造が、繰り返し姿を現し、研究できるようになるのである。本章では、以下の事例から新たな経験的証拠を引き出したい。すなわち、連合規約〔アメリカ独立戦争中の一七七七年に採択され、一七八一年に発行された一三州の同盟規約〕から〔一七八八年発効の〕アメリカ合衆国憲法までの一〇年間と一九三〇年代のアメリカ合衆国、および、一九九〇年代のアルゼンチンである。われわれは、諸自治体と州が財政的補完通貨を発行するという通貨の複数性が急迫状況の産物にすぎないものではなく、通貨連邦主義の構造的な発現であると主張する。

（1）政治連邦主義から通貨連邦主義へ

連邦主義は、単一国家に通常みられるように諸権力のヒエラルキー〔頂点に全権力が集中する〕に基づいてではなく、諸価値のヒエラルキーに基づいて政治的秩序を形成する方法として定義することができる〔Théret 1999c: 2002a: 2004: 2015〕。政府の連邦レベルは、連邦化された諸政府〔例えば州政府〕ほど権力が大きくない。なぜなら、政府の連邦レベルにおいては、政治的諸能力が独占されていないのに対して、連邦化された諸構成体は、自らが主権である領域において、連邦政府に優る権力をもっているからである。しかし、連邦政府は、全体としての連邦の基礎を築くという理由で価値において上位の序列の諸能力を行使しているのであり、例えば、構成諸州間の内部平和を保障したり、諸州のために外部世界において代表者として振る舞ったりしている。したがって、連邦的政体には、諸権力が重なり合うヒエラルキーがあるが、言葉の厳密な古典的意味での主権的権力《パワー》は存在しない。主権性は、いかなる行政的権力からも分離された権威〔当局〕の属性になり、その決定は、連邦的権力と連邦化された権力が、その権威を自分たちが服従する主権的権威として認識する場合にのみ、強制可能である。そうでなければ、その連邦は解体途上にある。自らの実力が純粋に象徴的なものであるこの権威は、連邦的あるいは連邦化されたいかなる政治的権力よりも上にある主権の地位に置かれた第三者なのである。それは通常、連邦の政治的秩序を作り上げる諸政府の二つの〔あるいはそれ以上の〕レベル間ないしレベル内の権力紛争を解決するために必要な権威をもった憲法典および特別司法権力――最高裁判所ないし憲法裁判所――という物的・制度的形態をとる。

また、諸価値のヒエラルキーとしての連邦主義のこうした一般的構造は、経済が政治的・宗教的・家政的秩序とは分化している近代の国家――市場社会の貨幣的秩序にも当てはまる。計算システムと計算単位を公布すること、その唯一性を維持することは、連邦レベルの権限である。ホートレー（Commons〔1934a: 472: 477〕に引用された Hawtrey〔1919〕）およびケインズ（Ingham〔2004〕および Wray〔2014: 15〕に引用された Keynes〔1930〕『貨幣論』）によって明確に示されたように、それは、支払手段を発行し、流通させる権限よりも大きな社会的価値を有している権限なのである。後者の権限は、共有され、分権化され、さらには脱中心化されることもある。貨幣的取引を可能にするために、通常、その権限は、異なる領土的範囲で異なる目的をもって活動する異なる主体・組織に分配されている。支払諸貨幣――諸通貨――は、取引および使用者ネットワークの複数の（公的／私的、市場的／非市場的、小規模／大規模な、地域《ローカル》／地方《リージョナル》／全国の）領域で流通する。それらの通貨は、様々な物的形態をとるのであり、アプリオリには「全目的貨幣」ではなく、ほとんどの場合、取引で受領されるには「指定され」なければならない貨幣である〔Zeliver 1994: Blanc 2006〕。それらの通貨が、統一されえないという事実にもかかわらず、一つの支払共同体を形成するためには、連邦化されなければならない。そうなれば、それらの通貨は、共通の連邦的計算単位に媒介されることによって、より拡張された非人格的ネットワークにおいて、かつ、アプリオリには異質な取引領域をまたいで流通することができるようになる。

それゆえ、共通の計算システムと計算単位によって象徴される社会において支払いの〔ための〕諸通貨を発行する権限を、必ずしもその社会の一体性と凝集性《コウヒージョン》を危険にさらすことなく、様々な発行体（銀行、私的企業、州、市、地域交換取引制度、アソシエーションなど）へと機能的・領土的に分与することができるのである。その一方で、債務決済手段を発行する権限は、分権化ないし連邦化された経済的・政治的権力の領域と構造的関係をもつようにみえる。しかし、統合が集権化なしに効力をもつためには、創造された多様な支払手段が、少なくとも共通の計算単位で表示され（あるいは、ある安定した価値で兌換でき）なければならないし、かつ、支払諸単位と計算単位との間に平価性が維持されなければならない。

連邦の主権的な通貨権威を表象することになる第三者について言えば、それは、計算単位および計算システムを公布・維持する連邦権力であることも、支払諸手段を発行する連邦化した諸権力であることもない。歴史は、貨幣的な事柄における真の主権者は貨幣使用者という人民であることを示している［Wennerlind 2011b］。彼らは、内部的・多角的な諸取引においてその使用を受容または拒否するときに、想像的通貨であれ、現実的通貨であれ、あらゆる通貨の将来を決めてもいるのである。ここで、人民は、貨幣の憲法を通じて、自分たちの権威を（公的および私的な）通貨的諸権力から独立した機関に移譲する決定を行ったうえで、諸通貨の発行者同士の対立を解消し、計算システムおよび計算単位の共通性を維持するために、その機関にこの憲法の解釈権を与えているものと考えられる。

この観点に立つとき、そのような通貨権威は、諸通貨の諸発行者から独立していない何らかの中央銀行と混同されるべきではない。中央銀行はたいてい、政府の連邦レベルの本質的な部分、すなわち単なる警察〔規制〕・行政権でしかない。中央銀行は、正統化されなければならない権力なのである。すなわち、中央銀行そのものは、通貨使用者集団を一つの社会的全体として構成する諸価値および社会的諸規範に宿る倫理的権威を欠いているのである。中央銀行は、自らの金融政策を正当化するために、政治共同体（単一型または連邦型）を支える諸価値による倫理的な後ろ盾を必要とする。もちろん、アメリカ連邦銀行制度の連邦準備理事会は、少なくともその設計の点では、そういった理念型的な通貨権威〔当局〕に最も近い機関である。その存在は、アメリカでは民間金融産業があまりにも大きな通貨権力をもつにもかかわらず、非商業銀行の準通貨発行に関する通貨抑圧《リプレッション》が、現在、世界の中で最も弱い理由を説明しうる。

しかし、なぜ、近代的貨幣に内在するこうした連邦的構造が、ほとんどの現存諸連邦の通貨制度にはっきりと現れないのか。なぜ、通貨制度と政治制度の補完性が実現されないのか、あるいは、少なくとも社会科学によって考慮されないのか。なぜ、連邦政体ないし準連邦政体における通貨制度が、あたかも連邦が単一国家と同じであるかのように設計されているのか。なぜ、一社会の政治的組織とその〔社会の〕通貨システムの組織との関係性は、後者の組織が、次いで前者の組織が、深刻な危機に陥ったときでさえも、ほとんど調査・検討されないのか。そのような疑問に答える余裕はこの論文にはない。答えるためにはおそらく、その歴史的期間において普及している標準的な貨幣理論と通貨諸制度・金融政策との間の強い結びつきを予め検討しなければならない［Théret 2011a］。

（2）緊急諸通貨、あるいは、抑圧された通貨連邦主義

通貨実験に焦点を当てることにより、いくつかの連邦において連邦主義的な通貨的実践が有効に展開されたことを明らかにしていきたい。

一般的に、さらには、連邦においても、様々な歴史的時期に連邦国家が納税引当証書および少額債券・少額ワラントという形態で「準通貨」を発行したことの重要性は、十分に検討されていない。とはいえ、三つの事例が比較的うまく記録されている。第一に、植民地期、および、独立してからフィラデルフィア憲法制定会議までのアメリカ合衆国［Ferguson 1969; 1983; Schweitzer 1989; Grubb 2003; 2005; 2012］である。第二に、同じくアメリカにおける一九三〇年代の危機の時期である［Elvins 2010; Gatch 2012］。第三に、ドル化ペソの兌換性危機に陥っていた二〇〇一年から二〇〇三年のアルゼンチン［Argañaraz *et al.* 2003; Chelala 2003; DNCP 2003; Licari *et al.* 2003; Schvarzer and Finkelstein 2003; Feliz 2004; Sbatella 2004; Colliac 2005; Douthwaite 2005; Théret and Zanabria 2007］である。アメリカでは、カリフォルニア州のような連邦構成州が、不均衡な州予算をファイナンスするために借用証書を発行するというやり方を今でもよくとっているが、これを通貨的実践と見なすことはできない。というのも、こうした借用証書は、紙幣として流通しないからである。これに対してアルゼンチンでは、準通貨の発行は、二〇〇一年から二〇〇三年の期間の特例ではなく、最後の軍事独裁政権が一九八四年に倒れたときから繰り返されてきた。

　にもかかわらず、アルゼンチンにおける〔一般に債務決済用債券《ボンド》ないし証書《レター》とよばれる〕納税引当証書《スクリプト》の形態をとった州財政通貨の発行は、社会的緊張と政治的危機が強まる時期にのみ経済学者に注目され、たいていの場合、これらの「準通貨」は、もっぱら緊急《エマージェンシー》諸通貨とみなされ、詳しく検討されることはなかった。この〔経済学者によって〕緊急的とされた性質は、貨幣的秩序の「正常」状態とは何かに関する規範的な先入見の帰結でしかない。この先入見によれば、たとえ政体が公式には連邦主義の諸原則に基づいて組織されているとしても、連邦国家〔あるいは独立した中央の通貨権力〕が公的な通貨問題において完全なる主権者であらねばならない［Helleiner 2003］。そのため、ほとんどの場合、〔アルゼンチンの〕州通貨は緊急の時期にだけ役人たちの目に入るのであり、危機が克服されるとすぐに、不法扱いされ、かつ〔または〕忘れ去られてしまう。州通貨がマクロ経済学的に重要であるように見えてくると、その通貨は、「正常性への回帰」の模索のなかで中央権力によって除去されるか、清算される。

　このように、州通貨は政治的に受け入れ不可能と考えられているので、〈特定の条件下で州通貨が財政を均衡させ、地域の経済発展を促進するという課題をうまく解決してきたのであり、したがって、これからもうまく解決しうるであろう〉という経験的証拠は、考慮されることがなく、かつ、貨幣論にも組み込まれなかった。それゆえ、L・ガッチが一九三〇年代におけるアメリカの地方税納付引当証書について述べた次のことは、アルゼンチンの州通貨にも当てはまる。

> 通貨と主権の結びつきが「通貨空間」の構成要素であるとすれば、納税引当証書の歴史的経験に含意される教訓は、地方通貨の推定上の便益に関する経済的問いに対する答えからではなく、地方政府の権力と自治に関する政治的問いに対する答えからもたらされるであろう。［……］地域通貨の重要性を認識するために、かつ、今日におけるその潜在的可能性について公衆の意識を呼び覚ますために、われわれは、地域通貨が、その成功にもかかわらず地域の権力の表現としての姿を消した歴史的瞬間を正しく理解しなければならない。［……］アメリカ貨幣史のより広い視野から見れば、ワシントンD．C．における通貨権力および権威の漸進的《プログレッシブ》な集権化のなかにあって、一九三〇年代における地域通貨の増殖は変則的な発展のように見える［Gatch 2012 : 33］。

F・グラッブ［Grubb 2003 : 2005 : 2012］は、Lester［1939］、Ferguson［1956 : 1983］、Schweitzer［1989］に拠りつつ、北アメリカ植民地の、次いで連合規約締結後の諸州の、財政的通貨に関する彼の研究で同様の結論を下した。公的な課税権によって裏付けられた様々な通貨システムが繰り返し不法とされてきたのは、それらが経済的に非効率であるからではない。政界においてそうしたシステムの支持者たちが、私的な金融利害と政治的優位にある支配階級との共謀（ときには両者の融合）によって繰り返し打ち負かされてきたからである［Beard 1913: Ferguson 1969: Holton 2005］。実際、商業銀行によって発行される私的な部分準備信用貨幣を支持して、税ベース型（税担保）貨幣の政治的価値を引き下げることを正統化する経済学的議論は、R・レスターが（以下に）述べるように、われわれが克服すべき「経済的神学」にすぎない。

> 何にも増して、われわれに今日必要なのは、植民地時代のわれわれの先人たちが当時の金融教義に対して抱いていた、ある種の知的な懐疑主義である。彼らは、既存の経済的神学に挑戦すること、あるいは、知的な実験に従事することをためらわなかった［Lester 1970（1939）: 307］。

実際には、経済的神学はアメリカに限られたものではない。それは、アルゼンチン経済・財務省の省内報告書［DNCP 2003］が証言するように、アルゼンチンでも影響力をもっているのである。およそ一六の州で一九九九年から二〇〇二年までに発行された州準通貨が二〇〇三年に連邦によって買い取られることになっていたが、この報告書はそれに関するものであり、おそらく大学の経済学者によって作成されたものである［Licari *et al.* 2003］。この報告書は、公的な諸通貨――国の通貨と州の通貨――が別個の空間に流通部面を有することを理由に、両者の補完性が完全に成り立ちうることを認めた。にもかかわらず、執筆者たちは、それは「最適」ではないと考えた。なぜなら、最適性は、通貨複数性の二つの問題――外部性と不確実性――を解決するために、通貨権力の単一性を要求するとされるからである。しかし、最適性へのこうした言及は、純粋に神学的である。というのも、それは、一般的な経験的証拠によっても（*Financial History Review* 2008）、この特定の事例における証拠によっても、裏づけられないからからである。[2] 後で見るように、州諸通貨が二〇〇一年に拡大されたとしても、その理由は実際のところ、連邦の金融政策が大きな負の外部効果をもたらし、通貨システム全体の信認と信頼を、ひいては集権的な通貨権力の信用を損なうところまで不確実性を高めたことにあった。そのうえ、多くの州と発行された大部分の諸通貨に見られたように、諸州の諸通貨は、うまく管理されたときには、正の外部効果をもたらし、不確実性を減らしたのである［Greco 2001: Théret et Zanabria 2007: 2009］。

こうした認知的文脈において見るとき、トゥクマン州がボカデとよばれる準通貨の発行を一七年間（一九八五年から二〇〇三年まで）続けたことが重要性を帯びてくる。トゥクマン州はアルゼンチン北西部〔NOA〕に位置する周辺的な州ではある（人口と国民総生産の観点から見れば、トゥクマン州は、ギリシャがユーロ圏に占める割合、つまり約三%に近い割合をアルゼンチンで占めている）けれども、われわれが第6章で詳述するこの「実験」は、重要な二つのことを証明している。まず、同州が発行したような納税引当少額債券は、必ずしも緊急的性質を帯びていない。次に、こうした債券は、国民的通貨と競合せず、むしろそれを補完する。

トゥクマン州の補完通貨を『フィナンシャル・タイムズ』は皮肉と謙遜をこめて「愉快なトゥクマン・ドル」と呼んだ［Pilling 1996］。

「正常」状態の危機への〔その都度の〕解答が州通貨だという見方をとりながらこれを説明するには、アルゼンチンの通貨システムは、（いかなる形態のものであれ）長期にわたり解決できていない、自らを構造的に不安定にする矛盾を抱えている、と考える必要がある。そのことは、通貨発行の集権化と商業化というアルゼンチンの「標準状態」が、最適な定常状態ではないことを意味するであろう。さらに、州補完通貨の発行に遅れて参入したブエノスアイレス州（〔通貨名〕パタコン）やエントレ・リオス州（〔通貨名〕フェデラル）の事例と違って、二〇〇一年における兌換性体制の危機は、トゥクマン州の通貨に生ではなく死を与えたと推測することができる。しかも、この死は自然なものではなく、政治的な殺害であった。というのも、連邦政府およびほとんどの州政府が自ら、国際通貨基金〔ＩＭＦ〕の圧力下で、それら〔補完通貨〕をまとめて償還し、かつ、全システムを再び〔首都〕ブエノスアイレスに集権化するために、過剰発行に起因したこれらの補完通貨のいくつかのまさしく文字通りの失敗と、補完通貨の緊急的性質についての常識とを巧みに利用したからである。

　以上を踏まえ、こう述べるのがより正確である。すなわち、兌換ペソの危機（二〇〇一年から二〇〇三年）の間、すでに補完通貨として一六年間流通していたトゥクマン州のボカデが、国と州のレベルでますます希少になっていたペソの代替物になるしかなかった。したがって、ボカデは過剰発行され、供給不足にある国民的法定通貨との額面での兌換性を保証することが難しくなったために、その信頼の一部を失った。しかし、このことは、ボカデが消滅する運命であったことを意味しない。というのも、第6章で示されるように、すでにボカデは国民的通貨システムの深刻な危機（とりわけハイパーインフレ）に直面して、それをうまく切り抜けていたからである。そのうえ、この危機のあいだに市場でボカデのペソに対する交換レートが悪化したときでも、**図5－1**に示されるように、ボカデはコルドバ州発行の〔準通貨〕レコル（通常、成功した実験と見なされる）と同じくらい良質な通貨であったように見える。ボカデはコントロールされ続けていたのである［Luzzi 2012］。

　最終的にボカデは二〇〇三年に消滅したが、この消滅はボカデに内在する経済的機能の帰結ではなく、もはやボカデが、中央金融権力と国際的金融権力の優雅なる無視《ビナイン・ネグレクト》の恩恵を受けられなくなり、全ての「準通貨」とともに連邦政府とＩＭＦとの間の駆け引き材料となった

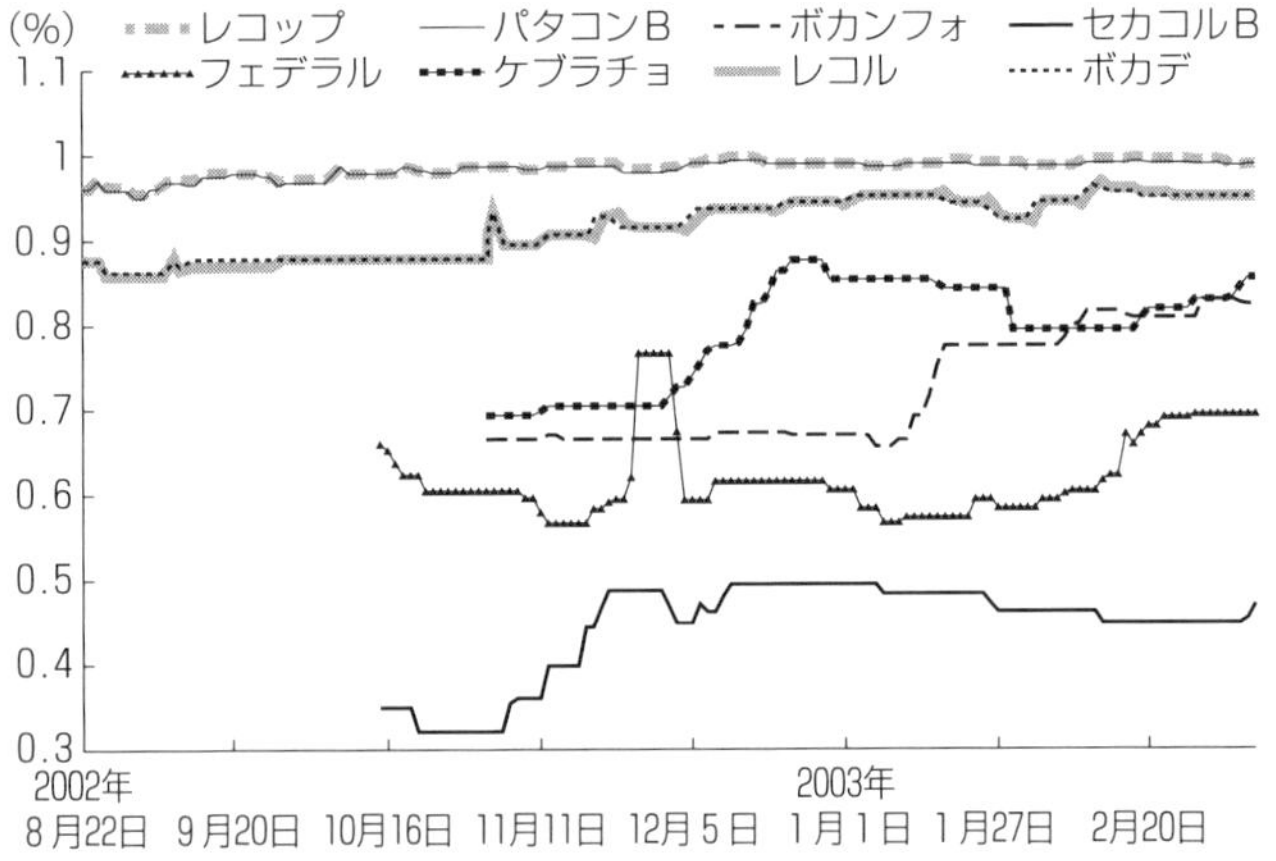

図5－1　7つの州通貨のペソに対する交換比率（2002から2003年の市場価値）

（訳注）パタコンおよびセカコルには「A」「B」の二つのシリーズがあった．図の期間，シリーズＡはすでに流通しなくなっていた．

（出所）BCRA［2003：3］．

ことによる。ＩＭＦは、以下のように準通貨に関心をもっていた。

州政府によって二〇〇二年に発行された準通貨は、合計で三二億アルゼンチン・ドルに達し［……］、二〇〇二年の二者合意にもとづく秩序正しい資金調達によって償還されるべきである。準通貨の主な欠点は以下の通りである。準通貨は、中央銀行の金融政策実施能力を蝕む［……］。準通貨は、財政管理の計画を複雑なものにし、なおかつ予算制約を変化させるものではない。準通貨は、非公式経済の拡大と租税回避を促進する［……］。準通貨は、州間交易に悪影響を及ぼす［……］。［というのも］準通貨は、交易を迂回する大きなフローを生み出すことにより、地域の非効率性を助長し、かつ、効率性を高める全国規模の統合を犠牲にして州経済を地域化させる傾向をもつ［からである］［IMF 2003：34］。

こうした「経済的神学」の盛り返しとは異なり、第6章では、州準通貨の発行が、国民通貨および信用貨幣の不足という州の構造的問題への有効な対応策となりうることが示される。この問題それ自体が、連邦の集権化された財政・金融の制度・政策の帰結である。加えて、以下のことも明確に示される。まず、諸州の補完通貨は、国民的な法貨支払媒体と競合してそれを流通から追い出しているわけではない。次に、諸州の補完通貨は、納税手段として受領されている州の経済空間の範囲内で国民的法貨を補完し、かつ、その意味で、効率的な通貨連邦主義の明確な表現である。もし国民的法貨の超過〔黒字〕が地域経済において観察されるならば、取引での使用が空間的に限定されている州通貨は、州の財務当局に還流し、消却されるか、州庫で保管されるであろう。

トゥクマン州のボカデの長寿を説明する、興味深いボカデのもう一つの特徴は、全国レベルの通貨不安定期にみられるその復元力《レジリエンス》であっ

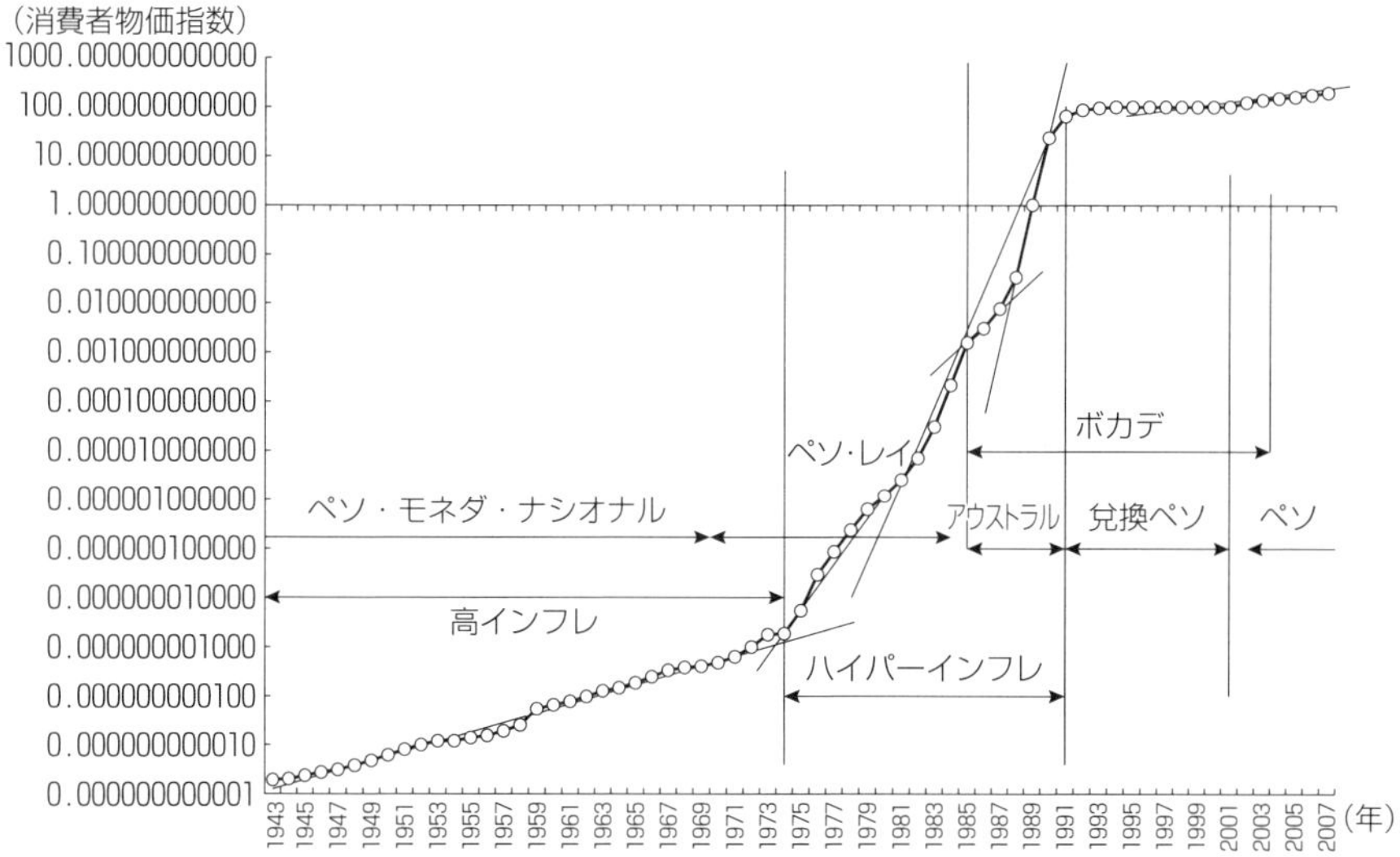

図５－２　アルゼンチンの消費者物価指数（1943-2008年）

（注）月々の指数の年間平均．1999年を100とする．

（出所）Vitelli［1986］．

た（図5－2）。ボカデが着想され、初めて発行されたのは、「〔国家再建〕プロセス」軍事独裁（一九七六年から一九八三年）が終焉してすぐの時期、そして、軍事権力の〔負の〕遺産であった非常に高いインフレを緩和するためにアウストラルと呼ばれる新たな国民的通貨がつくられた時期であった。しかし、間もなくして、アウストラル自体がハイパーインフレの餌食となり、一九九二年には、カレンシーボード制（アメリカ合衆国ドルとの平価での厳密な交換）のもとで発行される兌換ペソという別の通貨に置き換えられた。この時、その新体制は、深刻な景気後退をもたらし、最終的に、二〇〇一年の全般的な政治的・社会的危機をもたらした。この危機は、二〇〇二年初めにペソが大幅に切り下げられ、「ペソ化」（脱ドル化〔一国化〕）という新体制がとられて終息した。意外なことに、第6章で明らかにされるように、ボカデは、この極めて不安定な時期を「首尾よく」乗り切ったのである。ボカデの産みの親リエンツォ・シルニリヤロの言葉を借りれば、二〇〇二年までに、ボカデの「殺害が困難である」ことが判明した。それが生存した一七年間、ボカデは、「それがあるおかげで平和裏に仕事することができると認識していた地域の実業家たち」に強く支持され、かつ、ハイパーインフレに、兌換性に、IMFと連邦政府の調整に、偽造に、乱発に、さらには以下のことにも「持ちこたえた」。

〔それは〕人々からの無利子信用を銀行や市場からの高利信用へと変えるという攻撃〔である〕。そして最終的に、ボカデは、ポルテーニョ〔首都ブエノスアイレス市の市民〕たち〔要するに連邦政府〕をねじ伏せた。というのも、彼らは、州諸通貨を一六年間批判した後、州諸通貨の妹分であるレコップ〔中央政府の補完通貨〕を発行せざるをえなくなったからである［Cirnigliaro 2004：125］。

全国レベルで通貨的カオスが繰り返されていたときに、州レベルでのこのような復元力が見られたというのは逆説的であった。一方で、ボカデは、当時の国民通貨との厳格な兌換性の上に自らの生存力と効率性を確保していた。他方で、自ら〔ボカデ〕は中央の通貨システムに対して周辺的な性格をもち自由に適応できていたので、自律的な装置であったと言える。ボカデの自律性は、それゆえ、相互依存の中での独立であり、これは補完性についての優れた定義である。そして、相互依存の中での独立は、連邦主義の概念の核心でもあるため、地域性に起因する補完性の問題に通貨連邦主義の観点から取り組むことを正統化する。

ここからは、長期の観点を採用し、独立した連邦共和国としてのアルゼンチンの歴史における州の財政的諸通貨の発行の重要性、反復、原因を振り返ることによって、この点をより詳しく見ていきたい。

2　一八九〇年以降のアルゼンチンにおける州補完通貨発行の四つの波

独立国としてのアルゼンチンの起源は一八一〇年であり、それ以降、通貨複数性、税ベース型の通貨、紙幣の兌換性問題が、その歴史に刻まれている［Grinfeld 1910: Bordo and Vegh 2002: Irigoin 2000：2003］。一八六一年に連邦が最終的に確立した後も、州通貨が発行されてきた。われわれは、以前の論文では一八七六年、一八八一年、一八八三年、一八八五年における州による通貨発行の記録に言及し［Théret et Zanabria 2007：22］、より近年になって、一八六七年と一八六九年にブエノスアイレス州によって発行された州紙幣の貨幣学的記録を発見した。しかし、〔本章では、〕一八八〇年代末以降に、すなわち、連邦的なアルゼンチン共和国と「ペソ・モネダ・ナシオナル」（m$n）の通貨体制が安定化した時期に話を限定したい。その時期から今日まで、われわれは、州による準通貨発行の四つの波を識別することができる。[3]

(1) 第一の波「ペソ・モネダ・ナシオナル」の波（一八九〇〜一九三三年）

第一の波は、アルゼンチンの農業輸出主導型成長の黄金時代とその危機、すなわち、一八九〇年（国民的紙幣の兌換性を保証するためにカレンシーボードが設立された年）から一九三三年にかけて起こった。われわれは、それを「ペソ・モネダ・ナシオナル」の波と名づけたい。このときは、主にアルゼンチンの北西部と西部に位置する七つの州が、税ベース型の準通貨を程度の差こそあれ散発的に発行した（**表5-1**）。さらに進んだ研究からは、この波は二つの期間、すなわち第一次世界大戦の前後に分けられそうである［Bordo and Veigh 2002］。というのも、一九一四年に金との兌換性が停止された（そして一九二七年から一九二九年にかけてのみ再開された）からである。二つの期間に分けられるとはいえ、この波は、州諸通貨の発行が同一のペソ（m$n〔ペソ・モネダ・ナシオナル〕）標準に基づいてなされたという事実からその一体性を保っている。

表5-1に示されるように、北西部の州（フフイ、サルタ、トゥクマン）は、〔表中の他州に比べて〕活発であった（**図5-3**）。これらの州は、第二、第三の波においても中心になる。しかし、一九三四年から一九八四年にかけて、すなわち軍事的かつ（または）権威主義的支配、および、「絶対的に集権化された」中央銀行（一九三五年創設）と輸入代替主導型成長体制の組み合わせが見られた五〇年間［Olivera 1992］、州財政通貨が発行された記録が見いだされるのは、唯一、一九六五年から一九六六年まで債務取消証書《サルティフィカドス・デ・カンセラティオン・デ・デウダス》を発行したトゥクマン州だけであった。この債務支払証書は、無記名ではなく、むしろ裏書できる小切手のようなものであった。

表5-1　州準通貨の発行（1891-1933年）

計算単位　ペソ・モネダ・ナシオナル　m$n（1881年-1969年）	
該当する州	州通貨発行の年
コリエンテス	1891
フフイ	1903, 1905, 1928, 1932
メンドサ	1892, 1908
サルタ	1891, 1916, 1921, 1927, 1932, 1933
サンフアン	1894, 1896, 1899, 1909, 1923（４%の利子）
サンタフェ	1890
サンティアゴ・デル・エステロ	1891
トゥクマン	1900, 1915, 1917

（出所）現地メディアから著者が収集（注３を参照）.

図5-3　フフイ州の例（1932年）

(2) 第二の波　アウストラルの波（一九八四-一九九一年）

北西部の四州における新規発行を観察するには、最後の軍事独裁が終わり、一九八四年に進歩的な政治体制に戻るまで待たなければならない。新規発行は、一九八四年のサルタ州、一九八五年のラリオハ州とトゥクマン州、次いで一九八六年のフ

図5－4　1984年に「ペソ・アルヘンティーノ」で発行されたサルタ州のボカデ

図5－5　1986年に発行されたフフイ州のパブリコ

フイ州から始まった。州政府の財政に関する一九九〇年世界銀行報告書では、四つの州ではなくカタマルカを含む五州が、この期間に通貨を発行した州として取り上げられていた［World Bank 1990: 77］。Oppenheimer［1985］とCirnigliaro［2004 126］もまた、あらゆる州からの準通貨が額面通りに流通できるような地域的な通貨空間の可能性を議論した北西部の州の一つとしてカタマルカ州に言及した。しかし、われわれは、一九九三年以前にカタマルカ州で準通貨が発行されたという貨幣学的記録を見つけていない。

一九九一年まで続いたこの第二の波を、われわれは「アウストラルの波」と名づける。というのも、この波は一九八五年にペソがアウストラルによって置き換えられたのと同時に始まったからである。［アウストラル体制下では］各州の公的銀行によって運営される［地域］カレンシーボード制のおかげで準通貨は額面通りに兌換できた。サルタ州による最初のボカデ発行だけは「アウストラル・プラン」に先行していた。それは、ペソ・アルヘンティーノ［$a］（1000$a＝1アウストラル）で表示されていたので、最初の紙券には、アウストラル標準のもとで流通させるために［アウストラル表示の］新しい額面を押印しなければならなかった（図5－4）。

これらの年に発行された諸通貨、すなわち、サルタ州、トゥクマン州、ラリオハ州において「ボカデ」と呼ばれた通貨と、フフイ州（と一九九三年のカタマルカ州）において通常「パブリコ」と呼ばれた「無記名公債《ティートゥロ・パブリコ・アル・ポルタドール》」（図5－5）とは、この四州の中でとてもよく似たものであった。というのも、それらは、サルタ・モデルを、とりわけ、もともとはサルタ債券を模倣したトゥクマン州のボカデ債券を、踏襲していたからである［Del Rey et Orive 1986; Cerro 1988］。

このことから、とりわけ強い復元力をもつ、アルゼンチンの州債券の北西部［NOA］の亜種について論じることができる。これらの

〔州債券〕の特異性はどのようなものか。第一の著しい特異性は、ボカデもパブリコも、高インフレさらにはハイパーインフレが起きたアウストラル期に出現し、しかも維持できた、唯一の準通貨であったという点である。もう一つの特異性は、パタコン、レコル、セカコル、フェデラルその他は公式に有利子〔利付〕であったのに対し、NOA債券は無利子〔非利付〕資産であったという点である。ただし、少なくともトゥクマン州の事例において、州債券の認可法では無利子資産は排除されなかったのであり、単に実行に移されなかっただけである（第6章）。二〇〇一年に発行された連邦の〔補完通貨〕レコップと同様に、NOA債券は、国民通貨をアンカーとする財政通貨であった。NOA有利子支払手段は「証書」とよばれ、（とりわけ一九六五年と一九六六年のトゥクマン州および一九八八年のラリオハ州とサルタ州で発行されたセカデとは違い）債券とは呼ばれなかった。北西部のこれらの州がオールド・アルゼンチンを代表していて、そこでは州への帰属が個人のアイデンティティの重要な部分となっていることは、偶然ではない。このことから、NOA補完通貨の際立った政治的性質が明らかである。すなわち、この地域では、NOA補完通貨への信頼と信認を構築するための金融市場のインセンティブ――利子率のような――はすでに排除されていたのである。発行開始以降、そのようなインセンティブは、諸州の昔ながらの財政的手段である宝くじを通じて追求された。

最後に、NOA債券のもう一つの重要な特殊性と見なしうることは、NOA債券が兌換性を保証するためにカレンシーボードを動員しているという制度的事実ではなく（というのも、コルドバ州のレコルとエントレ・リオス州のフェデラルにも同じことが当てはまるからである）、むしろ、次の政治的事実である。すなわち、特に高インフレとハイパーインフレのときに簡単には維持できない〔はずの〕NOA債券の額面での兌換性が、地域の政治的支配層が「正常性」に復帰しようと急いでいるときでさえ、地域の財界によって事実上ときには明示的に防衛されていたという事実である。

(3)「ドル化ペソの波」（一九九二－二〇〇〇年の第三の波）と「兌換性危機と脱ドル化ペソの波」（二〇〇一－二〇〇三年の第四の波）

この国が一九九二年に「兌換性プラン」によってハイパーインフレを脱却して以後、諸州の政府はそれ以上の準通貨を発行しなかったと通常考えられている。一九九五年にはコルドバ州政府によるセコルの発行が上手くいったが、研究者と普通の人びとはこれを「テキーラ効果」危機〔メキシコ通貨危機から波及した危機〕に結びつけて記憶しているにすぎない。しかしこれは正しくない。サルタ州だけは州通貨の発行を止めたものの、トゥクマン州（継続的に発行）、フフイ州（一九九二年から一九九五年まで中断した）、ラリオハ州（一九九七年から二〇〇一年まで中断した）は、一〇年間にわたってボカデないしパブリコを発行し続けた。

しかも、このゲームに他の州が参入したのである。カタマルカ州が一九九三年（そうでなければ一九八五年）に（図5－6）、コルドバ州（レコル）、フォルモサ州（ボンカフォル）、メンドサ州（ペトロボノ／ペトロム）、リオネグロ州（セデルン）（図5－7）、サンファン州（クレフィ／ワルペス）が一九九五年に（図5－8）、ミシオネス州（セミス）が一九九六年に、コリエンテス州（セカコル）が一九九九年に参入した。こうして、一一の州が、二〇〇一年より前に、そして、国のカレンシーボード制の大危機より前に、兌換ペソでの少額債券の発行をすでに始めていたのである。そのため、一九九二年から二〇〇〇年までの州〔による準通貨〕発行の第三の波と二〇〇一年から始まる第四の

図５－７　1995年に発行されたリオネグロ州のセデルン

図５－６　1993年に発行されたカタマルカ州のパブリコ

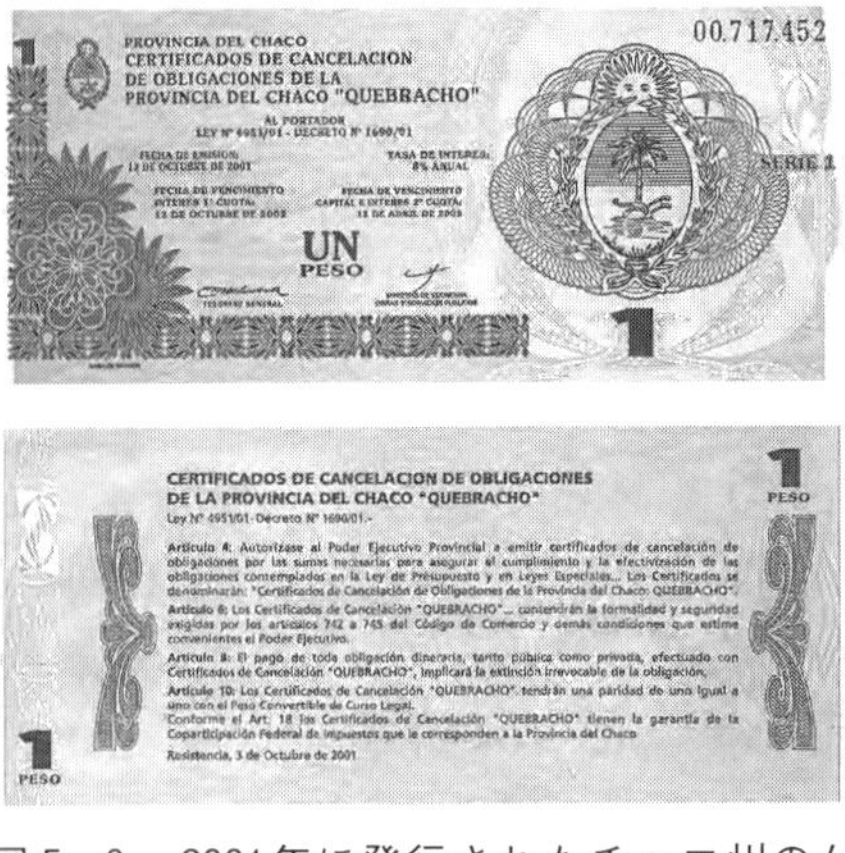

図５－９　2001年に発行されたチャコ州のケブラチョ

図５－８　1995年に発行されたサンフアン州のクレフィ

図５－10　連邦の州際準通貨

波を区別する必要がある。

われわれは、一一の州を含み、かつ、学術文献やジャーナリスト文献によって忘れられているこの第三の波を「ドル化ペソ」の波と名づける。二〇〇一年に始まる最後の波、つまり第四の波には、このゲームに新たに参入したさらに四つの州も関係する。すなわちそれは、二〇〇一年にパタコン〔という準貨幣〕で参入したブエノスアイレス州、ケブラチョで参入したチャコ州（図５－９）、フェデラルで参入したエントレ・リオス州、二〇〇二年にサンルイスで参入したサンルイス州である。この二〇〇一年から二〇〇三年までの最後の波を、われわれは「兌換性危機と脱ドル化ペソ」の波と名づける。

「ドル化ペソ」の波〔第三の波〕に関係する諸州は二〇〇三年まで諸通貨を発行し続けていたため、いわゆる兌換性危機（二〇〇一年から二〇〇三年）の時期には、アルゼンチン最大の州を含む一五の州（アルゼンチン全体では二三を超える州〔二三州とブエノスアイレス自治市〕がある）が関係していた。いくつかの情報源（例えばLicari *et al.* [2003]. Douthwaite [2005]）では、〔準通貨〕クアシモネダスを二〇〇三年に発行したパタゴニア地方の他の二つの州、すなわち、チュブット州（ペトロボノ）とティエラ・デル・フエゴ州（レトラス）も挙げられている。したがって、もしもリオネグロ州がペトロボノに関して発行を一九九五年に遡らせることができるならば、第三の波と第四の波に関係する州の数は、それぞれ一三州および六州へと押し上げられることになり、かつ、二〇〇二年から二〇〇三年にかけて一七州が通貨的に活動的であった〔準通貨を発行していた〕ことになる（フフイ州は、最後の波の時期、独自の州通貨を発行せず、ブエノスアイレス州が発行したパタコンを用いた。このパタコンで連邦税を支払うことができた）。

われわれは、これらの州通貨に、さらに最低でも、準通貨を発行したサンティアゴ・デル・エステロ州の自治体一つとコルドバ州の自治体五つを追加する必要がある。後者五つのうち四つの自治体は一九九五年の兌換ペソの波のときに準通貨を発行し、残り一つ〔ベル・ヴィレ〕は二〇〇五年に発行した。最終的には二〇〇一年には連邦政府自らが、レコップと呼ばれる準通貨を大量に発行し始めた（図５－10）。レコップは、連邦から州・自治体への財政移転システムを通じて流通に投じられる〔ドルに兌換不可能な〕州際通貨であり、かつ、連邦税を支払える法貨であった。

二〇〇二年における州少額債券と州際少額債券の発行総量は、マネタリー・ベースの約四〇％という目覚ましい規模であった［Douthwaite 2005; Théret et Zanabria 2007 : 28］ため、同年、中央銀行〔ＢＣＲＡ〕はそれらを含めて拡張されたマネタリー・ベースの概念を使用した［BCRA 2002 : 39］。しかし、この短期間の公然とした危機から一歩引いて眺め、また、それ以前の波を考慮に入れてみると、納税引当少額通貨の州による発行はこの挿話に還元できないことがわかる。

これらの通貨実験のもう一つの重要な特徴は、それらの多様性である。諸州の政治的・経済的状況の多様性に関連した多種多様な装置があった。州補完通貨の同格性を維持するために地域カレンシーボードを導入した州（コルドバ、エントレ・リオス、トゥクマン）もあれば、そうでない州もあった。他の州に比べて大きな税ベースの恩恵を受けた一部の州もあった（とりわけ、補完通貨を国税の支払いに用いることができ、かつ、ブエノスアイレス州のパタコンのように平衡財政移転の〔資金〕循環において流通していた場合にはそうであった）。自らの州債券を担保するために特別な公的資源を用いることができた州（メンドサ、チュブット、リオネグロの石油採掘料）もあれば（図５－11）、五つの国民通貨（アルゼンチンのペソ、ブラジルのレアル、チリのペソ、アメリカのドル、ユーロ）のバスケットにインデックスされた州債券（二〇〇二年末に発行されたサンルイス）もあった（図５－12）［Boletín Oficial

図5-12　2002年に発行されたサンルイス

図5-11　メンドサ州で2002年に発行されたペトロム

2002]。

信頼、信認、信用度《クレディビリティ》を築くための政治的戦略もまた、〔州ごとに〕大きく異なっていた。失敗した戦略もあれば、——最も重要なことに——成功した戦略もあった（図5-1）[Théret et Zanabria 2007 : 2009]。いずれにせよ、こうした実験のほとんどについて、詳細なことはほとんど知られていない。というのも、歴史家は今日まで、それらの歴史を記録することに関心をもたなかったからである。とはいえ、われわれは、アルゼンチンにおいて州少額債券の発行がそれほどまでに繰り返される理由を理解し、説明するのには十分なデータをもっている。

3　なぜそのような歴史的反復が起こるのか
——アルゼンチンの財政連邦主義と州レベルでの通貨・信用不足——

われわれの見方では、この歴史的反復は、アルゼンチンの政治的・財政的システムがもつ特殊な連邦主義的構造によって説明されるべきである。この構造の三要素を概説しなければならない。それは、第一に財政連邦主義の形態であり、第二に通貨体制であり、第三に、憲法体制である。

(1) 財政連邦主義と通貨不足

世界銀行によってすでに認識されているように、「中央政府から州政府への移転を理解することは、アルゼンチンの州財政を理解するための鍵である」[World Bank 1990 (vol. 1): 13]。この国は、連邦が諸基金の分配において大きな裁量権をもっていることに加えて、州予算が連邦からの移転に強く依存していることによって特徴づけられる。

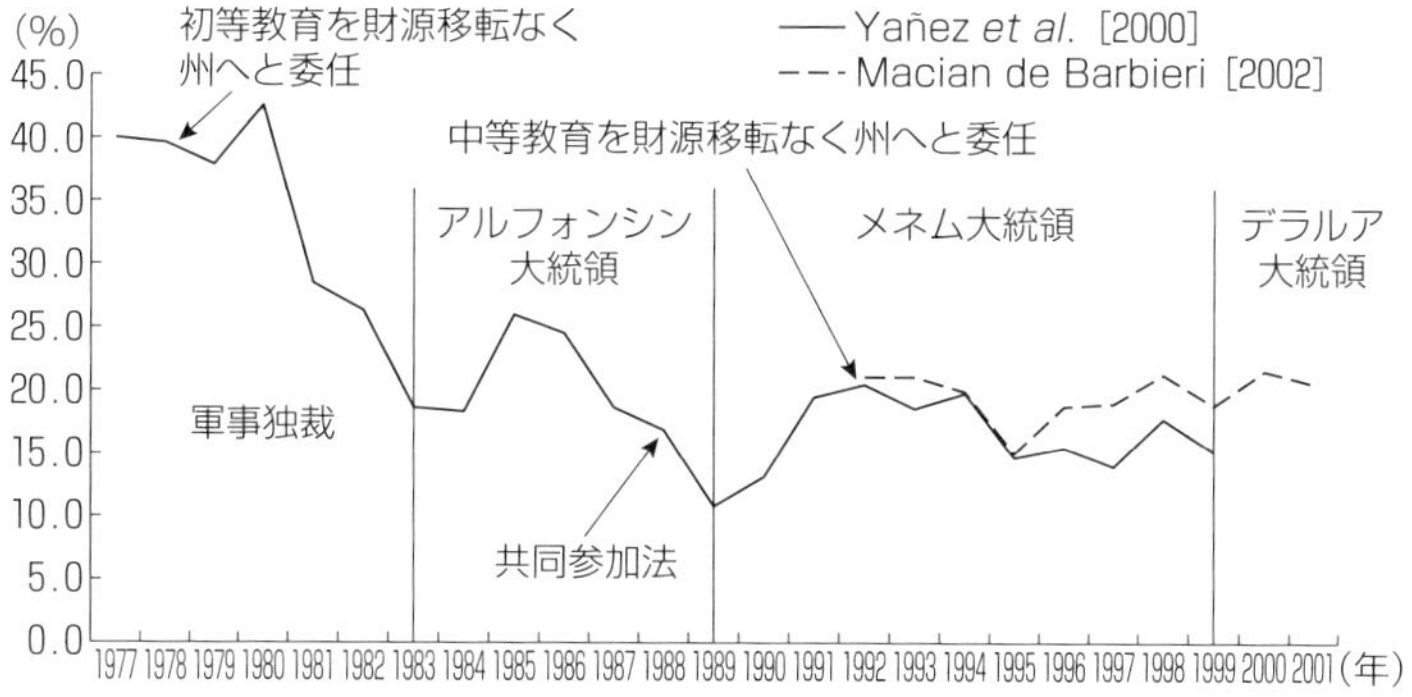

図5-13　総支出に占める州の自主的な収入の割合

（出所）Yañez *et al.* [2000], Macian de Barbieri and Dionisi [1990], Macian de Barbieri [2002].

ブエノスアイレス自治市（連邦の首都）を除くアルゼンチンの諸州は、時と場所によって異なるものの、連邦の財政移転に大きく依存している。連邦政府は、社会保険料を含む全ての税の約八五％を徴収しているが、支出はかなり分権化されている（州と自治体のレベルが、支出の約四五％に責任を負っている）。［ただし、］最も大きく豊かな州であるブエノスアイレス州、サンタフェ州、コルドバ州、メンドサ州は、最も貧しく周辺的な州よりも連邦の移転への依存が少ない。前者の自主的な収入は、州の全収入の約三〇から三五％を占めるが、後者のそれは、北西部の州において、フフイ州、サルタ州、トゥクマン州では二〇％に満たず、カタマルカ州とラリオハ州では一〇％に満たない [Saiegh et Tommasi 2000 : 69]。

税の第一次分配におけるこの大きな垂直的赤字は構造的なものである。それは、共和国が始まったときからあった。というのも、ブエノスアイレスは、共和国の不換通貨の発行を支える税収の主な源泉であった関税を独占することによって常に利益を得てきたからである［Irigoin 2003］。いまだに関税は、分配される歳入ベースには含まれていない。そのうえ、トゥクマン州について図5-13で描写されるように、最後の軍事独裁によって開始され、アルフォンシン大統領とメネム大統領の民政でも一九九三年まで続けられた、社会支出を一方的に——対応する収入の移転はなしに——委任する政策によって、その垂直的赤字は七〇・八〇年代にかなり膨らんだ［Eaton 2001; Falletti 2010; Théret 2015］。

ほとんどの連邦では、連邦税の移転には三つの種類がある。それは、通常の歳入分配（平衡化）、特定の使途を指定した移転、純粋に裁量的な移転である。しかし、アルゼンチンでは、これらのカテゴリーの境界はぼやけている。なぜなら、自動的な歳入分配および（または）使途特定に関する一定のルールが公布されている場合でさえ、そのルールが連邦大統領と州知事の二者間交渉を通じた無視ないし恒久的な再交渉が繰り返されるからである。一九八八年の共同参加法で歳入分配の制度化が刷新されるより前は、連邦ルールを無視することが一般的であり、それより後は、そのルールはたえず再交渉されるようになった［Bonvecchi 2005］。

これらの理由から、諸州は、毎年、毎月、毎日受け取る予定になっている連邦通貨の本当の量がきわめて不安定で不確実であることに悩まされている。連邦の実際の拠出量をめぐってたえず議論されるのには、支払計画についての連邦の裁量権が関係している。というのも、しばしば、基金の分配は、議会で大統領が主導権をとることへの政治的支持に左右されるからである［Bernadou 2009］。連邦政府自体が財政危機に陥っているとき、この不確実性は高まる。

そのうえ、通貨不足は州にとって日々の問題である。なぜなら、移転支払は、州庫に不規則なペースで資金供給しがちだからである。実際、連邦の財政移転と州への公共支出の委任は、しばしば、連邦予算を管理（カット）するときに真っ先に見直されていた。そして、アルゼンチン経済は変動性の度合いが強く、外的ショックに大きく左右されることが知られているため、連邦の財政危機、次いで州の財政危機は、繰り返されると予測され、常に恐れられている。

それゆえ、アルゼンチンでは、公務員給与および（または）小規模な供給者への債務支払いが数ヵ月間遅れることは驚くに当たらない。しかも、州政府が経常支出に用いる資金を調達するために銀行および（または）金融市場から通貨を借りなければならないときには、こうした待機［支払遅延］期間が社会不安と急迫状況［の時期］と相関していることが目撃されても驚くには当たらない。このように州政府が連邦財源に大きく依存していることは、州政府の公債が主に高コストの流動債務であることを説明する。

（2）通貨システムの「絶対的中央集権化」、信用の不足と高コスト

州財政の難題におけるもう一つの要素は、周辺の貧しい州、すなわち貧困にあえぐ州の信用不足、および、それに相関して高い信用コストである。そのような州の連邦政府に対する経済的依存は、財政移転に限定されず、連邦の金融政策にも及んでいる。金融政策は超集権化され、通貨体制はもっぱら為替相場体制およびマクロ経済的安定性と関連して管理されているので、周辺的諸州における――公的および私的な――経済的諸利害は考慮されない。州の資金調達および地域的経済発展のこうした外生的制約は、時期によって程度の差こそあれ、ハード化している。というのも、その制約は、金融政策の運営方式と金融システムの制度的デザインに左右されるからである。アウストラル期とドル化ペソ期における信用は、前者の時期には比較的緩和されていたが、後者の時期にはコストが高くなり、抑制された。

アウストラル期、諸州は州立の公的銀行によって支えられていた。諸州は、州立の公的銀行を通じて短期信用を利用することができ、州立の公的銀行はそれを中央銀行で再割引できた。しかし、例えばアウストラルが非常に高いインフレの再発に直面した一九八七年以後のように、中央銀行の再割引の制限が強まるとすぐに、短期信用の供給源は、閉じられるか、ずっとコストのかかるものになった。いずれにせよ、この種の資金調達を通じて、諸州の政府は、自らの構造的な流動性問題を州銀行に転嫁していたのであり、州の公的部門の連結決算は改善されなかった。そのため、その装置［州立銀行］は、公債のより良い短期的円滑化を可能に［より良い短期信用を利用可能に］していただけだったのである。

ドル化ペソ期、アルゼンチン中央銀行（ＢＣＲＡ）は、一種のカレンシーボードへと変容し、信用貨幣の発行を禁じられた。さらに、一

九九五年以降、州立銀行のほとんどは民営化され、もはや州の赤字を低いコストで直接的にファイナンスしようとはしなくなり、ハードな予算制約が導入された。諸州は、よりコストのかかる金融市場を利用しなければならなくなり、そのため、州の借入を連邦からの交付財源で担保することしかできなくなった。こうして、州債務の負担は、以前にまして急速に増大し、諸州の経常支出の支払能力は低下した。まさにそういったことが、トゥクマン州において、州知事がボカデを廃止しようとした一九九六年から一九九九年の間に起こったのである（第6章を参照）。

しかし、信用の不足および高コストはまた、州財政に第二の――間接的――影響を及ぼした。それは、地域の経済発展のために資金を出すことの難しさに、したがって、州の課税ベースを拡大することの難しさに関係している。J・オリヴェラ［Olivera 1992］は、この問題をアルゼンチンにおける中央銀行の「絶対的中央集権化」と結びつける。

能動的貨幣と受動的貨幣の区別で国際的に知られる経済学者オリヴェラによれば、貨幣供給という「能動的」な側では「マネタリー・ベース乗数」は州ごとに異なっている。なぜなら、マネタリー・ベースの増加は諸州に不平等に分配されるからである。この不平等は諸州の経済状況の多様性によって強められる。例えば、ある州の状況が過少雇用であるか完全雇用であるかに応じて、貨幣供給の増加は、生産かインフレかのいずれかを刺激することになる。そのうえ、地域の活発で大きな通貨・金融市場が存在するか否かに応じて、金融政策効果の波及メカニズムは、生産的経済に波及するか金融部門に限定されるかのどちらかになるであろう。価格と賃金の変化によって刺激される貨幣需要という「受動的」な側では、オリヴェラが主張するには、たとえ就業率が同じであるとしても、金融諸機関が空間的に不平等に分布する場合、それらの機関が需要に応じる能力には地域差がある。

結局、彼によれば、

> 政治的権力の分権化と経済的権威の分権化、つまり政治連邦主義と経済連邦主義は、国と諸州との諸関係についての憲法的な二項式における相互補完的な二項である［Olivera 1992 : 17］。

それゆえ、「合理的な金融政策は地域的差異を考慮に入れなければならず」、「そのための最良の方法は、中央銀行の分権化である」。ただし、「中央銀行分権化の最適な度合いは、全ての国で同じではなく、領土の広さ、地域的多様性、金融の組織化、実施される金融政策のタイプに左右される」［*ibid.*: 9］。

オリヴェラは、現在の中央銀行のさまざまなタイプを検討した後、次のように述べた。アルゼンチン中央銀行〔BCRA〕は、中央銀行に分権化した形態をとるよう強いる連邦の法律が存在するにも関わらず、「完全に集権化した組織体として機能している」［*ibid.*: 14］。それゆえ、アルゼンチンの連邦憲法と食い違っているBCRAの「絶対的集権化」に代えて、BCRAは「国の規模と地域間格差の大きさ」を考慮して、管理運営上、分権化されるべきである［*ibid.*］。

この分析から、次のことが推察されうる。すなわち、構造的に見て、アルゼンチンの周辺的諸州は、自らの経済的ニーズに合致しない金融政策と、自らの財政安定化に合致しない、通貨諸機関の地理的分布とに直面している。実はこのことから、国民的な通貨・信用が大幅に不足するときに州政府が常習的に頼っている「通貨ファイナンス」［Ferguson 1956］を、地域の実業家階級がおおむね支持してきたのである。

（3）政治的非常事態と州の地域通貨発行構想

上からの国家通貨の不足、下からの市場通貨の不足、非弾力的な社会的支出（教育、健康、安全保障）を主とし、脅迫的な民衆圧力のせいで削減が難しい公共支出、財政移転による連邦からの交付の不確実性と裁量性、信用貨幣と投資の利用機会が十分でない域内市場と生産の脆弱さのせいで拡大困難な自主的税収——これらは構造的問題の一連の要因である。持続不可能な州の借金が累積し、ひいては破産するという悪循環の中で現れてきた構造的問題は、紙幣として流通する少額の納税引当債券の発行によって解決が約束されているものである。

しかし、常識的には連邦の憲法によって禁止されていると考えられているにもかかわらず、どうして州政府は紙幣〔州の準通貨〕を発行できるのだろうか［Gallo 1988］。なぜ、そのような紙幣が、連邦最高裁判所の判決あるいは連邦憲法の改正なしに、かなりの長期間存続したのか。なぜ、失敗したり腐敗しすぎた知事に一時的に交代するために連邦の行政権によって指名される「連邦監督官」が、自分の在任期間中、州通貨を用いたこのような通貨実験を止めず、それどころか、少なくとも以下の二つの事例に見られるように、新規発行を再開ないし開始するのか。〔一つは、〕一九九一年のトゥクマン州における事例である（第6章）。トゥクマン州では、監督官フリオ・セサル・アラオスがアウストラル建てのボカデを置き換えるためにドル化ペソ建てのボカデの発行を再開した。〔もう一つは、〕一九九九年のコリエンテス州における事例である［Théret et Zanabria 2007］。コリエンテスでは、かつてコルドバ州知事として一九九五年にセコルを創設した監督官ラモン・メストレがセカコル〔の発行〕を開始した。

通常、これらの疑問には、発行量がごく少なかったため州の準通貨は容認されたと答えられている。しかし、この議論は、経済学者たちとＩＭＦや世界銀行といった国際的通貨当局にとっては意味をもつとはいえ［World Bank 1990 : 77–78; 1996 : i; 2 : 8; 11］、以下の事実と適合しない。〔一つは、〕連邦国家が、先に見たような州レベルでの連邦監督官を通じて、および、一九九二年兌換性プランの考案者であり、ドル化〔ペソの〕危機時に復帰した連邦財務相ドミンゴ・カヴァリョを通じて、発行に積極的に関与した〔という事実である〕。〔もう一つは、〕ブエノスアイレス州知事にパタコンを発行するよう強く促したあと、カヴァリョ自身もまた、二〇〇一年に連邦レベルで自ら考案した準通貨、レコップの発行を決定した〔という事実である〕。

以上のことから、別の三つの議論を考慮に入れるほうがより正確であろう。第一に、州通貨が州の立法権と司法権（最高裁判所）によって支持されるやいなや、通貨発行には国の議会の承認を必要とすることを定めた連邦の憲法に違反する〔はずの〕州行政の権限が、準通貨を出現させた状況の突発性と急迫性によって正統化されたことである。

第二に、憲法が二つの形態の通貨、つまり硬貨と銀行券だけを想定していたことである。税ベース型〔税担保〕紙幣を財務省が直接印刷することは、明示的には考慮されていなかった。そのため、州通貨を法的には正統性をもたない通貨として解釈することは、一見して思われるほど容易なことではない。

第三の議論では、われわれが州の準通貨が国民通貨と競合するのではなくそれを補完することを考慮に入れるならば、優雅なる無視《ビナイン・ネグレクト》や能動的共謀という連邦の行動はより簡単に理解できると想定する。州による少額債券の発行が連邦通貨の流通を「制限する」のでなく、むしろ政治的に区切られた空間の中で補完すると見なされるのであれば、連邦の高官たちは、自らの金融政策が脅かされるのではなく、むしろ改善されることから、州準通貨の発行を肯定的に受け止めることができる。まさにそういったことが、「二〇〇一年のうちにペソでの貨幣供給が一五〇億五六〇〇万ペソから一〇九億六〇〇〇万ペソへと減少し」、「準通貨の総発行量二九億ペソがその年の後半に貨幣供給における減少分の半分以上を充填した」ときに起こったことなのである［Douthwaite 2005 : 21］。

州政府が州立銀行を通じて行う信用貨幣の発行（その一部は中央銀行で再割引されるかもしれない）については事情が異なる。この場合、発行された通貨は、連邦通貨と同じ性質をもち、かつ、連邦の領土全体を流通するかもしれない〔からである〕。一般には、通貨の二つの形態は混同されている。しかし、連邦が州証書に寛容であることは、連邦の政治家たちがその二つの道具〔納税引当証書と信用貨幣〕の違いを認識していることを表しているように見える。連邦のこうした態度が意味するのは、ボカデ、パブリコ、フェデラル、パタコン、その他の州証書は、公的な支払循環の地理的諸レベルが重なり合うために通貨の多元性と補完性が必要であることを証拠立てている、ということである。

結　論

これまで述べてきた通貨連邦主義に関するアルゼンチンの経験は、連邦の法定支払手段通貨と州の税支払手段通貨〔納税引当証書〕との補完性を示している。R・ダウスウェイトがウィーン・クラブについての報告書にてすでに直観していたように［Douthwaite 2005］、これらの経験は、現在のユーロ危機の問題に取り組むようわれわれを促している。というのも、それらは、現在一般的になされている緊縮政策か、それとも通貨同盟の崩壊かのどちらかしかない、という行き詰まりに陥ることなくこの危機を克服しうる通貨システムへの道を指し示すからである［Théret et Kalinowski 2012: Théret 2013a: 2013b: Théret, Coutrot et Kalinowski 2015］。そのような連邦的通貨システムは、ＥＵ全域と域外で流通している全目的の連邦通貨と計算単位——ユーロ現行ユーロ《カレント・ユーロ》——と、加盟国の独自財源によって裏付けられ、ユーロ——連邦の計算単位かつ排他的な法定通貨——で表示される加盟国発行の補完通貨とを組み合わせるべきである。

このように、通貨連邦主義は、広く行われている二分法的議論から脱する方法をデザインしようとするものである。ここで二分法的議論とは、財政緊縮政策と結びついた単一金融政策を継続するか、〔さもなくば〕競争的な通貨切り下げと結びついた国ごとの単一通貨に戻るか、という議論であり、どちらも「単一通貨」という同じ考えに囚われている。直近のアルゼンチンの経験からだけでなく一九三〇年代初めのアメリカの諸都市でうまくいった納税引当証書およびアメリカの植民地や南部諸州の通貨ファイナンスからも着想を得ながらＥＵにおいて通貨連邦主義を推進するならば、自国内で流通して対ユーロの平価が維持される財政的補完通貨を発行する権限を加盟国から奪うことなく、ユーロを共通の通貨と計算単位として維持することができるであろう。それ〔ＥＵにおける通貨連邦主義〕は、「ヨーロッパにおいて諸通貨を全く新しく作り直す」論理的かつ歴史的に基礎づけられた方法になるであろう［Dodd 2005］。

国民的諸政府が自らの補完通貨に対する信頼《トラスト》と信認《コンフィデンス》を構築できるならば、そうした真に連邦的な通貨システムは、効率的であり復元力をもつであろう。このことは、われわれがトゥクマン州のボカデの事例に立ち返って詳細に検討する第6章で示される。それがどのように機能し、進化したのかを詳細に検討することによって、われわれは、この補完通貨が、構造的インフレおよび（または）補完通貨の減価を引き起こすことなしに、州の公債を削減し、なおかつ反景気循環的に州の経済成長を後押ししたことによって、有用であったし、成功もしたことを示す。しかも、このような結果は、連邦通貨に対する補完通貨の平価を維持するうえで財政的条件が好ましくなかった（そのうえ、連邦通貨は極めて不安定であったか、反対に、あまりに硬直的であった）にもかかわらず、得られたのである。それゆえ、もし、あるＥＵ加盟国が、その債権者によって、その公債を減らすと想定されるが実際にはそれを増やすことになる絶望的な緊縮政策へと追い込まれるならば、その国は、トゥクマン型の戦略を開始するであろう。このとき、その国はトゥクマン州よりも成功しやすい条件下にあるだろう。というのも、その国は、自国の財政政策を完全にコントロールしているであろうし、補完通貨の兌換性制約のソフト化に直面するだろうからである。しかも、この加盟国は、自国民の生活条件を改善するための一方的イノベーション〔自国だけが恩恵を受けるイノベーション〕となりうるであろうものに正統性を与えるために、いまだＥＵ憲法の中心にある補完性や可変翼の原則〔一八九ページ参照〕を動員できるであろう。

付記

この研究は、諸貨幣の補完性に関する複数の国際プログラム（二〇〇九年から二〇一三年）の枠組みの中で進められた。黒田明伸（東京大学）が著者をそれらのプログラムに招いてくれたことに感謝する。そのおかげで〔研究を進める〕強い動機がもてた。ミゲル・ザナブリア（キルメス国立大学）ホセ・アルベルト・スバテラ（ラ・プラタ国立大学）にも、二〇〇一年に著者を領域的補完通貨〔という研究テーマ〕のアルゼンチンというフィールドを著者に紹介してくれたこと、および、その先の共同研究（二〇〇一年から二〇〇九年）について感謝する。パリの高等師範学校（二〇一〇年一二月）と東京大学（二〇一二年二月）における「脱目的論の貨幣史とその理論」の二つの国際ワークショップの参加者、および、パリ〔第一〕パンテオン・ソルボンヌ大学（二〇一一年七月）、エール大学（二〇一二年九月）、ロンドン市立大学（二〇一三年二月）、ハーグのエラスムス大学（二〇一三年六月）における会議の参加者にも感謝する。それらの会議で本章の草稿が発表された。

注

（1）そのこと〔連邦主義の政治的抑圧〕は、〔連邦主義といった異質なものを〕排斥するという、フランスとして統一された諸地域のイデオロギー的特徴のせいで［Beaud 1999］、連邦主義がタブーであることも意味しうるのであり、それゆえ、学者は、現行の階層的銀行システムのように実際には連邦主義の一形態であるものを分析する概念をもっていないのである。

（2）実際、この最適性の概念は、標準的経済学の観点からみても論争含みのものである。というのも、アルゼンチンがＥＵのように非最適通貨圏と見なされるならば、最適性は、州貨幣の複数性に存するからである、「貨幣を創造することが市場による調整の『最適性』と結びつけられた、本質的には技術的な決定であるならば、『最適通貨圏』の理論に基づいて、アルゼンチンの領土において複数の貨幣を創造することが好ましいと主張することは可能である」［Feliz 2004: 114］。しかし、最適通貨圏の理論は、一つの領土に二つの通貨があるという可能性を排除している。したがって、通貨連邦主義とは異なり、この理論は、「通貨複数性の実際の動態を理解するためのいかなる素材も提示しない」［*ibid.*: 115］。

（3）われわれの情報源（http://numismondo/pm/arg/）は、いくらかの誤りを含んでいるかもしれないし、完全にそろってもいない。他の貨幣学的・経済学的情報源は、Del Rey et Orive［1986］、Greco［2001］（José Reissig 1990. "Bonds that brought a boom." *New Economics 20*, Winter を引用している）、Schvarzer et Finkelstein［2003］、Colantonio［2010］である。補完的な情報源については、Théret et Zanabria［2007］および本書の第6章を見よ。全国紙と州の地方紙、および、ブエノスアイレス市、ブエノスアイレス州、エントレ・リオス州、コルドバ州、メンドサ州、トゥクマン州で二〇〇一年から二〇一三年に実施したインタビューの情報も参考にした。

第6章　アルゼンチンのトゥクマン州における補完通貨の誕生・生存・死（一九八五－二〇〇三年）

はじめに

本章では、一九八五年から二〇〇三年までアルゼンチンのトゥクマン州によって発行された補完通貨ボカデを議論する。まず、この通貨は、いつ、どこで、なぜ発行されたのか、そして、当初はどのように機能したのか、補完通貨としてどのように進化していったのかを検討したい。次に、ボカデの経済的効率性と政治的生存力を評価したい。ボカデは〔経済的に〕有用で〔政治的に〕成功したのか。国民的計算単位で表したボカデの価値は平価に維持されたのか。それは、臆見《ドクサ》によって懸念されたようにインフレ主義的〔景気刺激のためにはインフレを大目に見がち〕であったのか。州レベルでの成長に有利に働いたのか。州の公債を減らしたのか。

しかし、そういったことを論じる前に、われわれがこの補完通貨にとりわけ関心をもったいくつかの理由を述べておきたい。まず、第5章で述べた〔補完通貨〕発行の第二の波と第四の波を形づくったアルゼンチンの州補完通貨のうち、最も長続きしたからである。次に、この補完通貨においては大量の貨幣が発行されたからである。二〇〇二年のトゥクマン州は、貨幣発行量にかんして言えばブエノスアイレス、コルドバ、エントレ・リオス、コリエンテスに続く五番目の州であった［Schvarzer and Finkelstein 2003］。第三に、ボカデは、われわれがその経済的・財政的影響を精査できるくらい詳細な数量的記録を残しているからであり、それは、公表された発行計画に不安を抱いたトゥクマン州貨幣学協会の存在によるところが大きい［Beckman 1985；2001；2002；2003；Hernandez Meson 2002］。第四に、口述および文書による良質な記録、とりわけこの補完通貨の創始者の政治的回想を扱った書籍［Cirnigliaro 2004］、良質な議会公文書、ボカデの冒険的試みを毎日のように取り上げた州新聞（*La Gaceta*）を利用できるからである。最後に、トゥクマン州補完通貨についての発見的関心《ヒューリスティック・インタレスト》は突出していた。というのも、トゥクマン州は、常に州紙幣発行の最前線にいたので、経済的・人口的規模が小さいにもかかわらず、歴史的に見てアルゼンチン共和国の中で重要な政治的・象徴的役割を演じてきたからである。トゥクマン州は、アルゼンチン北西部（North West Argentina: NOA）という周辺地域の中核であり、そこでは州貨幣の発行が地域主義や連邦主義の争点と直接的に結びついていた。それゆえ、この〔州の準貨幣発行という〕実験は、連邦レベルでの〔州の状況とは〕

対照的な経済的・政治的危機を生き抜いたという事実に裏づけられるように、州の経済状況によっても、州の対外的文脈によっても、完全に条件づけられているわけではなかった。これら全ての理由から、トゥクマン州のボカデは、通貨連邦主義の典型的な発現であり、この〔通貨連邦主義という〕概念を根拠づけるために重要なのである。

1　長く続いた財政的補完通貨の歴史を再構成する

ボカデは、初回の一九八五年八月に総額一〇〇〇万アウストラル分発行され、最終的には約四〇回も（二六回はアウストラルで、一四回はペソで）発行されたあと、二〇〇三年八月に完全に償還された。図6-1と図6-2は、名目の発行量と物価調整後の発行量の推移を概観したものである。ボカデのストック全体の一部だけが流通しているので、われわれは、この流通割合を、一九八五年九月から一九八七年九月の期間についてはCerro［1988］から計算し、一九八七年一〇月から一九九一年一一月の期間については外挿によって計算した（セロが扱った期間における平均割合を用いると六〇％）。新聞の断片的な情報もまた、この割合を六〇％に決めるのに役立った。ドル化ペソ〔建て〕のボカデが発行された期間にも、われわれは、中央銀行からの情報によって支持されるこの六〇％という割合を適用した［BCRA 2002：43］。とはいえ、二〇〇一から二〇〇三年のように全国的な通貨不足の絶頂期には特にそうなのだが、この割合はどうやら最低割合のようである。したがって、現実の流通量は図6-2の二つの曲線の間にあると考えるのが妥当である。

（1）ボカデはなぜ発行されたのか

この問いの答えはすでに第5章で与えられている。というのも、ボガデは、信用と通貨の地域的不足に対処するために他の州が発行した税ベース型の通貨と異なるものではなかったからである。とはいえ、トゥクマン州のボガデは通貨ファイナンスの典型例なのである。第一に、このケースでは二つの点を強調することが重要である。第一に、この通貨不足は、九〇年代の兌換性体制のときのようにデフレ主義的体制の帰結であるのみならず、八〇年代のアウストラル体制のときのように高インフレ体制の帰結でもありうることが注意を引く。第二に、ボガデ誕生の政治的・象徴的次元が極めて重要であるように見える。というのも、ボカデは、アルゼンチン北西部（NOA）に属する一つの州が自律化するための道具とみなされねばならないからである。この次元を、ボカデがトゥクマン州の実業家階級によって強く支持されてきたという事実と合わせて考えることにより、ボカデの長期存続性が説明されよう。

ボガデが発行されたとき、その当初の目的は、数カ月のあいだ支払いが滞っていた賃金を公務員に支払うための緊急的手段を地方政府に与えることにより、政治的・社会的対立、特に政府と公務員との対立（地元警察は社会不安への関与者であった）を安定させることであった。しかし、ボカデの目的は、州の公債を減らし、したがって予算にのしかかるその重い負担を減らすことにより、州財政の状態を改善することでもあった。その経験的証拠として、ボカデ発行を担当した財務大臣であり、ボカデが住民にうまく受け入れられたことの立役者であるR・シルニリヤロの説明を引き合いに出したい。

われわれは、空っぽの州庫、一カ月半分の賃金債務、歳入分配移転の支払予想、さらには二五日遅れての賃金支払いを目の当たりにしてきた。〔借金の要因には〕連邦からの財政移転の減少、徴収されるはずの州税、契約債務の利子があった。一九八五年八月か

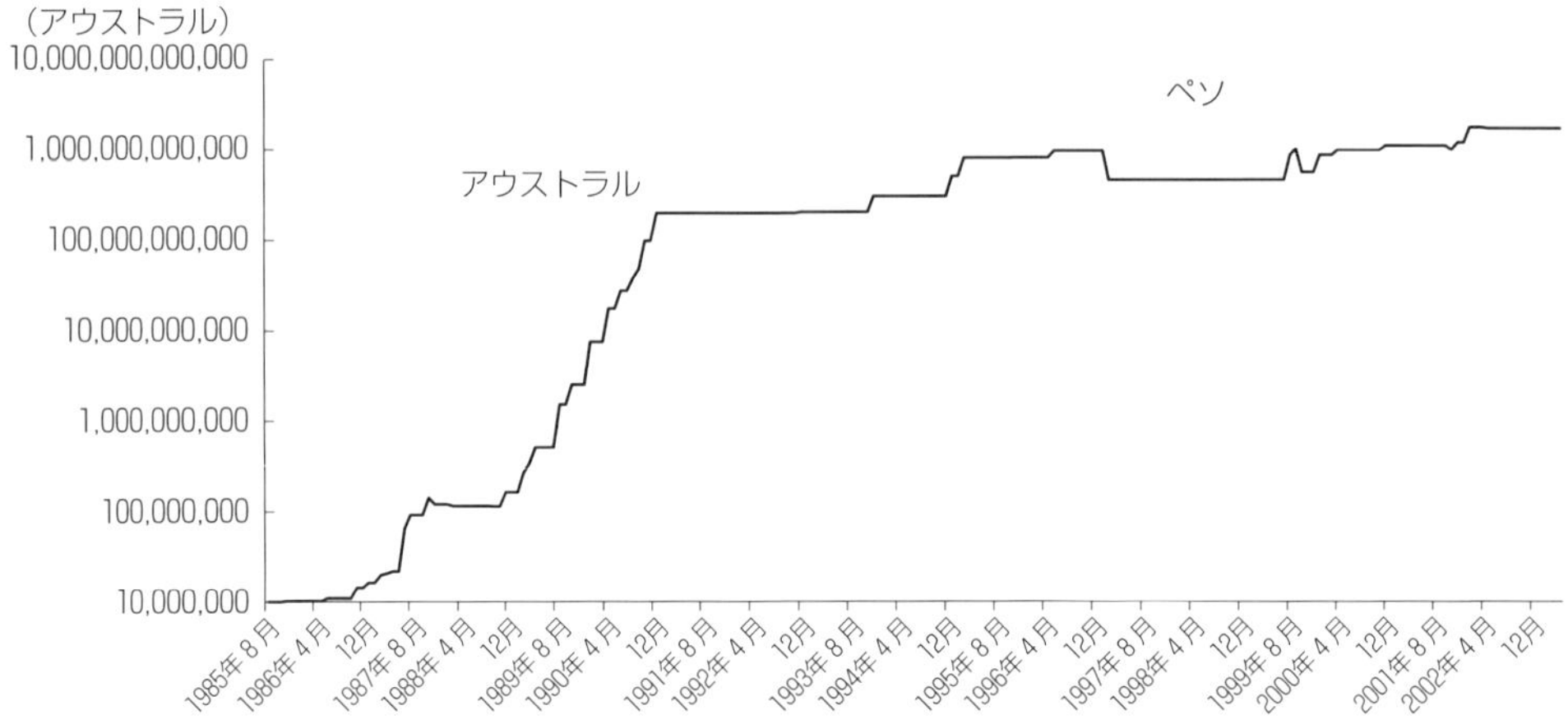

図6-1　ボガデの名目ストックの推移

(注) 単位（縦軸）は1985年時点の価値によるアウストラル．なお，1991年以後の1ペソ＝1万アウストラル．

(出所) Beckmann [1985 ; 2001 ; 2002 ; 2003], Cerro, E. R. [1988], Cerro, A. M. [2002], Cano *et al.* [1993], Hernandez Meson [2002], Licari *et al.* [2003], Direccion de estadistica de Tucuman [2006 ; 2007 ; 2008 ; 2009].

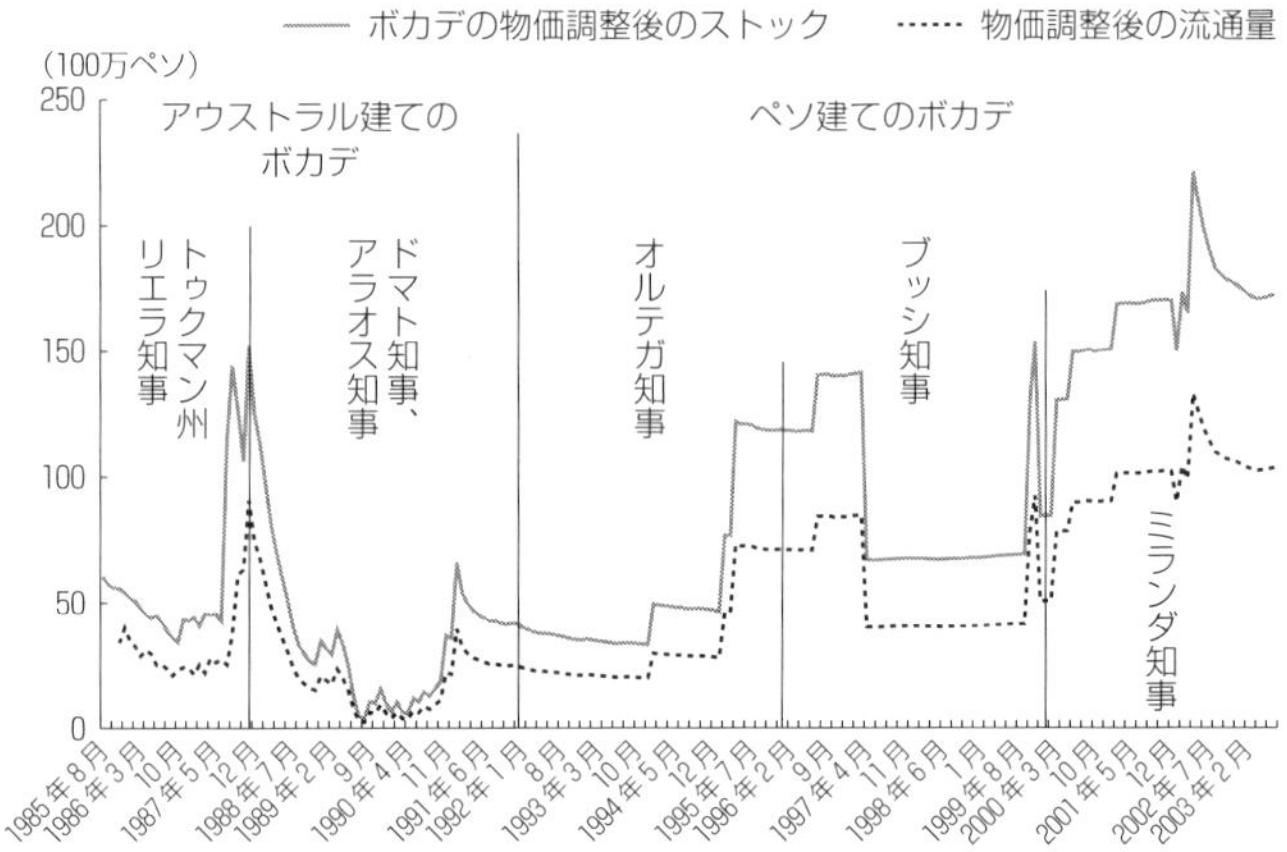

図6-2　グラン・トゥクマンの消費者物価指数による調整後のボガデのストックと流通量（1985-2003年8月）

(注) 単位（縦軸）は2003年時点の価値による100万ペソ．

(訳注)「グラン・トゥクマン」は，州都サン・ミゲル・デ・トゥクマンとその都市圏のことである．

(出所) Beckmann [1985 ; 2001 ; 2002 ; 2003], Cerro, E. R. [1988], Cerro, A. M. [2002], Cano *et al.* [1993], Hernandez Meson [2002], Licari *et al.* [2003].

ら、給与は完全に支払われ、賃金支払いの遅延による債務形成プロセスは止まった。この領域における全債務が一九八五年一二月二四日に完済された。われわれは五カ月間で、危機的で厳しい財政的文脈のなか、公共部門の六カ月半分の賃金に相当する額を支払うことに成功した。これまでにトゥクマン州銀行は、数カ月にわたって給与支払総額の八〇%を立て替えることによって、州を財政的に支援した。一九八五年の終わり、この銀行における州の口座残高はプラスに転じた［Cirnigliaro 2004: 116-117］。

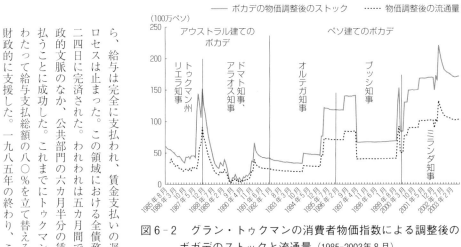

「ボカデは、財政赤字を補填し、かつ、財政コストを節約するための素晴らしい装置であった」[Cerro 1988 : 335] という事実は、二つの経済学的研究でも認識されていた。

まず Cerro [1988] は、一九八五年八月から一九八七年九月までの期間をとり、ボカデを発行・維持するコストと、アルゼンチン中央銀行〔BCRA〕の規制割引率および州銀行〔一九九六年五月の民営化までは州立銀行であった〕か、あるいは金融市場かのいずれかを通じての代替的な資金調達モデルのコストとの差が著しく大きいことを計算した。具体的に言うと、月当たりのコストは、前者では五万三五四六米ドルであるのに対して後者では八四万九八九一米ドルであり、これに相当する実質利子率は、前者が〇・八三%であるのに対して後者は七・二五%であった（*La Gaceta* 一九八八年一一月二三日）。

また、その後の研究もまた次のように結論づけた。すなわち、アウストラル建てボカデの発行コストは低く（毎回の発行について約四・五%）、かつ、州財務当局の金融的純益――通貨発行益とインフレ税――は、一九八五年から一九九一年の全ての発行に関して、歳入の約三カ月分（一九九二年）または約四カ月分（一九八五年）であった [Cano *et al.* 1993 : 11 : 16 : 19]、と。これら二つの研究の結論は、次のようなものである。「理論的観点からすると、ボカデの発行は、〔州〕政府には利益を得る可能性、さらには社会の厚生を改善する可能性がある」[*ibid.*: 19]。にもかかわらず、これらの研究は、この実験が社会の厚生に負の影響を及ぼしたと見なす。州政府は一瞬たりともボカデをアウストラルで担保することができなかったから、というのがその理由である。われわれは、後でこの点に立ち返りたい。

通貨不足を緩和するという目的をシルニリヤロも明確に述べていたが、彼はボカデを単なる通貨ではなく、むしろ「短期信用のための道具」、「人民から〔州〕政府への利子率ゼロの貸付」と見なしていた [Cirnigliaro 2004 : 123]。

要するに、シルニリヤロによれば、ボカデは、ブエノスアイレスの突出した侵略力から「州を解放する手段」であり、あるいは、そうでなければ、「通貨的性質をもった、しかし連邦的性格を備えた、資金調達の道具」であった [*ibid.*: 126]。シルニリヤロは、このように、補完通貨を通貨連邦主義の象徴的発現とみなす立場からさほど遠くない位置にいる（図6-3の標語を見よ）。すなわち、彼にとってボカデは、集権的な金融政策が周辺的諸州に及ぼす有害な効果を考慮すべく、連邦の通貨組成を再交渉・調整するための道具になる可能性をもつものである。この観点から、彼は自著の中で次のように回想した。彼は経済大臣のとき、〔トゥクマンを〕取り囲むフフイ州、サルタ州、カタマルカ州、サンティアゴ・デル・エステロ州の同僚と、各州の債券がNOA〔北西部〕全域において額面通りに流通することを保証するた

図6-3　トゥクマン州が1985年に最初に発行したボカデ

めにそれらの債券を地域化する可能性について話し合ったが、このプロジェクトにおいては、トゥクマン州銀行が手形交換所として機能する可能性があった、と〔*ibid.*〕。このプロジェクトは、先に進みはしなかったものの、一九八五年にトゥクマン州とラリオハ州が、加えて一九八六年にフフイ州が、州通貨の発行によって蘇生した最初の州であるサルタ州と同じタイプの債券を発行したという事実と軌を一にしており、首尾一貫していた（第5章）。

そのうえ、シルニリヤロが強調した、このようなボカデの政治的・象徴的次元は、彼独自の想像力による規範的産物ではなかった。これらの次元は、シルニリヤロを大臣として任用し、第一シリーズのボカデ紙幣の券面にある連邦主義的表明に署名を入れたペロン主義者《ペロニスト》の州知事F・リエラにも共有されていたものである（図6-3）。そして、トゥクマン州のペロン主義者が抱くこうした連邦主義的心情は、州の実業界によるボカデ支持の政治的立場に共鳴を見いだした。〔州の日刊紙に〕掲載された広告（図6-4）ではこの立場が明確に主張されている。ボカデのペソ兌換性はペソ供給の全国的な厳しい制限によって脅かされていたものの、二〇〇一年一一月二〇日に公表されたこのポスターでは、トゥクマン経済連合会（Tucuman Economic Federation: FET）を中心に組織された実業界が、州の支払共同体を生かし続ける手段として「トゥクマン通貨」の重要性を強調し、かつ、この共同体を救済するために、連帯だけでなく、州通貨の信頼《トラスト》、信認《コンフィデンス》、信用度《クレディビリティ》も問題になっていることを強調している。このように、ボカデは、それを経済的手段としてだけでなく、自分たちの相互依存の表現、および領土的な地域発展共同体への自分たちの帰属の表現としても捉えていた地域の経済的諸利害によって、二〇〇一年になっても強く支持されていた。

図6-4　ボカデを支持するトゥクマン州の企業家たち（2001年）

（出所）*La Gaceta*（2001年11月20日）.

にもかかわらず、シルニリヤロは、ボカデを支持する地域の実業家階級と同様に、あいまいな態度をとっていた（*La Tarde* 一九八八年二月一七日、*La Gaceta* 一九八八年三月二日）。例えば、ボカデの地位と将来についてのシルニリヤロの構想の中には逆説がみられる。一方で、彼は、ボカデを「連邦の召命」と考えた。なぜなら、ボカデの「最大の長所」は「州の〔……〕決定権ないし主権を防衛する道具」であること〔Cirnigliaro 2004: 125〕、すなわち、「法的にはわれわれは一つの連邦国家として組織されているが、しかし実際のところわれわれは一つの単一国家を構成している」という事実に立ち向かうために「国を再組織する」一つの方法であることにあったからである〔*ibid.*: 126〕。しかし、他方で、彼は、〔ボカデを〕「過渡期の道具」として扱い〔*ibid.*: 122〕、州の財政が正常になればすぐさまボカデを償還する可能性、さらにはそうする必要性について語った。

われわれに付き従う諸政府が、われわれがしたように、公共支出を合理化し、社会支出を効率化し、公共投資を増やし、州を経済発展の推進者に変容させることを通じて財政を安定させようとしていたならば、債券を一八年間続ける動機は全くなかったであろう。[*ibid.*: 126-127]。

しかし、連邦の金融財政政策に対する州財政の構造的依存を考慮するならば、たとえ州財政が正常化したとしても、こうしたボカデの政治的・象徴的次元はむしろその永続性を要請しているように見える。このように、補完通貨の創始者は、通貨の道具的かつ単一的な見方と、より社会学的で複数的な見方とのバランスをとっていたのである。

2　ボカデは誕生時にどのように機能し、安定したのか

ここからは、トゥクマン州のボカデがどのように発行され、規制されたのかを見ていきたい。ボカデを誕生させた法律は、ボカデを制定するための法的業務がどれほど単純かつ簡潔であったか（元々の書式ではたった三ページしか必要なかった）を示している。法律五七二八（一九八五年七月二四日、トゥクマン州議会）のわずか八つの条文だけが、以下のように、ボカデの発行と規制に直接的に関わっている。

第一条は主に、立法権によって認可される発行量を規定している。この条文は、地域物価指数にスライドすることでその量を調節することができるという重要なルールを定めている。

第二条は、ボカデが持参人に対して発行されること、および、法律によって定められる限られた寿命をボカデがもつことを述べている。

第三条は、ボカデが国家通貨であること、すなわち、州庫〔州財務当局〕によって発行され、地方政府〔州政府〕の一連の機関によって割り当てられる債務支払いの媒体であること、それら諸機関はボカデを州内取引にも用いることができること、を定めている。この条文は、ボカデの償還力が、その名目価値に等しいことを定めている。それは、法貨〔規定〕に依拠するのではなく無償受領に依拠するものとしてボカデの使用と保有を規定し、かつ、ボカデが公共部門への納税その他の支払いで受領されることを定めている。

第四条は、ボカデが、法貨である連邦通貨と額面通りに交換できること、および、地域カレンシーボード（兌換銀行《カーハ・デ・コンヴェルション》）として設立された州銀行で交換できることを明言しているが、実際の交換方法（期間、場所、スケジュール）については行政権〔行政機関〕の命令に委ねている。

第五条は、ボカデを適法な担保および預金として使うことができると定めている。

第六条は、流通の最初の三カ月間、ボカデに利子をつける可能性（それは実現しなかった）に関することである。

第七条は、行政権が宝くじを創り出すことを認め、かつ、その運用の様式を定めている。

第八条は、〔州内の〕自治体に、この法律の第三条と第五条について同様の規範を適用するよう勧告している。

こうして定義されるのは、非法貨の納税引当証書、すなわち連邦の計算単位で表示されていて、州政府の定める特定の条件のもとで失効

期日まで法定通貨に額面で兌換できる、債務償還のための臨時債である。とはいえ、この定義は、われわれに、この通貨を法的に定義する際の見かけの単純さを超えて、この通貨とその兌換性体制が一九八五年の誕生時に具体的にはどのように機能したのか、経済的・政治的環境の変化にどのように適応したのかを教えてはくれない。そのような話に進む前に、われわれは、以下のことを説明しておかなければならない。まずボカデは、様々な額面金額（最初の発行では〇・一〇から一〇アウストラルまで）をもつ紙幣の形で、公共部門の賃金と業者宛支払いを通じて、経済の回路へと取り込まれた。次いでボカデは二つの経路を通って州庫に戻ってきた。第一の経路は、州税や他の公共料金の支払いであり、第二の経路は州銀行におけるアウストラルへの交換である。

第一の経路は、この州にとって最も心地よいものであった。というのも、この経路は、ボカデからアウストラルへの交換に何ら結びつかなかったからである。しかし、この経路はとても細いものであった。なぜなら、この州の公共支出全体に対する州の自主的な歳入はわずかであった（わずか二〇％ほど）からである。この経路を太くするためには自主的な税収を増やす必要があったろうが、この課題に直ちに取り組むのは困難であった。

それゆえ、第二の経路（州銀行におけるアウストラルとの交換）が、ボカデの信頼性を保証する上で最も重要であった。住民によるボカデの永続的な保有と市場部面における割引なしの流通が、その信用度の証であった。この第二の経路において重要なのは、州財務当局の金庫へのボカデの還流を最大化することではなく、全く逆に、その還流を最小化することであった。そのため、ボカデ保有のインセンティブとして、利子の支払いよりも宝くじが選好された。宝くじは毎週実施され、特別な行事のときにも実施された（毎週の抽選では紙幣番号の下四桁が、特別な抽選では下五桁が用いられた）。州民衆貯蓄銀行が、これらの宝くじを担当し、毎週の抽選では当選した紙幣の二〇倍の価値の賞金を、特別な抽選では大型車を、さらには家さえ提供した。

ところで、市場交換でボカデの使用を拡大する主な方法には、人々にボカデと法貨（法定支払手段、法定通貨ともいう）との間の平価を保証する制度を信用させることだけでなく、州外の支払いに通貨を支出する必要がある人々に対しては特に、適正な猶予期間を経てから（ボカデを）「エフェクティーヴォ」（法貨アウストラルの現金）へと実効的に兌換できるようにするという方法もあった。

最初に確立していた交換装置（ボカデからアウストラルへの交換に関与する機関）は、以下のようなものであった。州財政の金融主体であるトゥクマン州銀行は、カレンシーボードの役割を担っていた。人々は自分たちのボカデを、その支店や窓口でも、州貯蓄銀行でも、さらに、少々割引されるが他のいくつかの銀行でも、（法貨アウストラルの現金に）交換することができた。しかし、次のような制約が存在していた。すなわち、交換できるのは平日だけであり、かつ、各月の一八日から二八日のあいだの一〇営業日のみであった。これらの制約のおかげで、ボカデは純粋に短期的な信用手段として機能できた。というのも、たとえ流通中のボカデ全てが交換のために毎月提示されたとしても、この交換装置は、交換（の窓口）が閉鎖されている間、州財務当局に、アウストラルの現金を集めることにより流動性問題を回避する時間的余裕を与えたからである。この信用は、先にみたように、ほとんどただなので、トゥクマン州は、州の流動債務を減らすことができた。別の効果は、州政府が、公務員の月給をかつて常態化していたように遅延してではなく、還流したボカデを用いて期日までに支払えるようになったことである。このようにボカデは社会的平和維持の手段でもあった。

しかし、州政府にとっても、ある点では実業界にとっても、金融的見地からいっそう興味深いのは、大部分のボカデが市場で流通し続け、必ずしも毎月アウストラルで償還される必要がなかったことである。そうした条件下でのみ、ボカデは、通貨・信用の不足を緩和する装置《デバイス》となって、地域経済を刺激することができたのである。そのうえ、ボカデが流通内に留まったという事実は、その信用度の証拠であった。

実際には何が起こったのか。シルニリヤロによれば、

最初の月〔一九八五年九月〕が最も厳しかった。この月の一八日、本物の崩落が銀行で起きた。われわれは、交換を維持するために現金で九〇〇万アウストラルをもっていた。初日、交換はおよそ七五〇万であったが、二日目は一〇〇万であった。その後、実質的には交換が行われなかった。われわれは、その月、期限内に賃金を支払い、そして次回の交換に必要になる一〇〇〇万アウストラルを集めるために奔走した。今度は、初日の交換量は、州銀行にあるわれわれの流動資産の五〇％よりも少なかった。その後数カ月、銀行の交換期間の終了時点で、交換請求があったボカデの量は、発行総量の七〇％であった。それは、短期信用手段が通貨として機能するのに必要な信頼を人々が抱いたことを示す明確なシグナルであった。公衆によるボカデの保有は、ボカデの受領が拡大していくまで〔の量〕になっていた［Cirnigliaro 2004: 122-123］。

Cerro［1988: 326-327］は、ボカデが誕生してから最初の二年間におけるボカデの機能について同様の記述を行い、「トゥクマン共同体が、ボカデを支持し、保有し、使用していた」ことを認めている。

にもかかわらず、セロもシルニリヤロもボカデの管理が不適切であったと考えていた。セロによれば「ボカデが始まった時から」、シルニリヤロによればリエラ政権の後の諸政権下で、ボカデは適切に管理されることなく、「〔政府の〕赤字をファイナンスするための無尽蔵の財源として」用いられた、と［Cirnigliaro 2004: 124］。セロによれば、

ボカデには、信用度、支持、信頼を構築するための諸政策が伴っていなかった。［……］宝くじは推進されず［、しかもすぐに取り止めとなり］、認可された発行量の上限は［……］遵守されず、アウストラルへの交換は、ボカデ保有者にとって常に危険を伴っていた［……］［Cerro 1988: 333-334］。

とはいえ、両者とも、純粋に客観的な観察者ではなかった。これから見ていくように、政治家のシルニリヤロは、彼自身による〔二年間の〕管理の成功をリエラ政権の「連邦主義者的」期間の全てに拡大し、また、ボカデが最初の「小危機」（*La Gaceta* 一九八八年二月六日）に陥っていた年に執筆したエコノミストのセロは、一九八八年の状況を、シルニリヤロが管理した二年間に遡って投影していた。しかし、この解釈にたどり着くためには、すなわち、実際の状態がどうだったかをより客観的に評価するためには、さらなる論点を分析する必要がある。

3　ボカデは国の金融政策の浮動性と法貨の希少性にどのように対応したのか

こうしたより客観的な見方を得るために、ここで、ボカデの長期的な進化に話を移したい。ボカデの生涯のなかの様々な期間について一般的に記述した後、われわれは、ボカデがどうにか切り抜けた一連の全国的危機（一九八七〜一九八八年、一九九〇〜一九九一年、一九九五〜一九九六年、二〇〇一〜二〇〇三年）およびそれらの危機がもたらした兌換性装置の制度変化を検討したい。そのために、われわれはまず、

表6-1　アルゼンチンとトゥクマン州における1981-2006年の成長とインフレ

州知事と年		アルゼンチン国内総生産成長率	トゥクマン州内総生産成長率	消費者物価指数上昇率（%）（12月の前年同月比）アルゼンチン	消費者物価指数上昇率（%）（12月の前年同月比）トゥクマン州	消費者物価指数上昇率（%）（年平均）アルゼンチン	消費者物価指数上昇率（%）（年平均）トゥクマン州
	1981	-7.0%	-5.7%	131.3	130.9	104.5	100.6
	1982	-5.8%	1.8%	209.7	211.6	164.8	167.6
リエラ	1983	2.6%	4.9%	433.7	443.2	343.8	362.1
	1984	2.2%	1.6%	688.0	718.5	626.7	629.9
	1985	-4.6%	-7.1%	385.0	345.8	672.2	620.1
	1986	5.8%	2.1%	81.9	78.6	90.1	100.6
	1987	1.8%	3.4%	174.8	184.7	131.3	133.2
ドマト	1988	-3.0%	0.9%	387.7	391.6	343.0	350.3
	1989	-7.2%	-15.2%	4923.6	5325.2	3079.5	3037.1
	1990	-2.5%	0.3%	1343.9	960.0	2314.0	1939.2
アラオス	1991	9.1%	10.5%	84.0	75.2	171.7	146.2
オルテガ	1992	7.9%	2.5%	17.5	18.4	24.9	22.8
	1993	8.2%	6.1%	7.4	8.9	10.6	12.1
	1994	5.8%	4.4%	3.9	5.1	4.2	5.5
ブッシ	1995	-2.8%	2.5%	1.6	5.0	3.4	5.9
	1996	5.5%	1.0%	0.1	0.6	0.2	1.9
	1997	8.1%	7.7%	0.3	-1.5	0.5	-0.8
	1998	3.9%	5.5%	0.7	-0.2	0.9	-0.4
ミランダ	1999	-3.4%	-3.8%	-1.8	-2.3	-1.2	-2.1
	2000	-0.8%	1.5%	-0.7	-1.3	-0.9	-1.4
	2001	-4.4%	-0.2%	-1.5	-0.5	-1.1	-0.8
	2002	-10.9%	-8.0%	41.0	49.4	25.9	31.4
アルペロビッチ	2003	8.8%	6.1%	3.7	1.0	13.4	15.3
	2004	9.0%	8.9%	6.1	6.5	4.4	2.8
	2005	9.2%	10.8%	12.3	12.0	9.6	9.6
	2006	8.7%	10.4%	9.8	11.3	8.8	12.1

（出所）Guttierez *et al.* [2000a; 2000b], Direction de Estadisticas de la Provincia de Tucuman.

第5章で示した全国レベルでみたときの諸州の補完通貨発行のいくつかの波と整合性をもたせながら、ボカデの生涯を三期――アウストラル期、ドル化したペソ期、一国化《ナショナライズド》した〔ドルとの兌換停止後の〕ペソ期――に分ける。次に、われわれは、第一期と第二期を、「小」危機からなる下位期間に区切る。第三期は、全体として一つの大危機であり、ボカデの最後の償還とその消滅をもって終わる。このような歴史分析を通じてのわれわれの目的は、同じ一つの州補完通貨が、アウストラル体制、ドル化ペソ体制、一国化ペソ体制という対照的な複数の通貨体制の枠組みのなかでどのように機能することができたのかを理解することにある。

（1）アウストラルのボカデ（一九八五～一九九一年）

一九八五年から一九九一年にかけての「アウストラル期」において、ボカデは、「アウストラル・プラン」によって一九八五年六月に創り出された通貨（計算単位および支払手段）であるアウストラル標準で表示された。一九八五年八月から一九八七年六月まで、ボカデは、シルニリヤロによってうまく実施され、管理された。彼は、節度あるボカデの発行により、またアウストラル・プランの当初の好影響を受けてそこそこ良好な全国の経済状況のおかげもあり（表6-1と第5章の図5-2）、住民によるボカデの良好な受領と慣れだけでなく、地元の実業家階級によるボカデへの支持をも手に入れた。

その後、国のマクロ経済が再び悪化していき、国の金融政策がプリマヴェーラ・プランを通じて（一九八九年のハ

表6-2　アウストラル標準でのボカデの発行と償還

州知事と年		月	発行	命令	発行量（アウストラル）	債券の名目ストック
フェルナンド・リエラ（1983年）	1985	8月	1回目の発行	12827/3	10,000,000	10,000,000
		11月	2回目の発行	23885/3	188,000	10,188,000
	1986	6月	3回目の発行	1126/3	721,000	10,909,000
		11月	4回目の発行	9808/3	3,500,000	14,409,000
	1987	1月	5回目の発行	98/3	1,975,000	16,384,000
		3月			3,500,000	19,884,000
		4月	6回目の発行	766/3	800,000	20,684,000
		5月			1,100,000	21,784,000
		7月	7，8，9回目の発行	1148　1733　1885/3	43,000,000	64,784,000
		8月	10，11回目の発行	2404/3　2944/3	27,000,000	91,784,000
		11月	12回目の発行	475/3	50,000,000	141,784,000
ホセ・ドマト		12月	消滅		-21,784,000	120,000,000
	1988	3月	消滅		-5,400,000	114,600,000
		10月	消滅		-1,200,000	113,400,000
		12月	13回目の発行	307/3 または 2799/3	50,000,000	163,400,000
	1989	3月	14回目の発行	504/3	100,000,000	263,400,000
		4月	15回目の発行	850/3	76,100,000	339,500,000
		5月	16・17回目の発行	1111/3　1349/3	170,000,000	509,500,000
		9月	18回目の発行	1989/3	1,000,000,000	1,509,500,000
		10月	消滅		-7,700,000	1,501,800,000
		11月	19回目の発行	2704/3	1,000,000,000	2,501,800,000
	1990	2月	20回目の発行	505/3	5,000,000,000	7,501,800,000
		5月	21回目の発行	1135/3	10,000,000,000	17,501,800,000
		7月	22回目の発行	1562/3	10,000,000,000	27,501,800,000
		9月	23回目の発行	1951/3	10,000,000,000	37,501,800,000
		10月	24回目の発行	2101/3	10,000,000,000	47,501,800,000
		11月	25回目の発行	2781/3	50,000,000,000	97,501,800,000
フリオ・アラオス		12月				97,501,800,000
（連邦の監督官）	1991	1月	26回目の発行	24/3	100,000,000,000	197,501,800,000

（出所）表6-1と同じ.

イパーインフレで終わることになる）インフレの再燃に〔通貨供給を減らすことで〕対処しようとして不成功に終わるなかで、通貨・信用不足が一九八七年末にはボカデの過剰発行に、次いで、一九八八年初めにはボカデの兌換性危機につながっていった（表6-2と図6-5）。

発行の経過を見ると、シルニリヤロが〔州〕財務省から去った後の一九八七年七月から始まる発行、すなわちインフレの相殺に必要な量をゆうに超える〔ボカデ〕発行によって危機が引き起こされたことがはっきりとわかる。シルニリヤロの後任であるM・アパザは、一九八七年七月から一一月にかけて五回の発行を行った。この発行は、対インフレの単なる調整、および、流通から脱落したボカデの補充とは見なすことのできないものであった。ボカデの兌換性喪失と結びついたその信用度の危機は、九月二三日に始まった。通常ならば交換業務を実施しているはずの期間に、アパザはボカデの償還を中止したのである。一九八七年一二月に選出された新知事が、この状況を引き継いだ。一九八八年の最初の数カ月、税収と連邦〔からの財政〕移転がマイナス三%の景気後退によって減少したせいで、州政府は、流通通貨の大きな割合を占めるようになっていたボカデの兌換性を保証することができなかった。

ただし、責任は共有されていた。すなわち、過剰発行はスタグフレーション〔景気停滞下でのインフレ〕の進行の結果であり、スタグフレーションの進

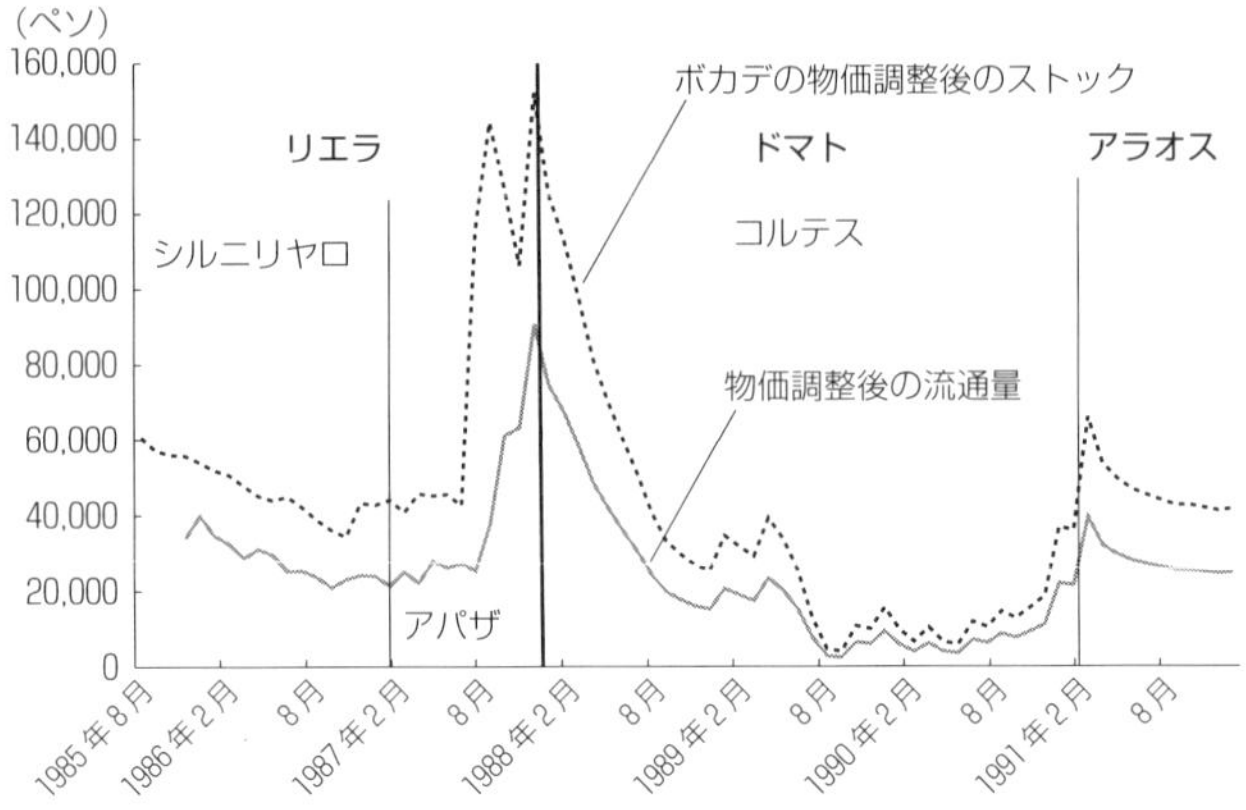

図6－5　1985-1991年におけるボカデのアウストラル標準での物価調整後のストックと流通量

（注）単位（縦軸）は2003年時点の価値によるペソに換算したもの.
（訳注）太字の名前はトゥクマン州知事，それ以外の名前は州財務大臣.
（出所）表6－2.

行は、すでに抑制的であった連邦金融政策の〔さらなる〕引き締めと結びついていた。州政府は州銀行に対する中央銀行割引窓口のほぼ完全な閉鎖に直面しており、同時に、州銀行はＢＣＲＡ〔アルゼンチン中央銀行〕によって手形交換から締め出されていた（*La Gaceta* 一九八八年二月六日）。信用を再割引することができない州銀行は、アウストラル現金での流動性を欠いていた。その結果、ボカデの兌換性を保証する制度的装置は一時的に停止し、ボカデの信用度と信認は揺らいだ。ボカデをアウストラルに交換する際の市場割引率は急上昇し、約二〇%に達した（*La Tarde* 一九八七年一〇月三〇日）。

われわれは、次に、セロとシルニリヤロの両者がリエラ時代に関して対称的な記憶喪失に陥っていることを考慮しながら、この期間に関する両者による二つの評価を合体させたい。すなわち、一方でシルニリヤロはリエラ政権における彼の後任の過剰発行について語るのを忘れているが、他方でセロはシルニリヤロの思慮深い政策について語るのを忘れているのである。

いずれにせよ、この危機は、二つのイノベーションのおかげで、この実験を終わらせてしまうには至らなかった。第一に、ボカデの流通を維持し、兌換性への圧力を下げるために、五〇アウストラル紙幣から一アウストラルおよび五アウストラルの少額紙幣への大規模な置き換えが実施された（*La Tarde* 一九八七年一〇月五日）。第二に、兌換性を管理するための新たな構造的装置が、州の主要な経済団体であるＦＥＴの主導で導入された。一九八八年二月一七日からは、ボカデの兌換性は、「オペラトリアＦＥＴ」と呼ばれる新たな枠組み（「オペラトリア・コンフィアンツァ」とも呼ばれる）において管理された（*La Gaceta* 一九八八年二月九日、一九八八年二月一七日、一九八八年三月三日、*La Trade* 一九八八年二月一七日）。

兌換性体制のこうした改革に際しては、政府、実業家集団、州銀行、ＣＧＴ〔ペロン主義者の労働組合〕地域指導部のあいだで交渉がなされた。これ以後、新たな枠組みにおいて、ボカデ保有者は、州銀行の特別口座に自分のボカデをいつでも預金できるようになった。ボカデが預金されるとすぐに、財務当局は債券〔ボカデ〕を使用することができた。その一方で、保有者は、一営業日当たり五％、当初預入額の一〇〇％を上限として財務当局がボカデをアウストラルで日単位で償還し始めるまで、五営業日待つ必要があった。そのアウストラルは、州銀行か民衆貯蓄銀行のどちらかにあるボカデ保有者の当座預金口座ないし定期預金口座に入金された。

この装置〔オペラトリアＦＥＴ〕が制度化された後すぐに州政府が〔装置の〕範囲を発行済みボカデ総額の二〇％に制限したため、危機はすぐには解消されず、その後二カ月ほど続いた。しかし、時がたち、また、ハイパーインフレが勃発してボカデのストックの価値を急速に減少させるなか（図6-5）、「オペラトリアＦＥＴ」は、ボカデの兌換性を保証するための中心をなす新たな制度的装置になり、（一九九五年、二〇〇一年、二〇〇二年にいくらかの修正が加えられて）二〇〇三年〔ボカデの最後〕まで続いた。

実際、この新たな兌換性体制によって、アウストラル・ボカデの新たな期間が開始された。一九九一年の終わりまで続いたこの期間は、流通中のボカデのストックが急速かつ大きく減価した期間でもあった（図6-5）。というのも、第二のアウストラル・プランとよばれたプリマヴェーラ・プランは、当時進んでいたハイパー・スタグフレーション（ハイパーインフレとそれを強める強い景気後退との組み合わせ）の動態を止めることができなかったのである。一九八八年末以降、流通中のボカデ全体の購買力を維持するために、ボカデが大量に新規発行された（表6-2）。しかし、一九九〇年末にインフレが落ち着くまで、この新規発行は、ストックが減価する速度を緩めただけであった。一九九一年には、インフレが抑え込まれて、ボカデのストックの増価とともに力強い景気回復が生じた（表6-1）。すなわち、一九九一年の初めの時点において、このストックの購買力は、最初の発行時である一九八五年八月の値に戻ったのである（図6-5）。その後、ボカデのストック全体の償還予定日であり、かつ、ドル化ペソで表示された新たなボカデによってそれを置き換える期日である一九九一年一一月まで〔ストックが〕再びゆっくりと減価していったことが観察される。

（2）ドル化ペソのボカデ（一九九二〜二〇〇一年）

すでに述べたように、ボカデは、アウストラルから新たなドル化ペソへの変化という連邦レベルの変化とともに消えることはなかった。残存するアウストラル・ボカデの償還日が（一九九三年一二月まで）二年間延期された後、ペソで表示された新たなボカデが新たに発行された。一ペソは一万アウストラルと等価であり、額面通りに一米国ドルと即時に兌換できた。こうして、ボカデの生涯の新たな期間である「ドル化ペソの期間」が幕を開け、一九九二年一月から二〇〇二年一月まで続いた。

アウストラルが、ハイパーインフレの過程で無価値化したとき、サルタ州で見られたように、厳格にそれとリンクしていたボカデもまた消滅していた可能性がある。流通中のボカデが一九九一年一一月末にその法的価値を失う予定であったため、なおさらそのようなことが言える。しかし、当時の知事は、自分の所属するペロン主義者の正義党の党内から異議申し立てを受けて、任期の最後の一年間を残した一九九一年一月、連邦の「監督官《インテルヴェンター》」J・アラオスに交代した。アラオスは、ボカデを続行すべきであると明言した。このことは、この監督官〔アラオス〕が一九八九年に就任したペロン主義者のアルゼンチン新大統領カルロス・メネムの極めて親しい政治的友人であり、ラリオハ州出身のメネムがボカデの発行に慣れていた（*La Gaceta* 二〇一二年六月二四日）という事実から説明できる。ちなみに、ラリオハ州は、一九九二年に〔トゥクマン州と〕同じくボカデ発行を継続した（第5章）。

このように、ペソのドル化は、トゥクマン州のボカデの命を絶たなかった。〔ボカデ〕再生法――一九八七年法律五八六六号によって修正された一九八五年法律五七二八号のうち第二条だけを修正した法律六二九九――が、連邦監査官〔アラオス〕によって準備され、一九九一年一〇月に州の立法権〔立法機関〕によって可決された。この法律は、一九九二年初めに流通に投じられることになった新たな国民通貨〔ドル化ペソ〕によってボカデを発行することを認可した（図6－6）。この法律は、ボカデが「目下、市場で良好に受領され」ており、「全国レベルで確立された新たな条件」に適合させることだけが必要であることを踏まえ、ボカデの型式およびボカデからペソへの兌換の様式を変えることなく、その新規発行を許可した。

図6－6　1992年に発行されたペソ・ボカデ

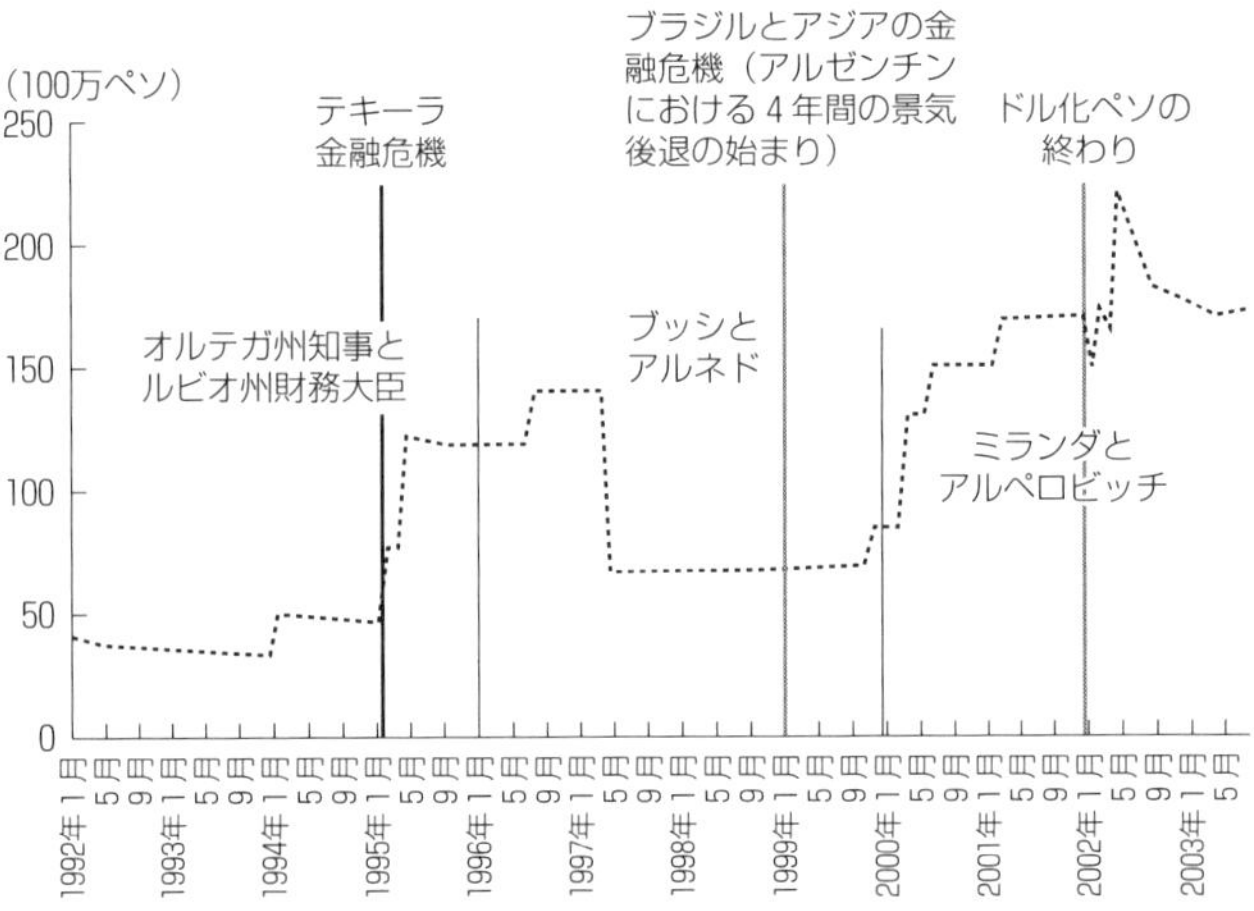

図6－7　1992-2003年に発行されたボカデの物価調整後の純ストック

（出所）表6－1および表6－2から著者が計算．

図6－7に示されるように、新たなボカデの通貨体制は、四つの下位期間に区分される。〔ただし〕それらは、連続する三つの政権、すなわちオルテガ知事、ブッシ知事、ミランダ知事の政権に変わるタイミングと正確には一致しない。

最初の下位期間は、アウストラル・ボカデからペソ・ボカデへの移行と転換の期間であり、このとき新規発行はほとんどなかった。この期間はオルテガ政権下での一九九四年末のテキーラ効果による金融危機まで続いた。次いで、一九九五年、この危機――経済の後退と銀行の危機――は、ドル化ペソ体制に対する最初の挑戦であった。トゥクマン州政府は、流通中の（一九九九年償還予定の）ボカデの量を大幅に増やすことで通貨不足に対応し、景気後退を回避しようとした。その結果、一九九五年に国内総生産（GDP）が二・八％減少した一方で、州内総生産（GPP）は二・五％増加し、一九九五年と一九九六年を合わせた成長率は、アルゼンチンとトゥクマン州でそれぞれ二・七％と三・五％であった（表6－1）。

興味深いことに、一九九五年一月から一九九六年一二月のこのテキーラ下位期間において、ボカデのストックが三〇〇〇万ペソから八〇〇〇万ペソへと大きく増加したこと（表6－3）は、ボカデの信用度、および、ペソ現金への額面での兌換性を脅かさなかった。実際、金

表６－３　ドル化ペソ標準でのボカデの発行と償還

年と州知事	月	発行	命令	発行額または償還額	債券の名目ストック
1991	１月	26回目の発行	24/3	１億アウストラル	197,501,800,000
ラモン・オルテガ	12月				197,501,800,000
1992				ペソ（＝１万アウストラル）	19,750,180
1993		27回目の発行	1274/3	20,256,000	20,256,000
1994		28回目の発行	3522/3	10,000,000	30,256,000
1995	２月	29回目の発行	1176/3	20,000,000	50,256,000
	４月	30回目の発行	2295/3	30,000,000	80,256,000
アントニオ・ブッシ	12月				
1996	７月	31回目の発行	948/3	15,000,000	95,256,000
1997	４月	消滅		-50,000,000	45,256,000
1998					45,256,000
1999	９・10月	32回目の発行	20/3	30,000,000	45,256,000
		33回目の発行	266/3	15,000,000	
		消滅	212/3	-45,000,000	45,256,000
	11月	34回目の発行	1918/3	10,000,000	55,000,000
フリオ・ミランダ	12月				
2000	２月	35回目の発行	2767/3	30,000,000	85,000,000
	５月	36回目の発行	750/3	12,000,000	97,000,000
	１月	37回目の発行	7/3	12,000,000	109,000,000
2001	４月	38回目の発行	1091/3	400,000	109,400,000
	11月	消滅		-400,000	109,000,000
	12月	消滅		-11,000,000	98,000,000

（出所）表６－１と同じ.

融・経済危機は州の危機というよりもむしろ連邦の危機であり、そして、ボカデがペソに対する割引されることは全くなかった。そのころ現地で州経済を観察してモデル化した北アメリカ人経済学者Ａ・ハーバーガーが一九九六年一二月に以下のように証言している。「ボカデは［……］あたかも本物の通貨であるかのように流通し、州内では一般的に額面どおりに受領されている（州外ではボカデは割り引かれて売られているが）。［……］われわれは、地域市場において大きな割引を何ら見かけていない。［……］それは額面通りに実効的に受領されている」［Harberger 1996 : 154］。

新聞記事からも、一九九五年にボカデが地域市場で良好に受領されていたことがわかる［Heredia 1995］。「ボカデの流通には何ら問題がない。なぜなら、トゥクマン州銀行が、法律に従って正常にボカデを償還しているからである」（*La Gaceta* 一九九五年一一月二四日）。たった一つの記事（*La Gaceta* 一九九五年一一月一二日）だけが、次のように示唆する。すなわち、ボカデをペソに交換するときの割引率は「一％から一〇％までのあいだ」であり、「一部の支払いでボカデの受領性が疑われた結果、直近数カ月、状況は困難なものになった」。しかし、実は、そのジャーナリストは、システムが極めてよく組織されており、あまりコストがかかっていないと記している。「アルゼンチン国立銀行《バンコ・ナシオン》と民間全国銀行の支店」がボカデを受け入れなかったにもかかわらず、少なくとも三つの民間地方銀行は「三％の手数料でペソへの即時交換を実施した」か「ボカデを預金するための保管口座を開設した」。さらに、トゥクマン銀行もまた、オペラトリアＦＥＴという公式のシステムとともに、五〇％の預金をボカデで受け入れ（この預金は「七二時間以内に利子を一％減らすことでペソ建に変更された」）、「元利合計の二％の手数料をとって他行のボカデも償還した」。このように、この記事は、タイトルが示唆するような大規模

表6－4　ブッシ政権下（1996-1998年）でのトゥクマン州が抱えた公債ストックの構造変化

借入のタイプ（%）	1996	1997	1998
1．中央政府	6	5	3
2．州銀行	6	2	2
3．流動債務	26	23	17
4．整理債務	1	2	1
（1＋2＋3＋4）	**39**	**32**	**23**
5．銀行その他の金融機関	32	5	9
6．公債の発行	18	54	51
（5＋6）	**50**	**59**	**60**
7．国際金融機関	11	10	16
（5＋6＋7）	**61**	**69**	**76**
総ストック（100万ペソ（当時のペソ））	**931**	**1001**	**1047**

（出所）Yañez *et al.* ［2000：図10；統計的付録］.

投機を伴う危機的状況よりも、むしろ、ボカデが地域経済にうまく統合されていることを示している。その［記事の］もう一つの長所は、たとえボカデが地域市場で十分受け取られたとしても、ボカデの兌換性が州政府の信用度を絶えず制約していたことを思い出させる点にある。最後に、その記事は、市場部門におけるボカデの取引コストが約三%であると評価している。

ブッシ政権[1]は、政権の初年度（一九九六年）は、既存の経路をそのまま進んだ。しかし、テキーラ危機から回復した一九九六年一二月以降、彼はボカデのストック全体を償還してボカデを流通から引き揚げることを目的とするプログラムに着手し、それによって第三の［下位］期間が始まった［Salvador 1997］。このように、この下位期間は、ずっと多くのコストがかかる公債に強く依存することでボカデを置き換えること（一九九六年一二月二日公布の法律六七九六号）を通じてその存在に疑問を呈するという、ボカデが経験する最初の公然とした政治的危機の期間であった。

こうして、一九九七年四月に五〇〇〇万枚のボカデ、つまり全ストックの約半分が流通から引き揚げられ、消滅させられた（**表6－3**および**図6－8**と**図6－9**）。そして、ボカデ――地域市民からの短期無利子信用――は、金融市場で契約される高コストの長期（一〇年物）公債――主に「ユーロ債」――によって置き換えられた。ユーロ債は一九九七年に初めて国際市場で発行され、一九九八年と一九九九年にそれぞれ、公債全体の六四%と六一%を占めていた。それは、一九九八年における公債全体の約三五%であった［Yañez *et al.* 2000: table 12］。一九九九年、ユーロ債の割合は全債務の二六%へと縮小したが、この縮小分は、世界銀行からの融資によって埋め合わされた。ユーロ債の利子率は、九・四五%か、ライボア［ロンドン銀行間貸出］変動金利（この当時で約六%）のいずれかであった。

表6－4は、この頃のトゥクマン州の公債構造に見られた変化の大きさおよび速度のほかに、その変化の二つの主な特徴も示している。一つは、流動債務が金融市場で長期公債へと置き換えられたことである。もう一つは、国内の（政府および銀行の）債務が（金融市場および世界銀行からの）国際債務に置き換えられたことである。州銀行が民営化されたのもこの時期（一九九六年五月）であり、新銀行のトゥクマン銀行株式会社《バンコ・デル・トゥクマン・S・A》は、依然として州庫の独占的な財務代理人の役割を担った。

しかし、ボカデを廃止するというブッシ［知事］の試みは達成されなかった。一九九九年、新たな金融危機が東アジア、ロシア、ブラジルで起こった。この危機は、国際資本移動に影響する「質への逃避」を発生させ、したがってラテン・アメリカ諸国から対外資金調達を奪い去った。その後アルゼンチンは、兌換性体制のもとで自国のマネタリー・ベースを外国資本の流入に完全に依存していたせいで、四年間の長い景気後退に陥った。ブッシはもはや新たな資金提供者を見つけることができず、中央政府と銀行信用の通貨も縮小していたので、ボカデに回帰せざるをえなかった。結果的に、彼は、満期が来るボカデを償還するために四五〇〇万枚のボカデを新規発行し、さらに、知事を辞めるまでに純発行を一〇〇〇万枚増やした（一九九九年一一月二九日に公布された法律六九六九）。

〔ブッシに〕続くミランダ政権の最初の二年間（二〇〇〇年と二〇〇一年）は、ドル化ボカデの生涯の最後の下位期間になった。景気後退が深まるにつれ（このことは一九九九年の連邦大統領選挙で正義党の敗北を招いた）、州の新政権、すなわちペロン主義者と急進派（ＵＣＲ）との連立政権は、ボカデの流通量を拡大させ続けた。二〇〇〇年の四二〇〇万枚のボカデ発行と二〇〇一年一月の追加の一二〇〇万枚のボカデ発行が法的に認可されたことで、総ストックは一億九〇〇枚のボカデまで、すなわち二〇〇〇年一月におけるストックの約二倍へと押し上げられた（表6－3と図6－7）。とはいえ、ストック全体が流通しているのではないし、直ちに印刷されたわけでもなかった。二〇〇一年七月、〔立法府によって発行を認可された一億九〇〇万枚の一部の〕ストック約七九〇〇万枚のうち七〇〇〇万枚のボカデだけが有効に流通していると推計された（出典は貨幣学協会および *La Gagceta*）。この量は、地域で最も名声ある経済学者Ｖ・エリアスが〔ボカデとドル化ペソとの〕平価の信用度を維持するには超えてはならないと考えていた、八〇〇〇万枚（流通する通貨総量の三〇％相当）という閾値よりも少なかった（*La Gaceta* 二〇〇一年七月一一日）。九月には依然として七七〇〇万枚のボカデしか流通しておらず、一〇〇〇万枚は退蔵されていたが（*La Gaceta* 二〇〇一年九月七日）、一一月には、流通するボカデの額は九八〇〇万ペソに達した（*La Gaceta* 二〇〇一年一一月一六日；Beckmann［2002：3］）。

実際、景気後退が続くなか、連邦のシステムおよび計算単位についての貨幣的不確実性と国の法定通貨の希少性は強まっていたので、トゥクマン州が破産に至らない唯一の道は、より多くのボカデを発行することであった。その結果、州政府は、ボカデの流通量を増やしつつボカデのペソへの額面での兌換性を維持することは難しいという予想に駆り立てられ、二〇〇一年七月の終わりに様々な措置を講じた。

まず、オペラトリアＦＥＴと並ぶものとして、ボカデの定期預金口座（九〇日から一八〇日まで）が、大口保有者を対象に創設された。トゥクマン銀行でこの定期預金口座にボカデを預けると、直ちに保有者は、州税の支払いに用いることができる裏書可能な小切手を入手できた。満期になると、未取付小切手〔企業・個人の受取人がまだ銀行に持ち込んでいない小切手〕の保有者は（年間ベースで）最大一二％の利子を受け取り、しかも、ボカデは額面でペソに交換された（*La Gaceta* 二〇〇一年七月二四日）。さらに、口座保有者は州の印紙税を免除された。以上のような装置の潜在的コストのため、政府は、この装置の様々なパラメーターを、すなわち定期預金口座の最低預入額（当初五〇〇〇ペソ）、州の利用可能財源（ペソ）に応じた定期預金口座の期間、小切手の最低額（当初五〇〇ペソ）を、完全には固定しないことによって、この装置をコントロールし続けようとした。予想では、この装置により七〇〇から一〇〇〇万枚のボカデに対応できるであろうということだった（*La Gaceta* 二〇〇一年七月一一日）。しかし、七月末には、二五〇〇万枚のボカデがこの制度を通じて国民通貨ペソに交換されるのを待っていると推計された。それは流通量の三六％、ストックの三二％であった（*La Gaceta* 二〇〇一年七月二九日）。

次に、八月の初めには、州法（二〇〇一年七月二九日に公布され、二〇〇二年一二月五日に廃止された法律七一五二号）によってトゥクマン銀行に「州公共部門の単一勘定系」がつくり出された。この法律によって、中央にそして分散的に所在する行政府の諸機関と州政府の行政諸機関（民衆貯蓄銀行を除く）が受け取る全てのペソ（および〔中央政府の補完通貨〕レコップ）が、単一勘定に集約され、オペラトリアFETおよび定期預金など他の可能的装置を通じたボカデの額面での交換のために優先的に用いられた。さらに、この法律によって、様々な政府勘定に預け入れられた全てのボカデを集約する「単一保管ファンド」が創設された。

しかし、二〇〇一年の下期、国の兌換性体制の危機が深刻化し、連邦政府が政府間移転を徐々に削減していったため、州レベルでペソはますます希少になっていった（図6-8）。それゆえ、既に第5章で見たように、州の準通貨の新たな波が、この国全体で巻き起こり、中央政府までもが、中央から州への〔財政〕移転の大きな部分を支払うために、自らの補完通貨レコップを発行した。トゥクマン州では、そのことは主に、オペラトリアFETの機能に関する差し迫った困難をもたらしたが［Cirnigliaro 2004：268］、ちょうどそのとき、アルゼンチンがかつて経験したなかで最大の通貨的・経済的・金融的・政治的・社会的危機の一つが起こりかけていたため、州政府は三つの措置で対処した。

一一月五日、突如として州政府は、オペラトリアFETを通じてボカデをペソで償還する期日を三五日から六〇日へと延長した（*La Gaceta* 二〇〇一年一一月一五日）。その結果、一〇月には四%を超えてわずかに上昇し始めていた（四・五%）ボカデの市場割引率は、その期日を四五日に延長するという準備的な議論が知れ渡るやいなや、一気に七%（一二月）へと跳ね上がった（図6-9）。いかなる協議もなく実施されたこの措置は、「亀裂」をもたらした。というのも、銀行がボカデの受け取りを拒否し、そして、自由市場両替所〔洞窟《クエバス》〕でボカデが一〇%の割引率で交換されたのである。にもかかわらず、「企業家たちは、警戒しつつも措置を支持し、いくらかの調整、および、適用の柔軟性だけを要請したにすぎない」（*La Gaceta* 二〇〇一年一一月一六日、および、図6-4）。

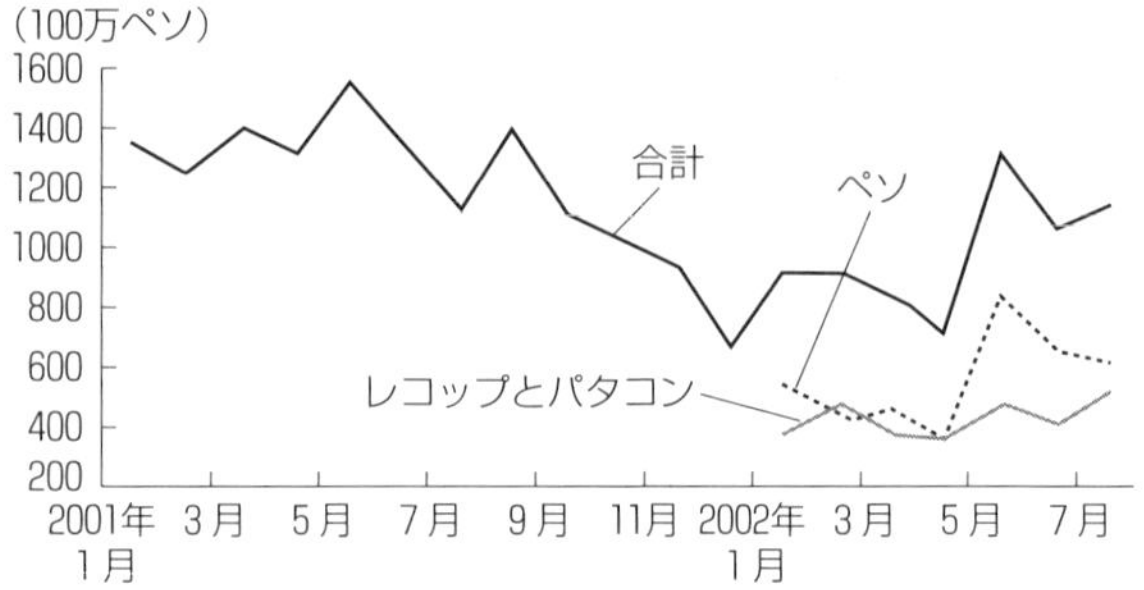

図6－8　2001年1月－2002年7月の国家〔財政〕の州への移転

（出所）Universidad Catolica Argentina [2002].

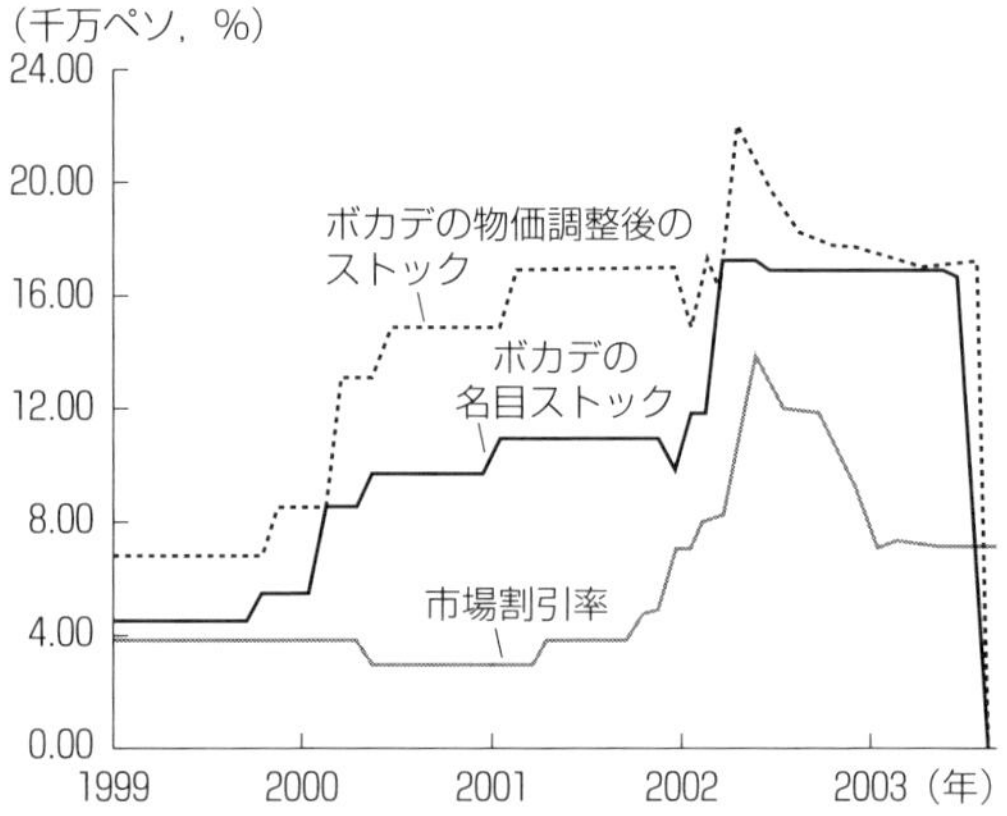

図6－9　1999年1月－2003年5月のトゥクマン州のボカデ

（注）単位（縦軸）は名目では当時の千万ペソ，物価調整後では2003年時点の価値による千万ペソ，市場割引率については%.

（出所）BCRA [2003].

一二月に行政命令で「オペラトリア・パラレラ」が創設された。これは、四万ペソ超の預金を保有する一部企業が、標準的な「オペラトリアFET」の償還猶予〔交換までの期日〕を待つことなくレコップを受け取れるようにする装置であった［Beckmann 2002 : 2］。こうして、「二〇〇一年一二月一〇日から二〇〇二年四月八日までに、政府は［……］七つの『特権』企業に対して四一〇〇万ペソ〔のボカデ〕をレコップで交換した」［Cirnigliaro 2004 : 267-268］。

一二月にはまた、偽造された二〇ペソ〔のボカデ〕札が九月に発行されたことでボカデというものへの信認までもが低下したので（*La Gaceta* 二〇〇一年九月七日）、この偽造が疑われた一一〇〇万枚のボカデが処分された。そして、公共サービスを提供している公私の諸企業は無制限にボカデおよび（または）レコップをそれらの名目価値で受け取らなければならないと定める法律が議会で可決された（二〇〇一年一二月一三日法律七一七一号）。最終的には、オペラトリアFETの償還猶予は二〇〇二年一月に五六日へと短縮された（二〇〇二年六月には三五日という標準的〔元々の〕期日に戻ることになる）。

これらの措置が、二〇〇〇年と二〇〇一年一月にボカデのストックが大幅に増加したにもかかわらず、二〇〇一年一〇月まで市場におけるボカデの割引率が四％（ないしそれ未満）にとどまっていた理由になろう。反対に、二〇〇一年一二月と二〇〇二年三月の増加は、二〇〇二年五月まで割引率に直接的・累積的な影響を及ぼしたが、結局、高インフレと特殊な措置によって割引率は下がっていった（図6-9）。しかし、二〇〇一年一二月にはペソ兌換性体制が危機の絶頂（大きな社会不安が起きた）に達し、二〇〇二年一月一一日に放棄されることになる。こうして、ボカデの生涯最後の期間になる新たな期間が始まった。

（3）一国化ペソのボカデ（二〇〇二～二〇〇三年）

二〇〇二年一月の初め、カレンシーボード制は崩壊し、アルゼンチンは一国化ペソおよびいわゆる債務の「ペソ化」へと回帰した。二〇〇二年はアルゼンチンにとって非常に深刻な危機の一年であった。アルゼンチンは、国内総生産が年間で約一一％減少し、かつ、ペソのドルに対する大幅な減価によって輸入品が値上がりしたことが影響し消費者物価指数（二〇〇二年一二月の前年同月比）が四一％上昇した（表6-1）。それは、大きな社会不安、政治的不安定、人口の五〇％を超える貧困、非対称的な「ペソ化」に起因する深刻な富の負の再分配を伴う危機であった［Luzzi 2012］。トゥクマン州でも、州内総生産の八％減少、四九・四％のインフレ（二〇〇二年一二月の前年同月比）といったように、やはり危機は極めて深刻かつ多面的であった。しかも、一九八九～一九九一年のハイパーインフレ危機とは異なり、この危機は、ボカデの信認と信用度の危機を伴った。ボカデのペソに対する市場の割引率は、一四％というそれまで全く観察されたことのなかった率に達した。

表6-5で示されるように、ミランダ政権は二〇〇二年一月と三月にそれぞれ二〇〇〇万と五〇〇〇万というボカデの大規模発行を実施した。これにより、ボカデの名目ストックは一・七七倍になり、ゆえに、ボカデの名目価値と額面での兌換性を保証することが難しくなった。これらの発行は、連邦の危機によって州が急迫状況に陥ったことによって正当化された。この混乱の中で州政府の責任は、本質的には、ペソの減価に伴い膨張しつつあった州政府の対外公債をブッシ政権から継承したことであった。

ボカデの公式の兌換性は、その年の大半にわたって無効になっていた。オペラトリアFETにおいていまや多様な形態をとって交換を待っているボカデ債券は、二〇〇二年九月末には七〇〇〇万枚に上っていたのである（*La Gaceta* 二〇〇三年九月二三日）。したがって、ボカデの〔法貨〕現金への交換は、市場において極めて高い割引率でのみ可能であった。さらに、日常的な取引におけるボカデの受領は低迷するか、その名目価値からの割引を伴っていた。

　この状況が最初に改善したのは、ようやく、割引率が二〇〇三年の七・二％というより持続可能な水準に向けてゆっくりと低下し始めた六月のことである（図6-9）。次に状況が改善したのは二〇〇二年一〇月以降のことである。これは、二〇〇二年末のボカデ・ストックの購買力を前年のその値近くまで下げた高インフレと、連邦と国際通貨基金〔IMF〕の合意によって可能になる連邦〔からの財政〕移転の増加とのおかげであった。連邦政府は、IMFとのこのときの合意で全種類の州補完通貨を廃止する約束をした。

表6-5　一国化ペソ標準でのボカデの発行と償還

年	月	発行	命令	発行ないし償還された額	債券の名目ストック
2001	12月	消滅		-11,000,000	98,000,000
2002	1月	39回目の発行	10/3	20,000,000	118,000,000
	3月	40回目の発行	350/3	55,000,000	173,000,000
	6月	消滅		-4,000,000	169,000,000
2003	6月	最期の発行	連邦救済により	-102,000,000	67,000,000
	7月	償還	-155,000,000	-53,000,000	14,000,000
	8月		消滅	-12,000,000	2,000,000

（出所）表6-1と同じ.

　その結果、ボカデは殺害されることになり、その死は二〇〇三年五月に予定された。本章の目的は連邦の償還によって諸州の補完通貨を処刑するこうしたプロセスを分析することではないので、こう言うにとどめよう。最終的にはボカデがカレンシーボード制の暴力的な危機とその様々な帰結とを生き延びることができなかったとしても、それは、ボカデの長く続く復元力と地元企業家たちからの支持によって証明されるように、この装置が非効率であったからでも、内部に欠陥を抱えていたからでもない、と。二〇〇二～二〇〇三年のペソ・ボカデの危機は、アウストラル・ボカデの一九八七～一九八八年の危機とかなり似ていた。それゆえ、ボカデは、もしIMFのレーダー画面に映っていなかったならば、この危機を生き延びられたであろう。ボカデの創設者は次のように振り返った。「IMFは、こうした通貨〔諸州の補完通貨〕が「永久」対外債務のビジネスを破壊しつつあったため、それらの償還を要求した。ボカデは〔……〕IMFのこの要求に従い、州財政の高コストという犠牲を払いつつ消滅した」[Cirmigliaro 2004: 264]。

4　ボカデは実際に有益であり、成功したのか

　ここからは、〔トゥクマン〕州のマクロ経済的データを用いた定量評価によって、以上の考察を補強したい。先にわれわれは、ボカデは、長期にわたって存続し、かつ、州の市場〔実業界〕によって支持されていたという意味で成功した装置であったと評価した。われわれは、次のようにも述べた。連邦計算単位と法貨〔法定支払手段〕に影響を及ぼす通貨危機が起こっていたとき、ボカデは、それを裏づける州の自律的な徴税力が弱く、かつ、州が〔ブエノスアイレスやコルドバに比べて〕相対的に連邦の財政移転に依存していたにもかかわらず、反循環的装置およびショック吸収装置として効率的に運用されてきたのであり、そのおかげで、一定の条件下で、州の成長率が国民経済のそれよりも高くなることができたのである。結局のところ、われわれは、トゥクマン州の補完通貨体制が、制度的イノベーションを通じて変化することにより、ボカデの兌換性を維持し、したがって、一補完通貨

としての特徴を維持できたことを確認したのである。しかし、これらの結論は、定量的評価に基づいていないため、多くの経済学者によって受け入れがたいものであろう。この節では、定量的な評価を与えることにしたい。

通常、経済学者は、弱い通貨に苦しむ発展途上国における金融政策の質を評価するために二つの指標を用いる。一つは、現地通貨を主要かつ安定的な価値標準とみなされる外部通貨に交換するときの為替レートである。もう一つは、消費者物価指数によって測定される現地通貨の購買力である。域内通貨のケースでも、そういった指標が用いられてきた。例えば、F・グラッブ〔Grubb 2008 : 2012〕がイギリス植民地（後のアメリカ合衆国）における通貨ファイナンスによる通貨実験を研究したときがそうであった。これらの指標は、ある通貨の生存力ないし復元力を正しく評価するうえで重要である。しかし、われわれが、通貨の中立性を想定せずに、通貨諸体制が成長と債務の体制に影響を及ぼすと考えるのであれば、ある通貨体制の質は、通貨の諸価格〔交換レートおよび購買力〕の安定性に還元されるものではない。地域の財政的補完通貨は、地域経済――非市場的生産を含む――を刺激し、公債を削減する、という特別な目的で発行される。その効率性〔有効性〕は、このレベル〔この目的に対する効果〕で表される。それゆえ、トゥクマン州の補完通貨の生存力と効率性を評価するために、われわれは、二つの問いではなく、四つの問いに答えなければならない。

第一に、アウストラルないしペソに対するボカデの額面での兌換可能性は長期的に維持されたか。第二に、ボカデは地域的インフレを全国的インフレに上乗せしたのか。第三、ボカデが流通していたとき、トゥクマンの州内総生産（GPP）の成長は改善されたのか。第四に、ボカデは州の公債を減らしたのか。

不運にも、真に科学的な手法でこれらの問いに答えることは、主に三つの理由で極めて難しい。第一に、州のデータは乏しく、しかも、利用できたとしても信頼しきれない場合が多い。第二に、ボカデがインフレと成長のいずれかに及ぼした特殊な影響が何であったかを評価するために反事実的な方法論を用いることはできない。第三に、財政的補完通貨の存在・不在以外にも、様々な外生的・内生的変数が、われわれが上記四つの問いに信頼できる方法で答えるために必要とする定量的指標の推移に影響を及ぼしている。財政的補完通貨を発行した、あるいはしなかった、他州に関する諸研究に基づく比較アプローチがそのために必要である。そのような研究がないため、以下の評価は、現存するデータを用いて何とかやっていく最初の試みとみなされるべきである。

（1）ボカデは額面でアウストラルとペソに交換され続けていたのか

地域金融市場におけるボカデの法定通貨に対する割引率は、公衆によるボカデ受領の度合いについての間違いなく適切な指標であり、理論的にいえば、それは観察可能な変数である。あいにく現在のところわれわれは、この割引率についての体系的データ、とりわけアウストラル期のデータを欠いている。とはいえ、われわれは、新聞（*La Tarde, La Gaceta, La Nacion,* etc.）、インタビュー、文献における断片的な情報から、ボカデの対アウストラルおよび対ドル化ペソの平価が長期にわたって実効的に維持されたのであり、そのことはこの補完通貨の復元力を説明している、と推測している。先に見たように、ボカデの割引率は、一九八八年および二〇〇二－二〇〇三年にのみ悪化し、その通常の取引コストを上回った。この二つの時期の兌換性危機は、スタグフレーション進行《スタグフレーショニスト》と「ハードな」連邦金融政策が結びついた文

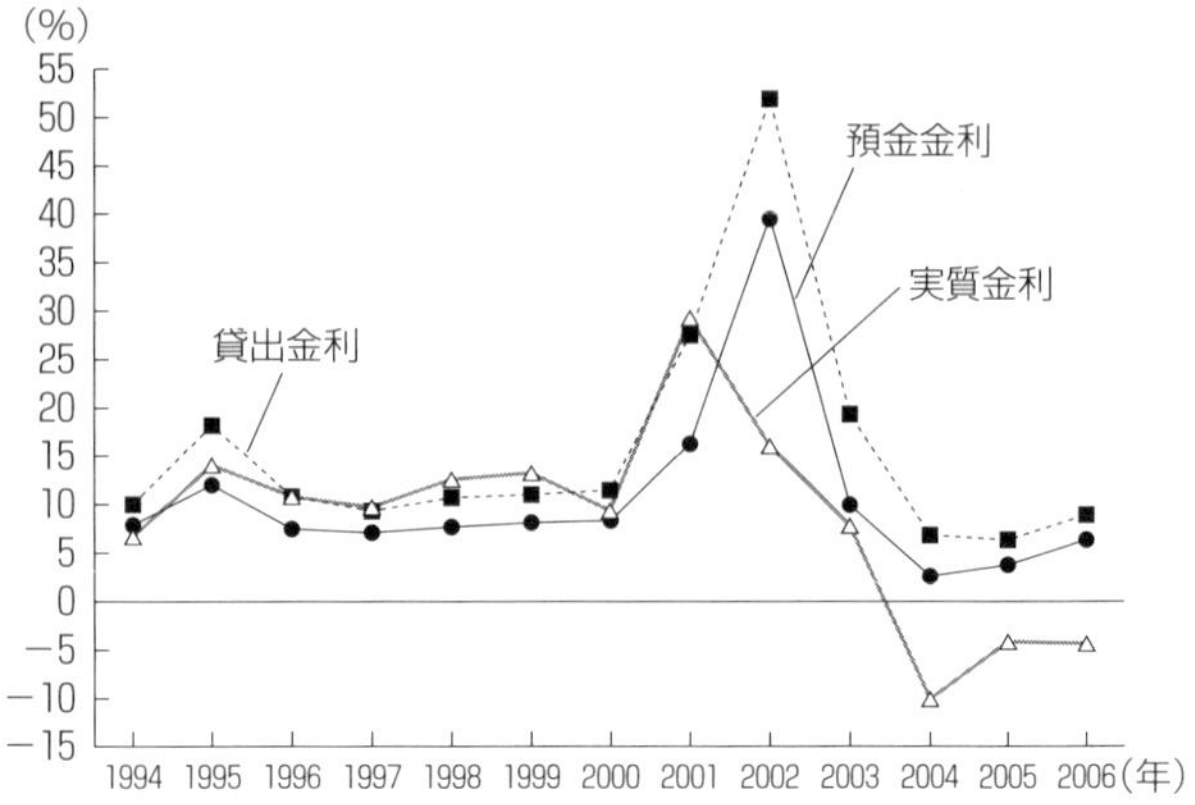

図6-10　1994-2006年の金利（実質，預金，貸出）の推移
（出所）data.worldbank.org/indicator/

脈の中での一時的な過剰発行に起因した。われわれは既に、一九八八年と二〇〇二～二〇〇三年に割引率が補完通貨の自己調整の原動力として機能したこと、ただし、後者の〔二〇〇二～二〇〇三年の〕ケースではより強い外部の力〔連邦政府とＩＭＦ〕が自己回復メカニズムを妨害したことを観察した。〔トゥクマン州が〕例えばブエノスアイレスやコルドバよりも自律的税源や富の州別順位で思わしくない地位にあるにもかかわらず、ボカデは、ペソ化の危機の時期でさえ、〔エントレ・リオス州のフェデラルやコリエンテス州のセカコルといった〕他の補完通貨ほどは減価しなかった。反対に、ボカデは、第5章の図5-1において示されたように、レコルと同じようにパフォーマンス良好であった。

ところで、ボカデは、一九九五～一九九六年の記録によれば非公式市場では一～一〇%の、民間銀行部門ではおそらく三～四%前後の、取引コストに耐えていた。しかし、こうした取引コストの水準がどうであれ、それを、国の全目的的・全州的な貨幣に対するボカデの減価の指標として扱うべきではない。現代の小売店主なら誰でも、ビザやアメックスのようなクレジット・カードないしペイメント・カードで〔客から〕支払いを受けるとき、カードごとに取引コストに差があることを知っている。この「割引」〔手数料〕は主に、すべての信用手段が甘受すべき流動性の価格である。さらに言えば、一九八七～一九八九年のハイパーインフレが進んでいる状況では、一〇%の割引率は、中央銀行における公定規制再割引率よりも低かった［Cerro 1988］。二〇〇一～二〇〇三年にも同じことが言える（図6-10）。

多くの情報源が証言しているように、ボカデを法定通貨に交換するときに時々割り引かれる可能性があったにもかかわらず、公衆だけでなくトゥクマン州の実業界も「金融装置としてのボカデを信頼していた」［Salvador 1997］。ボカデが州税によって、および、「オペラトリアＦＥＴ」により保証された額面兌換性――ある程度の償還猶予はあったが割引はなかった――によって担保されている限り（これが長期的には普通のケースであった）、ボカデは信頼されていた。このように、地域の実業界に支えられたトゥクマン州政府の能力を前提とすれば、二〇〇三年にボカデを償還せずとも、その額面での交換プロセスを調節することによってボカデの信用度を回復させ、その市場割引率を引き下げることができていたかもしれない。

(2) ボカデは地域のインフレを上乗せしたのか

アルゼンチンにおける通貨複数性〔多元性〕の初期の観察者であるＴ・グレコにとって、この問いに対する答えは、論理的に「否」である。インフレは、法定通貨の減価であるが、補完通貨の減価は、この法定通貨に対する割引率の上昇という形をとる。「そのため、地域通貨ないし州通貨は、インフレの原因にはなりえない」［Greco 2001:81］。

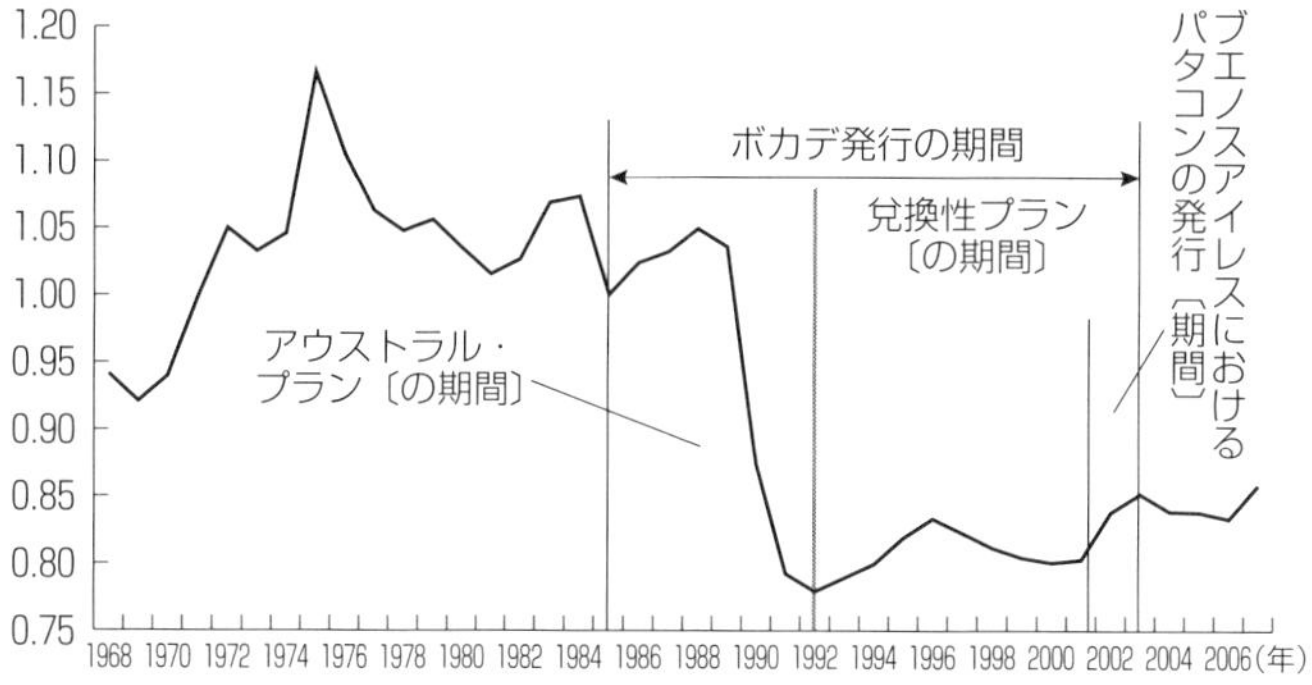

図6-11　トゥクマンとブエノスアイレスの消費者物価指数の相対的水準（1968-2008年）

（出所）表6-6．

とはいえ、貨幣数量説を支持しない者にとって、インフレはより複雑な現象のように見える。つまり、適切に発行され、品位を保っている州補完通貨は、州のマネタリー・ベースを拡大させることによって地域のインフレに関与するかもしれない。同様に、ある補完通貨が通貨の流通速度を高めるならば、それは地域の価格に影響を及ぼしうる。さらに、インフレは、時間と空間において均等に分布してはいない。それゆえ、財政的補完通貨のインフレ主義的性格についての現在のマネタリストの言説は、経験的にも検討されなければならない。通貨複数性に起因する取引コストの押し上げは、果たして、全国の価格水準に対するトゥクマン州の価格水準の押し上げを本当に説明するのか（*La Gaceta* 二〇〇一年一〇月一三日；Cerro［2002:19］）。

ある地域の補完通貨の生産的効率性を経験的に評価するうえで、その割引率が重要である。なぜなら、割引率は、グレコが強調したように、また、テキーラ危機のときのトゥクマン州で観察されうるように、地域経済への補完通貨の吸収水準を示すからである。しかし、これは完全な判別手段ではない。国民的計算単位の購買力の地域的推移が、補完通貨の生産的効率性についての補完的な指標になる。このとき、ボカデ型の州補完通貨の問題は、インフレやデフレが大規模に輸入されるということである。というのも、そのことは、物価水準のうちで、輸入された変化を、地域的発行と関連するであろう変化から分離するのを難しくするからである。

トゥクマン州については、われわれは、グラン・トゥクマン（州都およびその周辺都市圏）の毎月の消費者物価指数（CPI）を、アルゼンチン全体の消費者物価指数の代理として一般的に用いられるグラン・ブエノスアイレスの対応する指数と比較することができる。両方の指数は同じ方法論に基づいて構築されているので、われわれは、他の条件が同じならば、その二つの差がボカデに起因すると考えることができる。つまり、その差は、ボカデが全国物価水準に地域の過剰インフレを一貫して上乗せしていたことを意味することになる。

図6-11は、二つの消費者物価指数（CPI）――いずれも一九八五年を基準（100）としている――の比率を示したものである。**図6-11**から、トゥクマンとブエノスアイレスのインフレ率がおおむね接近しているものの、常に異なっていることが分かる。一九九一年は転換点である。というのも、トゥクマンの物価は、一九九一年以後、それまでとは異なり、ブエノスアイレスの物価よりも低くなったからである。このように、兌換性プラン〔ドル化ペソを導入したカバロ・プラン〕は二つの物価水準の序列に重大な影響を及ぼした。しかも、両州の比率は、約五％の変動幅内で中期レンジ変動をしていた。

ボカデの存在がこのような推移に及ぼした影響を検出することは難しい。ボカデが発行されていた期間には、トゥクマンの物価がブエノスアイレスの物価よりも急速に上昇した年もあれば、反対の年もあっ

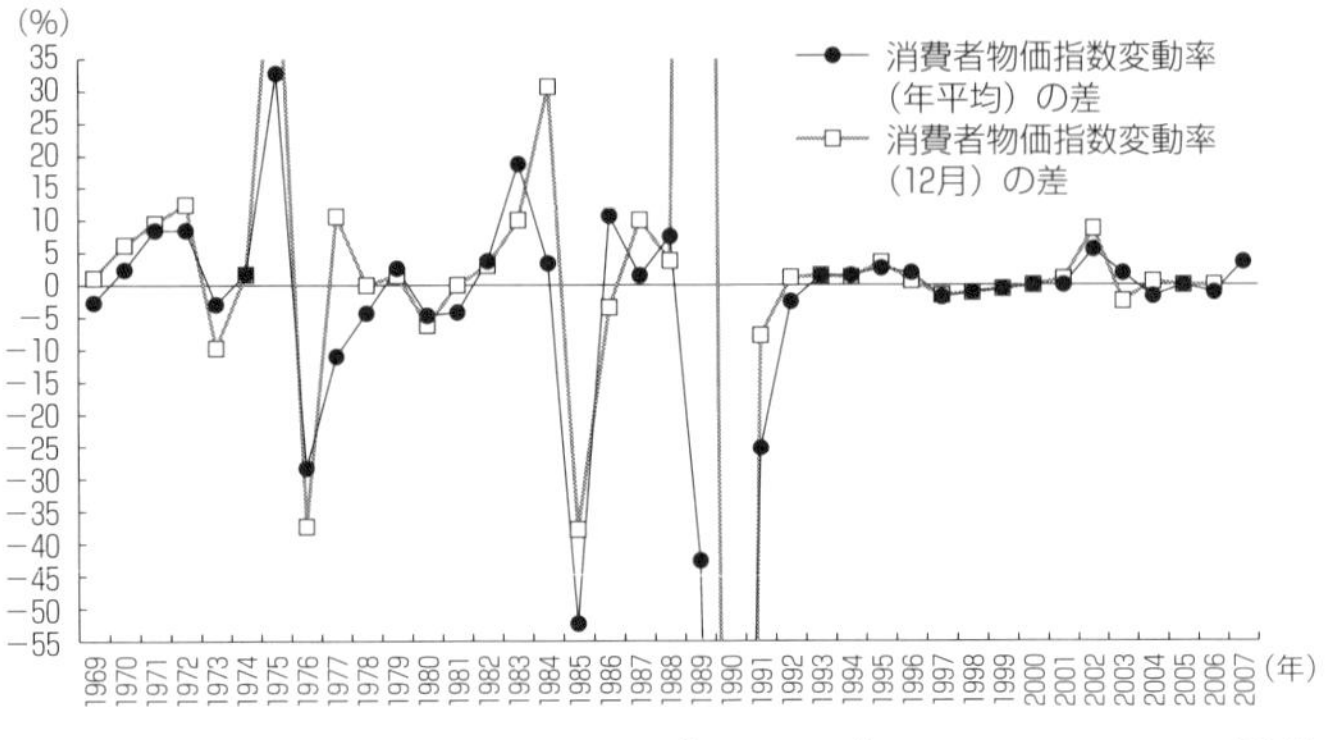

図6‐12　グラン・トゥクマンとグラン・ブエノスアイレスの消費者物価指数の年変動率の差

（出所）表6‐6.

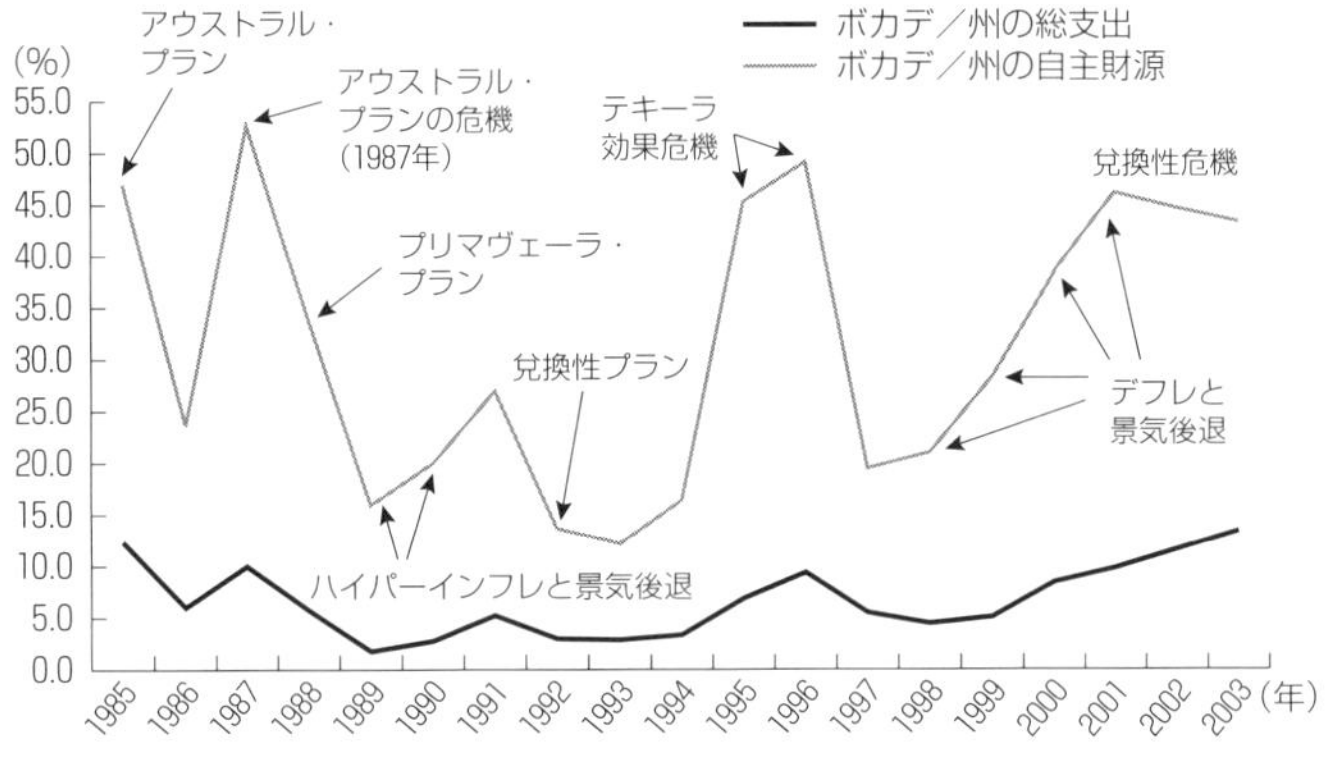

図6‐13　州の自主財源および総支出に対するボカデのストック

（出所）表6‐2，Yañez *et al.* [2000] および Macian de Barbieri [2002] から著者が計算.

た。しかも、ボカデが存在していない期間にも、同じタイプの変動が見いだされる。実際、二つの指数の差を示す図6‐12からわかるように、トゥクマンの物価上昇率のほうが高い年の数は、その反対の年の数とだいたい同じである。したがって、トゥクマンの物価水準に対してボカデが特殊かつ構造的なインフレ主義的効果をもっていたと結論づけることはできない。

しかし、ここかしこで異なる二つの物価指数の動きを説明しうるようなトゥクマンとブエノスアイレスそれぞれにおける短期的要因を、ボカデもそのような要因の一つと見なしながら、検討する必要がある。図6‐11において、国の兌換性プランによってもたらされたデフレがブエノスアイレスよりもトゥクマンにおいて激しかったことだけでなく、ブエノスアイレスと比べたときのトゥクマンの相対的物価水準が一九八七～一九八八年、一九九五～一九九六年、二〇〇二～二〇〇三年の三つの全国的危機のときに上昇したこともまた、その証拠である。これらの危機の間に、ボカデのストックが大きく増加し、州の自主財源の価値の約半分に、および、州の全支出の約一〇％に達したのである（図6‐13）。

これらの危機のうち二つでは、ボカデ・ストックの増加はボカデの割引率の上昇にも連動していたのであり、グレコの理論的主張に反して、このことは、実際には補完通貨の過剰発行が国民的計算単位および法定支払手段の地域的購買力に影響を及ぼした可能性があることを示唆している。しかし、短期間の地域的な過剰インフレの後に物価指数が相対的に下落する期間が続くことも示されており、それは、ボカデそれ自体はインフレ主義的ではないことを意味する。そのうえ、テキーラ危機への地域的対応はブエノスアイレスにおけるよりもインフレ主義的であったが、ボカデの割引率によって証明されるように、ボカデの信認・信用度・信頼を脅かさなかったという事実から、必ずしもインフレーションそれ自体が金融政策の非効率性の基準ではないことが分かる。表6-6に示されるように、補完的な州通貨（一九八五～二〇〇三年）が存在する場合であれ、存在しない場合であれ（一九八〇～一九八四年および二〇〇四～二〇〇六年）、ある閾値以下では、時間を通じてだけでなく空間を通じても、高インフレであればあるほど高成長でもあった。

（3）ボカデは州の経済成長を高めたのか

ここからは、ボカデの制度の経済的効率性を問いたい。テキーラ危機の間、ボカデの流通拡大は、信用逼迫《クレジット・クランチ》を防いだ点と〔信用逼迫によって〕誘発される景気後退を緩やかにした点で、成功したように見える（表6-1）。同様に、一九九九年から二〇〇二年にかけて、国内総生産の累積的下落は、アルゼンチン全体ではマイナス一九・五％であったが、その一方で、トゥクマンの州内総生産ではマイナス一三・五％にとどまった。ドル化ペソの最後の三年間である一九九九～二〇〇一年だけをとるならば、〔成長率は〕アルゼンチンとトゥクマンでそれぞれマイナス八・六％とマイナス二一・五％であった。ボカデの信用度がまだ全く揺らいでなかったミランダ政権の最初の二年間（二〇〇〇～二〇〇一年）に注目すると、アルゼンチンではマイナス五・二％、トゥクマンではプラス一・三％であった。以上から、少なくともドル化ペソの期間、つまり決定的な期間においては、アルゼンチン全体で起きたことに比べると、補完通貨は州の経済状況を著しく改善させたことがわかる。

しかし、表6-6は、ボカデ有りの期間にも、この州の経済成長が国全体のそれよりも弱かった時期があったことを示している。したがって、成長に及ぼすボカデの影響が正・ゼロ・負である条件を特定しようとするならば、われわれは、この影響をより体系的かつ科学的な方法で解明・説明しなければならない。とはいえ、データの利用可能性と質には限界があるので、それ〔その作業〕は簡単には進まない。トゥクマンの州内総生産に関するデータは、利用可能であるが疑わしいものであり[2]、たとえそれが信頼できたとしても、他の条件が同じならば、ボカデ有りの期間のトゥクマン州の生産水準が、もしボカデ無しであればそうであったろう水準よりも高かったかどうかを検証することは困難であろう。反事実的ないし比較の方法を用いようとしても、それは手の届かないものである。

こうした限界はあるものの、アルゼンチンとトゥクマン州の成長率を比べるために集められたデータによって、ボカデが成長に及ぼした有意な影響についての第一次的な評価が可能になる。こうして、図6-14からは、アルゼンチンのマクロ経済の浮動性だけでなく、トゥクマンの州内総生産と国内総生産の成長率との年ごとの大きな差が確認される。これらの差は正負いずれかであるから、表6-6に示されるように、中期および長期の成長率の差はより小さい。また、一九八一～二〇〇六年では、トゥクマン州の成長率が国の平均よりも高い年の数が一四、低い年の数が八つ、有意の差がない年が四つであった。その一方で、ボカデ有りの期間では、〔全国よりもトゥクマンの成長率が〕高い年が九つ、低い年が八つ、あまり変わらない年が二つであり、上下の揺れがより均斉になっていた（表6-7）。

このことは、ボカデがトゥクマン経済を国民経済により強力に統合する要因の一つであったことを意味しうる。それは、表6-6が示唆していることでもある。すなわち、トゥクマン州の平均成長率とアルゼンチン全体のそれは、ボカデ有りの期間のほうが〔ドル化ペソの期間ではなおさら〕、平均的に見てトゥクマンがより高く成長していたそれ以外の期間よりも接近しているのである[3]。しかし、そのことはまた、平均的に見て、ボカデが地域的成長のインセンティブではなかったこ

表6-6　期間ごとの国内（州内）総生産と消費者物価指数

ブエノスアイレスよりも高いトゥクマン州のインフレ率／アルゼンチン全体よりも高いトゥクマン州の成長率

低いインフレ／低い成長率

低いインフレ／高い成長率

高いインフレ／低い成長率

	アルゼンチン国内総生産の年成長率	トゥクマン州内総生産の年成長率	消費者物価指数上昇率（12月の前年同月比）ブエノスアイレス	トゥクマン	消費者物価指数上昇率（年平均）ブエノスアイレス	トゥクマン
ペソ・モネダ・ナシオナル						
1981-1984	-2.00%	0.62%	365.7	376.0	310.0	315.1
アウストラル						
1985-1991	-0.09%	-0.71%	1054.4	1051.6	971.7	903.6
1985-1987	1.00%	-0.53%	213.9	203.0	297.9	284.6
1988	-3.00%	0.90%	387.7	391.6	343.0	350.3
1988-1990	-4.85%	-7.42%	3133.8	3142.6	2696.8	2488.1
1991	9.10%	10.50%	84.0	75.2	171.7	146.2
ドル化ペソ						1.0
1992-2001	2.80%	2.72%	2.8	3.2	4.2	4.3
1992-2003	2.16%	2.11%	6.0	6.9	6.7	7.5
1992-1994	7.30%	4.33%	9.6	10.8	13.2	13.5
1995-1996	1.35%	1.75%	0.9	2.8	1.8	3.9
1997-1998	6.00%	6.60%	0.5	-0.9	0.7	-0.6
1999-2001	-2.87%	-0.83%	-1.3	-1.4	-1.1	-1.4
1995-2001	0.9%	2.00%	-0.2	0.0	0.3	0.3
脱ドル化〔一国化〕ペソ						
2002-2006	4.96%	5.64%	12.6	16.0	12.4	14.2
2002-2003	-1.05%	-0.95%	22.4	25.2	19.7	23.4
2004-2006	8.97%	10.03%	6.1	9.9	7.6	8.2

（出所）表6-1と同じデータを用いて著者が計算.

とも強く示唆している。

しかし、定性的な情報は、および、トゥクマン州の実業家階級がボカデを強く支持したことは、分析をさらに推し進めることを要求している。図6-14および図6-13を見返すと、トゥクマンの成長率がより高かった期間には、全国レベルでの深刻な危機という状況によって刺激されたボカデの発行額も比較的大きく、公的支出と財源に対するその割合がかなりの水準に達していたことがわかる。これらの期間において、州政府は、ボカデの額面での兌換性制約を限度いっぱいまで緩めることによって、ボカデを発行する自らの能力を最大化していた。反対に、より「正常な」年には、自主税源の弱い州においてその補完通貨を担保する州の財源見通しが構造的にかなりの不足であったため、兌換性の制約がなおいっそう拘束衣として機能していた。こうして、われわれは次のように想定できる。成長に正の影響を与えるには、財政的補完通貨の発行は、最小の閾値に達しなければならず、しかも、市場で減価することなくその兌換性を維持するためには、最大の閾値よりも下にとどまらなければならない、と。この発見は、他の研究とも整合している［Gómez and Dini 2016］。

（4）ボカデは州の債務を減らしたのか

結論を述べる前に解答しておくべき四番目の問いは州の債務に関するものである。ボカデは、州の債務を減らすうえで効率的な装置であったのか。本章では、明らかにそうであった、と解答できる。というのも、ボカデは銀行貸付や金融市場で販売される公募証券よりもはるかに安上がりな信用を提供したからである。

われわれは先の議論で、一九八〇年代、ボカデのおかげでトゥクマン州政府は、債務変動のコストを著しく減らし、かつ、もし債務が整理された場合に起こったかもしれない雪崩現象を避けることができたことを確認した。一九九〇年代については、**表6-8**および**図6-15・図6-16**から、高い利子率と経済の景気後退が雪崩効果と公債累積を助長しようとしていた九〇年代後半、トゥクマン州の公債ストック（とその負担）が著しく増大した原因はボカデのストックと流通の大幅削減を伴う公債の大幅圧縮というブッシ〔州知事〕の政策にあったことがわかる［Yañez *et al.* 2000:18-19］。そして、大きな割合のボカデがコストのかかる十年物公債へと置き換えられたため、ボカデは、テキーラ危機のときに担うことのできた反循環的役割を果たすことができなかった。

　さらに、二〇〇二年には、ユーロ債の形で契約されたこの債務の主要部分が、ペソがドルに対して大幅に減価したことによって著しく増

表6-7　トゥクマン州の成長率がアルゼンチン全体よりも高かった（低かった）年の数

期間	正の差異	差異無し	負の差異
1981-2006年	14	4	8
ボカデ無しの期間	5	2	0
1981-1984年	3	1	0
2004-2006年	2	1	0
ボカデ有りの期間 1985-2003年	9	2	8
アウストラル・ボカデ 1985-1991年	4	0	3
ペソ・ボカデ 1992-2003年	5	2	5

（出所）表6-6.

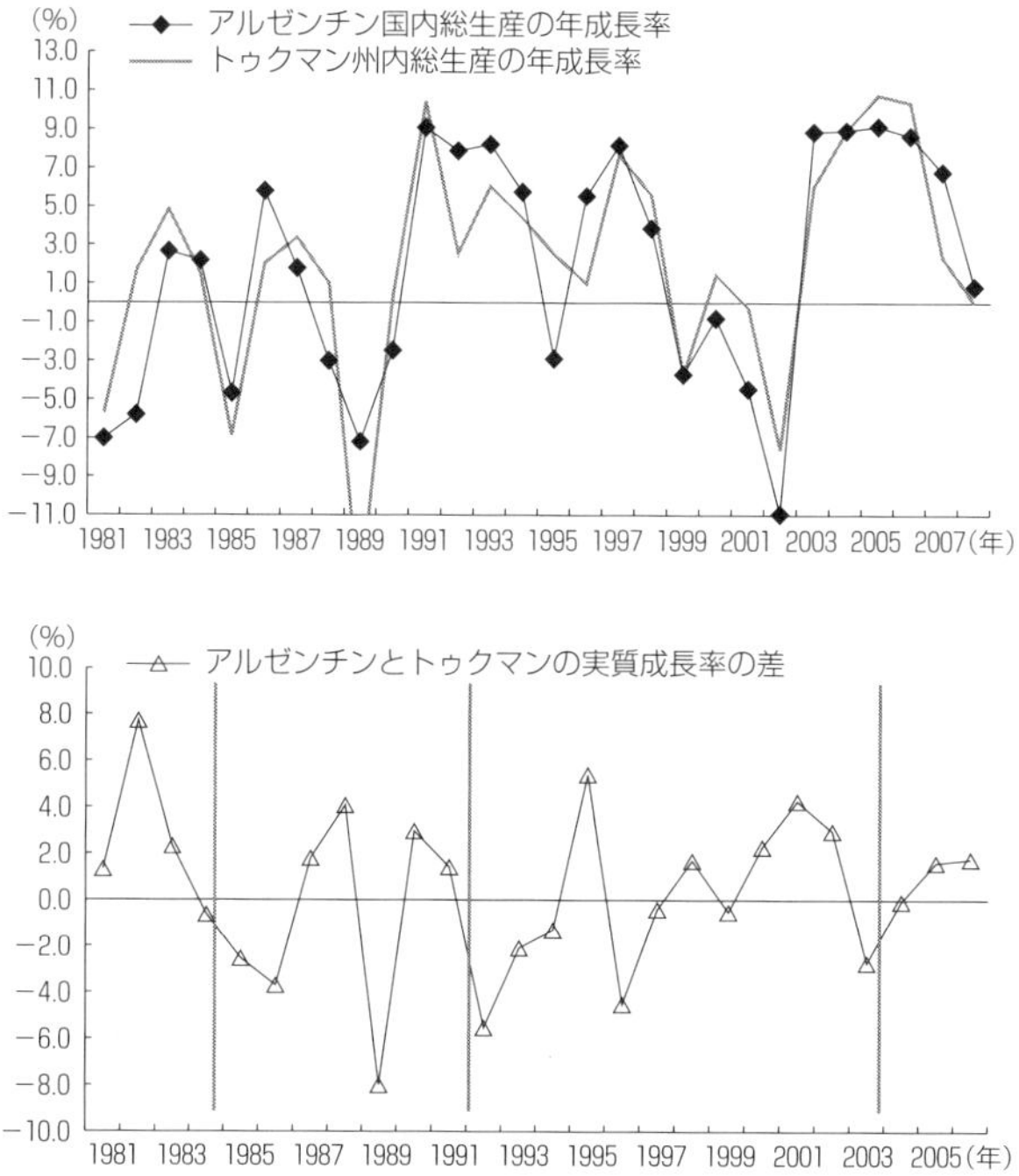

図6-14　アルゼンチンとトゥクマンの実質成長率の比較

（出所）Direccion de estadistica de Tucuman [2006, 2007, 2008, 2009].

表6-8　トゥクマン州の公債ストック（州内総生産に対する割合%）

1993	1994	1995	1996	1997	1998	1999	2000	2001
5.5	9.7	11.5	15.1	15.6	14.7	16.2	18.8	22.9

（出所）Macian de Barbieri [2002：図1].

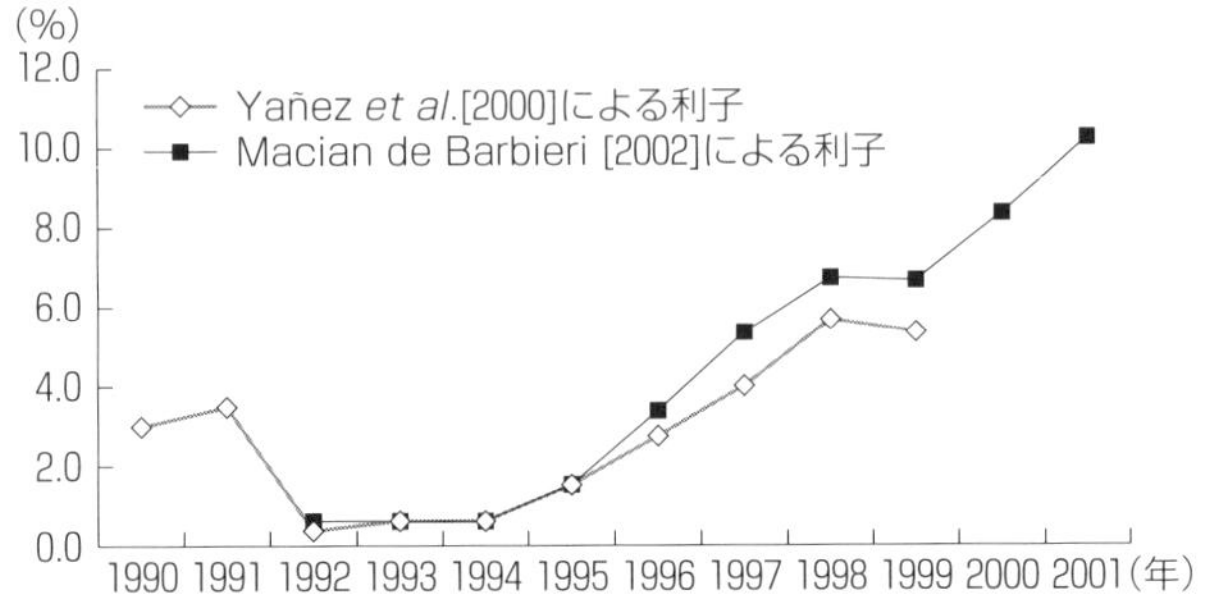

図6-15　州の支出全体に対する州債務の利子の割合

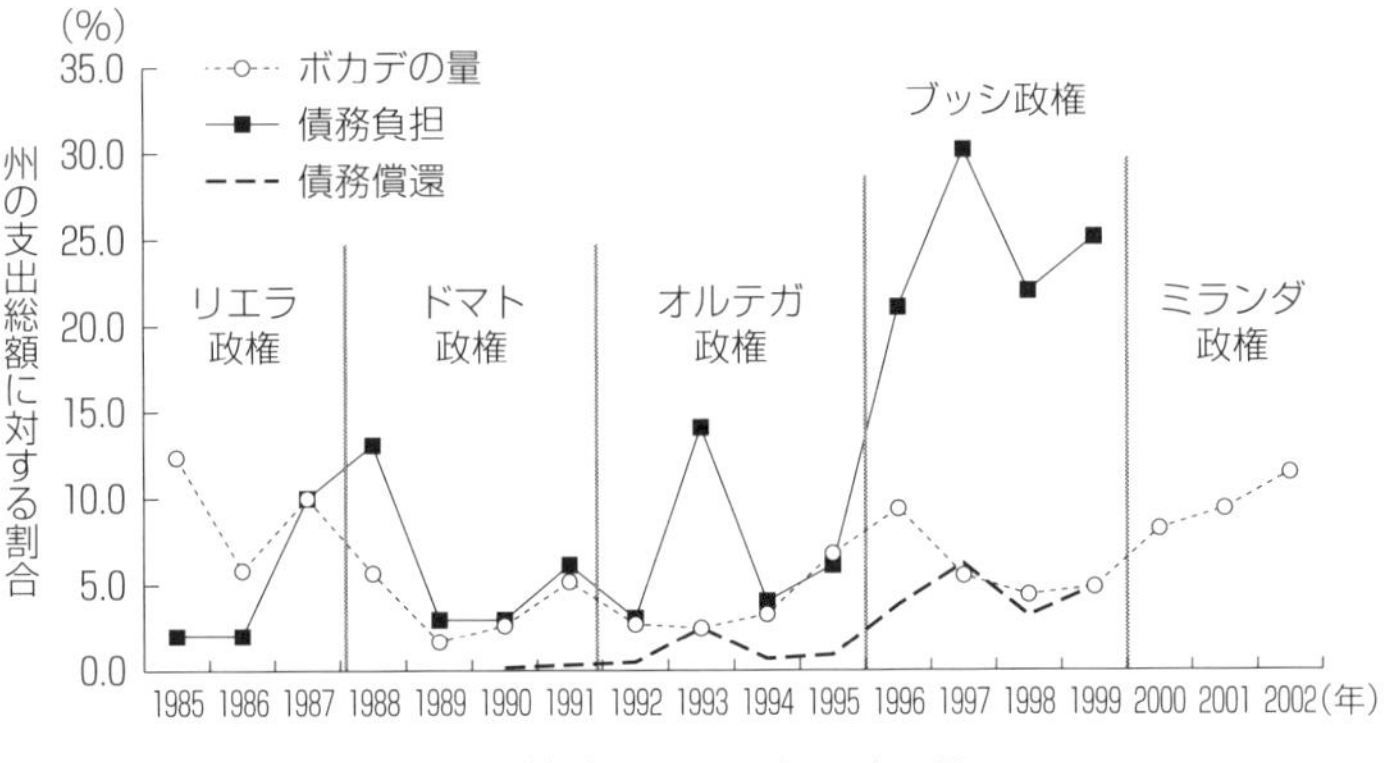

図6-16　州の債務負担、債務償還、ボカデの量（州の支出全体に対する割合）

（訳注）原表にない政権の名称は訳者が補った.

（出所）表6-2，Yañez *et al.* [2000] および Macian de Barbieri [2002] から著者が計算.

加した。このように、ブッシによる公的な借金は、州の公的支出の四〇%に上る債務負担と共に、その後数年にわたる州財政の悪化の要因になったのである（*La Gaceta* 二〇〇二年九月七日）。このことから、ミランダ政権は二〇〇二年に、連邦の法定通貨（ペソとレコップ）で担保できる量よりも多くのボカデの発行に踏み切ったのである（*La Gaceta* 二〇〇二年一〇月二六日）。

したがって、準通貨の、州の「ソブリン」債務を減らす能力は、マイナスの方向においてではあるが、この時期にもまだ示されている。というのも、図6-16における一九八八年と一九九三年の債務負担の二つの頂点を見ると、ボカデの流通が相対的に減った時期にこれらの頂点が出現しているからである。このことは、必ずしもインフレ主義的ではない準通貨と公債との代替可能性を示唆する。

結　論

政治的観点から見ると、二〇〇一〜二〇〇三年の金融危機のときに出現したパタコンのようにもっと有名な州補完通貨の事例に比べて、トゥクマン州の実験の重要性は、それが恒久的装置であり、緊急的装置ではなかったことにある。そのことが示すのは、納税引当証書の形をとった州補完通貨が、連邦の政治的秩序における構造的諸問題に対処するための、次善の一時的なイノベーションであるだけでなく、持続可能で復元力ある手段でもありうる可能性である。ボカデは、周辺的諸州が自らのニーズに合わない中央の政策に服従させられ、かつ、政治・財政連邦主義の欠点を永続的に埋め合わせなければならない、というアルゼンチン連邦の長期的構造に適合した財政的補完通貨であった。したがって、ボカデは、完全調和的・哲学的な連邦主義モデルと必ずしも一致しない現実の連邦型の政治的諸秩序に適合的な、信用度と復元力をもつ新形態の通貨システムを考えるうえで貴重な一つのイノベーションなのである。

経済的観点からは、定量的データ（断片的であり、時に信頼度が低いものもあるが）によって、ボカデの成功にとって不利な前提条件――とりわけトゥクマン州の経済的自律性の弱さ――にもかかわらず、ボカデは、長続きし、かつ、約束通りのものを提供したという点で成功した制度であったことが確認された。すなわち、ボカデは、トゥクマン州に、公債を減らしつつ公共サービスを提供することを可能にしたし、条件が満たされれば、それ自身はインフレ主義的ではなく、かつ（または）、減価することなく、地域経済を刺激することも可能にした。さらに、補完的かつ反循環的に作用することで、ボカデは安定化の一要素となってきた。ボカデは、大きな全国危機をより小さな州危機に変換することができた。すなわち、ボカデは、全国の通貨的乱気流の影響を地域レベルで緩和したのである。

しかし、これらの政治的長所（復元力）と経済的長所（効率性）は、このタイプの補完通貨に生来的なものではない。これらの長所が発揮されるには、いくつかの条件が満たされなければならない。復元力は、地域通貨において信認・信用度・信頼を構築する州政府の能力、言い換えれば、社会的妥協を形成する能力、社会的・領土的紛争を調整する能力、歴史的・地域的アイデンティティを動員する能力、政治家と公務員を行動させる能力、を前提［として必要］とする［Théret et Zanabria 2007］。オペラトリアＦＥＴの（進化を通じての）長期的復元力は、トゥクマン州にそういった能力が現存することを証明している。

公債削減と地域経済活性化の効率性もまた、多かれ少なかれ満たすのが難しい諸条件を前提［として必要］とする。先に見たように、州の成長へのボカデの影響は、特定の時期（一九九五～一九九六年および二〇〇〇～二〇〇一年）に限定されているように見える。この限定は、おそらく、この州の自律的な徴税力の弱さと「ハードな兌換性制約」とが結びついたことの帰結であったろう。

以上のことから、一九三〇年代にアメリカ合衆国の諸都市によって発行された納税引当証書に関してＬ・ガッチ［Gatch 2012：22-23］がすでに示唆したことであるが、次のような一般的な推定を行うことができる。補完通貨の流通の水準は、二つの閾値の間に、すなわち、下回ってしまうと地域的な成長効果がなくなる最小値と、上回ってしまうと補完通貨がもはや持続可能ではなくなる最大値との間に維持されなければならない。したがって、地域の財政的補完通貨が完全に効率的であるためには、すなわち、インフレなしに公債を削減することができるだけでなく、対外的不安定や「お仕着せの」連邦金融政策に左右されることの少ない地域経済［の成長］を後押しできるためには、地域の公権力が最低限の課税基盤を支配［確保］することである。

付記

アレクサンドル・ロイグには、著者の関心を、とりわけ、長期にわたる通貨実験であるトゥクマン州のボカデに向けてくれたことについて、ミゲル・ザナブリアには、実りある素晴らしい議論について、および、データ収集や現地調査の設計に際には欠かせない彼の助力について、心から感謝したい。加えて、ギレルモ・ペレス‐ソストおよびブエノスアイレスにあるトゥクマン州出張所には、サン・ミゲル・デ・トゥクマン［州都］での現地調査をたびたび支援していただいたことについて感謝し、また、トゥクマン州出身の情報提供者――政治家、公務員、経済学者、その他の人々――全員に、著者がこの暫定的なボカデ史を手直しするのを支援していただいたことについて感謝したい。

注

（1）軍人のブッシは、ペロン主義者ではなく、極右出身の政治家である唯一の知事であった。彼はすでに、「〔国家再建〕プロセス」軍事独裁の初め（一九七六－一九七七年）に選挙で選ばれていない知事としてトゥクマン州政府の長になっていたことがあった。彼の人生は刑務所で終わった。

（2）トゥクマンの州内総生産についての均質なデータは、八〇年代に州の統計機関が無かったため、存在していない。州政府の統計局によって提供されるより近年の公式統計に含まれていない時期の数値を示しているいくつかの学術的な統計研究は存在している。しかし、それらの研究は、州内総生産の同じ定義を必ずしも採用していなかった。その一部には、州における非公式経済についての評価が提示されている。そとりわけ図6－14と表6－1・表6－6において、一九九三年付近でデータ系列に断絶がある。以上のことが、われわれが成長率だけ検討することを選択した理由である。

（3）明らかに、その原因は、ボカデの存在にだけではなく、異なる期間では国の経済的・政治的環境が異なることにも求めうる。

第7章 下からユーロ圏危機を脱する(1)
——通貨連邦主義による対応——

「健全な金融システムをもつ国が単一の交換可能通貨をもつべきであることは明らかであるが、最近のアルゼンチンのケースは、諸通貨が、異なる用途（わが国〔アルゼンチン〕では発行される地域によって定められる）をもつことによって、大きな困難なく共存しうることを示している。ただし、発行当局が一つだけであることが常に最適であることははっきりさせておきたい。」（DNCFP〔州間財政調整国家総局〕「債務グループとアルゼンチン経済財政省」、日付不詳）

「合理的な金融政策は地域格差を考慮に入れなければならない」。計算貨幣においては「領土内の最大の集中が最適な集中」である。支払手段においては「領土内の最小の集中が最適な集中」である。中央銀行にとっての最適は「最大の分散と完全な集中との間の中間」である［Oliviera 1992］。

現在のユーロおよび欧州公債の危機は、ユーロ圏の加盟国を深刻なジレンマに追い込んでいる。各国経済に不況を強いる緊縮政策という代価を払って単一通貨としてのユーロを強化するべきか、それとも緊縮政策を脱すべくユーロから国民諸通貨〔各国通貨〕に戻るべきか。

こうした文脈の中で、私は、ユーロを保持しつつ国民諸通貨に戻ることを可能にする分析枠組み——これを通貨連邦主義〔通貨連邦制〕と呼ぶ——に基づいて、ジレンマを下から解決していくことを提案したい。このために私が依拠するのが、〈連邦構成体による財政通貨の発行〉という形の連邦化についての多様な歴史的経験（に関する研究）である。〈税収期待に基づく〉財政通貨は、連邦通貨（連邦領土の全域を流通する）の流通を補完するものとして考え出された。本章の構成は次の通り。第1節では、現在特にユーロ圏に打撃を与えている通貨金融危機の詳細を分析する。これにより、危機が単なる金融危機ではなく、何よりもまずユーロの**通貨創出**《モネヤージュ》体制《レジーム》の危機であることを明らかにする。第2節では、対立する二つの危機脱出戦略を疑似的な解決として性格づけた上で、貨幣を信頼として捉える貨幣制度説を用いることによって、ユーロ危機のそもそもの起源が倫理的秩序に関係したものであったことを明らかにする。ユーロ危機の起源は、新自由主義によって再解釈された欧州政治プロジェクトに内在する矛盾的性質に関係している。よって、いかなる危機解決もこのレベルに定位するものでなければならない。このような診断から導かれる戦略は、経済不況の脅威に対処するという応急的な契機と、より構造的な契機とを混合したものとなるであろう。私はこの戦略を通貨連邦主義と呼ぶことにする。本章の第3節では、この通貨連邦主義の諸原理について、およびユーロの通貨創出体制への適用に対するその含意について述べていきたい。結論では、本章で提案した代替的戦略の傑出した主要特徴を要約する。最後に、付論では、通貨連邦主義に関する私の見解の基になっている歴史的経験、すなわち一九八四－二〇〇三年のアルゼンチンの諸州による通貨発行の経験について、その概要を提示する。

1　危機領域のユーロへの拡大

現在のユーロ圏危機の主要な発端となったのは、いくつかの加盟国の公的借入であった。二〇一〇年以降、国際金融市場は、そうした公的借入の水準を過剰で維持不可能なものと見なしてきた。そのため、こうした国々は、適正な利子率による信用も、財源フローも手に入れられなかった。グローバルには既に景気後退であった時期に、断固として財政を調整するデフレ政策を進めなければならなくなり、財源が減ったために、拡大し続ける債務を返済する能力が低下していった。この悪循環により、こうした国々は破産せざるをえなかった。二〇〇七－二〇〇八年に始まるグローバル通貨金融危機の第二段階を生み出したのは、このような状況であった。それというのも、金融グローバル化を支えていた柱は、家計・政府の債務形成の一般化の上に築かれた成長・資本蓄積の体制《レジーム》（賃金抑制と金融抑圧の体制）[2]であったからだ。

グローバル通貨金融危機の第一段階はアメリカを主要発生源とし家計の借金〔債務残高〕が関係していたのに対して、第二段階には政府の借金が関係している。第二段階は、第一段階が形を変えて継続したものであった。第一段階のとき政府当局は、破綻した民間金融機関に対してリファイナンス融資を行った。しかし、政府の借金が極端な水準まで拡大すると、この借金のおかげで――皮肉なことに――回復を遂げた金融市場は、〔政府が〕公債費以外の公的支出を減らさない限り、かつ高いリスク・プレミアムを織り込んでリファイナンス金利を大幅に引き上げない限り、借金は持続不可能であるという判断を下した。[3]

（1）金融危機から通貨危機へ――露呈したユーロの脆弱性――

このような危機の第二段階――より直接的に通貨的な危機――の主要な発生源はもはやアメリカではなくEUのユーロ圏であった。そのことは、ユーロ圏がアメリカよりも脆弱な通貨システムに依拠していることによる。[4]ユーロ圏は、米ドルの世界覇権に対して一定の脅威を与える強い通貨をもつのだが、制度的不均衡――とりわけ欧州中央銀行制度（ECBS）の政治的地位と限定的任務とに関する制度的不均衡――に悩まされている。

この制度は、各国中央銀行（NCB）のトップに連邦銀行――欧州中央銀行（ECB）――を据えるという政府内連合の様式に基づいており、統一的政府〔統治体〕――ECB総裁を含む役員会メンバーとNCB総裁全員からなる政策理事会――をもっている。したがってこの制度は、通貨安定維持という排他的任務を遂行する上で、EUからだけでなくユーロ圏加盟国政府からも完全に独立している。[5]欧州レベルにおけるこのような通貨権力の集中および独立性が、通貨政府（ECB政策理事会および役員会）とEU政治政府との間に意思決定権限上の不均衡を生み出した。EU政治政府は、政府間的な政府であり、その機能が欧州委員会・欧州連合理事会・欧州議会に分割されている。こうしてユーロは、加盟諸国のだけでなくEUの政治的諸権力に対してもヒエラルキー的に上位に立つテクノクラート〔行政官〕権力を表現しているのである。しかし、民主主義の観点から見れば、こうしたユーロの主権的地位は不当〔非正統的〕なものでしかない。

さらに、ECBSによって管理されるユーロは、法定通貨ではあっても公的通貨ではない。マーストリヒト条約は、加盟諸国の通貨権力を無効にすることによって、欧州通貨を、もっぱら商業銀行主導で発行される私的な純粋信用貨幣にしてしまった。つまり、ユーロの「本質的に私的で、純粋に商業的な性質」は、政治レベルにおける原罪の刻印である。ユーロは、民間由来の通貨であるが、集中的なテクノクラート権力――EUを構成する諸国民を代表する諸政府よりも上位にある――によって欧州レベルで管理されている。ユーロはこうした現状を免れることができず、依然として極めて脆弱な制度である。本章においては、こうした政治的正統性の欠如を、さらに倫理的信頼の欠如としても性格づけることにする。

EU全体の制度的骨組みはまた、金融政策が単一であることによっても脆弱であり、したがって加盟諸国間の経済的不均衡の源泉になってしまっている。[6] 加盟諸国の経済的不均衡は、経済が不均質であることと、金融システムのタイプが異なること、発展水準が不均等であること、によって性格づけられる。本章題辞に引用したアルゼンチンの経済学者J・オリヴェラによれば、こうした格差や不均等に対応して通貨ルールが修正されるべきだが、そういうことはなされないし、もはや格差や不均等が租税連邦主義（*fiscal federalism*）によって補整されることもない。租税連邦主義とは、通貨的原因による不均衡を是正する財源再分配を組織化するような経済財政政策のことだ。このように租税連邦主義が欠如しているのは、EUの政治的統治体が機能的・領土的に分裂しているためである。[7]

最後に、アメリカが輸出するリバタリアン‐新自由主義的な経済学・財政学のリポジトリ〔学術データベース〕がもつ潜在的な力もまた、ユーロのこうした脆弱性を促した。こうしたリポジトリに従って、ユーロは欧州諸国やEUをではなく、もっぱら金融市場を後ろ盾にしてきたのであり、そのことは、金融規制緩和や極度の通貨抑圧に表れている。というのも、リバタリアン‐新自由主義的な見方に立てば、貨幣は他と同じ金融資産であり、そして、財政通貨ないし国家通貨が無報酬〔無利子〕であることは法的制限が引き起こす変則――市場による最適資源配分を撹乱するとされる――なのである。こうした変則は法的制限の廃止によって是正されるべきだとされる。既に他の箇所で述べたように、いわゆる「ソブリン」債〔政府債および政府保証債〕の発展は、こうした一面的な貨幣観に発するものである。しかしこれはまた、ユーロおよびEUの将来への信頼が潜在的に欠如していることも説明する。

(2) EU南北の収斂から乖離へ

現在の欧州公債危機を考察するとき、われわれは、アメリカ発のグローバル危機第一段階のときと同様に、システムの最も弱い環が真っ先に破綻したのを見いだす。すなわち、ここかしこで、最も弱い借り手‐債務者〔家計と政府〕が破綻した。これら最弱者は、最初から支払不能者と見なせた存在だが、最後になってようやく、既に息切れしていた一般的な債務システムへと包摂された。ところが、このいわゆる社会的包摂のリスクを金融化によって隠蔽すべく利用された金融の仕組みは、次第に無節度なものとなってきていた。公債金融市場の危機の引き金となったのは、欧州経済の中で経済的・人口的比重の小さいEU内の周辺諸国、すなわち、ギリシャ〔ユーロ圏のGDPの三%、人口の三・四%〕、ポルトガル〔同じく二・四%、三・二%〕、およびアイルランド〔同じく一・六%、一・三%〕であった。また、現下の危機の規模および持続を理解するには、これらの国の「ソブリン」債という最優良「資産」を土台にして積み上げられたCDS〔クレジット・

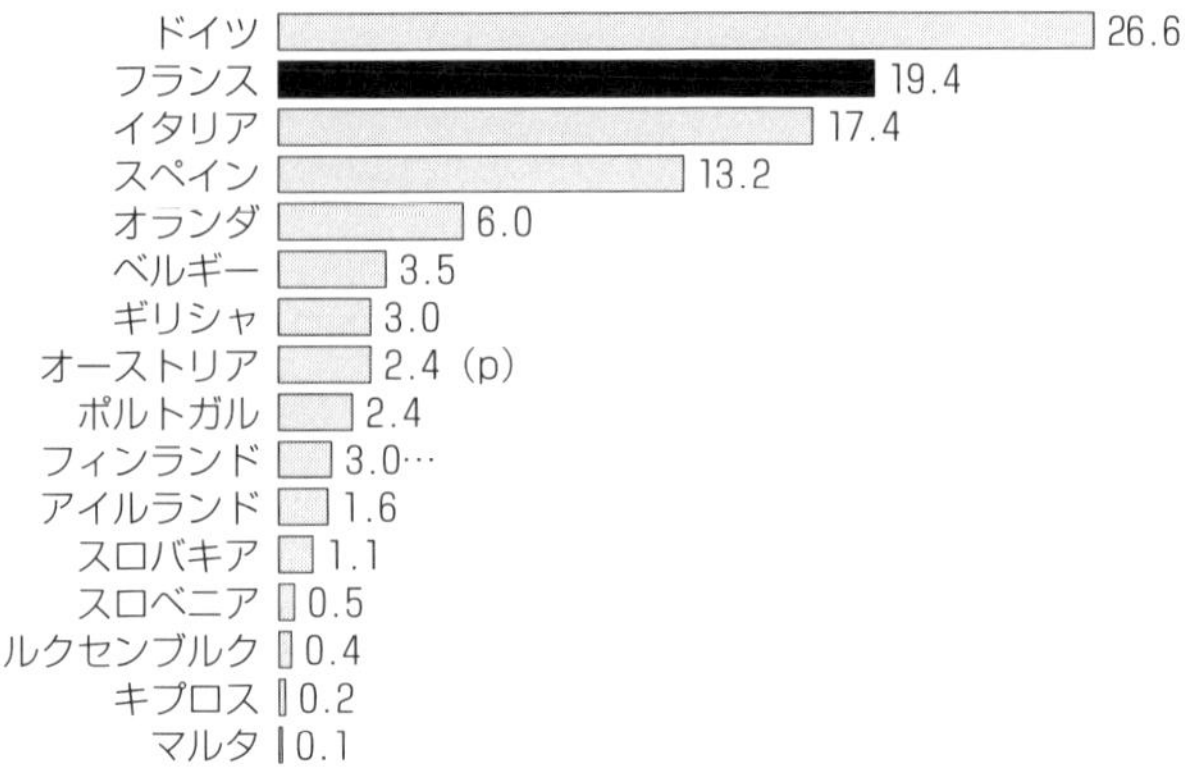

図7-1　(1)2009年のユーロ圏GDPにおける各国のシェア（%）
（注）p：暫定データ．各国物価水準の差を消去するために購買力標準で計算したGDP.
（出所）*Eurostat* から2011年4月11日にダウンロード.

デフォルト・スワップ）等の証券化デリバティブ商品のピラミッドをイメージしなければならない[8]。さらに、デリバティブ金融資産のこうした逆ピラミッドは、ユーロ圏だけがこの危機の打撃を受けたのではなく、この危機が再び国際金融システム総体にも打撃を与えたことを説明する。もっとも、今回の場合、最もリスクが高くその市場価値が実は急減していた資産の大部分を保有していたのは、もはやアメリカおよびその周辺の銀行ではなく、ヨーロッパの大銀行、特にドイツ・フランスの大銀行であった。

いずれにせよ、EUにおいて金融危機がその金融的性質だけでなくその通貨的性質も露呈させるという特殊な形をとったのは、ユーロの制度的骨組みが持つ不完全な性質のためであった。危機の第一段階においては特に国際金融システムと銀行活動の不透明性（シャドー・バンキング）のせいで危機の貨幣的根拠が隠されていたのに対して、現段階においては危機の貨幣的根拠が明白である。よって危機はより複雑で多面的な性質をもつと言えるのだが、依然として、リバタリアン‐新自由主義のリポジトリの影響は至るところに見られる。つまり、現下の欧州危機は、金融グローバル化の発現であると同時に、EU構築のために選択された新自由主義的で競争的な経済的・政治的統合様式の到達点でもある。この統合様式は、その推進者が言っていたように加盟諸国間の経済格差を縮小させるのではなく、逆にそれを拡大させた。

P・アルトゥス［Artus 2011］による図7-2～図7-8は、二〇〇一年のユーロ導入以降、経済通貨同盟（EMU）が加盟諸国間の経済的非対称性の顕著な強まりを経験したこと、それが二〇〇〇～二〇

■マーストリヒト基準を満たす国〔ルクセンブルク〕.
■一時点でのみマーストリヒト基準を満たす国.
▨債務残高・財政赤字が中程度の国.
■財政赤字が中程度の国.
▨債務残高・財政赤字が大きい国.
■債務残高・財政赤字が非常に大きい苦境国.

図7-1　(2)2011年初めのユーロ圏の状況
（出所）フランス版ウィキペディアの項目 « Dette publique des États de la zone euro » 中の図（2013年6月3日閲覧）.

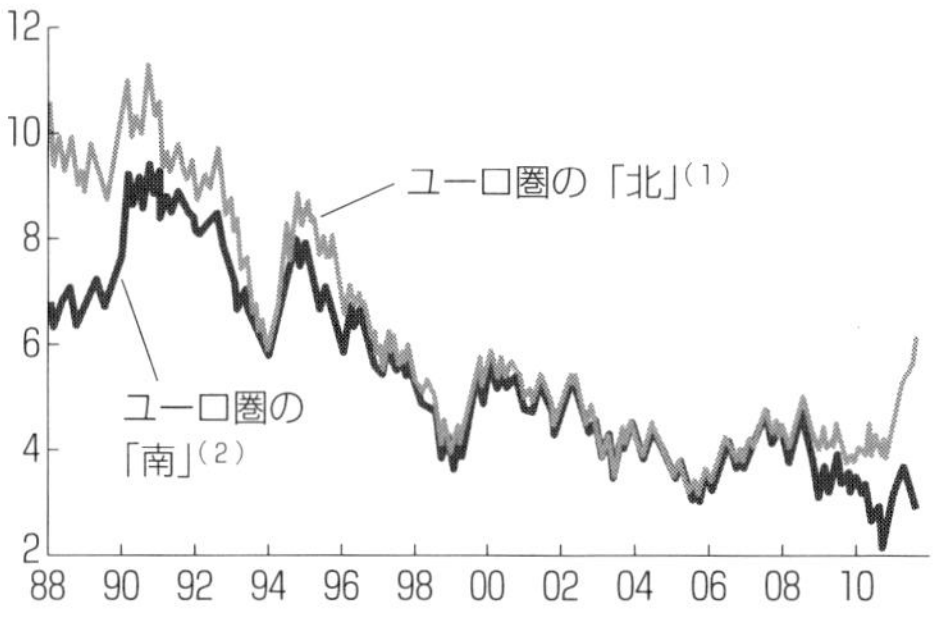

図7‐2　10年物国債金利(3)（%）

（注）（1）ドイツ，オランダ，ベルギー，オーストリア，フィンランド
（2）スペイン，ギリシャ，ポルトガル，フランス，イタリア
（3）2010年の公債残高を加重
（出所）*Datastream, NATIXIS.*

○八年に見られた〔各国〕公債利子率の名目的収斂（図7‐2）を超えていたことをはっきりと示している。[9]

つまり、ユーロ圏において以下のことが観察される。①北の黒字諸国と南の赤字諸国との間の貿易および経常収支の不均衡拡大（図7‐3）。②北の諸国の南の諸国に対する対外資産の増加、および北よりも南において構造的に増加している財政赤字（図7‐4）。③二〇〇一～二〇〇七年に南の成長のほうが高かったこと。これは、例外的に低い費用での借入によって押し上げられたという意味で人為的なものだった。借入費用が低かったのは、南の利子率がドイツの利子率に調整されていたことに加えて、依然として〔南の〕インフレが北のインフレを構造的に上回っていたことによるものである（図7‐5）。④民間部門の信用バブルは南の諸経済を不動産建設部門へとシフトさせたが（図7‐6）、逆に北の諸経済は製造業をまずまず維持した（図7‐7）。⑤これと相関的に、北の労働生産性上昇益は南よりも急速に成長した（図7‐8）が、単位賃金費用は逆の推移を示した（図7‐6）。⑥最後に失業は、南の成長が北の成長よりも高かった二〇〇一～二〇〇八年に、北で増加し南で減少したにもかかわらず、依然として南のほうが北よりも構造的に高かった（図7‐8）。

ユーロ圏内で不均衡がこのように内生的に展開したことからすれば、公的債務危機を加盟諸国による銀行部門の救済にのみ関連づけることはできない。銀行部門の救済は、マーストリヒト条約によって導入された大胆な（絶対的）通貨抑圧に関係するものであり、ユーロ圏諸国全体に関係する要素である。危機の範囲がユーロに拡大したことは、南諸国の貿易収支および経常収支の構造的な赤字拡大が、北諸国の金融部門を実質的な貸し手とする金融市場における対外借入によってファイナンスされたことによるものである。そして、ユーロ導入以降二〇〇〇年代に広まった経済モデルの持続可能性に対する金融オペレーターたちの信頼が失われたことは、構造的性質をもちそれまでに空前の規模に達していた南諸国の「双子の赤字」——公的債務と対外債務——の同時的蓄積によるものである。つまり、南諸国にとっては、ユーロはカレンシーボードや完全な「ドル化」の体制《レジーム》と同じように機能してきたのである。というのも、対外赤字の拡大と、その結果である北諸国の金融オペレーターに対する債務の増加との負のスパイラルを食い止めるために自国通貨の減価〔通貨安〕に頼る可能性が失われているからである。

結局、公的債務危機がユーロそのものへと、そしてユーロの「マネタリズム的」管理様式へと拡大したことを説明できるのは、通貨抑圧、民間金融部門の公的救済、および単一通貨によって引き起こされる経常収支不均衡〔という三者〕の同時的作用だけである。[10]

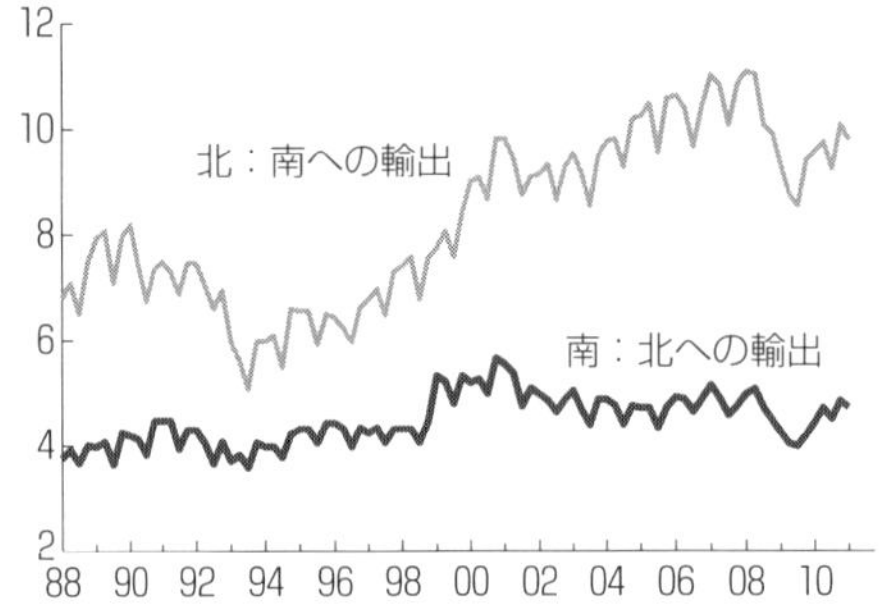

（1）　ユーロ圏：北と南の輸出（GDP に対する％）

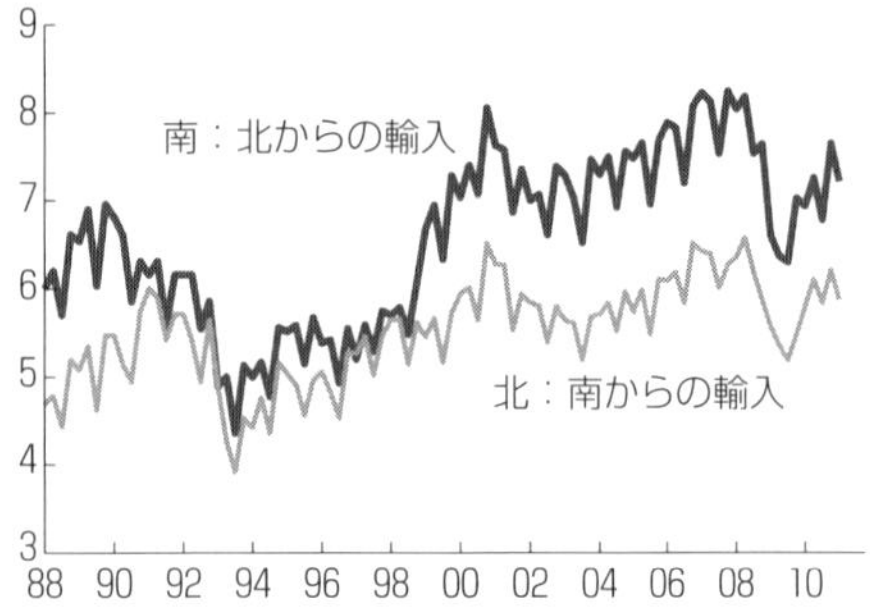

（2）　ユーロ圏：北と南の輸入（GDP に対する％）

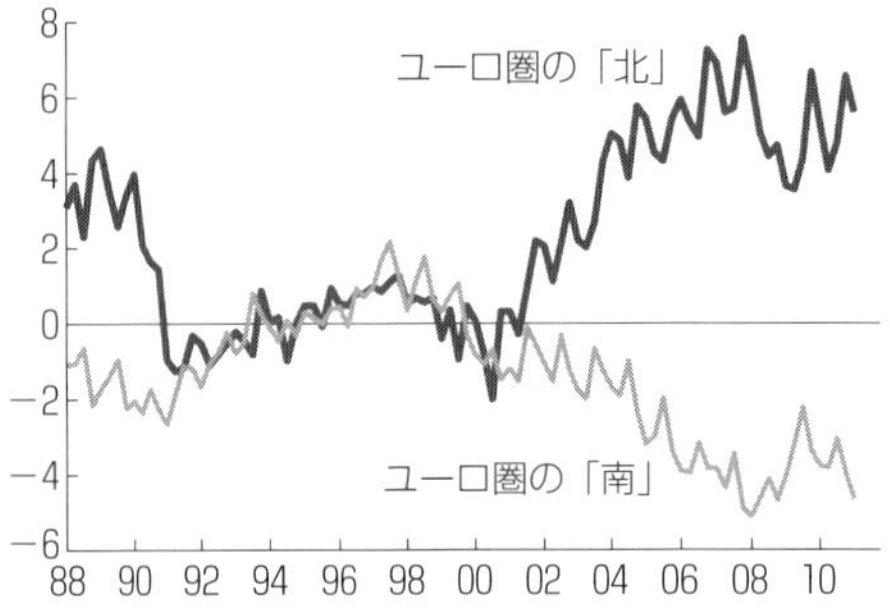

（3）　経常収支（GDP に対する％）

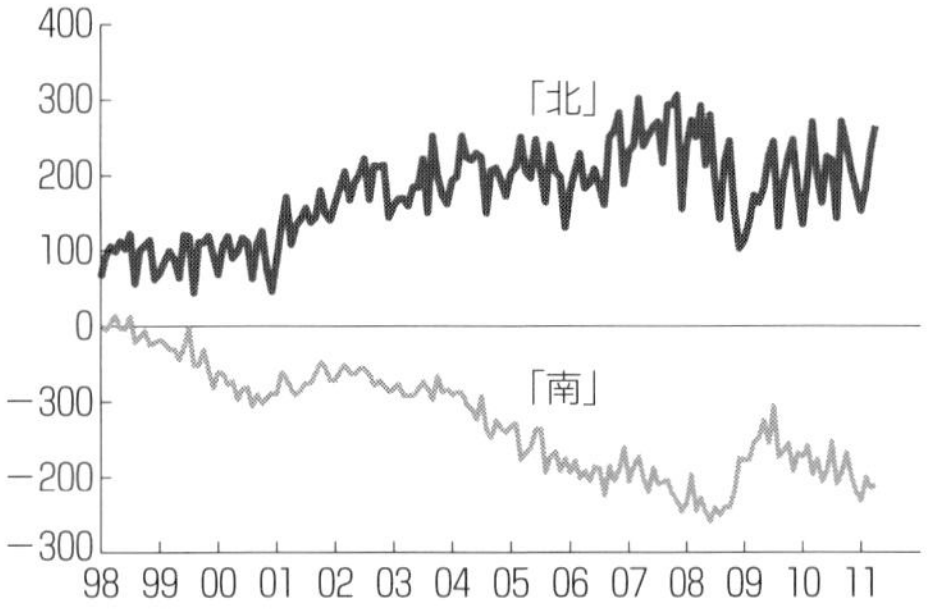

（4）　ユーロ圏：貿易収支（10億ユーロ，年ベース）

図７－３　北[1]と南[2]の輸出・輸入・経常収支・貿易収支

（注）（１）ドイツ，オランダ，ベルギー，フィンランド，オーストリア
　　　（２）フランス，イタリア，スペイン，ギリシャ，ポルトガル
（出所）図７－３⑴－⑷全て *Datastream, NATIXIS.*

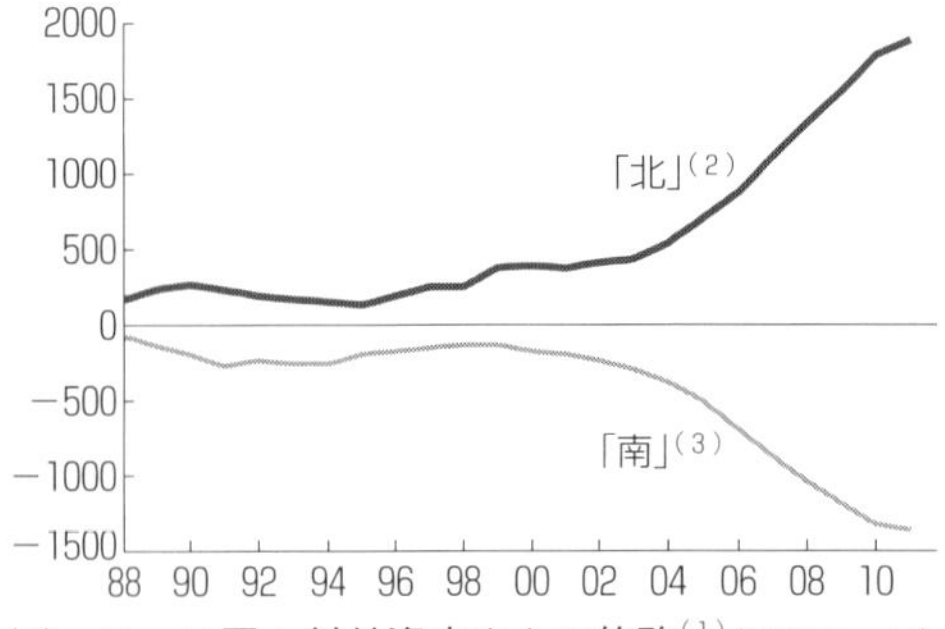

（1）　ユーロ圏：対外資産または債務[1]（10億ユーロ）
（出所）*Datastream, NATIXIS.*

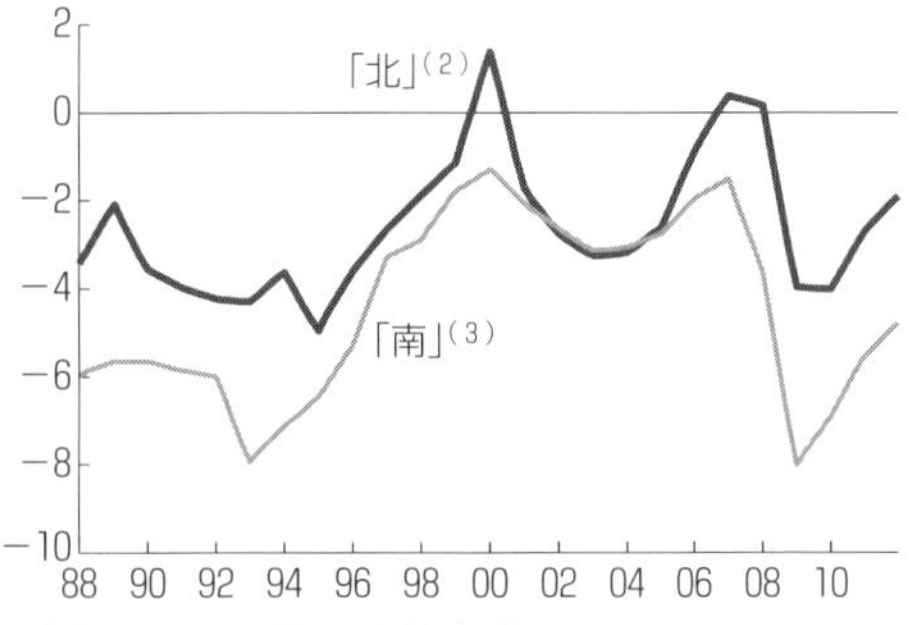

（2）　ユーロ圏：公的赤字（GDP に対する％）
（出所）*Datastream, Prévisions NATIXIS.*

図７－４　対外債務と公的赤字

（注）（１）正＝資産
　　　（２）ドイツ，オランダ，オーストリア，ベルギー，フィンランド
　　　（３）フランス，イタリア，スペイン，ギリシャ，ポルトガル

2　ユーロ危機の源泉へ
——商業通貨と公的プロジェクトとの間の矛盾——

ユーロやヨーロッパ諸国の財政の危機に対処するための戦略として一般に予想されるのは、対極的な次の二つのみである。すなわち、ユーロを是が非でも現行の形態のまま保持するか、それとも、完全にユーロを離脱するか。現在いわゆるトロイカ（委員会、欧州中央銀行、IMF）による専門官僚体制が「上から」実行している第一の戦略——支配的な現行の戦略——は、左右の新自由主義に出自をもつ加盟諸国の指導的エリートたちがとるものでもある。緊急時にはいくつかの例外的措置がとられるものの、この戦略の本質的な狙いは、ユーロ、ECBS、EMUおよび金融グローバル化を現状通りに維持することにある。この戦略は、加盟諸国間の構造的非対称性や、加盟諸国の対外取引における不均衡を無視しており、既成の通貨的枠組みに手を触れることなく、もっぱらその政策的・予算的・租税的環境に働きかけようとするものである。ここで追求されているのは、資本市場における公的借入を財政的持続可能性の限界の内に抑え置くために、加盟諸国の予算節度を強めようとすることである。第二の戦略は、左翼反自由主義と右翼ナショナリストという異種の勢力が引き合いに出すものであり、いまだ抑え込まれていて、レトリックな主張にとどまっているとはいえ、しかるべき地位にあるエリートにとって脅威になっている。この戦略は、〔第一の戦略とは〕反対に、諸悪の根源を対外不均衡に見いだし、成長再開に向けて為替相場の調整が行えるようユーロ離脱を推奨する。よって、この戦略において追求されるのは、国民諸通貨を復活させ、競争的通貨安の操作を行い、対外収支を均衡させることである。しかし、通貨安とともに、通貨安によって過大評価となったユーロ建公債についてはデフォルト〔債務不履行〕を宣言しなければならなくなろう。

私から見れば、この二つの「解決」はどちらもあまり推奨できない。予算緊縮と通貨抑圧の強化という現行の政策によってわれわれは既に不況の道を進んでいるのだが、第一の戦略はそれを超えてわれわれを不況の深淵へと導くであろう。第二の戦略も似たり寄ったりである。この戦略は、競争的通貨安の正の経済効果を過大評価し、借金経済——金融グローバル化の三〇年間を経て各国経済は現在こうなっている——が全面化する中での通貨安が発生させる巨額の社会的費用を大幅に過小評価している（通貨安になると、すべての契約を再交渉しなければならないため、関係取引諸主体の間の対立と不平等は拡大する）。この戦略はまた、諸国全体に単独行動が広まるという政治的・社会的リスクを無視している。単独行動が広まると、〈アメリカ・モデルから区別される社会的・文化的モデル〉をもって自認する欧州内平和維持プロジェクトである欧州プロジェクトが放棄されることになろう。

上の二つの解決は、共通の政治‐経済モデル——近隣諸国の市場シェアを奪うことによって自国経済を成長させようとする自由主義的な新重商主義——をもつだけでなく、どちらも解決よりも多くの問題を提起してしまう。一方は、対外赤字の問題を解決せず、経済的カオスをもたらしてしまう。他方は、公債問題を解決せず、政治的カオスをもたらしてしまう。もちろん、これらの対極的な立場の周りには、より柔軟ないくつかのヴァリアントも見いだされる。非リバタリアンで「連邦主義的」な自由主義者の中には、単一金融政策が引き起こす非対称効果に関心をもつ人がいる。彼らは、そのような効果を相殺するための財政連邦主義が必要だ——遅ればせでもないよりはましだ——と主張している。したがって彼らはまた、固有の課税権力をもつ統一的な欧州政治政府を要求する。次に、EU離脱なきユーロ離脱を支持

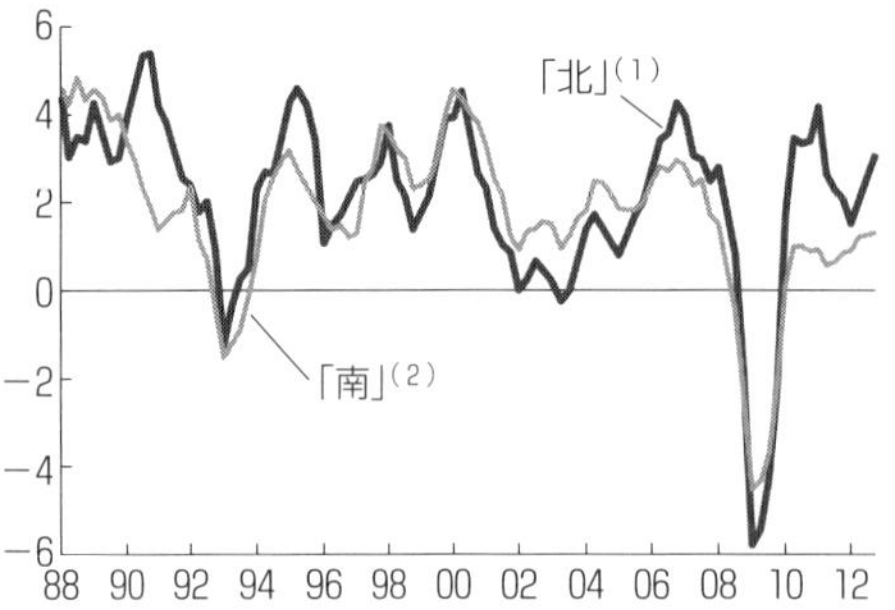

(1)　ユーロ圏：実質 GDP 成長

（出所）*Datastream, Prévisions NATIXIS.*

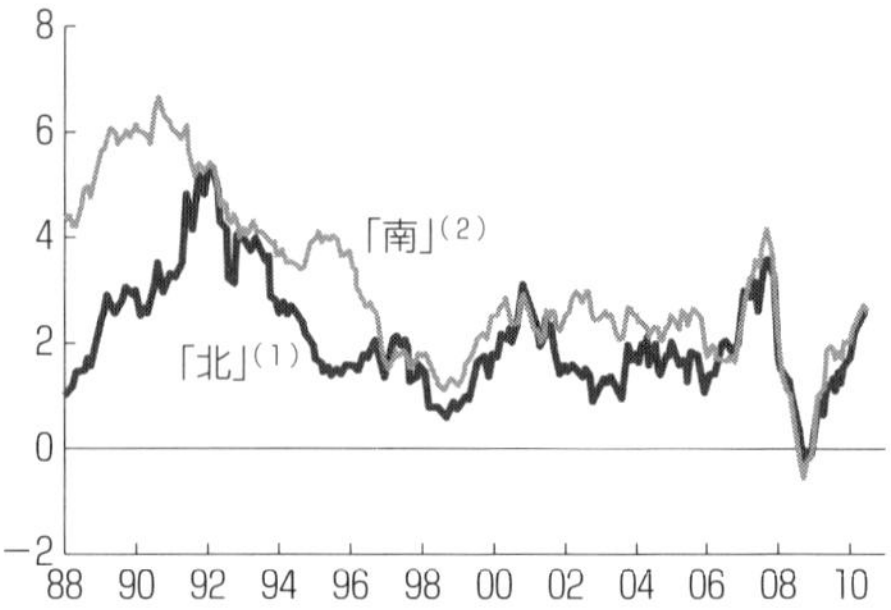

(2)　ユーロ圏：インフレーション（CPI 上昇率〔%〕）

（出所）*Datastream, NATIXIS.*

図7‐5　成長とインフレ

（注）（1）ドイツ，オランダ，ベルギー，オーストリア，フィンランド
（2）フランス，スペイン，ギリシャ，ポルトガル，イタリア

する「連邦主義的な」ナショナリストの中には、「欧州支払同盟」（マーシャル・プラン時代のECにおいて一九五〇年代に入って設立された）タイプの、あるいは一八四四年にブレトンウッズでケインズが構想・主張したバンコール・タイプの連邦的通貨システムへの回帰を伴う欧州レベルの通貨複数性〔多元性〕を思い描いている人がいる。この見方によれば、ユーロはEU内部の国際取引における共通計算単位として維持されるが、流通はせず、EUレベルの社会‐政治的紐帯としての役割を失うという。究極的にはこうした中間的立場にこそ道理があるわけだが、これに伴う問題は、政治的に見て「はかない願い」だということである。このような立場は、通貨圏諸政府が、通貨政府の改革についてであれ、単一通貨による不均衡を相殺するのに十分な再分配の自主財源をもつ連邦政府の設置についてであれ、実際に協力をし共通の見解に到達しようとする意欲・能力をもつ、ということを前提してしまっている。

　本章において私は、通貨連邦主義と呼ぶ第三のタイプの戦略――下からの、それゆえ短期的により現実主義的な戦略――を探求する。この戦略は、ヨーロッパの通貨システムの根幹をなすユーロを白紙に戻すことはせず、補完性原則に従い、EUおよびユーロ圏の一定数の加盟国が通貨に関する責任の一部を再び引き受けるというものである。つまり、直ちに現実化できるであろう、かつユーロを守ることになるであろう、現下の危機からの上方への脱出を定義しようというのだ。ユーロはもはや単一通貨ではなく共通通貨となるし、また、加盟国が望むならば、ユーロ表示の補完的な各国支払手段を一定の限度内で発行できるようになる。こうした各国通貨（ユーロドラクマ、ユーロエスクード、ユーロペセタ等）は、各国の税収予想を後ろ盾とする信用貨幣であり、各国レベルでのみユーロと並んで流通し、時間的・空間的な限定付きでユーロに交換可能である（ユーロ圏以外では全く交換可能ではない）が、依然として欧州諸通貨全体に共通な計算単位であり続けるユーロに対する平価は維持されることになる。

　このような戦略には二つの本質的な長所がある、と私は考える。第一に、双子の赤字問題に同時に対処することができる。すなわちこの戦略は[11]、一方で、再建された国庫循環の枠組みの下で各国通貨が一時借入金のファイナンスを保証するので、公的債務を削減するし、他方で、輸入削減と生産再配置によって（対外競争力の向上による輸出増加の追求によってでは決してなく）対外取引の収支を改善する。この戦略

は、生産活動の再配置を駆り立てることを通じて低炭素経済の発達という展望に組み込まれるものであるし、現在の通貨抑圧を緩和することを通じて公的・社会的サービスの生産にも道を拓く。

第二に、ここで考慮されている装置は、予算緊縮政策の不況効果を抑制するという要求に緊急対処する際、導入することが技術的に容易である。これにはさらに、ユーロ圏レベルの複雑・困難・不確実な政府間交渉（このレベルの政治政府、このレベルに固有な租税をめぐる交渉）の結果や、真の予算連邦主義の制度を待つことなく、各国レベルにおいて決定できるという長所もある。こうして、現行の政策によってユーロ圏全体が不況に引きずり込まれることによる経済的カオスだけでなく、ユーロ離脱にともない加盟国のソブリン債が不履行となる場合に〔ユーロ圏が〕伝染的に解体することによる政治的カオスもまた、避けることができよう。

付け加えて言えば、対極をなす二つの戦略――ユーロvs各国通貨――が基礎としている貨幣の西欧的概念は、一九世紀から受け継いだものであり、時代遅れのものと見なしてよい。なぜなら、この貨幣概念は、領土国家の（一七世紀に遡る）ウェストファリア的形態――統一的で、全面的に主権的で、したがって他の同種の国家といかなる管轄も共有しない領土国家――と強く結びついているからである。明らかに、こうした概念――EUのケースには不適合なものだが――に従うならば、域内を流通する通貨は必ず単一であること、完全に〔他の資産と〕代替可能であること、そして、諸権力の垂直的なヒエラルキー的〔階層的〕秩序に基づいて管理されることが望ましい。これに対して、通貨連邦主義の戦略は、貨幣制度説にその合理的基礎を見いだ

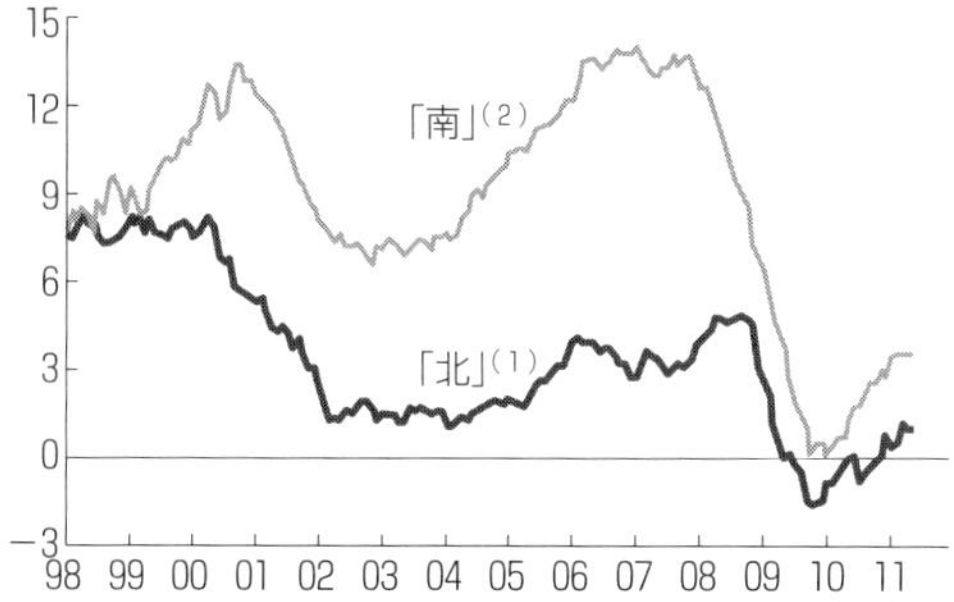

(1)　ユーロ圏：民間部門の信用* (GA en %)

(出所) *Datastream, NATIXIS.*

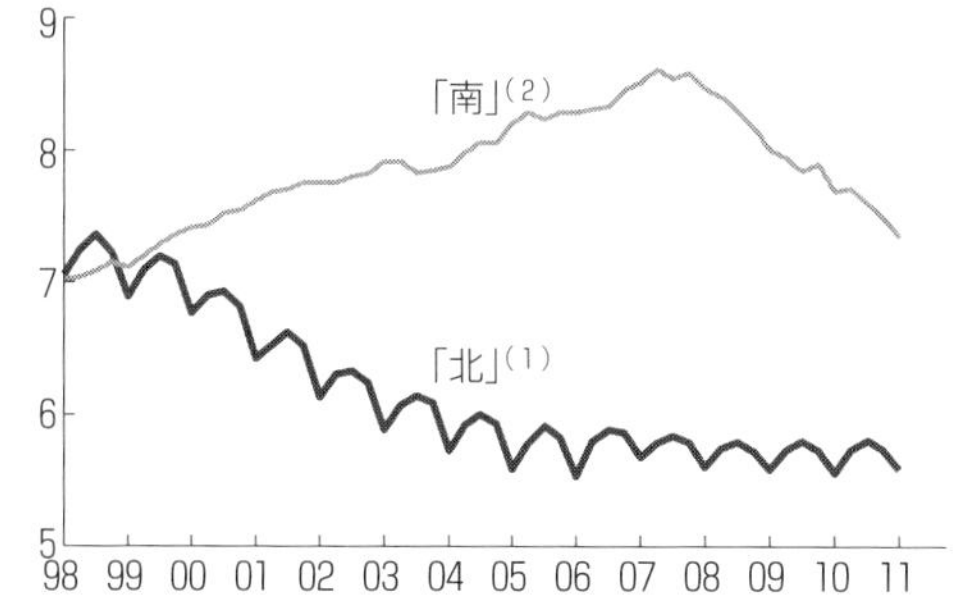

(2)　ユーロ圏：建設業の雇用（総雇用の%）

(出所) *Datastream, Eurostat, NATIXIS.*

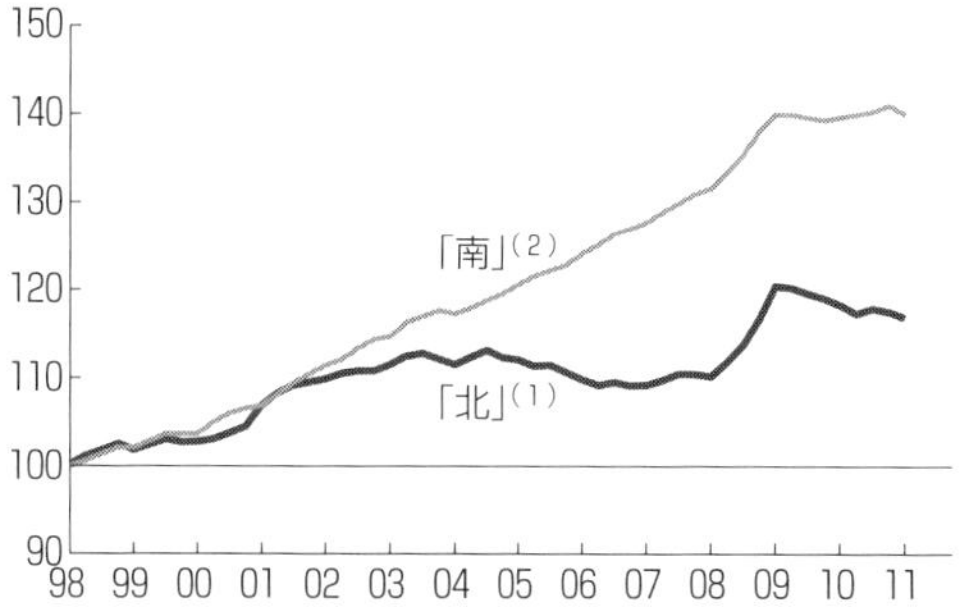

(3)　ユーロ圏：単位賃金費用（1998年1月を100）

(出所) *Datastream, NATIXIS.*

図7-6　民間部門信用，建設業雇用，および単位賃金費用

(注)(1) ドイツ，オランダ，ベルギー，オーストリア，フィンランド
(2) フランス，イタリア，スペイン，ポルトガル，ギリシャ

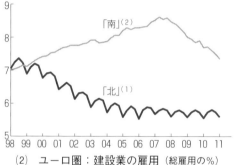

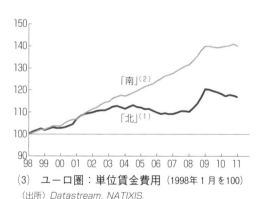

す。⑫ 貨幣制度説においては、通貨連邦主義は資本主義の創発ないし西欧的領土国家の創発に還元されない。歴史的・人類学的経験の社会学的な観察・分析によって、通貨複数性という現象の普遍的性質や、統一的領土国家の法に服さない諸社会の通貨システムが構築される上で諸通貨間の補完性が果たす決定的役割が明らかにされてきた⑬。その中で通貨連邦主義の戦略が具体化されてきたのである。そこで、西洋世界に目を向けてみると、アメリカやアルゼンチンのような連邦には、政治的弾圧を受けたとはいえ、通貨連邦主義の経験が見いだされる。特にこのことは、アメリカの多くの自治体——最も大きい諸自治体を含む——によって一九三〇年代に発行された納税引当証書（tax anticipations scripts）⑭と、一九八〇・一九九〇年代にラテンアメリカを襲った危機の際の、アルゼンチンの自治体による債務返済証書（bonos de cancelacion de deudas）の発行⑮のケースに言える。

　実は、ユーロ圏の制度的枠組みやその現下の危機に見られる未曽有の特徴からわかるのは、貨幣を統一的かつ純粋道具的に——公権力の道具または市場の道具として——解釈する支配的経済思想は根底から修正されるべきだ、ということである。というのも、ヨーロッパの諸政府が通貨危機の歴史から教訓を引き出せずに、過去の誤りを繰り返してしまっているのは、こうした思想に支配されているからである。もっと詳しく言えば、主流派理論によっては、なぜ貨幣が信頼を喚起したりしなかったりするかを理解することができない。なぜなら、主流派理論においては、通貨システムの実現性および安定性における信頼の役割が周辺的なものにとどまっているからである。確かに、今日一部では、ユーロを襲った信頼の危機についてあれこれ語られているの

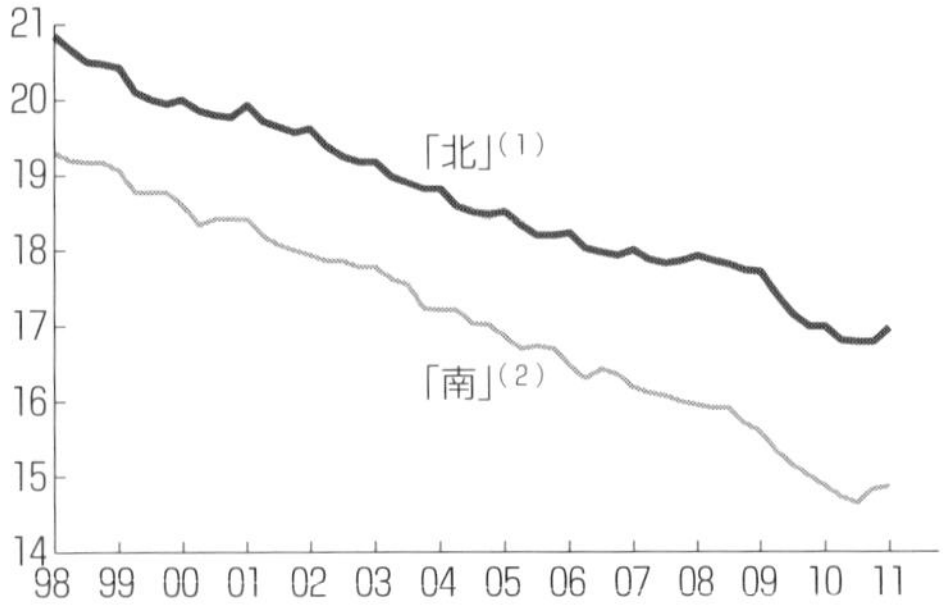

(1)　ユーロ圏：製造業雇用（総雇用の%）

（出所）*Datastream, Eurostat, NATIXIS.*

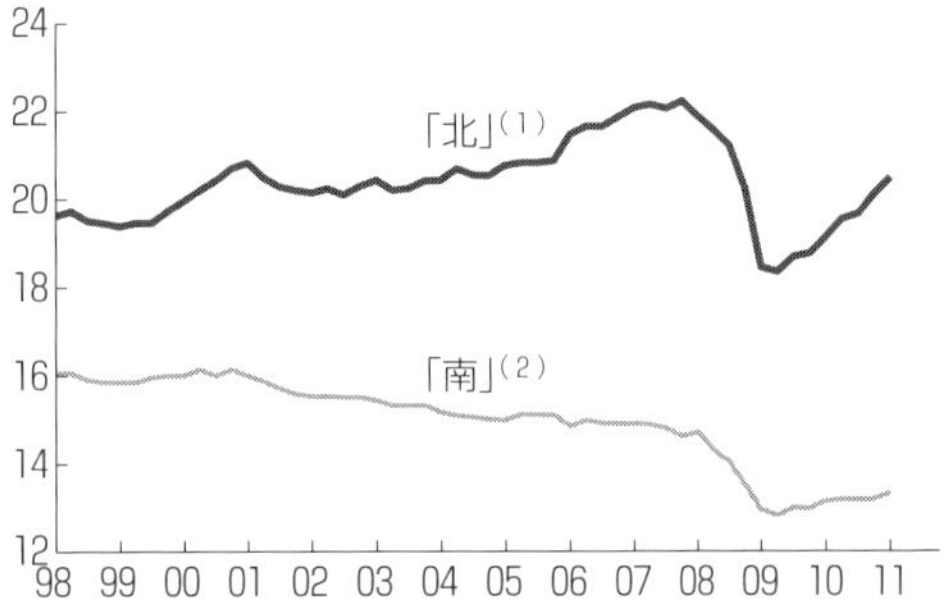

(2)　製造業部門の付加価値（en volume, en % du PIB）

（出所）*Datastream, EIU, OCDE, Eurostat, NATIXIS.*

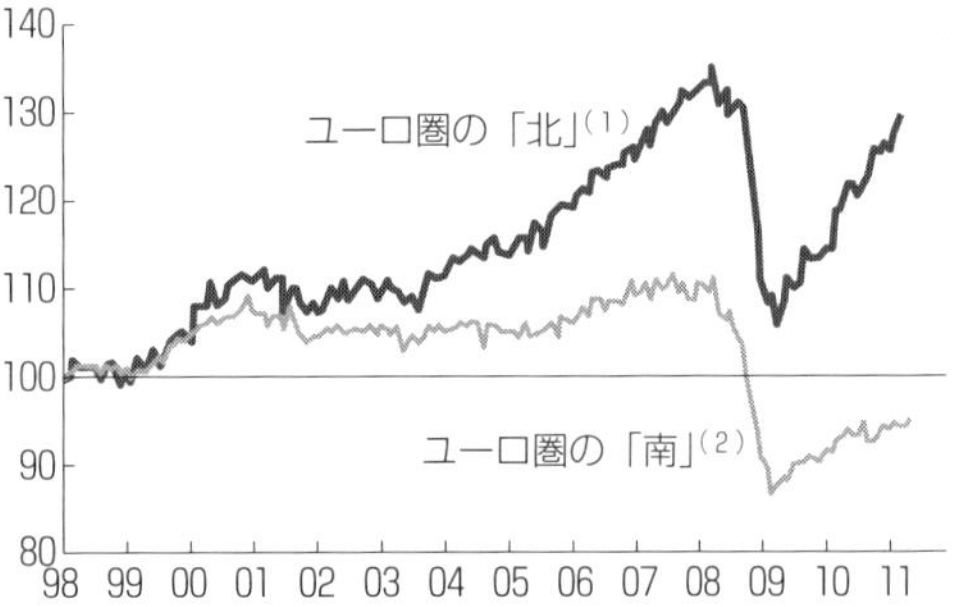

(3)　ユーロ圏：工業生産（1998年1月を100）

（出所）*Datastream, NATIXIS.*

図7－7　製造業部門：雇用・付加価値および成長

（注）(1)　ドイツ，オランダ，ベルギー，オーストリア，フィンランド
(2)　フランス，スペイン，イタリア，ポルトガル，ギリシャ

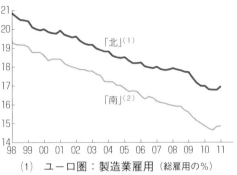

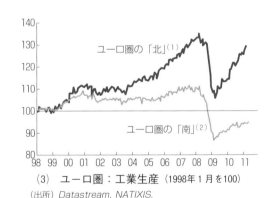

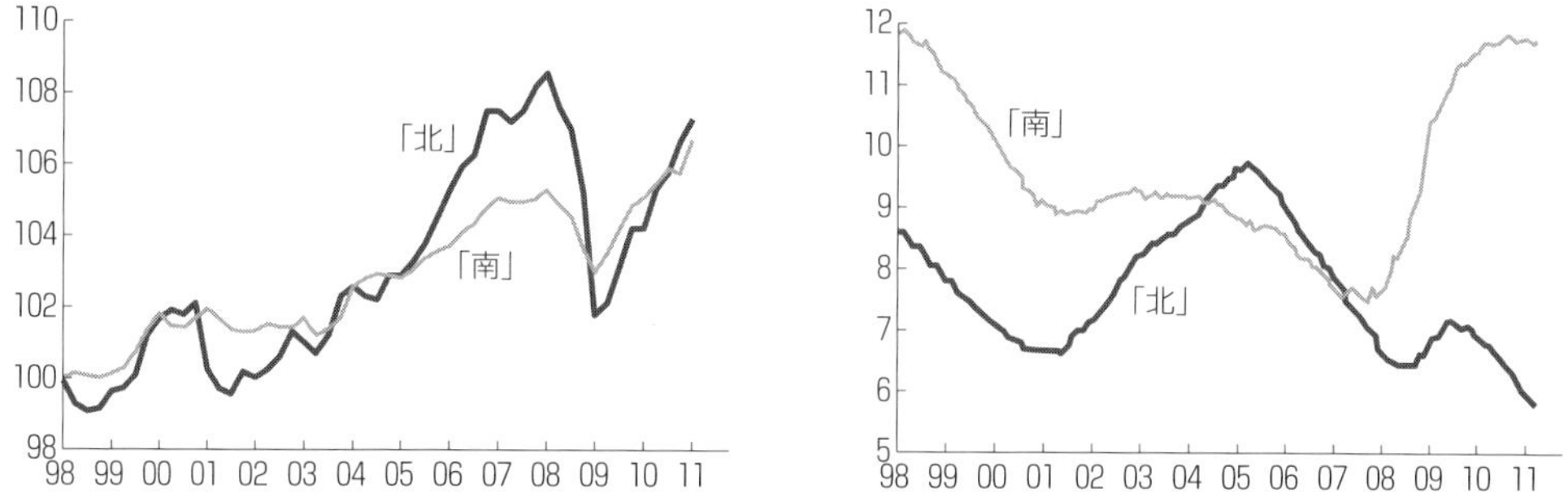

（1）ユーロ圏：1人当たり生産性（1998年1月を100）
（出所）*Datastream, NATIXIS.*

（2）ユーロ圏：失業率
（出所）*Datastream, Eurostat, NATIXIS.*

図7－8　生産性と失業率

だが、その際には「信頼の危機」は、投資家にとっての国家の「信用度《クレディビリテ》」の問題に還元されてしまっている。しかし、貨幣が社会制度の一部となっており、単なる取引の決済用具ではないことを理解しなければ、貨幣への信頼を創出することはできない。われわれがある貨幣に信頼を抱くためには、その貨幣の組織化諸原理および分配諸効果と、政治的共同体（この中でその貨幣は貨幣として認知され機能する）を基礎づける基本法的諸原理および諸価値・諸規範との間に、首尾一貫性がなければならない。

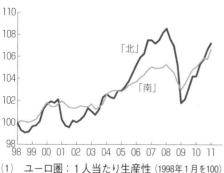

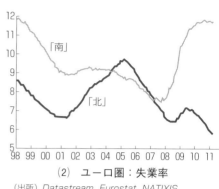

　ユーロの企画設計者たちには以上のような貨幣の理解が欠落していたのであり、今日われわれが目の当たりにしているのはその結果にほかならない。そもそも初めから批評家たちは、経済通貨同盟（EMU）が二兎を同時に追っていると見ていた。EMUは、ユーロをドルに代替する準備通貨にすることによって、自らを金融グローバル化に包摂しようとした一方、より長期的には、ユーロが欧州人の間の政治的同盟を強固にすることも期待していた。ところが、この二つのプロジェクトを基礎づける価値・イメージの諸体系には矛盾が含まれている。一方には、国際商業社会という根本的に個人主義的な経済理想があり、他方には、領土化された共同プロジェクト、すなわち政治的共同体を構築しようという意思がある。前者から望まれるのは、純粋に商業的な脱領土化した「単一《ユニーク》」通貨である。これは、政治的共同体――通貨はこれに仕えていると見なされている――との関係から解放され、もっぱら商業的債務の支払いのために発行されるものである。後者から望まれるのは、「共通《コミュン》」通貨、つまり商業的債務だけでなく公的社会的債務をもファイナンスする、複数の支払諸通貨を統一する単一の計算単位である。

　結局、二つのプロジェクトのどちらも成功しなかった。大商業社会のプロジェクトが諸国民の支持を獲得できない限り、「単一」通貨としての、すなわち金融グローバル化の通貨としてのユーロが信頼を呼び起こすことはできない。だがこの目標は、文化的・言語的に分割された空間の均質化を前提するものだし、それに、単一通貨による主要な約束すなわち成長の約束が空手形であることは既に判明しているので、なおさら達成不可能なものに見える。これに対して、「共通」通貨として定義されるユーロは、われわれの相互依存を公式に認めることによって、われわれの諸言語に刻まれた文化的異質性の乗り越えを可能にするものである。ただし、このときユーロは、実効的な経済的諸実践全体を意味する集団的行動と見なされねばならない。「実効的な経済諸実践」とは、決して商業的取引や契約的債務に要約されうるものではなく、後見的《テュテレール》〔保護的〕債務に関連する社会的交換も含むものである。

（1）商業的債務 VS.社会的債務

確かに全体社会は、相互的な権利・義務からなる社会的組織である。異種混合的なこうした権利・義務は貨幣形態をとることができ、貨幣の媒介によって通約可能な債権・債務へと転化される。ただし、この債権－債務には、多様な起源をもつ権利・義務が含まれている。すなわち、この権利－義務は、商業的交換に関連しているだけでなく、集団的組織が集め再分配する徴収金、対人的な贈与、神や国民のような上位の道徳的権力にも関連している。よって、債権－債務が個人を社会に結びつけるという紐帯は、純粋に契約的なものだけではなく、自分のことを承認する住民を主権者が保護するという義務も含んでいる。こうした保護《プロテクシオン》の債務について語られるのが、死を免れない人間と、永遠の存在および生の源泉と見なされる権威との間の生の債務にほかならない。これは返済不可能かつ譲渡不可能〔な債務〕であるため、後見的《テュテレール》な債権－債務（権威的債務）とも呼ばれる。この債務は、最終決済によって（死や帰属集団からの追放による以外には）解放されることのできないもの、支払いの反復によって履行していけるにすぎないものである。

民主主義国家においては、「後見的」帰属の債務は、社会的債務――すなわち税収の集中化と社会支出によるその再分配を通じて国民を保護する義務――による保護の形態をとるようになった。社会国家の制度によって表現されるこの歴史的転換とともに、社会統合の支配的様式としての賃金制《サラリアート》が一般化していった。こうして、各国の社会保護システムによって庇護される市民が、新たに公的債務の永続的債権者になった。このような市民は、自由主義国家の古典的債権者（一九世紀の公債登録台帳に載っていた金利生活者）や、今日の金融市場で契約される「ソブリン」債の匿名保有者とは二つの点で区別される。つまり、一方で社会的債務は、人民主権に基づく民主主義国家によっては部分的にしかコントロールできず、それゆえ消滅させることのできない後見的債務である。というのも、社会的債務は人民の人民に対する相互債務であり、国家にではなく、社会体すなわち政治社会《ソシエテ・シヴィル》〔市民社会〕に出自をもつからである。社会的債務の債権者はその債務者でもあるから、納税および／または社会的拠出を通じて自己ファイナンスしていることになる。これに対して「ソブリン」債は、借入による資金調達の表現であり、金利生活者階級の側の税負担拒否の表現である。社会的債務が社会体の平和化の表現であるとすれば、反対推論によって、自由主義的な公的債務は、いつも、戦争および――より一般的に――覇権をファイナンスするのに有効な唯一の手段であることから自己正当化を引き出してきたと言える。他方で社会的債務は、いわゆるソブリン金融債のように、公権力の金融的搾取から収入を引き出す特殊な社会集団に関わるものではなく、社会的庇護の一般化とともに、国民全体に関わるものとなっていく。よって社会的債務は、正統性と金融的信用度の下に民主主義的な政治的秩序を打ち立てるだけでなく、連邦的な政治的秩序を打ち立てる上でも最適な後見的債務である。

債務の観念を商業的な契約的債務を超えて拡張することによって、ユーロへの社会的信仰の欠如という問題がはっきりと姿を現すようになる。この問題が生じてきたのは、本質的には、ユーロ創設を司ってきた貨幣学説が貨幣から公的性格を剝ぎ取ることによって、もっぱら通貨を民間商業銀行の主導で発行されるものとしていたからである。こうした学説は、保護的な帰属的債務を見ていなかったのである。こうして、ユーロが金融グローバル化に組み入れられたことの必然的帰結として、加盟諸国およびEUそのものが、財務省債を直接に中央銀行に売却することも、自分自身の支払手段を発行することも禁じられることになったのだ。禁止は大部分の加盟国において既にある程度は行われていたが、EMU創設とともに、この動きは新たな次元を獲得した。政府が家計や企業の預金から通貨を発行することを可能にする国庫の銀行回路《スィルキュイ》（銀行ネットワーク）は排除されたし、流通市場における（民間銀行からの）公的証券の買い戻しも原則として禁止された。

ECBは、一定の「例外的」措置をとらざるをえなくなることを通じて、欧州レベルにおける自らの権力の「主権的」性質に気づかされることになる。そうなるためには金融危機の現段階を待たねばならなかった[16]。しかし、この第二の段階によって明らかになったことは、何よりもまず、ユーロへの倫理的信頼が大幅赤字になっていること、および、――金融市場からのアタックを受けて明らかになったのだが――〈欧州人民に対する後見的債務の上に政治同盟を構築する〉必要性を考えることのできない欧州指導者の無能が更新されていること、である。これを機に露わになった加盟諸国相互の連帯の欠如[17]から見て、そして、臨界点に達した加盟諸国の公的債務をリファイナンスすることにECBが抵抗したことから見て、この点には疑いの余地がない。それと同時に、諸国が自らの社会的債務を犠牲にしてでもソブリン債――その正統性・その費用がどうあれ――を完済しようと決意したことにより、諸国の経済的・財政的状況は、したがって諸国の借金は悪化した。これにより、絶えず更新されては強まっていく緊縮政策の悪循環が始まり、これらの国々は底無しの井戸へと引きずり込まれた。こうして、ユーロに対する「社会的信仰」の喪失は強まらざるをえなかったが、かと言って、金融市場のオペレーターから見たユーロの信用度も改善してはいなかった。

(2) ユーロへの社会的信仰の喪失

以上のことはユーロの将来にとって決定的な問題なので、本章で私が特に重視している貨幣制度説において信頼《コンフィアンス》の問題がどのように概念化されているか、簡単に説明しておきたい。金本位制が廃止されて以来、銀行発行の様々な民間信用貨幣は、公的通貨――純粋に慣行的な価値をもつ――を通じて結合され、公的通貨に係留されている。このような通貨システムの永続性は、計算単位でも支払手段でもある公的通貨（現在であれば、中央銀行が発行する中央通貨）が喚起する盲目的信頼によってのみ確保される。この信頼は、諸市場に対して国家が行う信用できる約束（クレディブル・コミットメント）には還元されない。というのも、この信頼は、通貨使用者という人民を一つにまとめ上げるものだからである。この信頼は複雑な性質をもつけれども、三つの形態――方法的信頼、ヒエラルキー的信頼、倫理的信頼――に分解することができる[18]。

まず、方法的信頼（英語では信認《コンフィデンス》）は、通貨使用者たちの模倣行動に依存している。ある個人が通貨を受領するのは、他の諸個人が同じように受領するからだ。しかし日々のこうした受領は脆弱である。なぜなら、容易に疑いが忍び込みうるからである。次に、受領が確保されるのは、ヒエラルキー的信頼（信用度《クレディビリティ》）に依拠する場合だけである。ヒエラルキー的信頼の源泉は、「通貨当局〔通貨的権威〕」が公的通貨の価値を守ることである。最後に、信頼の方法的形態やヒエラルキー的形態は、倫理的信頼（信頼《トラスト》）を後ろ盾としなければならない。倫理的信頼を左右するのは、通貨の発行・流通を支配する諸ルールが、社会――その通貨を自らのものと認識している社会――の本質をなす公正の諸価値・諸規範の体系と合致しているかどうかである。

こうした理論的観点から見ると、EMUが生まれて一〇年以上たった今、ユーロの信頼は三つの次元すべてにおいて未確立であるように見える。しかし、既に示唆したように、ユーロの危機は何よりもまず倫理的信頼の危機として現れた[19]。ユーロ創設に付随して、民営化・社会保護抑制・賃金緊縮の諸政策はハード化し、それとともに、社会的不平等が拡大し、大衆的貧困が再び現れた。常々ユーロは、潜在的インフレおよび購買力低下の要因であると、そして、EU内の支配的な社会諸力や政治諸パワーにばかり利益をもたらしていると見られてきた。他方、ECBが民主主義的正統性に欠けること、および、消費者物価指数の安定化に局限されたECBの政策がその正統性を異議申し立てされたことにより、ヒエラルキー的信頼の土台は掘り崩された。もちろん、こうした信頼不足は、EMU開始時から存在した制度的非一貫性の産物であり、二〇〇八年の金融危機はそれを――悪化させることで――露呈させたにすぎない。ただし、制度的非一貫性それ自体は、欧州プロジェクトの性質に関する前述のような価値間の対立《コンフリ》が表出したものでしかない。

したがって、現在の政治的・経済的・社会的危機の最終原因も、その解決の出発点も、欧州プロジェクトの性質における倫理的水準に探らなければならない。本章で私が主張しようとする通貨連邦主義の戦略は、まさにこの水準に定位している。通貨連邦主義の戦略の基礎をなす考え方は、主権的債務〔ソブリン債〕と私的債務の二重の危機を平和裏に解決するには、社会的債務に責任をもつ公権力による後ろ盾を通貨に与えなければならない、つまり、税収予想によって裏づけられ財政収入によって担保される通貨を発行する能力を国家に再び付与しなければならない、というものである。流通市場において事前的制限を設けずにソブリン債を買い取るというECBの最近の約束は、全くもって裁量的なもの〔IMF監督下の徹底的な構造調整プログラムの採用に強く条件づけられているもの〕であり、〈欧州経済は、国際金融の権力への服従によって不況スパイラルに陥った〉という根本的問題を解決するものでは決してない。むしろ逆にECBは、ほぼ現状のままの銀行・金融のシステム〔二〇〇八年の破綻にもかかわらず、これについては構造調整が行われていない〕の下で政府借入を行うという現行システムを、いっそう義務拘束的・懲罰的なものにすることによって、強化・拡大をしつつあるのであり、その一方で、生産経済と財政に対する略奪者・攪乱者としての顔も常に見せ続けてきた。このような措置は、一九八〇・一九九〇年代にラテンアメリカを、繰り返され次第に激化しゆく危機へと追いやった「徴税」を再生産するものでしかない[20]。

3　欧州通貨レジームをEUの現状に適用する
――通貨連邦主義の諸原理――

私が考える通貨連邦主義の諸原理を提示する前に、〈欧州通貨の不可逆性への普遍共有された信念《クロワヤンス》〔信じること〕の上に欧州通貨の信頼を築き上げる〉という解だけをここで追求しているわけではないことを説明しておきたい。もちろん、長期的には、これに関して基本的な制度は、欧州の社会的市民権の制度である。つまり、欧州人たちの信頼を真に喚起するためには、ユーロは次のような社会的債務に、すなわち、超国家的な社会権の承認と欧州政府に固有の税制という二重の形態をとり、なおかつ、ユーロの有効活用のファイナンスを可能にする相互的な社会的債務に、係留《アンクレ》していなければならないだろう。現在の経済的・政治的文脈であれば、しかも、言語複数性という構造的障害の存在を考慮するならば、共通市民権への道は狭く長いものにならざるをえない[21]。だからこそ、欧州レベルの政府が社会的債務について責任を負うことが重要になってくる。これ〔欧州レベルの政府〕は、EUおよびユーロに、EU・ユーロとそれらの下に集う諸国民との関係による民主主義的係留《アンクラージュ》〔アンカー〕を提供することができる。おそらく、欧州社会的市民権の制度は、ヨーロッパの神髄やら様々な既成の想像世界やらを壊すことが最も少ない、同盟の政治的構築過程であろう。(22) ユーロとともに、これ〔欧州社会的市民権〕は、〈欧州政治社会の帰属紐帯〉に関する可能的定義の中心に位置するものであろう。欧州政治社会の帰属紐帯は、国民的なタイプのものではなく、むしろ超国家的な諸権利に準拠している。こうして、欧州社会的市民権は、EUの言語的・文化的異質性が欧州政治社会の帰属紐帯の構築に課している障害を乗り越えることができるのである。

しかし、このような欧州の社会的市民権は今日明日に確立するものではない。なぜならその発達は、公権力による通貨抑圧からの脱出や、予算連邦制を――すなわち、EU諸国全体がこれらのテーマについて長い交渉の末に合意に至る場合にのみ始まりうる改革を――想定するからである。ところが近年の歴史が示すように、今日加盟諸国の議事日程にはこれらのテーマは全く上っていない。むしろ、「ソブリン債」を支払うための「社会的債務の不履行」(23)が次第に欧州諸国全域に広がっており、公的な社会的保護が犠牲にされる時代となっている。

この文脈で考えるならば、通貨連邦主義には、財政連邦主義が不在である下で、単一通貨の諸影響を弱めるために直ちに動員できる、という長所がある。通貨連邦主義は、一つまたは複数の加盟国〔つまりユーロ圏諸国全体ではない〕だけの意思決定によって導入可能である。(24) もちろん、いずれにしても、実施の態様については、他のユーロ圏加盟国に対して説明と交渉を行わなければならない。しかし、深刻な景気後退に追い込まれて「自国の社会的債務の不履行」〔特に自国の公共・保健衛生・社会サービスを犠牲にしながらの〕を強いられる加盟諸国は、欧州諸機関による対応を待たずに、率先して革新を行う可能性をもつのである。

それに、EUは補完性や可変翼〔EUの統合方式の一つで、共同行動の種類に応じて、その都度中核国と周辺国との組み合わせが変わる統合方式〕の原則の上に築かれているので、一定の加盟諸国が発行するユーロ補完的な通貨の合憲性という問題は、解決不能な問題を提起するものではない。例えば、ユーロ圏の一定の加盟諸国が「地域」通貨を発行する権利を、現行の条約に付属する特別な議定書の対象とすることができよう。既にこのような議定書は多数存在しており、種々の分野において、普通法以外の一般規則や〔イギリス・デンマーク・ポーランド等のような多様な加盟国向けの〕特別規則に対して例外を定めている。(25)

これ〔ユーロ補完的な通貨〕を、法定通用力が付与された対等な通貨として設定するのではなく、公衆に直接発行される単なる短期国庫証券〔または信用証書〕としても設定できるものとする。というのも、歴史的経験によれば、こうした通貨は、それが引き起こしうる法的・憲法的諸問題を解決するために、しばしば法的意味での「通貨」としてではなく、大戦間期アメリカの「納税引当証書《タックス・アンティシペイション・スクリプト》」に倣って「納税引当証書《ボン・ダンティシパシオン・ダンポ》」として、あるいは、二〇世紀の最後の二〇年間にアルゼンチンの諸州によって発行された「ボノス・デ・カンセラシオン・デ・デウダ〔bonos de cancelacion de deuda〕」のように「債務取消証書」として規定されてきたからである。(26)

最後に、南の債務諸国は一定の抑止力――したがってまた北の債権者と交渉する力――を手に入れている。これは、南の諸国がソブリン債〔もはや社会的債務ではなく〕について不履行になった場合に北の諸国が被るであろう影響が考慮されるためである。

以下では、戦略的な考察を少し行った後、ユーロ圏の南諸国において不況スパイラルを食い止めるために緊急に動員すべき通貨連邦主義がどのようなものになりうるか、その原理を明らかにすることとする。まず、連邦という文脈におけるこの通貨装置の理論的正当化および合理性について述べていく。次いで、現実の事例の分析から着想を得ながら、この通貨装置の可能な経験的諸形態について簡潔な記述を行っていく。

(1) 政治連邦主義、通貨連邦主義

　連邦主義は、単一国家のように権力のヒエラルキー（頂点に全権力が集中する）に基づいてではなく、価値のヒエラルキーに基づいて政治的秩序を形成する方式として定義することができる。連邦政府は、政治的諸権限を独占してはいないので、連邦構成諸政府よりも権力的に上位にあるわけではない。連邦構成体は、その固有な権限分野においては、連邦政府よりも権力上位にあるのである。これに対して、連邦政府は、連邦形成の土台となる価値上位の諸権限——連邦構成体同士の内部平和を確保すること、そして連邦構成体を代表して外部で行動すること——を引き受けている。したがって、連邦的な政治的秩序においては、狭い意味の主権的権力は存在しない。この主権は権威に、すなわち、分離されていて執行権力をもたない一機関に、および連邦を解体させまいとする連邦権力や連邦構成権力が自己服従すべき諸決定に、担われている。ここで権威とは、諸権力全体の上に立つ、主権の位置に置かれた第三項のことである。司法権力——最高裁判所ないし憲法裁判所——の根拠となるのは、これである。司法権力は、政府諸レベルの諸権力の間の紛争を解決するのに必要な権威を獲得している。

　このような政治連邦主義の一般的構造は、貨幣的秩序にも当てはまる。計算の体系《システム》・単位を公布すること、その統一性を維持することは、連邦次元の権限であるから、支払諸手段を発行し流通させる権限よりも価値上位にある。後者の権限は分割や脱中央化が可能である。支払諸通貨は、種々の取引部面や、複数の（銀行その他の）発行者ネットワークを流通するが、複数いる発行者は、共通の（連邦の）計算システムを介して連邦化されている。通貨的権威〔当局〕について言えば、これは、計算貨幣を定める連邦権力にも、支払諸手段を発行する連邦構成諸権力にも従属するものではない。なぜなら、通貨的権威は、この分野での真の主権者である貨幣使用者という「人民」に由来しているからである。つまり、この「人民」が受け入れるか拒否するかが、計算貨幣および支払貨幣の将来を決定するのである。貨幣使用者という「人民」は、貨幣諸発行者間の紛争《コンフリ》を解決し、計算単位を安定化させるのに必要な権威を有する独立した権力に、信頼を預けることができる。このように、連邦の中央銀行（ドイツの場合）または連邦化された諸中央銀行の委員会（アメリカの場合）は、法分野の最高法院の、貨幣分野における等価物なのである。こうした権威化の審級は、それぞれの分野において権力間の紛争を仲裁する権限をもつのであり、種々の統治体はこれらの審級に自己服従しなければならない。

　貨幣的秩序を構成する次の三要素のうちに、先に指摘した信頼の三項的構造が見いだされる。すなわち、支払の複数性の水準（連邦化した発行諸権力の水準、価値下位の水準）に位置する方法的信頼、計算の統一化（連邦権力の水準、価値上位の水準）の上に築かれるヒエラルキー的信頼、同じ政治体に、同じ主権的人民に、同じ計算・支払共同体に固有な諸価値・諸規範の上に築かれる倫理的信頼。

　よって、アプリオリには、通貨連邦主義の導入は、政治連邦主義の導入ほど複雑ではない。むしろ全く逆である。というのも、貨幣は象徴的に一般化したコミュニケーション媒体である〔N・ルーマン〕と言われるように一つの媒体であり、政治的共同体よりもずっと容易に制度化しうる社会的紐帯であるからだ。ユーロを制度化するときの相対的容易さと、EUを真の連邦へと構築するときの多大な困難との対比は、このことから理解可能である。さらに、ユーロは、正統的に永

続性を主張しうる政治集団への帰属感情に係留されていないから、政治的共同体を象徴するまたは模倣することしかできない。ユーロが永続化するためには、ユーロは政治的共同体に取って代わろうとしてはならない。

(2) 通貨連邦主義の実際――納税引当証書の形態による補完通貨――

理論面だけでなく経験面においても、私がここまでに言及してきた(すなわち政治連邦主義構想の文脈における公的通貨に関する限りでの)通貨連邦主義は、民間銀行による通貨発行独占との断絶を想定している。つまり、現行のヨーロッパの枠組みの中では、このような通貨装置は、欧州通貨当局の管轄下にある計算および支払いの共通通貨としてのユーロと、各国公的当局の管轄下にある補完的財政通貨との同時流通をもたらすことになる。基本的に後者(の通貨)は「民衆」貨幣と言えるものであり、小額面券の形態で発行され、何よりもまず、家計の基本欲求に対応する国内の購買を決済する役割が与えられる。これについては、ユーロのような超国家的通貨にのみ依拠する必要は全くないであろう。共通連邦通貨であるユーロは、EU全域で通用する「全目的貨幣」ではあるが、いまや大口の取引、すなわち欧州レベルの取引における支払いにしか、そして貯蓄貨幣としてしか利用されなくなる。[27]

財政についてはどうかと言うと、各国財政通貨の第一の機能は、これを採用する加盟国に短期信用を供与することであろう。これにより、その国は、職員の賃金、社会的債務の分配金(社会扶助)、および納入業者に対する契約債務の一部を支払うことができるので、自らの業務の永続性を確保できる。実際には、固有の税基盤をもつあらゆる公権力[28]は、固有の「財政」通貨を発行する能力をもっている。そうした公権力の明日の税収(期待税収)は、今日の通貨投入の保証として役立つ。この通貨は、連邦計算単位で額面表示され、しかも連邦計算単位に対する平価を維持すべく制度面であらゆる手が尽くされるならば、発行国の管轄領土内――既に複数の銀行支払手段が並行流通している――で並行流通している連邦通貨と競合しなくなる、すなわち補完通貨になる。つまり、このような形をとれば、加盟国領土内の支払手段の複数性は、連邦計算システムの単一性を脅かすことにはならない。[29]

要するに、ここでの問題は、公的支出の決済に用いることができる証書を発行するために、個人や企業の信用を動員する国庫循環の働きを復活させることにほかならない。この証書の価値は、税支払いその他の徴収に際して名目価値通りの還流を受け入れる、という公約によって保証される。しかし、信用が存在するためには、それに加えて、連邦手交通貨(ユーロ券)と潜在的には同一の流動性をもつこの証書が、保有者の即時兌換請求によってすぐに国庫に戻ってきてはならない。よって、一定の条件の下でのみ、とりわけ一定期間をおいてのみ平価(額面通り)で兌換可能にすることが適切である。

実は、諸国の市民には、こうした納税引当証書によって表象される短期信用を自国政府に供与しようとするもっともな理由がある。納税引当証書は、一時借入金をファイナンスすることにより、ソブリン債の削減を可能にし、結果として公共的・社会的サービスの働きを維持することを容易にする。また景気後退期には、納税引当証書は、地域経済を再活性化する潜在能力をもつから、国内の企業家や商店から支持を獲得できる十分な可能性がある。その対価として、こうした通貨供給枠を実際に永続的に利用しようとする各国政府は、ユーロに比べて流通や交換性が限定されていることを考慮しながら、証書への信頼を構築・維持しなければならない――したがってユーロに対するその平価を保証しなければならない――だろう。

特に、こうした証書は、現在ユーロ圏の南諸国に打撃を与えている深刻な通貨金融危機に対して緊急対応を行うのに適している。これについて示唆的なのは、これらの国の政府を苦しめている流動性危機が、アルゼンチンのカレンシー・ボード体制が一九九八年以降二〇〇二年一月の崩壊までに経験したものに匹敵しているということだ[30]。つまり、アルゼンチンにおいては、二〇〇一〜二〇〇三年に、多くの州がこのタイプの通貨装置を動員することによって、生産経済および家計需要の維持に利用可能な通貨の量が収縮して引き起こされた同国経済の不況を止めることができた。ピーク時には州通貨〔の量〕は、国のマネタリー・ベースの四〇%に相当していた[31]。

状況のこうした類似は、とりわけ、種々の補完通貨が地域レベルで出現してきたこと（ギリシャではヴォロス市で流通しているTEM、あるいはイタリアではナポリのNapo）を説明する。しかし、こうした自主的行動は有益であるとはいえ、地域的なものにとどまり、危機の大きさを考えたら、状況対応能力をもつとは言えない。そこで、苦境にある各国政府が証書の対ユーロ平価維持という制約を順守しながら、その領土の限界内において金融政策を運営する能力を——必要性と緊急性の名において——回復することによって固有の自主的行動を発展させることが、適切になってくる。

（3）平価兌換性の保証と発行の成功に責任をもつ財政政策

今しがた述べたように、財政通貨は、無償の短期信用であるから、金融市場が提供する短期信用よりも低費用である。財政通貨に依拠する政府は、公共サービスの正常な働きを維持する手段を獲得する（職員の賃金水準を維持し、賃金を遅滞なしに支払うことができる）と同時に、一時借入金の費用を削減することもできる。しかし、このことの自然の成り行きとして、財政通貨には、より野心的な第二の目標のために動員されることも求められるだろう。第二の目標とは、対等の支払手段となること、すなわち、各国経済の内部で共通連邦通貨と並行して持続的に流通する補完通貨になることである。

もちろん、このように証書の形をとって創出される通貨は、まさにその流通が各国領土内に限定されているがゆえに、景気後退や過少雇用に苦しむ各国経済の活動を再起動する能力ももっている。それに、金融危機が生産プロジェクト（したがってまた銀行信用）という企業の供給動態を衰微させているので、公的証書を流通に投じることは局面状況的にも正当化される。商業銀行に頼っても通貨発行機能を確保できなくなっているので、供給の不振に対処するためには、財政通貨の発行によって需要チャネルを活性化することが必要である。アメリカの大恐慌のさなかである一九三四年に、J・R・コモンズはこの点を明確に述べていた。

「労働者の購買力を高めようとするなら、現存の購買力を納税者から労働者へ移転することによってでも（……）政府の借入（これは投資を移転するだけで増やしはしない）によってでもなく、新規通貨の創出によって、失業者を仕事に就かせるべきである。だがこうした新規通貨は、商業銀行・投資銀行・中央銀行のいずれの銀行家たちによっても創出・発行されえないものである。なぜなら、不況の間に利潤マージンが消滅してしまい、借入による新規通貨の創出に関して銀行家と協力する用意があるビジネスマンがいないからである。企業家が販売のために頼りにしている消費需要を生み出すためには、銀行システムの全体の頭越しに政府それ自身が、戦時と同じように直接に失業者に賃金を支払う（救済金の形であれ、公共事業の実施によるのであれ）ことによって、新規通貨を創出しなければならない。さらに、この新規通貨は、賃金生活者にだけでなく、農民、商人組織、および実質的に企業全体にも行き渡らなければならない。なぜなら、これらのすべてが総消費需要を創出するからである」［Commons 1934a（1990）：589–90］。

もちろん、こうした〔新規通貨の〕発行は、自由主義者からはインフレ主義的なものと指摘されるだろう。しかし、この装置（結局は、市民が公権力に対して供与する短期貸付に等しい）が現行通貨体制《レジーム》以上にインフレ主義的である理由はない。現行通貨体制においても、政府が流通市場で借入を行っており、それゆえ間接的に銀行による通貨発行の源泉となっている。ここで追求されているのは、公債を貨幣化すること（その公債をインフレを通じて減価させること）ではなく、むしろ、景気抑制的ではなく、金融関係者や利子生活者だけを利するのではない金融政策のための道具を手に入れることである。とはいえ、銀行と同じ資格で通貨を発行する権利を回復したユーロ圏加盟諸国は、自身の通貨を徴税手段に設定することによってだけでなく、その価値を対ユーロ平価で安定させることによっても、通貨の信頼を構築しなければならない。つまり、商業的流通において各国財政通貨が、それで支払える税の総額に比例してだけでなく、流通に留まって取引や生産を促す役割を果たす通貨としても受領されるようになるやいなや、その発行の大きさを調整するために、その名目価値を係留する第二の様式が必要になってくるのである。

要するに、反生産的・反社会的な現在の緊縮状況を脱するには、各国財政通貨を経済順応的に使用することが決定的に重要である。不況深化の悪循環を止めるために、公的証書を利用すべきなのである。しかしこのためには、公的証書が信頼のうちに受領されることが、したがってそのような信頼を築き上げることが必要である。各国財政通貨が国民によってルーティン的に受領される（方法的信頼）ためには、民間商業部門と折衝することが必要である。われわれの経験から言えるのは、不況下の経済においては住民と零細小売業は最初からこれに好意的だということだ。なぜなら、これには明らかに購買力の追加が見いだされるからだ[32]。その一方、大手商業界――特に多国籍企業の支配下にある場合――はたいてい曖昧な態度をとるので、彼らとは強い政治的意志をもって対決しなければならない。またヒエラルキー的信頼は、本質的に、税制が通貨の後ろ盾になることによって維持される。最後に残るのが、倫理的信頼の確保である。通貨連邦主義の枠組みにおいては、倫理的信頼は、国庫〔財務当局〕が自らを包摂するより広い連邦的な枠組みを尊重するかどうかに左右される。このことは、〈証書‐共通連邦通貨間の平価が保証されるように、証書の発行を制限する〉と国庫の側が約束することを含意する。

このように、発行加盟国が新しい自国財政通貨を、税支払いを超えて流通する支払手段として受領させるためには、平価または準平価によるユーロ兌換性を保証する以外に解は存在しない。実際アルゼンチンでは、例外はあるものの、こうした要求に沿って、平価通りの実効的兌換を保証する銀行装置（ただしこの兌換は、兌換権発効のタイミングに関する諸条件に従うものである）が配備されるようになった。

実は、通貨連邦主義の倫理は、共通連邦通貨と分権的財政通貨との間の関係が補完性の関係であって競争の関係ではないことを主張するものであるが、このようなことは、前者が後者の共通計算単位として維持されることによって保証される。要するに、通貨連邦主義においては、連邦型の政治的共同体に連なる通貨圏全体の「多様性の中の統一性」が、そこを流通する多様な支払手段が同一の計算単位を共有することによって保たれるのである。つまり、支払諸貨幣のための計算単位を増やすならば[33]、このような政治的共同体を分裂させることになるだろう。これは決定的なポイントである。加盟国発行の財政通貨、例えばユーロ表示のドラクマやエスクードは、それらの使用者から見て、ユーロと同じくらい正統的かつ価値安定的でなければならない。唯一の違いは、各国通貨の流通が所与の領土内に限定され、貯蓄されることを目的にしていないことである。

標準的経済理論は、通貨複数性反対の論拠として不確実性や取引費用を引き合いに出す。しかし実は、既にわれわれは日常的に多様な並行的支払手段を扱っている（銀行カード、クレジットカード、小切手、紙幣……）。現実には、支払諸手段間の平価による交換性（取引費用はかかる）への信頼が支配的である限り、支払手段の複数性は問題あるものでも費用のかかるものでもない。問題が始まるのは、諸主体が平価交換性への信頼を失い、交換の際にどれくらい損失のリスクがあるか、為替相場変動の将来的効果はどのようなものか、等を計算し始めるときである。もしも小売店が（支払手段の）一方または他方の相互間の相対価値の低下を予想して、同一製品に対して支払手段の種類ごとに異なる価格を付け始めるとすれば、そのことは、通貨複数性が危機に陥っていて、通貨システムの分裂化さらには解体へと退行していく危険があることの徴候である。しかし通貨複数性――何よりもまず支払手段に関する――そのものが、ヒエラルキー的信頼を保証する諸制度をもち、倫理的信頼のうちに築き上げられたあらゆる通貨システムの正常かつ持続的な状態なのである。

本章では、共通の計算・支払貨幣をもつ政治同盟の空間を流通する諸通貨すべてを平価に維持することを強調している。このことによって、現在提示されている複数主義的な他の提案から、通貨連邦主義は区別される。他の提案においては、対外収支を均衡回復させるべく、新たに発行される各国諸通貨は、むしろユーロに対して切り下げられる。EU内部の赤字国・黒字国間の貿易不均衡を緩和することは確かに必要であり、このことは、政府間の現在の緊張に対する唯一の持続的解決だと言ってよい。しかし、これに成功するには、輸出を増やす――輸入を減らすことも同じ結果をもたらす――というやり方しか存在しない。本章で素描した通貨連邦主義もまた、もとより問題を完全に解決するものではなく[34]、輸入代替を促す内生的発展の道具を各国領土内に提供することによって解決に関与しようとするにすぎない。各国財政通貨は、ソブリン債削減による財政健全化効果をもたらす以外に、地理的に限定されたその流通を通じて国内市場を「（再）奪取する」ことを、要するに、地域経済組織と領土内自給能力を強化することを可能にする。またこれは、一般的な緊縮によって収縮しつつある外国市場を奪取しに行く必要も少なくする。こうした各国通貨を発行することを最初から最大の利益とする国々にとっては、国際分業は既に不利なものなのであり、外国市場の奪取は国際分業のさらなる強化という代償を支払うことにもなる。その一方、ユーロと並行的であるが変動的な諸通貨を推奨することは、ユーロ圏内部における競争的切下げの復活を擁護するものである、すなわち、ユーロ圏内部に弱い通貨と強い通貨との間の競争を再導入することになる。しかしこれは、地域間・国家間に先在する政治的・象徴的な支配関係を強化してしまう。あるいはこのことは、加盟諸国が協力して、ユーロをケインズのバンコールに転換する用意があるものと想定しているのであろう。ではこのときなぜ、単一ユーロからの離脱の回避を可能にする予算連邦主義に向けた協力を想定してはならないのか。

（4）装置配備の技術

より具体的には、各国財政通貨は、職員の賃金、退職者の年金、その他の社会的給付、さらには公共団体納入業者の債務が支払われるときに、その一部として各国の国庫を通じて経済に投入される。景気後退と大胆な財政緊縮という文脈の中で、対案とされているのがこれらの所得の急激な切り詰め――現在見られるもの――なので、こうした多様な社会集団は、自分たちにとって追加的な購買力を意味し、税債務の弁済力をもつ財政通貨を受け入れるようになるだろう。それに加えて、財政通貨の使用者は、一定の制約（発行される通貨がその信用貨幣性を維持し、賃金・年金の支払時に還流してくるように、兌換が可能なのは限定された期間――例えば月末のみ――とすべきである）があるとはいえ、この通貨を共通通貨に平価で兌換することができる。

にもかかわらず、共通通貨への額面通りの兌換可能性が開かれる最初の期間――信頼確立のために決定的に重要な期間――には、新規通貨量の大部分が、ユーロへの兌換請求の形で発行政府に戻ってくるだろう。この最初の請求に対しては、この目的のために創設される兌換装置の助けを借りて、漏れなく支払わなければならない。他の一部は納税の形で――これもまた急速に――政府に戻ってくるが、第三の部分――おそらく初めは最少であろう――は流通にとどまるだろう。国庫へ還流した部分は、その後、賃金等の反復的な公的支出部分の支払いが更新されることを通じて、経済に再投入されうる。完全に保証された兌換期間が新たに開かれるたびに、還流率（ユーロ兌換請求）は低下していき、次第に経済ファンダメンタルの水準に、すなわち外部世界との取引（輸入、旅行、奨学金……）によって要求される兌換請求に落ち着くはずである。[35] 徐々に、兌換を促す他の諸要因――投機や予備のような――の影響は弱まっていき、次第に大きな割合が（実際のユーロ兌換というテストを必ずしも経ることなく）流通に留まるようになる。こうして、新通貨への方法的信頼は高まり、地域内取引の一般的水準を高めることになるはずである。

実は、この種の通貨の長期的な実現可能性は、発行国〔発行州〕の正統性と不可分である。新通貨が受け入れられることは、今や国〔州〕が、共通連邦通貨によって象徴・賦活されるより広い政治的社会のうちに身を置きながら、公的・社会的サービスに関する主権的諸権限を担うことができる、と見なされていることを表している。一時借入金の費用減や各国経済の強化と同じくらい重要な、通貨連邦主義の第三の正の効果がここから帰結する。つまり、連邦的な政治的文脈においては、政治‐行政的権力が発行するいかなる通貨も、より責任ある財政金融政策をとるようその権力に強制する、という効果である。発行権力は、その通貨の二重の係留《アンクラージュ》（自身の予想収入によって担保するとともに、共通連邦通貨に対する平価を維持する）を通じて、財政規律――すなわち予想収入をきちんと収穫するよう取り組む――および／または通貨規律――すなわち平価での実効的兌換能力を危うくしないよう通貨を慎重に発行する――を強制されることになる。つまり、発行権力にとって、自己自身の支払手段の価値を維持することは大いに利益となる。インフレ主義的政策を推し進めることは、将来収入の価値を減らし、その通貨への信頼を掘り崩すことになる――すなわちその通貨が載っている枝を切ることになる。この自己規律は、徴税率が低く租税回避／脱税が頻発する国にとって特に適切であると思われる。

結論

ユーロ危機によって、欧州金融政策を根底から考え直さざるをえなくなっている。本章で素描された通貨連邦主義は、通貨圏を崩壊させることなしに、固有の金融政策を推し進める能力を諸国に返還するものである。これは、ユーロ圏の一体性を維持しながら、各加盟国が自身の領土内において、税収によって担保され対ユーロ平価を維持している補完通貨を流通させることができるという考え方に立っている。この並行通貨は、小額面券の形で発行され、日常の買い物に用いられる「民衆」通貨たらんとするものである。共通通貨に転換したユーロは、より大きな金額の取引すなわちヨーロッパ規模の取引の決済に使用され続け、貯蓄通貨としての役割を果たすだろう。

したがって通貨連邦主義は、民間銀行の通貨発行独占と手を切るものである。通貨連邦主義は、欧州通貨当局が管轄する共通の計算・支払貨幣と並行して、各国公的当局が管轄する補完的な各国財政通貨が存在することを正当化する。実は、欧州中央銀行（ＥＣＢ）によるソブリン債買い取りは、稼働をやめない破綻システムを補強しているにすぎない。これに対して通貨連邦主義は、現下の金融危機に対する複数の対応策を提供する――すなわち、公債（一時借入金、乗数効果）を削減し、国内購買力の増加によって需要を再起動し、そして国内経済の再起動（輸入の抑制を伴う）によって対外不均衡を緩和する。

分権的な財政通貨には、国民的なもの、地域的なもの、地方的なものがあるだろうが、これは、後ろ盾となる予想税収があれば、複数の発行レベルを考えることができるためである。もちろん、こうした財政通貨は、何よりもまず、銀行や金融市場が提供する短期信用よりも安価である。しかしこうした財政通貨はまた、より野心的な目標を自らに課して、正真正銘の支払手段に、すなわち地域経済内部でユーロと並行して持続的に流通する補完通貨になることもできる。このとき財政通貨は国民によって受領されねばならないし、その導入について民間部門と交渉しなければならない。成功のためには、政府は、積極的に新通貨への信頼を構築し、共通連邦通貨（に対する）平価に価値を維持しなければならない。連邦主義の文脈における財政通貨の第三の貢献は、国〔州〕に対してより責任ある課税財政政策を強いることである。上位の連邦通貨が存在することによって、自己自身の支払手段を発行するいかなる州も、その価値を保守することが利益となる。インフレ主義的政策を実施することは、将来の収入の価値を減らし、その通貨の信頼と実現可能性を掘り崩し、それゆえ連邦の権威および通貨に対する依存を強めることになる。

より根本的に言えば、通貨連邦主義について語ることは、通貨の組織化原理が政治的共同体の創始原理と調和していなければならない、ということを考慮するに等しい。ＥＵの場合で言うと、「多様性の中の統一性」という旧来の原理を通貨の平面に移し替えなければならない。金融政策については、主権的人民が――緊急逼迫の際に――自らの存在を防御し持続させていくために利用できる道具の一つであることを認識しなければならない。ＥＵがいずれそのうち一つの連邦になるとするなら、この連邦は超国家的なものでしかありえないだろう、そして、おそらくカナダのような州際型のもの、あるいはそれに加えてスイスのように加盟諸州の強い自律性を伴うものになるだろう。このとき、南と東の周辺国を一括して包摂する社会的市民権が出現する（二〇〇〇年代半ば以降これらの国がソーシャル・ダンピングを行わざるをえなくなったのとは逆に）のを期待しつつ、通貨連邦主義がＥＵ内で構造的特性を獲得しうる、と考えることを禁じる必要はない。

共通連邦通貨を補完する各国財政通貨を創設しその平価を防衛することは、複数の歴史的経験が示すように、技術的には比較的容易だが、政治的には困難な仕事である。なぜなら、このことは、新自由主義的な「善き統治」の古くさい処方箋が信頼の危機に陥るという文脈の中で、公的統治能力を再建しようとするものだからである。このことが成功するかどうかは、まさに、住民の信頼を獲得する発行当局〔権威〕の能力にかかっている。国〔州〕または領土内公共団体が発行する財政通貨は、共通通貨と同じくらいの正統性がなければならない。

付論で呈示したアルゼンチン・トゥクマン州のボカデの例に何よりもまず見られるように、補完的財政通貨を実現不可能で非効率的なものとして拒否する種々の批判は、具体的事例の分析に耐えるものではない。上手く管理されなかったいくつかの経験は失敗に終わったけれども、同じことが最も重要な経験に当てはまるわけではない。実際のところ、こうした装置の脆弱性は、その内在的特性によるのではなく、貨幣分野に支配的な思考との非両立性によるものである。このような通貨を導入することの困難は、技術的または法的な次元の困難ではない。立ちはだかる困難はイデオロギー的なもの、政治的なものである。金融危機の打撃を受け社会対立で引き裂かれた国家〔州〕が、この種の財政通貨への信頼を創出するのに必要な政治的諸条件を満たすことに成功するかどうかも、その後に責任ある財政金融政策をとることができるかどうかも自明ではない。種々の経験を比較してわかるように、困難さの中身は、客観的な経済的諸条件（借入比率、対外赤字比率、輸出比率、等）によってだけでなく、政治的諸条件（諸制度の正統性、集団交渉の質、等）によっても変わってくる。しかし結局のところ、成功や失敗の責任は、やはり行為主体自身に帰せられるのである。

付　論：歴史的先例
――アルゼンチン・トゥクマン州のボカデ（一九八五－二〇〇三年）――

通貨連邦主義〔通貨連邦制〕の経験として有名なのは、かなり最近のものである。二〇〇一－二〇〇三年にアルゼンチンで実施された通貨連邦主義は、国内の三分の二の州に及んでいた。しかし、通念に反することとなのだが、この経験は、大危機に陥ったアルゼンチンが二〇〇〇年代（州の諸通貨がマネタリー・ベースの四〇％に達した）に創発した非常用の装置に限られるものではない。アルゼンチンは、州の公的金庫〔財政当局〕によって直接に発行され、発行州の内部を流通する公的補完通貨の長い歴史をもつ連邦である。多くの北東部諸州は、軍事独裁が崩壊した一九八四年以降、二〇〇三年に連邦国家の通貨――ナシオン（Nacion）――を「復活」させる操作が行われるまで、ずっとこれに頼ってきた。

ただし最近のアルゼンチンが唯一の例ではない。歴史をはるかに遡れば、例えば一七八七年の合衆国憲法以前のアメリカ北部諸州の財政通貨［Ferguson 1956; Smith 1985; Grubb 2003 : 2012］や、一九三〇年代にアメリカの市町村が発行した納税引当証書［Fisher et alii 1933; Gatch 2011］を挙げることができよう。しかし、ヨーロッパに可能な通貨連邦主義を明らかにする上で最も興味深い事例の一つは、私の知る限り、トゥクマン州が発行して一八年間（一九八五－二〇〇三年）流通に留まった通貨ボカデである。トゥクマン州は、アルゼンチンの中で最も小さく最も貧しい州の一つである。国全体の中で同州が占める比重は約三％であり、EUに占めるギリシャやポルトガルの比重に近い。しかしながら、ボカデは、その存続期間中にアルゼンチンを揺るがしてきた種々の通貨的撹乱に対してかなり強靭《レジリアン》であった。

ボカデを導入した政策責任者によれば、当時の課題は、集権的で、マクロ経済の安定性にのみ焦点を合わせていて、州間格差を見ようとしない金融政策に対抗することであった。ボカデの第一の目的は、地域的金融危機という文脈の中で州政府が債務（賃金、年金……）を支払えるようにすることを通じて、治安を維持することにあった。地域的金融危機の大部分は、中央国家が引き起こしたものである。中央国家は、費用のかかる諸権限を分権化したにもかかわらず相応の資金を付けなかったし、その後は、税収移転の名目で州に支払うべき金額の支払いをいつも遅らせてきた。ボカデの第二の目的は、公債削減にあった。参照できるいくつかの研究によれば、ボカデの発行は他の資金調達形態よりもずっと安上がりであった。例えば、ボカデが存続した最初の二年間（一九八五－一九八七年）に関する研究によれば、当時流通市場では実質金利で七・二五％が要求されたのに対して、〔ボカデ発行の〕操作費用は〇・八三％であったという。一九八五－一九九一年の発行費用を推定した別の研究は、流通市場においてではなくボカデによってリファイナンスすることによって、州は歳入の三、四カ月分に相当する節約を実現したと結論している。いくつかのヨーロッパ諸国のリファイナンス費用について考えるとき、これらの数字は大いに参考になる。付け加えておけば、ボカデが全国インフレを上回るインフレの要因であったとはあまり思われない。

ボカデを導入した法律は、ボカデを、州税の弁済力をもち、国民通貨を計算単位とし（一ボカデ＝一ペソ）、一定条件の下で国民通貨へ兌換可能な「債務返済証書」として定義している。この州法には、発行量について規定されており、発行量をインフレに連動して変化させられることが付記されている。ボカデは存続期間に定めがあったが、利子付きではなかった。州の公的金庫によって発行されるボカデは、公共発注や職員・退職者への賃金支払いを通じて流通に入っていき、州税やその他の地方税の支払いの形をとって、あるいは国民通貨への兌換を通じて、州の公的金庫へと戻ってくる。確かにボカデは州銀行においてペソへの平価兌換が可能であったが、少なくとも当初のうちは、毎月一八日から二八日の間に限られていた。このように、たとえ既発の証書がすべて月末に公的金庫に還流するにしても、このシステムは、地域住民が与える短期信用を州に供給することによって、特に、職員の賃金を完全にかつ遅滞なく支払うことを可能にした。

公的金庫の観点からは、税収を通じた還流が好ましいのは明らかだが、この経路は狭いものだった。州固有の収入は支出の二〇％でしかなかった。[36] したがって、ボカデを地方経済にできる限り統合するためには、また十分な量のボカデを発行して生産を牽引するためには、ボカデの国民通貨への兌換請求を最小に抑制しなければならない。兌換請求が多ければ多いほど、それに応じるための公的金庫のペソ準備は多くなければならず、装置の総体的な――すなわち財政と地方経済にとっての――効率性は低くなった。前者〔財政〕について言えば、州の金庫にボカデが還流してくるのが遅ければ遅いほど、トゥクマン州民が州政府に与える（ほぼ無償の）信用の期間は長くなった。地方経済に対して期待される効果について言えば、これは、ボカデが発行者に直ちに還流せず流通に留まることを前提にしていた。また、交換制約を低下させるためには、兌換性を完全に保証することによって、新通貨に対する居住者の信頼を強めなければならなかった。これに関しては、最初の発行に続く第一月間が最大の難局であった。ボカデのほぼ全部が州金庫に還流したのだ。しかし第二月間以降は、そのような兌換請求フローは減少し始めた。州金庫が約束を守るのを見た市民は、ボカデを通常の支払手段として使用し始め、ボカデは国内取引の決済において全国のペソと同等に通用した。

確かにボカデは、存続した一八カ月――全国レベルの通貨的不安定が大きかった時期――の間、数度にわたって、兌換性危機、投機アタック、政策見直しを経験したが、実業界や広く州住民の揺るぎない支持によって、常に信頼の通貨であり続けることができた。政争によって信頼のヒエラルキー的形態がしばしば動揺することもあったが、常にボカデは、使用者からの方法的および倫理的信頼を獲得できていた。最終的に二〇〇三年にボカデは消滅したが、これは経済的理由ではなく、主に政治的理由によるものであった。ボカデが享受していた連邦政府からの「優雅なる無視」――最終的には疑わしいボカデの憲法上の地位を見て見ぬふりしていた――が、公然たる見直しへと席を譲ったのだった。この変化は、ペソ／ドルの交換性を揺るがす金融危機によって他の諸州にも財政通貨が拡散したために引き起こされた。政治面で不安定ないくつかの州が市場で対ペソ大幅安に直面したことから、〔ボカデ見直しへの〕変化は強められた。ＩＭＦは、公的金庫の通貨抑圧原理にＩＭＦとの交渉テーマの一つとなった。

合致するよう、財政通貨の無条件廃止を要求し、約束させた。それまで、ボカデは八〇年代のハイパーインフレ、一九九〇年代のペソの平価でのドル兌換性（ペソ過大評価の拡大を伴った）、二〇〇〇年以降のＩＭＦと中央政府によって要求された構造調整、二〇〇一－二〇〇二年の対外的交換性体制《レジーム》の深刻な危機、そして複数の州知事が自ら犯した錯誤、に耐えて生き延びてきた。特に暴力的な外部ショックによる数度の危機的場面を除けば、ボカデはその存続期間の全体にわたって、対国民通貨の平価――連邦通貨を補完するこの種の通貨の中心的な持続性基準――を維持することに成功した。

付記

筆者の論旨を明確化するのに有益な白熱した議論の相手をしてくれた人類進歩財団ヴェブレン経済改革研究所の共同主宰者ウォジテク・カリノウスキ（Wojtek Kalinowski）に、この場を借りて感謝申し上げたい。ただし本章に依然として誤り、印象表現、脱漏が残っているとすれば、それらはすべて筆者の責任である。

注

（1）本章はスペイン語で、Perez-Sosto（comp.）［2013：203-50］においても公表されている。

（2）この点についてはThéret［2014c］参照。

（3）Aglietta［2011］も見よ。「［……］特殊ケースであるギリシャ以外で言えば、まずスペインとアイルランドは、二〇〇七－二〇〇八年の金融危機より前には、ユーロ圏諸国の中でも、公的債務が最も少なく財政黒字を生み出す能力のあるグループに属していた。次にイタリアの債務残高は確かに大きかったが、ユーロ圏創設以降は、小さな財政赤字と基礎的財政収支の黒字により安定を見せていた。［……］西側諸国全体の財政が問題に直面したのは、二〇〇七年夏に始まった金融危機の影響によるものだった。西側の単一の金融危機が、時間を通じて展開し、継起的な段階を経ていった」［*ibid.*: 5］（傍点原文斜字体）。「ユーロ圏の財政危機の特殊性は、グローバル金融危機と加盟国間の乖離とが掛け合わされた点にある。ギリシャを例外として、諸国の財政は、諸国の政府が金融システムの瓦解を避けようと、そして経済の不況突入を避けようと対策を講じた後で悪化した」［*ibid.*: 7］。

（4）ところが、今では米財務省証券（ＴＢ）が特別にリスク・フリーな資産とは見られていないこと（格付け機関による格付けの引き下げ、債務上限をめぐる議会と大統領の対立）からわかるように、アメリカも遠からぬ将来においてこの種の危機を免れはしないのである。アメリカ内では、ハイパーインフレ的なドル急落の恐れから、いくつかの州において代替通貨プロジェクトが推し進められている。したがって、アメリカは借入の限界に達したと言ってもよい（Hummel［2012］参照）。

（5）「今日、すべての中央銀行が同じ程度の独立性を享受しているわけではない。ユーロシステムは最高度の独立性をもつと言われるが、これはとりわけ――条約の定めによって――財政ファイナンスが制限されているためである。次に、イングランド銀行の独立性は、これよりもずっと低い。なぜなら、その定款において、「例外的な経済状況」の中で公的利益にかなう場合には財務卿が金融政策を運営する、という保留権が財務卿に与えられているからである。最後に、日本銀行は円の価値に法的責任を負い、為替介入を実行しているけれども、貨幣［硬貨］の鋳造に責任を負うのは常に財務省であり、為替介入の決定を行うのも財務省である。［……］Ｆｅｄ（米連邦準備制度）は九〇〇〇億ドルの米財務省証券［……］を、イングランド銀行は一九八〇億ポンドのギルト［優良証券］［……］を購入しているが、ＥＣＢ（欧州中央銀行）は今のところまだわずかな公的証券（七四〇億ユーロ）を購入しているにすぎない。ＥＣＢは独立性の名において抵抗しようとしたが、結局、六〇〇億ユーロの――しばしば公的信用に裏づけられた――証券化銀行債を購入せざるをえなかった」[Broyer et *alii* 2011]。

（6）「[……]ユーロ圏のハンディキャップは、ユーロ圏の不均質性と政治的リーダーシップ不在によっていっそう拡大している。政治的リーダーシップ不在により、総体的な経済的ガバナンスが不十分なものとなっている。残念ながら、数々の長期持続的な害悪は、ユーロ圏に最初からある欠陥なのである。加盟諸国の間で成長様式が分岐するとき通貨同盟にはブレーキがかけられるが、その一方で、共通通貨によって収斂空間が構築されるとも言われていた。ガバナンスの不十分さに関して言えば、それは通貨同盟の本性に根差している。単一通貨には、主権的な約束事であることが、少なくとも〔諸国間の〕マクロ経済政策の両立可能性を含意する橋頭堡であることが期待されたが、実際は、ユーロ圏は、支配国（ドイツ）がリーダーシップをとろうとしない特殊な、非対称的な国際通貨システムなのである。ユーロ圏内に蓄積されている乖離は、金融危機を生み出したのと同じ原因によるもの、すなわち、経済の資金調達を行う役割――経済学で扱われる役割――から次第に遠ざかるという欧米金融の錯乱によるものである。つまり、ヨーロッパにおいて「リスボン戦略」によって期待された収斂過程は全面的に金融統合に委ねられ、金融統合は租税競争によって強められた。「二〇〇一年に知識経済における世界的リーダー」になるという野望を支えるために、イノベーション投資について共同的な協力政策が構想されることはなかった。[……]諸国の（利子〔……著者〕）率は低下してドイツに収斂すると見られていたが、実際にも収斂してきた。このことによって、資本移動が引き起こされ、国際競争に開かれた諸部門における大量の生産的投資努力を通して、諸国の生産性の、したがって競争力のキャッチアップが促されるはずであった。しかし逆に、生み出されたのは負のスパイラルすなわち巨大な投機バブルのスパイラルであり、これを経験した周辺諸国は互いに乖離してしまった[……]。この乖離により周辺諸国の強い金融的過敏性《ヴァルネラビリティ》が生み出され、そのことが危機の悪化につながった。これら諸国における財政へのリスクの移転は、かなり大量であったので、債権者である銀行やその他の金融投資家たちは不安を抱かざるをえなかった。そもそも、こうした主体の以前の行動が危機を引き起こしたのだが！」[Aglietta 2011 : 6-7]。

（7）「通貨同盟の歴史の中で、ユーロ圏は、金融政策決定が一中央銀行の下に集中される一方、財政政策決定が加盟諸国の各国政府の手中に分散している初めての事例である。[……]ユーロ圏は、実効的な財政同盟をもつことなく創設された。財政同盟として機能すべく確立された諸制度（マーストリヒト条約と安定成長協定）は、二〇〇七－二〇一〇年以降の危機と景気後退の局面において破綻した。歴史的経験からの教訓は[……]、ユーロの実験が最終的に成功するには欧州が財政同盟に向けて大きく前進すべきであることを示唆している」[Bordo et *alii* 2011 : 27]。

（8）このことはまた、危機の打撃が最も強かった国が、必ずしも、危機以前に対ＧＤＰおよび一人当たり公債比率が最も高かった国（アイルランド、スペイン、キプロスのような）ではなかったことを説明する。

（9）ここで私は影響が最も大きかったＥＵ南部の周辺諸国を中心に扱っているが、他の南の周辺国（スロベニア）にも危機は拡大した。

（10）多くの歴史経済学者が、現下の危機をアメリカにおける一八四〇年代初頭の危機と比較することによって、公的債務危機を必ずしもユーロの危機と見なすべきではないと考えている。アメリカの危機においては、複数の連邦州が債務不履行になったが、だからと言ってドルの地位が揺らぐことはなかった。そうした歴史経済学者の中には、ユーロ圏の加盟国の一部が債務不履行となることは、伝染《コンテージョン》によるユーロ圏の不安定化を必ずしも引き起こさず、むしろ多くの利益をもたらすだろうと主張する人もいる。その利益とは、諸国が金融市場における信用度を回復すべく、自らの借入を制限する基本法的な規律づけ措置を講じざるをえなくなるということである。しかしこの比較はあまり意味がない。というのは、この時代のアメリカは連邦国家も中央銀行ももたなかったからである。この時代のドルは真の連邦通貨でなかったのであり、一方ユーロはいまだ「各国にとっては外部通貨」でしかない。「ユーロに対する政治主権は［……］まだ完全には構築されては（いない）」［Aglietta 2011: 12］。その証拠として、ユーロ加盟国間の貿易取引はいまだに、通貨圏外の諸国との取引と同列にある国際取引として認識・記録されている。これに対して、〔他の〕種々の連邦においては、同様の貿易取引は国際取引としては記録されず、それに関する統計すらほとんど存在していない。よってこの場合、市場は、連邦構成州のソブリン債のリスクを評価するに際して、他の連邦構成諸州に対する貿易収支や経常収支に関して情報をもっていないのである。

(11) すなわち、公的支出の連続的フローと――より不規則かつより裁量的な――税収の連続的フローとのズレによる国庫債務。一時借入金とは、短期財務省証券の形態による政府借入、発行機関が取り決める貸出、国庫への取引先（自治体、公共機関、公的市場の納入業者、個人、等）からの預託金である。

(12) 以下を参照―― Aglietta et Orléan［1998］, Théret［2007］, Servet, Théret et Yildirim［2008］。

(13) この点についてはKuroda［2008a］参照。

(14) これらの実験については、特にFisher et *alii*［1933］およびGatch［2011］を参照。

(15) これらの実験については、Théret et Zanabria［2007］およびThéret［2012］を参照。

(16) ドイツ以外の国のエリートたちは、こうした措置を唯々諾々と受け入れ、現行条約の改正を望んだ。主権の固有の発現である例外的権力については、Agamben［1997］参照。

(17) その好例がギリシャに対する資金援助である。大手債権者――すなわちユーロ圏の北諸国の金融部門――を破綻させる恐れの強い公債不履行を回避するには、こうした国への援助は止むを得ないものと言ってよい。北諸国の政府はギリシャ公債のリファイナンスを受け入れたが、ギリシャ政府の借入返済能力に比べて法外な金利でこれを行った。二〇一一年にギリシャは景気後退によりGDP成長率がマイナス三％だったが、リファイナンス金利は懲罰的に五％とされたのである。

(18) この点についてはAglietta et Orléan（dir.）［1998］参照。

(19) この点についてより詳しくはThéret［2013b］参照。

(20) トロイカ（欧州委員会、ECB、IMFからなる）の覚書で挙げられた諸要求が、一九八〇・一九九〇年代のIMFの調整プログラムの文面にだけでなく、アルゼンチン州の金融に関する一九九六年の世銀レポート［Banco Mundial 1996］で提示されているものにも似ているが、このことは驚くに値しない。欧州危機の通貨的性格、アルゼンチンのカレンシーボード体制《レジーム》の危機とのその類似性にもかかわらず、ワシントン・コンセンサスがEUで通用しているかのように万事が進行している。以上のことは、これら〔国際〕金融機関の側が全く学習できていないことを物語っている。

(21) Barbier［2008］参照。

(22) この点についてはThéret［2002a］参照。

(23) 格付機関のムーディーズによって用いられ、B・ルモワーヌが格付機関に関する執筆中の著作において報告している表現。

(24) 歴史的には通貨連邦主義はしばしば、連邦構成諸国家（州）――危機状況に直面して、国家の継続性を維持するための喫緊の措置をとる必要に迫られている――の発議によって連邦形成に際して導入されてきた。

(25) この過程においては、デンマークの事例のように、このような議定書の条件の下でユーロ圏への帰属を問う国民投票が組織化されることもあるだろう。

(26) 住民が国家に供与する信用の証書であること、および、国家が〈すべての税支払いに際して名目価値で受領する〉という形で払い戻しを約束していることを明確にすべく、こうした証券には、利子が付けられることもある。

(27) したがって、ユーロ以前にEMS（欧州通貨制度）の枠組みの中で機能していたようなECU〔欧州通貨単位〕に戻ることは全く考えていない。ECUは、公衆の間で支払手段として流通する通貨ではなく、金融取引でのみ用いられた。

(28) 二つだけでなくもっと多くの水準における通貨連邦主義も十分考えられる。

(29) この点については、Théret et Zanabria〔2007〕参照。

(30) 二〇一一年一一月のIMFレポートは、絶望的な流動性不足に直面するギリシャ政府が一定の支払い（公的発注、付加価値税の還付、社会給付……）の遅延に追い込まれたことを指摘している。しかも、これ以降さらに状況は悪化している。

(31) Théret et Zanabria〔2007〕および Théret〔2012〕参照。

(32) 職員賃金および年金の三〇％から四〇％への低下か、それとも各国「証書」によるこの三〇‐四〇％の支払いかを選択しようとするとき、その差は歴然としている。

(33) チリの通貨システムのように、二重の計算単位をもつシステムも存在する。チリのシステムには、計算・支払貨幣であるペソだけでなく、長期契約（住宅、年金等）に用いられるインデクス計算単位――ウニダード・デ・フォメント（unidad de fomento: UF）――も存在する。しかし後者は純粋に「想像的な」貨幣であり、支払手段としては流通しておらず、UF建のあらゆる契約は変換後にペソで決済される（Shiller〔2002〕参照）。この場合、支払空間の分裂化は見られない。

(34) この問題に対して、切り下げは部分的解決以上のものをもたらさない。というのも、特に切り下げがソブリン債の不履行（これは報復措置を招く）を含意する場合、切り下げは対外不均衡を緩和する上で必ずしも有効ではないからである。

(35) 本章で私が参考にしていて付論でも取り上げているアルゼンチンのトゥクマン州のケースにおいては、発行後の最初の一カ月で証書の八五％が兌換に呈示され、そのうち七五％が金庫開業初日の呈示であった。次の〔第二の〕一カ月では、流通している証書ストックのうち五〇％だけが初日に呈示され、続く数カ月の間は総還流が発行額の七〇％で安定していた。こうした高い率が続いたことは、州固有の税収が歳入総額の二〇％しか占めていなかったことによるものである。アルゼンチンは財政連邦主義に基づいて動いているが、この財政連邦主義は安定しておらず、特に周辺諸州においてはかなり大きな連邦・州間移転を実行している。この文脈の中で州通貨が展開しているということは、財政連邦主義がもはや万能薬ではなく、超集権的な金融政策の諸影響に均衡を取り戻させる上で十分ではないことを示すのである。

(36) 実は、EU加盟諸国が同様の戦略を採用する場合には、税制の全体を支配できている分だけ、物事がもっと容易に進むはずである。租税回路による還流が占める比重は、アルゼンチンのトゥクマンのような一つの州内の場合に比べて、平均して――ギリシャを含めて――五倍の大きさになろう。その結果、短期的なユーロ兌換圧力はずっと小さなものになり、それに比例して需要への効果も大きくなろう。これに対して、ヨーロッパ各国の国庫〔財務当局〕によるこれまでの通貨抑圧は極端なものだった。一九七〇年代までのフランスに見られたように、各国の国庫を「国庫の取引先」の預金の銀行ネットワークへと再編することが必要であろう。

第Ⅲ部

国際通貨と金融グローバル化

第8章　グローバル化と金銭
——いかなる点で倫理的問題を提起しているか（コモンズ派レギュラシオニストの観点）——

われわれは、飢えた男たちの群れであった
われわれ商人には、どうでもよかった、
卵か金か、
腹《ベリーズ》か英国ポンド《ブリティッシュ・パウンド》か
七面鳥《ターキーズ》か財務省証券《ティー・ビルズ》か……は

レオ・メラメドの詩（一九八二年、シカゴ国際通貨市場一〇周年に寄せて）

世界が今日直面している諸問題に関して、デリバティブも市場も非難されるべきではない。［……］道具に罪はない。道具を利用するのは人間である。愚者の行動の責任を道具に負わせてはならない。

レオ・メラメドの発言（二〇〇八年、北京）

シャトーブリアンは貴族の歴史を要約して、奉仕の時代から特権の時代へ、特権の時代から虚栄の時代へと移り変わっていった、とどこかで述べていた。奉仕の時代を決して捨ててはならなかったであろう金融は、虚栄に満足する覚悟があるどころではなく、むしろその逆である。民主主義者たちや近代世界の建設者たちが、金融を特権の時代に閉じ込めたままにしておくであろうか〔しておくまい〕。

[Mendès-France 1930 : 282]

グローバル化の下で金融活動が提起する倫理的問題について考えようとするとき、真っ先に思い浮かぶのが、利殖術《クレマティスティケ》の悪用に対するアリストテレスの非難である。貨幣の蓄積を自己目的化してしまい、価値を蓄える貨幣の能力を乱用することを、彼は非難した。利殖術《クレマティスティケ》の悪用は、貨幣をその基本的な社会的機能、すなわち、社会発展に必要な経済的資源の増加を可能にする機能——これによって貨幣の使用は道徳的に正当化される——から遠ざけてしまう。現在のグローバル化においては、市場金融が中心的役割を演じているため、金銭の権力が果てしなく拡大しており、その分、「良き生」やそれを保護する正統的政治権力の能力が縮小している。利殖術《クレマティスティケ》の堕落が進んでいるため、アリストテレスの道徳論が再び脚光を浴びている。

しかし、アリストテレスの見解は必ずしも満足のいくものではない。もちろん、社会の必須資源（食料品、各国通貨）に対する金融投機に、また、それまで政府の後退や社会保障の削減を支持していた新自由主義的政府の信奉者たちが破産投機家を気前よく救済しようとすることに、怒りの声を上げることは正しいことだ。しかし、一連の出来事により、アリストテレス以降、特にルネッサンス以降、人類が世界について作り上げる表象は変化してしまった。すなわち、閉じた世界というギリシャ的理想から無限の宇宙という近代的理想への移行、譲渡可能かつ移転可能な契約的債権債務の発明、自己準拠的貨幣〔の出現〕、等がそれである。近代資本主義社会は分化した社会であって、そこには社会化の多様な制度的レベルがある。もはや倫理を、〈所与の社会秩序を維持するように諸実践を行う〉という究極的・道徳的な判断原則を述べた統一言説に還元することはできなくなった。種々の社会空間において複数の倫理諸形態が通用するようになったので、倫理を単純に金銭《アルジャン》やグローバル化に対置することはできない。そういうわけでわれわれは、金銭に固有な倫理を見いだすことができる。まず、商品－貨幣的な社会的紐帯を作り上げる土台となる倫理がある。マンデヴィルとスミスによれば社会的富の最適な生産および配分を導くもの、そしてロックによれば紛争を平定する政治的統治体を導くものである商品－貨幣的な社会的紐帯は、富の専有的蓄積の自由主義的かつ／またはピューリタン的な倫理を土台としている。次に、金融投機を賭け事から区別することによってその道徳的性質を根拠づける、金融に固有の倫理が生み出された［de Goede 2005］。最後に、グローバル化の倫理、すなわち国際的「自然状態」を調整することによって世界平和を導く役割をもつ、「優しい交易」の倫理がある。この倫理は、ほとんどの啓蒙の哲学者（ルソーを除く）に、あるいはまた一九世紀のコブデンおよびマンチェスター連盟に見いだされる。以上のような倫理の複数性からすれば、アリストテレスの倫理は当時の家内経済（*oikos*）と都市国家との間の関係に特殊なものでしかないように見える。

ところが、倫理は、複合的な諸形態をもつことによって、概念的不確定性を抱えざるをえない。それに加えて、金銭がうまく定義されていない。経済学者たちの間で、金銭《アルジャン》の定義について、また貨幣《モネ》の概念とのその関係について合意は成立していない。そのため、社会学・歴史・人類学さらには政治学や精神分析によって金銭や貨幣の政治的・象徴的・想像的次元が強調されるとき、問題は複雑化し、われわれの混乱は増してしまう［Théret 2007; Ould-Ahmed 2008; Servet *et al.* 2008; Blanc 2009］。

最後に、グローバル化〔の語〕によって何を理解すべきかについても、人文・社会科学において合意が成立していない。これを単なる経済的・金融的な現象と見なすことはできない。それと同時にこれは、「歴史的な布置状況［……］、権力および蓄積のレジーム」、目盛り《エシェル》の拡大・縮小、「意識の事実、〔すなわち〕意識の物質性、意識の幻影的な加工を指し示す想像的形成素」、「時空の圧縮解凍」の運動［Bayart 2004］でもある。グローバル化は、自由主義的な新重商主義の表現、ポスト・ウェストファリアの新世界秩序を賭けて経済・金融を武器に列強間で遂行される第三次世界大戦の隠喩等になることもある［Théret 2001b］[1]。

要するに、倫理・金銭・グローバル化の間の諸関係を分析するということは、金融オペレーターによる利殖術の堕落や、無国籍的な外部《クセノ》金融〔オフショア金融〕に対する都市国家の政治的統制の完全な喪失に関するアリストテレスの問題提起に満足しないことに等しいだろう。この分析は、実践諸行為と諸言説（これ自体が複雑である）との複雑な関係づけを要求する。したがって本章では問題の全体に立ち入ることはできないが、若干の概念的解明を試み、いくつかの手がかりを提示することまでは行いたい。ここで言う概念的解明とは、制度経済学に依拠しながら、倫理や金銭という観念を概念化することである。手がかりとなるのは、グローバル化現局面の貨幣がもつ特殊性、およびそれが資本主義の倫理について提起する新しい諸問題である。

詳しく言えば、第1節では、制度経済学の創始者J・R・コモンズが大戦間期に経済・倫理・法の関係について行った分析から導かれる倫理の概念を簡潔に提示する［Commons 1924；1934a］。第2節では、貨幣を全体的な社会的事実として分析するが、分析の範囲を、金銭《アルジャン》を資本主義に特殊な貨幣として性格づける貨幣のアプローチにおける倫理の位置に限定したい。金銭が資本主義に特殊であるのは、価値貯蔵としての貨幣の使用（金銭《アルジャン》－資本）が資本主義の作動に本質的な使用であるだけでなく、通貨・金融危機の潜在的源泉でもあるからである［Aglietta et Orléan 1998（dir.）；Théret 2007］。最後に第3節では、グローバル化過程における金銭と倫理との関係に対するこのアプローチの含意を検討する。

1　複数の面をもつ倫理

経済学者にとって、経済と倫理とは全く独立した思想領域である。法《ドゥロワ》と経済の関係に関する問いは、近年、経済学者の重要な関心テーマとなったが、同じ問いを倫理へと拡張した経済学者は稀である。経済学者にとって倫理とは、依然として、もっぱら利害計算に支配される経済世界が作動するとき、その周縁で働いている微かな希望、単なる道徳にすぎない。J・R・コモンズは資本主義経済の動態を分析する際に、法だけでなく倫理にも中心的位置を与えた類い稀な経済学者の一人である。しかし、彼の「洞察」の重要性にもかかわらず、彼にはほとんど継承者がいなかった。つまり、彼が著述活動を行ったのはアメリカおよび世界の資本主義の大危機の時期（両大戦間期）であったが、この時期には、市場による資本主義経済の自然的均衡化を公準化する経済科学の気休め的言説は急速に忘れられていった。アメリカおよび世界の資本主義が新たに深刻な危機にある中、彼の考察は再検討するに値する。

コモンズにあっては、経済を法や倫理との関係で考えることは、経済組織――市場の企業、領土的な行政、または市民団体《アソシアシオン》のどれであれ――の活動が展開する社会空間のレベル（ミクロ－メゾ－マクロ）ごとに区別して法や倫理を概念化することを意味する。コモンズは、法との関連で定義される倫理について複雑な考え方を展開している。彼は、この観念〔倫理〕の通常の使用時における〔意味の〕曖昧さの原因を、四つのタイプに区別している。おおよそ彼によれば(2)、倫理は、法と同様に、行動の合理性に関して経済と対立する。倫理と法は、社会的全体への個人の服従の媒介であるのに対して、私的所有の経済的合理性は、逆に、社会的全体を個別利害に服従させる。しかし反面、倫理は、経済活動に関する競合的な調整形態である法に対立する。物理的暴力の正統的な独占を後ろ盾にした法の力は、説得に対置される。説得は、倫理によって動員される意見の力であり、集団外への追放の脅威を後ろ盾にしている。コモンズによれば、「経済・法・倫理を相関させること」とは、三領域の間の諸対立をどのように解決すれば市場的資本主義社会を生き延びさせることができるかを検討することにほかならない。

ともかく、コモンズにおいては、倫理が役割を演じる社会性《ソシアリテ》のレベルに応じて、倫理という語の意味は変化する。例えば個人間関係のレベルにおいて、彼は、各取引主体《トランス－アクトゥール》の権利と義務との間に必要な相関関係を保証する合法性を与えられた「権威化された取引」と、「権威化されておらず」この相関関係が必ずしも保障されていない「倫理的取引」とを区別している。この第一のレベルにおいては、倫理は主観的な権利・義務に関わっており、（起こりうる争いに適用可能な行動ルールを公布することによって取引への制限を定めることができる）強制的な権威や権力は含意していない。

コモンズがゴーイング・コンサーン（売買交渉・管理・割当という様々な種類の取引を結びつける動態的組織）と呼んだ企業・公共団体・市民団体のレベルにおいては、倫理は、行動に対する強制および誘因の特殊な形態によって性格づけられる。こうした強制と誘因の形態は、集合的（集団的）意見に、および、組織を支配するルールへの個人的行動の合致性という制約（組織からの排除が罰則となる）に準拠している。倫理のこうした定義、すなわち行動ルールの強制の特殊形態という定義、象徴的暴力を後ろ盾にする秩序原理という定義は、アプリオリには前（第一のレベル）の考え方と矛盾している。

　第三のレベル、すなわち組織種類ごとの再グループ化（企業の世界、行政および団体の世界）のレベルにおいては、倫理は「自己《ソワ》の他者《オトル》への服従」と同一視される。服従は、共感に導かれるがゆえに自発的であり、主権的権力によって押し付けられるがゆえに非自発的である。ここでの倫理は、利己主義的な効用計算の原理に代替する合理性の原理、すなわち道具的な経済合理性に対置される行動の合理的形態である。というのも、倫理は個人と全体との間の、自己と他者との間の逆の服従関係を動員するからである。したがってこの第三の観点の下では、倫理は、全体論的原理に準拠しているがゆえに、個人的欲望の無政府的主観性とは同列に置かれないし、強制ではなく諸個人の社会化に内在する合理性であるがゆえに、集合的意見と行動コードへの合致性の制約とは同列に置かれない。

　最後に、全体としての社会のレベルにおいてコモンズが倫理と見なすものは、上位的権威の形態、社会の象徴中枢、構成員が共有する共通善を構成する社会的諸価値と諸規範の総体、である。このレベルでは、経済・法・倫理の三領域が価値において階層（ヒエラルキー）化されており、倫理は法を支配し、法が今度は経済を支配し、こうして公共善（「権威がそう見なすような」）の倫理が上位審級となる。この上位審級は、特殊な心理過程に従ってあらゆる権力に課される象徴的権威の等価物である。

　以上のような倫理の四概念は経験的に重要な意味をもつだけ[3]ではない。四概念が通用する社会性レベルの分化・階層化を考慮に入れるならば、四概念は――見かけに反して――論理的に互いに首尾一貫していることがわかる［Théret 2005a］。「近代的」倫理は、社会そのものに似せるようにして分化している。「近代的」倫理は、身体的人格・道徳的人格（法人）の諸活動レベルすべてに、それぞれに特殊な仕方で意義をもちながら見いだされる。こうして以下のことがわかる。

――潜在的に革新的な諸取引におけるミクロ‐倫理。ただし、その規模は社会的に限定されており、紛争《コンフリ》が起こるとき権威化が求められる。

――集合的意見および組織外追放の制裁を利用する、諸組織内部のメゾ‐倫理。

――行政‐政治的組織や道徳‐文化的組織の行動を通じて、諸個人（身体的人格・道徳的人格（法人））の経済行動を社会再生産の要求に服従させる経済社会のマクロ‐倫理。もしも服従させられなければ、経済行動はもっぱら利己主義的な利害計算に支配されるようになる。

――最後に、帰属的諸価値と共通的公共善――これらを追求するためであれば法と経済を縛りつけることも正統化される――を定義することによって総体社会の全体を拘束するメタ‐倫理。

階層化を示したものが図8‐1である。社会的倫理が成型する法的秩序は、法形態をとった権利を通じて、組織された集団（ゴーイング・コンサーン）に対して、外から公共空間の行動ルールを課す。しかし組織された集団は、依然として、与えられた法的限界の中で、内部作動についての固有の倫理コードを自らに課す主人であり続けており、そうしたコードが、そこで行われる法的に権威化されていない多種多様な私的取引を成型する。他方、**図8－1**には、ミクロおよびメゾ－倫理のマクロおよびメタ・レベルへのフィードバックも見いだされる。倫理的取引には、自我《エゴ》の権利と他我《オールタ》の義務との間の法的な非相関というリスクがあり、したがって倫理的取引は、判例（すなわちコモン・ロー）による法（実定法）創造の起源となる。種々の組織（経済的企業、領土的共同体、団体）に固有な諸倫理は、そうした種々の集団の社会性レベルがもつ影響力の大小に応じて、社会的倫理へと反作用する。こうした上向きのフィードバックは、法の進化の、および――その結果として――組織の倫理や取引の権威化度合いの進化の源泉である。

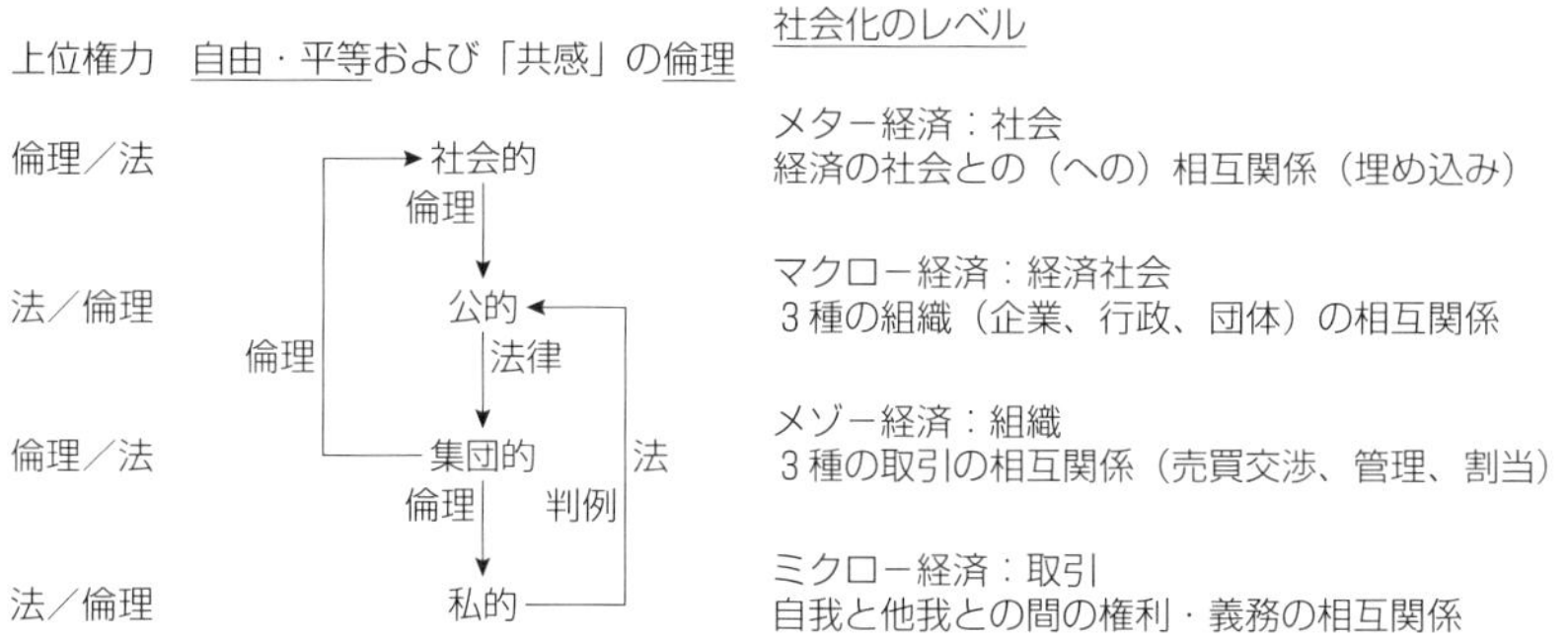

図８－１　経済の社会的調整の４レベルを定義する倫理と法の錯綜した階層構造

この分析格子《グリル》を金融に適用するならば、以下のような、金融倫理を区別立てする第一次的なアプローチが得られる。

――ミクロ倫理の原領域《レジストル》（登録場所の意）は、権威化されていない金融イノベーション（先物、オプション、その他の金融派生商品、等）に関係する。金融イノベーションは権威化されていなかったが、危機を迎えるまでは盛行していた。

――メゾ倫理の原領域は、金融の専門家の金融的職業倫理（善行に関する明文化されたコードおよび明文化されざるコード）の構成に関連している。「金融業者」や証券取引所の倫理もあれば、国内規制機関（金融市場局等）や国際規制機関（ＢＩＳ（国際決済銀行）等）の倫理もある。

――マクロ倫理の原領域には、銀行および金融のリスクの連帯責任・分散・保険の諸論理、すなわち、貨幣内生的な理由（金融「商品」発行者間の一連の相互依存によるシステム・リスク）とともに貨幣外生的な理由（金融と経済的生産性の間の、金融と政治権力の間の関係）によって、金銭が公共財であり単なる個人的専有可能財ではないことを想起させる論理が見いだされる。金融について言えば、どの金融業者も、長く支払共同体と共にやっていくためには、利己主義的行動をとるよりもむしろ、意志的にであれ（リスクの分散）、フリーライダーのリスク(4)のゆえにであれ、保険（強制的保険、および最後の貸し手（ＬＬＲ）機関）や課税の義務を通じて、支払共同体の要求に服従するほうが合理的である。

――最後にメタ倫理の原領域（**社会帰属を定義する上位諸価値・諸規範の総体としての倫理**）は、金融の分野にあっては、次のような観念に見いだされる。すなわち、国際法という倫理的な（国際レベルにおける正統的な力の独占を後ろ盾にしていないがゆえに）権威を承認することによって金融活動には限界が課せられている、という観念がそれである。金融的活動は、社会権・人権・国民権についての一般に認められた概念系(5)にそうした限界を見いだす。

金融を適度に調和のとれた仕方で社会に挿入することができるよう、これら多様な原領域の間に首尾一貫性を生み出すためには、どのようにすればよいか、必要な条件は何か、という問題がまだ残っている。しかし、このような問いに答えることは行為主体《アクトゥール・ソシアル》たちに任せるべきである。これについては、図8－1の論理的含意だけを、すなわち金銭の価値への信頼は最終的には（メタ）倫理にかかっているとしても、まずは法の働き《ジュ・デュ・ドロワ》――財政通貨については規約（法定通用）に、商業通貨については判例による――が関わってくるということだけを指摘しておきたい。

2　金銭、貨幣、および倫理

以上から、一見してわかるように、倫理についてのJ・R・コモンズの多次元的な概念系は、金融活動に含まれている多様な倫理的原領域を区別する上で、そしてそれらを相互に、かつそれらを法と接合する上で重要である。しかしこのとき、一見して、金融が他と同じ一産業としてしか見られていないこともわかる。このようなことになるのは、貨幣が他と同じような商品としてしか扱われていないためである。だが、そう扱ってはならない。われわれは、貨幣およびその「金銭」形態の本性に立ち戻り、別のやり方、すなわち補完的なやり方をとって、金銭の倫理的諸次元に接近しなければならない。

一般に経済学者は、既に貨幣の本性への関心を失っている。彼らにとっては物々交換の神話があれば十分なのだ。物々交換の神話は次のような価値論と、すなわち、交換は貨幣の存在なしに理解可能だとし、そうした交換を円滑化する単なるベールとして貨幣を考察することを可能にする価値論とつながりがある。貨幣は出発点で既に与えられ、予め構築されている。貨幣が他の商品と同様の商品となって、商業的諸関係からなる経済へと入っていくのは、一つの貨幣が他の貨幣（未来に思念された同じ貨幣であることもある）と交換される場合だけである。この場合、貨幣は、専有可能な金銭、流動性、絶対的富、資本、価値の貯えになっている。したがって、経済学者によれば、貨幣は、それ自体が商品交換・売買・貸借の対象になり、保有・留保のための特殊な価格――為替レートおよび利子率――を割り振られるときにのみ、実物経済的な斉合性を獲得する。よって経済学の言説においては、貨幣は不在であると同時に遍在している。「不在」とは、経済を考える上で非本質的であるということ、「遍在」とは、財の目録にあるすべてのものの中で最も好ましいn番目の商品であるということである。

このような貨幣の本性についての不明瞭感をさらに強めるのは、社会学者や人類学者が、経済学者は金銭《アルジャン》を語らず貨幣《モネ》しか語らない、と言っていることである。このとき彼らは正しくも、経済学者が実効的な（語るに値する貨幣が存在している）貨幣実践の複数性を完全に捨象している、ということを理解している。社会学者たちの言う金銭《アルジャン》を、闇取引や投機の対象として貨幣を扱う単なる金融活動と混同してはならない。もっと一般的に、金銭とは貨幣《モネ》（その使用法がどうあれ）の現実のことなのであり、ここで言う貨幣は単なる理論的抽象でしかないのである［de Blic et Lazarus 2007］。貨幣および／または金銭の性質に関するこうしたギャップを埋めるべく、以下では、貨幣を資本主義的市場経済の発展の前提と見なす異端派経済思想の枠組みに依拠しながら、貨幣をその豊かな諸形態の全体（貨幣の金銭形態だけではなく）において分析していきたい[6]。

貨幣についてのこうしたアプローチは、貨幣がかなり昔の、すなわち市場の創造よりもかなり以前の発明であること、物々交換の神話は貨幣の起源もその本性も説明しないことを考慮に入れている。金銭に関して言えば、それは、「われわれが現在知っているような貨幣」

[Amato 2006] でしかない、つまり資本主義社会に特殊な貨幣、価値貯蔵としての使用法をもつ貨幣（金銭《アルジャン》−資本〔貨幣資本〕への転化、「流動性選好」）に与えられる名称でしかない。財宝《トレゾール》としての貨幣のこうした専有的使用は、近代通貨システムの不安定性の中心にあるものである。というのも、それは、貨幣を普遍的事実として定義する計単単位という「貨幣そのもの」[*ibid.*] の総称的《ジェネリク》な諸属性と矛盾するからである。

経済学の言説と、われわれが貨幣の社会学・人類学・歴史学と呼ぶものとを首尾一貫させようとするこのような観点に立つとき、貨幣は、同時に心的にして社会的な、個人的にして集団的な、観念的にして物的な事実と見なされる。すなわち、このとき貨幣は、経済的事実（支払手段の生産・流通という一般経済）でもあり、政治的事実（(i)計算単位を命名し計算システム（体系）を定める権限、および(ii)支払手段の創出の法的または倫理的調整、をめぐる対立《コンフリ》と制度化された妥協）でもあり、かつ象徴的事実（貨幣言語、計算・支払共同体についての、そして通貨ゲームのルールを正統化する主権についての倫理的表象）でもあると見なされる。

したがって貨幣は本来、「生の債務」の本源的《プリモルディアル》な象徴構造に関連づけられるべきものである。生は一つの贈り物なのであり、与えられ、受け取られ、返される。生の資本の本源的贈与は、われわれが貨幣によって履行または相殺する債務（および債権）を創造する。(7) 生の債務における支払いは、集団（社会）の生の資本総体が、その構成員の死や世代交代にもかかわらず時間を通じて維持されることを保証する。生の債務の支払いにおいて貨幣が受領されるには、貨幣が、生の債務を帰属記号として承認することの上に築かれた共同体によって満場一致で受け入れられねばならない。

正確に言えば、生の債務の二形態を区別すべきである。〔一つは〕家族部面を構造化する対角的《ディアゴナル》形態であって、これは、婚姻関係や親子関係（家族集団間の生の債務の移転はこれに即して行われる）に結びつくものである。〔もう一つは〕社会の全構成員を「上位」諸権威に結びつける垂直的形態である。「上位」諸権威とは、不死であり生の債務の当初の贈与者であるとされる主権的権威（神々、先祖、国家、社会、国民等）のことであり、これは、社会を一全体として創始したかつ／または表象しているという功績をもつとされる [Théret 2009]。こうして社会体の内部の循環と、社会体とその創始的諸権威との間の循環という二重の循環を通じて、貨幣は本来的に主権と結びついている。ここで強調しておきたいのだが、生の債務は決して返済できないものである。われわれは死や追放によってしか、それから解放されない。生が続く間にわれわれができるのは、もっぱらその未納金を支払うことだけだ。こうして、主権的諸権威の地上における代理人にとっては、生の諸債務はレントの源泉となる。

生の垂直的債務の近代的形態は財政〔税〕債務であり、一国の市民は全員、国家から決定的に解放されることなしに、国家に定期的に税を支払わなければならない。よって、資本主義における税制の発展からわかるように、近代の個人主義社会の特殊性を生の債務の消滅に求めることはできない。むしろそれ〔財政債務〕は、ルネッサンス商人が発明した、全員が自らの生の流れの中で取り結ぶことのできる新しい形態の債務紐帯なのである。対人的かつ非人格的なこの新しい紐帯は譲渡可能、すなわち他人へ移転可能であるし、われわれは、貨幣の支払いによってそこから決定的に自らを解放することもできる。

この象徴的革命は、他に二つの大きな特性をもっている。まずそれは、時間との新しい関係を出現させた。契約債務は過去の債務であるだけでなく、何よりもまず将来への賭けである。すなわち、成功しないと契約債務が返済できないプロジェクトにも、融資がなされるようになった。次にそれは、生の債務における債権者／債務者関係の逆転を導いた。デュルケーム後の「連帯主義者」たちが社会的債務の概念を練り上げる際に見ていたように、いまや、諸個人に対して生の債務を負っているのは、社会およびその中心的な代表者である国家のほうである。というのも、いまや諸個人の集合である人民が主権と見なされ、主権的権力は借入を通じてのみ主権的であるからだ。

つまり、生の債務は近代諸社会を常に構造化しているが、政治から分化して自律化した経済的秩序の内部で商業的な契約諸債務が指数関数的に増加するとともに、〔社会において〕生の債務が占める位置も——国家の発達が物語るように——拡大してきた。生の債務は単に形態と意義を変えてきたにすぎない。生の債務が消滅したとすれば、それは、主権的・不死・中性的で縁戚関係にない諸個人を公準化する経済学者たちの言説においてだけである。〔経済学者たちにあっては〕そういう個人が、分業と自己調整的市場のみを媒介として社会的紐帯を作り出すとされる。ところが、生の債務が永続的であるとすれば、その支払いに必要な諸通貨が、商業的契約の支払通貨と同じ資格において発行・流通しなければならないことになる。よって、財政（公的）通貨が、商業的（私的）通貨と全く同様、互いに論理矛盾する合理性によって支配される異質的・自律的な実践諸秩序（経済的秩序・政治的秩序・家族的秩序）の分化を超えて、社会の一体性《ユニテ》が保証されるように、一つの部面から他の部面へと流通できなければならない。多様な取引部面（のそれぞれ）に固有な諸通貨の相互交換性を可能にすることによって通貨システムを統一するのが、通貨体制《レジーム》である。通貨体制はこれら〔多様な取引部面〕の論理の間の妥協から帰結する。他のタイプの社会だけでなく近代社会にあっても、こうした妥協によって貨幣は社会的全体化の演算子《オペラトゥール》になる。

以上のような見方をするならば、貨幣を、単なる有用な諸物の総体へと、すなわち不変的な素材性をもつがゆえに商品や価値の貯えにもなれるし絶対的富を象徴することもできる支払諸手段へと、還元することはできない。まず貨幣は、記号体系であり、名前であり、そして計算タームである。次に貨幣は、支払貨幣－諸物〔諸対象〕に帳簿価値を与えて、それらの発行－流通－消滅を調節する通貨創出《モネヤージュ》〔鋳造〕諸ルールの体系でもある。要するに、貨幣が社会的全体化の演算子である限り、いかなる貨幣の中心にも、計算体系の単一性《ユニシテ》と支払手段発行者の複数性（社会分化《ディフェランシアシオン》ないし区分化《セグマンタシオン》の反映である）との間の、調整すべき本来的な矛盾が存在している。こうして貨幣は三つの状態において現れる。すなわち、貨幣は個人の精神に身体化され、ルールや組織に制度化され、具体的な支払諸手段（手から手、勘定から勘定へ移っていくもの）に対象化されている〔詳しくは本書第2章参照〕。

第一の計算の次元によって、貨幣は記号や言語の恣意性に委ねられ、その結果、固有価値をもたなくなる。ただし、見かけ上は、貨幣の価値を素材的尺度《エタロン》（金属重量）に係留《アンクレ》することができる。富を貯蔵する権能《プヴォワール》を自然の恵みと見なす貴金属フェティシズム〔物神崇拝〕が支配する西欧の歴史においては、実は、そのような係留《アンクラージュ》は、共通貨幣の（裁量的であらざるをえない）価値を自らに有利に決める権限の独占を勝ち取ろうと競争し合う君主と商人の間の力関係[8]を反映したものにすぎなかった。西欧にあっては、通貨創出《モネヤージュ》アンカーの四つの大きな歴史的諸形態が区別される——①金属的な通貨創出、②想像的な計算貨幣と固有の額面をもつ支払貨幣とが共存し、かつ計算単位の価値が日々の交換または命令《フィアット》で決められる二元的通貨創出、③基準金属貨幣や基軸通貨と交換可能な紙幣による通貨創出、④純粋信用の自己準拠的な（その価値がそれ自身の将来性と結びついている）諸貨幣による通貨創出。しかし、人類全体が過去に創発した通貨創出様式は、これよりずっと多様である。

次に、通貨創出の形態がどうあれ、貨幣は本来、常に信用に基づいている。貨幣は信頼《コンフィアンス》であり〔Aglietta et Orléan 2002〕、その価値は、発行者と発行ルールの正統性に左右される。貨幣は最終的には、債務／債権の公的循環および私的循環を調和的に起動するその能力への「社会的信仰《フォワ》」（F・シミアン）に依拠しているのである。こうした主張は、経済学者が重視する信用度《クレディビリテ》の観念（要するに公的権力の信用度――合理性および効率性の仮説があるので、市場の信用度は、危機の絶頂時以外、決して問い直されない）を超える射程をもった信頼の概念を要求する。こうしてわれわれは、経験的・理論的に、「社会的信仰」の三形態を区別することができる――経済的根拠への方法的・模倣的・ルーティン的な信頼（*confidence*）、政治的－法律的《ポリティコ・ジュリディク》根拠へのヒエラルキー的《ィエラルシク》〔階層的〕信頼（*credibility*）、倫理－象徴的《エティコ・サンボリク》根拠への倫理的信頼（*trust*）。

経済取引において、誰もが皆「自分以外の者は全員、貨幣を同じ価値において受領するだろう」と期待するがゆえに、支払い時に貨幣がルーティン的に受領されるとき、方法的信頼が存在している。支払共同体レベルで信頼を喚起する集合権力（主権的権力またはその代行諸機関の一つ）によって発行者の信用度が担保されているがゆえに、貨幣が受領されるとき、ヒエラルキー的信頼が存在する。貨幣が（その通用可能性を認めている帰属共同体が依拠する）倫理的諸価値および諸規範に従って分配されているがゆえに、貨幣が受領されるとき、倫理的信頼が存在する。このことは、通貨創出の質を調整・担保するヒエラルキー的権力が正統的であることを意味する。

要するに、債務の新しい形態の発明〔創発〕から資本主義諸社会は発展してきた。法によって権威化されるか倫理によって容認されている商業的取引において創造されるこの債務は、水平的であり（形式的に対等な者の間）、譲渡可能であり（すなわち買戻可能かつ移転可能）、そして、われわれの生存中に解消可能である。これと相関的に、生の債務（主権的権威またはその代理者に対する債務）は永続的であるが、その超越論的性格を失っている。生の債務は租税債務と社会的債務の形態をとるが、どちらの債務もいまや内在的なのである。なぜなら、生の債務は、主権的人民の集まりである支払共同体の社会的・政治的な自己－保護に準拠しているからである。こうして、これらの債務の支払いに必要な近代貨幣は、資本主義的であるとともに国家的でもあり、ゆえに二重に両義的である。まずそれは、債務の支払いのために流通するだけでなく、債権が蓄積可能であるために価値の貯えにもならなければならない。次にそれは、私的であるだけでなく公的でもなければならない。最後に、近代貨幣――何よりもまず支払手段に計算単位建の価値を与える役割を果たす――の創出は、信頼を呼び起こすものでなければならない。

それでは、信頼としての貨幣というこうした概念系において、倫理はどういう位置を占めるであろうか。私は、区別された信頼諸形態のすべてにおいて、倫理が展開されると考える。つまり、先に定義したメタ倫理的原領域に明確に対応するいわゆる「倫理」形態にだけ倫理が展開されるのではない。まず、本質的にルーティン的であり、それに加えて慣習的な形態である方法的信頼は、貨幣が流通する上で必ずしも強制通用力を与えられなくてもよいことを含意している。方法的信頼はミクロ倫理的原領域――コモンズのいう（必ずしも権威化されていない）倫理的取引のそれ――に従属している。かくして一定の支払諸手段（場合によっては偽造通貨）は、支払共同体内の合意による採用のみに基づいて流通しており、この採用は、不使用が支払共同体からの排除を意味する〔使用しないと共同体に加われない〕ことに基づいている。しかし、機能不全や異議申し立てが発生し、取引主体よりもヒエラルキー的に上位にある権力の介入を伴う法的手段に訴えられるとき、ミクロ倫理型のこうした信頼は崩壊する。この状況はヒエラルキー的信頼の源泉になる。

次に、ヒエラルキー的信頼について言えば、これは、物理的暴力の正統的行使の独占をバックにもつ、法の力にすべてを負っているかのように見える。しかしコモンズの倫理概念は、メゾおよびマクロ形態の下に、ここでも倫理が展開されることを示唆している。貨幣に関する主権的権力を保有する諸機関は——司法に関するそのような諸機関と同様に——、固有の鑑定評価《エクスペルティーズ》・職業倫理というメゾ倫理に基づいて他の主権的諸権力からの自らの自律性を正当化しなければならない専門組織である。主権的権力がそれ自体としては公的な存在ではなく、国民化以前の中央銀行のように、公的大権を欠く私的諸主体を代表する単純な集団的組織である場合には、なおさらそのようなことが言える。私的なものと公的なものとの間の関係から自律的（諸）集団の媒介《メディアシオン》（図8-1参照）が消滅するのは、すなわち、ヒエラルキー的信頼がもはやメゾ倫理的次元をもたず法だけに依拠しているように見えるのは、中央銀行が単に国民化されているだけでなく、国家の中に溶け込んでいる時期に限られる。ところが、集権化したレジームの極端なケースにおいては、貨幣への信頼は集権的国家への、およびその政府の政策への信頼と混同される。そうなった場合、政府の政策への信頼は決して満場一致で共有されず常に党派的なものである以上、こういったヒエラルキー的信頼は安定的ではありえない。よって、一般に、ヒエラルキー的信頼はメゾ倫理的基礎にも依拠しなければならないのである。

さらに、通貨当局の存在そのものが、公共財としての貨幣および計算共同体への帰属の演算子としての貨幣という全体《トゥ》に対する、支払手段発行諸機関の個別的《アンディヴィデュエル》行動の隷従、というマクロ倫理的論理を表現している。つまり、中央銀行が制定する諸ルールは、それが法的に確立した抑圧的権力を利用することによって遵守されるのみならず、少なくとも銀行家共同体（これから見れば、諸ルールは、システムおよびその構成員が存続＝生存する上で完全に合理的なものである）の一部の自発的参加によっても遵守される。よって、ヒエラルキー的信頼は一次的な法的根拠だけでなく、二次的に、コモンズ的な意味のメゾおよびマクロ倫理も動員するのである。

こうして近代貨幣の二重の両義性——流通（貨幣）vs準備（金銭）と公的（財政的）vs私的（商業的）——は、すべての貨幣の二重の本性——社会的全体化の演算子でもあり信頼の行為でもある——と結合することによって、端から端まで倫理に貫かれた現象を作り出す。貨幣の信頼がコモンズの区別した四原領域の倫理を動員する結果として、貨幣は経済・倫理・法を緊密に相関させることとなる。

3　グローバル化の下で金銭を作り出す
——錬金術の新しい形態？——

それでは、グローバル化に、およびその通貨的・倫理的形態に話を進めよう。

(1) 倫理によってしか調整できない過程としてのグローバル化

ここでは、グローバル化の観念それ自体については議論しない。しかし、それが、システムの効果、複因的な現実、資本蓄積の空間・様態の再展開（富の機会の再分配）および国家による権力《プヴォワール》の再展開（パワー機会の再分配）に伴う経済的・政治的・象徴的転換の総体を指し示す包括的な用語である、とだけは言っておこう［Théret 2001b］。グローバル化の通貨的・金融的側面にのみ関心を寄せる本章では、このような立場表明で十分であろう。上記の「システムの効果」は、この二つの側面において最も明白に現れる。現時点から見れば、これらの側面は、新しい深刻な危機の形態へと、そして資本主義的蓄積の一般的傾向へと総括できるのではないだろうか。これらの側面から見るとき、金銭《アルジャン》‐資本の自由流通が世界中の（ほぼ）至る所で押し付けられていることから、グローバル化《モンディアリザシオン》が総体的《グローバル》現象〔フランス語のglob-alは「総体的」の意〕であることの意味が最も明白になるのではないか。

つまりグローバル化は、主権国家間の国境を低くするどころか、それの重要性を増大させている。例えばグローバル化は、政治に関しては、主権国家の数の増加を、したがってまた国境の長さの増加を引き起こす領土の分解とセットになっている。またグローバル化は、通貨に関しては、連続性の切断を伴っていた。これを例示するのが、固定相場から変動相場への移行である。この結果、国民諸通貨の間の不均衡と競争——国境を越える貿易取引の発展によって激化した——を糧にして生きる国際通貨市場が再び前面に出てくるようになった。民間金融だけがグローバル化したものとして現れ、いまや国境知らずのように見える。民間金融は自己準拠的になることによって、自らの固有の国境を［Orléan 1999 : 2004］、すなわち、その演算子の共同体に固有なバーチャル境界［Knorr-Cetina and Bruegger 2002］を自らに作り出したのである。にもかかわらず、金融は将来に対してだけ投機を行うわけではなく、何よりもまず諸領土間の異質性に対して、すなわち将来に関する不確実性の空間的差異化に対して投機を行っている。さらに金融は、列島を形づくる諸要塞の体系であり、この列島のそれぞれの島は、領土主権をもつ一つの政治勢力と繋がっているのである。

要するに、グローバル化は逆説的な記号表現《シニフィアン》である。というのも、世界空間の国家間分裂はそれまで殊更に言及されなかったのに、それがいまや価値の主要源泉、利潤の本質的動機と見なされているからだ。この逆説は、現局面のグローバル化の特殊性となっている。〔一方には〕通貨の異質性が、〔他方には〕高度金融による新しい世界的金銭形態を創発しようとする試みが見られるからである。そして、この新しい世界的金銭形態は、資本主義が「時空を再び圧縮する」ことを可能にする国際準備通貨としての地位を要求している。

ここで考慮すべきもう一つの重要な要素は、世界空間がコモンズ的な意味で一様に倫理的な世界だということである。倫理の問題がグローバル化の中心にあるのは、グローバル化が組織的諸集団〔国家、国際機関、資本主義的大企業、ＮＧＯ〕の間の超国家的諸関係を含意するからである。これらの組織的諸集団は、政治的統治体〔市民政府〕も、承認された主権的権威〔すなわち、物理的暴力の正統的な独占を後ろ盾とした法を動員することによって強制を行使しうる権力〕も存在しない空間に展開している。したがって、世界空間には、純粋なパワー関係を意味する「自然状態」〔ロック〕が支配するのであり[9]、諸国家による世界社会はいわば原始社会である。そこでは、相互に衝突し相互に対決する諸個人‐諸組織間の経済的・政治的諸関係が、法治国家によって限定かつ／または仲裁されることはない〔Alger 1963; Masters 1964〕。では、コモンズの分析格子《グリル》からはどのような考察が導かれるだろうか。

世界空間において、二国間取引は、ミクロ倫理的タイプの取引である。というのも、二国間取引は、特に大国が取引相手であるとき、世界空間全体に通用している上位的権威の裁定を求めることができないままに、不履行や報復のリスクにさらされるからである。このことは、外交システムや超国家的国際機関を通じた一定の紛争調整がそこで行われることを妨げるものではない。外交システムや超国家的国際機関は、世界空間においては公的ではない。なぜなら、これらのものは、統治のためにある慣行《コンヴァンシオン》や集合的機関ではあるが、国家諸主体の集合体は参加していないし、承認を強制《アンポジシオン》する主権的権力も備わっていないからである。よってこれらの組織もまた倫理で動いている。ここで倫理とは、外交儀礼のルールや国際機関の内部機能コードによるメゾ倫理である。いわゆる公的な世界空間については、せいぜいマクロ倫理によって調整できるだけである。というのも、法の力をもたない共通ルールが調整的効率性を獲得しうるのは、世界空間を政治社会として定義するルール（国際法、公的国際機関・民間国際機関が行う決定）への各個別国家の（合理的）服従によってだけだからである。最後に、世界的なメタ倫理が存在する。平和についての倫理（戦争はもはや紛争解決の正当な手段ではないという規範についての倫理）、普遍的な人権についての倫理がそれである。一七世紀以来啓蒙の哲学者・法律家によって考えられ絶えず討議されてきたこの倫理[10]は、平和的世界秩序を構築したいという願望すべての本質をなすものである。

要約して言えば、国民諸国家からなる社会は、倫理によってのみ、すなわち共通の諸ルール・諸価値への諸政府の自己服従によってのみ、安定化され調整されることができるだろう。しかし、公然たる戦争のとき以外は、複数の倫理体制《レジーム》が可能であるし、実際に観察されてもきた。例えば、この二世紀の間、異なる二つの覇権安定体制《レジーム》が支配してきた。グローバル化の「自由主義的」現局面はそれ（覇権安定体制）を終わらせたが、今この瞬間にわれわれの目の前で自らをも終わらせようとしているように見える。グローバル化の現局面は、自己調整的な普遍的市場――その管理は国際金融[11]に、および「現代金融理論の大司祭たち」[Cookson 2004] に委ねられてきた――を確立しようとする試みとして性格づけられる。

(2) 民間国際金融によって作り出された新しい金銭

本項では、グローバル化の中での金銭《アルジャン》の位置と本性についての問いに立ち返る。通貨《モネ》は、国際諸関係における共通言語として役立つことがその役割なので、いつの時代にも、問題になってきたのは、金銭の占める位置であった。まず、絶対的富を表象する通貨貴金属を横奪すること（重商主義）が追求されていたとき、金銭《アルジャン》は国際諸関係の中心的な賭け金であった。次に、交換可能諸通貨をもつ覇権安定体制《レジーム》、および基軸通貨型の国際通貨体制《レジーム》（覇権国体制《レジーム》：まず金／ポンド本位、次に金為替／ドル本位）が創設されると、「優しい貿易」の旗印の下で、対外貿易の発展に必要な手段である通貨《モネ》が国際諸関係の中心的な媒介となった。ブレトンウッズ通貨システムが最終的に終焉した一九七一年にアメリカによって開始された新自由主義的な金融グローバル化局面は、世界システムの中でさらに中心的な位置を通貨《モネ》に作り出した。この局面は、自己準拠的諸通貨による国際通貨システムへの移行に対応しており、システムの調整それ自体が自己準拠的な金融部面によって支配されるようになった [Orléan 1999 ; 2004: Hessling et Pahl 2006]。

つまり、新自由主義的なグローバル化は、最終的価値貯蔵手段としての基軸通貨の終焉を裏づけるものだった [Aglietta 1986]。それは、国際通貨システムの多極化と変動相場体制《レジーム》への移行の上に進められてきた。変動相場体制《レジーム》に期待されたのは、国際通貨市場における国民諸通貨の価格（為替相場）の自由な動きが国際収支の調節を導くことであった。自由主義的な経済学説によれば、このような自己調整的市場のみが、国際経済諸関係の最適かつ効率的な調整を保証することができる。しかし、この調整は盲目的な信頼を喚起することができず、実際には、この時期を特徴づけたのは、金融「派生《デリバティブ》」商品の流通市場の出現であった。想定される「調整」のリスクから経済諸主体を守る任務が、この市場に与えられたのである。つまり、国際経済諸関係の調整は、資産の発行市場における価格の弾力的変動を随伴するが、調整を効率化するには、そこに流通市場も加わらなければならない（特に、情報に通じた合理的な「裁定業者」の介入の助けを借りて、二市場間での資産の価値（現実的価値と観念的価値）のスプレッド（格差）に対して投機を行い、両者を収斂させなければならない）。

とどのつまり、新自由主義的グローバル化の主要な「様式化された事実」とは、変動為替相場の作用による国際収支の自働的調節から帰結する世界的均衡、ではない。むしろおそらく、慢性的な金融不安定と、金融派生商品（先物契約（先渡《フォワーズ》と先物《フューチャーズ》）、オプション、スワップ、その他）市場の発達、が「様式化された事実」であるだろう。後者は、合理的なものと想定された投機の発達を通じて、確率化可能リスクのタームで解釈し直された市場の不確実性から資本保有者を保護しようとするものである[12]。

したがって、金融グローバル化は資本主義的投資の「リスク管理における革命」の産物であり、デリバティブ商品はその手段である[Aglietta 2008b: 60]。このことは、変動相場制移行にともない通貨先物市場が創設されたことによって、よく例証される。一九七二年五月一六日にはシカゴ・マーカンタイル取引所の国際通貨市場［Melamed 1972］[13]が、一九七三年四月にはシカゴ・ボード・オプション取引所の国際通貨市場［MacKenzie 2003a］が創設された。これが出発の合図となって、その後、ありとあらゆる金融デリバティブ市場（一九九〇・二〇〇〇年代に急発展を見せる）が発達していったのである［Melamed 1996: 2008］[14]。

しかし、金融アクターの観点に立つこうした見解を越えて、新自由主義的グローバル化は、もっと構造的な種類の革命に基づいていた。この革命が、国際通貨の価値の新しい決定様式をもたらしたので、資本や価値の貯えとしての国際通貨の使用は問題を孕むようになった。つまり、固定レートによるドルの金交換が停止されるとともに[15]、国際通貨ないし「外部通貨《クセノモネ》」は自己準拠性の段階に移行したのである。その現在価値はもはや、金融市場によって予想されるその将来固有価値の系列のみに基づいてはいない。

一九三〇年代以降、多くの資本主義国においては、自己準拠性が国民的信用貨幣を性格づけている。しかし戦間期には自己準拠性は、国民的信用貨幣の二重の係留《アンクラージュ》（内的・外的アンカー）によって取り巻かれていた。すなわち、一方には、自力志向の（国内市場の発展を志向する）国民的な資本蓄積体制《レジーム》があり、他方には、ブレトンウッズ体制に固有な国際的固定相場取り決めがあった。ところが、国際空間がもはや協力的な慣行によってではなく、国内市場の発展への関心が低い主権的諸領土の間の競争によって支配されるようになると、世界空間を流通する財・サービスの通約化を可能にする国際通貨までもが自己準拠的になった。これにより、今や内的・外的アンカーは消滅する傾向にある。このように世界空間が新たに「自然状態」に委ねられ、純粋な力関係に支配され、かつ弱体化した紛争解決装置しか持たなくなると、資本主義システムに不可欠な貨幣の「準備機能」は検討し直されるようになる。

ブレトンウッズ体制の下では国際通貨が最終的準備手段であり、国民諸通貨の基準として役立っていた。国民諸通貨は、その固有価値を国際通貨との交換性から引き出していた。しかし、ブレトンウッズ体制が終焉すると、たちまちいかなる基軸通貨にも異議を唱えられ、その価値が疑われるようになった。いまや国際通貨が自己準拠性の状態に再び置かれるようになったが、このたびは、価値において上位にある堅固な法的・倫理的根拠は欠如していた。だが法的・倫理的根拠は、国際通貨が安定的・普遍的な価値尺度基準《レフェラン》として承認されるための条件なのである。

グローバル化した通貨・金融デリバティブは、明らかに、次のような国際通貨を構築することに、すなわち、固有の将来性に——その固有価値の時間的推移に――結びついた価値をもつ⑯国際通貨を構築することに関与してきた。しかし、重畳たる証券化の連鎖は、為替・利子のリスクによる損失から金銭《アルジャン》‐資本を守ることによって、諸通貨の価値貯蔵「機能」を「保証」することができるのだろうか。これを肯定する論者もいる。例えば、D・ブライアンとM・ラファティによれば、「金融デリバティブは「あたかも」世界空間には貨幣の唯一のアンカーが存在している「かのように」資本や商品が流通することを可能にする」。金融デリバティブは、現段階の資本主義およびその総体的な調整に適合した、新しい特殊資本主義的な貨幣形態、すなわち「金融デリバティブが奉仕し、映し出し、再生産する世界に適合した」貨幣形態である［Brayan et Rafferty 2007 : 154］。

しかし、三〇年以上前から見られる通貨および／または金融の慢性的な不安定性、それに現下の金融危機の激震性は、金融デリバティブが新たな安定的な国際通貨体制の土台、したがって世界規模の資本主義の新しい調整の土台となる可能性に疑いを抱かせる。だからと言って、われわれは、金融デリバティブが――自己調整的市場という自由主義の理想を「敢行」しようとする行為主体たちが生み出した――貨幣の新しい「無形的」形態になる可能性を認めないわけではない。むしろ、金融グローバル化のうちには、これに関して二つの競合的な道が見いだされる。無限に繰り返される危機という第一の道は、ハイエクが夢想した並行諸通貨間の競争が国際空間において実現されていくだろうというものである⑰。第二の道は、数学や新しい情報通信技術（ＩＣＴ）の助けを借りて、金融諸市場からグローバル通貨が出現するだろうというものである。この通貨は、競合する国民諸通貨から派生して資本主義を世界規模で統一することのできる新しい金銭《アルジャン》‐資本の形態にほかならない⑱。この中で追求されるのは、以下の問題への対応である。すなわち、

> 最も深いジレンマの一つ［……］、変動相場の文脈内における通貨の価値（可変的かつ浮動的）についてのジレンマ（という問題がある）。通貨が複数の計算単位で表示されるとき、それらに折り合いをつけるいわゆる通貨プロセスの問題が提起される。［……］デリバティブにとっては、浮動的な為替相場（および異なる利子率によって影響される異なる通貨）は、明らかに自らの存在理由である。デリバティブは、異なる利子率や為替相場の間を橋渡しすることによって、通貨システム――信頼に値する安定的な単一計算貨幣は存在しないシステム――のグローバルな継続性を保証する［*ibid.* : 145］。

ブライアンとラファティが分析しているのは第二の道、すなわち、単一計算貨幣の不在を無視することを可能にする制度的・知的・物的インフラストラクチャーを動員することによって、「体制内《レジーム》」で自己準拠的なグローバル金融が作動する可能性を探る道である。彼らによれば⑲、貨幣の一般的役割を引き受けている⑳という金融デリバティブの自負は、流動性としての日々の利用が巨額であることからではなく、次のことから来ている、すなわち、

> 広範な金融（および物理的）諸資産――国民諸通貨を含む――の通約化において演じる役割から来ている。つまりこれは私的市場《クリス》の通貨であり、多様な形態の資産（諸通貨）が政府の決定によって（固定為替相場を通じて）ではなく、競争の力によって通約可能になることを保証している。この意味でデリバティブは、資本と通貨という二つのカテゴリーを融合させる効果をもつ。それは金融資産諸市場に流動性をもたらし、諸資産をより通貨的にし、そして通貨に資本の属性を与える。［……］またデリバティブは、――信用貨幣にも国家貨幣にも還元されない――商業的特性をも

つ貨幣として現れる［*ibid.*: 153］。

それゆえ、ブライアンとラファティによれば、デリバティブは新種の商品－貨幣であり、「資本主義的競争を促すというよりも、それ自体が、資本主義の競争的過程によって規定されている」［*ibid.*: 154］。このことを理解するには、次のように、貨幣に関する通念を脱却しなければならない。すなわち、

> 通貨の価値の不確実性とこの不確実性に対抗する手段とを、〈抽象のため〉として仮説によって消去するのではなく、むしろ現代貨幣理論の中心に置くべきである。グローバル・レベルにおいては、尺度の安定性や客観性を通貨の定義の一部にすることはできない。これらのものは、通貨システムが闘い取るべき目標である。［……］不確実性に対抗する手段としてのデリバティブは、その較正《キャリブレーション》を通じて、安定的通貨標準を概念的に想定することを「可能にする」。デリバティブを商品－貨幣と見なしうるのは、それがリスクの商業的管理を抽象的貨幣に組み込んでいるからである［*ibid.*: 149］。

（証券としては）紙製の通貨であるデリバティブが紙幣《ペーパー・マネー》と違うのは、計算単位建のその価値が固定されていないことである。むしろ、「それは存続期間中に変動するのであり、契約それ自体の中にそうした変動を計算する公式が明記されている。［……］デリバティブは、まさに、このように絶えず再計算できるがゆえに、発行・交換されるのである」［*ibid.*］。

また、ブライアンとラファティによれば、デリバティブの重要特性（デリバティブが貨幣として機能することを許すところの）は、それが原資産の特性を必要とせず、単に原資産に含まれる特有なリスクの顕示を要求するにすぎないことにある。この特性がデリバティブに「流動性と移転可能性を与え」、したがって、より広く、デリバティブの貨幣機能の土台となる［*ibid.*: 140］(21)。デリバティブの貨幣機能は、価格形成の諸関係を安定させる結合《シェナージュ》（binding）と混合《アリアージュ》（blending）というデリバティブの二重の能力に関連している。まず、結合とは、「デリバティブがオプションや先物契約の形態の下で、価格形成の諸関係を通じて、将来を現在に、または多様な諸空間を相互に結びつける」［*ibid.*］ことである。デリバティブによる時間・空間のこうした結合、その「時空圧縮」能力は、デリバティブに「異時点間通貨交換の標準としての機能、および価値の貯えとしての機能を与える」［*ibid.*］。

これに対して混合とは、「デリバティブ、特にスワップが、金融資産諸形態の相互の容易な転換（通約化）を保証するような価格形成の諸関係を確立する」［*ibid.*］ことである。「この視角からは、デリバティブは新しい型破りな貨幣であるように見える。多種多様な原資産の諸特性が単一の同じ商品の内に融合され、移転可能になるのである」［*ibid.*: 141］。だとすると、「複数資産の諸特性を組み合わせた何千ものデリバティブが存在する」わけであるから、それらが全体としてデリバティブ体系を形成することになる。この体系「の中では、あらゆる資本の部分を［……］あらゆる他の部分の物差しによって、常に尺度することができる」［*ibid.*］。こうして、「諸資産の通約化の過程においては、一つの尺度があらゆる資本に——諸形態すべてにおいて、すべての場所において、そして時間を通じて——作用している」［*ibid.*: 142］。このことは何よりもまず諸通貨に当てはまる。デリバティブの究極目的《フィナリテ》は「まさに通貨の種類・空間・時間を相互に転換すること」［*ibid.*: 150］にあり、そこから、「異なる諸通貨を統一化するという役割」［*ibid.*: 151］が帰結する。とどのつまり、デリバティブに

よる金融諸資産（諸資本と諸通貨）のこうした混合は、「金融諸資産（そのもの）を資本一般へと、そして（単数の）通貨へと構築するのである」。

デリバティブ市場は、一般には純粋抽象（すべての資本に共通する［……］本質）と見なされている一つの資本形態を創造（表現）する。［……］しかし通約化の行為はまた通貨プロセスでもあり、通約化の事実からは、通貨と資本の二概念の融合が帰結する[*ibid.*]。

こうした新種の金銭《アルジャン》－資本または資本－金銭《アルジャン》、すなわち資本主義の現段階に特殊であるとともに資本一般（マルクス的意味で）概念にも通じているこうした貨幣形態は、自己価値増殖を追求する諸資本の間の競争に起源を見いだし、かつそうした競争の中で再生産される。

金融デリバティブの価値は、相対的な価値増殖（競争に関する現在業績と予想業績）をめぐる原資産間の競争過程によって規定されている。このことによって、金融デリバティブは文字通り資本主義的な貨幣形態になっている。［……］デリバティブは計算機のようなものである。なぜなら、デリバティブには、観念的な競争諸規範に即して多様な資本諸形態を同質化する計算システムが組み込まれているからである。デリバティブは、特殊資本主義的な貨幣の総称的形態であると言える。なぜなら、貨幣としてのデリバティブには、資本の競争的論理が組み込まれているからである[*ibid.*: 142]。

このテーゼは、ある面で、通貨間競争を支持する超自由主義経済学者たちの理論を真に受けているだけにも見えるが、新機軸を打ち出していて考慮に値する。まず、このテーゼは正しくも、ブレトンウッズ時代にわれわれが見ていた貨幣が、その時代に固有な貨幣の偶有的形態でしかなかったことを気づかせてくれる。計算単位の単一性《ユニシテ》は与件ではなく、通貨創出体制《レジーム》――すなわち潜在的に敵対的な通貨創出諸論理の間の妥協――の結果である。貨幣の様々な使用が同一の手段に集中することは、貨幣の本性（総称的諸属性）というよりむしろ歴史の所産である[Helleiner 2003]。次に、ブライアンとラファティが提示したデリバティブの貨幣的解釈には、「ルネッサンス（復興）」の趣がある。この解釈は、為替手形と通貨二元主義の時代を想起させる。デリバティブが一つの貨幣、またはむしろ一つの通貨システムであるという観念は、資本主義的貨幣の三つの正規的機能が別々の貨幣によって確保されるだろうことを含意している。第一に、金融デリバティブ商品は、グローバル資本主義の時空の中で価値を貯える手段である。第二に、基準計算単位は観念的なものである。それは概念的仮定であり、システムの造影効果である。それは名指しされていないが、デリバティブ体系の私的市場《クリフ》に「あたかも」存在する「かのようにすべてが行われる」。第三に、支払手段は依然として国民諸通貨である。理論と教説を混同する人でなければ、国際諸通貨のこうした非代替性を歴史的・理論的観点から問題にすることはないだろう。国際場裏には主権的な権力および／または権威が欠けていることを考えれば、なおさらこう言ってよい。

ブライアンとラファティによる考察は、重要な貢献と言える。というのも、彼らは、既に無形財産蓄積の段階に到達している資本主義に関して、その変動相場体制《レジーム》の基底にある哲学とも言えるような通貨プロジェクトを暴き出しているからである。ここで無形財産蓄積とは、所得の将来的・バーチャル的源泉に対する諸権利が、現在において私的に専有され価値増殖していることである(22)。

（３）資本‐金銭――質が疑われる国際的通貨創出の果実――

さて、ブライアンとラファティは、詳細な注記の中で、金融的な発展段階に到達した資本主義に固有な――と彼らは考える――こうした通貨創出システムが安定的なものとなり体制《レジーム》として機能することができれば、自己準拠的な国際準備通貨の制度にまつわる問題は解決されるだろうと示唆している。しかし、倫理と信頼についての近年の諸事実や本章でのわれわれの考察からするなら、彼らに付き従うのは難しい。このシステムは、その不安定性がいまや明証されてしまっており、国際的調整の核を提供できないように見える。この点は、単に競争がシステムの構成原理になっているためだけではない。システムが、多様なレベルにおける一連の内部矛盾に苦しめられているせいでもある。またブライアンとラファティは、資本主義におけるこのような国際通貨システムの作動性に関する自分たちのテーゼを主張するために、貨幣の政治的・倫理的諸次元を副次化させざるをえなくなっている。信頼の問題は、デリバティブの値付け基準として用いられる公式の価値についての問題に還元される。社会的紐帯としての貨幣に関する問いや、支払共同体の形成に関する問いは競争的な世界に向けられ、そこでは、相互依存することも、集団的行動によって折衝される秩序を産出することも考慮されていない。実は、彼らは、現在のグローバル化した金融システムの貨幣的次元を析出しようとするとき、このシステムに、そしてそれを根拠づける「錬金術的」貨幣理論に閉じ込められてしまっている。この点を詳しく見ておこう。

まず、価値貯蔵機能を保証するための方策について考えよう。世界空間を流通する金銭《アルジャン》が領土的起源をもつ諸通貨（どれも固有の将来性を通して自己自身に準拠〔言及〕している）の形態をとった瞬間から、市場金融によって区別される金銭の種々の将来性を絶えず再評価‐再現在価値化する以外に、金銭の価値を安定させ保全することができなくなった。しかし、商業的取引によって形成される支払債務の価値を通貨価値の不安定性から守るために、準備諸手段〔の価値〕を絶えずスライドさせていることは、それ自体、価値貯蔵の安定的「機能」が完全に失われたことの表明となっている。通貨は、過去の価値の「記憶」[Hart 2000] としての役割を果たす計算単位に依拠しなくなり、将来《フュテュール》すなわち将来性《フュテュリテ》（合理的に予想可能とされる将来価値を現在化する計算の結果）の純粋な産物になるやいなや、もはや先立性《アンテリオリテ》をもたなくなり、準備手段になる能力を事実上失う[23]。支払手段の価値に関する根本的な不確実性〔ケインズは客観的確率に還元できない不確実性を「根本的な不確実性」と呼んだ〕という文脈〔新自由主義的グローバル化という一般的闘争状態と結びついている〕の中では、金融は、商業的取引の継続や流動性選好を「保証する〔請け合う〕」ことしかできない。デリバティブ商品の発行を通じた、価値喪失〔価格低下〕リスクの再保証の連鎖は、そういうリスクが起こらないという幻想――金融業者たちの心をとらえる幻想――を生み出す機能をもっている〔現下の金融危機の中で、彼らはついに損失の水準を推定できなくなってしまった〕。つまり、「プロのリスク引受人」[de Goede 2005] を自称する金融オペレーターたちが言うには、彼らは他の経済諸主体に、国民諸通貨が依然として価値貯蔵〔価値の貯え〕として機能しているかどうかを心配せずに国際取引を継続しうることを「保証」しているのだ。これにより実は金融オペレーターたちは、自分たちが国民諸通貨の価値喪失リスクを引き受けることができるという信念を〔他の経済諸主体に〕抱かせようとしているにすぎない。

実際には、金融デリバティブは国民諸通貨よりも良質な準備手段であるとは言えない。そのことを物語っているのは、金融デリバティブの創出や、金融デリバティブの〔ハイパー〕インフレ主義的な定向変化《ドリフト》に関連する取引費用である。デリバティブは、価値が絶えず計算し直されるので、価値の準備というよりもむしろ、バーチャル価値——投機バブルに織り込まれたり、金融部面の外へと徴収されていく価値——の蓄積〔証券のインフレ〕である。他面、デリバティブは直接には支払手段ではないので、通貨流動性に対する金融流動性の従属は維持される。通貨流動性の産出は別の法・規制〔例えば、担保、マージン要求、現金決済〕に依存している。このときデリバティブはむしろ、代替通貨ないし応急《サクール》通貨として現れる。デリバティブのおかげで資本は、高い取引費用という代価や証券の名目的インフレ——すべてのハイパーインフレと同様に最後には必ず突然の減価が起こる——という代価を支払うものの、国際準備通貨なしでやっていける。

支払手段である国民諸通貨について言えば、それらの複数性およびそれらの為替相場の可変性は、デリバティブの観念的計算単位を分裂させる不断の脅威となっている。競争がヒエラルキー的信頼の欠如を意味するとすれば、競争では真にこれを調整することができない。よって、完全に民営化された競争的な通貨創出体制《レジーム》の効率性、という問題が提起されるのである。資本主義経済に内生的な純粋変動相場の問題に対するこの解決〔解〕は、システム総体を揺るがす大危機を伴うことなく、安定的かつ持続的であることができるか。過去の歴史や現在の状況は、この問いに否と答えているようだ。

最後に、デリバティブ体系に陰伏している国際計算単位について言えば、われわれがその存在を推定できても名指せないことは、国際通貨システムに対する倫理的信頼欠如の源泉である。市場の効率性と競争が倫理に準拠していると言えるのは、せいぜい、金融オペレーターの共同体内においてだけ、しかも為替相場や利子率の変動に備える保証手続きの根拠となっている仮説が概略的《グロソモド》に認められている間だけにすぎない。さらに、世界空間とは経済的な空間のことでしかなく、諸国はそこで固有の目的を追求している。もちろん諸国は自らの資金調達に関する保証をデリバティブ金融市場に見いだすことができるのだが、それでもやはり、この市場の発展の自己準拠的論理は、国家に固有な政治的合理性に隷属しているのである。特に政治的・象徴的観点から見るならば、国際的計算貨幣が指名されていないことが、国民諸通貨の係留に対する、および平和な国際秩序の構築に対する障害となっている。

結局、信頼の諸形態の区別〔本章第2節〕に基づく貨幣へのアプローチからは、国際的通貨創出の根本的不完全性は金融デリバティブの発展の結果である、という診断を下すことができる。実際には、国際的通貨創出は、せいぜい、意見の気まぐれに付き従う模倣的な方法的信頼にしか依拠することができない。診断にはまた、金融オペレーターに準拠基準として役立つ理論諸モデルの一体的・連続的な遂行性も、すなわち、そうしたモデルの基本仮説がアプリオリには現実的でなく、終わりになって実現される、という事実も関係している[24]。ところが、この問題を扱ったD・マッケンジーの諸論文で言われているように〔特にMackenzie [2001: 133-134] 参照〕、金融理論の遂行性が現実のものであることが明らかになったとしても、それは部分的・不連続的なものにとどまっている。というのも、それは金融クラッシュによって繰り返し再検討に付されてきたからである。

確かにいかなる国際通貨も、国家無き社会〔国際社会〕の貨幣でしかありえず、したがって、アプリオリかつ構造的にヒエラルキー的信頼および倫理的信頼の欠如に直面してしまう。なぜなら、世界空間は、議論の余地なき世俗的主権も、普遍的に組織された政治社会〔市民社会〕も存在しない空間だからだ。にもかかわらず、国家無き一定の諸社会〔メラネシアの諸社会など〕における貨幣の作動が示すように、そのような社会にも、信頼の上位形態は必ず存在している〔de Coppet 1998: Théret 2007〕[25]。つまりそのような社会においても法と倫理は働いている。これは、ジョン・ロックが想い描いた「自然状態」を例示するものだ。そこで、われわれは、追加的な手間をかけてでも、国際準備通貨の問題から、「ロック問題」と呼びうるものへと立ち返らなければならない。平等と想定される諸個人が個々の限られた力が許す以上には自然資源を領有できない豊かな自然状態において、交換貨幣（ただし、諸個人間の不平等すなわち紛争の源泉を引き起こす準備権力を持つとされる）という発明品をどのように制御すれば、社会が「万人の万人に対する闘い」というホッブズ的状態に陥らずにすむか。これに対するロックの答えはもちろん、各々の貨幣的権利を尊重することができる政治的統治体〔市民政府〕を創発せねばならない、というものである。しかし、ほとんど忘れられていることだが、ロックの答えにはまた、計算貨幣は不変《イミュアブル》で永遠の価値、すなわち経済をではなく倫理‐象徴的なものを根拠とする価値をもたなければならない、というものもある。ここで倫理‐象徴的なものとは、新興の政治的統治体が正統性を得るために承認・尊重しなければならない社会契約の創始神話として役立つ通貨本位のことである［Théret 2008b: 825-27］。

（4）国際準通貨の私的創出によって提起される倫理的問題

本章では類比以上の詳論はできないのだが、私は、〈グローバル化の中で金融産業の発展を可能にした数理経済理論の、デリバティブ諸商品からの自己準拠的国際通貨の産出に対する関係〉は、〈金本位時代における錬金術の、鉛からの金の産出に対する関係〉と同じである、という仮説を提起したい。ここで注目したいのが、原資産の価格の関数によってオプション価格を与えるブラック‐ショールズとマートンの公式（またそこから派生したコックス‐ロス‐ルービンシュタインのモデル）がたどった運命である。この公式には栄光の時代があった。公式の経験的妥当性は不十分であったのだが、模倣行動によって、結局、オプション市場の価格を決めるために直接に利用されるようになり、それゆえ遂行的なものになり、（しばらくの間）現実的なものになった。こうしてそれは善行となった。大学および経営大学院の金融科学の学生には全員にこの善行が教えられた。ところが、一九八七年大暴落の責任がこの公式の応用プログラムにあると見なされて以降、組織的金融市場において、公式は遠回りの仕方で用いられるだけになった。すなわち、一人一人の自己売買業者が、市場変動性のパラメーターの直観的な予想値を日々決める際に用いるだけとなったのである［MacKenzie 2003a: 127-sv.］。それでもなお、今に至るまで公式は、デリバティブ開発者の精神やオペレーターたちの活動を支配し続けている。M・ショールズとR・マートン（この時期にノーベル経済学賞を受賞し、このファンドの中心的経営陣であった）によって直接経営されていた金融企業LTCM（ロングターム・キャピタル・マネジメント）の破綻（一九九九‐二〇〇〇年）は衝撃的であったが、金融理論のこうした大祭司たちが提示した金融市場効率性学説の支配は覆らなかった。この復元力《レジリエンス》は、金融イノベーションのスパイラルが展開していけば「最終的に現実が理論を模倣するに至るだろう」という考え方に基づいている（MacKenzie［2001: 134］にあるマートンからの引用）。復元力があること自体が、物神化されデリバティブに組み込まれた想像的仮説や公式からグローバル化の中で金銭《アルジャン》を作り出すやり方と、鉛を金に転換できるという信念をもつ中世の錬金術師のやり方との間の緊密な類似となっている。

明らかに、前近代に冶金に従事した錬金術師の精神がこうして金融の分野で現代的に刷新されたこと、すなわち、錬金術師の精神が、最も現代的なテクノロジーの使用によって権威づけられる超《ハイパー》近代の表現として逆説的な仕方で開示されたことは、金融の諸実践に関わるだけでなく、経済学者たちの科学的実践にも関わる倫理的問題を提起している。本章の締め括りとして、現下の国際通貨システムの金融化が提起する安定性の問題に若干の照明を当てることを意図しながら、これについて簡単に考察しよう。この目的のために、再びわれわれは、コモンズによる倫理の四レベルの区別に依拠する。

取引のミクロ・レベルでは、まず、銀行と他の大経済主体との間で取引対象となるＯＴＣ（相対取引）型の金融デリバティブについての倫理問題がある。ここでの「倫理」は、コモンズが言うような法的基礎をもっていない。この場合、違法行為、隠蔽、「不当表示」（cf. Melamed［2008］）に関する倫理の含意とともに、取引の形が絶えず進化していく。しかしミクロ倫理的問題は、組織的金融市場における取引にも関わっている。オペレーターたちが業務の中で「裁定」（合理的でリスクがないと想定される）と投機（本来的にリスクがある）の境界を決められない状況にあるという、組織的金融市場についての彼らの両価的《アンビヴァレンツ》状況がこのこと〔倫理的問題の存在〕を示している［Miyazaki 2007］[26]。

組織のメゾ・レベルでは、組織的市場が自らの健全性《プルーデンス》ルールを働かせても自己調整できない場合に、倫理問題が提起される。つまり、一方でMillo, Muniesa *et al.*［2005］が銀行間手形交換所について示したのは、この市場においては自己売買《トレーディング》と清算《クリアリング》を互いに切り離すことができないということである。他方で、特にMacKenzie［2003a: 2003b: 2004］が示したように、実際にはオプション価格を効率的に計算することは不可能である。このことは、発行金融市場と流通金融市場（デリバティブ）との相互関係が、世上言われていることに反して、全く合理的に規制されていないことを意味している。よって、先物市場が効率的にリスクを割り振ろうとしても、リスクは管理されるよりもむしろ醸成されることが多い。

> 市場――特に金融デリバティブ市場――が生み出されるのは、リスクをより効率的・合理的に配分するためである、という通念には反して、現実の清算の歴史は、金融のリスクがまず「発見され」次に市場によって管理されたというよりむしろ、かなりの程度まで市場内部で生み出されてきた、ということを暴露している。先物契約の清算［……］の例は、市場の全体イメージを追加証拠金（先物取引をカバーするために供託される「担保」預金）の水準で表そうとする洗練された清算のメカニズムが市場に新たなリスクを、すなわち追加証拠金請求が自己売買業者の多くの取引から収益性を奪う可能性を導き入れたことを示している。アメリカの一九八七年大暴落に示されるように、市場の変動性が極端に大きい時期には、価格変動性そのものだけでなく証拠金請求も［……］システミック・リスクの媒介者《ポルトゥール》となった［Millo *et al.* 2005 : 243］。

さらに、「洗練された清算技術の発達と、自己売買‐清算の境界の消滅とは、現代金融市場がリスクを生み出す過程の（他にもある中の）一つの発現でしかない」［*ibid.*］。というのも、一般的に、デリバティブ商品は「リスク要因に対して効果を及ぼすものではないので」リスク削減機能をもたないからである。「それは、リスクを引き受けようとしない諸主体から、引き受けようとする他の諸主体へとリスクを再分配する。よって、デリバティブは、社会がとるリスク水準を引き上げることを可能にする……」［Aglietta 2008b: 62］。実は、内生的なリスク製造は、証券取引所という市場‐企業の再生産および発展のための必要条件なのであり、したがって、証券取引所の活動を維持することと、それを規制すると言われる保険的な健全性《プルーデンス》の論理との間には矛盾がある[27]。要するに、グローバル金融産業はリスクを製造し、それを糧として生きているのであり、よってその成長はリスク生産の成長にほかならない。このときわれわれは、こうした組織に特有な健全性《プルーデンス》職業倫理全般の限界を見いだす。

マクロ・レベルでは、倫理面で係争になっているのは、効率的市場仮説そのもの、および、それに付随する――いわゆる合理的期待に基づく――発行市場の価格変動に対する保険の論理である。つまり、将来価値を合理的に評価することができ、したがって現在価値の変動リスクを計算し商品化することができる、という効率的金融のイメージは、金融部面の実際の諸事実・諸実践についての分析に耐えるものではない。市場のための公式を作って財を成すよりもむしろ科学を作り出すことに関心をもつ複数の研究者が明らかにしているように、金融市場の不確実性は根本的なものであり、予見不可能な極端な事象〔効率性仮説に基づくモデルでは、総じて確率化不可能なものとして提示される〕の確率はかなり高く、それゆえこの文脈においては模倣の論理が合理的であり、価格変動に対する保険というアイデアはことごとく幻想と化してしまう［de Goede 2005: Mandelbrot 2004: Orléan 1999: 2004: Soros 1999: Walter 2004 : 2010］。言い換えれば、「証券取引の偶然」は、オプションを作った金融経済学者が物神化している正規分布には従わない［Maurer 2002］。それはガウス的ではなく、したがって確率化可能ではなく、それはパレート的であり「野蛮《ソヴァージュ》」である[28]――このことは、証券取引所の暴落による資産価格の不連続な上下運動のリスクをなくすための合理的な計算方法が存在しないことを含意する［Orléan 1999］。それゆえわれわれは、信頼の危機のコストを最弱者、非専門家、世間知らず、情報をもたないまたはほとんどもたない者に転嫁することを政治的に保証し、かつ／または損失をリファイナンスすることができる各国通貨当局〔権威〕の仲介によって、そのようなリスクの分散を追求しうるにすぎない。

しかし、金融市場の構築やデリバティブ商品の産出において多くの経済学者――著名人を含む[29]――が中心的位置を占めていることは、市場および資本主義の動態に関する支配的な経済科学の非独立性、という倫理問題を提起する。つまり、これら〔動態〕を純粋に自然的な事実と見なす――この四〇年間の金融資本主義の構築に際しての経済学者の遂行性はこれを否定している――のでない以上、社会‐経済的事実に対する観点の客観化という経済科学の倫理と、科学研究と個人的富裕化戦略とを切り離していない経済学者の実践とを折り合わせられるかどうかは疑わしいと言えよう。確かに、法に訴えることができない空間における貨幣の構築が賭けられているわけだから、為替相場と利子率の変動リスクに対する保険〔保証〕を促進することは、マクロ倫理的な目標と言える。しかし、このことが科学的幻想であることが明白になっているのに、科学者自身は、自分が貨幣利益を引き出せるので、この幻想にほとんど言及しなくなった。よって科学の倫理は、関係する諸個人のレベルだけでなく、何よりもまず、そのような活動を非難するのではなく逆に是認する傾向がある専門家集団の職業倫理のレベルで、破綻しているのである。最終的に、こうして疑問に付されるのは、アカデミックな経済学の理論的言説が占める科学的地位である。

われわれは、こうした多レベルにわたる倫理的危機、すなわち職業的経済学者、彼らの代表組織、そして彼らの科学の倫理的危機は、国際金融界でひそかに進行しているマクロ倫理的危機の別の顔でしかない、と考える。ここで言うマクロ倫理的危機とは、国際社会全体の平和的な貨幣的再生産〔という要求〕に、したがってまた諸国の通貨システム総体の良好な作動〔という要求〕に国際金融市場が真に拘束されてはいないことを問題にするものである。これは潜在的危機であるが、市場効率性の幻想を打ち壊すエピソードが繰り返される度に、顕在化する。このとき、根本的には不変のシステムを救済・再起動すべく、国際的なシステム諸リスクの連帯責任‐分散という論理が導入されるが、そうした論理の導入にともない、モラルハザード、規制機関の取り込み、および不公平、という一連の問題も提起される。

上述のように国際社会が固有な倫理的性質をもつことを考慮するならば、結局、提起されているのは、平和で安定的な世界通貨秩序を打ち固めることのできる超国家的な諸価値・諸規範、というメタ倫理的な問いであると言える。すなわち、競争の作用や、民間金融・諸大国による利殖とパワーの国際的戦略の策定者に任せきりにするのではなく、普遍的に共有された諸価値の体系によって、普遍的な自己準拠貨幣への倫理的信頼を根拠づけようというのである。つまり、ポスト・ウェストファリアの新世界秩序が出現しうるのは、もはや単に民間金融家の国際クラブによって「担保される」だけではなく［Mendès-France 1930］、人権と国民権の新しい（かつ憲法化された）国際的倫理を象徴する権威に服従する国際法によって正統化されてもいる世界通貨が生み出される場合だけであろう。

読者はお気づきであろうが、本章の末尾に至りわれわれは、アリストテレスおよび彼の利殖術悪用批判からかなり離れてしまった。しかし、だからと言って、彼の批判の価値をすべて否定しているわけではない。経済科学の悪用が利殖術のそれに取って代わったわけだが、そのこともまだ問題の一側面でしかなく、本質的な問題はさらに別のところにある。つまりわれわれの倫理的状況は、単に、個人的利殖という目的のみを追求する資本主義的な――経済的・政治的・知的な――エリートたちの政治的戦略に関係しているだけではなく、むしろ、資本主義的貨幣諸形態の進化によってかなり構造的に規定されている。賭け金となっているのは、グローバル化によって地理的諸レベルの全体が動態的に関係づけられている中での貨幣の価値の決定様式ないし――J・M・セルヴェの表現によれば――「算定《エスティム》」様式であり、そしてその算定様式への信頼の倫理的基礎である。

注

（1）国際関係論と国際政治経済学におけるグローバル化概念の推移については、Chavagneux［1998］を参照されたい。

（2）より詳しくは、Théret［2001a; 2005a］参照。

（3）われわれは既にThéret［2005a］において、このことを医療分野について示した。

（4）われわれは、マクロ的観点からはフリーライダーは合理的ではないと指摘することができる。というのも、フリーライダーは模倣によって一般化する可能性があるので、共同体の存続を、したがってフリーライダーそのものを脅かすからである。

（5）通貨の安定、雇用の創出、生活保護、社会的公正：武器・麻薬・臓器の売買に関連する融資、影響力濫用に関連する融資、贈収賄、およびこうした不正取引に含意されるマネー・ロンダリングをタブーとすること：人民主権の侵害に対する制限。

（6）以下で私は、一九八〇年代半ばにM・アグリエッタとA・オルレアンによって開始された学際的研究プログラムに準拠している。このプログラムの展開は、特に、既に挙げた二つの共著書［Aglietta and Orléan（dir.）［1998］およびThéret（dir.）［2007］によって方向づけられてきた。Aglietta et Orléan［2002］、Théret［2008b］も参照のこと。

（7）この点について詳しくはThéret［1998］参照。

（8）自分たちも固有の（社会的または共同的と称される）貨幣を発行しようと要求する政治社会〔市民社会〕の諸勢力によって、この闘争はしばしば攪乱される。

（9）というのも、既にこの自然状態のうちに、所有と貨幣に関する「倫理的」法が存在するのである。

(10) 例えば、Waltz［1963］とHoffmann［1963］参照。

(11) K・ポランニーはまた、国際財界の上層部が演じた中心的役割によって、一九世紀の国際政治の調整を性格づけた。しかし、金ポンド本位制が支配したこの時代には、一九七二年以降の場合と同じように、彼らには国際通貨の価値を固定する自由がなかった。

(12)「デリバティブ商品の急発展をもたらした一般的原理は、リスクの分解である［……］。複雑なリスクは、分解可能な要素的諸リスクを接合したものと見なされる。分解を行うには、経済諸主体に〈どんな種類のリスクをどの程度とろうとするのか〉を意思決定できるようにする契約が想定されなければならない。デリバティブ商品はまさにそのような契約から成っている。複雑なリスクが分解され再構成されると、先物契約およびオプション契約という二種類の要素的契約を――しかも二つだけを――組み合わせたもの、すなわち契約を合成したものができあがる。先物契約においては、ある取引主体が、特定の将来期日に他の取引主体からある物を特定の価格で購入することを受け入れる。オプション契約においては、ある取引主体が他の取引主体に、将来の特定の期日まで、しかし全種類のオプションにおいて必ずしも特定化されていない期日（オプション行使期日）に、ある物を特定の行使価格（金融取引を実現できる価格）で買うまたは売る（義務は伴わない）権利を与えることを受け入れる。［……］スワップは、長期を含む種々の期間にわたって将来支払フローを交換する一連の先物契約である」［Aglietta 2008b: 60-62］。

(13) 一九七一年一二月以降、イリノイ州によって認可されている。

(14)「一九七〇年一月には、デリバティブ金融商品取引のいかなる組織的構造も、世界に存在していなかった」［MacKenzie 2007 : 356］。「一九七二年の（シカゴ）国際通貨市場の設立は、金融デリバティブの歴史において最も重要な出来事である」［Pryke and Allen 2000 : 266-267］。Helleiner［1994］も参照。

(15)「外部通貨《クセノモネ》は自らを自らで担保する。それはもはや自ら以外の担保を提供しない。外部通貨は、自らの記号世界の外にある固有価値のいかなる源泉からも法令により切り離されているので、記号として、自らの記号内容《シニフィエ》の創造に取り組まなければならない。この記号内容は、自らが入手できるタームだけを用いて記されるもの、自己自身の将来の状態に関するものである。外部通貨は、時間を超えて売買されるとき、つまり現在（スポット）価値と将来価値の差が商品化されるとき、ある種の自己創造を行っている。時間と結びついている一記号がスキャンダラスにも自らの記号内容を製造しているのであり、外部通貨は、その進化に示されるように、まさにその記号内容を自らの価値であると主張しているのである」［Rotman 1987］。

(16)「外部通貨《クセノモネ》は、時間を貨幣化する市場において売却されなければならない。この市場には、次のような金融手段が、すなわち、通貨の現在価値（スポット・レート）と将来価値（フォワード・レート）の差を商品化することによって、金銭が時間に関連するユニークなアイデンティティをもつことを可能にする金融手段が存在している。例えば、一九七〇年代初頭、専有された商品――すなわち先物やオプションの金融的契約――の譲渡可能性に関して、シカゴ先物金融市場は突出していた」［Rotman 1987］。

(17) Hayek［1978］参照。またその批判としてはLe Maux［2007］を参照。

(18) この場合、理論的影響力があるのはむしろ、Greenfield and Yeager［1983］で提示された通貨二元性のいわゆるBFH（Black-Fama-Hall）モデルであるようだ。そこでは「計算単位は、いかなる支持体も用いず抽象的に定義され」［Le Maux 2007 : 986］、貨幣を発行する政治的権威は存在せず、そして支払（交換）手段は契約型投資ファンドの持ち分〔受益権〕を表象する証券である。このシステムの考案者の一人がまさにフィッシャー・ブラックであり、物理学の教育を受け、「現代金融工学の生みの親の一人とされている」。彼は、現代金融に革命を起こしたオプション価格の決定式についての責任を、いわゆるノーベル経済学賞を受賞したM・ショールズおよびR・マートンと分かち合っている［McKenzie 2001］。彼はまた、完全に自動化された証券取引所の計画を策定した。E・ファーマについて言えば、彼は金融市場の効率性に関する理論の最も重要な代表者の一人である。

(19) 金融デリバティブには二種類ある。①OTC（店頭）デリバティブは、現在の銀行危機の主犯とされているCDO（債務担保証券）とSIV（投資ビークル）を特に含むものであり、銀行間でおよび銀行と大口顧客である機関投資家や大企業との間で私的に「相対《あいたい》」取引される。これは、一九九五年にBIS（国際決済銀行）が監督するようになるやいなや急速に発展し、それ以降、年率二〇％以上で拡大し、二〇〇七年には約九五〇兆ドルに達した。②専門の取引所で取引されるデリバティブであり、一九九四年の三八兆六〇〇〇億ドルから二〇〇七年の四〇〇兆ドルへと拡大した［Melamed 2008］。二〇〇七年四月の日中取引は合計約二兆ドルであったが、その一五％を為替商品が、八五％を金利商品が占めていた［Aglietta 2008b : 64］。

(20) 「流動性とは、何よりもまず不確実性を前にした諸判断に依存する、未来展望的な観念である。経済主体の観点からは、不確定な将来時日において、少ない取引コストにおいて、そして資本損失のリスクを伴わずに、国際的支払手段を入手することを可能にする金融資産はすべて流動的と言える」［Aglietta 1986 : 21］。

(21) 「デリバティブは単に流動性が高いだけではない。デリバティブは原資産の所有も占有も含意しないので、計算単位および価値貯蔵物として役立つことができる」［*ibid.*: 142］。

(22) 無形財産およびその「将来性」との関係についてのこうした考え方は、ヴェブレンとコモンズによって展開されたものである。現代の金融化へのその適用としてはPineault［2002］参照。

(23) ロトゥマンによれば、「象徴《イマジネール》通貨の自己準拠的特性は、デリバティブ商品に基づく今日の通貨取引において、上位のレベルに見いだされるようになった。通貨先物取引証券は、交換媒体——通貨——を交換財にしてしまう。そうすることで、この証券は、交換可能な財・サービスの『価値』をスライドさせるという通貨の行為能力を簡単に停止させてしまう。〈既にそこにある諸物と、諸物を代理表象する記号との間に区別が存在しない〉という指示性のパラドクスは、貨幣の現行価値——すなわちその意味表現能力——が貨幣の潜在的な将来状態によって規定されるとき、あるいは期待や将来価値に左右される通貨デリバティブが価値・リスク・利潤の現在布置を規定するとき、はっきりと現れる。一九世紀の象徴通貨の『スキャンダル』は、それが金銀のような交換可能正貨に裏づけられることなく、政令によって増加可能であることにあった。象徴通貨はそれ自体、無から創造されるものである。ロトゥマンの言う『外部通貨』（すなわち二〇世紀末～二一世紀初めにデリバティブ商品によって生み出された通貨）の『スキャンダル』は、『この通貨それ自体が将来から（*out of*）創造されてくる章標《シーニュ》だということにある。通貨の——それが産出されるときの——いかなる特殊な将来状態も、もはや「目標となる」物ではなく、すなわち、そこに待ち構えていて「実物的な」商業諸力によって規定される外的な指示対象ではなく、その価値を予想する役割をもつ通貨市場の固有な活動を通じて存在するものになるであろう。オプションや先物《フューチャーズ》の助けを借りて為替レートや利子率の浮動性による名目的損失に対抗しようとする、投機や保証の戦略は、そうしたレート〔率〕を規定する要因一部となる』［Rotman 1987: 96］」［Maurer 2002 : 18］。

(24) このモデルの四つの主要仮説は、一方で、資産価格の変動はブラウン運動に支配され、したがって対数正規の統計法則に従うということ、他方で、金融市場の取引コストはゼロであること、基準利子率（リスクプレミアムがゼロ）でどんな金額の貸し借りでも常に無際限に行えること、そして、オプションとそれが表象している原証券との間の価格の差から常に利益を上げかつそれを消滅させているサヤ取り業者《アービトラージャー》が存在すること、である［Mackenzie 2001 : 131］。

(25) 国家無き「原始」社会においては、貨幣は主権的であること、および社会的全体の表象の独占権をもつことができるが、多くの擬人化のフォルムによって魅惑的な支払諸手段があり、そして様々なタイプに分類できる一連の貨幣‐対象としてある。われわれはこれをモデルとして、複数のデリバティブと複数の支払貨幣をもつ金融オペレーターたちの仮想的国際社会を考察することができるが、この仮想的社会を諸国家による国際社会と混同してはならない。実際には、新自由主義的段階になってから両者の間に同盟関係が結ばれたにもかかわらず、諸国家の国際社会は象徴的《サンボリーク》平面において金融オペレーターたちの国際社会との紛争を再開している。

(26) 明らかにこの両価的状況は、オプション市場における保険〔保証〕の論理の逆転とでも呼べるものに関係づけられるべきである。ファンド・マネージャーたちは、金融理論によって練り上げられたデリバティブ資産の価格形成に関する数学公式をポートフォリオ管理に利用してきた。この価格公式を組み込んだオプション契約が産出されるとき、それと相関して、オプションのリスクを「相殺する」（ヘッジする）ために、資産ポートフォリオ中にそれらの複製〔複製ポートフォリオ〕が組成される。サヤ取り業者は、まさに両者を同等のものにすることを通じて、市場効率性のキー・アクターとなるのだが、両者を同等化すべく、二種の資産――デリバティブと代理ポートフォリオ――の価格推移の乖離に関して投機を行わなければならない［Mackenzie 2001: 133］。こうして再帰的・自己準拠的なループが生み出される。というのも、オプションを複製するポートフォリオが不断に調整されることを通じて、今度はオプション価格が原資産の価格に影響を与えるからである。

(27) 「リスクの客観化を作り出すのは」、諸リスクの通約不可能状況を分解し再結合する過程である。「またリスク（およびその下位タイプ）のカテゴリーの自然的外観にもかかわらず、根本的にはリスクは社会的なものである。なぜなら、リスクを生み出す元となっている過程は、欧米の金融共同体の構成員がその集団的歴史の中で工夫を凝らして作り上げ、そしてその人生の経過の中で獲得したものだからである」［LiPuma and Lee 2005: 414-415］。

(28) 「リスク移転の手段であるデリバティブ商品は、既知のリスクしか評価できない。ところが、金融危機を引き起こすグローバルな諸リスクは、ごく稀で予見不可能な事象である。［……］例えば、主要通貨間の一年間の為替レートというものを、一定の正確さをもって予見することは不可能である。ここに見いだされるのは、発見可能な経験的確率を見いだすことができない不確実な変数である。……しかし、デリバティブ商品の急発展により、不確実なものが評価可能リスクへと変換される諸事象の領域が拡大してしまった」［Aglietta 1986］。MacKenzie［2003a］も参照。

(29) 既に引用した人々のほかに、特に、一九七一・一九七二年の先物《フューチャーズ》市場の発展に際してミルトン・フリードマン――シカゴ大学経済学部の全体だけでなく――が果たした（報酬付きの）役割を想起しておきたい［Melamed 1972: 1996; Mackenzie 2003a］。

第9章

金融グローバル化からの脱却
——資本主義と民主主義の危機を脱するために——

「金融は、経済にとって大いにプラスとなるものである。〔……〕実際、金融市場をうまく発達させた国は、うまくやっている国である。」（ロバート・シラー（Fox［2009：321］より引用））

「問題は、解決の動きが政策協調的なやり方をとるのか、それともその社会的・政治的影響が予測できないグローバル金融バブルの崩壊によるものか、ということだけである。明らかに、好ましいのは前者の選択肢だが、不幸なことに、現在のところ、前者は後者よりも現実的であるようには見えない」［Deutschmann 2011：20］。

本章においては、表題に含意される問い（なぜわれわれは、金融グローバル化を脱却することによってしか、現在の世界金融危機を脱出できないのか）に示されている判断の合理性および適正性について説明したいと思う。本章では、現在の世界金融危機において問題になっているのが、金融資本主義や民主主義の構造的危機であることを示したいのである。この目的のために、われわれはまず（第1節で）、こうした判断を正当化する理由のうち、金融部面そのものの固有の論理や実際の作動様式によるものを提示する。第2節では、そうしたグローバル金融の固有の論理による理由ではなく、資本主義社会の変容——グローバル化はいわばその要をなす——を生み出した諸事実に関わる、別の一連の理由を扱う。最後に（第3節で）結論として、展開された諸議論の全体を総括する。

1　金融資本主義の危機
——金融グローバル化を脱却すべき理由のうち、金融部面そのものの作動に固有な理由——

〈金融グローバル化からの脱却なくして、現在の危機からの脱出もなし〉という考え方に対しては、金融部面の固有な作動に関連して、少なくとも二つの大きな正当化理由が存在する。第一は、金融グローバル化は協力型国際通貨システムの政治的組織に代替するものであったが、この三〇年間に繰り返された通貨‐金融危機によって、この代用品が持続可能ではないことが明らかになった、というものである。第二は、グローバル金融を経済的に効率的なものと見なすことはできない、というものである。というのも、グローバル金融は、世界商業社会の倫理に照らしてその存在を正当化する経済的機能——すなわち非‐純粋金融的な経済に資金供給すること――を、非常に低い生産性をもってしか遂行できないからである。主張されているテーゼは断定的なものなので、以下では、テーゼの論拠を詳しく述べていきたい。

（1）デリバティブ＝代用通貨の限界

金融のグローバル化は、協力型国際通貨システムの政治的組織化に対する非持続的な代用品である。

新自由主義的金融グローバル化からの脱却を支持するわれわれの第一の論拠は、米ドルそのものが単なる信用発行通貨《フィアット》（不換通貨）になって以来、デリバティブ金融商品のグローバル化システムが代替的国際通貨システムの代わりを務めている、という事実を踏まえている。こうして、国民諸通貨とともに先物《フューチャーズ》、オプション、スワップが、特殊資本主義的な新しい形態の商品‐貨幣を構成する要素となっているのである。新しい形態の商品‐貨幣は、信用貨幣にも国家貨幣（フィアット貨幣）にも還元できないものである［Bryan and Rafferty 2007; Théret 2008c: 2011b］。理念的には、この通貨体制《レジーム》においては、競争的市場の（情報）効率性や金融科学（金融経済学）の数学的道具の助けを借りて、国民諸通貨の将来性がその公正価値によって評価され、先物諸市場が信頼のおけるやり方で国民諸通貨を――そのように評価された――将来性に係留する、とされる。つまり、金融科学は、根本的な不確実性が存在しないこと、そして、確率計算の助けを借りさえすれば、現存金融諸資産の、それゆえ国民諸通貨の将来価格が予想できることを主張する。こうして先物諸市場は、国民諸通貨が果たさなくなったが資本にとっては本質的に重要な一つの「機能」、すなわち価値準備機能を果たしうるのだ、とされる。

つまり、一九七〇年代以降、次第に完全化していく諸市場のシステムという形態で出現したグローバル金融は、新古典派の一般均衡経済理論の教えに従って、真正の国際通貨（政治的な道によってのみ構築可能なので、新自由主義的またはリバタリアンの観点からは望ましくないもの）の不在に対する実現可能な対案になろうとしている。この代替的な通貨システムが「代替的」であるためには、競争的かつ自己調整的でなければならず、したがって、国民諸国家や、ＩＭＦ型の何らかの政府間機関によって規制されてはならない。

しかし、実際には、例えばＲ・Ｃ・マートンの主張[1]に反して、金融グローバル化は、最適な制度の選択や取引費用の最小化を促す純経済的・進化的・自生的な過程である、とは決して言えない。新しいグローバル金融は万事において、米連邦政府とアメリカ有名大学の経済・金融の学科（主要なところでは、シカゴ大学を筆頭として、ロチェスター大学、ピッツバーグのカーネギーメロン大学、ボストンのハーバード大学とＭＩＴ、サンフランシスコのスタンフォード大学とＵＣバークレー校）に支えられている。これらの場所で、〈競争的金融市場は貨幣諸機能すべてを効率的・自己調整的に果たすことができる〉という――科学的根拠によるとされる――考え方が開発されていった[2]。そしてこの考え方は、金融部面の徹底的な再構築の根拠として援用されるようになっていった。ところが、そういう見かけ（再構築への寄与者）は間違っていることが、理論家たち[3]によっても、実践の検証[4]によっても、広く暴露されていった。つまりこの考え方は、繰り返される金融危機の原因であることが露呈した。金融自由化以降、通貨‐金融の国際システムは繰り返し金融危機を経験したが、次第に金融危機の間隔は狭まりその空間は拡大していったのである。しかし、いくつかの声高の異議申し立て[5]もあったにもかかわらず、金融市場効率性の考え方は、多少とも単純化され弱められたバージョンにおいてではあるが、金融業界においても[6]、金融グローバル化を支持する国家・中央銀行・国際通貨・金融組織の指導者層の間でも、権威をもち続けている[7]。

グローバル金融システムが不安定であって持続可能でないことは、デリバティブ商品[8]が実質的に準通貨であることを妨げるものではない。というのも、技術開発によって金融諸市場における取引の加速や継続性が可能になり、かつ諸市場で即時的に「マーク・トゥ・マーケット」評価〔「市場時価評価」「値洗い」等とも〕が行われることによって、デリバティブ商品は国民諸通貨と同じくらい流動的であり、いわゆる金融流動性を構成しているからである。こうして見ると、貨幣の種々の機能は、別々の種類の金融資産によって担われていることがわかる。オプションとフォワード〔「先渡し」「先物予約」等とも〕は、通貨間の為替レートや金利の変動を予想する先物市場の働きを通じて、価値準備の機能を果たしている。最終的支払手段の「機能」は、たいていの場合、常に国民諸通貨によって担われている。計算単位についてだが、ここには弱点が見られる。計算単位は、スワップ諸システムの基底に潜在しているにすぎないからだ。つまり、スワップは、単一計算単位によって統一されていない多角的物々交換システムの一全体を作り上げるものだからである。こうして、デリバティブ商品、「デリバティブのデリバティブ」等が表象する多種多様な金融的富を集計するためには、すなわち金融市場によって創造される総体的な「価値」を算出するためには、その実質ドル建て価値が正確にはわからないいわゆる「観念的」ドルを用いるしかない。つまり諸証券は互いに派生し合うので、それらの市場諸価値の集計には同じ価値が何度も算入されるのだが、システムの透明性が不在であるため〔算入される価値が〕正確にはわからないのである。

ところが、不変で信頼に値する最終的な基準計算単位である貨幣が存在せず、国民諸通貨間の平価が絶えず大幅に変化しうるとき、いかなる国民通貨も価値準備として使用されなくなってしまう[9]。このとき問題は、〔米ドルを含む〕国民諸通貨が価値準備機能を喪失したために、その代わりを務めるべく先物金融市場において生み出されたデリバティブ商品が、この役割を実際に果たせるのかどうかである。はたして、デリバティブ商品は、為替レートおよび金利という諸通貨の国際価格の変動と結びついた価値喪失リスクから、経済アクターたちを守るのだろうか。

答えは明らかに否であり、それには三つの理由がある。まず、一通貨がもはや単一計算単位の上に築かれなくなり、かつ一つの名称――その通貨が単一計算単位を表すことを可能にするとともに、その後は過去の価値の記憶を呼び起こすのに役立つ名称――を明示的に持たなくなるやいなや、すなわち、ある通貨がその将来価値〔合理的に予想可能と想定される〕を現在価値化する計算〔資本還元〕の純粋な所産でしかなくなるやいなや、その通貨はもはや先立性〔前から存在したと言えること〕をもたなくなり、準備価値になる能力を失う。なぜなら、その通貨はもはや世襲財産化された価値としての記憶をもたなくなるからである。まさにこれが当てはまるのが、国際金融システムの総体において暗黙に示される共通計算単位であり、この暗黙の共通計算単位は、定義が曖昧な「観念的」標準という仮装的形態をとってしか現れない。このことは、この通貨がいかなる係留《アンクラージュ》（アンカー）ももたず、それゆえ安定化されえないことを意味する。

次に、金融経済学の「気休めの」言説にもかかわらず、先物金融市場は、国際空間における為替レートおよび金利の変動による減価リスクを真に防止するものではない。ここにあるのは、もはや従来的な意味の保険ではない。というのも、デリバティブは、減価リスクを逃れ〔ヘッジング〕、それを、より急速に財を成さんとして最大のリスクをとる用意がある資本保有者へと、すなわち、金融的媒介《メディアシオン》の透明性が全体的に不在であるせいで高リスクの「保険商品」をそうとは知らずに取得している資本保有者へと移転する役割を果たすにすぎないからである。事故の費用を、類似事象の犠牲になる可能性がある人口の全体へと再配分する確実な技術が保険であるとすれば、逆にヘッジングは最もリスク引き受けを嫌わない諸個人にのみ費用を集中させる。まさにそれゆえに、そうした諸個人は、必ずしも、費用に耐えて自らの約束を役割を果たすことができない。よって、この技術はあまり確実なものではなく、信用発行通貨による価値準備に必要な信頼を喚起することができない。

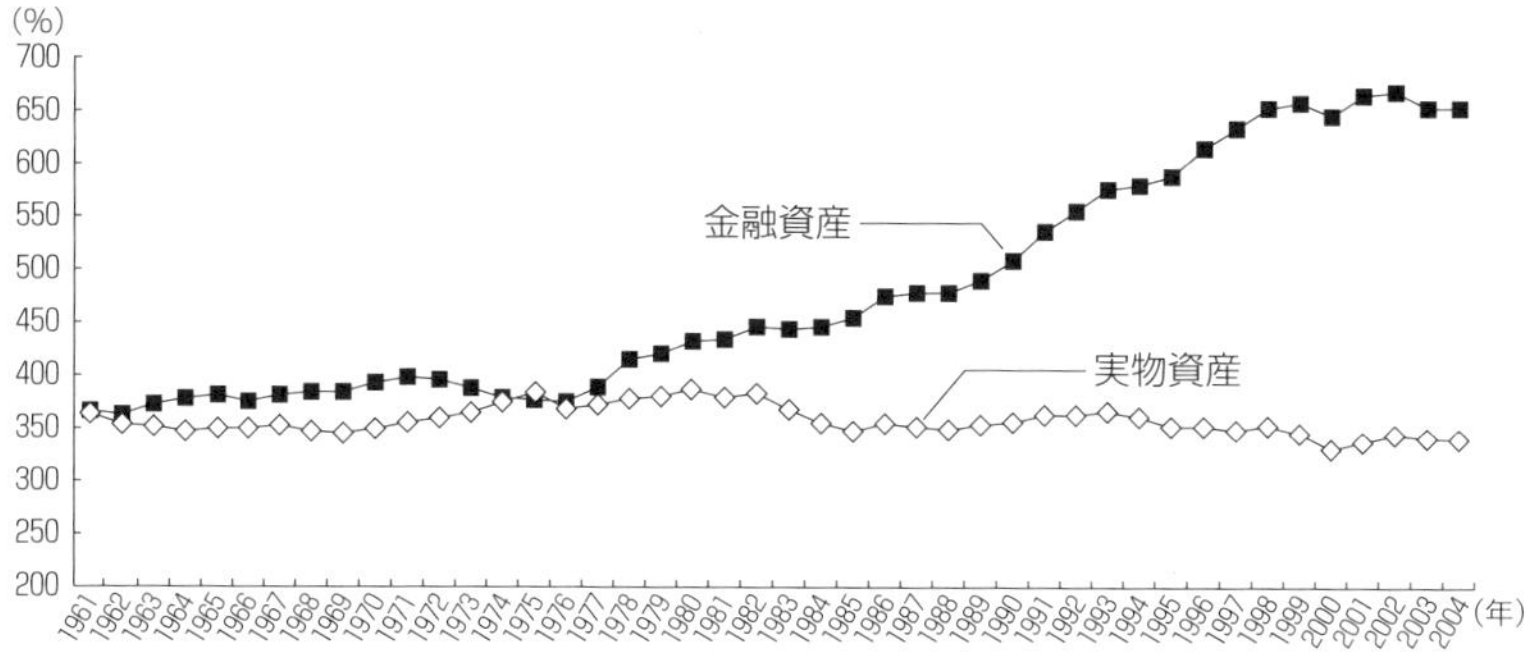

図９-１　原資産の脆弱な基礎の上でのデリバティブ商品の蓄積による金融諸資産の高インフレの例（カナダ1961—2004年，GDP に対する％）

（出所）Statistics Canada, tableau 380-0016（Eric Pineault によるデータ抽出）.

最後に、デリバティブ商品は、現実には、ヴァーチャル価値の無限の蓄積（証券のインフレ）の源泉である。したがって、デリバティブが持つとされる原資産の価値を保証する能力と、金融産業それ自体におけるデリバティブの資本蓄積「機能」との間には本質的な矛盾が存在している。前者は、先物市場発達の社会的正統性の根拠となる能力として知られているが、後者は、デリバティブを過剰発行することに、それゆえ金融危機時にデリバティブが突然減価する諸機会を蓄積させることにつながってしまう。

よって、金融デリバティブは国民諸通貨ほど善い準備手段ではない。その使用にともなう取引費用と、事実上ハイパーインフレ的なその急増とから、このことは明らかである。金融的に最もうまくいっている国の一つであるカナダを扱った図９-１は、デリバティブ商品がもつ「擬制的」ないし名目的な価値の蓄積が展開されているものの、「現実的」金融資産の基礎が全体として停滞的または後退的であることを示している。社会的評価を待つ富の蓄積におけるこうした前方逃避（問題解決の先延ばし）は、債務証券化（資産担保証券〔ＡＢＳ〕）の発明によって一九九〇年代以降ハイパーインフレが加速した過程と何ら異なるものではない。

しかし問題は、単に準備「機能」のみにではなく、理論上国際金融システムが果たすとされている貨幣「諸機能」すべてに関わるものである。つまり、デリバティブは直接には支払手段ではないため、その金融流動性が依然として通貨流動性に従属している（このことは、金融市場が単純な相対（ＯＴＣ）の非正規交換に還元されず、売買取引所へと組織化されている場合でも、担保、証拠金請求、および最終的に現金決済が存在することに示されている）。ところで、通貨流動性の生産-発行は、投機的金融の生産-発行とは別の法に従い、金融の論理とは別の論理が支配する健全性《プルーデンス》規制に服している。ゆえに、金融市場は絶えず流動性危機に陥る恐れがある。

実際には、支払手段価値に関する根本的な不確実性（計算不可能、確率化不可能）という文脈の中では、金融および金融が——その科学的根拠が信じられていることによって——享受する信頼は、国際空間における商業的取引の継続を短期的にしか保証しない。この不確実性は、（派生高次化と証券化による）デリバティブ・インフレへの前方逃避となって、そして、危機発生が必至であるポンツィ型債務ピラミッドの構築と何ら変わらない進化の動態を通じて、表れている[10]。ポンツィのピラミッドは、最初の参入者たちの高収益に引き寄せられた新規参入者が投資を行い、底辺を拡大させ続けることによってしか持続しない。最初の参入者たちは、最後に参入した人の出資金を食い物にしながらピラミッドの最上階に暮らすのである。〈そこに投資すれば儲かる〉と誰も信じなくなるやいなや、ピラミッドは脆くも崩れ去ってしまう[11]。

だからデリバティブは代用通貨にすぎず、資本が国際準備通貨なしでやっていくことを可能にするが、そのためには、高費用の金融仲介と、証券の絶えざる名目的インフレという代価を払わなければならない。証券の名目的インフレは必ず、デリバティブの突然の減価によって、それゆえシステムの全面的危機によって終わりを告げる。この点は、あらゆるハイパーインフレと同じである。初めのうちは、危機は潜在的なものにとどまり、危機状態が認識されることはない。というのも、市場のオペレーターたちやメディアの市場信奉者たちは、自分たちが「価値創造」――すなわち富の増大――と同一視しているインフレ過程に満足しているからである。資産インフレは、資産インフレとしては見なされないので、インフレの測定に使われる指数や中央銀行の「反応関数」に組み込まれない[12]。インフレがハイパーインフレであるかのように見られ始めてようやく、この過程の継続に関して不安が生じ、危機がシステミックな危機〔まずは流動性危機、次いで銀行システムの支払能力危機〕の形で顕在化する。やがて、新しい資源がシステムの基盤部分に注入されなくなると、金融のピラミッドは瓦解する。もはや持続可能でなくなったハイパーインフレを終わらせるこの危機は、要するに、国際通貨システムの自己準拠的論理がその反対物〔他者準拠的論理〕へと転化したことの表現である。新金融「商品」の創造によって非金融経済アクターの価値喪失リスクの移転が不断に追求されたことにより、そうしたリスクは減るどころか、グローバルに驚くべき規模で増大した。金融グローバル化のこのような特性により、その使徒たちの主張は再検討を迫られている。彼らの主張とは、〈金融グローバル化は合理的・技術的な過程として制度化されており、世界経済がこの制度を失うと人類レベルでの経済的効率や社会福祉が大きく損なわれるだろう〉というものである。

こうして、われわれから見れば、資本主義の現在の金融危機とは、何よりもまず、公的審級によって調整されていない国民通貨間競争という環境の中で、国際通貨諸機能を引き受けようとすることによって自壊しゆく一システムの危機である。この危機によって明らかになったのは、国際レベルの商業的取引を維持していくために、市場が――どれほど高度化されようとも――安定的かつ経済合理的な仕方で真の国際通貨に取って代わることはできない、ということである。

(2) グローバル金融の経済的非効率性

グローバル金融は、自らの存在を明示的に正当化する機能、すなわち非‐純粋金融的な経済に資金提供する機能を遂行するとき、あまりにも効率性を欠いている。

手短に繰り返して言えば、現在の金融危機は根本的には通貨危機である。つまり、世界レベルの「信頼の通貨」を欠く状況下で資本主義経済が維持されるようにしてきた国際通貨創出体制が、危機を迎えているのである。最終的基準計算単位が存在しなくなったために、米ドルを含むいかなる国民通貨も価値準備として使用されなくなった。ここで新自由主義的グローバル化は、大きな固有の限界に直面した。しかし、もっと大きい問題は、グローバル金融を正統化する経済的社会的目標に照らしてのその機能的効率性の問題、すなわち、生産および商業活動の金融に関係する問題である。つまり、グローバル金融は非-金融経済に対して小さな範囲でしか、しかも絶対的に低い生産性をもってしか資金提供していない。このような経済的非効率性には以下四つの形態が区別される。

第一の形態は、資本市場から非金融企業への長期的な純出資がほぼゼロ、さらにはマイナスであるというものである。企業金融の主要部分は、自己金融や銀行信用によって供給され続けている。例えば、非金融企業の自己金融が支配的であるアメリカにおいては、非金融企業は借入のレバレッジ効果をあまり利用しておらず、企業債は債券市場の二五％を下回っている。また債券市場が「市場」というのは名ばかりであり、その大部分は金融仲介機関間の相対取引（OTC）である。ユーロ圏（イギリスを除くヨーロッパ）では、非金融企業に対する信用が債務形成総額に占める割合はアメリカより大きい。しかし企業投資金融に占める債券市場の割合は同じように小さい（以下の図9-2、図9-4）。実は、一般に、債券市場の大部分は公債と住宅ローンの市場なのである。

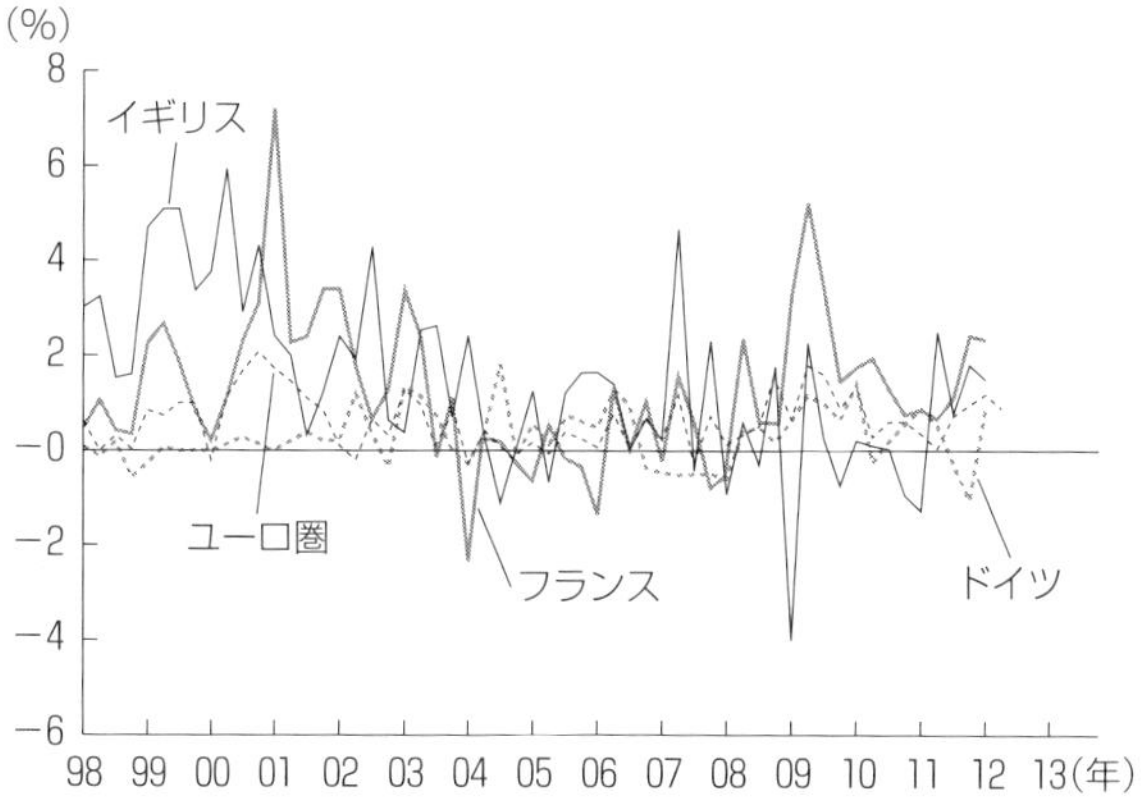

図9-2　非金融企業による債券純発行（GDPに対する％）
（出所）Natixis [2012a : 3].

株式市場について言えば、この市場は、非金融企業に資金提供するというよりもむしろ、上場企業株の「市場時価（マーク・トゥ・マーケット）」を評価する役割を果たしている。この評価によって非金融企業は、必要とあれば銀行信用を取り入れることができるし、かつ／または株主に支払う配当金の額を決めることができる。株式市場は、銀行家や株主に対して、企業価値や企業の債務返済能力に関する大小の信頼感を与える[13]。反対のことも成り立ち、二〇〇〇年代初め以降のように、株式の純発行が非常に少ない（ユーロ圏）、または次第にマイナスになっていく（アメリカ）状況においては、企業は銀行や株主からの信用を左右する株主価値を維持するために、自社株を買い取るよう強いられている（図9-3参照[14]）。

グローバル金融の経済的非効率性の第二の形態は、それが限界的にしか国際金融・国際貿易に寄与していないというものだ。例えば、

「二〇一〇年には、為替市場における一〇日間の取引量があれば、その年の残りの貿易取引の必要を十分に満たすことができた。つまり為替市場は、カバー戦略や金融投資の需要に応える働きをしている（今日支配的な金融の要求――総取引時間の九七・三％――を前にして、貿易の要求――総取引時間の二・七％――はかすんでしまう）」[Dembinski 2011]。

また、「通貨諸市場においては、全世界の銀行間取引のうち、実体経済関連の取引はわずか一・六％でしかない。一九八〇年代の金融自由化以降、この比率は一貫して三％を下回ってきた。ところが一九七〇年代初めには、同じ比率はこれよりもずっと高かった」（アメリカについては約七倍の高さだった）[Morin 2011]。

非効率性の第三の形態は、かなり以前にロナルド・マッキノンが指

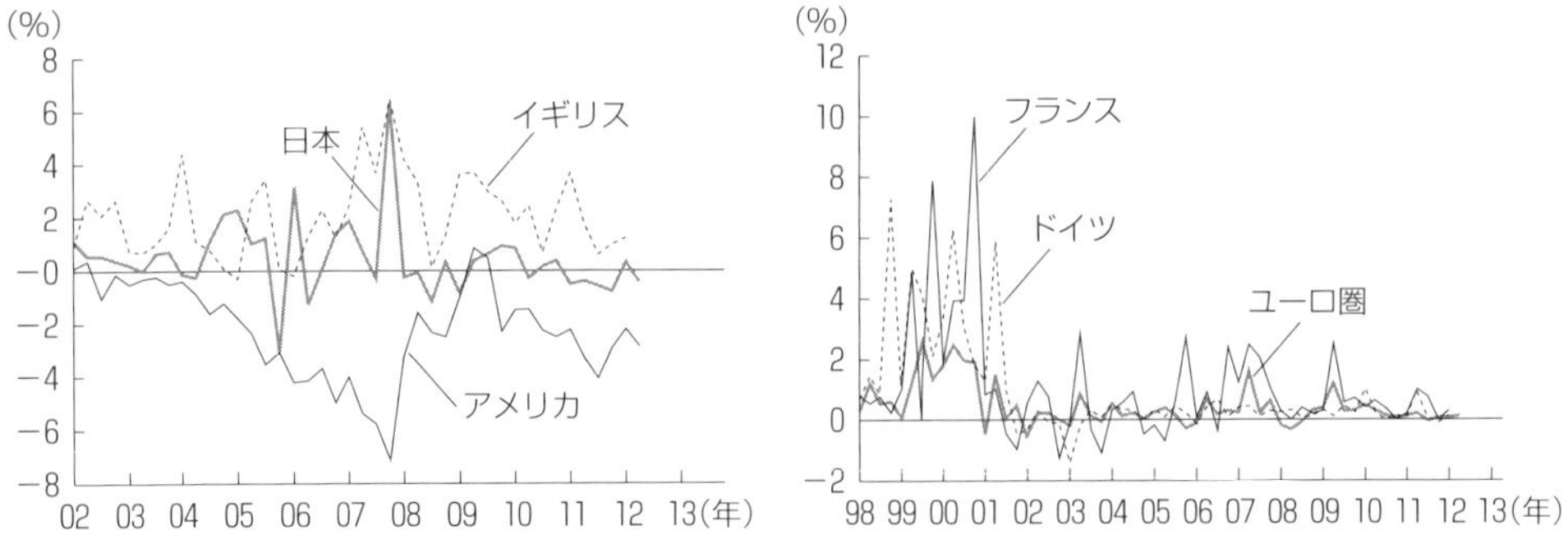

図9－3　非金融企業による株式純発行額（GDPの%）

（出所）Natixis［2012a：2］.

摘したものである。新古典派の影響下にあるこの経済学者によれば、国際生産投資を為替リスクから守る上で先物市場は効率的ではない［McKinnon 1988］。彼は、デリバティブ市場は国際生産投資に全く適合的でないとして、この目的のために超国民的国際通貨の制度を提唱する。

　最後に、グローバル化した金融市場の経済的非効率性の第四の形態は、対企業信用を供給する機能を果たす各国銀行システムの作動を撹乱するというものである。いまや銀行信用のかなり大きな割合が、レバレッジ効果の最大化を追求する先物市場への資金提供となっている。この結果、銀行信用は、公的債務や家計債務に関連する投機およびレント取得の活動へと向かうようになっている。こうした方向変化は銀行システムの根本的な変容をもたらしており、今や銀行システムにおいては、金融の論理が、財・サービスの生産・交換の金融によって経済発展のために機能するという伝統的な論理を凌駕するようになった。こうして金融グローバル化にともない、銀行においては、純粋金融的な活動が勝利を収めた。グローバル金融の有用性を肯定し続けている金融経済学者の中からも、これを金融産業の肥大化と捉える人が出てきている[15]。

　以上のような非効率性の四形態により、金融グローバル化は、生産・貿易の発展過程とは著しく不釣合いな一般的借金経済の発展過程と化してしまった。例えば二〇〇〇年から二〇一〇年の間に、アメリカにおいてもユーロ圏においても、経済の総体的な借入の伸びは、GDPの約四倍の速さであった。言い換えれば、一ドル（またはユーロ）の付加価値を生み出すには、三・七ドル（またはユーロ）の債務を発行しなければならなかった。このことは、グローバル金融の高い限界生産性を物語るものではない[16]。つまりこのことは、アメリカにおいてもユーロ圏においても一単位の総借入の増加はGDPを〇・二七しか増加させないこと、したがって新規借入の四分の三は完全に不生産的である（！）ことを意味している。

　銀行システムは生産や商業という非金融的活動に対してますます無関心になっているのであり、その表れが、銀行システムの金融化（ファイナンシャリゼーション）である。これと並行して金融グローバル化が公権力の通貨抑圧《レプレシオン》（銀行信用を通じての通貨発行の独占を民間銀行のみに与えること）を要求しているだけに、銀行システムの金融化はなおさら重大〔な事象〕である。商業銀行主導の信用貨幣があらゆる通貨（国民通貨を含む）の唯一の適法的源泉になると同時に、そうした信用貨幣は、金融市場を仲介する以外には、つまりかなり間接的にしか、非金融企業の活動に資金供給できなくなる傾向があるのだ。

　ユーロ圏に見られるように、脱工業化しつつあって、民間銀行の通貨発行独占が完全である国々にとっては、少なくとも、〈各国銀行システムを脱金融化することによってこの傾向は逆転する〉ということを含意している。しかし、今述べたことはまた、家計と公権力に借金が一般化した経済を脱却する必要があることも意味している。以下では、この点について述べていきたい。

2　民主主義の危機

金融グローバル化を脱却すべき理由は、金融グローバル化の論理そのものにではなく、その背後にある。

つまり、グローバル金融が第三千年紀初めの人間社会の再生産に突き付けている諸問題は、国際金融部面のみに固有な不安定性の源泉を分析するだけでは、考察することができない。もちろん、既に見たように、現在の金融危機は基本的には、競争的で非協力的な国際通貨体制《レジーム》の危機である。一九七〇年代初めにブレトンウッズの秩序を引き継いだこの体制にあっては、国際通貨としての国民諸通貨が日々互いを測定し合っている。この体制の危機が表しているのも、領土的諸通貨の間の競争が世界レベルで自由化されたために、国民諸国家の国際経済への統合に関わる自由主義的な新重商主義モデルが破綻した、ということである。このモデルは、国民諸国家がもっぱら外国市場における競争力を追求することを前提として、富および権力の蓄積戦略を築き上げようとするものである。各国は、労働費用削減や減税を通じて自国の市場を縮小することによって、隣国の市場を搾取する。こうして各国は、一方では価格競争力を高めることによって自国の輸出を増加させるが、他方では国内需要をひいては自国輸入を減少させる。これらが全体として、少なくとも理論上は、その貿易黒字を改善するだろう、したがっておそらくは国内の富と対外的パワーを改善するだろう、とされる。

輸出主導型成長のこうした新重商主義モデルが、すべての国々によって採用されるならば、当然にもグローバルに景気後退がもたらされる――このことは現在の危機によって既に明らかである[17]。それでも、一九八〇年代以降、このモデルが新古典派経済学や公的国際金融機関によって、いかなる国内経済発展にも通用する普遍的な「ザ・処方箋」として提唱・選択されることは妨げられなかった。これは、モデルが競争的な国際的通貨・金融体制と、そしてそれに随伴する金融市場の支配と、論理的に首尾一貫していたためである[18]。つまり一方で、価格競争力への為替相場のインパクトを考慮するならば、財・サービスの外国市場の獲得競争は通貨間戦争を伴わざるをえない。他方で、新重商主義モデルがグローバル化しうるのは、競争力追求が要求する賃金・税の抑制にもかかわらず、グローバル需要が拡大しうる場合に限られる。このときグローバル需要が拡大するとすれば、それは、信用によって、すなわち一国レベルで家計・公権力の借入が増えることによってであろう。しかし、国際競争によって賃金と税の抑制が強められて債務不履行リスクが蓄積していくときに、そうした借入が「体制内で」役割を果たすには、債務不履行リスクを移転・再分配する金融市場の助けを借りなければならない。

最後に、インフレ主義的なドリフト〔累積的変動〕に抗して賃金と税の抑制が進められるのは、公権力に対して直接的な通貨発行を完全に禁じる通貨抑圧[19]と、賃金インデクセーション〔物価水準や生産性の変化に連動して名目賃金を調整すること〕とによってである。また、物価の安定を請け合っているのは、政府からも労働組合・経営者の組織からも独立した中央銀行であるが、中央銀行は貨幣市場の基準金利を決めることを通してしか金融市場には介入しない。

こうして、市場に内在する競争原理の効率性という観念と、あらゆる政策協調の拒否とをイデオロギー的根拠にもつ金融グローバル化は、決して、主権的政治領土間の境界をなくすような均質化の過程ではない[20]。金融グローバル化は領土レベルにおいては必ず、各国の新自由主義的調整《レギュラシオン》様式に係留されている。この調整様式は、輸出主導型の金融的蓄積体制《レジーム》、通貨抑圧と競争的ディスインフレ〔インフレ抑制〕の体制《レジーム》、および大多数の国民だけでなく政府その他の公共団体にも一般化した借金と結びついた賃金・税抑制体制《レジーム》、を様々な形態・程度において組み合わせたものである。言い換えれば、金融グローバル化とは、各国のこうした多様な新自由主義的調整様式が国際レベルに発出したものにほかならない。また、グローバル化の現在の大危機が、グローバル化を支えるいくつかの国民的支柱の（主にアメリカとユーロ圏における）領土化された危機――まずはアメリカ家計の不動産ローンの危機、次いでいくつかのヨーロッパ諸国の公的債務の危機――という形をとったとしても驚くべきではない。

この第二節では、現在の危機からの脱出と金融グローバル化からの脱却とを一つに束ねて考えるべき諸理由――今度は金融部面にもいわゆる経済部面にも外生的な理由――を明らかにすべく、われわれは金融グローバル化の国民的基礎に目を向けることにする。最も重要と思われる三つの理由のみを取り上げたい。国によって程度は異なるが[21]、このうち二つ、すなわち国民の「賃金抑制」（二〇〇八‐二〇〇八年のアメリカ、その後のスペイン・アイルランド等の諸国の家計債務危機の原因）と政府の「通貨抑圧」（二〇一〇‐二〇一一年のユーロ圏におけるソブリン債危機の原因）は一般的な理由である。三つ目は、グローバル化過程を先導したアメリカの支配的権力に関係する理由であり、アメリカ主要大学の経済学部やビジネススクールにおいて一九七〇年代以降に発展した経済的金融的諸理念のリバタリアン体制《レジーム》に関係するものである。すなわち、アメリカ経済を、完全な自己調整的市場システムをもつ貨幣なき金融経済と見なす、いわゆるアメリカ的体制《レジーム》にほかならない。この諸理念の体制《レジーム》〔理念体制〕は、その後世界中に拡散し、新自由主義的金融グローバル化の知的土台となっていった。とはいえ、これは英語で表された思想体系であるにすぎず、主に、アメリカのパワーとその通貨ドルの覇権の持続に関与する諸制度がこれを維持し支えているのである。

（1）賃金抑制

金融グローバル化は、賃金購買力抑制によって借金が国民大多数に一般化している国民経済体制《レジーム》によって支えられている。金融グローバル化のピラミッドの頂点にいる限られた少数の債権者による、このピラミッドの土台をなす負け組である多数の債務者への、新しい様式の社会的支配が確立されている。これにより、われわれの社会の社会的平衡は脅かされ、われわれの社会の民主主義的性質が否定されている。

一九八〇年代に進展し一九八九年のベルリンの壁崩壊以後に急進展した新自由主義的なグローバル化および欧州化は、フォード主義的な資本蓄積体制やケインズ主義的な財政体制《レジーム》からの根本的転換に対応するものである。また、これらのことは、パワーの拡大や世界的序列内の位置の再定義をめぐる諸国間の政治的闘争となって表れた。さらに、これらのことは、国内市場中心の成長様式がもつ諸限界を乗り越えようという、西側諸国の経済政治エリートたちの新たなアメリカン・ドリームを表現していた。最後に、これらのことは、賃金制《サラリアート》の根本的転換を含意している。賃金制の転換は、最初は何よりもまず、従来最も自由主義的であったアングロサクソン諸国の特色であったが、徐々にそれ以外の先進諸国および発展途上諸国へも特殊な形態をとって拡大していった。

新たな自由主義的新重商主義モデルにおいては、成長は、自国製品の輸出や競争力によって主導される。よって、賃金や社会拠出および給付は、できる限り削減しなければならない。これらは費用と見なされ、もはや中心的な需要要素とは見なされないのである。金融の開放は、インフレが軽微なものとなり、もはや失業率に対して調節されなくなること（このことは、ケインズ主義的な景気政策の終焉を意味し、より緩慢な成長において、それから八～一〇年ごとの周期的景気後退を伴う景気循環の再出現において表れている）を含意する。構造的失業は、賃金に圧力をかけることを可能にするので、善事と見なされるようになる。貧困は制圧されねばならないが、扶助が労働へのディスインセンティブ（負の誘因）となってはいけない［Barbier et Théret 2009; Théret 2010］。

また、経済学者たちは、「新しい古典派」マクロ経済学者や金融市場の効率性（前述参照）の理論家からの影響によるパラダイム「革命」を経験した後、もはや需要の問題を問題とは見なさなくなった。新たに、「供給は自らの需要を生み出す」とするセー法則が、権威ある経済的推論の基礎として認められるようになった。供給だけが重要とされた。しかし既に強調したように、すべての国が同じ目標を採用すると、結局はマイナス・サム・ゲームとなってしまう。それでも二〇〇七－二〇〇八年の危機までは、需要を下支えする三つの代替要因があった。まずグローバル・レベルでは、自国通貨の国際的支配力によって順応的金融政策を継続できる唯一の国であったアメリカによって、どうにか需要が牽引された。次に、資本移動の自由化は国際分業の再編を引き起こした。低賃金国への生産の分散によって基礎消費財の相対価格が低下したため、中心資本主義諸国における賃金購買力の低下はあまり生活水準――消費財の品質低下は無視するとして――に影響しなくなった。最後に、国民的空間のそれぞれにおいて、賃金生活者《サラリエ》の消費者信用への依存が強まり、消費者信用によって国内需要が支えられた。下方にいる彼らの賃金は、そのますます多くが、借金の利子を上方に支払うために使われるようになった。こうして借入を拡大した賃金生活者は、貧困転落の不断の危険の下に生活するようになった。そのため彼らは労働契約に関する柔軟性を受け入れていった。労働契約の柔軟性は、景気による市場の浮き沈み［の影響］を彼らに転嫁する。したがってまた、さらなる賃金低下の可能性、および、これを相殺すべくさらに多く借金する可能性が出てくる。これと相関的に、総付加価値に占める利潤――とりわけ金融的利潤――のシェアは拡大する。このことから利益を得る人々にとっては、短期的に好循環が存在している。しかし、好循環は程度の差はあれ短い期間で終わり、家計の借金に関する金融リスクや景気後退に関するリスクが増大することによって、より大きな悪循環が起きる。

図9－4は、アメリカとEUにおける賃金抑制の傾向を経験的に示したものである。再出現した景気循環の諸局面に関連づけるべき上下の変動はあるものの、一般的に見れば、GDPに対する賃金のシェアは低下している。新自由主義的政策の三〇年間に、アメリカでもEUでも、対GDPの賃金シェアはおよそ八ポイント低下している。これに対して**図9－5**においては、特にアメリカとイギリスの賃金抑制が賃金分散の上昇を伴っていること、ドイツは例外をなしていること（その代わり対GDP賃金シェアはアメリカに近く、それゆえ他のヨーロッパ諸国（東欧を除く）よりも小さい）がわかる。以上二つの図からはまた、諸国間には共通な傾向だけでなく、著しい差異もあることがわかる。

最後に、アメリカ家計の消費者信用と債務総額をそれぞれ扱った**図9－6**と**表9－1**は、いずれも一九八〇年以降に累積的に増加した（短中期の上下変動はここにも見られるが）ことを示している。

アメリカの家計可処分所得に対する％で表した消費者信用の伸びは一九六五－一九八二年には低下傾向にあったが、それ以降（レーガンの供給重視政策が始まった時期でもある）は上昇傾向にある。一九八〇－二〇〇六年には、家計可処分所得の％で7ポイント、すなわち四〇％増加した。この数字は、それ自体としてはかなりの増加だが、同じ時期の不動産信用の増加一二二％と比べるとごくわずかである。家計の債務総額は一九八〇－二〇〇六年に九四％（約二倍）、すなわち家

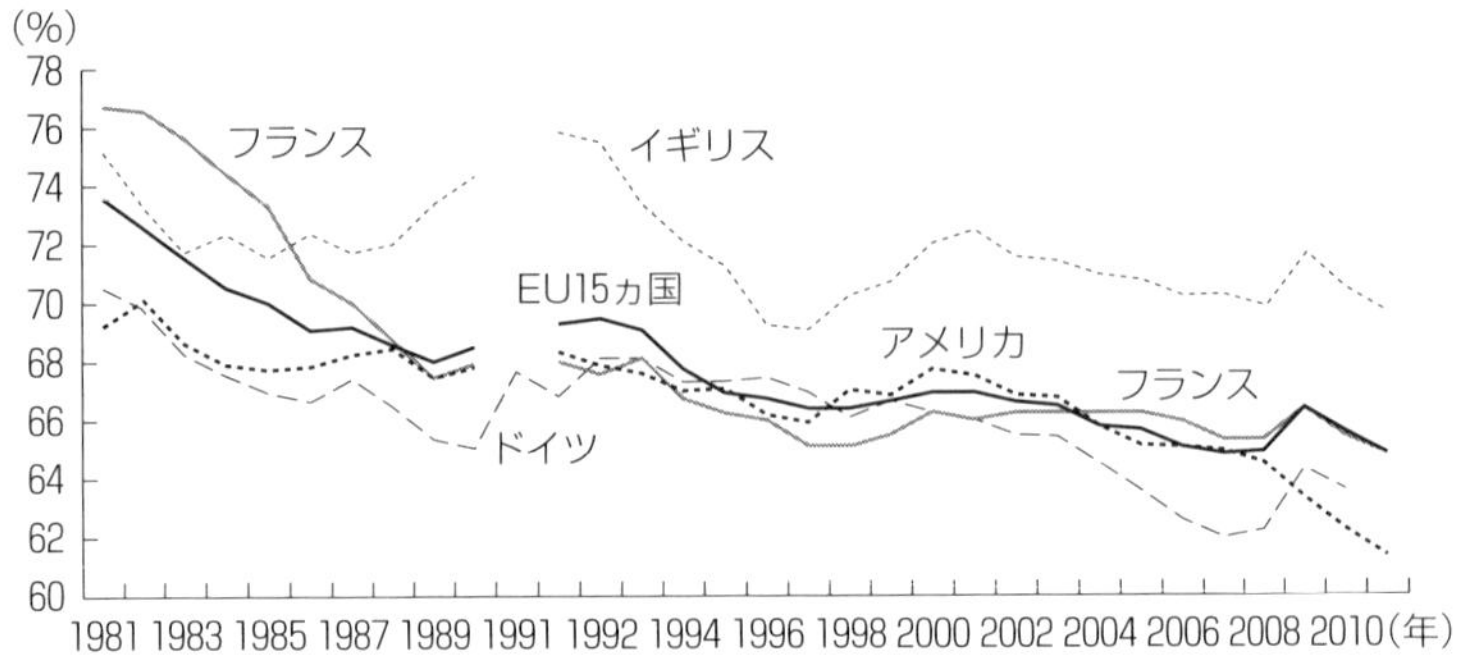

図9－4　経済全体に対して調整された賃金シェア（要素現在費用 GDP に対する％）（1980-2011年）

（出所）欧州委員会［Euromémo Group 2011：21］より.

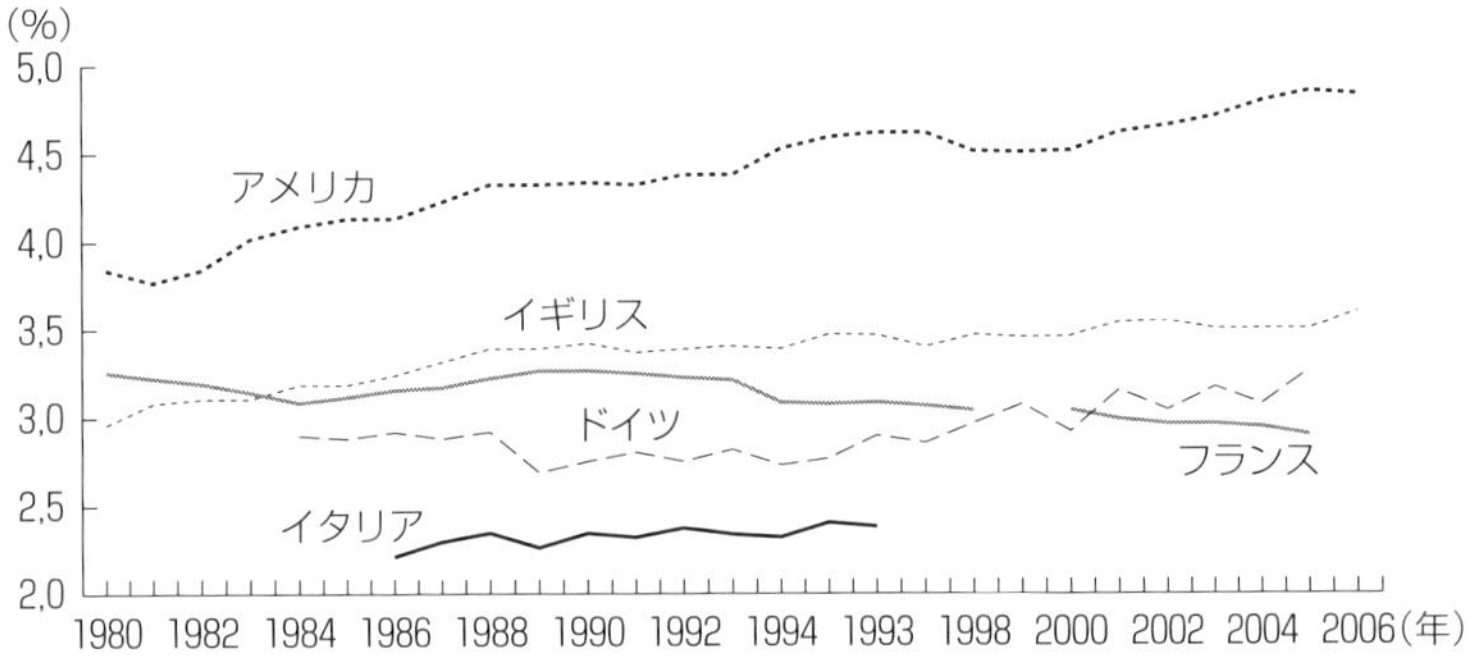

図9－5　OECD 主要国における賃金分散傾向（1980-2006年）（D9 と D1 の比率）

（出所）OECD［Euromémo Group 2011：22］より.

計可処分所得〔の％〕では六八ポイント増加した。

ユーロ圏における家計の債務（総債務の三〇％）はアメリカの家計の債務のピーク（総債務の五〇％）には及ばなかったが、これは単に、ユーロ圏では住宅ローンの商品化がかなり強く制限されているため、そして、ユーロ圏における対非金融企業の信用が依然としてアメリカよりもずっと大きいためである。不動産バブルはスペイン、アイルランドなどいくつかのヨーロッパ諸国において被害を出したが、ユーロ圏の金融政策はアメリカよりもずっと引締め的であったので、結果として、ユーロ圏において最も強く借金を助長したのは公債であった（総債務の約四〇％：これに対してアメリカの公債はほぼ三〇％以下であり、二〇〇九・二〇一〇年の財務省証券の大量発行の後の二〇一〇年でも三二％でしかなかった）。よって、金融グローバル化の核心である一般的借金体制の危機の第二段階の対象となったのがヨーロッパの公債であったことは驚くに値しない。

グローバル化された新重商主義モデルが社会的保護システム（賃労働関係のもう一つの構成要素）に与えた影響もまた重要であった。ここに見られる第一の傾向は、賃金の場合と同じように、補償的な社会給付（失業、家族、労災、貧困の分野がある）が削減されたことである。社会的保護は全体として――すなわち社会拠出（労働供給に関係する）の側についても、社会給付（需要に関係する）の側についても――負の労働誘因として非難されてきた。労働市場においては、社会的保護によって生産される生の資本の価値に関して、その労働力への身体化

が、もはや抑制《レストリクティブ》的なやり方で〔労働力の価値を低めるもの〕しか認められなくなった(22)。こうして人口資源のますます大きな部分が遊休化（休職および失職）していったことは、賃金や社会給付を圧迫するものであり、グローバル化された新重商主義モデルに沿った動きだと言える。

　第二の傾向は、ケアの生産や健康保険の民営化によって保健衛生の分野を、そして年金基金を発達させることによって年金を、資本主義的投資の新分野にすることであった。しかし、この分野における資本主義的投資の経済的・社会的非効率性は、広く認識されているところである(23)。

　このことと相関して、イデオロギーとして引き合いに出される連帯の考え方は、根本的に変容した。平等原理に沿った拡張的な連帯から、平等原理を拒絶しいまや公平《エキテ》に準拠する残余的な連帯（すなわち最も恵まれない集団をターゲットにする再分配政策）へと移行したのである。

　つまり、社会国家の自由主義的・個人主義的な理念は、社会国家〔の役割〕を貧困の調整――すなわち社会の持続可能性の限界内で貧困を維持する（というのも貧困は賃金の低下を許すから）こと――に限定することである。

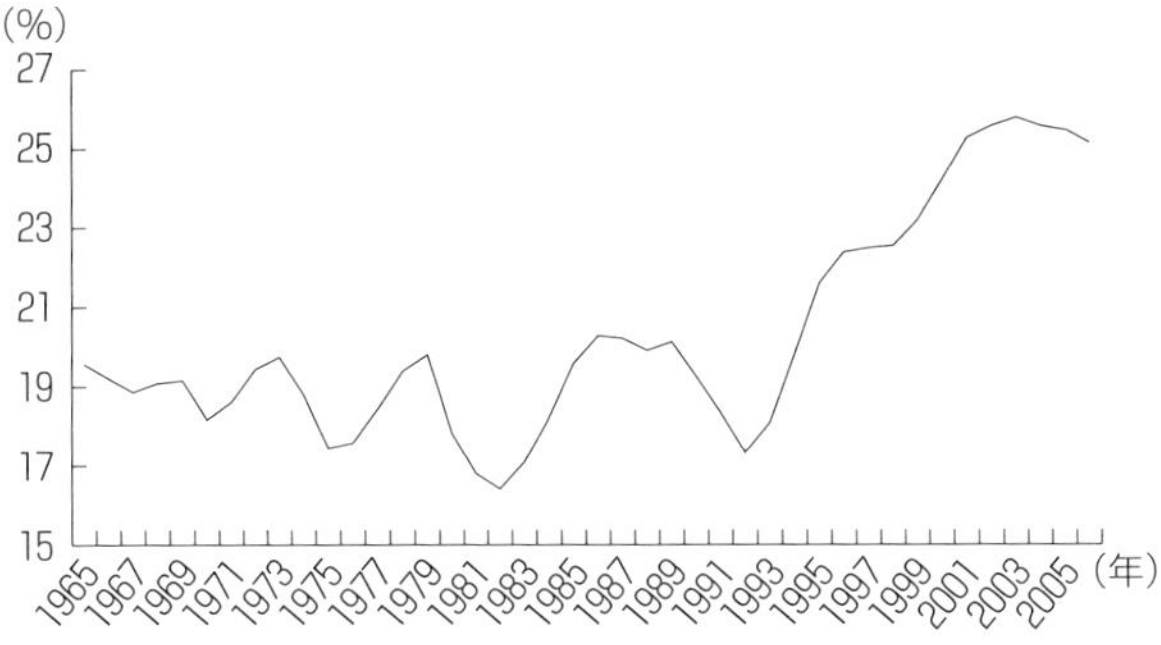

図9-6　アメリカにおける家計債務の推移：消費者信用
（個人可処分所得の%）
（出所）Barba and Pivetti［2009：115］の図1.
（原出所）FRB資金循環勘定.

表9-1　アメリカにおける家計債務の推移：家計債務
（個人可処分所得の%）

	消費者信用	居住用住宅ローン	その他	債務総額
1980	17.8	46.2	8.1	72.1
1985	19.6	46.5	9.9	76.0
1990	19.2	58.3	9.1	86.7
1995	21.6	61.6	10.3	93.6
2000	24.2	66.7	11.7	102.8
2005	24.5	97.5	11.1	134.1
2006	25.1	102.3	12.3	139.7

（出所）Barba and Pivetti［2009：115］の表1.
（原出所）FRB資金循環勘定.

　このように金融グローバル化は、賃金と社会給付を最大限削減すること、および、銀行・金融市場からの家計の借入を最大化することに基づいている。金融グローバルのこのような三重の土台〔賃金削減、社会給付削減、家計借入〕は、社会的支配の諸形態、およびそこで金銭が占める地位の諸形態における構造変化を表現するものである。また、アメリカの賃金抑制《レストリクシオン》を淵源とする二〇〇八年の金融危機は、役割社会レベルでの、および民主主義面での、次のような社会モデルの持続不可能性を表現している。すなわち、その社会モデルとは、一方で、債権者の債務者に対する絶対的支配（〈どんな代価を払ってでも通貨安定化〉というスローガンに表れている）が存在し、他方で、賃金抑制に服する家計が借入を行うことで国民の大多数が債務者に転化している、というものである。なお、家計が借入を行うのは、公債増加の負担によって表象されるように、通貨抑圧下にある公権力が借入を行うことで、間接的に家計の税負担が増加しているからでもある（この問題は以下で扱う）。こうして、現在の危機状況は、債務者が支払えなくなる、すなわち破綻するところまで支配が推し進められたことの結果として解釈される。賃金抑制が徹底して推し進められると、低下した賃金によってはもはや債務負担増に対応できなくなるし、通貨抑圧が債権者に対する減税と組み合わされることによって、公権力の側も同様の結果となる。以上により、まさに金融グローバル化の土台は蝕まれ、その崩壊の脅威は高まる。このような見方に立つならば、金融グローバル化からの脱却は不可避である。というのも、金融グローバル化の領土的基礎は次第に脆弱化していくと思われるからだ。また、〈合理的根拠に基づきかつ一定の順序に従い、今すぐに脱却せよ〉という要求を受け入れなければならないのは、ひとえに、カオス的な社会的・政治的状況の中でこれを行わねばならなくなることを避けたいからである。

(2) 通貨抑圧

金融グローバル化は、政府の通貨権力の抑圧に基づいて民間商業銀行が通貨発行を独占する各国レジームによって支えられる場合にのみ、自らを維持できる。この抑圧によって、公権力は、グローバル金融からの累積的な借入を強いられ、租税的・通貨的な資金調達を極限まで減らした。こうして財政の累積的赤字が引き起こされ、国と地方公共団体は自らの政治的・経済的・社会的な能力を行使できなくなった。

グローバル金融危機は、その第二段階において、アメリカ家計の借金からヨーロッパ諸国家の借金へと広がっていった。この段階で生じた公行政の資金調達問題に、話を進めよう。まず強調すべきは、この点について、新自由主義の学説と政策との間に矛盾があるということである。予算に関する新自由主義の学説においては、公債が不要であること、均衡財政が必要であることが、うんざりするくらい繰り返し主張されてきた。ところが、逆に新自由主義の政策は、赤字を、そして金融市場からの公的借入の累増を帰結している[24]。しかも危機時には、破綻していても「大きすぎてつぶせなかった」銀行その他の民間金融機関を公権力が救済せざるをえなくなり、金融市場からの公的借入が極端に増えていく。

ここには、金融に関する自由主義学説に固有な難点がある。同学説は、政府債務が国際レベルにおいて金融市場を構築するとき主要な柱となるのは政府債務であり、金融市場の発展とそのグローバル化の基礎となるのは公債市場なのだ、ということを説明し忘れている[25]。このように、新自由主義的なグローバル化は、プラスの公的赤字――ゼロの赤字ではなく――が存在していたことを含意している。このとき、〈政府は通貨権力を入手するやいなや必ずインフレ扇動者となるので、政府から通貨権力を剝奪しなければならない〉とするマネタリスト的理念の起源がよく理解できる。EUにおいては、マーストリヒト条約以降、そういう理念が法的に実現されている。つまり、税収予想に基づくいかなる通貨発行も、そしてこれを目的に国庫循環《シルキュイ》〔回路〕を確立する可能性も政府から奪われたので、政府は、年度内キャッシュフロー（流動債務）の問題を解決するためだけでも借入を行わざるをえなくなった。

ところが、金融市場での借入による公的金融は、逆機能的かつ非効率的である。「逆機能的」であるのは、このような公的金融は、公権力の本性に適合した金融手段である租税的・通貨的な金融に反して行われるからである。今日かなり明白に観察されるように、この逆機能性は、財政の累積赤字において表れている。累積赤字により国と地方公共団体は、政治的・経済的・社会的な諸能力を発揮できなくなっている。ところが、こうした諸能力の上にこそ、国と地方公共団体の社会的有用性、つまり市民総体から見た国と地方公共団体の正統性は確立されるのである。

　このことから言えるのは、グローバル金融業者たちは、ソブリン公債の蓄積を通じて諸政府を自分たちの機能ルールに服従させることによって、諸社会の民主主義的な再生産を阻害している、ということである。このように金融諸機関が国際レベルで主権性を主張することは、誰から見ても不当にしか見えないのだが、金融グローバル化をこれまで支えてきて今も支えている政治・大学・経済の指導的エリートたちの目にはそうは見えていない。実際には、諸国が、特に米連邦政府が金融グローバル化過程を推進していなかったならば、現在の大手金融業者の大部分が、金融グローバル化過程の中で台頭し権力と富を築き上げることはできなかっただろう。つまり、金融市場を通じての公的金融は金融業者の無理強いに由来しているわけではなく、諸国がそのような金融市場を構築したことや、自らが大綱を定めた市場の機能ルールに自己服従しようとする指導的エリートたちの意思決定に由来しているのである。

　最近になって、このことはフランスの事例について資料的に裏づけられている(26)。フランスは一九四五年以降に復興を進めたが、その際とりわけ、国庫・企業・個人の複数「取引相手《コレスポンダン》」を組み込んだいわゆる国庫の（銀行的）循環を動員することによって復興を成し遂げた。この循環は、税収予想に基づく、公権力による非インフレ的な通貨発行を可能にした。発行された通貨は、国庫とその取引相手とに固有な回路を循環し、徴税によって回収された。B・ルモワールが明らかにしたように、フランスでは、国庫通貨権力の抑圧と公債の販売は一九六〇年代に始まり、国庫循環の段階的弛緩という形をとった。国庫循環の完全な消滅は、欧州経済通貨同盟（ＥＭＵ）を創設したマーストリヒト条約において明文化された。

　さて、グローバル金融の権力が財政に対してもつ逆機能性は、単にわれわれの社会の民主主義的な作動を阻害するだけではなく、非効率性の原因にもなる。①信用を通じた資源配分に関する非効率性は、対企業信用に対するクラウディングアウト効果によるものである。既に見たように、これはアメリカにおいて一目瞭然である。②所得分配に関する非効率性は、減税が助長する高所得者への富の集中と、公債引受けを通じての税収の金利生活者への再分配とが、最後には金融資産のインフレを引き起こす、というものである。最後に③国民の厚生の向上に関して非効率であるのは、通貨抑圧が、通貨安定や「株主価値」の要請の強さに応じて景気後退傾向をもたらすからである。

　一九七〇年代以降、資本主義的賃労働社会は各国領土レベルにおいて社会的諸力の間の関係の変容、特に債権者と債務者の間、および債権者諸階級の間の関係の変容を経験したが、金融グローバル化は、これを引き起こしたというより、むしろここから帰結したと考えるべきである。だから金融グローバル化は、依然として社会的諸力の変容と切っても切り離せない。この点は、国民および国の大量借金過程――今しがた言及したような――が、社会的不平等や貧困の大幅増拡大を伴ってきたことから、明白である。だとすれば、金融グローバル化を脱却するということは、ひとえに、経済的・社会的に今日もはや持続可能でなくなったこの借金過程を脱することでしかない。

（3）アメリカ型理念体制

金融グローバル化を支える国際的な理念体制《レジーム》は、一九七〇年代以降アメリカで形成され、普遍的に通用するものとして立ち現れるべく、金融科学の科学性と「新しい古典派」マクロ経済学の合理性に依拠していることをアピールしている。しかしこの体制は、誤った仮説に依拠しており、アクセサリーとして機能している科学的合理性によりもむしろ、アメリカに起源をもつ宗教的信念に支配されている。諸仮説の誤った特性は、金融危機が繰り返されることを説明するものであり、金融グローバル化から脱却する必要性を改めて正当化している。

グローバル化の工学を提供してきた金融経済学の発展は、その運動の中で、アメリカの主要大学の経済学者たちによる職業実践を科学の倫理から切り離してしまった。われわれは、このことによって提起された倫理的問題にも取り組んできた［Bryan and Rafferty 2007; Théret 2008c; 2011b］。F・モランも著書『ウォール街なき世界？』においてこの問題を扱っており、「グローバル金融とその諸市場が持つ強大な権力」を終わらせるには、「経済学者たちの知的ソフトウェアを変更し」なければならない、と考えている［Morin 2011 : 25 ; 99］。

また、数多くの研究(27)が、グローバル化過程の先導者たちにとってまさに「知的ソフトウェア」として役立ってきた新しい金融の科学（金融経済学）や「新しい古典派」経済学について、それらの基本仮説には顕著な理論的弱点があることを明らかにしてきた。こうした研究の結論は、国際金融の巨大建造物は〈粘土の足をもつ巨像〉であり、これが警告もなく突然崩壊するのを待つよりむしろ、今すぐに解体に着手すべきだ、というものである。そこで、以下では、グローバル化のこうした認知的次元を検討することにより、アメリカで経済や金融の科学が経験したリバタリアン新自由主義「革命」と、グローバル化との間の結びつきを説明しておきたい。

金融グローバル化は、この知的革命が経済部面においてとった表現である。この知的革命によって、アメリカの経済学部とビジネススクールは完全に様変わりし、通貨・金融エンジニアの供給元となってしまった。「革命」がアメリカで、詳しく言うとシカゴ、ハーバードＭＩＴ、スタンフォードの三大学が構成する黄金の三角形《トリヤーングル》の中で起きたのは、この国に特殊な理由からであった。その理由には、イデオロギー的なもの（アメリカ経済学者たちの間では自由主義的・リバタリアン的な想像界が力をもっている）、経済的なもの（企業の外部金融需要）、および政治的なもの（アメリカから見てブレトンウッズのシステムが限界に到達した――このシステムがアメリカにとって有利でなくなり、世界覇権維持のためにはむしろ不利となった）があった。

諸通貨間の固定相場と金重量によるドルの裏づけに基づく多角的体制が終焉したことと密接に関連して、まず通貨デリバティブの先物市場、次いでわれわれが現在知るような一連の金融市場が発達した。これらは、上記の諸大学において構想されたものであり、アメリカの公権力から積極的な支援を受けた。アメリカの公権力はこれらのものに、資本主義的世界－経済《エコノミー・モンド》の中心という帝国的な地位を取り戻し、その後もそれを維持するための手段を見いだしたのである。米ドルは、他の諸通貨に対する為替相場変動の大きさから見て、確実な準備通貨としての能力を喪失していた。にもかかわらずドルは、こうした金融諸市場のおかげで、覇権的国際通貨としての経歴を継続できた。世界他諸国に対するアメリカの覇権的権力にとってドルの受領性――その発行水準に関係なく――がどれほどに決定的な要素であるかは周知のことである。

しかし、国が金融規制緩和を通じて金融諸市場の構築・拡大の主要な担い手になるというのは、アメリカだけのことではなかった。ブレトンウッズの国際通貨システムが崩壊した後の諸国間の一般的競争状態を背景として、結局〔同様の動きは〕世界規模に広がった。ヨーロッパが現在の危機に捕らわれてしまったこと、ヨーロッパで破綻銀行が分別も見返りも国有化もなしに救済されたことは、〈精神と世界観の金融化〉という特性が西欧諸国の指導的エリート全体に広まったことの証左である。

このように、危機を脱することは、確かに、賃金抑制と通貨抑圧

――新自由主義的な一般的借金経済の中心的な二本柱――によるデフレ主義的レジームを脱却することに等しい。しかし、問題の与件を変えるほどに大規模な超国家的社会運動の可能性は度外視するとしても、通貨抑圧と賃金抑制を脱することは、経済的・金融的理念のアメリカ型体制《レジーム》を予め脱却することを含意している。この体制は、大多数の経済学者たちの間に大きな不信が蓄積されているものであるが、指導者たちの間ではいまだに思考基準として権威をもっている。実は、現在の危機によってその限界が告げられたというのにいまだ支配的な自由主義的新重商主義モデルを脱却することは、経済に関する純粋競争的な表象――新古典派の理論モデルに合致した表象――と手を切ることにほかならない。このような表象が、各国や世界の市場経済の自然的で最適な到達点として新古典派モデルを位置づけているのである。以上より、自由主義的な新重商主義モデルを脱却することが肝要と言える。このモデルの影響力が衰退するならば、投機的金融による富裕化戦略は大部分が消滅し、金融グローバル化は足場を失い空洞化するだろう。

結　論
――危機脱出と金融グローバル化脱却とを同じと考えてよい一連の理由――

本章の分析を終えるにあたって、われわれが次のような経済活動金融の諸様式、すなわち、より安定的な、より効率的な、倫理面でより適正な、より公正かつ民主主義的な、公権力の正統性への打撃が小さい、そして国民大多数にとってより拘束的でない経済活動金融の諸様式に戻ることを正しいと考える理由について、全体的まとめを行っておきたい。

第1節で見たように、グローバル化し脱規制化した金融〔グローバル金融〕は、反復的でますます深刻化し頻発し一般化する危機を生み出している。グローバル金融には、その発明者・理論家・技術者が想定していた能力、すなわち国際通貨に期待される諸機能を満足に行う能力は備わっていない。非常に低い生産性、大きな不安定性、そして有形資産〔株や不動産〕価値の大きな自己維持的インフレという犠牲を払ってしか、そのような役割を果たしてこなかったのである。グローバル金融が企業金融に関して真に効率的であると言えるとすれば、それは、金融企業自身〔銀行、ヘッジファンド、ミューチュアルファンド等〕の発展についてだけ、すなわちいわゆる金融資本の蓄積についてだけである。ただし、金融危機の反復・拡大・深化が強まっていることを考慮すれば、この効率性にしても短中期的にしか存在しない。これに対して、国際的な商業や生産投資のニーズへの対応に関して、また〔「金融的産出」の増加にとどまらない〕経済発展に関して、グローバル金融は不適合であり、かなり非効率である。実際には、グローバル金融は、諸社会の厚生増大目標に対応するためというより、むしろそれ自身の論理に従って発展してきたのである。しかもグローバル金融は、民主主義の諸原則の物差しで測って評価すれば不当な政治的権力を、諸社会に対して行使している。

つまりグローバル金融は、非金融的な諸活動に対して、禁止的な〔高さの〕取引費用をグローバルに課している。長期的には、グローバル金融の発展は、経済的・金融的・社会的・政治的リスクの増大に対応するものであり、国際空間において非金融企業や国を圧迫する通貨的・金融的リスクを減じるいわゆる真の保険〔保証〕システムによるリスク削減に対応するものではないので、取引費用は高くなっていくしかない。このようにグローバル金融は、為替や金利変動のリスクに対する保険を提供するのではなく、それを再分配しているだけである。すなわち、短期間に財をなしたい最も冒険的・野心的な金融業者へと、あるいは、あまり良心的でない金融仲介機関から購入する商品（金融仲介機関は証券化によって、最も焦げ付きリスクの高い資産を密かにこれに組み込んでいる）の性質について最も無知な貯蓄者へと、リスク保有者の交代が行われているにすぎない。金融グローバル化の拡張的な動態はアプリオリには無制限であり、このことを可能にしているのは、その中で取引され発明されている諸商品の仮想現実性である。こうした動態の中で、リスク忌避〔度合い〕の最も小さい投機業者は、たいていの場合信用で〔カバーをとらずに〕リスクをとっているが、実は、それを引き受ける（と想定されている）能力をもっていない(28)。また彼らは、「デリバティブのデリバティブ」および三、四、五乗のデリバティブを作り出すことによって、そして最終的には証券化を通じて、リスクをミスティグリ〔トランプで切り札として使うジャック〕のように絶えず移転しようとする。したがって、実際に誰がリスクを保有しているのか、デフォルト〔債務不履行〕が起きた場合に誰がリスクを引き受けるべきか、あるいは引き受けることになるかが、わからなくなってしまう。実際には、二〇〇八年危機当時、世界の至る所で観察されたように、最後の拠り所としての「保証人」は公権力である。このことは、いわゆる自己調整システムの失敗を物語るもの、つまり、システムの存在とその「サービス」の高い費用とを正当化する経済的「諸機能」を引き受けることのできないシステムの構造的無能を物語るものである。

このシステムが、一切の領土的調整を免れたグローバル金融の論理の中で、絶えずシステミック・リスクや政治的・社会的リスクの水準を上昇させているとすれば、それは全く単純に、そのことがリスク産業としての自己の生存と拡張の条件だからである。リスク産業は、自己自身への需要を維持・開発しなければならないという特殊性がある。リスクへの備えが必要となるように、リスクを生産しなければならないのである。ところが一定の発展段階に達すると、国際貿易・投資の必要性は限定されてきて、もはや挽く種を十分に供給しなくなる。金融の論理は自己準拠的〔自己言及的〕なものとなり、本質的には、投機活動に固有な諸リスクから自己を守ることだけが問題となる。これによりリスクの増加が引き起こされる。なぜなら「保険契約」それ自身が投機活動の対象となるからである。

最後に、金融のリスクと原子力のリスクとを比較しておきたい。二つの事例には、システミック・リスクという同じ問題と、同じタイプの利益・圧力団体が見いだされる。原子力のリスクについては、われわれの意見は、もっぱら利潤追求を志向する民間の個人や集団の手にその管理を委ねることは合理的でないと考えることで一致している。これに対して金融のリスクに関しては、われわれはまだそのような意見の一致に至っていない。しかしどちらの事例においても、提起されている問題は同じである。現状において事故発生の確率が高い場合、そのようなリスクから身を守ることが不可能なのであれば、むしろ、問題の根源に立ち入ることによって、すなわちこうした「産業」が経済や社会に占める位置を徹底的に縮小させることによって、この確率を減らすべきではないだろうか。少なくとも、どちらの事例にも、民主主義的討議の対象とすべき政治的問題が見いだされる。原子力については多少ともそう〔民主主義的討議の対象に〕なっているが、金融については全くそうなっていない。

「問題の根源に立ち入る」とは、第二節で扱った金融グローバル化の原因に遡ることにほかならない。まずわれわれが見たのは、従来の国の通貨権力を抑圧し、通貨発行権力を丸ごと民間商業銀行へと委譲する（中央銀行は銀行間手形交換所に還元される傾向にある）ことによってバックアップされる場合にのみ、金融グローバル化は台頭し自己維持することができた、ということである。この抑圧《レプレシオン》を受けた公権力は、グローバル金融から累積的に借り入れざるをえなくなり、税や通貨による資金調達を極限まで減らしていった。こうして引き起こされた累積的な財政赤字によって、国と地方公共団体は、自らの政治的・経済的・社会的能力を発揮できなくなってしまった。諸国の民主主義的正統性は、これにより二重に脅かされた。すなわち一方で、期待された水準と質において自らの諸能力を発揮できないことによる脅威がある。他方で、政府に対する統制権力が国民全体の手から国民の一部だけの手に移行することによる脅威がある。またこの一部の国民は、コスモポリタン勢力――公的債務の債権者－金利生活者である能動的《アクティフ》な〔債務者の行動に注文を付ける〕少数の個人や集団――と同盟を組んでいる。

　こうして、金融グローバル化の現在の危機は、その民主主義的基礎との関係を断った政治的代表制および財政の危機として現れる。この危機を脱出するには、通貨抑圧と手を切り、国庫の銀行的循環を再確立することにより一時借入および中長期借入（現在この区別は通用していないが、公権力の資金調達における短期的必要性と長期的必要性とを区別するために復活させるべきであろう）による「ソブリン」債務の負担を減らす以外に解は存在しない。節度ある財政通貨の発行と、公共投資限定の資金調達のためにもっぱら国内市民から直接に貯蓄を集めることによる長期債の市場外発行とを組み合わせることによって、政府の信用は回復するだろうし、それと同時に、グローバル債券市場（の役割）は、より均斉がとれたものへと、非金融企業の資金調達機能に還元されることとなろう。

　われわれはまた、発達した賃労働社会において、金融グローバル化の国内レベルにおけるもう一つの柱が賃金権力抑制《レグレシオン》の経済体制《レジーム》であることを見てきた。これに関係してくるのが、賃金購買力と対付加価値賃金シェア、すなわち賃労働者の対雇用者交渉力である。この体制《レジーム》は、消費部面においては、家計に一般化した借金が増加することによって、しばらくの間「相殺」されてきた。しかし、このことと、増加した公債をファイナンスするために消費税収への依存を強めたこととが組み合わされた結果、金融グローバル化で儲けているごく少数の債権者が多数の債務者を支配する新しい社会的支配様式が確立した。これは、社会的均衡が断絶する重大な危機である。これまでは、完全市民権を与える社会的地位としての賃金生活者《サラリアート》の制度の助けを借りつつ、社会的均衡によって、先進資本主義社会に、そしてその〔先進資本主義社会の〕民主主義的性質の現実態〔国家〕における否定に、平和をもたらすことができてきた。

　よって、自由主義的な新重商主義を脱却することによって、すなわち、国内需要の役割を再評価し再活性化させ、かつそうした国内需要を動員して領土内レベルの諸経済を再活性化することによって、賃金抑制を終結させることが望ましい。また、それに向けてエコロジー制約を推進することが望ましい。本章では、グローバル化のエコロジー的影響という問題は扱わなかったが、これが、グローバル化からの脱却という理念を、持続可能な地域発展に核心的な位置づけを与えるエコロジー的移行の理念につなげる非常に重要な問題であることは明らかである[29]。

　本章では最後に、一九七〇年代以降アメリカで確立された国際的理念体制によって金融グローバル化がバックアップされてきた事実を振り返った。この体制は、普遍妥当なものとして自己を提示するために、金融科学の科学性と「新しい古典派」マクロ経済学の合理性とに依拠しようとしてきた。ところが、とりわけ社会諸科学による金融の分析によって徐々に明らかにされているように、この体制は誤った諸前提に基づいており、自らのアクセサリーである科学的合理性よりもむしろ宗教的信念に従属している。モデルや金融商品を作り出すときの基礎となっている誤った諸仮説は、われわれが目撃した金融危機の繰返しを説明するものである。つまり「諸商品」の価値やモデルへの信頼は今や容易く疑われるようになっており、実際そうなったときには、諸商品を取り扱い、極めて短時間に地球の端から端まで輸送する国際金融システムは常に突然崩壊する可能性がある。これは二〇〇七－二〇〇八年に起きたことであり、諸国と「彼らの」中央銀行による通貨的・金融的介入のおかげで、システムは全面崩壊せずにすんだ。しかし、救済を行った国々は無傷ではすまなかった。というのも、今や、自由主義的統治性《グヴェルヌマンタリテ》の価値までが、一般的な広がりをもつ不信――まだ原子化されてはいるが――の対象となっているからである。

　政治的な手段を通じて――すなわち金融グローバル化開始時と同じ手段を通じて――、秩序立ったやり方で金融グローバル化を脱却することを支持するもう一つのしかも重要な理由がここにある。「仲介諸機関」のある種の「過剰」およびその他の倫理的過ちを少々是正するだけで、金融グローバル化を現在の形態のままに維持するのであれば、新たな次のいっそう重大な危機が引き起こされることになろう。というのも、今度はいくつかの国の債務不履行、さらには破産を伴うであろうからだ。

注

(1)「新古典派理論は、金融において科学とグローバル実務とをリンクさせる理想的な動輪である。なぜなら、その処方箋は、時間と地政学的境界を超えて有効であるからだ。しかし新古典派理論は独力では、金融システムの制度構造についての処方箋や予想をほとんど提供していない。金融システムの制度構造とは、技術・政治・人口統計・文化的規範の基底的変化に対応して進化するであろう――または進化すべきである――特殊な種類の金融仲介・金融市場・金融規制機関のことである。したがって新古典派モデルは、制度変化の過程を理解し管理しようとする意思決定主体に、重要な――ただし不完全な――手引きを提供する。［……］この任務を遂行するにあたっては、新制度派的・行動論的な観点が大いに有用であろう。［……］特定の取引費用または行動パターンが、与えられた制度構造の下で理想的な摩擦なき新古典派的均衡についての予測からの逸脱を示すとき、結果としての不効率性を部分的に相殺する新しい制度が発達する傾向がある。より長期的には、すなわち制度諸構造が十分に発達する時間を経た後には、資産価格や資源配分についての新古典派モデルの予測はおおよそ妥当であろう［Merton and Bodie 2005 : 1］。Merton［2009］も参照。

(2) Théret［2011a］等を参照。

(3) 例えば以下参照―― Orléan［1999 : 2009］、Mandelbrot［2004］、Walter and de Pracontal［2010］。金融市場の効率性仮説に対する批判を詳しく扱った読み物風の報告としてFox［2009］を参照。

(4) 株式市場の実際の非効率性については、Stout［1988］およびHo［2009］による詳細な分析を参照。

(5) 例えばTaleb［2010］によるもの。

(6)「［……］一九九〇年代末の異常なバブルとその悲惨な余波によって、その多くの観察者は、資本イデア（Capital Ideas）の建造物全体の土台となっている合理性の諸仮定について疑問を提起せざるをえなくなった。この大混乱にもかかわらず、資本イデアの適用は発展を遂げ、世界中の金融市場において、投資ポートフォリオやトレーディングの日常的管理のための正統的な業務手続きとなるに至った。［……］おそらく資本イデアの最も顕著な特徴は、その諸理論が一連の経験的テストに耐ええなかったにもかかわらず、投資決定へのその影響力が不変であることだろう。［……］何よりもまず、デリバティブの評価と仮想上無限の適用についての、そして変動性の意味についてのブラック＝ショールズ＝マートンの洞察は、世界中のあらゆる資産の市場に広く行き渡っていった。実際、最近の研究では、世界トップ五〇〇社の九二％がデリバティブを利用していると報告されている」[Bernstein 2007: xvi-xvii; xviii; xx]。

(7) このことをよく示しているのは、二〇一三年一〇月にアルフレッド・ノーベルを記念した経済学におけるスウェーデン国立銀行賞がシカゴ大学ブース・ビジネススクールの二人（うち一人は、市場の情報効率性仮説（ＨＥＭ）の創始者でも主要追従者でもあるＥ・ファーマ）とＲ・シラー（Ｒ・セイラーとともに行動ファイナンスの開拓者の一人）に授与されたことである。しかしこのことは、〔彼らが〕金融投資への、特にデリバティブ商品市場へのアクセスの民主化のために闘うことを妨げるものではない。シラーは、ここでの「デリバティブ」「商品」を、社会生活の不安からの保護の手段と見なしている。すなわち、「ウォール街を罰するのではなく民主化せよ。金融がもっと多くの人に届くよう、金融をもっと包摂的《インクルーシヴ》にせよ。人々にとって重大な諸リスクを扱う、デリバティブおよび公開市場を創設せよ。公共財を充実させる一つの方法として、金融イノベーションを継続せよ。一定の不平等や投機は金融資本主義成功の一部であることを受け入れよ」[Shiller 2012]。確かにシラーはＨＥＭに対する最初の内部批判者の一人ではあるのだが、次のような投資家がいると考えている。すなわち、合理的に行動してはいるが、資産価格のほかに、市場の効率性を低下させる市場環境に関する多くの変数も考慮に入れている投資家がそれである。またシラーは、諸市場を完全効率的にするために、諸市場への制度的介入によって、あらゆる投資家の行動をＨＥＭに合致させ、行動上の「摩擦」を減らすことに賛成している。シラーは「教室の経済学および金融論が現実世界の経済学および金融論とどう相互作用しているかに注意を向けている。この相互作用は決定的に重要である。シラーは、理論がどこまで現実を説明するか、および、現実がどのように理論を照射するかを理解することによってのみ、人々が自身の人生を管理する助けとなるような金融諸制度・金融諸手段を工夫することができる、とするマートンに同意している。〔……〕彼はこう主張している。『人々は投資行為について、かなり紋切型の考え方をしている。適切な金融諸手段は、人々がそうした狭い見解を克服する助けとなるだろう』。〔……〕シラーは、不適切な思考プロセスによって、すなわちリスク管理を行うことを人々に禁じる偏見によって、リスク管理の進歩が数世紀にわたり妨げられてきた、と論じている」[Bernstein 2007: 81]。そこで、シラーによれば、「経済学者が行動すべきだと主張するように行動するとき人々が直面する困難を考慮するならば」、国民全員に合理的な市場金融についての教育を施すことにより「金融民主主義」を打ち立てるべきなのである [Shiller 2004: 671]。

(8) デリバティブ商品は、企業・家計・公権力の収入に対する貨幣的所有権を表象する原証券をベースにして発行される純粋な価値章標であり、発行の目的は、主に為替レートや金利の変動から引受人を保護することにある。

(9) 「〔……〕国民諸通貨は〔……〕世界通貨の不十分な形態である。国民諸通貨は、自己自身への準拠〔言及〕によってしかその価値を定義できないので、国際取引において効率的に計算単位として機能することができない〔……〕。国民諸通貨は、時間の中でその為替レートが変化するようになるやいなや、もはや信頼の置ける価値準備としては機能できなくなる」[Guttmann 1996: 89]。

(10) だから Amato et Fantacci [2012] は、いかなる金融の本来的目的も当然のこととして〈債務を終わらせる〉ことにあるのに対して、資本主義的金融は、〈債務の決済や取り消しの期日を絶えず先延ばしする〉という逆の理念によって運営され、債務の無制限の蓄積の上に築かれている、と考えるのである。もちろん、「危機時に」債権債務残高の決済が行われないのは「債務支払いが明らかに不可能であるため、すなわち債務者が支払不能であるためである。債務者の倒産はその債権者をも支払不能にし、伝染《コンテージョン》を広めるリスクがある。しかし成長期にもそれ〔債権債務残高の決済〕は行われない。なぜなら、この時期には支払期日を絶えず先延ばしできるからである」[Amato et Fantacci 2012: X]。

(11) ポンツィ型の現象を金融資本主義分析の中心に置いたのは、H・ミンスキーである（ミンスキーの思想への優れた手引きとして Mehrling [1999] 参照）。ミンスキーによれば、こうした現象は、いわゆるポンツィ的な財務主体の存在によって説明される。ポンツィ的主体は、借金によってしか債務の元本を返済できないという意味で「投機的」であるのみならず、経常取引から引き出される所得フローから債務残高の利子すらも支払うことができない（単なる投機的主体ではこうはならない）。このようにポンツィ的な諸主体は借入の悪循環に陥っており、この悪循環は、たとえ彼らの資産が停滞するだけでも、無限に拡大する。例えば、通貨当局が順応的〔市場追従的〕であることをやめ、金融引締め政策（金利上昇）によってインフレ制圧に乗り出すやいなや、投機的主体はリファイナンスの困難から（単なる）ポンツィ的主体へ転化する傾向があるだけでなく、ポンツィ的主体は破綻に追いやられる [Minsky 1993]。実際には、（金融仲介機関という広い意味での）銀行は、非金融企業および家計に奉仕するというその金融仲介機能を優先しなくなるときに、すなわち、自己自身の利益となる「金融商品」の創造を通じて自己自身の資本蓄積を優先するようになるときに、たちまちポンツィ的主体へと転換する傾向があるようである。こういうわけで、ミンスキーは、「マネー・マネージャー」的と彼が形容する金融資本主義を、構造的に不安定なものと見なしている。金融グローバル化が勝利を収めている間は、金融規制緩和、証券化、および（金融政策が重視する物価指数における）金融資産インフレの非考慮、によって、金融部面が通貨的調整《レギュラシオン》を免れ、金融部面のレバレッジ〔梃子〕効果が未曽有の水準に押し上げられた。これにより、徐々に多くの銀行が、相互にリファイナンスし合うポンツィ的主体へと転化していった。相対的に薄くなっていく非金融資産を基礎に積み上げられる信用の逆ピラミッドはこうして徐々に脆弱化していったし、それに加えて、金融仲介機関のバランスシートが相互依存しているために、システムのある一点の信頼喪失に起因してリファイナンスのごく小さな偶発的ショックが起きるだけでも——競争的環境の中で——悲惨な影響がもたらされるようになった。「金融脆弱性のこのような文脈の中で必然的に利子率上昇が起こり、利子率上昇から始まる投資減が危機のエスカレートを助長した」[Desmedt, Piégay and Sinapi 2010: 100]。

(12) この点については、そして、もはや（耐久）消費財というその主要機能において考慮されることなく、いまや純粋な金融資産と見なされている住宅にとってのその決定的重要性については、Théret [2011a] を参照。

(13) しかし、こうした議論は、銀行家たちが借り手企業の信用性の指標として、債務を「マーク・トゥ・マーケット」価値に関係づけるレバレッジ比率を用いる、というアイデアに基づいている。このとき株式市場の機能は、投資家のために株式の流動性を保証することに還元されている。こうした議論は、既に一九八〇年代に異議申し立てされている。にもかかわらずわれわれは、「株主価値」システムが標準として強制されるにつれて、市場が信用を獲得していったと考えることができる。「投資資本を適切に配分する上で効率的株式市場が本質的に重要であるという議論は、代替的な資金調達源が多々ある中で、法人企業が資金調達を主に株式発行に依存しているということを想定している。だがこの想定は、現在の企業の金融行動と食い違っている。実際は、多くの企業が資金調達源として株式市場を回避しているように見える。〔……〕公有企業は、平均して一八年ごとに一回しか発行していない。〔……〕加えて、株式発行は〔……〕企業の資金調達のうちごく一部を提供しているにすぎない。〔……〕ここ数年は純株式資金調達（は）マイナスであるが、これは企業が発行量以上に株式を買い取ったからである。[……]（この）事実は[……]資本配分が株式市場の最も重要な機能であるとする議論を封じ込めるものである。これへの応答として、市場効率性の支持者たちは[……]たとえ企業が資金調達を株式に依存していなくても、彼らの株式のための市場が、他の種類の資金調達の利用可能性および費用に影響を与えるのだ、と指摘してきた。[……]（しかし）代替的な複数の資金調達源の中から選択を行う企業の行動において最も「驚くべき」側面とは、内部で生み出される現金が支配的であるということだ。株価の効率性は、この最も重要な資金調達源とは無関係である。[……]企業の借入（に関して言えば）[……]（市場効率性の支持者たちは）、株が上がっている企業は、株価が低下しつつある企業と比べて、より多くをより低い利子率で借り入れることができるのだ、と指摘することによって、株価の重要性を主張してきた。この議論は直観的には魅力的であるが、原因と結果の想定に問題がある。株式市場によって高く評価される企業はより容易に借入を行えるかもしれないが、そのことは株価が高いからではなく、市場に企業の見通しを好ましいと見るよう促す同じ楽観的情報が、企業をより魅力的な借り手にもするからなのである[Stout 1988:645-48]。「[……]経済分析の結論は、売買市場の主要な機能は投資家間への富の単なる再分配である、というものだ」[Stout 1988:695]。O'Sullivan [2000:78] と Ho [2009:179] は、この観点を明確に打ち出している。

(14) 「イギリスを除いて、正味のタームでは、株式市場はもはや経済に資金提供する役割を果たしていない」[Natixis [2012 b: 2]。

(15) こうした「金融産業の肥大化」は「表面に出ない間接的な費用」を伴っている[……]。二〇〇〇年代には、ハーバード・ビジネススクールその他の主要大学のMBA同期生のおよそ三分の一が金融部門に進み、同じ現象はより少ない程度においてではあるがヨーロッパでも見られた。最も高い報酬を受け取っていた人たちの中には、金融資産間の価格不均衡が数マイクロ秒を超えて持続することがないよう（！）〔価格不均衡の〕是正を仕事とする金融オペレーターがいた。[……]このことは、経済全体のレベルにおいては一定の浪費を表すと考えてよい」[Jacquillat 2009:235]。

(16) P・デムビスキーとジュネーブ金融監視機構が二〇一一年に作成したデータによる。ただしこのデータによれば、アメリカよりもユーロ圏のほうが、非金融企業に対する信用が借入総額に占める割合を高く保っている。アメリカにおいては、信用による対企業金融に対する金融グローバル化のクラウディングアウト〔締め出し〕効果が大きく、企業はかなり強く自己金融に依拠している。ヨーロッパの場合、対企業信用は二〇〇九年以降大きな打撃を受けたものの、相対的に高い比重を保っている。この時期には、債務総額に占める公債のシェアが大幅に増えた。これは、単純に、公的機関が民間債務を肩代わりするという金融システムの救済〔が行われたこと〕によるものだった。

(17) C・デブロックは、以前は、自由主義的新重商主義とそのグローバルな景気抑制的性質に注意を促していた[Deblock et Arteau (dir.) 1989]が、その後は、「市場開放に適用された重商主義の刷新的形態」を性格づけるべく「競争主義」について語っている[Deblock 2002:2]。例えば Uzinidis et Patelis [2010]、Bellofiore, Garibaldo et Halevi [2010] も参照。

(18) 一国レベルにおける輸出主導型新自由主義体制とは、一般的借金経済（つまり債権者、もっと詳しく言えば金利生活者によって支配された社会経済）の中で、公的な通貨発行権力の「抑制」と「抑圧」と、非金融的活動部面における賃金購買力の「抑制」とを組み合わせた体制のことである。一九七〇年代以降われわれはこのようにして、貨幣的生産経済（債務者――主に特定の産業プロジェクトの資金を調達するために借入を行う非金融企業――に有利なケインズ的体制）から一般的借金経済（債権者――主として無限の衒示的消費の計画を首尾よく進めるために良識と常識を超えて利殖すべく貸付を行う金融企業――に有利な新自由主義的体制）に移行したのである。

(19)　金融規制緩和に関しては、金融グローバル化は、マッキノン［McKinnon 1973］のいう金融抑圧（実際は、信用貨幣の発行に関する銀行の行動を制約していた金融規制）の終焉を意味していた。この金融抑圧は、われわれが対句的に通貨抑圧（信用発行通貨の発行に関する政府の行動を制約するもの）と呼ぶものにその座を譲ったのである。ユーロ圏においては、通貨抑圧が世界の他のいかなる場所よりも徹底的であった。というのも、公的な通貨発行の可能性、公的預金銀行の存在可能性がゼロになったからである。

(20)　むしろ、ソビエト連邦やユーゴスラビア等、いくつもの国が解体したことによって、金融グローバル化は減速した。

(21)　ゼロから一までの相対的強度の目盛りの上では、通貨抑圧のゼロ度にはアメリカが、同じく一度にはユーロ圏が来る。賃金抑制の相対的レベルについては、ＥＵにおいて現在の緊縮政策のうねりが起きるまでは、二極の割り振りがこれとは逆であった。社会民主主義およびキリスト教民主主義の大陸欧州においては最低限の抑制、アメリカでは最大限の抑制であった。

(22)　生の債務の反対項目である生の資本、すなわち象徴的・文化的資本の観念については Théret［1992: 276; sv: 2003c］を参照。

(23)　リスク引当てやサービス費用から見たアメリカの保険システムの非効率性は、特にカナダの公的保険システムやアメリカの民間保険システムとの比較から明らかである［Théret 2002a: 179-87］。確定拠出型年金が生み出されたのは、アメリカの保険システムが国際通貨金融システムに従属していること、しかもこのシステムが不安定であり危機を繰り返してきたことによる。確定給付型年金システムと確定拠出型年金システムの効率性の比較については、Théret［2011d］を参照。なお、この分野にあっては、新自由主義的改革や金融グローバル化は、ほとんど、経済的・社会的効率性によって動機づけられていない。

(24)　このようなズレは、一九世紀の自由主義においても既に、民間金融の発展の中心にあった。この点については Théret［1995b］参照。逆説的なことに、ケインズ主義は公的赤字の通貨ファイナンスをアプリオリに受け入れたのだが、実際には、公共支出増加または何らかの減税の乗数効果によってその公的赤字はごく小さかった。こうして、ケインズ主義体制のときには公的債務はほとんど存在しなかった。

(25)　この点については Cohen［1995］と Plihon［1996］を見よ。

(26)　Lemoine［2011］を参照。金融グローバル化の進展に際して国家が演じた役割についての総括的な分析として、Helleiner［1994］参照。

(27)　Théret［2011a］等を参照。

(28)　「金融システムが正常に作動するとき、リスクは、その諸帰結に耐えることを受け入れる人々へと最適に配分される。しかし金融システムは、有効にリスクを引き受ける彼らの能力について予め判断するわけではない。また、自分は保証されていると考える諸主体は、しばしばより多くのリスクをとるよう促される［……］。最後にそして何よりもまず、このことが伝染現象の強まりや、リスクの集中を引き起こす可能性がある。リスクの集中は、システムリスクを助長しうるので、金融システムの安定を脅かす［……］」［Capelle-Blancard 2009: 167］。

(29)　金融グローバル化のエコロジー的な持続不可能性については、何よりもまず、Collins *et al.*［2013］および Frémeaux *et al.*［2014］を参照。

訳者あとがき

本書は、フランス・レギュラシオン学派の泰斗であるブリューノ・テレの近年の主要論文のなかから、主に貨幣論に関わる論考を選出し、取りまとめた論文集である。したがって、本書は、日本でのみ公刊されるオリジナルなものであり、序は書き下ろしである。

翻訳に関わる検討作業のうちほとんどのものは、二〇一八年三月に、訳者の一人である中原の勤務先である阪南大学産業経済研究所の外国人研究者短期招聘制度を利用して、テレが来日したときに集中的に行われた。その後、直ちに翻訳作業に取りかかったが、様々な理由から、三年もの時間を要することとなった。

以下は、本書の元となった論文の詳細である。第5章と6章が英語論文である以外、すべてフランス語論文である。また、第5章と6章については、テレの指示に従い、刊行された論文ではなく、草稿から訳出した。

第1章
L'argent public et les régimes économiques de l'ordre politique［2010］*FENÊTRE*, p. 136–52.

第2章
Les trois états de la monnaie. Approche interdisciplinaire du fait monétaire［2008］Presses de Sciences Po, *Revue économique*, 2008/4 – Volume 59, pp. 813–184.

第3章
Monnaie et dettes de vie［2009］Éditions de l'EHESS, *L'Homme*, 2009/2 – N° 190 | pp. 153–179.

第4章
Philosophies politiques de la monnaie: une comparaison de Hobbes, Locke et Fichte［2014］*OEconomia – History, Methodology, Philosophy*, 4(4): 517–589.

第5章
Monetary federalism as a concept and its empirical underpinnings in Argentina's monetary history［2019］Georgina Gomez (ed.), *Economies with Multiple Currencies*, Routledge.

第6章
Birth, life and death of a provincal complementary currency. Tucuman – Argentina (1985-2003) [2019] Georgina Gomez (ed.), *Economies with Multiple Currencies*, Routledge.
第7章
Sortir d'en bas par le haut de la crise de l'eurozone: une réponse en termes de fédéralisme monétaire [2014] Guillermo Perez-Sosto (comp.) *Capitalismos volátiles, trabajadores precarios*, Buenos Aires, Instituto Torcuato di Tella, 2013, pp. 203-250.
第8章
L'argent de la mondialisation: en quoi pose-t-il des problèmes éthiques? [2008] *Sociétés Politiques Comparées*, n°10, décembre 2008
第9章
Pourquoi on ne peut sortir de la crise actuelle du capitalisme et de la démocratie qu'en sortant de la globalisation financière [2014] *Teoria Politica*, nuova serie/Annali IV, 2014, pp. 135-65.

次に、テレの来歴とこれまでの研究のあらましについては、本書第1章に詳しいので、ここでは割愛する。しかしながら、序でテレ自身が述べているように、本書で展開される議論は、独自な概念に基づくものが多く、それらを前提としない読者にとっては、その論旨を正確に把握するのが難しいと思われる。そこで、このあとがきでは、通常見られるような概説に終始することなく、本書で展開されているテレの独自な理論の特徴を、できる限り平易に説明しつつ、その独自性を浮かび上がらせることに注力したい。結論を先取りするならば、われわれは、テレのレギュラシオン理論は極めてオリジナルなものであると考えており、その理論を従来のレギュラシオン理論の枠組みに当てはめることはもはや困難である。本書で展開されているレギュラシオン理論は、いわば「ネオ・レギュラシオン理論」とでも呼べるものであり、その限りで、本書は「ネオ・レギュラシオン理論」宣言の書でもある。ただし、テレ自身はいずれの章においてもこのような用語を用いておらず、こうした解釈はあくまで訳者の一人である中原の創造物であることを明言しておく。

なお、本書、とりわけ第8章の理解を進める上で、監訳者である坂口による以下の論稿は極めて有益である。是非参照されたい。

坂口明義［2020］「J・R・コモンズの貨幣制度説とその射程――B・テレのコモンズ解釈を中心に――」、専修大学社会科学研究所『社会科学年報』第五四号、二〇二〇年三月三日、五七-七一頁。

また、テレの研究の全体像を捉えるには、以下の拙著を参照されたい。

中原隆幸『対立と調整の政治経済学』、ナカニシヤ出版、二〇一〇年。

レギュラシオン理論におけるテレ理論のその位置

すでに述べたように、テレの研究の詳細はグレーバーに代表される欧米の「負債論」研究者の間では高く評価されているにも関らず、残念ながら一部の専門研究者を除き、日本ではよく知られているとは言いがたい。そこで以下でレギュラシオン理論におけるテレの理論的立場を中心に、簡単に振り返っておきたい。なお、レギュラシオンとは、英語で言うレギュレーションと原語を同じくするが、ここでその用語が意味しているのは、「規制」ではなく、「調整」である。その理論的主張の要は、社会経済において様々なコンフリクトや矛盾が存在するにもかかわらず、当該社会が一定期間安定的に推移するのは、社会経済において諸制度による調整というメカニズムが働いているからであるということを明らかにする点にある。したがって、レギュラシオン概念は主流派経済学が依拠する均衡概念に対置されるものである。

テレは、まぎれもなくレギュラシオン理論の代表的研究者の一人であるが、レギュラシオン理論の代表的研究者として、日本の読者が想起するのは、テレではなく、R・ボワイエであろう。一九九〇年代日本においてレギュラシオン理論が一世を風靡したころ、ボワイエは、毎年のように来日し、日本におけるレギュラシオン理論普及の礎を築いたといっても過言ではない。彼は、フランスにおいても萌芽的形態にとどまっていたレギュラシオン概念を、「レギュラシオン様式」、「蓄積レジーム」、「五つの制度諸形態（賃労働関係、競争形態、貨幣制約の形態、国家の挿入形態、国際経済への編入形態）」、「発展様式」という諸概念で明快にモデル化し、実証分析に資するものに精緻化したという意味で、まさしくレギュラシオン理論中興の祖であるといえる。

他方で、テレは、ボワイエを中心とするフランスにおけるレギュラシオン学派に属しながらも、ボワイエらの「蓄積レジーム」論に基づくマクロ経済の現状分析とは一定の距離を置いていた。本書第1章のインタビューにおいて、テレ自身が述べているように、彼は研究当初からいわゆる新古典派経済学が主流を占める経済学の状況を鋭く批判し、経済を分析するためには経済学の理論だけではなく、様々な学問知を動員しなければならない、と考えていたという。したがって、彼が経済学のみならず社会学の学位をも取得しているのは、そうした学際知を結集する上で、不可欠のことであったといえる。実際、本来レギュラシオンの概念には、経済分析の枠組みを超える要素が含まれていた。テレが自らの研究をレギュラシオンのそれに向け始めたのも、そうした点に着目していたからであろう。このような彼の問題意識からすれば、ボワイエの研究方向に賛同しつつも、その方向でのみ研究を進めることは難しかったといえる。

こうした情勢の中で、彼は、フランスにおける「政治社会学」においてすでに確立されていた「社会的レギュラシオン」の概念を、おそらくは踏まえながら、制度経済学としてのレギュラシオン理論に「社会的レギュラシオン」の概念を導入する。この「社会的レギュラシオン」概念は、ボワイエのいわゆる「経済的レギュラシオン」のそれとは異なる、独自な概念であった。レギュラシオン概念を経済的レギュラシオンのみに押しとどめることなく、広く社会的全体にまで拡充し適用するこの概念は、「経済的秩序」、「政治的秩序」、「家内的秩序」という三つの秩序から構成され、それぞれの秩序内部において、またそれぞれの秩序間において、法、貨幣、イデオロギーという三つの制度が媒介的機能を果たすと捉える。なお、この理論的構図は後述する、本書の主題である「制度としての貨幣理論」にも継承されていることに留意されたい。

その後、テレは、レギュラシオン理論の創始者であるM・アグリエッタ、およびコンヴァンション理論とレギュラシオン理論の双方を架橋する貨幣論を論じるA・オルレアンたちとともに、「フランス語圏の貨幣制度主義」という研究集団をも主導するようになる。この研究過程で生まれたのが、本書の先駆的研究となった『主権貨幣』（邦題『貨幣主権論』）である。また近年では、アメリカ制度学派のJ・R・コモンズの研究を自身の理論枠組みに積極的に取り入れており、彼が中心となってコモンズ『制度経済学』の仏語版の刊行を準備中である。コモンズ理論とテレ理論の関係については後述するが、テレが長年主張してきた、社会的レギュラシオンにおける三つの重要な制度、すなわち法、貨幣、イデオロギー（コモンズにおいては倫理）のすべてをコモンズの制度経済学理論は包含している。また、こうしたテレの理論は、ボワイエの理論にも大いに取り入れられ、特に、政治と経済の相互作用を重視するという視点は、ボワイエの近著『資本主義の政治経済学』でも重要な分析視角として取り込まれている。

政治的なものと「生の債務」

一見すると、経済的レギュラシオンの分析を社会的レギュラシオンのそれに拡張しただけに見える、テレの理論は、しかし、既存の経済学の分析枠組みを大きくはみ出る理論的構図を有している。このことを彼の議論に沿って簡潔に整理してみよう。その際、新古典派経済学とテレの理論の対比を行うよりも、制度経済学がもつ特徴に鑑みて、より親近性の高いボワイエの理論と比較する方が有益であろう。

ボワイエのレギュラシオン理論の主たる目的は、一定の歴史的時期におけるマクロ経済レジームの生成・安定・崩壊を、制度変化を基軸として読み解くことにある。とりわけいわゆる構造と現実の中間概念である「制度諸形態」概念の創出は、マクロ経済における基幹的諸制度の定式化に寄与し、これ以降様々な現実の諸制度をこの概念枠組みの中で比較分析することを可能にした。彼の功績によって、制度経済学分析は抽象のレベルから実証のレベルへ昇華したのである。

したがって、彼の理論が、新たな制度経済学分析における優れた理論的革新であることは言を俟たない。実際、この革新性と制度分析ツールの応用可能性の高まりにより、ボワイエ以降、世界的レベルで各国の蓄積レジーム分析が進展し、その延長線上で、政治学の分野で頭角を現した新しい「政治経済学」、すなわち「資本主義の多様性」分析との協同が進んだ。

しかしながら、テレの理論に基づいて私見を述べるならば、こうした、資本主義の多様性分析も含めた、マクロ経済レジームの制度分析は、あくまで経済の内部から政治を分析する、あるいは政治の自律性と経済の自律性を所与の条件として、制度変化を様々な手法を用いて分析する理論である。前者の分析手法は、すでに新古典派経済学の側においてさえ、政治や制度が重視されていることからみても、現在において制度経済学理論上の比較優位はさほど高いとはいえない。また、後者の分析手法は、政治と経済の相互依存関係を重視しつつも、なぜそれらの相互依存が生じるのか、制度はその相互依存の中でどのような機能的役割を果たすのか、などが原理的には明確にされてはいない。そこでは、制度は個人の行為を方向付け、誘導するものと規定されてはいるものの、あくまでマクロ経済レジームの循環を支え、構造化するものでしかない。いわばマクロ経済レジームの中に制度が埋め込まれているのであり、その蓄積レジームを、政治的諸制度が外部から支えていると理解されているのである。また新しい政治経済学による資本主義の多様性分析では、この構図が逆転し、政治内部での変化が経済内部の変化にどのような影響を与えるのかに、焦点が当てられている。この分析が何よりも現存する諸制度の比較分析から始めるのは、こうした方法論にしたがっているためである。

したがって、政治と経済の関係を、それぞれ単に自律したものとして、また相互依存の関係にあるものとして、捉えるだけでは、現実の社会経済の構造は捉えきれないのであって、それぞれがどのような契機にしたがって接合され、機能しているのかを、原理的に説明しなければ、たとえ制度という媒介項をモデルに組みこんだとしても、言葉の厳密な意味での「制度の政治経済学」たりえない。

テレは、この問題に対して、ボワイエとは別の解答を見いだした。すなわち、貨幣、法、イデオロギーという「原制度」こそが、政治と経済を橋架していると捉えたのである。極めて抽象的なレベルで表象されるこの原制度は、具体的レベルで現れる様々な制度の「原領域」であり、具体的な諸制度は、原制度の構造を反映して構築される。その限りで、ボワイエ自身が認めているように、彼の言う五つの制度諸形態は、抽象的レベルと具体的レベルの中間にあるものである。しかしボワイエの理論には、各々の秩序を原制度が媒介するという構造主義的発想は見られない。したがって、テレの理論はボワイエ理論の「弱い環」を結果的に埋めることとなったのである。

しかしながら、いわゆる構造主義的分析を駆使して、この論点に到達したテレは、それだけでは社会経済を俯瞰するモデルの提示にとどまってしまうことに当然気づいていた。そこで、このような社会経済モデルを基盤として、テレが新たに探求したのが、「制度としての貨幣」論の深化である。

テレは、『主権貨幣』において提示されている「生の債務」仮説を、その第7章において、自らの社会経済モデルに取り込んでいる。それによれば、人類は、その誕生以来、集団を維持するために、何らかの権威を必要としていた。それは古代社会では神であったり、神官であったりする。あるいは君主がそれを代理＝表象する時期もあった。近代では、こうした権威は国家に取って代わられた。人が単独で生きてゆくことができない以上、人は必ず他者と交わり、時に対立する。しかし一定の合意に至らねば、その関係性は安定さを欠くことになる。ただしこの合意へ至る過程は、ときに直接的暴力による強制や命令によって、あるいは表象的な何かを人々が創発かつ認知し、それらに自発的に従うことによって遂行される。

こうした人と人との間に秩序をもたらす「集団的行動」に関わるすべての事柄が、テレのいう「政治的なもの」である。もちろん、社会は、政治的なものだけでは維持できない。人とモノとの間に秩序をもたらす「集団的行動」がなければ、社会は存続し得ない。これがテレの言う「経済的なもの」である。そしてこの政治的なものは、集団を司る何かが、人々に対して、生きていく上での恩恵を与えることによって、つまり人々が政治的権威に対して何らかの債務を負うことによって、維持される。その限りで、生の債務とは、人々が生きてゆくために何らかの政治的権威から負わされる有形無形の債務のことを意味する。それは人々が集団的行動を行う上で、表象的に与えられるものであるが、常に政治的に機能する。

歴史上、人々はその債務を、様々な形で返済しようとしてきた。例えば、古代社会では、貴重なものを自ら破壊するによって、あるいは供犠によって、人身御供によって、蕩尽によって、返済しようとした。しかし経済的なものが政治的なものから自律し始めたとき、すなわちポランニー的意味で、市場経済が自律し始めたとき、この債務の返済は、貨幣の形態をとることとなった。生の債務はこのときから返済不可能なもの（公的債務）と返済可能な債務（私的・商業的債務）に分化した。なぜなら一定の社会諸集団に属している限りにおいて、公的債務の返済（例えば租税の支払い）は死ぬまで逃れられないが、商業的な債務は各々の商取引においてその返済は完結するからである。

要するに、テレの言う貨幣とは、主権と人々の政治的関係を、人々の間での経済的関係を、債権・債務の関係として制度的に表象するモノであり、政治的にも経済的にも機能するモノである。貨幣という制度が政治的に調整《レギュラシオン》されるものであること、また同時に経済的にも調整されるべきものであること、この貨幣がもつ両義性についてはあまたの実例を挙げることができるだろう。かくして、我々が普段使用している金属や紙からなる実体はその価値標章にすぎず、貨幣の本質を体現するものではない。その本質は政治的なものと経済的なものを接合する「制度」として貨幣が機能することにある。

「三幅対の貨幣理論」
――貨幣再生産の原理とその現象形態――

以上のような貨幣論は、制度としての貨幣の構造的特質を剔出し、その歴史的進化を考察する上で重要な知見を提示している。しかしながら、こうした分析レベルにとどまっているだけでは、現実の社会経済システムの分析へと直ちに向かうことはできない。というのも現代における貨幣システムは構造的・普遍的特質を維持しながらも、その現象形態は公的なものであれ、私的なものであれ、多種多様であり、貨幣を政治的にコントロールする主権の形態もまた、共同体や国民国家のそれを大きくはみ出ようとしているからである。例えば、グローバル化の時代において、誰が貨幣主権を有しているのだろうか？　頻発する金融危機やEUの通貨危機はこうした問いに答えることが焦眉の急であることを要請しているのであり、その限りで、危機のメカニズムを、貨幣主権論に従って分析してみせることは当然であったといいえよう。

そこで、テレは、『主権貨幣』で展開された「三幅対の貨幣理論」を基軸として、J・R・コモンズの『制度経済学』をも参照しながら独自な貨幣理論を再構築する。これが本書第2章・第8章のメインテーマである。ちなみに、本書の構成で言えば、第3章では『主権貨幣』の理論が再検討され、第4章では第2章・8章の議論の前提となる「社会を秩序付けるモノ」としての貨幣についての詳細な哲学的検討が行われている。また第5章・第6章では貨幣主権が脅かされている国民国家の通貨レジームの現状分析が、また第9章ではグローバル経済が法ではなく倫理によって統治されていることが、第一部で述べられた理論に基づいて、検討されている。

さて、この「三幅対の貨幣理論」によれば、貨幣とは、「債務、主権、信頼」という三要素から構成される「社会諸関係の実体」である。すなわち貨幣は「多様な［引用者註：債務、主権、信頼といった］形態をとる諸関係の特殊な集合体」であり、それは「象徴的な形態（計算単位、公印、署名）、物的な形態（支払手段：硬貨、紙幣、帳簿）、制度的な形態（計算・支払・発行・為替のルール）」という三つの形態をとる（本書、二二一―三頁）。そして「貨幣を自己内で構造化された実体《アンティテ》として見る」ことによって、「貨幣を、［社会の］文脈内の多様な使用から考察するのではなく、固有の再生産の論理（中略）をもつ普遍的な社会的紐帯として考察」するのである（前掲同書、同頁）。

この固有の再生産の論理とは何か？それは、「計算システム→通貨創出《モネヤージュ》→支払手段→計算システム→…」という貨幣の機能諸形態の循環のことである。

テレによれば、「一定期間持続しうる社会関係として貨幣を定義するためには、計算と支払いという貨幣の総称的な二属性だけでは十分でない。貨幣は、制度的次元をもたなければならない。したがって、貨幣は、［引用者註：社会参加者たちによる様々な対立や妥協に基づいて構築された制度的］ルールに従って創造・分配・破壊される通貨創出《モネヤージュ》の生産物である（中略）。計算単位および支払手段という貨幣の諸形態が貨幣を再生産するように働くのは、通貨創出の過程を介してであり、通貨創出を通して、計算システムが諸対象のうちに書き込まれ、その諸対象が支払手段となる。異種混交的な経済的・倫理的諸原理が支配する諸取引におけるこの支払手段の使用は、（特に計算単位に影響を及ぼすことによって）計算システムへと、それゆえ通貨創出へとフィードバックする」（二四頁）。

貨幣に固有の再生産の論理、これこそが原制度としての貨幣の構造的特質である。テレは、こうした構造レベルでの分析に、現象レベルの分析に資するもう一つの観点を付け加える。それが「貨幣の三つの状態」論である。

先に述べた貨幣の三つの機能は、時間的・空間的差異を超えて、社会経済システムにおいて普遍的に「機能する」。そしてその機能は貨幣を再生産する「原理」でもある。他方、貨幣は、そうした「原理的」機能を作動させながら、その現実的・現象的形態として「ある状態」を伴って立ち現れる。

テレによれば、「貨幣はその身体化した（incorporé）状態においては、価値基準および信頼として現れる。貨幣の対象化した（objectivé）状態は、主に、支払手段として役立つ通貨諸手段として知ることができる。そして制度化した（institutionnalisé）状態とは、通貨空間（計算システムによって支配され、支払共同体を構築している）を統一する種々のルールや調整である」（二九頁）。

まず貨幣が身体化された状態とは、人々が貨幣をどのようなモノとして認識しているのかという象徴的次元での貨幣のあり方を意味している。次いで対象化された状態とは、そうした人々の認識にしたがって、貨幣がどのような実体（決して物理的なモノだけにとどまらない）として現れるかというい わゆる物象化の次元での貨幣のあり方を意味している。最後に、制度化した状態とは、先の二つの状態を維持しながら現実の経済で循環する多種多様な「通貨」（貨幣ではない）を当該社会が集団的志向性に基づく諸制度を介して調整しているという制度的次元での貨幣のあり方を意味している。

いずれの状態も、貨幣がもつ構造的特質を反映したものであるが、ひとたび貨幣がその構造的特質に基づいて、現実の社会経済空間に現れるや否や、その社会が過去から継承した社会的・文化的・経済的・政治的特質に貨幣が従う限りにおいて、貨幣は多様性をまとった状態で、「通貨」として立ち現れる。ここに至って貨幣は現実の「通貨」となり、貨幣的特質をまとった、身体化され、対象化され、制度化された、貨幣的現象形態として立ち現れる。つまり「通貨創出《モネヤージュ》」は、「貨幣的なもの」を想像界から現実界へと移行させる契機となる機能形態であるが故に、それなくして貨幣は貨幣たり得ないのである。このようにして、貨幣を、その「機能（原理）」と「状態」に分離して捉えることによって初めて現実の多様な通貨体制《レジーム》の分析が可能となる。

より平易な言葉を用いるならば、この貨幣の三つの状態とは、貨幣が象徴的（言語的・記号的）・経済的（物的・量的）・政治（制度的・意志的）的次元において同時にまとう現象形態であり、これら三つの状態のうち一つでも欠けたならば、貨幣はその機能を果たし得ない。例えば、当たり前のことであるが、当該社会の構成員たちの間で通貨に対する信頼が欠如していたならばそれは流通し得ない。また何らかのモノ化（たとえ電子マネーであっても電子上の記録として登録されている）がなければ支払いや計算は行い得ない。また通貨が取引に用いられるとき、通貨単位の統一や支払いルールなくしてその使用は不可能である。ただし、これら三つの状態（およびそれらの関係性）は常に流動的で、可変的である。

したがって、貨幣を「構造」としてのみならず、「状態」として捉え直すことによって、当該社会におけるその時々の貨幣的現象を実証的に分析可能となる。ここで最も重要なのは、「計算と支払い」という属性に加えて、貨幣が「制度的」属性をもつことを考慮に入れることによって、なぜ金融危機や通貨危機が発生するのかをも説明できるようになるということである。というのも、現象レベルで顕現している「通貨」は「貨幣的特質」をもちながらも、単一性と多元性の間を揺れ動く存在であり、その貨幣的秩序は自己の内に自らの統一性を脅かす契機（分裂化の危機）を常に胚胎しているからである。まさに「貨幣の制度的次元」は、そうした秩序を調整《レギュラシオン》するという役割を果たすこととなる。

この制度的次元（様々な調整のためのルールの策定、定着、改廃）は様々な社会集団内および集団間の対立や妥協の産物として社会に立ち現れるのであるから、それは社会的全体がもつ事実の反映物であり、人為的に調整可能な次元である。

このように貨幣の普遍的特質と現象的特質をいったん概念的に分離しながらも、現実の社会的・歴史的空間において再びその機能を重層的に接合することによって、何が生み出されるのか？ それは、「貨幣の本質を部分的に捉まえること」で満足し、その現象形態はせいぜいその派生物に過ぎないとして、貨幣経済の分析を軽視する主流派経済学の貨幣観とは明らかに異なる貨幣理論であり、テレの言葉を借りれば、それは、「貨幣制度主義的」政治経済学である。

さらにいえば、貨幣は社会のないところから生み出されてきたモノ（貨幣商品説）ではなく、社会という全体的なものがあってはじめて生み出されるモノである。この観点は『主権貨幣』ですでに提示されていたものであるが、テレは、そこにコモンズの貨幣理論を組みこむことによって、貨幣が、先に述べた「三つの次元を同時にもつ全体的な社会的事実であ」り、「貨幣という現象は、同時に象徴的、経済的、政治的なものである」（二三頁）ことを明らかにしようとする。以下、最後に、このコモンズとテレの理論との関わりについて焦点を絞り、結語としたい。

コモンズ『制度経済学』との接合
――経済・法・倫理の相関関係の定式化――

周知のように、コモンズは『制度経済学』において「商品交換」に代えて「取引」を経済行為の最小単位とし、独立した個人に代えて「集団的行動」を経済活動における基本的枠組みとした。ミクロからマクロへという単純な因果関係を拒否し、何よりも経済活動が集団的活動の産物であること、そして集団的活動そのものが「制度」であることを強調したコモンズの理論を、テレは自身の貨幣的世界の説明において、全面的に取り入れている。ここで留意すべきは、コモンズ（およびテレ）は、主流派経済学が暗黙の前提としているような、主体の欲求における誘因などの単純な機能だけで制度を考えていないことである。

コモンズが「集団的行動は制度である」というとき、制度はそれが機能する社会的次元に応じて、様々な機能を担う。例えば、国家による権威を後ろ盾とした法・制度は、罰則を伴うが故に各集団に強制的に作用する。また企業間・個人間取引においては、経済的利害が優先されるが故に、法の強制よりも取引慣行にしたがった交渉や説得が、あるいは政治的力関係が有効に作用する。くわえて、新たなイノベーションに基づく、新奇な取引（例えば電子商取引など）が創発されたとき、そこに遵守すべき法や慣行が未だ存在しないような場合、最終的にはその集団の政治的・経済的パワーが威力を発揮するが、そこでさえもその集団は自らの所属する社会が許容する範囲内でしか利己的に行動し得ないのであって、そこでの行為においては何をすべきで何をすべきでないかについての価値判断（ある意味での倫理）が必ず介在する。コモンズは、この社会における様々な次元で、様々な形で共有される、いわば共通善とでも呼べるモノを重視し、それを「適正価値」と呼んだ。

テレは本書において適正価値という用語こそ使用しない（ただし別稿では適正価値そのものを詳細に論じている）ものの、コモンズのこうした制度機能に関する解釈を大胆に換骨奪胎することで、コモンズの「適正価値論」を継承しようとする。

まず、テレは、先に述べた「三つの貨幣の状態」によって構成される「計算・支払共同体の表象としての貨幣の三角構造」を「J・R・コモンズに依拠しつつ、取引と継続活動体《ゴーイング・コンサーン》（組織された活動集団）に関するモデルによって」表現しようとする（第2章、二三頁、**図2‐2**を参照）。それに従えば、貨幣的世界は、「①発行者間の対立（支払手段間の競争）、②一つの同じ計算単位の下における発行者相互の協力‐協調（支払諸手段間の交換を含意する）、③紛争（発行者間の妥協）から、および、有効な通貨創出ルールを通じて協調を安定化させようとする集団的行動から生み出される秩序」によって構成される（同頁）。

また、テレは、コモンズが「貨幣は（中略）秩序の原理でもあり、かつ、貨幣の永続性を目指す集団的行動――別の言い方では集合的志向性――の組織的結晶化でもある、とする貨幣構成の公式」（二四頁）を考察したと見なして、貨幣的世界における集団的行動の中での制度的調整の重要性を強調する。ここに至って、テレのレギュラシオン理論は、コモンズの制度経済学と深く交差することとなる。こうして、貨幣に固有の再生産の原理に基づく通貨レジームの分析はコモンズの『制度経済学』における基本的概念装置と接合されるのである。ついで、この貨幣的世界は「法・倫理」と交差することとなる（第8章、図8-4を参照）。コモンズが「資本主義経済の動態的機能を分析する際に、法だけでなく倫理にも中心的位置を与えた類い稀な経済学者の一人である」（二〇七頁）と高く評価するテレは、コモンズの適正価値の議論をいったん脇に置き、貨幣的世界における法・倫理の相関関係に議論を集中する。

彼によれば、コモンズは倫理を次のように考えていたという。「倫理は、法と同様に、行動の合理性に関して経済と対立する。倫理と法は、社会的全体への個人の服従の媒介であるのに対して、私的所有の経済的合理性は、逆に、社会的全体を個別利害に服従させる。しかし反面、倫理は、経済活動に関する競合的な調整形態である法に対立する。物理的暴力の正統的な独占を後ろ盾にした法の力は、説得に対置される。説得は、倫理によって動員される意見の力であり、集団外への追放の脅威を後ろ盾にしている。コモンズによれば、「経済・法・倫理を相関させること」とは、三領域の間の諸対立をどのように解決すれば市場的資本主義社会を生き延びさせることができるかを検討することにほかならない」と考えていたという（同頁）。

このように述べて、彼は、社会の分化・階層化を前提にした場合、彼の言う倫理を、「潜在的に革新的な諸取引におけるミクロ-倫理」、「集合的意見および組織外追放の制裁を利用する、諸組織内部のメゾ-倫理」、「行政-政治的組織や道徳-文化的組織の行動を通じて、諸個人（身体的人格・道徳的人格（法人））の経済行動を社会再生産の要求に服従させる経済社会のマクロ-倫理」、「帰属的諸価値と共通的公共善を定義することによって総体社会の全体を拘束するメタ-倫理」（二〇八頁）の四つに大別する。そしてこの定義に従い、彼は、「経済の社会的調整の四レベルを定義する倫理と法の錯綜した階層構造」を定式化し、四つの倫理が法と連動して、いかにして金融的世界を調整しているのかを詳述している。

この階層構造を前提すれば、倫理は、社会的次元のそれぞれにおいて、それぞれ独自な機能形態を有している。つまり倫理は、服従、強制、説得、拘束などの調整的機能を、それぞれの次元、それぞれの集団に固有な形で、担っている。倫理を「制度」の一つとして捉える限りにおいて、それは社会の各次元で各集団を調整（レギュラシオン）するモノである。

この後書きにおいて、テレの理論を「ネオ・レギュラシオン理論」と呼ぶのは、単にこれまでのレギュラシオン理論と分析対象や方法が異なるからだけでは決してない。それは、正確を期すならば、従来のレギュラシオン理論では、「調整」のレベルがもっぱらマクロ・レベルに設定されていたのに対して、テレの理論（彼の記述に従えば「コモンズ的レギュラシオン理論」）は、社会的全体、マクロ・レベル、メゾ・レベル、ミクロ・レベルを分析対象としていること、それにもまして政治的、経済的現象のみならず、象徴的現象をも、その調整の対象としていることに求められる。したがって、テレの理論は従来のレギュラシオン理論を強化・補完するものであっても、それを拒否・否定するものでは決してあり得ない。ここで「ネオ・レギュラシオン理論」という呼称を用いるのはひとえに上の理由のみである。

いずれにしても、レギュラシオン理論とコモンズの理論との共闘関係は端緒についたばかりである。実際、我々訳者も含めた、世界的なネットワークの下でこの野心的な研究が進行しつつある。たとえばアメリカ進化経済学会の機関誌である*Journal of Economic Issues*（テレも度々寄稿している）では「コモンズ理論の現代的展開」に関する議論が開始されている。とりわけその雑誌の第五四巻第四号（二〇二〇年一二月）では、「J・R・コモンズの金融マクロ経済学」という特集が組まれ、本書の訳者を含む、多くの日本人コモンズ研究者が独自の成果を明らかにしている。

なお、紙幅の都合上ここでは割愛したが、本書には、上記の理論的観点に加えて、危機にあるギリシャやアルゼンチンの通貨危機に関する実証分析が含まれており、そこではMMT（現代貨幣理論）にも似た「財政通貨」の議論や「補完通貨」発行の可能性が探られている。そこで提示される処方箋の奇抜さに驚かれる向きもあろうが、たとえそうであっても、それが、緊縮財政主義のみに教条主義的に拘泥する主流派経済学に対するアンチテーゼを提示していることは疑い得ないであろう。

最後に、本書の刊行に関して一言述べておきたい。

本書が出版可能になったのは、ひとえに晃洋書房編集部の丸井清泰氏のご尽力による。氏は本書の企画段階から様々な提案をされ、「論文集」という研究書でも最も販路の狭い形態での出版を快諾くださっただけでなく、諸論文の参考文献を丹念に整理され、巻末にある素晴らしい参考文献一覧を作成してくださった。氏の作成した一覧表を確認のためテレに送ったところ、たいそう喜ばれていた。氏の理解と協力無くして本書の出版はあり得なかった。同部の山中飛鳥氏も丁寧かつ正確な校正を遅滞なく進めて下さった。ここに厚く御礼申し上げる。

また、監訳者の坂口明義氏をはじめとする訳者の方々にも心より御礼申し上げたい。最初にこの企画を打ち出したはずの中原は、様々な事情から、全く翻訳作業に着手できなかった。そのような状況下において、着々と翻訳作業を進められ、最終的にすべての訳文をチェックされたのは坂口氏である。本来であれば、本書をもっともよく理解している氏が後書きを執筆するのが自然であった。しかしながら、氏は「本書のあとがきは、テレの理論を一番知っているあなたが書くべきである」と仰って、執筆機会を寛大にも中原に譲ってくださった。厚顔無恥も甚だしいが、その言葉に甘えて、このあとがきを執筆した次第である。重ねて御礼申し上げる。

なお、本書は科研費「J・R・コモンズ『制度経済学』と新発見された一九二八－二九年草稿との比較研究」（課題番号18K01530）による研究成果の一部である。

本書の刊行が日本におけるレギュラシオン理論研究の興隆に少しでも寄与することを願ってやまない。

二〇二一年二月三日

訳者を代表して
中原隆幸

人名索引

［マ　行］

［ラ　行］

事項索引

［タ・ナ行］

[ハ・マ行]

[ヤ・ラ行]

参考文献

Absi, P. [2008] « La part du diable. Métal et monnaie dans les mines du Potosi », in Bauman, E. *et al.*, (dir.), *Argent des anthropologues, monnaie des économistes*, Paris: L'Harmattan, pp. 97-114.

Agamben, G. [1997] *Homo Sacer : Le pouvoir souverain et la vie nue*, Paris: Seuil（高桑和巳訳『ホモ・サケル——主権権力と剝き出しの生』以文社，2007年）.

Aglietta, M. [1986] *La fin des devises clefs*, Paris: La Découverte（斎藤日出治訳『通貨統合の賭け——欧州通貨同盟へのレギュラシオン・アプローチ』藤原書店，1992年）

——— [1988] « L'ambivalence de l'argent », *Revue française d'économie*, 3(3), pp. 87-133.

——— [2004] « Espoirs et inquiétudes de l'euro », *in* Drach, M. (dir.), *L'argent. Croyance, mesure, spéculation*, Paris: La Découverte, pp. 235-47.

——— [2008a] « La gouvernance du système monétaire international », *Regards croisés sur l'économie*, n° 3, pp. 276-85.

——— [2008b] *Macroéconomie financière*, 5ème édition, Paris: La Découverte（原書初版の邦訳：坂口明義訳『成長に反する金融システム——パフォーマンスと今後の課題』新評論，1998年）.

——— [2011] « Principaux enseignements du Rapport *Finances publiques : l'épreuve de vérité pour la zone euro* », Groupe de travail de l'Institut CDC pour la Recherche, septembre.

Aglietta, M. et Orléan, A. [1986] *La violence de la monnaie*, Paris: Puf (Économie en liberté)（井上泰夫・斉藤日出治訳『貨幣の暴力』法政大学出版局，1991年）.

——— [2002] *La monnaie entre violence et confiance*, Paris: Odile Jacob.

Aglietta, M. et Orléan, A. (dir.) [1998] *La monnaie souveraine*, Paris: Odile Jacob（坂口明義監訳，中野佳裕・中原隆幸訳『貨幣主権論』藤原書店，2012年）.

Akin, J. and Robbins, D. eds. [1999] *Money and Modernity : State and Local Currencies in Melanesia*, Pittsburg: University of Pittsburg Press.

Alary, P., Blanc, J., Desmedt, L. et Théret, B. (dir.) [2016] *Théories francaises de la monnaie : une anthologie*, Paris: PUF.

——— [2019] *Teorias institucionalistas de la moneda : La escuela francesa. Antologia*, Buenos Aires: Universidad Nacional de Quilmes Editorial.

——— [2021] *French Theories of money*: an *Anthology*, New York: Palgrave.

Alger C. F. [1963] "Comparison of Intranational and International Politics," *American Political Science Review*, 57(2), pp. 406-419.

Amato, M. [2006] « Notes on the (Im) Proper Use of Money. From an Openly Hidden Tradition of Money-thinking », communication au *XIV International Economic History Congress*, Helsinki: Session 61.

Amato, M. and Fantacci, L. [2012] *The end of Finance*, Cambridge (U. K.): Polity Press.

Andreau, J. [2001] *Banques et affaires dans le monde romain. IVᵉ siècle ap. J.-C.-IIIᵉ siècle ap. J.-C.*, Paris: Seuil.

Andreau, J., Gérard, B. et Grenier, J.-Y. éds. [2006] « La dette publique dans l'histoire: Les journées du Centre de Recherche Historique des 26, 27 et 28 novembre 2001 », *Histoire économique et financière de la France*, Paris: CHEFF.

Appleby, J. O. [1976] "Locke, Liberalism and the Natural Law of money," *Past and Present*, 71, mai, pp. 43-69.

Argañaraz, N., Capello, M. et Garzon, J. [2003] « Cuasi-monedas provinciales: un analisis de su existencla y actual rescate », *Documentos de trabajo, Serie Politica fiscal*. Cordoba: IERAL, Fundação Mediteranea, June.

Arnsperger, C. [2011] "Monetary federalism and the recovery of Swiss sovereignty: Enhancing Switzerland's financial autonomy through a cantonal system of complementary currencies," Paper presented at the ECSA-Switzerland Conference "Aspekte der Souveränität in den Beziehungen der Schweiz zur Europäischen Union", Basel, Switzerland, December 9.

Artus P. [2011] « Pourquoi les Unions Monétaires sans fédéralisme se font puis se défont ? », *Flash Economie. Recherche économique*, Natixis, N°. 589, 29 juillet.

Audard, C. [2009] « La souveraineté de l'individu et le protolibéralisme de John Locke », in Audard, C., *Qu'est ce que le libéralisme ? Ethique, politique, société*. Paris: Gallimard, pp. 48-71.

Banco Mundial [1996] *Argentina : Finanzas Provinciales : Temas sobre Federalismo Fiscal*, Oficina regional de América latina y el Caribe, Informe 15487, 12 julio 1996.

Barba, A., Pivetti, M. [2009] « Rising household debt: Its causes and macroeconomic implications – a long period analysis », *Cambridge Journal of Economics*, 33, p. 113–137.
Barbier J.-C. [2008] *La longue marche vers l'Europe sociale*, Paris: PUF.
Barbier, J.-C. et Théret, B. [2009] *Le système français de protection sociale*, Paris: La Découverte – Repères. (中原隆幸・宇仁宏幸・神田修悦・須田文明訳『フランスの社会保障システム――社会保護の生成と発展』ナカニシヤ出版，2006年)
Baumann, E., Bazin L., Ould-Ahmed P., Phélinas P., Selim M. et Sobel R. (dir.) [2008] *L'argent des anthropologues, la monnaie des économistes*, Paris: L'Harmattan.
Bayart, J.-F. [2004] *Le gouvernement du monde. Une critique politique de la globalisation*, Paris: Fayard.
BCRA [2002] *Boletin monetario y financiero*. Edicion annual, Buenos Aires: Banco Central de la Republica Argentina. Beard, Charles A. 1913-1921. *An economic interpretation of the constitution of the United States*, New York: MacMillan.
――― [2003] *Informe monetario mensual*, Buenos Aires: Banco Central de la Republica Argentina. Febrero.
Beard, Charles A. [1921 (1913)] *An economic interpretation of the constitution of the United States*, New York: MacMillan.
Beaud, O. [1999] *Fédéralisme et fédération en France. Histoire d'un concept impossible ?* Strasbourg: Presses Universitaires de Strasbourg.
Beckmann, G. A. [1985; 2001; 2002; 2003] Boletin 1, 2, 3, 4 et 5, San Miguel de Tucuman: Centro Numismatico de Tucuman.
Belissa, M. [2008] « Les projets de paix perpétuelle: une "utopie" fédéraliste au siècle des Lumières », in Marienstras, E., Strigler, M.-Cl. et Nacouzi, S. (dir.), *Fédéralisme et fédérations dans les Amériques : utopies, pratiques, limites*, Paris, Institut Charles V, CRHEU, Universités Paris VII, Paris X, Paris XII, Picardie, Poitiers.
Bellofiore, R., Garibaldo, F. and Halevi J. [2010] "The global crisis and the crisis of European Neomercantilism," in Panitch, L., Albo, G. and Chibber, V. eds., *The Crisis This Time : Socialist Register 2011*, New York: Monthly Review Press; Merlin Press, pp. 120–46,
Benetti, C. et Cartelier, J. [1980] *Marchands, salariat et capitalistes*, Paris: FrançoisMaspero.
Bensa, A. [1992] « Présentation de *Genèse et nature de la monnaie*, de Bernhard Laum », *Genèses*, 8, pp. 60–64.
Bernadou, V. [2009] « Nestor Kirchner: du président « sans pouvoirs » au « chef hégémonique », *Critique internationale*, 43, pp. 89–107.
Bernstein, P. [2007] *Capital Ideas Evolving*, Hoboken (N. J.): John Wiley & Sons (山口勝業訳『アルファを求める男たち――金融理論を投資戦略に進化させた17人の物語』東洋経済新報社，2009年).
Berthoud, A. [1988] « Morale et enrichissement monétaire chez J. Locke », *Économies et Sociétés*, série PE, 10, pp. 3–19.
Blanc, J. [2001] *Les monnaies parallèles : Unité et diversité du fait monétaire*, Paris: L'Harmattan (Logiques économiques).
――― [2006] « Karl Polanyi et les monnaies modernes: un réexamen », in Lazuech, G. et Moulévrier, P. (dir.), *Contributions à une sociologie des conduites économiques*, Paris: L'Harmattan, pp. 51–66.
――― [2007] *Exclusions et liens financiers, Monnaies sociales*, Paris: Economica.
――― [2009] « Usages de l'argent et pratiques monétaires », in Steiner, P. et Vatin, F. (dir.), *Traité de sociologie économique*, Paris: Puf (Quadrige), pp. 649–88.
Blanc, J. éd. [2006] *Exclusion et liens financiers. Monnaies sociales*, Paris: Economica.
Blanc, J., Desmedt, L., Le Maux, L., Marques-Pereira, J., Ould Ahmed, P. et Théret, B. [2019] "Monetary Plurality in Economic Theory," in Gomez, G. ed., *Monetary Plurality in Local, Regional and Global Economies*, London; New York: Routledge, pp. 18–47.
Blic (De), D. et Lazarus, J. [2007] *Sociologie de l'argent*, Paris: La Découverte (Repères).
Bloch, M. [1989] « The symbolism of money in imerina », dans Parry, J. et Bloch, M. eds., *Money and the Morality of Exchange*, Cambridge: Cambridge University Press, pp. 165–190.
Bloch, M. et Parry, J. [1989] « Introduction: money and the morality of exchange », dans Parry, J. et Bloch, M. eds., *Money and the Morality of Exchange*, Cambridge: Cambridge University Press, pp. 1–32.
Bohannan, P. [1959] "The impact of money on an African subsistence economy," *Journal of Economic History*,

19 (4), pp. 491-503.
Bonvecchi, A. [2005] « Les aspects politiques du fédéralisme budgétaire argentin à l'aune des négociations fiscales fédérales », *Problèmes d'Amérique latine,* 56, pp. 129-52.
Bootle, A. K. [2008] "Re-membering the Body Politic: Hobbes and the Construction of Civic Immortality," *ELH, 75*(3), pp. 497-530.
Bordo, M., and Vegh, C. [2002] "What if Alexander Hamilton had been Argentinian? A comparison of the early monetary experiences of Argentina and the United States," *Journal of Monetary Economics,* 49(3), pp. 459-94.
Bordo, M., Jonung, L. et Markiewicz, A. [2011] "Does the euro need a fiscal union? Some lessons from history," draft, April 19.
Bourdieu, P. [1979] « Les trois états du capital culturel », *Actes de la recherche en sciences sociales,* 30, pp. 3-6 (福井憲彦訳「文化資本の三つの姿」『actes』1, 1986年, pp. 18-28).
——— [1995] « L'État et la concentration du capital symbolique » in Théret, B. (dir.), *L'État, la finance et le social. Souveraineté nationale et construction européenne.* Paris: La Découverte (Recherches), pp. 73-105.
Boyer, R. [2008] « Note de lecture: Bruno Théret (Dir.), La monnaie dévoilée par ses crises, Éditions de l' EHESS, Paris, 2007 », *Revue de la régulation* [En ligne], 3/4 | 2e semestre/Autumn, DOI: 10.4000/regulation, 4813.
Boyer-Xambeu, M.-T., Deleplace, G. et Gillard, L. [1986] *Monnaie privée et pouvoir des princes. L'économie des relations monétaires à la Renaissance,* Paris: CNRS-FNSP.
——— [1990] « Vers une typologie des régimes monétaires », *Cahiers d'économie politique,* 18, pp. 31-60.
Breton, S. [2000] « Le monde de la dette », *Annales. Histoire, Sciences Sociales,* 6, pp. 1361-1366.
——— [2002a] « Présentation. Monnaie et économie des personnes », *L'Homme,* 162, pp. 13-26.
——— [2002b] « Tuer, manger, payer. L'alliance monétaire des Wodani de Papouasie occidentale », *L'Homme,* 162, pp. 197-232.
Broyer, S., Kaidusch P., Ott C. et Zadory, J. [2011] « Indépendance des banques centrales et crises souveraines: une perspective historique », *Flash Economie,* Natixis, N° 590, 29 juillet.
Bryan, D. and Rafferty, M. [2007] "Financial Derivatives and the Theory of Money," *Economy and Society,* 36 (1), pp. 134-58.
Caffentzis, C. G. [1989] *Clipped Coins, Abused Words, and Civil Government. John Locke's Philosophy of Money,* Brooklyn (NY): Autonomedia.
——— [2003] "Medical Metaphors and Monetary Strategies in the Political Economy of Locke and Berkeley," *History of Political Economy, 35* (Annual supplement), pp. 204-33.
Caillé, A. [2000] *Anthropologie du don. Le tiers paradigme,* Paris: Desclée de Brower.
——— [2002] « Quelle dette de vie? », *L'Homme* 162, pp. 243-54.
Cano, S. C., Druck, P. and Flaja, J. L. [1993] « Una evaluacion economica de los 'bonos de cancelacion de deudas'. El caso de Tucuman », *La Economia del Tucuman* 9, San Miguel del Tucuman: Fundacion del Tucuman.
Capelle-Blancard, G. [2009] « Les marchés dérivés sont-ils dangereux? », *Revue économique,* 60(1), pp. 157-171.
Carré, G. [2007] « Stratagèmes monétaires. Les crises du numéraire en métal précieux dans le Japon du XVIIIe siècle », dans B. Théret (dir), *La monnaie dévoilée par sescrises,* Paris: Éditions de l'EHESS, vol. I, pp. 233-264.
Carrié, J.-M. [2007] « Les crises monétaires de l'empire romain tardif (274-360 ap. J.-c.) », dans Théret B. (dir), *La monnaie dévoilée par ses crises,* Paris: Éditions de l'EHESS, vol. I, pp. 131-164.
Carruthers, B. et Babb, S. [1996] "The Color of the Money and the Nature of the Value: Greenbacks and Gold in Postbellum America," *American Journal of Sociology,* 101 (6), pp. 1556-1591.
Cartelier, J. [2007] "The hypostasis of money: An economic point of View," *Cambridge Journal of Economics,* 31(2), pp. 217-33.
——— [2011] "Money and Sovereignty: A Comparison Between Hobbes and Modern Money Theory," in Ganssmann, H. (dir.), New Approaches to Monetary Theory, London: Routledge, pp. 83-103.
Cerro, A. M. [2002] « De la Anarquia Monetaria al Crecimiento », *Indicadores economicos y sociales* 1:11, 18-19, 31-32. Universidad Nacional de Tucuman.

Cerro, E. R. [1988] « Estudio Financiero del bono emitido por el Gobierno de la Provincia de Tucuman ». In *Anales de la Asociacion de Economia Politica XXIII Reunion Annual*, La Plata.

Chavagneux, C. [1998] « Peut-on maîtriser la mondialisation ? Une introduction aux approches d'économie politique internationale », *Economies et Sociétés*, Relations économiques internationales, Série P., n° 4, p. 25-68.

Chelala, S. [2003] « La utilizacion de terceras monedas. El caso argentino », April 9 (www.nodo50.org/cubasigloXXI/congreso/chelala_10abr03.pdf, 2020年10月29日閲覧).

Christensen, P. P. [1989] "Hobbes and the Physiological Origins of Economic Science," *History of Political Economy*, 21(4), pp. 689-709.

Cirnigliaro, R. [2004] *Tucuman- Argentina : El festin de los caranchos*, San Miguel de Tucuman: Editorial Kerigma.

Clarke, G. R. G., and Cull, R. [1999] "Provincial Bank Privatization in Argentina: The Why, the How, and the So What," *Policy Research Working Paper*, 2159, Washington D. C.: World Bank.

Codere, H. [1968] "Money-exchange systems and a Theory of money," *Man, New Series*, 3(4), décembre, pp. 557-77.

Cohen, E. [1995] L'innovation financière et les paradoxes du financement public sur les marchés de capitaux, in Théret, B. (dir.), *L'Etat, la finance et le social. Souveraineté nationale et construction européenne*, Paris: La Découverte, pp. 418-431.

Colantonio, E. [2010] *Bonos de emergencia de Argentina 1985-2002*, Buenos Aires: Eduardo Colantonio Editor.

Coleman, W. O. [2000] "The Significance of John Locke's Medical Studies for His Economic Thought," *History of Political Economy*, 32(4), pp. 711-731.

Colliac, S. [2005] « Monnaies parallèles provinciales et fédéralisme budgétaire en Argentine », *Revue d'économie financière* 81(4), pp. 251-269.

Collins, J. R., Schuster, L., et Greenham, T. [2011] *Energising Money. An introduction to energy currencies and accounting*, London: New Economics Foundation.

Commons, J. R. [1924] *Legal Foundations of Capitalism*, New York: Transaction Books

——— [1934a (1990)] *Institutional Economics : Its Place in Political Economy*, New Brunswick: Transactions Publishers, 2 vol.（中原隆幸訳『制度経済学』上巻，ナカニシヤ出版，2015年，宇仁宏幸・坂口明義・高橋真悟・北川亘太訳，同中巻，2019年，宇仁宏幸・北川亘太訳，同下巻，2019年）.

——— [1934b (1990)] « John Locke », *Institutional Economics, Its Place in Political Economy*, 2 vol. New Brunswick; London: Transaction Publishers, pp. 13-52.

——— [2021] *Economie institutionnelle*, Paris: Classiques Garnier.

Cookson, C. [2004] « Dominant Figures. A Celebrated Mathematician Shares his Theories on Understanding How Financial Markets Work », *Financial Times*, november.

Courbis, B., Froment, É. et Servet, J.-M. [1990] « À propos du concept de monnaie », *Cahiers d'économie politique*, 18, pp. 5-29.

Coutrot, T. et Théret, B. [2019] « Système fiscal de paiement complémentaire: un dispositif pour renverser l'hégémonie », *Revue française de socio-économie*, n° 22, pp. 161-168.

Crump, T. [1978] "Money and Number: The Trojan horse of Language," *Man, NewSeries*, 13(4), p. 503-18.

Dalton, G. [1965] "Primitive Money," *American Anthropologist*, 67(1), pp. 44-65.

Dang, A.-T. [1994] « Fondements des politiques de la pauvreté: notes sur "The Report on the Poor" de John Locke », *Revue économique*, 45(6), pp. 1423-41.

——— [1995] « Libéralisme et justice sociale: la clause lockéenne des droits de propriété », *Revue française d'économie*, 10(4), pp. 205-38.

——— [1997] « monnaie, libéralisme et cohésion sociale: autour de John Locke », *Revue économique*, 48(3), mai, pp. 761-71.

Davies, G. [2002] *A History of Money. from Ancient Times to the Present Day*, Cardiff: University of Wales Press.

de Blic, D. et Lazarus, J. [2007] *Sociologie de l'argent*, Coll. Repères, éditions La Découverte.

de Coppet, D. [1970] « La monnaie: présence des morts et mesure du temps », *L'homme, Revue française d'anthropologie*, X(1), pp. 17-39.

——— [1998] "Une monnaie pour une communauté mélanésienne comparée à la nôtre pour l'individu des sociétés européennes", in M. Aglietta et A. Orléan (dir.), *La monnaie souveraine*, Paris: Odile Jacob, pp.

159-211（坂口明義監訳，中野佳裕・中原隆幸訳「メラネシア共同体にとっての貨幣と，ヨーロッパ社会の個人にとっての現代貨幣とを比較する」『貨幣主権論』藤原書店，2012年，pp. 243-319）.

de Goede, M. [2005] *Virtue, Fortune and Faith. A Genealogy of Finance,* Minneapolis; London: University of Minesota Press.

Deblock, C. [2002] « Du mercantilisme au compétitivisme: le retour du réfoulé », *Cahier de recherche* 02-03, Montréal, CEIM - UQAM, Septembre.

Deblock, C., et Arteau, R. (dir.) [1989] *La politique économique canadienne à l'épreuve du continentalisme,* Montréal, ACFAS, coll. Politique et économie.

Del Rey, E. C., et Orive, G. A. [1986] « Los bonos de cancelacion de deudas de la provincia de Salta », in Marco, L. D. ed., *1989 in Finanzas Publicas y Desarollo Regional - Ensayos en Honor de Horacio N. Miñana,* in Luis Di Marco, L. (dir.), Cordoba: Universidad Nacional de Córdoba, Dirección General de Publicaciones.

Dembinski, P. [2011] 15/08/1971-15/08/2011. « 40 ans de la prise du pouvoir des marchés sur l'économie mondiale », *Le Temps,* Genève, 15 août.

Descendre, R. [2003] « Raison d'État, Puissance et Économie. Le mercantilisme de Giovanni Botero », *Revue de métaphysique et de morale,* 3(39), pp. 311-321.

Desmedt, L. [2007] « Les fondements monétaires de la "révolution financière" anglaise: le tournant de 1696 », dans B. Théret (dir), *La monnaie dévoilée par ses crises,* Paris: Éditions de l'EHESS, vol. I, pp. 311-338.

Desmedt, L. and Jérôme, B. [2010] "Counteracting Counterfeiting? Bodin, Mariana, and Locke on False Money as a Multidimensional Issue," *History of Political Economy,* 42(2), pp. 323-360.

Desmedt, L., Piégay, P., et Sinapi, C. [2010] « L'analyse des crises: Minsky, après Fisher et Keynes », *L'économie politique,* oct.-déc., pp. 85-103.

Després, L. [2007] « La crise monétaire de la première transition russe, 1918-1924 », dans Théret, B. (dir), *La monnaie dévoilée par ses crises,* Paris: Éditions de l'EHESS, vol. II, pp. 51-80.

Dessert, D. [1984] *Argent, pouvoir et société au Grand Siècle,* Paris: Fayard.

Détienne, M. [2000] *Comparer l'incomparable,* Paris: Le Seuil.

Deutschmann, C. [2011] « The euro trouble and the global financial crisis », *Economic Sociology - The European Electronic Newsletter,* 12(2), pp. 17-20.

Diatkine, D. [1988a] « La monnaie dans la philosophie politique de John Locke », *Économies et Sociétés,* série PE, 9, pp. 3-16.

——— [1988b] « Morale et enrichissement monétaire. Réponse à A. Berthoud », *Economies et Sociétés,* série PE, 10, pp. 21-26.

Direccion de estadistica de Tucuman [2006; 2007; 2008; 2009] « Evolucion del Producto Bruto Geografico de la Provincia de Tucuman ». *Informe PBG* 2005, 2006, 2007 and 2008.

DNCP (Direccion Nacional de Coordination con las Provincias) - Grupo Deuda [2003] *Cuasimonedas,* Buenos Aires: Ministerio de Economia y Finanzas.

Dockès, P. [2005] « Hobbes et l'economique », *Astérion,* 5, pp. 133-68.

Dodd, N. [2005] "Reinventing monies in Europe," *Economy and Society,* 34(4), pp. 558-83.

Douthwaite, R. [2005] "Why Europe needs regional currencies," Report to the Club of Vienna, march (www.feasta.org/documents/.../Austria_intro_cut.pdf, 2020年10月29日閲覧).

Dumont, L. [1970] "Religion, Politics, and Society in the Individualistic Universe," *Proceedings of the Royal Anthropological Institute of Great Britain and Ireland,* 1970, pp. 31-41.

——— [1977] « Les "Deux traités" de Locke: l'économique s'émancipe du politique », in *Homo Aequalis I. Genèse et apanouissement de l'idéologie économique.* Paris: Gallimard, pp. 68-82.

——— [1983] « Une variante nationale. Le peuple et la nation chez Herder et Fichte », in *Essais sur l'individualisme. Une perspective anthropologique sur l'idéologie moderne.* Paris: Seuil, pp. 134-151.（渡辺公三・浅野房訳『個人主義論考——近代イデオロギーについての人類学的展望』言叢社，1993年）

Dunn, J. [1991] *La pensée politique de John Locke,* Paris: PUF（加藤節訳『ジョン・ロック——信仰・哲学・政治』岩波書店，1987年）.

Dutraive, V. and Théret, B. [2017] "Two models of monetary sovereignty: an interpretation based on J. R. Commons' institutionalism," *Journal of Economic Issues,* 51(1), pp. 27-44（中原隆幸訳「政治主権と貨幣主権—— J. R. コモンズの著作からの一考察」『経済論叢』（京都大学），187(1)，83-110頁）.

Eaton, K. [2001] "Decentralisation and Liberalisation: The History of Revenue Sharing in Argentina, 1934-

1999," *Journal of Latin American Studies,* 33(1), pp. 1-28.

Elvins, S. [2010] "Scrip, stores, and cash-strapped cities," *Journal of Historical Research in Marketing,* 2(1), pp. 86-107.

EuroMemo Group - European Economists for an Alternative Economic Policy in Europe [2011] "Affronter la Crise: Austérité ou Solidarité", *EuroMemorandum 2010/2011* (http://www.euromemo.eu/euromemorandum/earlier_euromemoranda/euromemorandum_2010_11/index.html, 2020年11月9日閲覧).

Falletti, T. [2010] *Decentralization And Subnational Politics In Latin America,* New York: Cambridge University Press.

Fay, C. R. [1933] "Locke versus Lowndes," *Cambridge Historical Journal,* 4(2), pp. 143-155.

Feinig, J. [2015] *Money and its Publics : Public Involvement in American Monetary Policy from 1690 to 1936,* PhD in sociology, Binghamton University.

Feliz, M. [2004] « Teoria y practica de la pluralidad monetaria. Algunos elementos para el analisis de la experiencia argentina reciente », *Economia, Teoria y Practica,* 21, pp. 107-33.

Ferguson, E. J. [1956] "Currency Finance: An Interpretation of Colonial Monetary Practices," *The William and Mary Quaterly,* 10(2), pp. 153-180.

——— [1969] "The Nationalists of 1781-1783 and the Economic Interpretation of the Constitution," *The Journal of American History,* 56(2), pp. 241-61.

——— [1983] "Political Economy, Public Liberty, and the Formation of the Constitution," *The William and Mary Quaterly,* 40(3), pp. 389-412.

Fetter, F. W. [1932] « Some Neglected Aspects of Gresham's Law », *Quaterly Journal of Economics,* 46(3), pp. 480-495.

Fichte, J. G. [1980 (1800)] *L'État commercial fermé.* Lausanne, L'âge d'homme (Raison dialectique), (éd. orig., Der geschlossen Handelsstaat. Tübingen, Cotta)（神山伸弘訳「閉鎖商業国家」,『フィヒテ全集第16巻「閉鎖商業国家・国家論講義」』哲書房, 2013年）

——— [1992 (1807)] *Discours à la nation allemande,* Paris: Éditions de l'Imprimerie Nationale（細見和 之・上野成利訳「ドイツ国民に告ぐ」, エルネスト・ルナン他『国民とは何か』インスクリプト, 1997年）

Financial History Review [2008] *Special Issue on Complementarity among monies,* 15(1), pp. 7-91.

Fisher, I., Cohrssen, H. R. L. and Fisher, H. W. [1933] *Stamp Scrip,* New York: Adelphi Company.

Fox, J. [2009] *The Myth of the Rational Market. A History of Risk, Reward, and Delusion on Wall Street,* New York: Harper Collins.

Frémeaux P., Kalinowski W., et Lalucq A. [2014] *Transition écologique, mode d'emploi,* Paris: Les Petits matins - Alternatives économiques.

Friedrich, C. [1934] "Review of H. C. Engelbrecht, Johan Gottlieb Fichte: A Study of his Political Writings, with Special Reference to his Nationalism, New York, Columbia University Press, 1933," *American Political Science Review,* 28(3), pp. 523-524.

Gaba, M. J. [2007] "John Locke and the Meaning of the Takings Clause," *Missouri Law Review,* 72(2), pp. 525-79.

Gaffard, J. L. et Ravix, J. [2003] « Marché, souveraineté et monnaie », Communication au 10e Colloque de l'ACGEPE, *Histoire des représentations du marché,* Université Pierre Mendès-France, Grenoble, 25-27 septembre 2003.

Gallo, R. [1988] « Serios problemas legales con las monedas norteñas », *La Prensa,* April 19.

Ganssmann, H. [1988] "Money: a symbolically generalized medium of communication?on the concept of money in recent sociology," *Economy and Society,* 17(3), pp. 285-316.

——— [2001] « La monnaie comme fait social », *Sciences de la société,* février, 52, pp. 137-57.

Garo, I. [2000] « Monnaie et richesse chez John Locke. Une politique de l'économie », *Revue de synthèse,* 4 (1-2), pp. 9-43.

Gatch, L. [2011] "Tax anticipation Scrip as a Form of Local Currency in the USA during the 1930s," paper presented to the International Conference on Complementary moneys, Lyon, février 2011.

——— [2012] "Tax anticipation Scrip as a Form of Local Currency in the USA during the 1930s," *International Journal of Community Currency Research,* 16, pp. 22-35.

Gayon, V. [2010] L'OCDE au travail: contribution à une sociologie historique de la "coopération économique internationale" sur le chômage et l'emploi (1970-2010), Thèse de doctorat en sciences politiques, Université

Paris Dauphine.
Gayon, V., Lemoine, B. et Théret, B. [2010] « L'argent public et les régimes économiques de l'ordre politique », *FENÊTRE,* pp. 136-52.
Gayon, V. et Lemoine, B. [2014] « Maintenir l'ordre économique. Politiques de désencastrement et de réencastrement de l'économie », Politix, n° 105, pp. 7-35.
Gayon, V. et Lemoine, B. [2018] « Constructivisme », in Hay, C. et Smith, A. (dir.), *Dictionnaire d'économie politique,* Paris: Presses de Sciences Po, pp. 97-111.
Giacometti, J. [1984] « Langage et monnaie chez Locke et Turgot », *OEconomia - Économies et Sociétés,* pe (1), 18(3), mars, pp. 119-37.
Giffen, R. [1891] « The Gresham Law », *economic Journal,* 1(2), pp. 304-306.
Gislain, J.-J. et Théret, B. (dir.) [forthcoming] *John R. Commons. Economie institutionnelle,* Paris: Classiques Garnier
Gómez, G. ed. [2019] *Monetary Plurality in local, regional and global economies,* London; New York: Routledge.
Gómez, G. M. and Dini, P. [2016] "Making sense of a crank case: monetary diversity in Argentina (1999-2003)," *Cambridge Journal of Economics,* 40(5), pp. 1421-37.
Goyard-Fabre, S. [1983] « Introduction », in Locke, J., *Traité du Gouvernement Civil,* Paris: GF-Flammarion, pp. 11-126.
Graeber, D. [1996] "Beads and money: Notes toward a Theory of Wealth and power," *American Ethnologist,* 23(1), février, pp. 4-24.
——— [2011] *Debt : The first 5, 000 Years,* Brooklyn New York: Melville House (酒井隆史監訳『負債論』以文社, 2016年).
Gray, R. T. [2003] "Economic Romanticism: Monetary Nationalism in Johann Gottlieb Fichte and Adam Müller," *Eighteenth Century Studies,* 36(4), pp. 535-557.
Greco, T. H., Jr. [2001] *Money : Understanding and Creating Alternatives to Legal Tender,* White River, VT: Chelsea Green Publishing Company.
Greenfield, R. L. and Yeager L. B. [1983] "A laisser faire Approach to Monetary Stability," *Journal of Money, Credit and Banking,* 15(3), p. 302-315.
Grégoriadis, N. [2007] « Un modèle simple de fédéralisme monétaire. » *Document du LEO,* January. Université d'Orléan.
Grenier, J.-Y. [2000] « Penser la monnaie autrement », *Annales. Histoire, Sciences sociales,* 6, pp. 1335-1342.
Grinfeld, I. [1910] « Monetary Experiences of the Argentine Republic. » *Political Science Quarterly,* 25(1), pp. 103-22.
Grubb, F. [2003] "Creating the U. S. dollar Currency Union, 1748-1811: A quest for Monetary Stability or a Usurpation of State Sovereignty for Personal Gain ?" *American Economic Review,* 93(5), pp. 1778-98.
——— [2005] "The U. S. Constitution and Monetary Powers: an analysis of the 1787 Constitutional Convention and How a Constitutional Transformation of the Nation's Monetary system Emerged," N. B. E. R. Working Paper 11783 (http://www.nber.org/papers/w11783.pdf, 2020年10月29日閲覧).
——— [2008] "Testing for the Economic Impact of The U. S. Constitution: Purchasing Power Parity Across the Colonies Versus Across the States, 1748-1811," NBER Working Paper 13836 (http://www.nber.org/papers/w13836, 2020年10月29日閲覧).
——— [2012] « Is Paper Money Just Paper Money ? Experimentation and Local Variation in the Fiat Paper Monies Issued by the Colonial Governments of British North America, 1690-1775 », NBER Working Paper 17997 (http://www.nber.org/papers/w17997.pdf, 2020年10月29日閲覧).
——— [2012] "Is Paper Money Just Paper Money ? Experimentation and Local Variation in the Fiat Paper Monies Issued by the Colonial Governments of British North America, 1690-1775," paper presented to the International Workshop *De-teleologising History of Money and its Theory,* Institute of Advanced Studies on Asia, University of Tokyo, February 15-16.
Guttierez, J. I., Cerisola, J. A., Yañez, J. D. E., Cleip de Sosa, A. L. et Amoroso de Maza, M. T. [2000a] « Exportaciones y Desarollo Economico Regional. Tucuman (1983-1999) », *Informe Estadistico,* 20, Universidad Nacional de Tucuman, November.
Guttierez, J. I., Cerisola, J. A., Yañez, D. E., et Rollan, P. [2000b] « Nivel de Actividad y Ocupacion. Tucuman

(1990-1999) ». *Informe Estadistico* 23, Serie Investigaciones. Universidad Nacional de Tucuman. November.

Guttmann, R. [1996] « Les mutations du capital financier », in Chesnay, F. (dir.), *La mondialisation financière. Genèse, coût et enjeux*, Paris: Syros, pp. 59-96.

Harberger, A. C. [1996] « Una vision de la economia de Tucuman ». In *La economia de Tucuman*, edited by Victor Elias, 147-192, San Miguel de Tucuman: Fundacion de Tucuman.

Hart, K. [1986] "Heads or Tails ? Two Sides of the Coin," *Man*, 21(4), pp. 637-56.

——— [2000] *The Memory Bank : Money in an Unequal World*, London: Profile Books.

——— [2007] "If money talks, what language does it speak ?" in Gudeman, S. and Klammer, A. eds., *Persuasion in Economic Life*, Oxford; New York: Berghahn Books.

Hawtrey, R. G. [1919] *Currency and credit*, London: Longmans, Green.

Hayek, F. [1978] *The Denationalisation of Money, London : Institute of economic Affairs* (川口慎二訳『貨幣発行自由化論』東洋経済新報社，1988年)

Helleiner, E. [1994] *States and the Reemergence of the Global Finance. From Bretton Woods to the 1990s*, Ithaca: Cornell University Press (矢野修一・柴田茂紀・参川城穂・山川俊和訳『国家とグローバル金融』法政大学出版局，2015年)

——— [2003] *The Making of National Money. Territorial Currencies in Historical Perspective*, Ithaca: Cornell University Press.

Hénaff, M. [2002] *Le Prix de la vérité. Le don, l'argent, la philosophie*, Paris: Le Seuil.

Heredia, R. [1995] « A. Donde reciben los bonos », *La Gaceta* July 27.

Hernandez Meson, A. [2002] « Bonos de cancelacion de deudas de la Provincia de Tucuman », *Catalogacion General*. San Miguel de Tucuman: Centro Numismatico de Tucuman.

Hessling, A. et Pahl H. [2006] "The Global System of Finance. Scanning Talcott Parsons and Niklas Luhmann for Theoretical Keystones," *American Journal of Economics and Sociology*, 65(1), pp. 189-218.

Ho, K. [2009] *Liquidated : An Ethnography of Wall Street*, Durham; London: Duke University Press.

Hocart, A. M. [1978] *Rois et courtisans*, Paris: Le Seuil.

Hoffmann, S. [1963] "Rousseau on War and Peace," *American Political Science Review*, 57(2), pp. 317-33.

Holton, W. [2005] "Did Democray Cause the Depression That Led to the Constitution ?" *Journal of American History*, 92(2), pp. 442-69.

Homer, S. [1963] *A History of Interest Rates. 2000 BC. to the Present*, New Brunswick, N. J.: Rutgers University Press.

Hummel, J. R. [2012] "Some Possible Consequences of a U. S. Government Default," *Econ Journal Watch*, 9(1), pp. 324-40.

Hundert, E. J. [1972] "The Making of the Homo Faber: John Locke Between Ideology and History," *Journal of the History of Ideas*, 33(1), pp. 3-22.

——— [1977] "Market Society and Meaning in Locke's Political Philosophy," *Journal of the History of Philosophy*, 15(1), pp. 33-44.

Hutter, M. [1990] "Organism as a Metaphor in German Economic Thought," in Mirowski, P. ed., *Natural Images in Economic Thought*, Cambridge: Cambridge University Press, pp. 289-321.

IMF [2003] "Argentina: 2002 Article IV Consultation-Staff Report; Staff Supplement; Public Information Notice on the Executive Board Discussion; And Statement by the Authorities of Argentina," *IMF Country Report 03/226*, Washington: IMF.

Ingham, G. [1999] "Capitalism, Money and Banking: A Critique of Recent Historical Sociology," *British Journal of Sociology*, 50(1), pp. 77-96.

——— [2002] "New monetary spaces ?" *The future of Money*, Paris: OCDE, pp. 123-145.

——— [2004] *The Nature of Money*, Cambridge: Polity Press.

Iotti, L. [1990] "Contribution à la théorie du monnayage: *Money and Trade* de John Law," *Cahiers d'économie politique*, 18, pp. 63-79.

Irigoin, M. A. [2000] "Inconvertible Paper Money, Inflation and Economic Performance in Early Nineteenth Century Argentina," *Journal of Latin American Studies*, 32, pp. 333-59.

——— [2003] « La fabricacion de moneda en Buenos Aires y Potosi y la transformacion de la economia colonial en el Rio de la Plata (1820 y 1860) », in Irigoin, M. A. and Schmit, R. eds., *La desintegracion de la economia colonial. Comercio y moneda en el interior del espacio colonial. 1800-1860*), Buenos Aires: Edi-

torial Biblos, pp. 57-92.

Israel, J. I. [2005] *Les lumières radicales : La philosophie, Spinoza et la naissance de la modernité (1650-1750)*, Paris: Éditions Amsterdam.

Jacquillat, B. [2009] « La montée en puissance de la finance est-elle soutenable ? », *Revue française de gestion*, 198-199, pp. 229-240.

Jevons, S. [1876] *Money and the Mecanism of exchange*, New York: d. Appleton and co.

Jobert, B. et Théret, B. [1994] « France: La consécration républicaine du néo- libéralisme », in Jobert, B. éd., *Le tournant néo-libéral en Europe. Idées et recettes dans les pratiques gouvernementales*. Paris: L'Harmattan (Logiques politiques), pp. 21-86.

Jozzo, A. [1985] "Towards A Federal European Economy: Pre-Federal Monetary Union," *The Federalist*, 37 (3), pp. 195-201.

Kébabdjian, G. (sd) [1998] « La théorie de la régulation face à la problématique des régimes internationaux », *L'Année de la régulation*, Vol. 2, Paris: La Découverte, pp. 101-127, 年10月29日閲覧).

Keynes, J. M. [1975 (1935)] *Théorie générale de l'emploi, de l'intérêt et de la monnaie*, Paris: Petite Bibliothèque Payot (間宮陽介訳『雇用，利子および貨幣の一般理論（上）（下）』岩波書店，2008年)

Kleer, R. A. [2004] "The ruine of their diana': Lowndes, Locke, and the bankers," *History of Political Economy*, 36(3), pp. 533-56.

Kohn, H. [1949] "The Paradox of Fichte Nationalism," *Journal of the History of Ideas*, 10(3), pp. 319-43.

Knorr - Cetina, K. and Bruegger, U. [2002] "Global Microstructures: The Virtual Societies of Financial Markets," *American Journal of Sociology*, 107(4), pp. 905-50.

Kuroda, A. [2005] "The collapse of the chinese imperial monetary system," in Sugihara. K. ed., *Japan, China, and the Growth of the Asian International Economy, 1850-1949*, Oxford: Oxford University Press, pp. 103-26.

——— [2007] "The Maria Theresa Dollar in the Early Twentieth-century Red Sea Region: A Complementary Interface between Multiple Markets," *Financial History Review*, 14(1), pp. 89-110.

——— [2008a] "What is the complementarity among monies ? An introductory note," *Financial History Review*, 15(1), pp. 7-15.

——— [2008b] "Concurrent but non-integrable currency circuits: complementary relationships among monies in modern China and other regions," *Financial History Review*, 15(1), pp. 17-36.

Lagueux, M. [1990] « À propos de montesquieu et de Turgot: peut-on encore parler de la monnaie comme d' un "signe" ? », *Cahiers d'économie politique*, 18, pp. 81-96.

Lamouroux, C. [2007] « Bureaucratie et monnaie dans la chine du xie siècle: les désordres monétaires au shaanxi », dans Théret B. (dir), *La monnaie dévoilée par ses crises*, Paris: Éditions de l'EHESS, vol. I, pp. 171-204.

Larkin, C. [2006] *The Great Recoinage of 1696 : Developments in Monetary Theory*, Working paper, department of economics & institute for international integration studies, Trinity College, Dublin.

Laslett, P. [1957] "John Locke, the Great Recoinage, and the Origins of the Board of Trade: 1695-1698," *The William and Mary Quaterly*, 3rd Ser., 14(3), pp. 370-402.

——— [1964] "The Political Theory of Possessive Individualism, Hobbes to Locke by C. B. Macpherson," *The Historical Journal*, 7(1), pp. 150-154.

Laum, B. [1924] *Heiliges Geld, Historische Untersuchung über den Sakralen Ursprung des Geldes*, Tübingen: J. C. B. Mohr, pp. 158 (Traduit par Alban Bensa:« Présentation de *Genèse et nature de la monnaie*, de Bernhard Laum », *Genèses* 1992, 8, pp. 60-85).

——— [1992] « Genèse et nature de la monnaie », (chap. 5 d'*Argent sacré*. « Analyse historique de l'origine sacrée de l'argent »), *Genèses*, 8, pp. 60-85.

Lazzeri, C. [1998] « Droit, pouvoir et liberté », *Spinoza critique de Hobbes*, Paris: PUF.

le Maux, L. [2001] « Le prêt en dernier ressort. Les chambres de compensation aux États-unis durant le xixe siècle », *Annales hss*, 6, pp. 1223-1251.

——— [2007] « Une théorie de la marque monétaire. L'impossibilité de la dénationalisation de la monnaie », *Revue économique*, 58(5), pp. 985-1009.

le Maux, L. et Scialom, L. [2007] « Antagonismes monétaires et constitution d'une banque centrale au États-unis [1865-1935] », dans B. Théret (dir), La monnaie dévoilée par ses crises, Paris: Éditions de l'EHESS,

vol. I, pp. 339-68.

Lemoine, B. [2011] *Les valeurs de la dette. L'Etat à l'épreuve de la dette publique, Thèse de doctorat en Socio-économie de l'Innovation,* Paris: Ecole Nationale Supérieure des Mines.

——— [2016] *L'ordre de la dette, Enquête sur les infortunes de l'État et la prospérité du marché,* Paris: La Découverte.

Lester, R. A. [1970 (1939)] *Monetary Experiments : Early American and Recent Scandinavian,* New York: Augustus M. Kelley Publishers.

Licari, J. M., Calgagno, J. C., Oviedo, J. M. et Pellegrini, S. [2003] « Cuasimonedas provinciales. Medición absoluta y comparada ». *Documento del Observatorio de la Economia,* Cordoba: Universidad Nacional de Córdoba.

LiPuma, E. and Lee, B. [2005] "Financial derivatives and the rise of circulation," *Economy and Society,* 34(3), pp. 404-27.

Locke, J. [1696] *Some Considerations of the Consequences of the Lowering of Interest, and Raising the Value of Money,* Londres (田中正司・竹本洋訳『利子・貨幣論』東京大学出版会, 1978年).

——— [1690 (1992)] *Traité du gouvernement civil,* Paris: GFFlammarion (加藤節訳『完訳　統治二論』岩波書店, 2010年).

——— [2011] *Ecrits monétaires,* Paris: Classiques Garnier, Éditions bilingues (田中正司・竹本洋訳『利子・貨幣論』東京大学出版会, 1978年).

Lombard, M. [1971] *Monnaie et histoire d'Alexandre à Mahomet,* Paris: Éditions de l'EHESS, 2001.

Luzzi, M. [2012] *La monnaie en question. Pratiques et conflits à propos de l'argent lors de la crise de 2001 en Argentine,* PhD. diss., Ecole des Hautes études en sciences sociales, Paris.

Macian de Barbieri, L. A. [2002] « Diez años en las Finanzas Publicas de la Provincia de Tucuman, Presupuesto, Gastos y Rendimentos, 1992-2001 », Documento de trabajo, San Miguel del Tucuman: Fundacion del Tucuman, Agosto.

Macian de Barbieri, Liliana et Dionisi, Carlos A. [1990] « Un estudio del Sector Publico de la Provincia de Tucuman: 1977-1988 », *Documento de trabajo,* Serie de Investigacion, Fundacion del Tucuman.

MacKenzie, D. [2001] "Physics and Finance: S-Terms and Modern Finance as a Topic for Science Studies," *Science, Technology, & Human Values,* 26(2), pp. 115-44.

——— [2003a] « Constructing a Market, Performing Theory: The Historical Sociology of a Financial Derivatives Exchange », *American Journal of Sociology,* 109(1), pp. 107-45.

——— [2003b] "Long-Term Capital Management and the sociology of arbitrage," *Economy and Society,* 32 (3), pp. 349-380.

——— [2004] "The big, bad wolf and the rational market: portfolio insurance, the 1987 crash and the performativity of economics," *Economy and Society,* 33(3), pp. 303-34.

——— [2007] "The material production of virtuality: innovation, cultural geography and facticity in derivatives markets," *Economy and Society,* 36(3), pp. 355-76.

Macpherson, C. B. [1951] "Locke on Capitalist Appropriation," *The Western Political Quaterly,* 4(4), pp. 550-566.

——— [1954] "The Social Bearing of Locke's Political Theory," *The Western Political Quaterly,* 7(1), pp. 1-22.

——— [1962] *The Political Theory of Possesive Individualism : Hobbes to Locke,* London: Oxford Univ. Press (藤野渉・将積茂・瀬沼長一郎訳『所有的個人主義の政治理論』合同出版, 1980年).

Maesschalk, M. [2005] « Cosmopolitisme, solidarité et apprentissage social », *Les Carnets du Centre de Philosophie du Droit,* 115, UCL.

Mairet, G. [1997] *Le principe de souveraineté. Histoires et fondements du pouvoir modern,* Paris: Gallimard.

Malamoud, C. éd. [1988] *Lien de vie, noeud mortel. Les représentations de la dette en Chine, au Japon et dans le monde indien,* Paris: EHESS (Recherches d'histoire et de sciences sociales).

Mandelbrot, B. (avec Hudson, R. L.) [2004] *The (Mis) behavior of Markets : A Fractal View of Risk, Ruin, and Reward,* New York: Basic Books; London: Profile Book.

Manent, P. [1986] « Hobbes Thomas, 1588-1679. Leviathan, 1651 », *Dictionnaire des oeuvres politiques,* Paris: PUF, pp. 417-429.

Mann, Fritz K. [1958] « The Romantic Reaction », *Zeitschriff für National Economie,* 18(3), pp. 335-367.

Marquer, E. [2003] « Les controverses à propos de la nature du commerce chez les premiers mercantilistes anglais », *Revue de métaphysique et de morale*, 39(3), pp. 365-377.

Marques, P. J. et Théret, B. [2007] « Dualité monétaire et souveraineté à cuba (1989-2001) », dans B. Théret (dir), *La monnaie dévoilée par ses crises*, Paris: Éditions de l'EHESS, vol. I, pp. 429-460.

Marx, K. [1970] *La Critique moralisante et la Morale critique, textes de 1842-1847*, Paris: Spartacus.

Masters, R. D. [1964] "World Politics as a Primitive Political System," *World Politics*, 16(4), pp. 595-619.

Maurer, B. [2002] "Repressed futures: financial derivatives' theological unconscious," *Economy and society*, 31 (1), pp. 15-36.

McKinnon, R. I. [1973] *Money and Capital in Economic Development*, Washington DC: Brookings Institution.

——— [1988] "Monetary and Exchange Rate Policies for International Financial Stability: A Proposal," *Journal of Economic Perspectives*, 2(1), p. 83-103.

——— [1997] "Monetary Regimes, Government Borrowing Constraints, and Market-Preserving Federalism: Implications for EMU," in Courchene, T. J., ed., *The Nation State in a Global/Information Era : Policy Challenges*, Kingston (Ontario): Queen's University, pp. 101-42.

Mehrling, P. [1999] "The vision of Hyman P. Minsky," *Journal of Economic Behavior and Organization*, 39, pp. 129-158.

Melamed, L. [1972] "A Futures Market in Currency," allocution à la New York Society of Security analysts, New York, 19 avril (www.leomelamed.com/essays/72-fut.htm, 2020年10月28日閲覧).

——— [1996] « The Birth and Development of Financial Futures », allocution au China Futures Seminar, Shen Zhen, Guangdong Province, 25 avril, (www.leomelamed.com/essays/96-China.htm).

——— [2008] « Derivatives Defined, Described and Distinguished », allocution à l'Université de Pekin, Beijing, 13 mars (www.leomelamed.com/essays/08-DerivativesDefinedPeking.htm).

Mendès-France, P. [1930] *La Banque Internationale*, Paris: Librairie Valois

Merton, R. C. [2009] *On Finance Science in Finance Practice : A Functional Perspective on Financial System Design with Observations on Issues from the Financial Crisis*, Institute for Public Knowledge: Cultures of Finance Working Group Series, New York University, December 9th.

Merton, R. C., and Bodie, Z. [2005] "The Design of Financial Systems: Towards a Synthesis of Function and Structure," *Journal of Investment Management*, 3(1), pp. 1-23.

Mesnard, P. [1969] *L'essor de la philosophie politique au XVIème siècle*, Paris: Vrin.

Meyer, D. [2005] « L'anticapitalisme réactionnaire dans les pays de langue allemande: d'Adam Müller (1779-1829) à Othmar Spann (1878-1950) », in Colloque *La pensée économique allemande*, Montpellier 1/04/2005, CIRAC-Forum, n° 67.

Millo Y., Muniesa, F., Panourgias, N. S. and Scott, S. V. [2005] "Organised detachment: Clearinghouse mechanism in financial markets," *Information and Organization*, n° 15, p. 229-46.

Minsky, H. [1993] "The Financial Instability Hypothesis," in Arestis, P., et Sawyer, M. eds., *Handbook of Radical Political Economy*, Aldershot: Edward Elgar, Consultable at The Jerome Levy Economics Institute of Bard College, Working Paper, n° 74, 2013.

Miyazaki, H. [2007] "Between arbitrage and speculation: an economy of belief and doubt," *Economy and Society*, 36(3), pp. 396-415.

Monnerie, D. [2002] « Monnaies de Mono-Alu: valeurs, discontinuités et continuités dans les objets et les relations sociales », *L'Homme*, 162, pp. 81-106.

Morin, F. [2011] *Un monde sans Wall Street*, Paris: Seuil.

Moss, Laurence S. [1977] "Some Public Choice Aspects of Hobbes's Political Thought," *History of Political Economy*, 9(2), pp. 256-272.

Motamed-Nejad, R. [2007] « Ordre monétaire, pouvoir patrimonial et crises de paiement en russie post-socialiste, 1992-1998 », dans B. Théret (dir), *La monnaie dévoilée par ses crises*, Paris: Éditions de l'EHESS, vol. II, pp. 117-161.

Moulds, H. [1964] "Private Property in John Locke's State of Nature," *American Journal of Economics and Sociology*, 23(2), pp. 179-188.

——— [1965] "John Locke and Rugged Individualism," *American Journal of Economics and Sociology*, 24(1), pp. 97-109.

Mundell, R. [2007] "Dollar Standards in the Dollar Era," *Journal of Policy Modelling*, 29(5), pp. 677-90.

Muniesa, F. [2000] « Un robot walrasien. Cotation électronique et justesse de la découverte des prix », *Politix. Revue des sciences sociales du politique,* 13(52), pp. 121-54.

Natixis [2012a] « Le modèle américain et le modèle de la zone euro de financement des entreprises: lequel est préférable ? », *Flash Economie*, 307.

———— [2012b] « Il faut savoir ce qu'on veut faire des marchés d'actions », *Flash Economie*, 662.

Neal, P. [1988] "Hobbes and Rational Choice Theory," *The Western Political Quarterly*, 41(4), pp. 635-652.

O'Brien, J. [2007] "John Locke, Desire, and the Epistemology of Money," *British Journal for the History of Philosophy*, 15(4), pp. 685-708.

O'Neal, John C. [1986] "Rousseau's Theory of Wealth," *History of European Ideas,* 7(5), pp. 453-67.

O'Sullivan M. [2000] *Contests for Corporate Control : Corporate Governance and Economic Performance in th United States and Germany,* Oxford: Oxford University Press.

Olivera, J. [1992] « Banca central, federalismo economico y constitucion monetaria », Conferencia de inauguracion de XXVI Reunion Anual de la Asociacion Argentina de Economia Politica, 6 de noviembre 1991, Santiago del Estero, *Nuevas Respuestas, Revista de la Universidad Catolica de Santiago del Estero,* junio, pp. 7-17.

Oppenheimer, A. [1985] "Cash-starved argentine provinces turning out their own money," *The Charlotte Observer* November 28.

Orléan, A. [1998] « La monnaie autoréférentielle: réflexions sur les évolutions monétaires contemporaines », in Aglietta, M. et Orléan, A. éds., pp. 359-386（邦訳，第10章）.

———— [1999] *Le pouvoir de la finance,* Paris: Odile Jacob（坂口明義・清水和巳訳『金融の権力』藤原書店，2001年）.

———— [2004] « Efficience, finance comportementale et convention: une synthèse théorique », *in* Boyer, R., Dehove M. et Plihon D., *Les crises financières,* Rapport du Conseil d'Analyse Économique, Paris, La documentation française, pp. 241-270.

———— [2007] « L'hyperinflation allemande des années 1920 », dans Théret B. (dir), *La monnaie dévoilée par ses crises,* Paris: Éditions de l'EHESS, vol. II, pp. 187-209.

———— [2009] *De l'euphorie à la panique : penser la crise financière,* Paris: Editions Rue d'Ulm.

Ould-Ahmed, P. [2008] « Introduction. Monnaie des économistes, argent des anthropologues: à chacun le sien ? », in Baumann, É. et al. éds., *L'argent des anthropologues et la monnaie des économistes,* Paris: L'Harmattan (Questions contemporaines), pp. 11-27.

Parry, J. [1986] "The Gift, the Indian Gift, and the 'Indian Gift'," *Man,* 21(3), pp. 453-473.

Parry, J. and Bloch, M. [1989] "Introduction: Money and the Morality of Exchange," in Parry, J. and Bloch, M. eds., *Money and the Morality of Exchange,* Cambridge [England]; New York: Cambridge University Press, pp. 1-32.

Parry, J. and Bloch, M. eds. [1989] *Money and the Morality of Exchange,* Cambridge [England]; New York: Cambridge University Press.

Perez-Sosto, G. (comp.) [2013] *Capitalismos volátiles, trabajadores precarios, Buenos Aires,* Buenos Aires: Instituto Torcuato di Tella.

Pilling, D. [1996] « Funny money fills argentine pockets », *Financial Times,* February 13.

Pineault, E. [2002] *Capital financier et financiarisation du capitalisme : une contribution institutionnaliste à l'analyse des transformations de la régulation économique,* Thèse de doctorat en sociologie, UQAM-EHESS, Montréal-Paris, 2002.

———— [2010] *Le retour du refoulé : titrisation, crédit et économie politique de la crise financière nord-américaine,* powerpoint, Montréal: CAFCA - UQAM.

Piron, S. [1992] *L'abstraction monétaire et la première construction des monnaies nationales (xiiie-xive siècles),* mémoire de de A, EHESS.

———— [2002] « La dette de Panurge », *L'Homme,* 162, pp. 255-70.

Plihon, D. [1996] « Déséquilibres mondiaux et instabilité financière: la responsabilité des politiques libérales », in Chesnay, F. (dir.), *La mondialisation financière.* Genèse, coût et enjeux, Paris: Syros, pp. 97-141.

Polanyi, K. [1983 (1944)] *La grande transformation. Aux origines économiques de notre temps,* Paris: Gallimard (Bibliothèque des sciences humaines)（野口建彦・栖原学訳『新訳　大転換』東洋経済新報社，2009年）．翻訳書の底本は，[2001 The Great Transformation: The Political and Economic Origins of Our Time, 2nd Bea-

con pbk. ed., Boston, Mass.: Beacon Press.

Pryke, M. and Allen J. [2000] "Monetized time-space: derivatives – money's 'new imaginary'," *Economy and Society*, 29(2), pp. 264-84.

Raynaud, P. [1986] « Locke John, 1632-1704. Deux Traités du gouvernement civil, 1690 », *Dictionnaire des oeuvres politiques,* Paris: PUF, pp. 575-88.

Robbins, D. and Akin, J. [1999] "An introduction to melanesian currencies. Agency, identity, and social reproduction," in Akin, J. and Robbins, D. eds., *Money and Modernity. State and Local Currencies in Melanesia,* Pittsburg: University of Pittsburg Press, pp. 1-40.

Roche, C. [2009] « La mécompréhension moderne de Locke », Manuscript.

——— [2010] « Réhabiliter la pensée économique et monétaire de Locke », Contribution au 1er Congrès international de l'AFEP, Sciences-Po Lille, 9-10 décembre.

——— [2012] « Locke, l'institutionnalisation du système financier et l'origine de l'économie politique classique », Contribution au Colloque international *Philosophie économique,* Sciences-Po Lille, 21-22 juin.

Roig, A. [2008] « La creation d'une "monnaie éternelle". Genèse de la convertibilité en Argentine [1991] », in Lordon, F. éd., *Conflits et pouvoirs dans les institutions du capitalisme,* Paris: Presses de Sciences-po (Collection académique): 91-141.

Rolnick, A. J. et Weber, W. E. [1986] « Gresham's Law or Gresham's fallacy ? », *Journal of Political Economy*, 94(1), pp. 185-199.

Rosier, M. [1990] « Les marchandises et le signe: Turgot *versus* montesquieu », *Cahiers d'économie politique*, 18, pp. 97-107.

Rospabé, P. [1995] *La Dette de vie. Aux origines de la monnaie sauvage,* Paris: La Découverte-MAUSS.

Rothbard, M. [2006 (1995)] « Mercantilism and Freedom in England from the Civil War to 1750. In *An Austrian Perspective on the History of Economic Thought,* **vol.** *1, Economic Thought Before Adam Smith*. Cheltenham, Edward Elgar Publishing, pp. 307-342.

Rotman, B. [1987] *Signifying Nothing – The semiotics of Zero,* London: MacMillan.

Saada-Gendron, J. [2005] « L'analyse des passions dans la dissolution du corps politique: Spinoza et Hobbes. *Astérion*, 5, pp. 9-52.

Saccaro-Battisti, G. [1983] "Changing Metaphors of Political Structures," *Journal of the History of Ideas*, 44(1), pp. 31-54.

Saiag, H. [2013] « Le trueque argentin ou la question du fédéralisme monétaire (1995-2002) », *Revue Française de Socio-Économie,* 12(2), pp. 69-89.

Saiegh, S., and Tommasi, M. [2000] « Le labyrinthe fiscal de l'Argentine et la théorie des coûts de trasnaction en politique », *Problèmes d'Amérique latine,* 37, pp. 63-90.

Sallnow, M. [1989] "Precious metals in the Andean moral economy," in Parry, J. and Bloch, M. eds., *Money and the Morality of Exchange,* Cambridge: Cambridge University Press, pp. 209-231.

Salvador, D. [1997] « Panorama Tucumano. Adios a los bonos. El rescate no admite improvisaciones », *La Gaceta,* January 9.

Sapir, J. [2007] « Crises et désordres monétaires dans le système soviétique », dans Théret, B. (dir), *La monnaie dévoilée par ses crises,* Paris: Éditions de l'EHESS, vol. II, pp. 81-115.

Sbatella, J. A. [2004] « Crisis fiscal y rol de moneda. La experiencia argentina de la década de 1990 », dans Boyer, R. et Neffa, J. (dir.), *La economia argentina y su crisis (1976-2001) : visiones institucionalistas y regulacionistas,* edited by, Buenos Aires: Ceil-Piette – Miño y Davila, pp. 507-17.

Sbragia, A. M. [1993] "The European Community: A Balancing Act," *Publius,* 23, pp. 23-38.

Schulthess, D. [1980] « Introduction », in Fichte, J. G. (1800-1980), *L'État commercial fermé,* Lausanne, VD, L'Age d'homme, pp. 9-41.

Schvarzer, J., et Finkelstein, H. [2003] « Bonos, cuasi monedas y política económica », *Realidad Económica,* 193, pp. 79-95.

Schweitzer, M. M. [1989] "State-Issued Currency and the ratification of the U. S. Constitution," *Journal of Economic History,* 49(2), pp. 311-22.

Scubla, L. [1985] *Logiques de la réciprocité,* cahiers du CREA, n° 6, septembre, Paris.

Selgin, G. [1996] "Salvaging Gresham's Law: The Good, the Bad, and the illegal," *Journal of Money, Credit and Banking*, 28(4), part 1, pp. 637-49.

Servet, J.-M. [1981] « Genèse des forems et pratiques monétaires », *Cahiers Monnaie et financement*, 11, pp. 357-86.

——— [1993] « L'institution monétaire de la société selon Karl polanyi », *Revue économique*, 44(6), pp. 1127-1149.

——— [1998] « démonétarisation et remonétarisation en Afrique occidentale et Équatoriale (xix-xxe siècles) », dans Aglietta et Orléan A. (dir), *La monnaie souveraine*, Paris: Odile Jacob, pp. 289-324 (邦訳 pp. 435-483).

——— [2010] *Le grand renversement. De la crise au renouveau solidaire*, Paris: Desclée de Brouwer.

Servet, J.-M. (dir.) [1999] *Une économie sans argent : les systèmes d'échange local*, Paris: Seuil.

Servet, J.-M., Théret, B. et Yildirim, Z. [2008] « Universalité du fait monétaire et pluralité des monnaies. De la confrontation coloniale à la rencontre des sciences sociales », in Baumann, É., Bazin, L. et Ould-Ahmed, P. et alii (dir.), *L'argent des anthropologues, la monnaie* des *économistes*, Paris: L'Harmattan, pp. 167-207 (*Théories françaises de la monnaie. Une anthologie*, op. cit., pp. 185-234にて再版).

Sgard, J. [2007] « hyperinflation et reconstruction de la monnaie nationale: une comparaison de l'Argentine et du Brésil, 1990-2002 », dans B. Théret (dir), *La monnaie dévoilée par ses crises*, Paris, Éditions de l' EHESS, vol. i, pp. 461-88.

Shiller R. J. [2002] "Indexed Units of Account: Theory and Assessment of Historical Experience," in Lefort F. and Schmidt-Hebbel, K. eds., *Indexation, Inflation, and Monetary Policy*, Santiago: Central Bank of Chile.

——— [2004] « *Macroeconomic Dynamics* », interviewed by John Campbell, 8, pp. 649-83.

——— [2012] *Finance and the Good Society*, CFO Insight Webinar, August 30th (山形浩生・守岡桜訳『それでも金融はすばらしい——人類最強の発明で世界の難問を解く——』東洋経済新報社, 2013年)

Simiand, F. [1934] « La monnaie réalité sociale », *Les Annales sociologiques* série d, no. fasc. 1, pp. 1-58.

——— [2006] « La monnaie, réalité sociale », in Simiand, F. ed., *Critique sociologique de l'économie*, Paris: Puf (Le lien social), (1re éd., *Les Annales sociologiques*, série D, fascicule I: 1-86), pp. 215-79.

Smith, B. D. [1985] « American Colonial Monetary regimes: The Failure of the Quantity Theory and Some Evidence in Favour of an Alternate View », *Canadian Journal of Economics*, 18(3), pp. 531-565.

Soros, G. [1999] « Irrational expectations », *The New Republic*, 12 avril, p. 22-23.

Spinoza, B. [2002 (1675)] *Traité politique*, Paris: Livre de poche (畠中尚志訳『国家論』岩波文庫, 改訂版1976年).

Stout, L. A. [1988] « The Unimportance of Being Efficient: An Economic Analysis of Stock Market Pricing and Securities Regulation », *Michigan Law Review*, 87(3), pp. 613-709.

Taleb, N. [2010] *Le cigne noir*, Paris: Les Belles Lettres.

Tarot, C. [1999] *De Durkheim à Mauss, l'invention du symbolique. Sociologie et sciences des religions*, Paris: La découverte/Mauss.

Testart, A. [2002] « moyen d'échange/moyen de paiement. des monnaies en général et plus particulièrement des primitives », dans A. Testart (dir), *Aux origines de la monnaie*, Paris: Errance, pp. 11-60.

Théret, B. [1990] *Croissance et crises de l'État. Essai sur l'économie de l'État français depuis l'Ancien Régime jusqu'à la crise des années 1930*, Paris: Éd. de l'IRIS, 3 vol.

——— [1991a] « Néo-libéralisme, inégalités sociales et politiques fiscales de droite et de gauche dans la France des années 1980: identités et différences, pratiques et doctrines », *Revue française de sciences politiques*, 41(3), pp. 42-381.

——— [1991b] « Apogée et déclin du rentier de la dette publique dans le "Grand" XIXe siècle libéral (1815-1935). Éléments pour une réévaluation du développement historique du capitalisme en longue période », *OEconomia*, n° 14, Janvier, pp. 87-136.

——— [1992] *Régimes économiques de l'ordre politique. Esquisse d'une théorie régulationniste des limites de l'État*. Paris: Puf (Économie en liberté) (神田修悦・中原隆幸・宇仁宏幸・須田文明訳『租税国家のレギュラシオン——政治的秩序における経済体制』世界書院, 2001年).

——— [1993] « Les métamorphoses fiscales du capital. Une approche marxiste-weberienne des finances publiques », *Économie appliquée*, 46(2), pp. 39-79.

——— [1994] « Rhétorique économique et action politique: le néo-libéralisme comme fracture entre la finance et le social », in Pascal Perrineau éd., *L'engagement politique. Déclin ou mutation*. Paris: Presses de la Fondation nationale des sciences politiques, pp. 313-34.

——— [1994a] "To Have or to Be. On the Problem of the Interaction Between State and Economy and its Solidarist Mode of Regulation," *Economy and Society,* 23 (1), pp. 1-46.

——— [1994b] « Le salariat comme forme d'indépendance entre l'État et le marché », in Bellon, B. *et al., L'État et le Marché,* Paris: Économica, pp. 68-79.

——— [1995a] « Finance, souveraineté et dette sociale. Capital symbolique, différenciation de la société et construction européenne », in B. Théret éd., *L'État, la finance et le social. Souveraineté nationale et construction européenne.* Paris: La Découverte (Recherches), pp. 560-600.

——— [1995b] « Régulation du déficit budgétaire et croissance des dépenses de l'État en France de 1815 à 1939. Une modélisation économétrique simple des régimes fisco-financiers libéraux », *Revue économique,* 46 (1), pp. 57-90.

——— [1995c] « Du statut des métaphores médicales en économie politique: essai d'approche archéologique. *Cahiers de l'Association Charles Gide pour l'étude de la pensée économique,* numéro spécial « Faire l'histoire de la pensée économique », pp. 312-354.

——— [1998] « De la dualité des dettes et de la monnaie dans les sociétés salariales », in Aglietta, M. et Orléan, A. (dir.), *La monnaie souveraine,* Paris: Editions Odile Jacob, pp. 253-87 (邦訳, 385-434頁).

——— [1999a] "The socio-political dimensions of the currency: implications for the Transition to the euro," *Journal of Consumer Policy,* 22 (1-2), pp. 51-79.

——— [1999b] « Vers un socialisme civil ? L'épreuve de la contrainte démocratique de différenciation de la société », in Chavance, B. *et al.,* eds., *Capitalisme et socialisme en perspective. Évolution et transformations des systèmes économiques.* Paris: La Découverte, pp. 56-65.

——— [1999c] "Federalism and Regionalism: a comparative analysis of the regulation of economic tensions between regions by intergovernmental transfers programs in Canada and the USA," *International Journal of Urban and Regional Research,* 23(3), pp. 479-512.

——— [2000] « Institutions et institutionnalismes: vers une convergence des conceptions de l'institution ? », in Tallard, M., Théret, B. et Uri, D. (dir.), *Innovations institutionnelles et territoires,* Paris: L'Harmattan, pp. 25-68.

——— [2001a] « Saisir les faits économiques: la méthode Commons », *Cahiers d'économie politique,* n° 40-41, pp. 79-137.

——— [2001b] « La mondialisation: phénomène subi ou stratégie d'État ? », in Naves, M.-C. et Patou, C. éd., *La mondialisation comme concept opératoire,* Paris: L'Harmattan, pp. 109-31.

——— [2002a] *Protection sociale et Fédéralisme : L'Europe dans le miroir de l'Amérique du Nord,* Bruxelles; Montreal: PIE - Peter Lang and PUM.

——— [2002b] « Mondialisation, souveraineté et fédéralisme. Quelques réflexions à propos du Canada et de l'Union européenne », *Correspondances,* n° 72.

——— [2003a] « Structuralismes et institutionnalismes: oppositions, substitutions ou affinités électives ? » *Cahiers d'économie politique,* n° 44, pp. 51-78.

——— [2003b] « Le fédéralisme, moteur ou régulateur de la mondialisation ? Une comparaison Canada/Union Européenne », in Duchastel, J. (dir.), *Fédéralismes et Mondialisation : L'avenir de la démocratie et de la citoyenneté,* Montréal: Athéna.

——— [2003c] « Responsabilité et solidarité: une approche en termes de dette », in Bec, C., et Proccaci, G. (dir.), *De la responsabilité solidaire. Mutations dans les politiques sociales d'aujourd'hui,* Paris: Syllepse, p. 51-67.

——— [2004] « Del principio federal a una tipologia de las federaciones: algunas propuestas », *Foro Internacional,* 175, pp. 29-65.

——— [2005a] « Economie, éthique et droit: la contribution de l'économie institutionnelle de John R. Commons à la compréhension de leurs (cor) rélations », in Gadreau, M. et Batifoulier, P. (dir.), *L'éthique médicale et la politique de santé,,* Paris: Economica, pp. 63-91.

——— [2005b] « Du principe fédéral à une typologie des fédérations: quelques propositions », in Gaudreault-Desbiens, J.-F. et Gélinas, F. (dir.), *Le Fédéralisme dans tous ses états : gouvernance, identité et méthodologie,* Bruxelles: Bruylant; Montréal: Yvon Blais-Carswell.

——— [2007] « La monnaie au prisme de ses crises d'hier et d'aujourd'hui », in Théret B. (dir.), Vol. 1, pp. 17-74.

——— [2008a] « La souveraineté: des référentiels philosophiques pluriels, des régimes historiques hybrides », in Giraud, O. et Warin, P. (dir.), *Politiques publiques et démocratie,* Paris: La Découverte (Recherches), pp. 381-406.

——— [2008b] « Le fédéralisme canadien: un modèle pour l'Union européenne ? », in Boismenu, G. et Petit, I. eds., *Regards croisés sur l'Europe qui se fait : une approche interdisciplinaire,* Montréal: PUM; Paris: Editions de la MSH.

——— [2008c] « Les trois états de la monnaie ? Approche interdisciplinaire du fait monétaire », *Revue économique,* 59(4), pp. 813-41.

——— [2008d] « L'argent de la mondialisation: en quoi pose-t-il des problèmes éthiques. Un point de vue régulationniste commonsien », *Sociologies politiques comparées. Revue européenne d'analyse des sociétés politiques,* n° 10, déc. (http://fasopo.org/sites/default/files/article_n10.pdf, 2020年11月 9 日閲覧).

——— [2009] « Monnaie et dettes de vie », *L'Homme. Revue française d'anthropologie,* n° 190, pp. 153-80 (本書第 3 章).

——— [2010] « La protection sociale comme lien territorial: une solution d'avenir pour l'Europe ? », *Finance & Bien Commun,* 37-38, pp. 45-63.

——— [2011a] « Du keynésianisme au libertarianisme. La place de la monnaie dans les transformations du savoir économique autorisé », *Revue de la régulation* [Enligne], 10 | 2e semestre (http://regulation.revues.org/index9529.html, 2020年10月28日閲覧).

——— [2011b] « Las dimensiones éticas y monetarias de la gran crisis financiera de la globalizacion neoliberal », in Perez-Sosto, G. (coord.), *Ilusion monetaria. La crisis financiera mundial, la transformacion de los capitalismos nacionales y la cuestion social,* Buenos Aires: Instituto Torcuato di Tella, pp. 31-98.

——— [2011c] « El regimen de las ideas monetarias y financieras desde 1970: del keynesianismo al neoliberalismo », in Pérez-Sosto, G. (coord.), *Ilusion monetaria. La crisis financiera mundial, la transformacion de los capitalismos nacionales y la cuestion social,* 2011, Buenos Aires: Instituto Torcuato di Tella, pp. 511-535.

——— [2011d] « O debate francês sobre os fundos de pensão na virada do terceiro milenio », in Chaves Jardim, M. A. (org.), *A natureza social das finanças : Fundos de pensã, sindicalistas e recomposição das elites,* Bauru S. P., EDUSC - FAPESP, pp. 97-127.

——— [2012] « The bocade, currency of the argentinean province of Tucuman (1985-2003): a case of monetary federalism », Paper prepared for the Joint Conference of AHE, IIPPE and AFEP, *Political economy and the outlook for capitalism,* University of Paris Pantheon-Sorbonne, July 5-7.

——— [2013a] « Salida del dilema de la crisis de la eurozona: una respuesta en terminos de federalismo monetario, » in Perez-Sosto, G. ed., *Capitalismos volatiles, trabajadores precarios. Crisis financiera global y cuestion social,* Buenos Aires: Instituto di Tella, pp. 203-50.

——— [2013b] « Dettes et crise de confiance dans l'euro: analyse et voies possibles de sortie par le haut », *Revue française de socio-économie,* 12, pp. 91-124.

——— [2014a] « Philosophies politiques de la monnaie: une comparaison de Hobbes, Locke et Fichte (2014) », *OEconomia - History, Methodology, Philosophy,* 4(4), pp. 517-89.

——— [2014b] « Sortir d'en bas par le haut de la crise de l'eurozone: une réponse en termes de fédéralisme monétaire », in Perez-Sosto, G. (comp.), *Capitalismos volátiles, trabajadores precarios,* Buenos Aires: Instituto Torcuato di Tella, pp. 203-50.

——— [2014c] « Pourquoi on ne peut sortir de la crise actuelle du capitalisme et de la démocratie qu'en sortant de la globalisation financière: un argumentaire », *Teoria Politica,* nuova serie/Annali IV, 2014, pp. 135-65 (本書第 9 章).

——— [2015] « La Diversidad de los Federalismos en América Latina: Argentina, Brasil, Mexico » in Bizberg, I. (dir.), *Variedades de Capitalismo en América. Los casos de Mexico, Brasil, Argentina y Chile,* Mexico: Ediciones del Colegio de Mexico, pp. 147-281.

——— [2018] « Crises », in Hay, C. et Smith, A. (dir.), *Dictionnaire d'économie politique,* Paris: Presses de Sciences Po.

——— [2019a] "Monetary federalism as a concept and its empirical underpinnings in Argentina's monetary history," in Gomez, G. ed., *Monetary Plurality in Local, Regional and Global Economies,* London; New York: Routledge.

——— [2019b] "Birth, Life and Death of a Provincial Complementary Currency from Tucuman, Argentina

(1985-2003)," in Gomez, G. ed., *Monetary Plurality in Local, Regional and Global Economies,* London; New York: Routledge.

——— [2019c] « Sur les origines et le développement d'un institutionnalisme monétaire en France », (Entretien conduit par L. Desmedt et P. Alary), *Revue de la régulation*, 26 | 2nd semestre (http://journals.openedition.org/regulation/15660, 2020年10月29日閲覧).

——— [2020a] « Le papier monnaie de petites dénominations émis par les provinces argentines entre 1890 et 2003 », *Dialogues d'histoire ancienne,* supplément 20, pp. 235-285.

——— [2020b] « Note sur le statut de la Banque centrale européenne dans un contexte où les trésors publics de certains Etats-membres de la zone euro émettraient des monnaies fiscales complémentaires », *Les Possibles,* n° 22.

Théret, B. (dir.) [2007] *La monnaie dévoilée par ses crises,* vol.. I: Crises monétaires d'hieret d'aujourd'hui; vol. II: Crises monétaires en Russie et en Allemagne au XXe siècle. Paris: EHESS (Civilisations et sociétés).

Théret, B., Alary, P. et Desmedt, L. [2019] « Sur les origines et le développement d'un institutionnalisme monétaire en France », *Revue de la régulation* [En ligne], 26 | 2nd semestre/Autumn. DOI: 10.4000/regulation. 15660

Théret, B., Coutrot, T. and Kalinowski, W. [2015] "The Euro-Drachma, a Monetary Lifeline for Greece," March 16 (http://www.veblen-institute.org/The-Euro-Drachma-a-Monetary-Lifeline-for-Greece.html, 2020年10月29日閲覧).

Théret, B. et Cuillerai, M. (dir.) [forthcoming] *La monnaie contre l'Etat ? La souveraineté monétaire en question.*

Théret, B. and Kalinowski, W. [2012] "The Euro as Common Money, not a Single Currency. A Plea for a European Monetary Federalism," *Notes of the Veblen Institute for Economic Reforms* September, Paris: Fondation pour le Progrès de l'Homme.

Théret, B. et Zanabria, M. [2006] « L'expérience argentine des monnaies fiscales provinciales dans la crise de la convertibilité: une comparaison de leurs succès et échecs visant à mettre à jour les conditions de viabilité d'un régime de monnayage véritablement fédéral », séminaire international *escenarios de salida de crisis y estrategias de desarollo para Argentina,* Universidad de Buenos Aires, 18-20 avril.

——— [2007] « Sur la pluralité des monnaies publiques dans les fédérations. Une approche de ses conditions de viabilité à partir de l'expérience argentine récente », *Economie et Institutions,* 10(11), pp. 9-66.

——— [2009] "On the Viability of Monetary Complementarity in Federations: the Case of Fiscal Provincial Monies in 2001-2003 Argentina's Crisis," Paper presented at the XVth World Economic History Congress, Utrecht: August 3-7.

Thierry, F. [1993] « de la nature fiduciaire de la monnaie chinoise », *Bulletin du Cercle d'études numismatiques,* 30(1), pp. 1-11.

Thomas-Fogiel, I. [2005] « Sens et statut de la théorie des échanges commerciaux dans le système de Fichte. *Astérion,* 5, pp. 33-55.

Universidad Catolica Argentina [2002] Informe semanal de coyuntura economica, 7, August 14.

Uzinidis, D. et Patelis, D. [2010] « Le nouveau mercantilisme, la mondialisation et sa crise », *Recherches internationales,* 88, pp. 19-40.

Vaughan, C. E. [1960 (1925)] "The Social Contract: Locke. In C. E. Vaughan," *Studies in the History of Polical Philosophy. Before and After Rousseau,* 1, New York: Russell & Russell, pp. 130-203.

Vaughn, K. [1980a] "John Locke's Theory of Property: Problems of Interpretation," *Literature of Liberty : A Review of Contemporary Liberal Thought, vol.* III, n° 1, The Online Library of Liberty (https://oll.libertyfund.org/titles/liggio-literature-of-liberty-spring-1980-vol-3-no-1, 2020年11月9日閲覧).

——— [1980b] *John Locke : Economist and Social Scientist.* Chicago, IL, : The University of Chicago Press.

Vitelli, G. [1986] *Cuarenta años de inflacion en la Argentina : 1945-1985,* Buenos Aires: Editorial Legasa.

von Fürer-Haimendorf, C. [1974] « The Sense of Sin in Cross-Cultural Perspective », *Man,* 9(4), pp. 539-56.

von Glahn, R. [1996] *Fountain of Fortune. Money and Monetary Policy in China, 1000-1700,* Berkeley: University of California Press.

von Mises, L. [1981] *The Theory of Money and Credit,* Indianapolis: Liberty Fund (東米雄訳『貨幣及び流通手段の理論』日本経済評論社, 2007年).

Walter, C. [2004] « La spéculation boursière dans un monde non gaussien », in Drach M. éd., *L'argent. Croyance, mesure, spéculation,* Paris: La Découverte, p. 147-65.

——— [2010] « L'éthique de la finance après le virus brownien », *Finance & Bien Commun*, 36(1), pp. 11-20.

Walter C. et de Pracontal, M. [2010] *Le Virus B. Crise financière et mathématiques,* Paris: Seuil, 7.

Waltz, K. N. [1963] « Kant, Liberalism and War », *American Political Science Review,* 56(2), pp. 331-40.

Weiman, D. ed. [2006] "The formation of an American monetary union," numéro spécial de la *financial history Review,* 13(1).

Weingast, B. [1995] "The Economic Role of Political Institutions: Market-Preserving Federalism and Economic Development," *The Journal of Law, Economics, and Organisations,* 11(1), pp. 1-31.

Wennerlind, C. [2001] "Money talks, but what is it saying? semiotics of money and social control," *Journal of Economic Issues,* 35(3), pp. 557-74.

——— [2004] "The Death Penalty as Monetary Policy: The Practice and Punishment of Monetary Crime, 1690-1830," *History of Political Economy,* 36(1), pp. 131-61.

——— [2011a] "Capital Punishment in Defense of Credit," *Casualties of Credit.* Cambridge, MA: Harvard University Press, pp. 123-57.

——— [2011b] *Casualties of credit: The English Financial Revolution, 1620-1720,* Cambridge: Harvard University Press.

World Bank [1990] "Argentina. Provincial Government Finance Study, Latin America and the Caribbean Region. Country Department IV," *Report 8176-AR,* 2 vol., Washington: World Bank.

——— [1996] « Argentina. Finanzas Provinciales: Temas sobre Federalismo Fiscal. » *Informe del Departamento I 15437,* Washington D. C.: Oficina Regional de America Latina y el Caribe.

Wray, L. R. [2014] "From the state theory of money to modern money theory: an alternative to economic orthodoxy," Working Paper No. 792, Levy Economics Institute of Bard College.

Wyplosz, C. [1999] "Towards a more perfect EMU," *CEPR Discussion Paper n° 2252,* London: CEPR, October.

Yañez, D. E., Cerisola, J. A., Guttierez, J. I., Kreisel de Ruiz, L. et Lopez de Corbalan, F. M. (2000) « Analisis de las Finanzas del Sector Publico de Tucuman. 1977-1999) », Informe Estadistico 21, Noviembre. San Miguel de Tucuman: Universidad Nacional de Tucuman.

Zelizer, V. A. [1994] *The social meaning of money,* Princeton: Princeton University Press.

——— [2005 (1994)] *La signification sociale de l'argent,* Paris: Seuil (Liber), (éd. orig., *The Social Meaning of Money.* New York, Basic books).

新聞・雑誌・官公庁サイト

Genèses. Sciences sociales et histoire ; Revue économique ; L'Homme. Revue française d'anthropologie ; Œconomia - Histoire, Méthodologie, Philosophie ; Journal du Mauss ; Sociétés Politiques Comparées. Revue européenne d'analyse des sociétés politiques ; Teoria Politica.

Boletín Oficial (9 de Octubre de 2002), Autorizase al poder ejecutivo la emisión de títulos convertibles al portador en la provincia de San Luis. (www.saij.gob. ar/legislacion/ley-san_luis-5338-autorizase_al_poder_ejecutivo.htm, 2020年10月29日閲覧).

Honorable Legislatura de Tucuman. Registro ofical de leyes y decretos (http://rig.tucuman.gov.ar/leyes/, 2020年11月9日閲覧).

La Gaceta [1984-2003] Articles about the bocade. San Miguel de Tucuman.

La Tarde [1984-2003] Various articles about the bocade. Buenos Aires.

用 語 解 説

貨幣的事実　デュルケーム学派は，数理的な客観性とは異なる客観性によって社会学の科学性を基礎づけようとしたが，とりわけその中でM. モースは，個人的事実に還元できない「全体的な社会的事実」こそが社会学の対象であるとした．テレは，貨幣もまた「自律的で一次的な社会的現実」であり社会的事実にほかならないという考えから，これを「貨幣的事実」と呼んでいる（第2章参照）．

マネー　アルジャン（argent）とは貨幣の資本主義的形態のこと（第9章2参照）であり，他の章では「金銭」と訳しているが，第1章では「マネー」と訳している．第1章はインタビュー形式であるため，口頭の日本語表現として自然な「マネー」を用いている．「資本として使用されるお金」「価値増殖するお金」は「マネー」と呼ばれることが多い．ところが，他の章でモネ（monnaie）とアルジャン（argent）が対比して議論される場合には，アルジャンを「マネー」と訳すと，英語のマネー（money）に相当するフランス語のモネが「マネー」と対立する語になってしまい，奇妙なねじれが生じる．そのため他の章ではモネに「貨幣」または「通貨」，アルジャンに「金銭」の訳語を当てた．

コルレス先　通常は，コルレス契約を結んだ他銀行．コルレス契約とは，遠隔地にある他の銀行（コルレス銀行）に自行の預金勘定を設定した上で，遠隔地の企業等を取引相手とする受払業務をその銀行に代理遂行させる契約のことである．こうした方法により，銀行のネットワークは支店がない地域にも形成される．

為替体制《レジーム》　為替体制《レジーム》には固定相場制や変動相場制がある．

生《ヴィ》　生（vie）の語は，生命・生活・人生など多様な意味で用いられるが，本書では「生きていること」（「死」の反対）という最も広い意味をもつ「生」の訳語を当てている．

係　留《アンクラージュ》　名目的な経済変数（物価・賃金率・為替相場など）には，実体経済の動きとは無関係にスパイラル的な累積的変動が起こる可能性がある．これを回避するには，政策的に特定の変数を選択し，それを固定することが必要となる．この固定される変数はアンカー（安定錨《アンクラージュ》）と呼ばれる．この箇所では，貨幣の価値（購買力）の累積的変動が起きないように貨幣発行や名目的経済変数を管理している状態を「係留する《アンクレ》」と表現している．

兌換　兌換という言葉は通常「金兌換」のように金属への交換に関して使用される日本語であるが，本書では，公的保証の下での国民通貨との交換についても「兌換」の訳語を当てる．

ペロン主義者《ペロニスト》　フアン・ドミンゴ・ペロンは，1946年から55年（2選目），1973年から74年（3選目），アルゼンチン大統領を務めた．彼は「インフラ整備，国産軍需産業の育成，労働者の保護法制の制度化，工業化による中産階級の拡大などによって，アルゼンチンを中南米でもっとも所得格差の低い社会にした」功績をあげた一方で，一党独裁に近い政治体制のもと

で強引に物事を押し進めたため，彼に対する評価は未だに分かれている．「ペロン主義（ペロニズム）」とは「大衆の支持基盤を利用した独裁的な権力構造」である（アルベルト松本『アルゼンチンを知るための54章』明石書店，2005年，68-78頁）．

通貨創出《モネヤージュ》　モネヤージュ（monnayage）とは本来「貨幣鋳造」のことだが，本書では信用貨幣（銀行券や預金通貨）の発行に関してもこの語を用いるので，「通貨創出」という訳語を当てることにした．「造幣」としなかったのは，日本では「造幣局」が補助硬貨の製造機関を意味しており，誤解を招く恐れがあるためである．

《訳者紹介》（担当章順，＊は監訳者）

中原隆幸（なかはら　たかゆき）［序，訳者あとがき］

1963年生まれ

1994年　名古屋市立大学大学院経済学研究科博士課程後期課程単位取得

2009年　名古屋市立大学大学院経済学研究科博士後期課程修了，博士（経済学）

現　在　阪南大学経済学部教授

主要業績

『対立と調整の政治経済学――社会的なるもののレギュラシオン』（ナカニシヤ出版，2010年）．

『日本経済の常識――制度からみる経済の仕組み』（編著，ナカニシヤ出版，2014年）．

J. R. コモンズ『制度経済学――政治経済学におけるその位置』上巻（単独訳，ナカニシヤ出版，2015年）．

須田文明（すだ　ふみあき）［第1章］

1960年生まれ

1993年　京都大学大学院農学研究科博士課程中退

現　在　農林水産省農林水産政策研究所

主要業績

P. バティフリエ『コンヴァンシオン理論の射程――政治経済学の復権』（共訳，昭和堂，2006年）．

P. ブルデュー『結婚戦略――家族と階級の再生産』（共訳，藤原書店，2007年）．

L. ボルタンスキー，E. シアペロ『資本主義の新たな精神』上下巻（共訳，ナカニシヤ出版，2013年）．

＊坂口明義（さかぐち　あきよし）［第2章，第3章，第4章，第7章，第8章，第9章］

1959年生まれ

1988年　一橋大学大学院経済学研究科博士後期課程単位取得退学

現　在　専修大学経済学部教授

主要業績

『現代貨幣論の構造』（多賀出版，2001年）．

『貨幣経済学の基礎』（ナカニシヤ出版，2008年）．

『入門社会経済学――資本主義を理解する〔第2版〕』（共著，ナカニシヤ出版，2010年）．

北川亘太（きたがわ　こうた）［第5章，第6章］

1986年生まれ

2015年　京都大学大学院経済学研究科博士後期課程修了，博士（経済学）

現　在　関西大学経済学部准教授

主要業績

"Political Government and Economic Government in J. R. Commons' Institutional Economics," *Économie et institutions*, (26), 2017.

"From Judicial Sovereignty to Collective Democracy: The Development of J. R. Commons' Perspective on Progressive Institutional Change," *Journal of Economic Issues*, 54(2), 2020, pp. 316–321.

"Formative Process of J. R. Commons' Income Approach to Falling Prices," *Journal of Economic Issues*, 54(4), 2020, pp. 937–957.

《著者紹介》

ブリューノ・テレ（Bruno Théret）

1947年生まれ

1990年　パリ第一大学経済学国家博士取得

パリ第９大学（ドーフィーヌ校）教授およびCNRS（国立科学研究所）主任研究員を経て，現在同大学名誉教授および同研究所名誉シニア・リサーチ・スカラーであり，IRISSO（社会科学学際研究所）にも所属している．

主要業績

Régimes économiques de l'ordre politique : esquisse d'une théorie régulationniste des limites de l'état, PUF, 1992年（神田修悦・中原隆幸・宇仁宏幸・須田文明訳『租税国家のレギュラシオン――政治的秩序における経済体制』世界書院，2001年）．

Le nouveau système français de protection sociale, La Découverte, 2004年（中原隆幸・宇仁宏幸・神田修悦・須田文明訳『フランスの社会保障システム――社会保護の生成と発展』ナカニシヤ出版，2006年）．

La monnaie dévoilée par ses crises（direction de publication），Paris: Editions de l'EHESS, 2 volumes, 2007-2008（未邦訳）．

社会的事実としての貨幣
――その統一理論と多様な現実
ネオ・レギュラシオン・アプローチ――

二〇二一年四月一〇日　初版第一刷発行

著　者　ブリューノ・テレ©
監訳者　坂口明義
訳　者　中原隆幸
　　　　北川亘太
　　　　須田文明
発行者　萩原淳平
発行所　株式会社　晃洋書房
京都市右京区西院北矢掛町七
電話　〇七五（三一二）〇七八八（代）
振替口座　〇一〇四〇―六―三二二八〇

＊定価はカバーに表示してあります

印刷・製本　共同印刷工業（株）
装丁　神田昇和
ISBN978-4-7710-3481-5